Das Buch

Dieses Buch ist weit mehr als ein »U-Bootbuch«, auch wenn die persönlichen U-Bootserfahrungen eine besondere Rolle spielen. »Nach Kompaß« ist darüber hinaus ein schonungsloser Lebensbericht, in dem der Autor all die Ereignisse und Erlebnisse festhält, deren Zeitzeuge er wurde – wobei er auch nichts von dem verschweigt, was er persönlich zu verantworten hatte. Beginnend beim vermeintlichen Glanz des deutschen Kaiserreiches über den Ersten Weltkrieg, das Kriegsende und den langjährigen Wiederaufbau Deutschlands legt hier einer der erfolgreichsten Kommandanten der deutschen U-Bootwaffe einzigartiges Quellenmaterial für die Geschichte dieses Jahrhunderts vor. Da eine erstaunliche Zahl ehemaliger britischer Seeleute, die er im Krieg versenkt hatte, nach Kriegsende Verbindung zu ihm aufnahmen und auch dokumentarische Unterlagen der Gegenseite zur Verfügung stellten, gelang es ihm, seine eigenen Erinnerungen im U-Bootkrieg nachträglich zum Nutzen seiner Aufzeichnungen zu kontrollieren. So entstand ein ebenso persönlicher wie historisch bemerkenswerter Blick hinter die Kulissen und in das innere Gefüge der deutschen Marine bis 1945.

Der Autor

Karl-Friedrich Merten, geb. 1905 in Posen, absolvierte nach dem Abitur die Marineschule Wik und durchlief den Beruf eines Seeoffiziers mit dem Eintritt in die Reichsmarine als Seekadett (1926) bis zum Flottillenchef der 24. U-Flottille (1945). Als Kommandant von U-68 versenkte er während des Zweiten Weltkriegs 27 Schiffe (170 274 BRT) und erhielt alle wesentlichen Auszeichnungen einschließlich des Eichenlaubs zum Ritterkreuz des Eisernen Kreuzes und des U-Boots-Kriegsabzeichens mit Brillanten. Nach mehrjähriger Kriegsgefangenschaft und der Entlassung aus anschließender französischer Untersuchungshaft in Paris aufgrund des Freispruchs im Fall der Zerstörung der *Frimaire* leistete er in mehreren Berufen seinen Teil am wirtschaftlichen Aufstieg der sich langsam entwickelnden Bundesrepublik Deutschland. Merten starb am 2. Mai 1993 in Waldshut.

Karl-Friedrich Merten

Nach Kompaß

Die Erinnerungen des Kommandanten von U-68

Mit 53 s/w-Abbildungen
und 1 Karte

Ullstein

Besuchen Sie uns im Internet:
www.ullstein-taschenbuch.de

Umwelthinweis:
Dieses Buch wurde auf chlor- und säurefreiem Papier gedruckt.

Ungekürzte Ausgabe im Ullstein Taschenbuch
1. Auflage März 2006
3. Auflage 2006
Genehmigte Lizenzausgabe

Umschlaggestaltung: Buch und Werbung, Berlin
Titelabbildung: Viktor Gernhard
Gesetzt aus der Bembo
Satz: Pinkuin Satz und Datentechnik, Berlin
Druck und Bindearbeiten: Ebner & Spiegel, Ulm
Printed in Germany
ISBN-13: 978-3-548-26402-8
ISBN-10: 3-548-26402-6

Inhaltsverzeichnis

Vorwort

Als ich im April 1974, fast 70 Jahre alt, aus dem Erwerbsleben ausschied und gleichzeitig Lübeck verließ, damit die mir lebenslang gewohnte Küstenregion, war ich mir bewußt, daß noch viel Arbeit auf mich wartete. Ich sah meinen Lebensweg als durchaus typisch für meine Generation an und hielt manche Ereignisse, deren Zeuge ich war, oder auch manches von dem, was ich zu verantworten hatte, für berichtenswert. Ich sah es einfach als eine mir vom Schicksal auferlegte Pflicht an aufzuschreiben, wie es nach meinem Erleben und Empfinden wirklich gewesen war. Außer meinen Nachkommen und engsten Verwandten wollte ich diesen Lebensbericht den Archiven überlassen. Hier sollte er als Quellenmaterial für die Geschichte des Jahrhunderts dienen, beginnend beim Glanz des deutschen Kaiserreiches über den Ersten Weltkrieg und die Revolution zur Weimarer Republik und zum Dritten Reich. Dann hatte ich gleichsam vom ersten Schuß an den Zweiten Weltkrieg erlebt, in meinen Augen die Fortsetzung des Ersten Weltkrieges zur endgültigen Vernichtung des Reiches. Ich wurde Zeuge des Aufstiegs der langsam sich entwickelnden Bundesrepublik Deutschland, des langjährigen Wiederaufbaus, mehr als nur ein Wirtschaftswunder, und freue mich der wiedererlangten Souveränität eines nach Jahrzehnten der unnatürlichen Spaltung wiedervereinigten, aber verstümmelten Deutschlands.

An eine Veröffentlichung dachte ich nicht, weil die Welt sich derart verändert hat, daß sich die heutigen Wertbegriffe zu denen meiner Generation diametral entgegengesetzt entwickelt haben.

Erst das Urteil verläßlicher Freunde und anderer gewissenhafter Leser haben mich bewogen, doch einer Publikation in stark gekürzter Form zuzustimmen. Ich habe dabei im Sinne, dem herrlichen Lebensberuf des Seeoffiziers der Reichs- und Kriegsmarine ein Denkmal zu setzen. Die geplante Umerziehung und eine verordnete Geschichtslosigkeit, die das Interesse an der Geschichte zusehends schwinden ließ, haben ein Vakuum hinterlassen, das nur unsere abtretende Generation aus dem Erleben ausfüllen kann.

Die für die Veröffentlichung notwendige Kürzung zwang zu erheblichen Eingriffen in den Text, nötigte auch zu großen Beschränkungen bei der Bebilderung und machte es erforderlich, auf die meisten in den Anlagen zu meiner umfangreichen Niederschrift beigegebenen Dokumente zu verzichten.

Vollständige Originalfassungen unter dem Titel: »Traum und Wirklichkeit eines Berufes« sind deponiert:

im Bundesarchiv-Militärarchiv (Freiburg),
in der »Bibliothek für Zeitgeschichte« (Stuttgart),
in der Bibliothek der Führungsakademie der Bundeswehr (Hamburg),
im »U-Bootsarchiv« (Altenbruch-Cuxhaven),
in der Bibliothek der Marine-Offizier-Vereinigung (MOV) (Bonn)
und
in der Bibliothek der Marineschule (Flensburg-Mürwik).

In diesen Bänden gedenke ich besonders meiner gefallenen Crewkameraden und der Besatzungen meines Bootes *U-68*.

Ich wünsche mir, daß viele junge Menschen aus dieser Veröffentlichung erkennen, daß jedes Leben aus Vorbild, Erziehung, Bewährung, ununterbrochenem Lernen und Arbeiten bis in das hohe Alter besteht und dann erst die Befriedigung sich einstellt, wirklich ein »volles Leben« gelebt zu haben.

Dieses Vorwort wäre ohne einige Worte des Dankes unvollständig. Die wichtigste Danksagung gilt meiner Frau, die meine jahrelange Arbeit mit Verständnis begleitete und den notwendigen Zeitaufwand nicht als Vernachlässigung empfunden hat. Ihr widme ich in Dankbarkeit diese Buchausgabe.

Ich danke meinen vielen englischen und amerikanischen Freunden, die mir dokumentarische Unterlagen der Gegenseite zur Verfügung stellten. Sie ermöglichten es mir damit, meine Erlebnisse im U-Bootkrieg nachträglich kontrollieren zu können und auch mit den Augen der anderen Seite zu sehen.

Besonders dankbar erwähne ich hier den ehemaligen Artillerieoffizier des britischen Kreuzers *Dorsetshire*, Commander Michael Craig-Waller, mit dem ich in gemeinsamer Arbeit das Gefechtsbild bei der Versenkung des Versorgers *Python* am 1. Dezember 1941 im Südatlantik zutreffend rekonstruieren konnte. Die Regierung Südafrikas war so großzügig, mir einen Abdruck ihres Geschichtswerkes »War In The Southern Oceans« zur Verfügung zu stellen, in dem einige Operationen meines Bootes recht ausführlich beschrieben wurden. Besonders verpflichtet fühle ich mich einer Freundschaft, die nach dem frühen Tode des ehemaligen Kommandanten von *U-32*, Hans Jenisch, auf mich überging. Der damalige Navigationsoffizier der *Empress of Britain*, die von Jenisch versenkt wurde, hat mich ständig über Artikel in englischen Zeitungen über den See-, vorwiegend den U-Bootkrieg, auf dem laufenden gehalten. Dies ermöglichte mir in mehreren Fällen Gegendarstellungen, die zu Korrekturen des einseitigen Meinungsbildes führten. Eine erfreuliche Anzahl ehemaliger Seeleute von britischen Schiffen, die ich im Kriege versenken mußte, hat nach dem Kriege Verbindung mit mir gesucht. Wir tauschten unsere Erlebnisse aus zum Nutzen meiner Aufzeichnungen.

Dem Militärarchiv in Freiburg habe ich zu danken dafür, daß mir die Kriegstagebücher von *U-68* zur Verfügung gestellt wurden, ohne die mir eine so eingehende Schilderung der Unternehmungen meines Bootes nicht möglich gewesen wäre. Natürlich danke ich auch dem Traditions-Archiv U-Boote und ihrem Stifter Horst Bredow für besondere Unterrichtungen und schließe in meinen Dank für vielfältige Ermunterung und Unterstützung auch ein die vielen in der Nachkriegszeit gewonnenen Kameraden, den »Captain's Table« in Bremen und die Sektion Südbaden der Ordensgemeinschaft der Ritterkreuzträger.

Zunehmende gesundheitliche und altersbedingte Schwierigkeiten machten es mir unmöglich, daß ich die ganze mühevolle Arbeit der Kürzung und Straffung des Textes für diese Buchausgabe meiner Erinnerungen allein leisten konnte. Dieser Aufgabe unterzog sich – in Übereinstimmung mit meinen Gedankengängen und Überlegungen – in seiner freien Zeit Dr. Georg Meyer (Freiburg i. Br.), dem ich dafür zutiefst dankbar bin.

Einen unschätzbaren Dienst erwies mir ein britischer Korrespondenzfreund, Harry C. Hudson (Grimsby), der sich seit langem für die schiffahrtsgeschichtliche Seite des U-Bootkrieges interessierte. Er beschaffte mir die »andere Seite«, die pflichtgemäß erstatteten Verlustberichte der Handelsschiffs-Kapitäne, oder deren Vertreter, die diese unmittelbar nach ihrer Rückkehr in England abzugeben hatten. Die Schiffsunfallabteilungen der Seeämter des Handelsministeriums nahmen diese vertraulichen Berichte über die Schiffsversenkungen nach einem genau vorgeschriebenen Fragenkatalog auf.

Nach dem Kriege konnte sie jedermann in den Dienststellen des Public Record Office einsehen. So erhielt ich diese recht objektiven Zeugnisse sämtlicher Versenkungen von Schiffen unter britischer Flagge. Es gelang mir nicht festzustellen, wenn ich es auch als sehr wahrscheinlich ansehe, ob es ähnliche amtliche Berichte niederländischer und belgischer Handelsschiffs-Kapitäne gibt.

Das britische Schema begann mit dem Schiffsnamen, der Größe des Schiffs, dem Namen des Kapitäns oder des Berichters an seiner Statt. Es folgte der Versenkungstag, die Angabe der Ursache der Versenkung, die eventuelle Convoy-Zugehörigkeit und das Datum des Berichts. Der Bericht enthielt dann Angaben über Reiseweg und Ziel, die Ladung und deren Zusammensetzung. Dann folgte die genaue Aufzählung der Bewaffnung (Kanonen, Maschinenwaffen, Raketen, Wasserbomben, eventuell weitere Abwehrmittel, darunter die Aussage, ob die Entmagnetisierung eingeschaltet war, arbeitete oder gar defekt war). Es schloß sich an die genaue Aufzählung der Besatzung, der militärischen Geschütz- und Waffenbedienungen, oft unterschieden in Heeres-, Marine-

oder gar fremdländische Kanoniere, eventuell zusätzliches Signal- oder Funkpersonal. Auch nahmen Angaben über Passagiere, Verluste, Verwundungen und Verletzungen einen größeren Raum ein.

Auch über die befehlsmäßige Vernichtung der Geheimsachen mußten eindeutige Aussagen gemacht werden. Leider war uns U-Bootkommandanten nicht dringlich genug die Wichtigkeit der Eroberung dieser Geheimsachen nahegelegt worden. Zweifellos hätte es auch für *U-68* Möglichkeiten gegeben, in abgelegenen Seegebieten handstreichartig die Geheimunterlagen zu erbeuten. Erst nach dem Kriege wurde mir diese Unterlassung bewußt.

Nach diesem Schema begann dann der jeweilig individuelle Kapitänsbericht. Er schilderte zunächst den Verlauf der Reise bis zur Versenkung, oft bereits mit Hinweis auf U-Bootwarnung und besondere Kursanweisungen durch die Funkleitstellen der Bestimmungshäfen. Dann folgte die Beschreibung der Kampfhandlungen mit Art der Wahrnehmung sowie der Wind- und Seeverhältnisse. Erstaunlich ist der häufige Irrtum der Berichte über die Angriffsseite, oft auch über den Treffpunkt am Schiff. Soweit möglich, berichtete der Kapitän dann über Schadensfeststellung und Auswirkung der Schäden und über eventuell getroffene Maßnahmen zur Erhaltung des Schiffes, Maßnahmen zur Kenntlichmachung, Funk-Signal-Alarm und Treffermeldung, die Anzahl der Rettungsboote und die Absichten der Schiffsführung. Sehr unterschiedlich sind dann je nach Intellekt und Natur der Kapitäne die Schilderungen der Rettungsboot-Reisen zum nächsten Hafen, oder einer Küste sowie die ihnen zuteil gewordene Hilfsbereitschaft auf See und dann an Land. Über das Verhalten des feindlichen U-Boots wird in der Regel fair und sachlich berichtet.

Das Buch ist ein Lebensbericht, kein »U-Bootbuch«, auch wenn die U-Booterlebnisse eine besondere Rolle spielen.

Besondere Aufmerksamkeit habe ich der meinen Kameraden und mir zuteil gewordenen sorgfältigen langjährigen Ausbildung zum Seeoffizier gewidmet sowie den Persönlichkeiten der Vorgesetzten, die uns formten, die uns Vorbild waren und denen nachzueifern wir uns bemühten. Auch erschien es mir wichtig und nützlich, die Dienstzeit mit ihren vielfältigen Verwendungen vor dem Kriege zu beschreiben, in der der Grund gelegt worden ist für die Befähigung zum Kommandanten eines U-Bootes, zur verantwortungsreichen Ausbildung des Nachwuchses in der Kriegszeit und für die Bewährung vor dem Feind.

Die Katastrophe der Niederlage, der Kampf um das Überleben der Familie, der Wiederaufbau, die Versuche, einen neuen Lebensberuf zu gewinnen, waren eine erneute Bewährungsprobe. Ich glaube, sie unter den bewährten Leitsätzen der Vergangenheit bestanden zu haben, der Selbstverantwortlichkeit, des kategorischen Imperativs: der gestirnte Himmel über mir und das moralische Gesetz in mir. Ich habe daher meinem Lebensbericht den Titel »Nach Kompaß« gegeben, weil unabhängig von Zeit und Raum der Kurs stets gleich blieb.

Waldshut-Tiengen, im November 1992 *Karl-Friedrich Merten*

Rückblick auf die Kindheit

Als ich am 15. August 1905 in Posen, der Hauptstadt der damaligen gleichnamigen preußischen Provinz, geboren wurde, stand das deutsche Kaiserreich auf dem Höhepunkt seiner Ausdehnung, Macht und wirtschaftlichen Stärke. Das Deutschlandlied von Hoffmann von Fallersleben erschien als lebendige Wahrheit.

Ich hatte zwei ältere Geschwister. Als meine älteste Schwester im Alter von nur drei Jahren an einer Blinddarmentzündung starb, wurde die Bindung zu meinem nur ein Jahr älteren Bruder noch enger. Mein Vater, Erster Stadtrat von Posen, wurde 1910 zum Bürgermeister der Stadt Elbing in Westpreußen gewählt.

Während des Umzuges wurden mein Bruder Hans-Wolfgang und ich bei unserer Großmutter Merten in Demmin deponiert, wo mich die dort stationierten Ulanen sehr beeindruckten.

Wir wohnten in Elbing in einem dreigeschossigen Mietshaus in der Jakobstraße 5 in paritätischer Verteilung der Konfessionen im Hause, im Parterre die jüdische Familie Behrend, Inhaber einer respektablen Drogerie, im ersten Stock, der damaligen »Belle Etage«, die Familie des katholischen Käsereibesitzers Josef Diethelm, im zweiten Stock die evangelische Beamtenfamilie Merten. Es gab weder Streit noch Unfrieden. Wir Kinder, aus jedem Stockwerk zunächst nur zwei, vertrugen uns glänzend.

Elbing wurde unsere geliebte Heimatstadt und ist es im Herzen bis heute geblieben. Die Bevölkerung war überwiegend evangelisch, die katholischen Einwohner kamen zum größten Teil aus dem Bistum Ermland, dessen Grenzen nahe heranreichten. Die

Stadt war von einer einmalig schönen, abwechslungsreichen Landschaft umgeben, zu allen Jahreszeiten unvergleichlich anziehend. Die weiten Waldungen auf der Elbinger Höhe, die Nehrung mit den feinsandigen Stränden, die Oberländer Seenplatte, die Haffküste, das waren Naturschätze von unvergessenem Reiz. Im Winter sorgten, meist beginnend im Januar, erhebliche Frostgrade für ein Wintersportparadies mit grenzenlosen Schlittschuh-Möglichkeiten, die wir bald noch mit Segeln (meist selbst gebastelt) zu erweitern versuchten. Die Fischer der Haffküste und der Nehrung setzten ihre Fischerboote auf gewaltige Kufenpaare und flogen nur so über die spiegelblanken Flächen. Im Sommer spielten zu den Ferien oder auch an den Wochenenden die Dampferfahrten nach dem Ostseebad Kahlberg für alle Altersstufen der Elbinger Jugend eine ganz große Rolle. Das Baden in der häufig starken Brandung vor dem breiten Feinsandstrand der Wehrung setzte gute und ausdauernde Schwimmkünste voraus. Seit Kriegsbeginn 1914 verbrachten wir die Sommerferien auf dem Schroeterschen Gut Stagnitten, dem Paradies meiner Jugend.

Große Unruhe und Aufregung gab es mit Kriegsbeginn im August 1914, als die Russen in Ostpreußen einbrachen und unter der Bevölkerung wüteten. Wir saßen auf gepackten Koffern, bis die Schlacht von Tannenberg das Land von den Russen befreite. Es war im Ersten Weltkrieg nie wieder gefährdet.

Der erste schwere Schicksalsschlag traf mich mit dem unerwarteten Tod meines geliebten Bruders Hans-Wolfgang im November 1914 als Folge einer Gelenkentzündung. Dieser Verlust traf mich hart, war er doch nicht nur ein ausgezeichneter Schüler, sondern auch mein engster Freund. War er ein begeisterter Freund der Kaiserlichen Marine gewesen, und hatte das Geschehen zur See in jeder bekannt werdenden Einzelheit verfolgt, so galt meine ganze Liebe und Begeisterung der jungen Fliegerei und der Luftwaffe. Der »Ostseeflieger« von Killinger und der »Flieger von Tsingtau« begeisterten mich. Aber nach dem bitteren Verlust meines Bruders wandte auch ich mich der Marine und ihren Taten zu. Das sollte sich nie wieder ändern.

Mein Vater ging in seinem Beruf vollkommen auf, und das steigerte sich noch mit Kriegsbeginn durch erhöhte Verantwortung. Meine Mutter hatte in Elbing viele soziale und wohltätige Aktivitäten übernommen, der Stellung meines Vaters entsprechend, und mit großer Energie verstärkt und ausgebaut. Während meine jüngeren Geschwister, Jürgen, geboren 1910, und Klaus, geboren 1912, unter der Obhut eines Kinderfräuleins blieben, war ich auf mich selbst gestellt. Ich schloß mich eng an den besten Freund meines verstorbenen Bruders an, Edgar Muhle.

Es konnte nicht verwunderlich sein, daß in der alten Hansestadt der Hafen, die Schichau-Werft, die beiden bekannten Ruder-Vereine und der sehr aktive Marine-Verein für uns Jungen eine zentrale Rolle spielten. Der Bau von Kriegsschiffen, vorwiegend Torpedoboote, weckte unsere Phantasie.

Am Elbingfluß konnte man sich Ruderboote bei der alten Leidig auf einer Hulk leihen, nur mußte man als Minderjähriger auch ein Pfand hinterlegen. Lange Jahre konnte ich für diesen Zweck eine goldene Uhr, die mir als Patengeschenk zugedacht war, aus dem Schrank meines Vaters entführen und wieder unbemerkt zurücklegen, bis unsere Ruderaktivitäten entdeckt wurden. Es gab einen heillosen Krach, der aber unsere Marinebegeisterung nicht stoppen konnte.

Unser Garten grenzte an ein kleines Grundstück mit einem einstöckigen Einfamilienhaus, das einem Werkmeister der Schichau-Werft mit Namen Lindenstrauß gehörte. Drei seiner Söhne leisteten ihre Wehrpflicht bei der Marine. Sie trugen mit Stolz die rote Biese der Torpedobootsfahrer und erzählten uns tolle Marinegeschichten, denen wir auf dem Zaun sitzend zuhörten und vor Bewunderung verstummten.

Durch Handel und Tausch kamen wir zu allen einschlägigen Marine-Büchern der Zeit, die wir verschlangen.

Wie aber stand es denn mit der Schule bei derartigen Schmöker-Aktivitäten? Mein Freund Edgar kam mit Ach und Krach über die Versetzungsklippen. Ich scheiterte in der Untertertia und blieb sitzen, hatte aber auch eine Torheit verübt, die einen Schulwechsel geraten erscheinen ließ.

Mit Späheraugen beobachteten wir häufig an den Nachmittagen die Gefechtsübungen des Elbinger Infanterie-Regiments Nr. 148 auf dem Übungsplatz in Seeteich an der Straße nach Stagnitten. Zog die Truppe dann gegen Abend ab nach den Elbinger Kasernen, dann sammelten wir die verlorenen scharfen Patronen und leichtsinnigerweise die Handgranaten-Blindgänger, die wir meist noch an Ort und Stelle durch Herausdrehen der Zünder entschärften. Einmal nahmen wir aber auch zwei Eierhandgranaten-Blindgänger im Rucksack mit. Das silbrige Pulver der Eierhandgranaten benutzten wir zu allerhand Unfug, ohne dadurch aufzufallen. Aber das Verhängnis nahte, als ein Mitschüler, Horst Grabert, und ich mit einer entleerten Eierhandgranate auf dem Korridor der Schule kegelten und dabei ertappt wurden. Unseren Eltern wurde ein Schulwechsel nahe gelegt. Dies bot sich für mich ohnehin an, denn das Lernen wurde mir wegen zusätzlich störender Privatstunden in Mathematik als unangenehme Unterbrechung der Freizeit recht lästig.

Als mein vielbeschäftigter Vater mir ein Internat androhte, wußte ich, daß es jetzt ernst wurde und ich meinem bisherigen recht ungebundenen Jugendleben Valet sagen mußte.

Mein Vater stammte aus einem pommerschen, bäuerlichen alten Geschlecht, dessen Nachweis bis zum Jahre 1660 zurückreicht. Mein Großvater war der erste Merten, der vom heimatlichen Hof im Kreise Naugard als jüngerer weichen mußte und sich in Demmin als Fabrikant niederließ. Mein Vater, ein glänzender Schüler, studierte Jura in Greifswald, Jena und Berlin. Er diente beim 1. Garde-Regiment zu Fuß in Potsdam, wurde 1896 als Seconde-Lieutenant entlassen und später in die Landwehr überführt. Meine Mutter, zweitälteste Tochter des damaligen Reichsgerichtsrats Blume in Leipzig, war eine sehr musische Natur, sang schön, spielte gerne auf ihrem Heiligtum, dem großen Flügel, schrieb viel, dichtete mit viel Humor und unterhielt eine ausgedehnte Korrespondenz, eingeschränkt freilich durch ihr soziales Engagement in Elbing. Kein Sonntag verging ohne Kirchgang. Meine Mutter war im Gemeinde-Kirchenrat und versuchte die Pfarrer der St. Annen-Gemeinde zur Zusammenarbeit an Stelle ewiger Querelen zu bewegen. Waren meine Eltern gemäßigt monarchisch gesinnt, so wandten sie sich nach dem Umbruch und der Errichtung der Republik der Deutschen Volkspartei Stresemanns zu. Mein Vater gehörte aus Grundsatz keiner politischen Partei an, weil er glaubte, als Stadtoberhaupt eine strikt »neutrale« Haltung einnehmen zu müssen. Ich dagegen betätigte mich zu den Wahlzeiten als Plakatkleber und Handzettelverteiler bei den Deutschnationalen, was meine Eltern gar nicht so gerne sahen.

Mein Vater war der natürliche Mittelpunkt unserer fest gegründeten, eng verbundenen, bürgerlichen Familie. Alle Mahlzeiten und die ganze Hausordnung waren auf ihn eingestellt. Wir Kinder hatten nur zu reden, wenn wir gefragt wurden, aber wenn wir ihn an den Nachmittagen bei seinen Stadtspaziergängen und Neubau-Inspektionen begleiten durften, dann kam unsere Stunde, wo er selbst die neugierigsten Fragen in seiner Güte und Aufgeschlossenheit beantwortete. Er war uns ein Vorbild an Pflichttreue und Bescheidenheit. Er hatte eine Freikarte für die Straßenbahn. Wenn er uns mitnahm, dann bezahlte er peinlich genau für uns die Kinderfahrscheine. Nach der Preußischen Städteordnung gehörte Elbing zu den Städten mit »Präsentationsrecht zur preußischen Ersten Kammer«, und so wurde mein Vater 1910 »auf Lebenszeit« zum Mitglied des Preußischen Herrenhauses berufen.

Königlich-preußischer Kadett in Köslin

Unter mehreren Möglichkeiten eines Internats hatte mein Vater auch das nächstgelegene Kadettenhaus in Köslin vorgesehen. Zur genaueren Kenntnis, was mich erwartete, ein bisher recht freiheitlich aufgewachsener Junge, hatte mir mein Vater die »Hausordnung« der königlich-preußischen Kadettenhäuser zum genauen Studium gegeben. Da meine Mutter in Köslin aufgewachsen war, dort noch Freunde und Bekannte hatte, sollte dort der erste Versuch eines Neubeginns gemacht werden. Erstaunlicherweise hatte ich selbst die Einsicht gewonnen, daß nur »unter Press und Druck« mein bisheriges Träumerleben ein endgültiges Ende finden könnte.

Als mein Vater mit mir am Spätnachmittag des Prüfungs- und möglichen Aufnahmetages im April 1918 vor dem allgewaltigen Studiendirektor Dr. Haßler stand, und eine Aufnahme in die Quinta in Aussicht gestellt wurde, war er derartig erschüttert, daß er mir die Entscheidung überließ. Es gab einen einsilbigen Abend im damaligen Hotel »Kronprinz« am Kösliner Marktplatz und eine schlaflose Nacht für mich, denn mein guter Vater hatte meine Entscheidung für den nächsten Morgen gefordert. Als ich aber endlich im nächtlichen Grübeln diese Zwangsjacke als den wahrscheinlich einzigen Weg für einen erfolgreichen Schulweg erkannt zu haben glaubte und das meinem Vater noch vor dem Frühstück mitteilte, spürte ich, daß auch mein Vater diesen harten Weg für mich als beste Lösung erwartet hatte.

Ich hatte in Elbing bisher nur ein Jahr Latein gehabt, jetzt aber waren die Kenntnisse dreier Jahre gefordert. Mit der Notwendigkeit, ein halbes Jahr zusätzliche Privatstunden zu nehmen, die mir der Oberstudiendirektor sogar selbst geben wollte, wurde ich dann am nächsten Vormittag in das Kadettenhaus aufgenommen. Ich hatte drei Lebensjahre verloren. Aber der Entschluß war ausschließlich mein eigener freier Wille.

Oft habe ich mich gefragt, ob möglicherweise die Uniform und das militärische Fundament bei meiner überraschenden Entscheidung den Ausschlag gaben. Es war aber allein die Erkenntnis, daß nur ein bisher unbekannter Zwang mich zur Selbstdisziplin und damit zur Leistung für das ganze Leben bringen würde. Ich habe diese bis dahin schwerste Entscheidung in meinem Leben niemals bereut.

Es ist nach dem Weltkrieg viel über das königlich-preußische Kadettenkorps geschrieben worden, meist Falsches und Herabsetzendes, so daß die nach dem Versailler Vertrag verfügte Auflösung fast als eine notwendige und befreiende, jugendfreundliche Maßnahme gilt. Eine wirklich der Wahrheit entsprechende Darstellung gibt das Buch von Ernst v. Salomon, »Die Kadetten«.

Es ist keineswegs richtig, daß grundsätzlich jeder Kadett ausschließlich für den Offizierberuf vorbestimmt war. Die Berufswahl war frei, und berühmte Wissenschaftler und hohe Beamte sind ebenso aus dem Kadettenkorps hervorgegangen, wie allerdings auch große Soldaten. Namen wie Hindenburg, Ludendorff, der Kampfflieger v. Richthofen, auch eine große Zahl von Soldaten, die im Zweiten Weltkrieg berühmt wurden, wie Guderian, Manstein, Witzleben, Wenck und Westphal belegen dies.

Unbestritten war das Kadettenkorps, es gab preußische, bayerische und sächsische Kadetten, auf die monarchische Tradition ausgerichtet und entsprach damit seiner Zeit. Jedoch kamen zu der Treue zum Herrscherhaus, einer heute unbekannten Loyalität zur Staatsführung, die zeitlosen menschlichen Tugenden der unbedingten Wahrheitsliebe, der bedingungslosen Kameradschaft, der Einfachheit und Anspruchslosigkeit hinzu.

Die systematische Erziehung zur Selbstdisziplin, zur moralisch-sittlichen Sauberkeit und zur christlichen Frömmigkeit bildete die Grundlage für ein untadeliges Berufsleben, gleichgültig welcher Richtung.

Die Monarchie verging, jeder Kadett hat ihr ein loyales Andenken bewahrt. An deren Stelle trat die leidenschaftliche Liebe zum Vaterlande, die in guten und in schlechten Zeiten das Herz erfüllt.

Gleich am Tage nach meiner Aufnahme kamen die Kadetten vom Osterurlaub zurück. Ich wurde eingegliedert, kam auf die Stube 9 der 1. Kompanie unter dem Hauptmann Ahlemann. Der Stubenälteste teilte für mich einen »Bärenführer« ein, um mich in den festgefügten Tageslauf zu integrieren. Das erste Jahr war für einen Kadetten kein Honigschlecken. Er hatte viele Herren und Obliegenheiten, er lernte sich fügen und gehorchen, auch wenn die Befehle der Älteren nicht immer von unbedingtem Wohlwollen diktiert waren. Er war ein »Frischling« und mußte sich die Anerkennung der Kameraden der ganzen Stube – etwa acht Kadetten der Klassen Sexta bis Obertertia – erst erwerben. Erst ganz allmählich erwarb man sich die Bezeichnung als »Schnappsack«, was bereits einer charakterlichen Anerkennung entsprach. Ich kann mich noch gut erinnern, daß ich doch mit Sehnsucht im ersten halben Jahr der großen Freiheit der vergangenen Elbinger Jahre gedachte.

Von den großen Ereignissen des Weltkrieges und der allmählich offenbar werdenden Aussichtslosigkeit, den Krieg noch zu gewinnen, merkten und hörten wir wenig. Ganz plötzlich, Anfang Dezember 1918, wurden wir beschleunigt noch vor den Weihnachtsferien nach Hause geschickt. Die Revolution war ausgebrochen, der Kaiser nach Holland geflohen, ein Waffenstillstand wurde abgeschlossen. Der Krieg war verloren. Die lange angedrohte Rache der Sieger war zu erwarten. Keiner wußte, ob und wie es weitergehen würde.

So waren wir erstaunt und erfreut, als wir etwa Mitte Januar 1919 wieder einberufen wurden unter Zusendung einer Militärfahrkarte, was immer noch als ein Privileg betrachtet wurde. Das Jahr 1919 verging in gewohnter Weise, und zu Ostern 1920 wurden zum letzten Male die Konfirmanden in Uniform eingesegnet vom »Popen« Heine, unserem Anstaltspfarrer, der diesen Spitznamen seit Generationen trug.

Das ganze Vaterland hungerte, wir Kadetten nicht weniger. Jedoch hatten wir eine große Zahl Kadetten vom Lande aus Pommern, West- und Ostpreußen, die immer noch von den Eltern ihre Freßpakete erhielten. Da gab es den »Freß-Pax«, eine der typischen Kadetten-Selbsthilfe-Einrichtungen. Die Hälfte der Inhalte jeden Pakets ging zur Verteilung an die »Stube«. Die andere Hälfte wurde großzügig mit dem »Freß-Pax«-Kameraden geteilt. Ich konnte von meinen peinlich genau nach den Marken lebenden Eltern weder Butter noch Schmalz oder Speck bekommen. Sie schickten mir aber Schrötersche Kondensmilch, die immer mal auch ohne Marken zu haben war. So konnte ich meinen »Freß-Pax«-Freund, Egon Klempnauer aus Börske bei Ladekopp im Danziger Kreis Großer Werder, mit der zähflüssigen, süßen Elbinger Kondensmilch gleichwertig entschädigen.

Freunde meiner Mutter aus ihren Kösliner Mädchenjahren sorgten rührend dafür, daß ich häufig an den Sonntagen zum Nachmittagskaffee eingeladen wurde. Solche Einladungen mußten schriftlich mit dem Urlaubsgesuch eingereicht werden. Falls weder klassenseitig noch kompaniemäßig Sünden oder Bedenken vorlagen, wurde der Urlaubsschein bei der Sonntagsmusterung vom Kompanie-Verwalter, »Flaz« genannt, ausgegeben.

Nicht eine Sekunde früher, als auf dem Urlaubsschein vermerkt, konnte man mit Unterschrift vom jeweiligen Pförtner, einem meist uralt gedienten Unteroffizier, die Anstalt in vorher sorgfältig gemusterter Uniform mit weißen Handschuhen verlassen. Die Endstation der Straßenbahn war unmittelbar bei der Anstalt, der Fußweg betrug immerhin etwa vier Kilometer. Meist war ich mit einem anderen Kadetten zusammen bei der Familie v. Kunowski eingeladen. Fast zu schnell verging dann der Nachmittag mit den drei etwa gleichaltrigen Kindern mit Fragespielen und Quartetten. Um spätestens halb 9 Uhr abends mußten wir zur Straßenbahn eilen, nachdem die Hausfrau auf dem Urlaubsschein bestätigt hatte, daß die Kadetten bei ihr gewesen waren. Kamen wir an der Endstation der Straßenbahn an, begann fast ein Wettlauf zum Pförtner, um den pünktlichen Rückkehrtermin bestätigt zu erhalten. Es setzte unweigerlich eine Arreststrafe, wenn man auch nur eine Minute zu spät notiert war, was unvermeidlich war, wenn man die Straßenbahn verpaßt hatte.

In der kargen Freizeit spielten wir auf dem gewaltigen Hof, der zweigeteilt die beiden Kompanien voneinander trennte, entweder Schlagball oder auch Hockey. Sehr viel wurde auch an den vor jeder Kompanie aufgestellten Geräten geturnt, denn erst eine bedeutende Serie von Klimmzügen sowie Kippe und Schwungstemme befreiten von dem Odium eines »Schlappiers«. Gute Turnleistungen führten auch zur Aufnahme in die »Freiturner-Riege«, die bei allen Vorführungen zu glänzen hatte. Als besondere Auszeichnung wurde ein schwarz-weiß geflochtenes Band verliehen, das auf dem rechten Unterarm der Litewka, der Hausjacke, mit großem Stolz getragen wurde.

Die II. Sittenklasse war die Voraussetzung zur Ernennung zum erstrebten »Vorkorpsunteroffizier«. Diese meist zu den Sommerferien ausgesprochene Beförderung der besten Obertertianer zeichnete die Kadetten mit einer Goldlitze über den weißen Achselklappen des Vorkorps Köslin aus und war mit der Genehmigung verbunden, zum Ausgehanzug ein Koppel mit Seitengewehr zu tragen. Es gab zwei getrennte Zeugnisse zu Ostern, das Klassenzeugnis für die Schulergebnisse und das Kompaniezeugnis für die militärische, disziplinare und sittliche Beurteilung.

Wir lernten, auch mit kleinsten Beträgen als Taschengeld auszukommen und darüber Rechnung zu legen in einem sorgfältig zu führenden Abrechnungsbuch. Bis zur Auflösung des Korps bekamen wir monatlich 0,75 Mark »königliche Zulage«, die unserem Taschengeldkonto gutgeschrieben wurde. Es regte unsere Phantasie besonders an, daß wir diese »königliche« Zulage des Königs von Preußen noch erhielten, als längst keine Monarchie mehr existierte.

Im Herbst, wenn die goldgelben Birnen und Äpfel von den Bäumen der Gärten der Kompanie-Verwalter, der Aufwärter, ja des Gartens von »Popen« Heine unseren Obsthunger herausforderten – es gab nie derartiges zu den Mahlzeiten –, begannen die nächtlichen Streifzüge von den Schlafsälen der Kompanien aus, die genau mit den Zeiten des Nachtwächters abgestimmt werden mußten. Drei, vier Kadetten machten sich auf, bei Mondschein mit übergezogenen Nachthemden, und plünderten die umliegenden Obstgärten. Es galt nicht als »unehrenhaft«, aber es war »schimpflich«, sich dabei erwischen zu lassen. Obwohl stets Nachforschungen angestellt wurden, kamen die Waghalsigen erstaunlicherweise nie heraus, jedenfalls zu meiner Zeit nicht. Da ein Großteil der Erzieher selbst Kadetten gewesen waren, fielen wohl die Ermittlungen auch nicht allzu sorgfältig aus. Obwohl der Kommandeur-Garten das lockendste Obst und die leichtest zu erkletternden Bäume aufwies, haben wir es nie gewagt, dort »geheim« zu ernten!

Schule und Lehrer waren ein Sonderkapitel, sehr pedantisch die eine Gruppe der Lehrer, sehr verständig und großzügig die andere. Die Tradition, der Geschichtsunterricht, die ganze Umgebung atmete preußischen Geist und machte uns zu leidenschaftlich vaterländisch gesinnten Deutschen, aber nicht zu Chauvinisten oder Verächtern fremder Völker. Versailles traf uns tief und nachhaltig, widersprach doch jede der entehrenden Bestimmungen den von Präsident Wilson postulierten Friedensgrundsätzen. Wir hielten den Atem an in der Erwartung des uns geltenden Schlages.

Am 9. November 1919 wehte im steifen Herbstwind noch einmal die alte preußische Kriegsflagge, weiß-schwarz-weiß mit dem

Preußen-Adler, dann schwarz und wieder weiß in der Umrandung, auf Halbmast vom Hauptgebäude, mit einem riesigen schwarzen Trauerflor versehen. Da, vorausschauend auf eine gewisse Unruhe, an diesem Jahrestag die Schlafsäle abgeschlossen und verstärkte Ronden angeordnet worden waren, konnten allein Lazarett-Insassen zur Ausführung einer an höchster Kadetten-Instanz beschlossenen Demonstration imstande gewesen sein. Schmidt-Ulrich aus Neustettin, Franz Borowski aus Königsberg, Hans-Joachim v. Heydebreck aus Kolberg und Karl-Friedrich Merten aus Elbing waren um 2 Uhr nachts aus dem Lazarett ausgebrochen. Wir gingen mit übergezogenen Nachthemden über den mondbeschienenen Vorhof zum Hofeingang, enterten am Blitzableiter bis zum Vordach, öffneten das von der Kompanie absichtlich offengelassene Hoffenster, eilten die leise knarrenden Treppen auf Strümpfen hoch bis zum Fenster der Kleiderkammer-Etage, schwangen uns erneut heraus zum Blitzableiter und erreichten das Vordach. Von dort zum Hauptdach des Mitteltraktes ging es auf schiefer Ebene ohne jede Schwierigkeit. Die Angst, das Bodenluk zur Fahnenkammer wäre geschlossen, ließ uns fast aufschreien, als sich knarrend das schwere Luk in gemeinsamer Anstrengung nur schwer aufklappen ließ. Das Anstecken der Fahne und das sofortige Aufblähen, das fast unsere gemeinsamen Kräfte überstieg, die Flaggleine halten zu können, das Anstecken des Trauerflors war tatsächlich ein Kraftakt, der uns stolz machte, als es geschafft war. Der Rückweg fiel uns leicht vor Begeisterung, die uns nicht mehr schlafen ließ.

Die brausende Begeisterung der Kameraden, als um 8 Uhr morgens die Flagge noch immer halbstocks wehte, ließ uns die zu erwartenden Folgen gering erachten, denn natürlich konnte es kein Geheimnis sein, von wo die Übeltäter kamen und wer und wie viele es gewesen sein konnten.

Noch am gleichen Tage flogen wir aus dem Lazarett und hatten bereits am Mittagsappell unsere Strafe weg, drei Tage verschärfter Arrest. Dennoch hatten wir nicht das Gefühl, etwas Schlechtes gemacht zu haben, auch wenn uns unser Kompaniechef Hauptmann Ahlemann klarzumachen versuchte, daß wir mit unserer törichten

Demonstration das unausbleibliche Ende des Kadettenhauses noch beschleunigt hätten.

Nachdem wir letztmalig anläßlich der Konfirmationsfeier, die, vorverlegt, bereits im März 1920 stattfand, unsere besten Uniformen anziehen durften, wurden wir in einem Schlußappell entlassen, ohne Klarheit zu erhalten, ob und wann unsere Kösliner Anstalt uns wieder in »ziviler« Form zurückrufen würde. In umgeänderten, der Litzen, Tressen und blanken Knöpfe beraubten blauen Röcken mit anmontierten weißen Schillerkragen fuhren wir deprimiert nach unseren Heimatorten.

Schüler der Stabila in Köslin und Abitur

Überraschend wurden wir schon gegen Ende April 1920 zur Entscheidung aufgerufen, ob wir zu dem jetzt »Staatliche Bildungsanstalt« genannten Realgymnasium mit Internat zurückkehren wollten. Meine Eltern und auch ich entschlossen uns für die Fortsetzung, auch unter zu erwartenden gänzlich anderen Bedingungen.

Der Kommandeur war durch einen Oberstudiendirektor ersetzt worden, Dr. Tominski, vorher Leiter der deutschen Schule in Konstantinopel. Gleich bei Schulbeginn ließ er keinen Zweifel daran, daß er keine Fortsetzung der Kadetten-Tradition dulden werde und gerade die alten Kadetten sich auf »demokratische« Lebensformen umzustellen hätten. Was er damit meinte, blieb uns unverständlich. Es war eine lächerliche Ankündigung, denn selbst die bisherige Einteilung blieb unangetastet, wenn auch unter anderem Namen. Weggefallen waren die Kompanie-Chefs. Aber die Erzieher, teilweise die alten, jetzt als Zivilisten, waren geblieben, sogar unter der gleichen Bezeichnung. Die Kompanie hieß jetzt Bereich, die Stuben blieben Stuben, die Abteilungen Abteilungen. Auch ein großer Teil unserer bewährten Lehrer war geblieben und wurde erst allmählich im Laufe der Jahre ausgetauscht oder pensioniert. Die neuen Lehrer waren durchweg Frontsoldaten, mehrheitlich Offiziere gewesen. Sie sorgten dafür, daß notwendige militärische Ordnungsformen aufrechterhalten blieben und die grundlegende Wertvorstellung der Jugenderziehung zu Wahrheitsliebe, Selbstdisziplin und Kameradschaft erhalten blieb.

Als Schuldirektor, für den Unterricht verantwortlich, war der Oberstudiendirektor Max Dobroschke in Ablösung von Dr. Haßler erschienen, vordem Leiter der deutschen Schule in Mexiko City. Er brachte sehr viel frische Luft in das Internat, wofür er sich die ganze Sympathie und Verehrung der alten Kadetten eroberte. Er schuf uns einen bisher ungewohnten Freiraum und persönliche Entwicklungsmöglichkeiten. Hatten wir als Kadetten jeden Sonntag, den der Herrgott werden ließ, etwa eineinhalb bis zwei Stunden beim Gottesdienst in der Kapelle gesessen, dann geschah dies, sehr zum Mißvergnügen von »Popen« Heine, nur noch einmal im Monat, und auch dieser Zwang lockerte sich mit den Jahren. Es gab plötzlich keine Urlaubsscheine mehr, wir hatten freien Ausgang bis 9 Uhr abends an den Sonntagen.

Nach der Arbeitsstunde von 2 bis 4 Uhr nachmittags konnten wir den langen, staubigen Fußweg zur Kösliner Badeanstalt am »schwarzen Berg« gehen, dort baden und toben. Um 7 Uhr abends mußten wir erst wieder in den »roten Mauern« sein. Dobroschke ermöglichte uns auch den Eintritt in den »Kösliner Ruder- und Segel-Verein« in Großmöllen, auf der engen Düne, die den Jamunder See von der Ostsee trennte. Hier bildeten wir mit nur wenigen Schülern des Gymnasiums die Jugendabteilung, lernten das sportliche Rudern in den schweren Gig-Vierern und den handlicheren Doppel-Zweiern, und nahmen an den internen Regatten teil. In der Zeit der Secunden kamen wir auch dazu, als Mitsegler und Vorschotmänner die Segelregatten benachbarter Vereine mitzumachen. Max Dobroschke war selbst leidenschaftlicher Segler und hatte ein modernes 15-qm-Sharpie-Boot, das jedes Jahr an einen von uns als Bootsmann vergeben wurde, der das Boot zu pflegen und rechtzeitig »seeklar« zu machen hatte.

Das sprach sich bei anderen Bootsbesitzern schnell herum, und sehr bald hatten die segelbegeisterten Stabila-Schüler ihre Segelboote zur Betreuung. Selbst segeln aber durften wir nur den noch vom Kriege her dem Segelverein überkommenen großen 12riemigen Linienschiffskutter, der viel Freude machte, jedoch ohne Konkurrenz blieb. Immerhin gehörte mehr seemännisches Können und seglerisches Feingefühl dazu, diesen Kutter ohne Schwert zu segeln und zu manövrieren, als das Segeln einer der dort üblichen Küstenjollen.

Natürlich setzte so viel Freiheit an den Wochenenden auch entsprechende schulische Leistungen voraus, und tatsächlich wurde ich, mit Ausnahme von Mathematik, auch ein besserer Schüler. Deutsch bei Studienrat Meißner, einem ausgesprochenem Feingeist, machte mir Freude, seine Faust-Interpretationen waren pakkend und meisterhaft. Latein hatte ich gut aufgeholt. Französisch und auch Englisch bereiteten mir mit verschiedener Lektüre Freude und Abwechslung. Die Algebra machte mich nervös, während ich die Geometrie leidlich verdaute.

Ich konnte damals nicht ahnen, daß der Verfasser unserer französischen Lehrbücher, der Professor Johannesson, einen Sohn hatte, der später, Oberleutnant z. S., der Divisionsoffizier des eben Leutnant z. S. gewordenen Karl-Friedrich Merten auf dem Kreuzer *Königsberg* sein würde.

Mit der Umwandlung zur Stabila war ein Wahlstädter Kadett zu uns in die Klasse gekommen, Hans Pauckstadt, auch Ostpreuße, Sohn des Oberforstmeisters in Rominten-Szittkehmen, mit dem ich mich sehr schnell anfreundete, weil wir gleiche Interessen, gleiche Empfindungen und gleiche seelische Schwingungen hatten. Auch unsere schulischen Sympathien und Antipathien waren gleich. Wir konnten uns beide an der gleichen Ode des Horaz begeistern, wir konnten seitenweise aus dem Faust rezitieren, wir begeisterten uns an der Rede des Marc Anton in Shakespeares »Julius Cäsar«, wir waren beide begeisterte Schwimmer, wir saßen zusammen im Doppel-Zweier, ebenso im Vierer und segelten zusammen das Boot *Fips* des Gymnasiasten Heinz Rudnik auf dem Jamunder See. Beide hatten wir uns auch bei der Reichsmarine beworben. Eine Hälfte der Sommerferien verlebten wir schon als Schüler gemeinsam in Kahlberg, die andere war ich bei Pauckstadts in Rominten, auch später als Fähnriche hielten wir es so. Es war der Beginn einer lebenslangen Männerfreundschaft über die Marinezeit hinaus bis zum Alter. Er ging schon früh, und ich durfte ihm die Grabrede halten.

Mit der Versetzung nach der Untersekunda hatte sich das Bild der Klasse verändert. Ein Teil begnügte sich mit dem Erreichten, aber ein Teil ging nun auch zu den heimatlichen Schulen über. Dafür bekamen wir mehr Internatsschüler aus den pommerschen ländlichen Kreisen.

Ich war schon seit der Obertertia Stubenältester auf der Stube 3 der 2. Abteilung des 2. Bereichs. Unser Erzieher war der damalige Studienassessor Böning, Kriegsteilnehmer, Offizier, ausgezeichnet mit dem Eisernen Kreuz. Er kümmerte sich intensiv um seine Abteilung und war uns ein vorbildlicher Lehrer. Streng national und konservativ, legte er auf die Kenntnis der vaterländischen Geschichte ganz besonderen Wert. Mit einer Gruppe geschichtlich Interessierter lasen wir in den Abendstunden Bismarcks Erinnerungen und kommentierten die Ereignisse. Aber auch zu den Zeitfragen nahm er unbekümmert Stellung und setzte sich auch in Gegensatz zu den Junglehrern, die schon von der Ausbildung her republikanische Links-Demokraten geworden waren und jetzt glaubten, uns verstockte Kadetten zu Sozialisten machen zu können. Aber diese politischen Gegensätze kamen eigentlich nur in zwei Fächern zur Wirkung, in Deutsch und Geschichte. Obwohl Böning später als Studienrat zu anderen bedeutenden Schulen überwechselte, blieb der Kontakt über Jahrzehnte zu Pauckstadt und mir aufrechterhalten. Er war ein Lehrer mit Herz und Verstand für seine Schüler.

In der Sekunda bekamen wir Tanzstunde mit den Töchtern des Landes und kamen damit auch mehr in das Leben und die damalige Gesellschaft der Stadt. Natürlich begannen damit auch die ersten stillen Lieben und Schwärmereien, aber wie unendlich zart und platonisch blieben diese nie ausgesprochenen Vergötterungen. Ein Blick der Augen beim Passieren auf der Straße konnte das Herz für Tage in Schwingungen versetzen. Ansprechen oder gar begleiten galt selbst für uns Primaner als »unschicklich« in unserer stark konservativen Provinzstadt.

Mit Erreichen der Oberprima begannen die eigenen und auch die väterlichen Überlegungen für die Berufswahl. Hans und ich wollten Seeoffiziere werden. Reichten die schulischen Leistungen, die sportlichen Fähigkeiten, um unter der großen Zahl der Bewerber ausgewählt, angenommen und behalten zu werden? Während Hans über seinen Vater als Alternative für den Notfall den Forstberuf recht sicher im Hintergrund hatte, gab es für mich leider keine glaubhafte Anwartschaft auf einen anderen Beruf.

Mein Vater meldete mich zusätzlich beim Reiterregiment Nr. 5 in Stolp an. Die erste Reaktion darauf war die Mitteilung, zu einer Gesundheitsuntersuchung in Belgard zu erscheinen, im dortigen Reichswehr-Lazarett. Während der Herbstferien erhielt ich kurzfristig die Aufforderung, mich in Königsberg beim Leiter der dortigen Marine-Dienststelle vorzustellen. Der damalige Korvettenkapitän Rolf Carls empfing mich mit großer Freundlichkeit, wollte wissen, welchen wassersportlichen Aktivitäten ich bisher gehuldigt hätte, und sagte dann am Schluß der etwa einstündigen Unterredung: »Nun machen Sie mal schön Ihr Abitur, dann wird es schon werden.« Auch der Kommandeur von Reiter 5 in Stolp ließ mich kommen, verhörte mich kurz, Leistung und Familie, äußerte sich aber sonst nicht. Ich fuhr etwas irritiert zurück nach Köslin.

Kurz nach den Weihnachtsferien bekamen Hans und ich die Nachricht, daß – unter Vorbehalt eines bestandenen Abiturs und der in Kiel stattfindenden Prüfung – wir beide als Seeoffizier-Anwärter vorgemerkt wären. Beide waren wir selig. Erstmals (und dann lange Zeit nicht mehr) wurde ich, infolge vorgerückten Alters durch die Umschulung von Elbing nach Köslin, zur Wahl des Reichspräsidenten berechtigt, nachdem der erste, bewährte Reichspräsident Friedrich Ebert gestorben war. Natürlich gab ich meine Stimme dem alten Feldmarschall und einstigen Wahlstädter Kadetten, dem Befreier Ostpreußens, Paul v. Hindenburg.

Alle zwölf Oberprimaner bestanden das Abitur mit der mündlichen Prüfung in der letzten Märzwoche 1926. Da wir uns am 1. April in Kiel melden mußten, kamen meine Eltern nach Berlin und feierten den ersten entscheidenden Schritt ins Leben mit mir bei Kempinski. Meine Mutter behauptete später, erstmalig zuviel getrunken zu haben. Die Eltern folgten meiner Bitte, mich nicht am nächsten Morgen zum Lehrter Bahnhof zum Zug nach Kiel zu geleiten.

Die Ausbildung

Es waren auffällig viele junge Leute im gleichen Alter, die sich überpünktlich zur Abfahrt des D-Zuges nach Kiel am Vormittag des 31. März 1926 auf dem Lehrter Bahnhof in Berlin einfanden.

Der Zufall, oder auch der »Stallgeruch« führte unsere Gruppe zusammen, die fast ausschließlich aus einstigen Korpskadetten, späteren Stabila-Zöglingen, bestand. Die beiden Schmidts, Kuno und Günther, kamen von der Stabila Lichterfelde. Friedrich August Meißner, zunächst in Köslin in der Stabila, hatte später in Stettin Abitur gemacht. Dazu kamen Hans Pauckstadt und ich. Der Gesprächsstoff ging uns bis Kiel nicht aus. Dort wurden wir von einigen Unteroffizieren erwartet und mit der Straßenbahn nach der Marineschule Wik gebracht. Alles ging noch sehr zivilistisch zu. Die Verteilung in Gruppen und auf die Stuben nahm dann der Oberleutnant (Ing.) Krepplin vor. Am nächsten Tage folgten die ärztlichen Untersuchungen sowie die sportlichen und – erstmalig auch bei dieser Crew – die psychotechnischen Prüfungen. Von den nach Kiel bestellten Bewerbern, eine Auswahl aus angeblich 6000 Kandidaten, blieben noch 104 übrig, 80 Seeoffizier-, 21 Ingenieuroffizier- und drei Zahlmeister-Anwärter.

In der nicht durch Prüfungen und Tests beanspruchten Zeit der Kieler Tage wurden wir gruppenweise von den Unteroffizieren durch die Marine-Anlagen der Wik und an der Förde entlang bis zur Blücher-Brücke mit dem Signalturm Düsternbrook geführt. In der Wik lagen einige pechschwarze Minensuchboote und zwei graugestrichene Tender, an den Bojen auf der Förde zwei alte

Linienschiffe der Braunschweig/Hannover-Klasse. An der Blücher-Brücke lag der kleine Kreuzer *Amazone*, im Vortopp die Flagge des Befehlshabers der Aufklärungsstreitkräfte. Zwischen allen Schiffen im Hafen und der Signalstation Düsternbrook wickelte sich ein fast ununterbrochener Winkspruch- und auch Morseverkehr mit Signalscheinwerfern ab. Beiboote kreuzten die Förde. Es herrschte eine aufregende Geschäftigkeit.

Unsere vorläufige Unterbringung in der Marineschule Wik, der technischen Marineschule, bescherte uns an jedem Morgen einen erneuten Neidkomplex, wenn die Fähnriche (Ing.) um 8 Uhr mit Fahrrädern zum Unterricht angebraust kamen. Sie beachteten die aus den Fenstern hängenden Zivilisten nicht.

Es bröckelte weiter. Dieser und jener kam zurück und packte seinen Koffer. Erheblich dezimiert, marschierten wir am Morgen des vierten Tages unserer Marinezeit zum Bahnhof zum Bummeltransportzug nach Stralsund.

Da aber empfing uns gleich ein härterer Wind und schärferer Ton. Antreten in Marschkolonne, Köfferchen in der Hand und singen. Unteroffiziere, die wir noch sehr genau kennenlernen sollten, gaben das Tempo an. Sie sparten nicht an Ausrufen des Entsetzens über die Unfähigkeit, im Gleichschritt zu gehen und gemeinsam zu singen. Eine handbetriebene Fähre brachte uns zu »neuen Ufern« des Dänholms, den wir sobald nicht wieder verlassen sollten. Diese Insel des Strela-Sundes hatte schon der königlich-preußischen Marine, der Vorgängerin der Marine des Norddeutschen Bundes, die dann 1871 in der Kaiserlichen Marine aufging, als Stützpunkt und Ausbildungsplatz gedient. Die Schuppen standen noch, in denen die legendären Ruder-Kanonenboote aufgeslipt lagen. Auf dem Dänholm lagen die 5. und die 8. Kompanie der 2. Abteilung der Schiffsstammdivision der Ostsee, Heimat unserer infanteristischen Grundausbildung. Ich kam mit Jochen Heinecke und Helmut v. Mantey auf die Stube 5 der 5. Kompanie, zusammen mit acht ebenfalls neu eintreffenden Rekruten der Mannschaftslaufbahn. Da ich der Älteste nach dem Lebensalter war, wurde ich Stubenältester und auch Ältester der Korporalschaft unter dem Obergefreiten K. Schmidt, der die silberne Litze des geprüften Unteroffizier-Anwärters trug und noch in unserer Stralsunder Zeit zum Bootsmannsmaat befördert wurde. Hans Pauckstadt und die anderen Kadettenkameraden waren zur 8. Kompanie gekommen. So riß die unmittelbare Verbindung untereinander erst einmal ab. Gleich am nächsten Morgen wurden wir eingekleidet in Feldgrau, Knobelbecher, Feldhose, Waffenrock, Feldmütze (Krätzchen genannt), Brustschoner, damit der Rock beim Griffekloppen nicht litt, graugrünes Drillichzeug, Halsbinde, Unterzeug, Troier und lange Unterhose, graue Wollstrümpfe, Sportzeug und Sportschuhe. Dazu gehörten Blechwaschschüssel, Messer, Gabel, Eßnapf und Trinkbecher aus Blech und ein Eßbrettchen aus Holz. Aber schon in der ersten Woche kamen das Gewehr 98, Koppel, Patronentaschen und die Schlaufe für das Seitengewehr dazu, vor allem aber der Stahlhelm. Unser Kompaniechef war der damalige Oberleutnant z. S. Kratzenberg, der sich bemühte, in kürzester Zeit die Namen seiner Rekruten genau zu kennen, was großen Eindruck auf uns machte. Er trat nur einmal täglich beim Mittagsappell offiziell in Erscheinung. Unser Zugoffizier war der Leutnant der Marine Bölke, ein aus dem früheren Seebataillon hervorgegangener Troupier mit EK II und Flandernkreuz, der seine Schäfchen natürlich auch sehr bald alle bei Namen kannte. Ausgesprochen wortkarg, verhinderte er aber durch seine Gegenwart allzu harte Übergriffe der Korporäle, wie sie leider mitunter vorkamen. Keine Tätlichkeiten, allenfalls Überanstrengungen, haben sie letztlich niemanden geschadet. Wenn Bölke beim vormittäglichen Exerzierdienst unermüdlich, wie ein Schäferhund, seinen Rekrutenzug umkreiste, dann sah er sehr genau hin. Die Korporäle waren alle ältere Unteroffiziere, aber mit sehr unterschiedlichen Ausbildungsmethoden. Einige, wie der Obermaat Wermke taten sich auch als recht stupide Schleifer hervor. Doch blieb das bei den meisten anderen in vernünftigen Grenzen.

Wir galten offiziell nicht als »Offizier-Anwärter«, sondern waren die »B.I.-Freiwilligen«. Wir selbst nannten uns »freiwillige Matrosen mit völlig unbegründeter Aussicht, einmal Offizier zu werden«. Es war ein sehr richtiger Gedanke, uns zusammen mit den

Rekruten der damaligen Berufs-Reichsmarine auszubilden, um deren Denkungsweise, Empfindungen und Reaktionen kennenzulernen. Eifrig, beflissen und auch mit Ehrgeiz waren diese jungen Rekruten bei der Sache und traten in den Leistungswettbewerb mit uns B.I.-Anwärtern ein. Kameradschaft lernten sie alle schnell, und so habe ich es auch nie erlebt, daß es zwischen ihnen und uns zu Unzuträglichkeiten kam. Andererseits war aber bei aller Kameradschaftlichkeit auch eine gewisse Distanz nötig.

Aus der damaligen 5. Korporalschaft der 5. Kompanie erinnere ich mich noch folgender Namen: Waffenschmied, Küskens, Behrens, Mielke, Fricke, Grundmann und Russow. Der Heizer Grundmann wurde später Ingenieuroffizier und erwarb sich im Kriege das Ritterkreuz. Franz Russow wurde Oberbootsmann auf Schiff 16, dem Hilfskreuzer *Atlantis*, der mein U-Boot im November 1941 im Südatlantik versorgte, und dessen Besatzung ich nach der Versenkung des Hilfsschiffes *Python* aus dem Südatlantik nach Hause brachte.

Nach den ersten Wochen schloß sich die Einkleidung in »Blau« an. Jetzt trugen wir nach Beendigung der täglichen Dienstzeit nicht mehr die grüngrauen Drillich-Anzüge, sondern, um uns an die Tatsache unseres Marinedaseins zu gewöhnen, das »reine weiße Arbeitszeug«, ja, zu Pfingsten bekamen wir dann auch rechtzeitig das »weiße Paradezeug«. Mit dem Verpassen auf der Kleiderkammer war es keineswegs getan, denn dann begann das Einnähen der Namenläppchen und das noch viel mühsamere Einsticken der Stammrollennummer in die Uniform- und Wäschestücke. Die Stammrollennummern waren die kodierten Erkennungszeichen für alle Marine-Angehörigen. Ich bekam die Nummer

$$\mathrm{O}\ \frac{117}{26}\ \mathrm{S}$$

Sie erklärte meine Zugehörigkeit zur Ostseestation (O), S zum seemännischen Personal; 117 war meine »Eigennummer«, die 26 unter dem Strich stand für mein Eintrittsjahr. Erst mit dem Erreichen des Dienstgrades Fähnrich hörte das Einsticken der Stammrollennummer in alle Utensilien auf.

Ein eigentümliches Marine-Requisit war der »Utensilienkasten«, in dem hauptsächlich das Putzzeug für die Schuhe und die Kleiderbürste aufzubewahren waren, ein rechteckiger Holzkasten mit einem Schiebedeckel, mit einem Schloß abzuschließen, gekennzeichnet mit einem Messingschild mit der Stammrollennummer. Dieser Kasten diente auch als Sitzgelegenheit beim Unterricht an Deck auf dem Segelschulschiff. Beim fast rituellen »Reinschiff« an den Sonnabendvormittagen mußten grundsätzlich die Segeltuchschuhe und der Utensilienkasten mitgescheuert und bei den großen Sonnabend-Musterungen vorgezeigt werden. Er war zu sperrig, um bei Ab- oder Umkommandierungen mit in den Seesack aufgenommen werden zu können. Er mußte daher außerhalb mit der Seesackzurrleine verknotet werden. Es verstand sich von selbst, daß auf dem festen Holzschild der Seesackzurrleine die Stammrollennummer eingeschnitzt und mit Farbe oder Tinte deutlich sichtbar kenntlich gemacht wurde. Beim Zeugdienst, dreimal in der Woche zwei Stunden am Nachmittag, war keine Zeit zu verlieren, um alles vorschriftsmäßig zu kennzeichnen, zu waschen, zu trocknen, zu bügeln, um bei den Musterungen nicht aufzufallen. Daneben stellte das tägliche Gewehrreinigen auch fast eine rituelle Handlung dar, mit einem erheblichen zeitlichen Aufwand für das Entfetten, das Auseinandernehmen in sämtliche Einzelteile, das Wiedereinfetten und das Zusammensetzen.

Nach den ersten acht Wochen wurden wir Rekruten für würdig und genug gefestigt gehalten, um an einem Sonntag unter Führung und Aufsicht unseres Korporals durch die Großstadt Stralsund geführt zu werden. Wir endeten in einem Bierlokal, wo wir dann begeistert unseren Korporal auch zu einem Glase Bier einladen durften. Erst danach durften wir dann alleine »an Land gehen«, entweder an den Sonnabend- oder an den Sonntagnachmittagen. Zu dieser Zeit wurden wir schon mit im Wachdienst eingesetzt, in der Inselwache gleich bei der Fähre.

Die Wohn- und Lebensverhältnisse auf dem Dänholm waren spartanisch einfach, wenn nicht gar primitiv. Nach dem Frühsport fand das »Sich-Waschen« statt. Jeder begab sich mit seiner Waschschüssel unter die Pumpe auf dem Hof, die ein anderer betätigen mußte. Dann füllte man sich das Zahnputzglas mit Wasser aus der Blechwaschschüssel, putzte sich die Zähne, goß dann das Wasser in die Abflußrinne und wusch sich Gesicht und Oberkörper, trocknete sich mit dem einzigen Handtuch ab, goß das Wasser auch in die Rinne, trocknete die Waschschüssel mit dem Handtuch aus, und fertig war die Toilette. Bei starkem Regen fand das »Sich-Waschen« auf der Stube mit dem in den beiden Wasserkannen am Vorabend geholten Wasservorrat statt. Hierbei mußte man sich noch mehr vorsehen, damit nicht zu viel Wasser in der Stube verspritzt wurde, weil das Aufwischen dann Sache des »Stubendienstes« war, während für den Wasservorrat der »Wasserdienst« zuständig war.

Zum anschließenden Frühstück gab es dann in einer der beiden Wasserkannen den Kaffee, auch »Negerschweiß« genannt. Dazu mußte man sich vom Vorabend her ausreichend Kommißbrot und Aufstrich reservieren, aufbewahrt im Eßfach des Spindes. Danach kam das »Quartierreinigen«, das auch in nicht viel mehr als dem Ausfegen der Stube bestand. Dann folgte das »Raustreten zum Dienst«. Mittags traten wir zum Essen-Empfang an der Kombüse im Erdgeschoß an, jeder mit seinem Picknapf, in den man dann seinen »Schlag« hineinbekam und die Mahlzeit je nach Wetter oder Laune entweder auf der Stube oder auch im Freien verzehrte. Dann wurde das Eßgeschirr unter der Pumpe oder auch mit Sand ausgescheuert und wieder verstaut. Beim Essenholen hatte immer einer der Korporäle Aufsicht. Jedes Sprechen war verboten, weil es angeblich die Ordnung gestört hätte. Wurde man aber doch dabei erwischt, so mußte man um den Hof marschieren und auf Befehl ein Lied singen. Der nächste Sünder wurde mit einem anderen Liede in umgekehrter Richtung um den Hof gescheucht. So konnte es dazu kommen, daß vier oder mehr Soldaten um den Hof marschierten, jeder ein anderes Lied singend. Nun, das diente mehr der Erheiterung, als daß es tragisch oder als entwürdigend genommen wurde.

Ungewöhnlich primitiv waren aber die sanitären Verhältnisse. Für die ganze Kompanie stand ein sogenannter »Rundfunk« zur Verfügung. Das war ein doppelstöckiges Haus mit einer zentralen Röhre in der Mitte, im Obergeschoß in mit Holzwänden abgeteilte 30 Grad-Sektionen eingeteilt, die jede eine Brille enthielten. Das Zentralrohr mündete im Untergeschoß über einem Riesenfaß auf Rädern, das bei erreichter Füllung aus dem Untergeschoß herausgezogen und durch ein leeres Faß ersetzt wurde. Immerhin konnten 12 Personen gleichzeitig diese einmalige Anlage benutzen. Sowohl in der Frühstückspause als auch nach dem »Ausscheiden mit Dienst« konnte man in der Kantine einfache Lebensmittel kaufen, um den Speisezettel aufzupolieren. So war zum Frühstück immer Andrang nach einem großen Glas Milch und einem runden Kuchenstück. Nach der Abendronde, wo sich erst der Stubenälteste, dann der »Stubendienst« und schließlich auch der »Wasserdienst« mit Stentorstimme beim jeweiligen Ronde-Offizier melden mußten, war dann »Ruhe im Schiff«, die infolge der recht erheblichen täglichen körperlichen Beanspruchungen tatsächlich bald eintrat.

Bis zum »Ausscheiden mit Dienst« war Rauchen streng verboten. Zwei B.I.-Anwärter, die vom Kompaniechef dennoch früh am Morgen am Schießstand erwischt wurden, mußten diese Zuwiderhandlung gegen einen ausdrücklichen Befehl mit ihrer Entlassung bezahlen. Allerdings war wohl der Hauptgrund in diesem Falle, daß beide gelogen hatten und überführt werden konnten.

Zu Pfingsten wurden die B.I.-Anwärter beider Kompanien zu einem gemeinsamen Ausflug mit dem in Stralsund stationierten alten Weltkriegs-UZ-Boot 34 zusammengezogen. Beide Kompaniechefs, der Oberleutnant z. S. Kratzenberg und der Kapitänleutnant Kümpel von der 8. Kompanie, nahmen an dieser Fahrt bei herrlichem Sonnenschein nach Saßnitz teil, von wo wir zusammen nach Stubbenkammer wanderten und dann am Abend nach dem Dänholm zurückkehrten. Das war eine seltene Gelegenheit, um die in beiden Kompanien gesammelten Erfahrungen auszutauschen. Sie wichen nicht wesentlich voneinander ab. Wir alle sehnten die baldige Segelschulschiffzeit herbei.

Im Mai verlegte die ganze Abteilung nach Döberitz, zu einer feldmäßigen Ausbildung im Gefechtsdienst. Mehrere Ausmärsche in Stralsund hatten uns bereits darauf vorbereitet. Hierbei holte uns die Abteilungskapelle beim Rückmarsch am Stadtrand ab, der Kompaniechef zu Pferde. Auch wenn wir meist hundemüde waren, das gefiel uns dann doch sehr.

Schließlich kam der Tag der Abschlußbesichtigung durch den damaligen Chef der Marinestation der Ostsee, Vizeadmiral Dr. h.c. Raeder, und den Chef der Bildungs-Inspektion, Konteradmiral Hosemann, mit großem Gefolge. Natürlich wurden wir, die B.I.-Anwärter, der ganz besonderen Aufmerksamkeit der Besichtigenden gewürdigt. Zunächst Musterung, langsames Abschreiten der Front, wobei jeder seinen Namen und den Stand des Vaters zu nennen hatte. Und dann folgte, wie das sich später in der ganzen Ausbildungszeit wiederholen sollte, fast automatisch: Matrose Heinrich X, Vater Konteradmiral! Worauf dann fast ebenso automatisch ertönte: »Ah so, Sohn des Vaters! Gruß an den Vater!«

Unter uns noch etwa 100 B.I.-Anwärtern waren tatsächlich vierzehn Söhne ehemaliger Marineoffiziere. Die immer wiederkehrende Erwähnung durch die Besichtigenden zeugte nicht eben von Feingefühl den anderen Anwärtern gegenüber. Die »Marineherkunft« bedeutete allerdings für die Betreffenden keineswegs eine Bevorzugung.

Andere Fragen wurden an die Anwärter nicht gestellt. Ein Schwanz von Begleitern trabte in achtungsvollem Abstand hinter den beiden Admiralen und dem etwa drei Schritte dahinter folgenden Kommandeur der 2. Abteilung der Schiffsstammdivision der Ostsee her, dem Kapitän z. S. Köhler, darunter der allseits bekannte »Sanitätstirpitz« Dr. Kober, der damalige Personalreferent der Ostseestation, Kapitänleutnant Patzig, der Abteilungs-Adjutant, Oberleutnant z. S. v. Schönermarck, »Buby« genannt, und zahlreiche weitere höhere Dienstgrade. Sie waren uns im Unteroffizierthema: »Gliederung und Vorgesetzte der Reichsmarine« nicht bekannt gemacht worden. Der Unterricht durch den Korporalschaftführer spielte eine große Rolle, wobei es darauf ankam, nicht etwa inhaltlich das Vorgebetete wiederzugeben, sondern genau wörtlich zu wiederholen. Wurde auch nur ein anderes Wort gleicher Bedeutung gewählt, unterbrach der Unterrichtende, und man mußte beim letzten vorgeschriebenen Wort wieder beginnen.

Die Abschlußbesichtigung endete nach einer kurzen Felddienst-Vorführung im Gelände mit einer Sportvorführung: Reck, Barren, Pferd. Dann folgte der Befehl: »Matrose Merten, übernehmen Sie das Kommando, und lassen Sie abrücken.«

Ich glaubte, mich verhört zu haben. Der Kompaniechef hatte mich aber tatsächlich vor die Front befohlen und mit dem Kommando über die Kompanie beauftragt. Ich war schließlich alter Kadett. Das konnte mich nicht erschüttern, ich befahl: »Die 5. Kompanie hört auf mein Kommando – Kompanie stillgestanden – rechtsum – Im Laufschritt marsch-marsch! Kompanie halt, links um – Weggetreten!«

Das waren dann also die Zauberworte.

Damit endete unsere erste Stralsunder Zeit. Eine weitere, freiere, lustigere sollte Jahre später beim Zugführerlehrgang folgen. Wir aber wollten nun endlich Seeleute werden. Damit trennten wir uns von den Mannschaftskameraden, die noch eine längere Zeit der infanteristischen Ausbildung vor sich hatten.

Das langsame »Wachsen« – Matrose und B.I.-Anwärter auf der *Niobe*

Im üblichen Transportzug ging es von Stralsund nach Kiel, von nur wenigen Unteroffizieren begleitet. Am Bahnhof nahmen uns sehr viel weniger freundlich, schon gar nicht gemütlich aussehende Korporäle in Empfang. Die Gruppe der »freiwilligen Heizer mit völlig unbegründeter Aussicht auf Übernahme in die Marine-Ingenieuroffizierlaufbahn« trennte sich hier am Bahnhof von uns. Wir anderen wurden mit geschultertem Seesack zu Fuß zur Blücher-Brücke in Marsch gesetzt. Das war kein Zuckerlecken bei sommerlicher Temperatur etwa Mitte Mai 1926, bis wir dann endlich vor dem Schiff, das in seiner Sauberkeit blitzblank vor uns lag, auf der Pier zum Stehen kamen und die uns zentnerschwer dünkenden Seesäcke absetzen konnten.

Mit sehr knappen Worten begrüßte uns der diensttuende Wachoffizier, der dann sofort die Einteilung in Korporalschaften und in Steuerbord- und Backbord-Wache bekanntgab. Obermaat »Phylax« Hoffmann, ein Mann mit etwas verkniffenem, bissig wirkendem Gesicht, wurde unser Korporal. Sehr autoritär, sehr scharf, jedes unnötige Wort vermeidend, wies er uns vor unsere Spinde im Deck, um dann mit uns an Deck die bereits nach Nummern geordneten Hängematten mit Zubehör zu verteilen und deren Zurrung vorzuzeigen, wozu ein Matrosengefreiter seine mündlichen Anweisungen gab.

Wenn ich mich recht erinnere, gehörten zu dieser Korporalschaft der »Dicke« v. Schmidt, »Kuno Schmidt«, Schulte-Somborn, Eckhardt Christian, Gustav Forstmann, v. Freytag-Loringhoven, Meissner, Fischer und ich. Dazu kam ebenjener Matrosengefreite, der vom Korporal mit »Zapp« mehr angeschnauzt als angesprochen wurde. Neben uns war die nächste Korporalschaft, zu der Hans Pauckstadt gehörte, bei der gleichen Arbeit unter einem Obermaat Metje.

Von dort hörte man ab und zu auch mal ein Lachen, während es bei uns mit geradezu tierischem Ernst zuging. Natürlich fanden unsere ersten Produkte seemännischer Handfertigkeit, die fertig gezurrten Hängematten, keineswegs die Billigung unseres Korporals. Immer wieder mußten wir auf- und zuschnüren, neue Schlippstege machen und dann das geschickte Vorweisen mit der Nummer zum Besichtigenden und einer kurzen Drehung zur Überprüfung der Zurrung üben. Immer wieder hörten wir die Mahnung, daß die gutgezurrte Hängematte mindestens sechs Stunden als brauchbares Rettungsmittel dienen müsse. Endlich kam dann das Aufbauen der Hängematteneinrichtung unter Deck mit seinen Standern, Spannschrauben und Schlipphaken und der Verteilung der Plätze. Dann folgte das Herunterschlagen der »Backen und Banken«, das geübt werden mußte, danach das Antreten an Deck mit Ausrichten an der Decksnaht. Endlich ging der erste und wohl unfreundlichste Nachmittag der »Einschiffung« zu Ende.

Wie anders ging es nun beim Wecken an Bord zu als in Stralsund. Nach dem »Locken« mit leisen Pfiffen ertönte plötzlich das

Glasen mit der Schiffsglocke, gleichzeitig von allen Unteroffizieren der »Allemannspfiff« durch die Decks: »Reise-Reise-Aufstehen … die Hängematten zurren … Antreten zur Hängemattsmusterung an Deck«, und schon verschlimmerten die Unteroffiziere die bereits unten in den Decks entstandene Wooling (sprich Wuhling). Alle sprangen gleichzeitig aus den Hängematten, lösten die Hängematten von den Standern, um sie an Deck zu zurren, und mußten gleichzeitig auch noch die Sporthose anziehen. Es war zunächst unbeschreiblich verwirrend und ohne Beispiel, unter dauerndem Geschimpfe in grausamer Lautstärke: »Bewegen Sie sich endlich, Beeilung, Sie Langweiler, Sie schlafen wohl noch! Los, rauf an Deck! Wem gehört denn dieser Feudel? Na, das muß aber geübt werden! Wie sollen Sie wohl rauskommen, wenn das Schiff in Gefahr ist? Das muß in der Hälfte der Zeit zu schaffen sein!« Natürlich platzten die meisten gleich bei der ersten Hängemattenmusterung am ersten Morgen auf und mußten nachzurren, bis die Hängematten an den Hängemattskästen unter der Back an die rollenmäßigen Hängemattsstauer abgegeben werden konnten. Danach Antreten zum Frühsport korporalschaftsweise. Der wachhabende Offizier, der Leutnant vom Vortage, auch im Sportzeug, nahm die Meldung oder das Klarzeigen der Unteroffiziere entgegen. Schon ging es los, daß es viel zu lange gedauert hätte, und es in Zukunft geübt werden würde, erreichten wir nicht ganz andere Zeiten vom Wecken bis zum Antreten. Dann aber wetzte der Leutnant los unter dem Befehl »Waldlauf, alles folgen« über die Stelling an Land auf die Pier, die Pier lang, zum Tor, über die Strandpromenade (das Hindenburgufer) in das Düsternbrooker Gehölz, wir alle hinterher in gelöster Formation. Er legte ein ganz gutes Tempo vor, das wir ihm gar nicht zugetraut hätten. Weit abgeschlagen folgten die Unteroffiziere. Wir waren aber alle ganz gut. Beim Frühstück mit gleich gutem Kaffee, wie auf dem Dänholm, waren wir aber doch recht kleinlaut in Erwartung dessen, was uns nun an diesem ersten Tage auf der *Niobe* wohl noch alles widerfahren würde.

Es folgte das »Antreten auf Reinschiffstation«, was auf der uns ausgehändigten Rollenkarte genau vermerkt war. Für mich war die Sache recht einfach, als ich auf dem Mitteldeck natürlich auch unter dem Obermaat Hoffmann meine Reinschiffstation hatte. Also hieß es unter dem »Allemannspfiff«: »Pfeifen und Lunten aus!« »Die Backen hochschlagen!« »Antreten auf Reinschiffstationen!«, und schon standen wir barfuß im Takelpäckchen auf dem Mitteldeck vor dem gestrengen Korporal, der auch barfuß vor uns stand. Zapp, ein sogenannter »Nachprüfling«, der jetzt auf der *Niobe* zu uns gestoßen war, übernahm die Rolle eines Vormannes und mußte den Schlauch an der Feuerlöschkupplung an der Back anschlagen. Wir mußten uns, mit je einem harten Piassava-Besen bewaffnet, in einer Reihe aufstellen. Dann wurde unter der geschickten Schlauchführung von Obermaat Hoffmann im Takt systematisch gescheuert, wobei kein Fleckchen des Teak-Decks unberührt blieb. An der Bordwand bei den Nagelbänken und an denen des Fockmastes und des Großmastes mußten die uns in ihrer Bedeutung und Zweckbestimmung noch unbekannten Tampen und Enden hochgehängt werden, damit das Deck darunter erfaßt und das Tauwerk nicht unnötig naß wurde. Nach dem Scheuern mußte das Deck trockengefegt und dann der Wassergang am Schanzkleid entlang zu den Speigatten leergefegt werden.

Waren wir damit fertig, mußte Zapp aus dem Reinschiffsschapp Twist und Putzpomade holen, und das Wienern aller Messingteile begann, bis alles nur so glänzte. Natürlich war das aber gar nicht so einfach, denn zum Deckwaschen wurde nur Salzwasser verwandt, so daß jeder kleine Spritzer auf dem Messing der Nagelbänke und der Pfostenkappen, Peilschilder usw. schwer zu entfernende Flekken hinterließ. Der ganze Rummel, bei dem Obermaat Hoffmann unentwegt kontrollierend das Deck ablief, schreckliche Drohungen ausstieß und zur Eile, Sorgfalt und Genauigkeit mahnte, dauerte etwa eine volle Stunde, nur unterbrochen durch die Flaggenparade aller im Hafen befindlichen Schiffe auf ein Signal der Signalstation Düsternbrook.

Alle auf den Oberdecks und in den Booten befindliche Soldaten nahmen dabei mit Front zur Heckflagge so lange Haltung ein, bis der Abpfiff ertönte und das »Rührt euch« befohlen wurde. Es war immer wieder eine eindrucksvolle Zeremonie, noch würdiger, wenn eines der Flaggschiffe mit der Flottenkapelle oder der des BdA – des Befehlshabers der Aufklärungsstreitkräfte – im Hafen lag und die Flaggenparade mit dem Abspielen der Nationalhymne verbunden war. Dann wurde während des Deutschlandliedes das Reinschiff unterbrochen und erst nach dessen Ende abgepfiffen.

Während des Reinschiff waren dann auch die anderen zum Offizierskorps des Schiffes gehörenden Offiziere an Bord gekommen, jedesmal begrüßt mit dem Seitepfiff des Bootsmannsmaaten der Wache und Frontstellung der an Oberdeck befindlichen Besatzungsangehörigen.

Dem Reinschiff folgte dann die Musterung in »reinem weißen Arbeitszeug«, die Steuerbord-Wache auf dem Steuerbord-Teil des Mitteldecks, die Backbord-Wache auf dem Backbord-Mitteldeck. Unser »Lehrer«, wie wir unseren Wachoffizier Düwel (später »Bob«) nannten, bemühte sich offensichtlich mit Erfolg, sich unsere Namen einzuprägen. Er hielt dann in gemessenem Ton eine uns durchaus imponierende kurze Ansprache, in der so etwas wie Humor durchklang, der bisher auf diesem Schiff noch nicht spürbar gewesen war. Dann aber kam von beiden Seiten die Meldung an den Kadettenoffizier (KO), Kapitänleutnant Voss. Er empfand aber als erstes nach der Begrüßung: »Guten Morgen, Kadetten!« und unserer Antwort: »Guten Morgen, Herr Kapitänleutnant« die Lautstärke unserer Antwort als mangelhaft und ließ die Antwort mit größerer Lautstärke wiederholen. Dann aber folgte das bekannte Lied: »Jeder nennt mir jetzt Namen und Stand des Vaters!« Abschreiten der Fronten, erst an Steuerbord, dann an Backbord, dann das erste Glied: »einen Schritt vorwärts – Marsch« und dann folgte die gleiche Melodie beim zweiten Glied. Wieder natürlich bei den bekannten Namen: »Sohn des Vaters? Wie geht es dem alten Herrn? Und bitte schönen Gruß!« Da wir nun ausgerechnet den Sohn des damaligen Chefs der Marineleitung, unseren »Adje« Zenker, in der Crew 26 hatten, kam uns dieser »Film« des Kennenlernens allmählich doch recht unangebracht vor.

Die Begrüßungsrede des Kadettenoffiziers am 13. Juli 1926 war für Marineverhältnisse zwar sehr scharf, aber doch recht logisch und auch wohlwollend. Sie sollte den ohnehin vorhandenen Ehrgeiz anfeuern. Trotz seiner Schärfe mochten wir Voss gern. Sehr viel anders aber erlebten wir dann ein paar Tage später die Musterung durch unseren Kommandanten, den Korvettenkapitän Erwin Wassner, Ritter des Ordens »pour le mérite« und U-Bootkommandant in der legendären U-Flottille Flandern im Weltkriege. Auch er war kein geborener Redner, aber eine Persönlichkeit mit starker Ausstrahlung, der sich keiner von uns entziehen konnte.

Er setzte gleich Vertrauen in uns und in unseren festen Willen, uns auf diesem einzigartigen Schiff in allen von der Natur gegebenen Lagen zu bewähren. Das war der Ton, der uns mitriß. Schon mit wenigen Worten hatte der »Alte« unser aller Herzen gewonnen.

Solange wir im Hafen waren, sahen wir ihn aber nur sehr selten. Erst später in See gehörte seine etwas vierschrötige Figur neben dem Rudersmann am Heck zum täglichen Bild.

Zunächst aber mußten wir erst das »Aufentern« und im »Want zu stehen« lernen. Das war schon deshalb wichtig, weil diese sportlich aufzufassende Eigenbewegung zur Normstrafe für alles und jedes wurde. Die Härte der Bestrafung dokumentierte sich in der Anzahl der Runden über den Großtopp. »Dreimal Großtopp« war eine klar zu übersehende Norm. Da sie bei allen Korporalschaften gar zu häufig Anwendung fand, konnte man eigentlich den ganzen Tag irgendeinen Seekadetten im »Gehölz« herumhüpfen sehen, was den Promenierenden am Hindenburgufer schon gar nicht mehr auffiel, weil es hier in Kiel als üblich angesehen wurde.

Wie alle anderen Übungen mußte uns Zapp das »Aufentern« natürlich vorführen. Er konnte es wirklich gut und entwickelte bedeutende Geschwindigkeiten, mit denen wir lange Zeit nicht mithalten konnten. Kleine Leute hatten es überhaupt leichter beim Entern, besonders die Leichtgewichte, denn die Webleins, die Sprossen gewissermaßen, gaben unter dem Gewicht nach, und man mußte es erst genau erfasst haben, wie stark dieses Nachgeben der Webleins war, damit man die nächste Schrittlänge bis zum nächsthöheren Weblein genau bemessen konnte. Das dauerte nicht nur Zeit und kostete Erfahrung, sondern es kostete auch bei jedem Vorbei- oder Durchtreten durch ein Weblein ein Stück Haut des Schienbeins, bei der Mehrzahl aller späteren Seeoffiziere bis ins hohe Alter ein unverkennbares Kennzeichen aus der Segelschulschiffzeit. Wir lernten es sehr schnell, weil wir es mußten, wobei übrigens das Niederentern, nachdem man die Püttings passiert hatte, für die Schienbeine noch gefährlicher war, als das Aufentern. Natürlich ging es immer »zu langsam«. Wenn endlich das Tempo den Korporal befriedigte, dann fiel es mit Sicherheit dem betreffenden Wachoffizier, der gerade Dienst an Deck hatte, als »zu langweilig« auf und mußte auf dessen Verlangen noch einmal wiederholt werden. So brachten wir es bald doch auf eine allgemein anerkannte Geschwindigkeit. Immerhin gewannen wir dadurch auch eine große Sicherheit und Vertrautheit, die vor allem bei nächtlichen Manövern später von großer Wichtigkeit sein würde.

Daneben gab es tägliches Segelexerzieren. Es fand, nachdem es toppsweise geübt war, unter dem Kommando des Kadettenoffiziers statt und wurde an der Pier und an der Boje, gegenüber der Marinestation der Ostsee, durchgeführt. Als Toppsgast auf der Backbord-Obermarsrah der Backbord-Wache hatte ich eine herrliche Manöverstation, war einer der ersten, die aufentern mußten und einer der letzten, die nach dem Manöver das Deck wieder erreichten. Wir lernten den seemännischen Erfahrungsgrundsatz aller Zeiten in der Praxis: »Eine Hand för di – eine Hand förd Schipp!« Es gab keine Gurte mit Karabinerhaken zum Einpicken am Jegstag für die Rahgäste wie heute, sondern allein das »Fußpferd« mußte den Halt liefern für das Arbeiten auf der Rah. Und doch, wie schnell wurden wir traumwandlerisch sicher beim »Auslegen«, und wie schnell lernten wir, beim »Segelbergen« in das flatternde schwere Tuch zu fassen und es mit dem Brustkorb auf der Rah fest zu pressen, damit es gebändigt werden konnte. Jeder mußte sich auf den anderen verlassen, daß er eisern zugriff und damit das gefährliche Schlagen des Segels beim Bergen verhinderte. Natürlich war das ungewohnt. Auch die Fingernägel mußten daran gewöhnt werden, so daß sie bald nur noch andeutungsweise vorhanden waren. »Reefen und Bergen!« Welcher Aufwand menschlicher Kraft gegen die Natur beim heulenden Wind, weit über der Gischtsee bei überliegendem Schiff. Welch ein Triumph, wenn im Sturm das brüllende und knatternde Segel, nur notdürftig durch Geitaue und Gordings zusammengerafft, endlich gebändigt fest auf die Rah gezurrt zur Ruhe kam und außer dem Singen des Sturms in der Takelage Stille herrschte. Ein Blick von einem zum anderen auf der Rah: »geschafft«, durch Gemeinsamkeit des Willens.

Die beiden Rettungsboote der *Niobe*, ehemals Jollen der kaiserlichen Yacht *Hohenzollern*, stellten die nächsten Forderungen an uns. Welch ein Unterschied gegen das, was wir Rudern in den Sportbooten auf dem Jamunder See genannt hatten. Gewicht und Statur setzten mich auf die Ducht hinter den Schlagmännern im Rettungskutter der Backbord-Wache. Abermals eine Gemeinschaftsleistung! Übung und Wollen und gleichgerichtete Auffassung von Leistung brachten bald den Erfolg unter Einsatz aller körperlichen Kräfte und Reserven, wenn manövermäßig in Fahrt des Schiffes »Boje über Bord« geübt wurde, was ja den Ernstfall eines über Bord Gegangenen imitieren sollte. Übung, nochmals Übung und harte Anleitung vom Bootssteurer, Obermaat Hoffmann, in See, aber auch im Hafen machten aus uns eine Mannschaft, die im Kern dann auch für die nächsten zwei Jahre bis zum Ende der Schulkreuzer-Zeit zusammenblieb.

Das Waschen nach der morgendlichen Hängemattsmusterung hatte seinen Reiz in der Primitivität. Natürlich war der Waschraum auch nicht annähernd in der Lage, alle Kameraden aufzunehmen. Schon vor dem Wecken hatte die Morgenwache in Pützen und Baljen das Waschwasser an Oberdeck bereitgestellt. Die schöne blankgescheuerte Zinkwaschschüssel taucht in die Balje, ein Schluck, die Zahnbürste mit Paste hinterher, Ausspucken in den Wassergang, Schluck hinterher, raus und dann Gesicht und Oberkörper in tiefer Grätschstellung über der Schüssel. Nicht sehr doll, aber ausreichend, Rasieren in der Freizeit – Schluß. Schon ertönte der Pfiff für »Backen und Banken«, Kaffeeholen in Waschkannen aus der Kombüse. Aber da steht auch schon der sagenumwobene »Bäcker von Laboe« tatsächlich auf der Pier mit frischen

»Rundstücken« (sprich »s-t«) und Kuchentüten. In einer Milchkanne frische Milch – sie ist rasch verkauft.

Der Erste Offizier (IO) der *Niobe*, Erich Voss, trat außer beim Segelexerzieren nur wenig in Erscheinung. Er war stets kurz angebunden, beobachtete aber scharf und kannte erstaunlicherweise sehr bald sämtliche Kadetten des Jahrgangs mit Namen. Er war stets vorbildlich korrekt gekleidet, sah blendend aus und war uns ein Vorbild. Später war er auf der Flak-Schule mein Lehrgangsleiter. Wir harmonierten außerordentlich gut miteinander. In den letzten Tagen des Krieges traf ich ihn wieder, im Bunker der Reichskanzlei in Berlin, ohne in der langen Zwischenzeit je wieder etwas mit ihm zu tun gehabt zu haben. Inzwischen Vizeadmiral, erkannte er mich sofort und half mir in vorbildlicher Kameradschaft, mich in dieser absurden Unterwelt zurechtzufinden. »Achmed« Bey, Adjutant und Toppsoffizier des Vortopps, war ein Hüne und sehr sportlich. Beim morgendlichen Waldlauf hatten wir große Mühe, ihm zu folgen, und kamen wirklich fast »atemlos« wieder vor unserem Schiff an. Wir mochten ihn gern, und er hatte auch immer ein paar nette Worte übrig für seine Männer. Viele unseres Jahrgangs haben später mit ihm gemeinsame Kommandos gehabt auf Schnellbooten und Zerstörern. Er fiel als Kampfgruppenführer auf dem Schlachtschiff *Scharnhorst* am 26. Dezember 1943 im Nordmeer gegen eine unsichtbare britische Übermacht.

Eine kleine Stammbesatzung von etwa 12 Soldaten verschiedener Laufbahn versahen die Grunddienste, z. B. den Hilfsmotor von 240 PS, von dem nie ganz klar war, ob er anspringen wollte oder gerade keine Lust dazu hatte. Wassner richtete sich stets so ein, daß er notfalls auch auf den Motor verzichten konnte.

Damit wir den besonderen Anforderungen der Seefahrt auf einem Segelschiff gewachsen waren, hatte natürlich der Dienst Vorrang, der zur Bedienung von Segel und Schiff unabdingbar nötig war, das Segelexerzieren, der Bootsdienst, die Kenntnis und Bedienung des Ankergeschirrs, die Tauwerkkunde an den Nagelbänken in der Praxis und theoretisch in von den Korporälen vorgetragenen, herrlichen, wörtlich zu wiederholenden Unterrichtsthemen.

Eigentlich machte alles Spaß, nur an das krampfhafte wörtliche Wiederholen, falls man bei einem der Unteroffizier-Themen rankam, mußte man sich gewöhnen. Auch der Signaldienst mit Winkern und Morsen spielte eine große Rolle, wobei mir das letztere tatsächlich große Schwierigkeiten bereitete. Trotz ihrer Barschheit hatten wir sehr schnell heraus, daß unsere Korporäle hervorragende Unteroffiziere waren, die auf allen Gebieten ihren Dienst beherrschten und uns trotz unseres Eifers und der vorauszusetzenden Intelligenz fachlich weit überlegen waren. Sie hatten nicht alle vergleichbare Qualifikationen, aber die Mehrzahl sollte uns bis zum Fähnrich begleiten über alle die noch vor uns liegenden Jahre. Unser Korporal, der damalige Obermaat Hoffmann, auf der Emdenreise wurde er Bootsmann, blieb mir bis zum Abschied von der *Emden* im Frühjahr 1928 erhalten. Es war oft wirklich schwer, leidlich mit ihm auszukommen. Wir haben uns nie wiedergesehen, wenn ich auch ihm und seinem Können eine dankbare Erinnerung bewahrte. Als ich im Jahre 1942 als Kommandant von *U-68* von einer erfolgreichen Feindfahrt in das Karibische Meer beim Einlaufen nach unserer Basis Lorient im Morgengrauen hinter dem mir zum Treffpunkt gesandten Sperrbrecher in Kiellinie einschor und wir sieben Versenkungswimpel am Sehrohr vorheißten, kam ein Winkspruch vom Sperrbrecher: »K an K! Herzlichen Glückwunsch! Das hätte ich Ihnen gar nicht zugetraut! Ihr alter Korporal!«

Leider ließ es sich nicht einrichten, daß wir uns im Hafen treffen konnten, da der Sperrbrecher noch am gleichen Tage nach Bordeaux in Marsch gesetzt wurde.

Kaum war nach etwa vier Wochen an Bord die Seeklarbereitschaft der *Niobe* hergestellt, gingen wir auch schon tageweise in See, ankerten meist in der Strander Bucht über Nacht und trieben uns in der westlichen Ostsee herum, um Segelmanöver unter allen verschiedenen Bedingungen durchzuführen. Wir liebten das sehr, denn dann wurde von Bord aus, als Ersatz des Waldlaufs, gleich morgens nach dem Wecken gebadet, nachdem einige Rettungsbojen an Leinen achteraus gefiert waren, an denen man sich bei eventuell aufkommender Strömung hätte festhalten können. Keiner, der sich nicht »bedingungslos« vom Klüverbaum aus acht Meter tief heruntergestürzt hätte, ganz gleich, wie man unten ankam! Natürlich gingen wir Tag und Nacht Wache im Törn, ohne daß darauf am Tage Rücksicht genommen wurde. Wir lernten, mit dem Handlog und der Sanduhr die Fahrt des Schiffes festzustellen. Wir lernten das Patentlot zu benutzen in Fahrt, das Handlot zu werfen und die Tiefe »auszusingen«, wie in der großen Zeit der Windjammer. Wir gingen die Segelwache auf der Back als Ausguck und mußten den traditionellen Wachgesang alle Viertelstunde ertönen lassen, wenn nicht ohnehin die Lichter anderer Fahrzeuge zu melden waren: »Auf der Back ist alles wohl, die Laternen brennen, die ›Rote‹ brennet lichterloh, die ›Grüne‹ brennet ebenso.« Wenn wir einen milden Wachoffizier achtern am Steuerstand wußten, dann setzten wir dem Gesangsvers noch hinzu: »... und die Posten pennen!« Natürlich waren wir stolz auf das Mützenband *Segelschulschiff Niobe.*

Nur wir Abiturienten sprachen den Namen »klassisch« richtig aus, die übrige Marine aber kannte nur die ***Ni**-obe* mit voller Betonung der ersten Silbe. Gleich in den ersten Tagen unserer Bordzeit bescherte uns die Reichsmarine einen vollendeten »Freizeit-Töter«, das Logbuch. Unser Wachoffizier, der Leutnant z. S. Düwel, diktierte uns: »Allgemeines über das ›Logbuch‹. Das Logbuch ist ein dienstliches Buch. Es ist dauernd in sauberem Zustand zu halten und mit gutleserlicher Schrift zu führen. Der Inhalt ist tageweise niederzuschreiben, das Datum links heraus auf den Rand zu setzen. Absätze und Überschriften sind häufig anzuwenden. Skizzen und Zeichnungen sind besonders wertvoll und dem Text häufig beizufügen. Photographien und Ansichtskarten dürfen zur Ergänzung und Belebung beigefügt werden. National-, Kriegs- und Handelsflaggen der besuchten fremden Länder und begegnenden Schiffe sind mit Buntstift in das Logbuch einzutragen. Kritik in dienstlichen Angelegenheiten hat zu unterbleiben. Das Logbuch wird bis zur Beförderung zum Offizier geführt.« Und so weiter, bis hin zu lächerlichen Einzelheiten.

Wer es wirklich wörtlich genommen hätte, hätte in keinem fremden Hafen an Land gehen können, denn er wäre mit dem Führen des Logbuches voll ausgelastet gewesen. Mir vermittelte diese Pflicht freilich wichtige Erkenntnisse und Erfahrungen. Nicht nur einmal entsann ich mich im Kriege an frühere Besuche mancher Häfen, mir nun präsent durch diese Logbuch-Führung.

Da unter den recht beengten Verhältnissen an Bord sowohl auf *Niobe* wie auch auf dem Schulkreuzer *Emden* nicht alle gleichzeitig an der »Back«, d. h. an einem Tisch, sitzen konnten, mußte man sich daran gewöhnen, das Logbuch auf dem Bauche an Deck liegend in der kargen Freizeit zu führen. Da das Logbuch mit Tinte geschrieben werden mußte, war man in steter Gefahr, das heilige Deck des Oberbootsmannes mit Tintenklecksen zu entweihen, was sofortiges Deckscheuern und weiteren Zeitverlust zur Folge gehabt hätte.

Da tägliche Eintragungen gefordert waren und es völlig ungewiß blieb, wann der Zugoffizier oder gar der Kadettenoffizier das Logbuch zur Kontrolle einfordern würde, entstand ein elender Dauerdruck. Er führte dazu, daß man häufig noch nachts an den Notbeleuchtungen der Niedergänge die armen Kadetten sehen konnte, die bemüht waren, wenigstens einigermaßen im Datum zu bleiben.

Freizeit gab es praktisch weder auf der *Niobe* noch auf der *Emden*. Der Erfindungsgeist der Marine im Restverbrauch »freier« Stunden war geradezu grenzenlos. Hatten wir schon als Rekruten das »Singen« gelernt, so gab es jetzt wahre Orgien des Männergesangs. Dazu mußten wir »Wachfreien« uns auf dem Mitteldeck zusammenfinden und die schaurig-schönen Seemanns- und Marine-Lieder üben, üben, üben, bis es dem jeweiligen Wachoffizier genügte. Das aber war oft erst abends nach der Ronde des Ersten Offiziers durch sämtliche Schiffsräume.

Ein schneeweißes Segelschiff vermittelt den selbstverständlichen Eindruck untadeliger, makelloser Sauberkeit. Und doch lauerte überall an Bord der Drecksteufel, der es darauf abgesehen hatte, das »reine weiße Arbeitszeug« des angehenden Seekadetten mit Farbe, Staufferfett oder gar mit Teer gröblichst zu verunreinigen. Die Wanten der Masten des Gehölzes ließen bei großer Wärme den Holzteer der Hanfseele heraustreten, die Webleins sonderten ihren Konservierungs-Teer ab, wie auch die Lieken der Segel, die

Spannschrauben – überall tropfte ihr zu gut gemeintes Fett ab, und so sah jeder Kadett nach einer oder mehreren »Topp-Entern« geradezu bunt wie eine Giraffe aus.

»Zeugwäsche offiziell« fand meist nur einmal in der Woche statt, wo man dann seine Sachen – Arbeitszeug – mit der Wurzelbürste (verbotenerweise) an Deck mit Kernseife bearbeitete. Das war obendrein noch abhängig von der jeweiligen Frischwasser-Lage. An der Pier der Blücher-Brücke mit Frischwasseranschluß war das kein Problem, aber in See oder in kleinen Häfen mußte dann Seewasser der Ostsee dazu genommen werden, was den Wasch- und Reinigungserfolg fast vereitelte. Im Hafen wurde dann ein Jolltau vom Fock- zum Großmast und von dort zum Besan gespannt, an das die Wäsche mit Bändseln windfest angeknotet werden mußte. Da zu jedem Ein- und Auslaufen immer nur blütenreines »reines weißes Arbeitszeug« angezogen und zuvor peinlichst gemustert wurde, kann man sich wohl vorstellen, wieviel inoffizielle eigene Waschanstrengungen in der »großzügig bemessenen« Freizeit aufgebracht werden mußten. Es sollte später auf der *Emden* noch viel schlimmer werden.

Ob in See oder im Hafen, zur Mittagszeit waren wir durch den Vormittagsdienst körperlich derart ausgepumpt, so daß man unmittelbar nach der Mahlzeit sich einen Platz an Deck suchte, wo man sich der Länge nach aufschoß und meist sofort in traumlosen Tiefschlaf verfiel. Hatte man jedoch wechselweise gerade Backschaft, dann entfiel die Mittagsruhe, denn dann begann unmittelbar das »Abbacken« der Töpfe und Teller, Barkassen und Näpfe mit meist auch nicht gerade sehr gepflegten Tüchern, den sogenannten »Backslappen«, für die sich meist keiner direkt verantwortlich fühlte. Je zwei Kameraden einer Back hatten eine ganze Woche lang das Vergnügen, Backschafter zu spielen. Für sie existierte der Begriff Freizeit überhaupt nicht. Selbstverständlich lief auch der übliche Wachtörn ohne Rücksicht auf die jeweilige Tätigkeit als Backschafter. In See hatte immer eine Hälfte jeder Wache die Bereitschaftswache und mußte nachts angekleidet »auf den Hängematten« schlafen, um jederzeit kleinere Segelmanöver durchführend zu können.

Rückkehrend nach Kiel kroch Wassner in jeden Hafen, angefangen in Stolpmünde, Stralsund, Warnemünde, Rostock. In Stolpmünde konnte das Schiff wegen des engen Fahrwassers zum Auslaufen nur mit Leinen gedreht werden. Schließlich machten wir in Mürwik bei der Torpedoschule an der Württemberg-Brücke fest. Das gewaltige »rote Schloß am Meer« machte uns großen Eindruck. Die Marineschule! Werden wir sie nach der Emdenreise wiedersehen?

Ende September lagen wir dann wieder in Kiel und trafen dort auf den US-Vierschrauben-Kreuzer *Memphis*. Er hatte zwei Bordflugzeuge an Deck und war Baujahr 1924) eines der neuesten Erzeugnisse des amerikanischen Kriegsschiffbaues. Der Unterschied zu unserer im Hafen liegenden *Nymphe*, einem der wenigen uns verbliebenen kleinen Kreuzer, legte einen erschütternden Vergleich zu unseren Ungunsten nahe. Dafür zeigten die amerikanischen Seeleute uns ein schlimmes, disziplinloses Bild vor allem bei ihrem »Rücktransport« nach dem Landgang. Schon am Nachmittag entsandte der Kreuzer eine Streife von Militärpolizei an Land, eine uns in der deutschen Marine unbekannte Einrichtung. Sie durchkämmte das Hafenviertel der Stadt und suchte die Betrunkenen wieder zusammen. Die oft widerstrebenden Seeleute wurden mit Hartholzknüppeln rücksichtslos traktiert, halb betäubt in das Boot an der Landgangpier, der Elisabeth-Brücke, geworfen und an Bord gekarrt. Wir sollten diese Behandlung betrunkener randalierender Seeleute später noch häufiger in Häfen in der ganzen Welt erleben, sogar auch in den USA selbst. In den USA gab es damals die »Prohibition«, ein totales Alkoholverbot, und so nutzten die Seeleute jeden Auslandsaufenthalt intensiv aus, um sich vollaufen zu lassen. Dennoch erschien uns die Behandlung brutal und entwürdigend. Immerhin dienten damals auch die amerikanischen Seeleute freiwillig, genau wie wir. Nur galt bei uns der Grundsatz der Menschenbehandlung »Hände weg vom Mann«! In meiner ganzen Dienstzeit habe ich nicht einen einzigen Fall in Frieden und Krieg erlebt, in dem gegen diese eiserne Regel verstoßen worden wäre.

Am 14. Oktober 1926 fand die Besichtigung unseres Jahrgangs 1926 statt mit einer Fahrt unter Segel auf der Kieler Förde durch den Chef der Bildungs-Inspektion, den Konteradmiral Hosemann. Überflüssig zu sagen, daß alles hervorragend klappte, und der Inspekteur voll des Lobes war. Wir wurden zu »Seekadetten« ernannt und hatten damit den allerersten Schritt auf der uns endlos erscheinenden Leiter zur Seeoffizierlaufbahn getan. Aber wieder mußten uns einige Kameraden verlassen und sich anderen Berufen zuwenden.

Wir denken gern zurück an die schöne, harte, fordernde, aber auch erhebende Schulschiffzeit als Grundlage unserer späteren seemännischen Praxis, keiner möchte sie missen. Weder die Katastrophen der *Niobe* oder der *Pamir* haben an dieser Einstellung etwas geändert.

Auslandsreise mit Schulkreuzer *Emden* vom 14. November 1926 bis 24. März 1928

Waren die Crew 24 und die Crew 25 mit den alten kleinen Kreuzern *Berlin* und *Hamburg* auf wesentlich kürzeren Ausbildungsreisen in die Welt gefahren, so sollte jetzt der moderne, gerade in Dienst gestellte traditionsreiche dritte Kreuzer *Emden* eine Reise ganz um die Welt machen.

Wir waren also eine Glückscrew, als wir am 30. Oktober 1926 in Wilhelmshaven am Bahnhof eintrafen. Dann ging der übliche Marsch mit geschultertem Seesack zur III. Einfahrt, wo die erst am Vormittag aus der Werft gekommene *Emden* lag. Beim Anblick des Schiffs war uns klar, was das für uns in den nächsten Tagen bedeutete: Farbewaschen, Malen, Scheuern usw.

Zunächst aber wurden wir nett eingeteilt und in die Wohnräume eingewiesen. Für mich änderte sich nicht viel. Die Rollenkarte bestätigte es: Erste Korporalschaft der Steuerbord-Wache, Wohnraum Oberdeck 8, Gefechtsstation 1. Geschütz, Reinschiffstation »Auf der Back«, Rettungsbootsmannschaft Steuerbord-Wache, Korporal und Geschützführer: Obermaat Hoffmann. Er bleibt mein Schicksal. Zugoffizier: Leutnant z. S. Düwel, der »Lehrer«!

Wir haben uns plötzlich unerwartet »vermehrt«. Nicht nur die Ing.-Kadetten, die während unserer Segelschulschiffzeit auf der Marineschule Kiel ihren Werkstattlehrgang hinter sich gebracht hatten, und die drei Verwaltungsoffizier-Anwärter der Stralsunder Grundausbildung trafen wieder mit uns zusammen, es kamen auch noch die Seeflieger zu uns, von deren Existenz wir bis dahin keine Ahnung hatten. Sie hatten ihre zivile fliegerische Grundausbildung in Warnemünde hinter sich. Bertram, Brix, Ducoffre, Heyn, v. Laue, v. Lepel, Rakenius, Stöve, Wismar und Wolter stießen zu unserer Crew und waren im Umsehen integriert.

Ein Großteil der *Niobe*-Korporäle waren mit auf die *Emden* gekommen, nicht in allen Fällen zu unserer besonderen Freude. Wir kannten sie, und sie kannten uns bereits zu gut. Außer unserem »Lehrer« war auch der Toppsoffizier des Großtopps der *Niobe*, der Oberleutnant z. S. Edert (Männe genannt), als Zugoffizier der Backbord-Wache mit übergestiegen.

Als größte Überraschung aber präsentierte sich unser bereits von Kapitänleutnant Voss angekündigter neuer Kadettenoffizier, Kapitänleutnant Heinrich Ruhfus (Crew 1913), der uns in einer mit Ermahnungen und Drohungen gespickten Rede begrüßte, was uns völlig konsternierte. Weil das Antreten angeblich zu langsam ging, hielt er es zunächst für angebracht, uns im Takelpäckchen über das aufgeweichte Werftgelände zu jagen und uns mehrfach »hinlegen« zu lassen.

Erst dann begann er seine etwas krächzende Ansprache, bei der ihm mehrfach die Stimme überschlug. Wir fanden tatsächlich zu dieser groben und unberechtigten Rede keinen Schlüssel. Dabei bot er ein gutes Bild. Er war sehr schlank, makellos in der Uniform, gut geschnittenes Gesicht, ausgezeichnet mit dem EK I. Schon damals war die Stellung eines Kadettenoffiziers ohne Frage eine Vorzugsstellung in der Bildungs-Inspektion. Die von ihm ausgebildete Crew trug ihm später in der Bewährung auch im Frieden bleibende Anerkennung, eine Gloriole seiner Tätigkeit ein. So waren wir für viele spätere Jahre bis hin zur Beförderung zu Kapitänleutnanten die »Ruhfus-Crew«.

Er also würde nun für 18 Monate unser Vorgesetzter »next God«

neben dem Kommandanten, dem Kapitän z. S. Richard Foerster, sein. Nach der Ansprache machte sich bei uns ein abwartender Skeptizismus breit, etwa so gestimmt: »Wir werden es schon trotzdem schaffen!«

Selbstverständlich blieb er für uns eine absolute Autorität auf der ganzen Reise. Er verstand es aber nicht, auch unsere Verehrung zu erwerben. Ich hatte sehr viel später als junger Oberleutnant z. S. zufällig Gelegenheit, für eine begrenzte Zeit auf einem Schiff Dienst zu tun, auf dem er IO unter einem despotischen, skurrilen Kommandanten war. Ich habe ihm viel aus der Kadettenzeit abzubitten gehabt, kam nun glänzend mit ihm aus und konnte in vielen vertrauten Stunden Einblick nehmen in eine etwas problematische, keinesfalls so selbstsichere Natur, als die er sich darzustellen bemühte.

Ruhfus hatte 1932 das Unglück mit dem Untergang der *Niobe*, das ihn innerlich schwer belastete. Beim Unternehmen »Weserübung« verlor er als Kommandant der *Königsberg* sein Schiff in Drontheim infolge eines schweren britischen Fliegerangriffs.

Die erste Korporalschaft blieb ziemlich unverändert: Christian, Forstmann, v. Freytag-Loringhoven, Hopmann, Meissner, Merten, Neuss, Schmidt Kuno, v. Schmidt, Schulte-Somborn und Zapp. Wir trafen es besonders gut mit der Unterbringung und hatten an Backbordseite einen gesonderten kleinen Raum unter der Back, der schon in das Mannschaftsdeck hereinragte. Was hatten wir aber verglichen mit der *Niobe* für große Spinde! Wir ahnten nicht, daß sie sich dennoch nach Empfang der Tropensachen und der zusätzlichen »Päckchen« für die Auslandsreise als zu klein erweisen würden. Noch eine gewaltige Verbesserung stellten wir fest gegenüber dem Leben auf der *Niobe*. In den Kadettenräumen waren Abbackbecken mit »Kalt«- und »Warm«-Wasseranschluß. Das erschien uns fast luxuriös. Jedoch stellte sich im Laufe der Reise heraus, daß der Frischwasservorrat nicht ausreichte, um die Abbackbecken in den Wohnräumen benutzen zu können.

Am nächsten Tag begrüßte uns der IO des Schiffes, Korvettenkapitän Stobwasser. Er war eine auffallende Erscheinung, stets vorbildlich in Uniform und Haltung und brüllte nie. Im Hafen erschien er nach englischer Sitte stets mit dem Kieker – dem Teleskop-Fernrohr – unter dem Arm. Nur einmal sahen wir ihn aufgeregt, als ein uns in Semarang vom holländischen Gouverneur geschenkter Affe, den wir wegen seiner Scheußlichkeit nach unserem unbeliebtesten Korporal »Gawronski« genannt hatten, in seiner Abwesenheit durch das Fenster in seine Kammer geentert war und dort in Schreibtisch und Wäscheschrank einen »Budenzauber« veranstaltet hatte.

Die ersten beiden Tage wurden dazu genutzt, daß wir lernten, uns zurechtzufinden: Schiffskunde durch das ganze Schiff, die Voraussetzung für den Rollendienst. Schon zwei Tage später gingen wir erstmalig in See, gingen mit Wache, machten Rollendienst und waren doch verwirrt, als auf dem Rückweg von der norwegischen Küste im Nebel plötzlich ein Ruck durch das Schiff ging, gleich darauf das »Schotten dicht«-Signal ertönte, und wir den dänischen Dampfer *Elisabeth* erwischten. Großes Leck am Heck, aber offensichtlich über der Wasserlinie, erste Nebelfahrt-Erfahrung!

Nach mancherlei aufreibenden und kräftezehrenden Vorbereitungen war es am 14. November endlich soweit: Abschied in der Schleuse der II. Einfahrt, B.I.-Chef, Stationschef und weitere Admirale, Musikkorps des Schiffes auf der Schanze. Wir waren angetreten auf Manöverstationen; ein »Hurra« von Land und von Bord.

Die Reise ging über Spanien als letztes europäisches Land und Besitzer der »Glücklichen Inseln« zu den Kanaren, auf denen es damals nur schwache Andeutungen eines saisonmäßigen Fremdenverkehrs gab. Über die einsame Felseninsel St. Helena, den Verbannungsort Napoleons, führte der Kurs an die Südspitze Afrikas, nach Kapstadt, von dort rund um das Kap Agulhas nach Sansibar, weiter nach der Hauptinsel der Seychellengruppe Mahe, ein Tropenidyll verschwenderischer Vegetation. Es folgte der »Sprung« über den Indischen Ozean nach Insulinde, dem damaligen Holländisch-Indien, mit Sumatra–Java–Bali und Celebes. Dann nach Norden, den Pazifik hoch nach Japan mit ganz unterschiedlich geprägten Häfen, wie Nagasaki, Miyajima, Shimizu, Yokohama und Hakodate, alles noch Japan in klassischer Form mit rein äußerlich europäisierter Oberfläche. Weiter zur Inselkette der Aleuten, später der Vorposten der USA gegen den sibirischen Teil des Sowjetreiches, hinüber nach Alaska.

Die USA erschienen uns damals schon als ein technischer Gigant, wie uns am Beispiel der beiden pazifischen Schlachtschiffdivisionen vor Augen geführt wurde, denen wir dort begegneten. Seattle blieb ein Höhepunkt der Reise, um so mehr, als mit der Fahrt nach Süden an der Westküste beider Amerika entlang uns das soziale und technische Gefälle überdeutlich sichtbar wurde. Welch ein anderes Land war dann Mexiko mit den Häfen La Paz-Mazatlan und Manzanillo, wie auch Guayaquil in Ecuador und Mollendo in Peru. Welch eine Dürftigkeit des Lebens und auch des Landes kam uns vor Augen, dazwischen dann Balboa, eine US-Enklave am Südausgang des Panamakanals mit allen Attributen gehobener Zivilisation in mestizo-spanischer Umgebung und ewiger Unruhe.

Schließlich folgte dann das große Erlebnis der deutsch-chilenischen Freundschaft. Die Kette Valparaiso–Talcahuano–Puerto Montt–Punta Arenas schloß sich an, Kap Hoorn bei spiegelnd ruhiger See nach Fahrt durch den heute so umstrittenen Beagle-Kanal. Wieder im Atlantik, führte die Reise hoch an der Ostküste des Kontinents von den argentinischen Häfen Commodore Rivadavia und Puerto Belgrano weiter nach Norden nach den brasilianischen Häfen San Franzisco do Sul-Santos mit dem Erlebnis São Paulo.

Von dort ging es nach Rio, damals unstrittig die landschaftlich schönste und eindruckvollste Hafenstadt der Welt, und Pernambuco – jetzt Recife – als Schlußstein Ibero-Amerikas. Westindien folgte dann mit der Haiti-Hälfte der Dominikanischen Republik und St. Thomas auf den Virgininseln. Bevor wir wieder den Atlantik nach Osten heimwärts überquerten, gab es einen kurzen Stopp auf den Azoren, dem letzten »Vorbereitungs- und Prüfungshafen« Villagarcia in dörflicher Größe an der Arosa-Bucht, schließlich die Rückkehr nach Wilhelmshaven unter dem Jubel der Angehörigen und im Zeichen sich anbahnender politischer Veränderungen.

Aus dem Gesehenen und Erlebten konnte ich trotz der geringen Augenhöhe eines Kadetten weitgehende Erkenntnisse der damaligen politischen Machtverhältnisse ziehen. Da begegnete uns, fast die ganze Welt umfassend, erst einmal das Ordnungs- und Machtgebilde des Britischen Empire nicht nur in den Gebieten der eigenen Flagge, präsent auch im niederländisch-indischen Kolonialbereich, in Japan und unauffällig auch in den USA – deutlich dann im Panama-Verkehr und fast vorherrschend dann in ganz Südamerika.

Das damals noch intakte holländische, deutschfreundliche, saubere Kolonialreich der Insulinde erschien hervorragend verwaltet, aber doch schon im Kampf begriffen gegen subversive Kräfte des Weltkommunismus und des aufkeimenden völkischen Eigenwillens der Bewohner. Ein mächtiges, noch in den Traditionen verwurzeltes Japan begann schon ein modernes europäisches Gesicht zu zeigen mit einer bereits gewaltigen Technik – mit der Gefahr ihrer unbedenklichen Anwendung durch eine streng hierarchische Führung mit unergründlichen Absichten.

Schwer ist der Eindruck von den USA zu fassen, den wir so unterschiedlich in Alaska–Seattle–Balboa und schließlich in St. Thomas verkraften mußten. Der Anblick der beiden Schlachtschiffdivisionen der Pazifischen Flotte verdeutlichte uns, daß schließlich der Erste Weltkrieg nur durch das Eintreten der USA auf alliierter Seite entschieden wurde. Obwohl doch noch keine zehn Jahre her, und die Erinnerung wachgehalten wurde durch die recht aktive »American Legion« der Frontkämpfer, hat keiner von uns Ressentiments gespürt. Das Interesse, oder besser die Neugier auf uns, erschien deutlicher ausgeprägt. Diese Söhne Europas hatten sich unbedenklich der Technik und ihres dauernden Fortschritts bemächtigt, sie würden die Spitze nicht mehr räumen und nicht abzugeben bereit sein. Die USA waren damals unangefochten das Land der Zukunft, ohne es vielleicht sein zu wollen. Fraglos war dies für uns alle der stärkste und nachhaltigste Eindruck der Reise.

Allen von uns besuchten lateinamerikanischen Ländern war ein Grundproblem gemeinsam, das ganz offenbare soziale Gefälle, in vieler Hinsicht ein Erbteil des immer noch wirksamen Mutterlandes Spanien. Wenn ich mich recht erinnere, waren damals schon

Mexiko, Peru und auch Brasilien diktatorisch regiert. Die verhältnismäßig starken bewaffneten Kräfte der dortigen Länder dienten wohl in erster Linie zur Stabilisierung der Regierungen, weit weniger, um außenpolitische Ziele zu verfolgen oder durchzusetzen. Damals waren tatsächlich lediglich Chile und Argentinien Demokratien, wenn auch weitgehend oligarchisch gefärbt. Je stärker die Einwanderungsquote aus Europa, desto besser standen sie damals wirtschaftlich da und verfügten dementsprechend auch über einen ausgleichenden Mittelstand. Dennoch ließ sich auch in diesen Ländern das weitgehend ethnisch bestimmte soziale Gefälle nicht übersehen.

Aus unserer Sicht mußte uns die damalige Welt als noch in Ordnung erscheinen. Allerdings hatten wir ja auch nur einen begrenzten Ausschnitt kennengelernt. Der Einblick in den französischen Sprach- und Kolonialraum fehlte uns völlig. Die gewaltigen Phänomene Indien und China hatten wir nicht erkennen können.

Abgesehen von dem selbstverständlich zu erwerbenden Handwerkszeug des fachlichen Wissens und Könnens sollte sich der angehende Offizier und Menschenführer auf solchen Reisen auch charakterlich unter allen Belastungen des Klimas, der härtesten Disziplin, der räumlichen Enge, des wechselnden Dienstes bewähren und zum Gleichmut bei geschärfter Wachsamkeit durchringen. Diesem Ziele dienten viele Maßnahmen, die ohne Kenntnis dieses Zweckes vielleicht als zweifelhafte Härtetests oder sogar übelwollend als »Schikane« bezeichnet werden könnten. Sicher spielte auch der heute als negativ angesehene Lebensgrundsatz eine Rolle, der da sagt, daß gesegnet sei, was hart macht. Tatsächlich erwarben wir im Verlauf dieser Reise ein Selbstbewußtsein, das kaum mehr erschüttert werden konnte. Wir waren »doppeltbreit« geworden, wie wir es nannten.

Das enge Zusammenleben, das Aufeinander-angewiesen-Sein, die gleiche Denkungsart überdeckten zu starken Individualismus und förderten ein Gemeinschaftsgefühl, das dann für ein Leben im Frieden, im Kriege und später in der Nachkriegszeit unverändert das alle Crewkameraden umfassende Band bildete. Dennoch hat niemand seine Originalität verloren oder wäre in der »Uniformität« seiner spezifischen Eigenart verlustig gegangen. Die gemeinsame Kadettenzeit schuf eine gemeinsame feste Basis, von der aus sich dann jeder zu der kraftvollen und individuell selbständigen Persönlichkeit entwickeln konnte, wie es seiner Begabung und Energie entsprach.

Bedeutsam und ausschlaggebend war natürlich das Offizierskorps des Kreuzers, das, selbstverständlich eigentlich für das neueste Schiff der Reichsmarine, mit einer Führer-Elite besetzt war.

Da war zunächst der Kommandant, der Kapitän z. S. Richard Foerster (Crew 99) ehemals Artillerieoffizier des Schlachtkreuzers SMS *Seydlitz* in der Skagerrakschlacht, der spätere Flottenchef. Er starb jedoch noch vor Kriegsbeginn. Obwohl er selten einen Kadetten ansprach, strahlte er Wohlwollen aus. Man hörte ihn nie laut, auch nicht bei den im Ausland doch recht häufig schwierigen Manövern beim Festmachen an der Pier oder den Mooringstonnen. Während der Reise lud er nach und nach an Sonntagen, meist in See, Kadetten bei sich ein, um Gewandtheit und Benehmen zu prüfen. Ich war auf der Fahrt von Bahia-Blanca nach São Francisco do Sul mit vier anderen Kameraden bei ihm zum Mittagessen und angenehm überrascht, wie ungezwungen und natürlich diese Einladung verlief. Wir nannten ihn »Onkel Richard«, weil er Patenonkel unseres neuen Crewältesten Herbert Schultz war, der nach der Zwischenprüfung auf der Reise, dem gefürchteten »Tentamen«, unseren allseitig beliebten Wolfgang Bühring abgelöst hatte. Im Ausland machte der Kommandant eine ausgezeichnete Figur und fand überall ganz besondere Beachtung. Obwohl selten bei unserem Dienst in See oder im Hafen sichtbar, muß er dennoch unser Tun recht aufmerksam und interessiert beobachtet haben, denn in unseren häufig zur Kontrolle eingezogenen Logbüchern war sein Prüfungsvermerk neben dem unseres »Hein« Ruhfus und natürlich unseres Zugoffiziers »Bob« Düwel mehrfach zu finden.

Sein Adjutant war der Torpedooffizier Wurmbach, der stets sehr elegant in Uniform, aber in englischem Stil in Zivil besonders auffiel, weshalb wir ihn den »gezähmten Engländer« nannten. Wir hatten verhältnismäßig wenig mit ihm zu tun. Er wurde 1938

Kommandant »Admiral Scheer« und beendete den Krieg als »Admiral Skagerrak«.

Unser IO, von dem Erfolg oder Mißerfolg einer Auslandsreise in hohem Maße abhängen, war ein »real old gentleman«. Stobwasser (Crew 1904) war schon ein älterer Korvettenkapitän, was ihn nicht hinderte, in den Tropen barfuß mit aufgekrempelten Hosen morgens die »Reinschiff-Stationen« zu inspizieren. Passionierter Jäger, erschien er wo auch immer im Rollen- und Gefechtsdienst als der ruhende Pol. Später brachte er es noch bis zum Vizeadmiral und Oberwerftdirektor in Brest, wurde 1943 verabschiedet und wählte 1946 in tiefer Verzweiflung den Freitod. Er war uns Kadetten ein Vorbild.

Navigationsoffizier war der Korvettenkapitän Adalbert Schüssler (Crew 05), der uns die Anfangsgründe der terrestrischen Navigation beibrachte, in einer väterlich freundlichen, immer gleichbleibenden Haltung. Sein Unterricht entbehrte jedoch jeder Dynamik, zumal er meist recht leise sprach. Wir haben viel bei ihm gelernt. Er hauste im Backdeckaufbau, damit er der Brücke nahe blieb, und muß häufiger darunter gelitten haben, daß der Hängemattskasten der Kadetten unter seiner Kammer lag, wo gelegentlich nachts auch größere Bierfeste stattfanden. Wir rechneten es »Papa« Schüssler hoch an, daß er sich nie über derartige lebhafte nächtliche Spontanfeiern beschwerte. Es gelang ihm auf der Reise, im Pazifik im Philippinengraben das dann weltbekannte »Emdentief« mit 10 286 m zu erloten, das Jahrzehnte als tiefste Stelle der Weltmeere galt. Schüssler, später Vizeadmiral, war in den Jahren 1938/39 Wehrersatzinspekteur in meiner Heimatstadt Elbing und wurde noch vor Kriegsende 1944 verabschiedet.

Unser I. Artillerieoffizier, Heinrich Hanke (Crew 10), gebot über unsere acht 15 cm L-45 Batterie und die beiden 8,8 cm Flak-Geschütze auf dem mittleren Aufbaudeck, deren hauptsächliche Tätigkeit im Salutschießen in den Häfen bestand.

Natürlich war der I. A.O. der Herr der Lage beim Artilleriedienst, dem Exerzieren, dem Klingscheibenschießen, dem Abkommschießen und schließlich zweimal auf der Reise auch beim Kaliberschießen. Das erste Mal, von Semarang aus, kenterte allerdings die aus Bambusstangen kunstvoll in tagelanger Arbeit von uns selbst gebaute Scheibe gleich zu Beginn mit den ersten Salven und konnte dann nur mit großer Mühe und in lädiertem Zustand wieder aufgerichtet werden. Auch die Gegnerfahrt konnte durch die schleppende Dampfpinnasse nicht gerade sehr wirklichkeitsgetreu dargestellt werden, denn mehr als bestenfalls zwei Seemeilen ließen sich nicht herzaubern. Das tat aber der Schießbegeisterung nur wenig Abbruch, zumal beim Nachtschießen, wo dann unser Kadettenoffizier, der sonst keine rollenmäßige Gefechtsstation hatte, als Scheinwerferoffizier fungierte und dann das auf allen Schiffen der Reichsmarine beliebte Wetteifern in der Scheinwerfersteuerung zwischen Brücke und Scheinwerferleitstand miterleiden mußte. Trotz später wesentlich verbesserter Geräte zur Steuerung habe ich diesen nur mit Humor zu nehmenden Leistungsstreit immer wieder auf allen großen Schiffen erlebt. Für das sehr wichtige Abkommschießen, bei dem Einlege-Abkommrohre in die 15-cm-Kanonenrohre gelegt und 5-cm-Munition verfeuert wurden, hatten wir eine montierbare Scheibe an Bord, desgleichen eine Klingscheibe, die mit Gewehrmunition aus dem Kriege 1870/71 beschossen wurde. Diese Übung diente in erster Linie der Übung der Geschützführer für Abkommen im Seegang. Das Abkommschießen aber fand dann schon als vom Leitstand durch den A.O. geleitetes Schießen über die Feuerleitzentrale statt. Der A.O. erteilte uns auch Unterricht in Marinegeschichte. Er war immer freundlich, sehr ästhetisch und soigniert. Er erfreute sich bei den Kadetten großer Beliebtheit. Auch er wurde noch Vizeadmiral, war vorwiegend im Waffenamt in Berlin tätig und ist ab Mai 1945 vermißt. Vermutlich ist er von Berlin nach der UdSSR verschleppt worden.

Ganz besonderer Sympathie erfreute sich der Divisionsoffizier der III., der Funktionärdivision, der Nachrichtenoffizier Oberleutnant z. S. Schimpf, obwohl wir außer dem Wachegehen in See und im Hafen weder Unterricht noch sonstigen Dienst unter seiner Obhut hatten. Bei der Seewache ging ich über längere Zeit mit ihm als W.O. die Morgenwache von 4 bis 8 Uhr. Die erste Stunde erteilte er uns Kadetten eine Art Brückenunterricht, mit Umschalten der Ruderanlage auf die Zentrale oder auf das Handruder oder von der Brücke auf den Kommandostand. In der letzten Stunde der Wache setzte er sich in die Brückennock, ließ alle bis auf den Rudergänger herumschließen und erzählte »Marine-Döhnchen« aus der Zeit der Kaiserlichen Marine und den ersten Anfängen der Reichsmarine nach dem Weltkrieg. Wir hörten atemlos zu, denn er war ein blendender Erzähler und steckte voller herrlicher Geschichten. Er war der Held aller Bordfeste und hatte stets großen Zulauf. Später wurde er Nachrichtenoffizier bei der Station Ostsee und arrangierte zusammen mit dem Oberleutnant z. S. Reinhard Heydrich die berühmten Herrenabende, die jedes Jahr nach Beendigung der Herbstübungen für das gesamte wachfreie Offizierskorps meist in Anwesenheit des Chefs der Marineleitung stattfanden. Die dabei aufgeführten kurzen Stücke, Szenen oder Sketches waren geistreich, treffend und auch ein wenig kritisch, wenn auch in den Grenzen der Ehrfurcht und Disziplin. Raeder hat sie später mit einem Bann belegt, indem er die Vorlage der Texte anordnete, so daß bei seiner bedauerlichen Humorlosigkeit die jüngeren Offiziere die Vorführungen nicht mehr wagten.

Schimpf hat sich um den Humor in der Reichsmarine außerordentlich verdient gemacht. Seine trefflichen Gedichte, wie z. B. »Die Segler« oder »Der Kasinoball« sind ein Vermächtnis aus der so einfachen, so spartanischen, aber auch menschlich nahen und vertrauten Zeit dieser kleinen, fast familiären Marine. Wegen seines oft stark angeröteten Gesichts nannten wir ihn etwas despektierlich »die Tomate«. Er kam später zur Abwehr und verunglückte tödlich auf einer dienstlichen Autofahrt.

Ein sehr wesentlicher Faktor war noch der Divisionsoffizier der II. Division, der Mannschafts- oder Stammdivision, die, wo auch immer, unsere Konkurrenz darstellte, uns als Vorbild vorgesetzt wurde, so wie umgekehrt wir ihnen als Beispiel vorgestellt wurden. Kapitänleutnant Siegfried Engel war der Rollenoffizier, der Allgewaltige beim Rollendienst, beim Reinschiff, beim Kohlen, beim Arbeitsdienst, der das Malen und Instandhalten des Schiffes einbegriff. Von stoischer Ruhe und unbewegten Gesichts, schritt er durchs Schiff hinter dem IO bei der allabendlichen Ronde in

See oder beim Rollendienst, dem »Schotten dicht«, dem »Feuer im Schiff«, dem »Gefechtsklarmachen«, den Leckübungen. Die Leutnante z. S. Hans-Jürgen Reinicke und Alwin-Broder Albrecht (Crew 22) waren seine Zugoffiziere. Sie verstanden es meisterhaft, ihre meist schon älteren Soldaten der II. Division, die schon Geschützführer-, E-Meß-, Torpedo-, Flak-, d. h. alle Spezialistenlehrgänge hatten, zum friedlichen Wettbewerb mit uns Kadetten zu ermuntern. Dazu gehörten auch die Außenbordsreiniger, eine Gruppe von etwa zehn älteren Seeleuten, die immer präsente Garde des Oberbootsmannes.

Unser Hauptkonkurrent aber war der II. Kutter, gestellt von der Mannschaftsdivision, der uns bei Beginn der Reise bei allen Manövern und Racepullen schlug, bis wir auf der zweiten Hälfte der Reise deutlich die Oberhand gewannen und diesen Triumph im letzten Wettpullen überlegen vorführen konnten. Albrecht, ein hünenhafter Friese, der uns Kadetten vorbildlich erschien, war auch Kutteroffizier der II. Division. Nach seiner Zeit als Torpedobootskommandant wurde er Marineadjutant bei Adolf Hitler. Als er mit Raeder über eine Eheaffaire in Konflikt geriet, der in dieser Frage für das Offizierskorps zu keinen Kompromissen gegenüber der wesentlich lockereren Auffassung des NS-Regimes bereit war, mußte er die Marine verlassen, blieb aber als NSKK-Brigadeführer Hitlers Adjutant für persönliche Aufgaben. Im Gegensatz zu anderen Offizieren, die aus Gründen unvorschriftsmäßigen Verhaltens die Marine verlassen mußten und dann meist in jeder Weise Gegner ihrer früheren Waffe wurden, wie Heydrich, Bonitz, Rauff, blieb Albrecht der Marine bis zum Ende treu verbunden.

Der Leutnant z. S. Reinicke, »Dackel« genannt, war II. T.O. und bewohnte mit Bob Düwel, seinem Crewkameraden, eine Kammer im Backsdeck. Er hatte eine große Karriere vor sich. Torpedobootskommandant, Admiralstabsoffizier, Zerstörerkommandant, Kommandant Schwerer Kreuzer *Prinz-Eugen*, Ritterkreuz. Er hatte die harte Aufgabe, dies einzige den Krieg überlebende größere Kriegsschiff an die Amerikaner abzuliefern und in die USA zu überführen, wo es dann später bei den Atom-Versuchen auf dem Bikini-Atoll vernichtet wurde.

Der Divisionsleutnant der III. Division, zu der die Funker, das Signalpersonal, die Schiffszimmerer und schließlich die Musikkapelle gehörten, Leutnant z. S. Hans Erdmenger, führte wegen seines noch sehr jugendlichen Äußeren den Spitznamen »Bubi«. Er war immer sehr temperamentvoll und lebhaft bis zum Übereifer. Wir Kadetten mochten ihn und gingen auch gerne mit ihm Wache im Hafen. Seine englischen Sprachkenntnisse hatten bei uns Kadetten einen besonderen Ruf, nachdem ihn im Hafen von Juneau als wachhabenden Offizier ein Vertreter der Stadt gefragt hatte, ob die Musikkapelle am Nachmittag wieder auf dem Hauptplatz des Ortes ein Konzert geben würde, wie schon an den Vortagen. Erdmengers klassische Antwort lautete: »Ick glöw, det de musik today believes on board!« Auch er wurde über den Torpedobootskommandanten später Zerstörerkommandant, bekam das Ritterkreuz und fiel dann als Chef der 8. Zerstörerflottille im Dezember 1943 in der Biskaya bei der versuchten Einbringung eines Blockadebrechers zusammen mit seinem Kommandanten, unserem Crewkameraden Günter Schultz.

Mit den Ingenieuroffizieren kamen wir wenig in Berührung. Der leitende Ingenieur (LI) war der damalige Korvettenkapitän (Ing.) Hans Fechter aus meiner Heimatstadt Elbing. Er war im Weltkrieg U-Boots-LI gewesen, trug das EK I und das U-Bootsabzeichen, sah blendend aus und hatte große Autorität. Der Oberleutnant (Ing.) Paeschke war Zugoffizier der Ing.-Kadetten, deren Dienstplan von unserem völlig getrennt ablief. Aus der beachtlichen Anzahl der nach der Emdenzeit uns verlassenden Kameraden der Ing.-Laufbahn sollte man schließen, daß auch dort ein sehr harter Wind geweht hat. Allerdings glaube ich nicht, daß unser täglich Brot mit »Flagge Lucie« und Spindausräumen an Oberdeck und ähnlichen Scherzen, die das »Dreimal-Großtopp« der Segelschulschiffzeit ersetzten, so häufig und leichtfertig angewandt wurde wie bei uns Seekadetten.

Die Verwaltung lag in den Händen unseres Stabszahlmeisters Wilhelm Sieh und des Oberzahlmeisters Seefeld.

Sieh war damals schon ein älterer Herr, der, Pfeife rauchend, als Sparsamkeitsapostel galt. Allerdings trug er zu diesem Ruf selbst bei, und das kam so: Als wir bei der uns besonders beeindruckenden Fahrt durch die navigatorisch schwierigen patagonischen Kanäle im Süden Chiles bei Abenddämmerung ankerten, mangels Befeuerung war keine Nachtfahrt möglich, kam in einem morschen Kanu eine feuerländische, halbnackte Eingeborenenfamilie längsseits und bettelte. Natürlich fanden sich zahlreiche Seeleute und auch Offiziere, die ihnen Nahrungsmittel und auch gebrauchte Kleidung zuwarfen. Sieh stand an der Reling und sah offensichtlich mißbilligend auch zu, als ein älterer Unteroffizier einen alten Collani – einen Marine-Überzieher – ins Boot warf.

Er schüttelte nachdenklich sein Haupt, machte plötzlich auf dem Absatz kehrt, ging in seine Kammer unter der Hütte und kehrte zu aller Erstaunen mit einem Paar älterer getragener Schnürstiefel zurück. Nicht ohne Gönnermiene warf er dem Ältesten im Boot stehenden Feuerlandindianer seine Spende zu. Der fing sie geschickt auf, besah sich die Schuhe von allen Seiten, sah sich die Sohlen an und warf sie geschickt wortlos unserem Stabszahlmeister wieder zu, ohne eine Miene zu verziehen.

Dennoch, er hat immer gut für die Besatzung gesorgt. Keiner wird vergessen, welche wunderbaren Gelees und Marmeladen er uns in Kapstadt besorgte und wie er sich mühte, Obst und Gemüse für uns zu beschaffen.

Als Auslandskreuzer hatten wir auch einen Marinepfarrer an Bord, der für die Auslandsdeutschen in den angelaufenen Häfen von besonderer Bedeutung war. Pfarrer Jahn aber erfreute sich weder bei der Besatzung noch bei den Kadetten und aller Wahrscheinlichkeit nach auch nicht bei den Offizieren mit seinen allzu unseemännischen Themen und Gleichnissen einer besonderen Wertschätzung. Als er einmal bei einer Sonntagspredigt von Seeleuten berichtete, die nicht wußten, an welcher Stelle des Schiffes sie bei Gefahr den Anker ausbringen sollten, und dann auch nicht die Stelle fanden, wo der Ankergrund das Schiff im Sturm halten konnte, da ging ein verständnisloses Raunen durch die angetretene, in der Tropensonne stehende Besatzung einschließlich der Kadetten.

Taufen und auch Trauungen waren aber in den Häfen mit deutscher Kolonie an der Tagesordnung, und Jahn hatte mit seiner Kirchenkiste, die im Backsdeck im Gange sonst seemäßig festgezurrt war, ein umfangreiches Programm zu bewältigen. Die Marineseelsorge war und blieb ein besonderes Anliegen des 1928 zum Chef der Marineleitung avancierten Admirals Raeder. Es kann gar nicht hoch genug veranschlagt werden, mit welch hartnäckiger, unbeirrbarer Haltung alle Versuche erfolgreich abgewehrt wurden, auch in die Marine die »freigeistige« Auffassung der nationalsozialistischen Germanenmystiker hineinzutragen.

Tatsächlich ist der Marine durch Raeders Haltung und bedingungslose Ablehnung unchristlichen Neuglaubens alles das erspart worden, was sich in Heer und Luftwaffe später wenig erfreulich bemerkbar gemacht hat. So habe ich auch bis zum bitteren Ende des Krieges als Chef der 24. Unterseebootsflottille bei einer durchschnittlichen Kopfstärke von etwa 3000 Soldaten immer noch einen evangelischen Pfarrer im Stabe gehabt, der sich mit großem Engagement der Seelsorge für alle Soldaten der Flottille annahm.

Als Relikte der alten Kaiserlichen Marine hatten wir noch drei Oberdeckoffiziere an Bord. Als Experten in einer Zwischenstellung zwischen Oberfeldwebeln und Offizieren starben sie langsam aus und wurden nach und nach von den nachrückenden Ober-, später Stabsfeldwebeln ersetzt. So war unser Obersteuermann eine Autorität auf dem Gebiet der Navigation. Da wir beim Brückendienst ab und an mit ihm zu tun hatten, hinterließ er einen großen Eindruck auf uns Kadetten. Auch der Oberfeuerwerker war Oberdeckoffizier. Der dritte im Bunde war ein Obermaschinist, Oberdeckoffizier Karl Scheel, U-Bootsmaschinist aus dem Weltkrieg, der mit Maschinenwache ging und dessen markante Gestalt am Niedergang zum Maschinenleitstand an Oberdeck jedem noch in Erinnerung geblieben ist. Er wurde später Offizier, war im Zweiten Weltkrieg Flottilleningenieur der 2. Flottille (Saltzwedel) in Lorient, wo ich wieder mit ihm zu tun hatte, und war schließlich einer meiner bewährten Mitarbeiter nach dem Kriege bei der Wasserstraßendirektion Rheinland-Pfalz.

Eine hervorstechende Figur an Bord, groß und schlank, war Oberbootsmann Jakobi, der Schmadding, dem wir praktisch bei jedem Schiffs- oder Arbeitsdienst unterstanden. Er sah gut aus, und das wußte er auch. Im Hafen wurde er dann und wann auch zum Dienst als wachhabender Offizier herangezogen. Dann stand er stolz aufgerichtet auf dem obersten Fallreepspodest, sah sich nach allen Seiten um und fragte den gerade als Läufer Deck vor ihm stehenden Kadetten: »Sehe ich nicht aus wie ein Offizier?« Natürlich wurde das eifrig bejaht. Dennoch war er ein guter Seemann, stolzierte barfuß prüfend beim »Reinschiff« durch sämtliche Räume und hatte meist auch ein paar passende Bemerkungen auf jeder Reinschiffstation. Beim Schiffsmalen, das fast regelmäßig vor jedem größeren Hafen stattfand, oft in aller Frühe am Tage des Einlaufens, bestieg er den Außenbordsprahm, der von einem der legendären Außenbordsreiniger um das zu Anker liegende Schiff gewriggt wurde, und prüfte mit kritischem Auge den Anstrich und insbesondere den Wasserpass. Er nahm auch uns Kadetten scharf ran, war aber immer gerecht und nicht schikanös, so daß wir ihn alle gern mochten.

Unsere Kadettenunteroffiziere, die Korporäle, waren zum Teil schon auf der *Niobe* mit uns zusammengewesen. Doch kamen etliche auf der *Emden* neu dazu, so auch durch die Neuerung eines »Divisionsfeldwebels«. Der mit dieser Stellung betraute Bootsmann Gawronski war mit Abstand der unbeliebteste aller Unteroffiziere. Er war tückisch, versuchte uns hereinzulegen, wo er konnte, und belauerte uns in unseren Räumen vom Durchgang aus, der nur durch die drei Viertel der Deckshöhe einnehmenden Spinde getrennt war, so daß jedes etwas laut geführte Gespräch mühelos abgehört werden konnte. Schnell war er dann immer mit einer Meldung beim Zugoffizier bei der Hand, der schließlich dann etwas veranlassen mußte, ob er wollte oder nicht. Später, nachdem der »Lehrer« spitzgekriegt hatte, was für ein mäßiger Charakter der Divisionsfeldwebel war, ging er oft über die Flut der Meldungen von Gawronski hinweg. Wir Kadetten rächten uns an ihm, indem wir einem überaus häßlichen Affen, ein Geschenk des Gouverneurs von Niederländisch-Indien, den Namen »Gawronski« gaben und bei der Besatzung populär machten, so daß er dann allgemein an Bord so gerufen wurde.

Die meisten unserer Kadettenkorporäle waren hervorragende Unteroffiziere von großem praktischem und auch theoretischem Können. Es waren auch Originale unter ihnen, wie unser »Phylax« Hoffmann und auch der Obermaat Metje. Beide waren über und über tätowiert und hatten das Flair und die Haltung uralter Seeleute, mit voller Berechtigung auf Grund ihrer Schiffsjungenausbildung mit 15 Jahren bei der Kaiserlichen Marine.

Obermaat Hoffmann war auch unser Bootssteurer des I. Kutters. Wie auf der *Niobe* schon, war ich wieder in der Rettungsbootsmannschaft unter seiner harten und starken Hand. Jeden Morgen, den der liebe Herrgott werden ließ und an dem die *Emden* im Hafen lag, wurden wir Kuttergäste um halb 6 Uhr geweckt, turnten über die Backspier in den Kutter und warteten auf unseren Bootssteurer, der sich nur selten verspätete. Dann gab es rund eine Stunde konzentrierten Bootsdienst, der meist mit einem racemäßigen Pullen über eine etwa 2000 in lange Strecke endete. Erst danach kamen wir ziemlich ausgepumpt wieder in die normale Bordroutine hinein.

In See, sofern es der Seegang ohne Gefahr zuließ und das Schiff Spielraum im Fahrplan hatte, wurden wir regelmäßig um die gleiche Uhrzeit zu Wasser gelassen und mußten der langsam vorausdampfenden *Emden* hinterherpullen. Das empfanden wir keineswegs als besonderes Vergnügen, wenn die *Emden* langsam am Horizont immer kleiner zu sehen war. Es war eine harte, aber nützliche Schule.

»Phylax« war auch unser Geschützführer am 1. Geschütz auf der Back, das von der 1. Kadettenkorporalschaft bedient wurde. Auch hier war er vollkommen souverän. In kürzester Frist waren wir mit allen Gefechtsstörungen vertraut, einschließlich des Munitionshilfstransportes aus der Munitionskammer unter der Annahme, daß der Munitionsaufzug ausgefallen war. Das war natürlich eine grandiose Knochenmühle. Das Hochmannen der 15 cm (getrennten) Munition, die Granate wog allein schon 45 Kilo, die unhandliche Kartusche etwa 25 Kilo, über Steigeisen aus der Kammer über die Niedergänge hoch bis an das Geschütz war eine ausgekochte Viecherei, die gottlob nicht bei jedem Artilleriedienst geübt wurde. Eine Zeitlang war ich »Granatnummer«, hatte die auf der Matte hinter dem Bodenstück der Kanone vorgelegte 15-cm-Granate auf die Oberarmmuskeln zu legen und so geschickt in das vom Verschluß geöffnete Geschützrohr zu werfen, daß der dann hinterherfahrende Ansetzer, von zwei Mann bedient, die Bewegung fortsetzen konnte und das Geschoß mit Fahrt in die Züge des Rohres gedrückt wurde. Das aber wurde am Geschütz selber nur markiert, damit sich das Rohr nicht abnützte.

Zum Üben hatten wir die üble Schleifmaschine, die »Ladekanone« auf dem Bootsdeck, wo nach richtigem Ansetzen der Granate diese vorne wieder herausfiel, so daß die nächste beim Laden folgen konnte. Wenn ich mich recht erinnere, dann fingen wir mit etwa fünf Chargierungen (Granate und Kartusche) pro Minute an und erreichten gegen Ende der Reise und unserer Ausbildung 9,5 Chargierungen pro Minute, eine halbe Chargierung besser als die beste Geschützbedienung der Mannschaftsdivision. Erst damit war dann auch der Ehrgeiz von »Phylax« befriedigt, die anderen von Kadetten besetzten 15-cm-Geschütze kamen an diese Leistung nicht heran.

Etwa Mitte der Reise erhielten unsere Korporäle Unterstützung durch die sogenannten Exerziergefreiten, geprüfte Unteroffiziersanwärter, die nun in die Praxis der Ausbildungsunteroffiziere eingeführt wurden. Natürlich gingen sie mit großem Ehrgeiz und Elan an ihre neue Aufgabe heran, was dazu führte, daß man nun die schon »alten« und »erfahrenen« Kadetten nochmals erheblich schliff.

Schließlich aber hatten wir noch eine Gruppe von sechs Chinesen an Bord, die Wischer. Allerdings profitierten wir Kadetten nur in bezug auf das Kojenzeug von ihrer unermüdlichen unauffälligen Arbeit an der heißesten Stelle im Schiff, der Wäscherei, wo sie auch aßen und schliefen. Sie wuschen die zahllosen benötigten weißen Uniformen für die Offiziere, die Feldwebel und natürlich auch für den Kommandanten.

Wir Kadetten mußten in den Häfen selbstverständlich zur Wache, Ehrenwache, als Fallreepsgäste usw. immer in makellosen Paradehemden und Hosen auftreten. Wir mußten auch zum Landgang und zu allen besonderen Veranstaltungen in bezug auf die Uniform beispielhaft sein. Die Kadettenmusterung vor jedem Abmarsch an Land oder Landgang oder bei der Wachübernahme an Bord durch den W.O. erforderte außerordentliche Anstrengung im Zeugdienst. Da wir bis auf das Besichtigungspäckchen, das unter Verschluß im Spind blieb, nur ganze vier »Weiße Päckchen« Paradezeug hatten, lebte man ununterbrochen in Schwierigkeiten mit der Zeugwäsche. Kam man daher von Land am späten Abend, dann genügte meist ein kritischer Blick, um festzustellen, daß das eben getragene Päckchen sicherlich nicht mehr den Anforderungen an eine Anzugmusterung genügen würde. Wenn nun aber am nächsten Morgen Kutterpullen war, mußte man noch nachts in den lächerlich kleinen Waschraum, in aller Eile das Päckchen durchknobeln, spülen, spülen, spülen mit Frischwasser und dann im Wäschetrockenraum im unteren Schornsteinmantel aufhängen, dann in der Mittagspause abholen und so gut es geht plätten und verstauen, ein ständiger Wettlauf mit der Zeit. Schlechtes oder ungenügendes Spülen machte üble gelbe Flecken auf dem Paradezeug, und unvorsichtiges Aufhängen ohne ausreichend lange Wäschebändsel führte zu Rostflecken durch die in ihrer Verkleidung schadhaft gewordenen Wäscheständer im Trockenraum. Neben dem Paradezeug (weißes Hemd und weiße Hose) aber hatten wir natürlich auch das gesamte blaue Zeug in Ordnung zu halten, das während der Tropenzeiten eine verzweifelte Neigung offenbarte, sich mit Schimmel zu überziehen, genauso wie die in diesen Klimazonen nicht benötigten Seestiefel und die Schnürschuhe. Auch die zum Arbeitszeug und zu Blau zu tragenden Exerzierkragen in Blau mit den drei weißen Streifen bedurften einer ganz besonderen Fürsorge für ihre Bändsel, die als Schleife auf dem »Seidenen Tuch« von der Akuratesse und Sauberkeit des Trägers Zeugnis abzulegen hatten. Der damalige Kadett hatte es nicht leicht, in jeder Hinsicht vorbildlich und musterhaft zu sein.

Wir Kameraden waren alle dem gleichen Schicksal unterworfen. Die Korporalschaft, das Geschütz, der Kutter, die Back und der Wohnraum, dann die Wache (Zug) und schließlich die Kadettendivision waren unsere Heimat und schufen feste Kameradschaft untereinander. An der Back »Oberdeck 8« kamen wir alle glänzend miteinander aus, trotz größter Enge unseres Wohnraumes. Der Platz war bis zum letzten ausgefüllt. Dennoch lief alles friedlich. Der Kamerad v. Freytag, ehemaliger Naumburger Stabilaner, und ich, schon auf der *Niobe* in der gleichen Korporalschaft, freundeten uns sehr bald näher an und gingen meist zusammen an Land. Er war ein baltisches Original und verkörperte alle großen Vorzüge, aber auch die Nachteile dieser östlichen Edelleute. Er fand nach und nach alle Spitznamen für die Crewkameraden und hatte dabei ein ausgezeichnetes psychologisches Gespür für die Eigenart der einzelnen. Er war sehr ehrgeizig, ohne ein Streber zu sein, sehr kameradschaftlich, ohne sich anzubiedern, aber er konnte auch mit fast beleidigender Arroganz den Kameraden gegenübertreten, die er aus den verschiedensten Gründen ablehnte. Selbstbewußt im alten Stil einer baltischen Herrennatur, kam er auch nur mit den Vorgesetzten aus, die er anerkannte.

Da war unser »alter Mann«, Richard Zapp, königlich-bayerischer Kadett, Oberschlesienkämpfer im Freikorps, Kapp-Putsch-Teilnehmer, »Nachprüfling«, ein erstklassiger Kamerad, der immer nur gerade so viel tat, daß er nicht dumm auffiel. Ihm lag die Theorie gar nicht, aber er schlippte immer klar. Selbst »Phylax« nahm auf ihn eine gewisse Rücksicht. Wir waren beide später Wachoffiziere auf alten Torpedobooten und hatten beide Schwierigkeiten mit unseren Kommandanten, die uns nicht gerade Vorbilder waren. Beide kamen wir fast zu gleicher Zeit im Krieg freiwillig zur U-Waffe in die gleiche Flottille, errangen beide das Ritterkreuz, wurden dann beide Flottillenchefs, er einer Frontflottille in La Palice, ich einer Schulflottille für U-Bootkommandanten in Memel.

Eine besonders bemerkenswerte Karriere machte unser Eckhardt Christian, der Befehlsübermittler (BÜ) am 1. Geschütz, der sogar mit »Phylax« in gutem Einvernehmen zu bleiben verstand, obwohl er nicht zum I. Kutter gehörte. Er war unser Sonnenschein, tat alles mit freundlichem Grinsen und hatte überall eine besondere Nummer. So machte er von Guayaquil aus vielbeneidet die Sonderreise nach der Hauptstadt Quito, war in Tokio beim damaligen deutschen Botschafter Dr. Solf eingeladen und bekam sogar von dessen reizender Tochter Swanjelolagi ein Photo mit Widmung, das wir alle bewunderten. Er ging später, verärgert durch ein Landkommando, zur Luftwaffe und zog den blauen Rock für immer aus. Im Kriege war er dann Generalstabsoffizier der Luftwaffe, erst Adjutant bei Hermann Göring, später brachte er es bis zum Generalmajor und Chef des Stabes der Luftwaffe im Führerhauptquartier.

Auch der Sohn unserer Kösliner Hausdame in der Stabila, Friedrich August Meissner, der »Erpel« oder auch das »Erplion« genannt, kam zur Fliegerei und überstand den Krieg. Er war ein guter humorvoller Kamerad.

In Korporalschaft und Kutter und an der Back »Oberdeck 8« blieb ich zusammen mit Kuno Schnädt, dem Lichterfelder Kadetten und Stabilaner, der viel dazu beitrug, daß in unserem Wohnraum immer Frieden herrschte. Er wurde selbst von Hoffmann als überlegen im Wissen und Auswendiglernen anerkannt. Später waren wir beide Jünger der Schiffsartillerie beim AO-b-Lehrgang unter dem späteren Kommandanten der *Bismarck*, dem damaligen Korvettenkapitän Ernst Lindemann, mein Fähnrichsvater auf der *Elsaß* und der *Schleswig-Holstein* auf der Mittelmeerreise der Flotte 1929/30. Kuno, auch »Bonzo« genannt, was er gar nicht gerne hörte, wurde natürlich Admiralstabsoffizier und hat ein Großteil des Krieges in Stäben verbringen müssen, bis er Navigationsoffizier auf der *Tirpitz* und anschließend kurz vor Kriegsende noch Zerstörerkommandant (Z-20) wurde.

Auch »Fummel« Forstmann gehörte zu unserer Korporalschaft, zum Kutter, zum I. Geschütz und zur Back »Oberdeck 8«. Auch einen Teil der Fähnrichszeit haben wir auf der *Sx* bei Lindemann verbracht, waren später zusammen im FdM-Verband und machten schließlich zusammen die *Karlsruhe*-Weltreise 1935/36 unter Poldi Siemens als Kommandanten und Bernhard Rogge als IO. Im Kriege war »Fummel« dann Chef einer R-Flottille, zeichnete sich im Finnenbusen besonders aus, bekam das Ritterkreuz, war Ende des Krieges Chef des Stabes beim Kommandierenden Admiral östliche Ostsee und diente später dann noch in der Bundesmarine.

Unter den besonders nahen Kameraden darf Helmut Neuß nicht fehlen. Er brachte von allen Kameraden die wenigsten Vorbedingungen für das Seekadettenleben mit. Er fand sich jedoch sehr gut in den Rahmen und erheiterte mit seinem unversiegbaren Humor uns alle auch in nicht beglückenden Stunden. Er hatte bei »Phylax« einen schweren Stand, trotz allgemeiner Beliebtheit. Auf der Marineschule unverständlicherweise ganz besonders ungünstig beurteilt, wurde er »Tampsgast«, was keiner von uns verstehen konnte. Im Kriege hatte er dann Kommandantenstellungen auf einem Torpedoboot, war dann II. A.O. auf der *Blücher* und soff bei der Norwegen-Besetzung im Oslofjord ab. Schließlich war er wieder Torpedoboots-Kommandant und gegen Ende Kommandant der *Richard Beitzen*. Ihn holte ich mir sehr bald nach Mainz zur Wasserstraßendirektion Rheinland-Pfalz, wo er die Sektion im Ludwigshafener Abschnitt übernahm. Später war er dann auch bei der Bundesmarine und brachte es bis zum Konteradmiral und Wehrbereichsbefehlshaber in Kiel.

Was erlebten wir sonst, nicht als Kadetten, sondern als Besatzung eines deutschen Schiffes auf einer Auslandsreise? Da die *Emden* noch zwei Kohleheizräume hatte, damals Kohle weitaus billiger war als Heizöl, und außerdem das Fahren von Kohleheizräumen den Inbegriff der damaligen Ingenieurausbildung darstellte, wir Seekadetten das natürlich auch selbst erleben sollten, so fuhren wir vorwiegend unsere große Reise mit Kohle, damals noch in fast allen Häfen der Welt verfügbar.

Aber das erforderte auch die große Gemeinschaftsleistung des »Kohleübernehmens«, die natürlich im Wettbewerb von Backbord- und Steuerbord-Wache, von Mannschaftsdivision und Kadettendivision und dann noch von »Vorn« und »Achtern« abgewickelt werden mußte. Immer dort, wo mechanische Übergabe-Anlagen oder ausreichende Arbeitskräfte nicht zur Verfügung standen, wurden die Kohlenvorräte von der eigenen Besatzung in einem racemäßigen Manöver übernommen. So fing es an in Santa Cruz de Tenerife und endete in Punta Delgada auf den Azoren. Wenn mit bereitgestellten Körben oder Kiepen gekohlt wurde, dann war meist die Effektivität höher, weil beim Kohlen mit Säcken zunächst immer einige Kräfte gebraucht wurden, die die Säcke aufhielten, in die die Kohle geschaufelt werden mußte. Sehr schlecht und ungünstig war es, wenn die längsseits gebrachten Prähme zu voll und gleichmäßig hoch beladen waren. Dann konnte man nirgends unter die Kohle greifen, bis man an einer Stelle den Boden des Prahms oder des Leichters erreicht hatte. Dann ging es sehr viel schneller, und mehrere konnten nebeneinander arbeiten. Schon frühmorgens schlich sich daher »Phylax« zu der Kohlelieferfirma, sah sich die gefüllten Leichter an und sorgte dafür, daß der für unsere Wache beste Prahm an der Backbord-Seite vorne festgemacht wurde.

Alle mußten das Kohlenfest mitmachen, auch unsere Offiziere und natürlich auch die der II. Division. Der Kadettenoffizier und der Divisionsoffizier der II. Division gingen von Leichter zu Leichter und riefen die jeweiligen Ergebnisse aus, um die harte Konkurrenz noch zu verschärfen. Dazu spielte die Musik auf dem Brückendeck in allen möglichen spaßhaften Verkleidungen. Nur die Funker waren ausgenommen, weil Gefahr bestand, daß sie sich das Tastgefühl für die Sendetaste verdarben. Wir anderen waren durch das Kutterpullen an unseren Händen schon derartig mit Schwielen gesegnet, daß wir beim Kohlen kaum noch Blasen oder Verletzungen erlitten.

Eine sehr harte und schmutzige Arbeit hatten die Ing.-Kadetten und technischen Divisionen, die die Kohle in den Bunkern stauen mußten, die durch die Bunkerdeckel auf dem Mitteldeck zugänglich waren.

Ein ganz anderes »Allemannsmanöver« war das Ausbringen der doppelten Sonnensegel vom Bug bis zum Heck und vom Backdeck bis zur Hütte. Auch dazu hatte jeder seine feste Station, nicht nur zum Ausbringen, sondern auch zum täglichen »Auf Regenstag setzen« oder auch zum Bergen, sobald es in See ging oder ein Unwetter erwartet wurde. Aber wir machten diese Arbeit recht gerne, denn wir hatten sehr schnell den Vorzug der doppelten Sonnensegel besonders in den tropischen Häfen erkannt. Das Deck wurde nicht so heiß. Wir durften mit unseren Hängematten auf zugewiesenen Plätzen unter dem Sonnensegel auch schlafen. Das war ganz herrlich, selbst wenn es vorkam, daß uns gegen Morgen ein tropischer Regenguß überraschte. Ich hatte einen ganz besonders schönen und erlebnisreichen Hängemattsplatz auf der Back in der Nähe der Steuerbord-Backspier, die ja bis spät in die Nacht hinein durch eine Sternlampe beleuchtet wurde, damit die Bootsgäste zu den Beibooten an der Spier gelangen konnten. Durch den hellen Schein auf dem Wasser versammelten sich die verschiedensten Fische und »Wasserbewohner« zu einem Korso im Lichtkegel. Ruhelos schwammen bunte Fische aller Größen, Seeschildkröten kamen für kurze Momente an die Oberfläche, Haie zeigten sich verstört für einen kurzen Zeitraum, Seeschlangen mit bunten Flecken erschienen besonders häufig in den Gewässern Niederländisch-Indiens, Dornhechte und gefräßige Raubfische störten dann ganz plötzlich das Gewimmel, um sofort wieder zu verschwinden.

In einigen Häfen traten wir auch als Landungskorps unter Gewehr auf und erweckten damit bei den Gastgebern durchaus Sympathien, etwa in Padang-Emmahaven, in Guayaquil, Puerto Montt und Pernambuco. Schließlich waren die üblichen Vorführungen der Engländer mit ihren »Hoissing the colours« bei weitem mit mehr militärischem Formaldrill verbunden als unser Präsentieren und die wenigen Gewehrgriffe z. B. beim Zapfenstreich, wie wir ihn hier und dort auch vorführten.

Natürlich hatten wir auch eine ganze Reihe Traditions-Feiern zu absolvieren, so z. B. in Sansibar, das erst 1885 vom Deutschen Reich durch Verhandlungen des Admirals v. Knorr erworben wurde und zusammen mit dem Hafen Mombasa gegen die Insel Helgoland im Jahr 1890 von den Engländern eingetauscht worden war. Vor den Cocos Islands hielten wir eine Gedächtnisfeier für unsere Namenvorgängerin ab, der wir das Eiserne Kreuz am Bug verdankten. Im Emmahaven gedachten wir des vom Landungskorps der *Emden* eroberten Schoners *Ayescha*, der nach Zerstörung der Funkstation auf North Keeling unter dem Kapitänleutnant v. Mücke hier eingelaufen war, ohne zu wissen, daß die *Emden* ihr Ende im Gefecht mit der *Sidney* gefunden hatte. In Chile gedachten wir der Schiffe des Kreuzergeschwaders unter dem Grafen Spee, und in Talcahuaono der Internierung der Besatzung des

Kreuzers *Dresden* auf der Insel Quiriquina als letztem Schiff des Geschwaders. Die abenteuerliche Fahrt des Seglers *Tinto* und noch eines anderen Seglers nach der Heimat hatten wir im Kriege voller Spannung mitverfolgt. So lebten wir in der Tradition der Kaiserlichen Marine.

Jede Kadettenwache hatte auch drei Wochen Heizraumzeit zu überstehen, natürlich im Kohleheizraum, um durch eigenes Erleben die Belastungsfähigkeit durch diesen harten Dienst beurteilen zu können. Auf dem Weg von Seattle nach Mazatlan in Mexiko waren wir dran. Zunächst sechs Stunden Dienst im Bunker, Kohle-Zutrimmen zu den Heizräumen. Die Schütten, durch die die Kohlen den Heizräumen zurutschen, mußten stets gefüllt gehalten werden. Es war eine staubige und atembeklemmende Arbeit, vor allem, wenn die Bunkerdeckel nach dem Mitteldeck nicht geöffnet werden durften. Die sechs Stunden erschienen endlos, auch wenn danach zwölf Stunden wachfrei waren. Die volle physische Belastung aber kam dann mit der Heizerwache vor den Kohlefeuern auf uns zu. Jeder hatte vier Feuer zu versehen unter der Aufsicht eines älteren Heizers. Schon das ständige Schaufeln der Kohlen unter Verteilung auf den ganzen Feuerraum mußte gelernt sein, gleichmäßig hoch bis zum vier Meter entfernten Ende der Feuerbuchse. Kaum hatte man das vierte Feuer fertig aufgeworfen, war das erste Feuer bereits durchgebrannt und schwarz an der Oberfläche. Das aber bedeutete, daß der schwere Herzpoker zum Aufbrechen des Feuers hineingestoßen, dann die zusammenhängende Schlacke nach oben aufgebrochen, wozu das ganze Gewicht und die ganze Kraft zusammen eingesetzt werden mußten, um dann die Schlacke zu zerkleinern, damit sie durch die Rosten in den wassergefüllten Ascheraum fiel. War man dann endlich mit allen vier Feuern fertig und konnte zufrieden mit Glut und Dampfdruck am Kessel sein, begann sofort das Ascheziehen aus den Ascheräumen, das Ascheschaufeln zur Heizraummitte zum Asche-Ejektor, der zusätzlich bedient werden mußte, wenn der Ascheberg zu hoch wurde. Der Dienst in den Kohleheizräumen war tatsächlich eine unglaubliche Belastung. Natürlich wurden wir keine perfekten Heizer in den drei Wochen, in denen wir auch noch die anderen Funktionen des Maschinendienstes praktisch versehen lernen mußten, soweit sie im Rahmen des Mannschaftsdienstes lagen. Aber wir hatten zum mindesten erfahren, wie hoch die Anforderungen an das technische Personal eines Schiffes angesetzt werden dürfen, ohne die Grenze der Leistungsfähigkeit zu überschreiten. Die »gestandenen« Heizer aber betrachteten wir fortan mit weitaus größerer Achtung und Bewunderung, denn ohne ihr gelegentliches Eingreifen und ihre tätige Unterstützung hätten wir sicherlich vor allem in der Anfangszeit den gewünschten und erforderlichen Dampfdruck nicht halten können.

Auch unsere Ingenieur-Kameraden, von deren schwerer Arbeit wir vorher keine zutreffende Vorstellung gehabt hatten, stiegen noch höher in unserer Achtung als bisher schon, wenn wir sie als Bunkerheizer oft in den Bunkerlöchern auf dem Mitteldeck bis zur Unkenntlichkeit kohlenverstaubt hatten sitzen sehen, wenn sie es einmal wagten, für wenige Minuten Luft zu schnappen.

Wir haben uns oft mit der Frage beschäftigt, ob die damalige recht auffällige Differenzierung der Kadetten gegenüber der Mannschaft der *Emden* richtig war. Im ganzen wurde wohl die Notwendigkeit dieser auf die Heranbildung der kommenden Offiziere ausgerichteten Reise- und Ausbildungsplanung verstanden. Die oft überharte Disziplin, die Unnachsichtigkeit auch bei kleinsten Fehlern und Versäumnissen, die oft drakonisch erscheinenden Strafen, die gezwungene Ordnung im Anzug und in den Spinden mit den gleichermaßen uniformen Habseligkeiten, das alles verfehlte natürlich nicht seinen Eindruck auch auf die Mannschaftsdivisionen, damals ja alle Freiwillige, aber bei Wahrung der militärischen Formen doch auch nicht annähernd einer gleichen Disziplin unterworfen. Von den Matrosen der II. Division hatten mehrere eine höhere Schule besucht, nur hatten sie kein Abitur gemacht und versuchten nun ihr Glück auf dem Wege über die Fachoberfeldwebel-Laufbahn. Viele haben es später geschafft, und so manchen habe ich später als Offizier wiedergetroffen. So begegnete ich auf der *Emden* meinem Kameraden aus dem Kadetten-Korps Köslin, Dietrich Hartog, damals schon Matrosengefreiter. Er war dann bei mir in der 24. Unterseebootsflottille in Memel als Kommandant eines alten Torpedobootes, eingesetzt als Fangboot. Er hatte seinen Weg über den Obersteuermann gemacht und war bei Ende des Krieges bis zum Kapitänleutnant avanciert.

Die Stimmung der Besatzung kennzeichnete am besten ein auf dem Lokus angekritzelter Spruch: »Gott schütze uns vor Sturm und Wind und Reisen, die zur Ausbildung sind!« Dennoch wurde großer Wert darauf gelegt, daß auch die Mannschaftsdivisionen zu allen Bordfesten und Einladungen an Land in ausreichendem Umfang herangezogen wurden. Die Disziplin war wirklich gut, Trunkenheitsdelikte oder Urlaubsüberschreitungen kamen nur sehr selten vor. Unsere Leistungen im Kutter als Rettungsbootsmannschaft, beim Kohlen, beim Malen des Schiffes und andere Gemeinschaftsarbeiten wurden mit der Zeit voll anerkannt und trugen zum notwendigen Bordfrieden bei. Nach dem berühmtesten Datum der Reise in den Annalen der Crew 1926, dem Buß- und Bettag 1927, hatten wir uns nicht nur die Achtung, sondern sogar die Sympathie der ganzen Besatzung erworben, und zwar durch die unverdrossene und gleichmütige Art, in der wir diesen Tag über uns ergehen ließen.

Wir lagen in dem argentinischen Getreidehafen »Ingeniero White«, einem Vorhafen der Stadt Bahia Blanca, die ca. 15 Kilometer von dort entfernt mit einem Linienbus erreichbar war. Der Hafen war von vorneherein als Ausbildungshafen vorgesehen. So war auch die Inanspruchnahme durch Repräsentation sehr gering. Außerdem verhielten sich die Argentinier uns gegenüber auch sehr viel distanzierter als die viel freundlicheren Chilenen. Dennoch gingen wir am 14. November 1927 nach Dienstschluß an Land und fuhren trotz starken Regens mit dem Omnibus nach Bahia Blanca. Da wir dort keine sympathische »ambiente« antrafen, fuhren wir reichlich früh im strömenden Regen vor Urlaubsschluß zurück nach dem Hafen. Die Landstraße hatte sich in ein reißendes Gewässer verwandelt, und wir rechneten damit, jeden Moment stehenzubleiben. Es war aber bewundernswert, wie es der Omnibusfahrer immer wieder schaffte, auf der unsichtbaren Straße zu bleiben und den Fluten standzuhalten. Vom Omnibushalteplatz bis zum Schiff mußten wir knietief durchs Wasser waten. Natürlich meldeten wir beim Anbordkommen dem W.O. unser Erlebnis mit dem Hinweis, daß der nächste Omnibus von Bahia Blanca mit größter Wahrscheinlichkeit nicht mehr durchkommen werde, falls der Regen nicht nachließ. Doch schien unsere Meldung keinen sehr nachhaltigen Eindruck auf den W.O. zu machen, den Oberleutnant z. S. »Dackel« Reinicke. Unglücklicherweise waren mehrere Kadettenkameraden noch nicht mit unserem seetüchtigen Omnibus mitgekommen und hatten sich auf eine spätere Abfahrt von der Stadt aus verlassen, da an sich noch reichlich Zeit bis zum Urlaubsschluß war. Todesmutig ist später noch fahrplanmäßig ein Omnibus trotz weiter strömenden Regens von Bahia Blanca aus gestartet. Er blieb dann etwa drei Kilometer vom Hafen entfernt bei schon beginnender Dunkelheit mit abgesoffenem Motor auf der nicht mehr zu erkennenden Landstraße liegen. Vier arme Kadetten und zwei nicht an den Urlaubsschluß gebundene Unteroffiziere anderer Divisionen waren nun die Opfer dieser Wetterkatastrophe. Während nun die Unteroffiziere im immerhin noch trockenen Omnibus blieben, begannen die unglücklichen Kameraden den Fußmarsch, um rechtzeitig vor Urlaubsschluß an Bord sein zu können. Bis zum Bauchnabel im Wasser, zum Teil schwimmend, wenn sie von der Straße abkamen, trafen sie kurz nach Urlaubsschluß an Bord ein. Sie wurden mit richtiger Begründung in das Buch des Wachtmeisters als um sieben Minuten verspätet eingetragen. Am nächsten Tag, bei der Mittagsmusterung, hielt Ruhfus eine Ansprache, in der er das Zuspätkommen als unverantwortliche Urlaubsüberschreitung brandmarkte und die Delinquenten zum Kommandanten-Rapport befahl. Tatsächlich wurden die armen Kameraden dann vom Kommandanten mit einem strengen Verweis bestraft, immerhin schon eine Strafe, die in das Führungsbuch eingetragen wurde. Damit aber nicht genug, hatte sich Richard Foerster bei diesem Rapport in Anwesenheit der Sünder mit recht harten Worten über die anscheinend nachlassende Disziplin der Seekadetten und ihren ebenso verminderten Diensteifer gegenüber dem Kadettenoffizier geäußert. Damit aber waren die Alarmzeichen gesetzt, das Gewitter hatte sich aufgetürmt.

Am 16. November 1927, dem Buß- und Bettag, war es dann soweit. Unmittelbar nach dem Reinschiff stand der »rächende Zeus« in Gestalt unseres Kadettenoffiziers vor uns. Unsere Wache wurde in die vier an der langen Heckleine liegenden Kutter gehetzt, die andere Wache mit der bekannten »Flagge Lucie« stilgerecht über den Vormittag hin unterhalten. Das Gebrüll unserer Unteroffiziere lieferte die Begleitmusik zu einem Kutterschleifen ohne Punkt und Komma. »Riemen hoch«, »Laß fallen«, »Streicht überall!« Es war ein sehr einförmiges Schleifen, da entgegen der Erwartung nicht von der Heckleine losgeworfen wurde, weil der »Lehrer« vom Heck der Emden mit Megaphon das Kommando über alle vier Kutter, schließlich die Bootssteurer ablösend, übernahm und damit das wachweise Ausführen der Befehle aller vier Kutter sich vorbehalten hatte. Weit über die Dienstzeit hinaus ging die Mühle, die jedoch uns alten Kuttergästen im I. Kutter wenig anhaben konnte. Dazu waren wir zu gut trainiert und auch zu »breit« geworden.

Nach einer knappen Mittagspause von nur 30 Minuten ging der Film nun umgekehrt. Die Steuerbord-Wache mußte in die Kutter, und wir ließen die »Flagge Lucie« mit den Farben »Blau-Weiß-Blau« über uns wehen. Das ging etwa so los: »In drei Minuten hier auf dem Mitteldeck antreten – Anzug Blau!« Das bedeutete, raus aus dem gebräuchlichen Arbeitszeug, blaue Hose, blaues Hemd, Exerzierkragen, seidenes Tuch, Arbeitsschuhe – blaue Mütze. Natürlich hatten alte Hasen längst das blaue Hemd fertig montiert mit Exerzierkragen und seidenem Tuch, fertig im Spind, das mit einem Ruck zusammen angezogen werden konnte. Dennoch brauchte auch das schnelle Überstreifen seine Zeit, da immerhin damit zu rechnen war, daß noch im Anzug Blau eine eventuelle Spindmusterung angesetzt wurde. Dann kam üblicherweise: »Wegtreten, Anzug: Takelpäckchen« – raus aus dem blauen Zeug und das schmierige Takelpäckchen angezogen, das sicher noch die Spuren des letzten Reinschiffs aufwies. Auch hier galt, daß das Spind mit Verstauen des Blau-Zeuges besichtigungsklar sein mußte. Schließlich folgte zum Entsetzen: »Antreten im Paradezeug!« Das war ganz besonders unbeliebt, weil man sich damit meistens ein Päckchen des in jedem

Hafen so häufig erforderlichen Paradezeugs einsaute. In munterer Folge wechselten: Blauzeug – Paradezeug – Reines weißes Arbeitszeug – Sportzeug – Takelpäckchen – Badehose. Kleine Variationen mit Seestiefeln, mit Sportschuhen – mit Paradejacke (Affenjäckchen) – Mütze oder blauer Mütze kamen noch dazu.

Das war die berühmte und berüchtigte »Flagge Lucie« – »Blau-Weiß-Blau«. Sie wurde im allgemeinen abgeschlossen durch das Finale: »Spind auspacken auf dem Mitteldeck!« Das war jeder Tollheit Krönung und bedeutete, daß der gesamte Inhalt des Spindes auf dem Seesack als Unterlage auf dem Holzdeck des Mitteldecks ausgebreitet werden mußte. Solange das ein einzelner tun mußte, halfen die Kameraden vorbildlich, indem sie einen Teil des Eigentums solange in ihre Spinde aufnahmen. Doch wenn es eine ganze Wache betraf, dann war das schon sehr viel unangenehmer, weil diese Hilfe ausfiel und tatsächlich alle Spinde der Wache nachher kontrolliert wurden, ob nicht etwas noch zurückgelassen oder versteckt worden war. Unser Fest endete abends um 8 Uhr mit einer Spindmusterung, nur wenige Minuten nach der Musterung der ausgepackten Spindinhalte auf dem Mitteldeck. Natürlich mußte das Spind wieder in mustergültiger Ordnung glänzen und wurde zum Abschluß sogar vom Kadettenoffizier selbst kontrolliert, der im Spind von Hänschen Pauckstadt ausgerechnet Nietzsches »Zarathustra« entdeckte, was am folgenden Tage zu einer ekstatischen Philippika bei der Musterung führte, ob ein Seekadett nichts Besseres zu tun und zu lernen habe als die Lektüre eines derartig zweifelhaften Philosophen. Dennoch verschaffte die unvermutete Entdeckung dieses Buches Pauckstadt den Ruf eines »stillen Philosophen«, der ihm in der Bewertung seiner Diensttüchtigkeit bei dem kommenden Fähnrichsexamen sogar noch von Vorteil war. Dafür aber ereignete sich wenige Wochen später ein alle erheiternder Vorfall, daß der Obermaat Metje bei einer Spindmusterung bei dem Seekadetten Jochen Heinecke das Buch von Oswald Spengler »Der Untergang des Abendlandes« fand. Worauf Metje laut verkündete: »Seekadett Heinecke, wie kommen Sie zu diesem Buch, wo Sie doch gehört haben, daß der Kadettenoffizier die Schundlektüre streng verboten hat?«

Auch der Buß- und Bettag 1927 hat uns nicht geschadet, nur hat er einen Grundsatz verletzt, dessen sorgfältige Beachtung ich für mein ganzes späteres Leben als Vorgesetzter daraufhin peinlichst befolgt habe: Niemals für die Vergehen einzelner die Gesamtheit bestrafen!

In dieser Zeit waren wir nach bestandenem Tentamen, der Zwischenprüfung, Seekadetten-Gefreite geworden, hatten an Brustbreite zugenommen und fühlten uns jeder Anforderung gewachsen. Immer mehr wurden wir vor die Front gestellt und auf Führungseigenschaften getestet. Nach wie vor aber schoben wir mit Wache in See und im Hafen.

Mit am unbeliebtesten war der Posten »Kajüte«, der Posten mit gezogenem Seitengewehr vor der Tür zur Kajüte des Kommandanten. Bei Tage war diese Wache noch erträglich, besonders im Hafen, weil man dann auch die laufenden Besuche miterlebte, die der Kommandant empfing. Doch bei Nacht waren die zwei Stunden »eiserne Unbeweglichkeit« eine gewaltige Energieprobe.

Im letzten Auslandshafen, in Nordspanien in Villagarcia in der Arosa-Bucht, fand unsere Fähnrichsprüfung mit schriftlichen, mündlichen und praktischen Arbeiten statt. Nichts konnte uns mehr erschüttern nach dieser Ausbildungsreise um die Welt. Der ganze Film lief »in Butter« und rief nur noch das Lob und die Zufriedenheit des Kommandanten, des Kadettenoffiziers und der Zugoffiziere hervor.

Nach alter Tradition wurde beim Passieren der Linie Dover–Calais der Heimatwimpel in Schiffslänge aufgebracht, den Auslandskreuzer mit einer Abwesenheit von der Heimat von mehr als einem Jahr und Weltumsegler zu führen berechtigt waren. An den beiden Enden tanzten je eine kuhglockengroße Messingschelle auf dem immer grünlicher werdenden Kielwasser. Am 12. März 1928 liefen wir nach sechzehneinhalb Monaten Auslandsausbildungsreise in die III. Einfahrt von Wilhelmshaven ein.

Meine Mutter und mein früherer Ksliner Studienrat, Kurt Böning, der an das Gymnasium in Varel/Oldenburg versetzt war, empfingen mich auf der Schleuse in Wilhelmshaven. Der Chef der Marineleitung, der Vater unseres Crewkameraden Adje Zenker, der

Chef des Bildungswesens der Reichsmarine, nun der Vizeadmiral Hansen, und der Chef der Nordseestation Vizeadmiral Behnke begrüßten uns.

Schon wenige Tage später liefen wir nach Flensburg aus, wo wir am 24. März an die Marineschule abgeliefert wurden, soweit wir die Fähnrichsprüfung bestanden hatten. Aber wieder waren einige Kameraden nach Hause geschickt worden, von denen fast alle aber im Kriege als Reserveoffiziere wieder zur Marine zurückkamen und sich zum Teil phantastisch bewährten.

Der Abschied von unserer *Emden* fiel uns leicht, denn nun ging es zum ersten Mal als Fähnrich z. S. auf Urlaub in die Heimat. Plötzlich waren wir wer! Und doch hatten wir erst einen Teil unserer Ausbildung hinter uns gebracht. Bei aller Härte der Emden-Reise vertieften die vielen Eindrücke die Begeisterung und die Liebe zu diesem erwählten Lebensberuf. Die hohe Anerkennung unserer Marine in der Welt und die überall angetroffene Achtung vor unserem Vaterlande trotz des verlorenen Krieges hatten uns mit Stolz erfüllt.

Marineschulzeit im »Hohen Schloß am Meer« in Flensburg-Mürwik vom 1. April 1928 bis 30. März 1929

»Nie kehrst du wieder, goldene Zeit,
so frei und ungebunden.«

Wir kamen zurück vom Urlaub mit jugendlicher Eitelkeit in der attraktiven Uniform des Seeoffiziers, nur durch das Fehlen der Ärmelstreifen und die schmale Silberlitze auf den Schultern von ihr unterschieden. Jetzt lebten vier Kameraden in einem Appartement, würde man heute sagen, mit Wohn-Schlaf-Zimmer und Bad, keine brüllenden Unteroffiziere mehr, ein Lehrbetrieb fast universitätsmäßigen Charakters, Land- und Stadt-Urlaub, mehr oder weniger nach Belieben. Das war nach allem, was hinter uns lag, eine fast unglaubliche, unermeßliche Freiheit und Ungebundenheit. Kein Kutterpullen morgens mehr, keine Backschaft, kein Reinschiff, nein, das war eine andere Welt. Keine mühselige Zeugwäsche mehr und doch immer sauber und adrett gekleidet – und die Ruhe und Gemessenheit, mit der alles vor sich ging! Auch das nun so selbstverständliche und persönliche Angeredetwerden durch die Gruppenoffiziere, das schon eine gemessen kameradschaftliche Note in sich hatte, das gemeinsame Essen an langen gedeckten Tischen mit Mundtüchern und freundlicher Bedienung in gepflegten Kleidungen: an all das mußte man sich erst staunend gewöhnen. Es war, deutlich so empfunden, nicht allein vom Lebensstil her der größte aller Wechsel in der ganzen Laufbahn, viel einschneidender als später vom Oberfähnrich zum Leutnant z. S. Es war die Umstellung vom Mann zum Herrn, von der auferlegten Pflicht zur Pflichterfüllung aus freiem Willen und Passion.

Zu viert bezogen wir »N 3«, das im ersten Stock des Nordflügels gelegene Appartement mit Blick auf die blaue Förde hinüber nach der deutsch-dänischen Grenze bei Kupfermühle, die Fähnriche z. S. Günter Schultz (»Hempel«), Wilhelm Rollmann (»Röllchen«), Helmut Bertram (»Beppo«) und ich. Mit den Stuben oder Appartements »N l« und »N 2« bildeten wir die erste Gruppe (G-1) der Fähnrichskompanie mit dem Gruppenoffizier Oberleutnant z. S. Rothe-Roth, der sein Appartement zwischen der »N 2« und der »N 3« hatte. Wir nannten ihn sehr bald »Bonzo« und brachten ihm außerordentliche Hochachtung und Verehrung entgegen.

Die G-2 hatte den Oberleutnant z. S. Ahlmann zum Gruppenoffizier, die G-3 den Oberleutnant z. S. Freiherr v. Harnier und Regendorf, die G-4 den Oberleutnant z. S. Ferber und schließlich die G-5, in der die Ingenieur-Fähnriche zusammengefaßt waren, unter dem Oberleutnant (Ing.) Meincke. Fähnrichskompanie-Chef war »Curry« Thiele, damals noch Kapitänleutnant.

Im Südflügel hausten unsere Vorgänger, die Crew 25, die nun bereits auf den Fähnrichslehrgängen auf der Torpedo- und der Nachrichten-Schule waren, um Mürwik danach zu verlassen zu den anderen Waffenlehrgängen. Der damalige Kommandeur war der Kapitän z. S. Hasso v. Bredow, der häufiger als Segler und großer Reiter denn als strenger Kommandeur in Erscheinung trat. Sein Adjutant war der damalige Kapitänleutnant Gumpricht, sehr bald durch den Kapitänleutnant Bütow (Hannes) abgelöst.

Der Vormittag war dem Unterricht gewidmet, mehr Vorlesungen als Paukerei. Der Nachmittag aber galt den verschiedensten Sportarten, dem Segeln an erster Stelle, dem Turnen, Leichtathletik, Schwimmen, Reiten, Fechten, Boxen, eine bunte Palette. Der Sport fand unter Leitung der Gruppenoffiziere statt, aber mehr unter ihrem Vorantritt als unter ihrem Kommando.

Ganz allgemein begann der Dienst um 7 Uhr mit dem Wecken durch Klingel, an Sonntagen auch durch ein Trompetensolo vom Turm oder vom Westhof. Dann sammelten sich die Gruppen auf dem Korridor vor der Tür des Gruppenoffiziers. Der Fähnrich vom Dienst meldete die Gruppe zum Frühsport, meist im weitläufigen Gelände ein Waldlauf oder bei Regen auf dem Korridor eine Viertelstunde Freiübungen. Später, als wir dann auch als Fähnriche schon recht gewitzt waren, vor allem in den häßlichen Wintermonaten, gingen wir gar nicht immer heraus zum Frühsport. Dann gab nur der Fähnrich vom Dienst auf dem Korridor schallend laut die Kommandos und ging zur Meldung in den Flur zum Gruppenoffizier. Nach einer Viertelstunde kommandierte er erneut auf dem Korridor das »Halt« und gleich darauf das »Wegtreten«, durch mehrfaches Türklappen untermalt. Das klappte natürlich nicht immer, und oft mußte dann in letzter Minute doch die Gruppe schnell noch auf den Korridor herausstürzen, um nicht bei der Mogelei erwischt zu werden.

Dann konnte sich jeder in aller Ruhe waschen und rasieren und in die Messe gehen, wo man an sauber gedeckten Tafeln frühstückte. Um 8 Uhr begann dann der Unterricht. Navigation gab der wirklich hervorragende Kapitänleutnant a. D. Wendt. Er hatte für alle Gebiete der Navigation lapidare, eingehende und unvergeßliche Kernsprüche, z. B. »der östliche Ort hat mehr Zeit« oder: »auf dem Globus ist mein Standort immer oben«. Er verstand es, Interesse zu wecken und das damalige noch sehr umfangreiche Rechnen für die Besteckbestimmung fast spannend zu machen. Er hatte eine besonders ruhige, besonnene Art, auch mit einer Prise

Humor gemischt. Seine Töchter, nach der Chronometerlehre MGZ-I, MGZ-II und MGZ-III genannt, belebten die für Nichttänzer später eingerichteten Tanzstunden (Zwangstanzstunden).

Mathematik unterrichtete ein ganz großer Könner, Studienrat Hänert, der uns in die mathematischen Probleme der Ballistik, der Vermessung und vieler weiterer in unser Fach gehörender Fragen hoher Mathematik einführte. Oft war es uns dann doch zu hoch. Aber dann rief er plötzlich aus: »Meine Herren, nun kommt aber etwas ganz besonderes Wichtiges, wecken Sie bitte mal alle Ihre Kameraden, auch die Herren Freytag und Merten!« Wir waren dann an den Grenzen der Wahrscheinlichkeits- oder der Infinitesimalrechnung angelangt. Sein prächtiger Sohn Klaus sollte dann im II. Weltkrieg Wachoffizier bei mir auf dem U-Boot und anschließend selbst ein hervorragender U-Bootskommandant werden.

»Dienstkenntnis«, was reichlich allgemein klingt, umfaßte die Organisation, den Schriftverkehr, die Flaggen-, Salut- und Besuchsordnung (Flasbo), Etikette, Führungsfragen, Behandlung Untergebener und allgemeine Disziplinarfragen. »Hannes« Bütow handelte diesen umfangreichen Fragenkomplex mit einer gewissen Schnoddrigkeit, aber doch recht pflichtgetreu ab, obwohl ihm ohne Zweifel diese zwangsweise pedantische Stoffballung keineswegs lag.

Als einziges Waffen-Fachwissen wurde uns auf der Marineschule die Grundlage der Ballistik und damit der Artillerie in anschaulichster Form vom Kapitän z. S. a. D. Günther Paschen dargeboten. Er begann ab ovo mit der Form der Granate, den Gründen für das gezogene Rohr bis zum 38-cm-Schlachtschiffsturm des Schlachtkreuzers *Hindenburg*. Er verstand es, seinen Unterricht mit praktischen Vorführungen unter Assistenz von »Herrn Bunge«, seinem Leibsklaven, anschaulich zu verbinden und flocht gerne eigene Erfahrungen aus der Skagerrakschlacht ein. Dabei konnte er es nicht lassen, hart seine Animosität gegenüber der Torpedowaffe zu äußern. So sagte er eines Tages im Unterricht zu Heinrich Schuur: »Ja, Fähnrich Schuur, Ihr Vater war wohl zu sehr Exponent der Torpedowaffe, als daß ich ihn hätte kennen können!« Vater Schuur war Chef einer berühmten Torpedobootsflottille in der Skagerrakschlacht. Dennoch mochten wir Paschen gern, obwohl er beinahe als anglophil hätte bezeichnet werden können. Außerdem hatten wir auch Englischunterricht bei ihm, nach der vorzüglichen Methode: aus der Praxis für die Praxis.

Von Paschens bitterem Schicksal, er wurde nach einer Denunziation vor dem Volksgerichtshof angeklagt, zum Tode verurteilt und Ende 1943 hingerichtet, habe ich erst lange nach dem Kriege erfahren.

Bei dem hochschulgebildeten Korvettenkapitän (Ing.) Gerlach hatten wir dann Maschinenkunde von den Anfängen der Dampfmaschine über die Dreifach-Expansionsmaschine bis zu den neuesten Dieselmotoren der damaligen Typen, einschließlich der Schwingungsrechnung für die Welle der Maybachmotoren des Luftschiffes Graf *Zeppelin*. Der »Adiabate« verlangte unheimlich viel, wobei wir Seefähnriche noch mitleidsvoll behandelt wurden. Der Ingenieuroffizier-Nachwuchs wurde jedoch mit mitleidloser Härte behandelt und beurteilt, was einen beträchtlichen Teil der Ing.-Fähnriche zum Aufgeben und Ausscheiden zwang. Wir standen ihm skeptisch und äußerst mißtrauisch gegenüber trotz seines Könnens.

Wir hörten auch Vorlesungen über die Elektrotechnik, die über die Primitiverkenntnisse »Wechselstrom ist es, wenn's brummt, Gleichstrom, wenn es nicht brummt« hinausgingen. »El Schupogrande«, Korvettenkapitän (Ing.) Hass gab uns diesen Unterricht, der zwar von praktischen Schaltübungen und Strom-Messungen usw. abwechslungsreich begleitet wurde, uns aber doch nicht besonders fesselte.

Mit diesen Lehrfächern war der sechstägige Wochenvormittagsplan für das ganze Jahr sehr gut und reichlich ausgefüllt. Hinzu kamen noch einige wenige seekriegsgeschichtliche Themen und die Theorie des Segelns, August Thieles Spezialgebiet, weshalb wir ihn nach dem berühmten Segeltheoretiker »Curry« nannten. Nachdem Bütow Kompaniechef geworden war, wurde er Stabskapitän der Schule, blieb aber uns mit vollem Lehrplan erhalten und zeigte uns, wo immer nur möglich namentlich in allen sportlichen Disziplinen nur Meisterleistungen.

Als er im Herbst mit uns zur Navigationsbelehrungsfahrt von einer Woche auf dem Vermessungsschiff *Meteor* einstieg, erlebten wir ihn in besonders typischer Weise. Die Fahrt ging durch den navigatorisch interessanten Kleinen Belt und dann durch den Großen Belt wieder zurück. In mehreren Gruppen wurde hier ausschließlich terrestrische Navigation betrieben, nach den zahllosen Objekten der dänischen Inseln an beiden Ufern. Der Kommandant der *Meteor*, Kapitän z. S. Bender, der das alles Dutzende von Malen mitgemacht hatte, amüsierte sich königlich, wenn er laut verkünden konnte: »Ich werde gleich ankern befehlen, die Fähnriche an Land pullen lassen, um zu fragen, wo wir hier sind, wenn ich noch mal länger als drei Minuten auf den Schiffsort in der Karte warten muß!!!« So wurden wir den ganzen Tag an den Peilkompassen herumgehetzt, bloß damit alle drei Minuten ein Kreuz in der Karte den genauen Schiffsort bezeichnete. Bei höchstens 7 Knoten Fahrt war das natürlich weit übertriebene Pedanterie.

Natürlich waren wir alle sehr froh, als mit Dunkelwerden der Anker in irgendeiner stillen Bucht fiel. Soldmäßig sehr sehr kurz gehalten, hatten wir jetzt für die Tage auf der *Meteor* die große Gunst der Bordzulagen, die uns natürlich verleiteten, auch bei der Zollfreiheit außerhalb der deutschen Hoheitsgewässer, etwas großzügiger als sonst üblich mit dem Rauchen und natürlich auch mit dem Trinken zu sein. Jedenfalls brauste nach dem Abendessen mit besonders guter Bordverpflegung anschließend eine »Schuuumbööe« durch die Offiziermesse, wie sie an Land finanziell nicht darzustellen war. Die Sektpfropfen knallten, daß es eine reine Wonne war.

Erstaunlicherweise regte sich keinerlei Protest von seiten des Kommandanten oder der Bordoffiziere, die wohl ähnliches gewöhnt waren. So gegen 4 Uhr in der Frühe gingen dann auch die letzten Sektphilosophen zur Koje. Gleich am Morgen aber kam die in der Nacht ausgebliebene Reaktion, nur ganz anders als erwartet.

»Curry« ließ, wie gewohnt, um 8 Uhr »Antreten zum Dienst« auf der Schanze und befahl dann: »Herumschließen.« Zunächst kam noch eine verständliche Ermahnung zu Rücksichtnahme auf die Schiffsbesatzung und die Bordoffiziere, deren Nachtruhe empfindlich gestört worden war. Dann aber folgte sein unvergeßliches Wort: »Ich habe durchaus Verständnis für jugendlichen Überschwang und auch für ausnahmsweise mal ein Sektgelage, doch, meine Herren, der feine Mann läßt Sektpfropfen nicht knallen!« Sprachs und ließ die angetretenen Fähnriche wegtreten.

Zu den Unterrichtsfächern gehörte auch noch ein erstklassiger »Schiffbau-Unterricht« durch den Marinebaurat Ewers, genannt der »Kugelfisch«. Dieses Fach interessierte mich ganz besonders. Die damals vermittelten Grundlagen halfen mir nach dem Kriege, beruflich wieder auf die Beine zu kommen. Nach Ewers' Ideen hatte man eine alte Ruderpinnasse eines Linienschiffes zum Segler umgebaut, ganz besonders bequem zum Übernachten, und daher nicht nur zu den beliebten Wochenendausflügen, sondern auch zu Segeltörns über Pfingsten benutzt.

Der sonstige Bootspark entsprach der finanziellen Mangellage der damaligen Zeit, die Neuanschaffungen völlig ausschloß, weshalb noch Boote vorhanden waren, die schon in der Zeit der Kaiserlichen Marine vielen Fähnrichsjahrgängen gedient hatten.

Das waren die »Entucas«, abgeleitet von »en tout cas«, sechs Kielboote mit offenem Deck, gaffelgetakelt und mit allen Vorsegeln – Fock-Ballon und Spinnaker – ausgerüstet, ausgezeichnete Schulboote für noch unerfahrene Segler. Dann hatten wir drei »neue« Boote, wenn auch schon etliche Jahre alt, die Jollkreuzer *Max*, *Moritz* und *Fips*, die, auch nach einheitlichen Rissen gebaut, aber infolge ihrer leichten Übertaklung schon recht erfahrene Steuerleute erforderten, zumal die Flensburger Förde sowohl im Frühjahr als auch im Herbst ein recht rauhes Gewässer sein konnte. Tatsächlich wurde unser begeistertes Segeln durch einen tragischen Unfall mit dem Jollkreuzer *Max* am 26. Juli 1928 schwer beeinträchtigt, der unserem Kameraden Hermann Müller das junge Leben kostete.

In ganz besonderem Maße wurde das Segeln der Kriegsschiffbeiboote gefördert. Zwei alte Linienschiffsbarkassen und mehrere Kreuzerkutter, uns ja keine Unbekannten, mußten prüfungsmäßig ohne den Gebrauch des Ruders, allein durch Trimmen mit der

Besatzung und Veränderung der Segelstellung manövriert werden. Das war die »Hohe Schule« des Segelns. Ich konnte von meinen Erkenntnissen vom Kuttersegeln beim Ruder- und Segelverein Köslin in Großmöllen profitieren und bestand als einer der ersten das Segelexamen, das dazu berechtigte, an den Sonnabendnachmittagen oder sonntags ein Boot zu bestellen, mit dem wir dann zusammen in den so wundervollen Gewässern der Innen- und Außenförde herumkreuzten. So verbrachten wir Fähnriche fast den ganzen Sommer auf der Förde.

Erstaunlicherweise segelten sämtliche Dienstsegelboote der Reichsmarine im Jahre 1928 noch immer unter dem Stander des Kaiserlichen Yachtclubs in Kiel. Das war eine traditionelle Anhänglichkeit an die monarchische Vergangenheit. Bis dahin hatte es in der Öffentlichkeit auch keinerlei Einwendungen gegeben. Erst mit dem sogenannten Phoebus-Skandal, dem der Admiral Zenker zum Opfer fiel, bekam auch diese Tradition der selbstverständlichen Mitgliedschaft sämtlicher Seeoffiziere der Reichsmarine im Kieler Kaiserlichen Yachtclub den Todesstoß. Als Auffangorganisation wurde daher der Marine-Regatta-Verein neu gegründet, der schon früher einmal vor dem Kaiserlichen Yachtclub bestanden hatte.

Das Segeln, das lautlose Hingleiten über die Wellen, das schon in den Kösliner Jahren meine frühe Begeisterung geweckt hatte, sollte mich von nun an über alle Zeitläufte hinweg gefangennehmen.

Sehr viel Freude machte uns auch der Reitunterricht, den uns der unverkennbar sächsische Major Merz erteilte, in seiner Vertretung häufig auch der »Rittmeister« Tegen, der aber nicht etwa von der Kavallerie kam, sondern ein pferdeerfahrener Oberfeldwebel der Küstenwehr war. Ganz besonders freuten wir uns, wenn sich mal der übervorsichtige Major Merz entschloß, mit der Gruppe in das abwechslungsreiche Gelände bis nach Glücksburg hin auszureiten und dann meist in verschärftem Tempo nach Hause zurück. Ich schaffte es verhältnismäßig schnell, mich nicht nur auf dem Pferderücken manövriermäßig gut zurechtzufinden, sondern erwarb mir mit nur wenigen anderen auch sehr bald das Privileg, an den ein- oder auch zweimal in der Woche abends stattfindenden Springstunden teilzunehmen.

Nach dem Unterricht war die tägliche Musterung, bei der wir gruppenweise auf dem Nordhof antraten. Nach wenigen Minuten war der ganze Spuk vorbei, und wir gingen zum Essen in den hellen und freundlichen Speisesaal, der seine großen Fenster nach Westen zur Förde hatte. Bis auf den Kommandeur saßen sämtliche Offiziere an einem Quertisch entlang der Fensterfront mit uns, die Gruppen tischweise zusammen. »Frau Oberschwester«, Frau v. Holtzendorff, betreute die Essensausgabe und wirkte als einzige Dame im Saal auf alle Temperamente mäßigend und dem Anstand förderlich. Durch unseren noch von der vorausgegangenen Musterung befohlenen formellen Anzug (blaues Jackett mit Eckenkragen und schwarzem Querbinder) war allein schon eine gewisse Feierlichkeit beim Essen selbstverständlich. Nach dem Essen, wenn am »Flaggenmast« auf dem Offiziertisch das Flaggensignal: »Jot-Dora« – »Feuer eröffnen« hochging, durfte geraucht werden. Man konnte sich Kaffee bestellen und sich von den auf allen Tischen stehenden Auswahltellern das gewünschte Stück Kuchen aussuchen. Dafür aber mußte man dem bedienenden Steward einen Scheck zeichnen, denn der ganze Messe- und vor allem der Getränkebetrieb wurde bargeldlos abgewickelt, wie auch überall auf den Schiffen. Das war zwar sehr bequem, stellte aber andererseits auch eine gewisse Versuchung dar, über seine Verhältnisse zu leben. Am 1. jeden Monats kam die Stunde der Wahrheit, wenn die aufgelaufene Messerechnung vom recht schmalen Gehalt abgezogen wurde. Aber es war sehr gut, daß man schon als Fähnrich lernen mußte, die Übersicht zu behalten.

Häufig trank man auch an Sonntagen mit den Kameraden eine Flasche Wein aus dem ausgezeichnet sortierten Weinkeller. Ohne weitere Förmlichkeiten konnte man auch nach der »Feuererlaubnis« aufstehen und nach kurzem Frontmachen zum Offiziertisch den Saal verlassen und schon auf die Stube gehen. Man konnte aber auch an die Bar gehen zu »Herrn Steinmann« oder zu »Onkel Heinrich« und noch einen Schnaps trinken. Alles war völlig zwanglos.

So gegen 2 Uhr begann dann der Nachmittagsdienst mit Sport aller Art. Um halb 6 Uhr war dann »Ausscheiden mit Dienst«, was uns aber im Sommer beim Segeln oder bei anderen Sportarten nicht störte, die wir dann weiter betrieben, wenn wir dazu Lust hatten. Wir konnten dann auch auf Urlaub in die Stadt gehen, machten aber normalerweise nur an Mittwochnachmittagen oder an den Wochenenden von dieser Möglichkeit Gebrauch. Im allgemeinen war um Mitternacht Urlaubsschluß. Es war aber nicht schwer, notfalls auch Verlängerung zu bekommen, nur mußte man schon die letzte Straßenbahn einkalkulieren, denn der Fußmarsch von der Stadt nach Mürwik wirkte prohibitiv.

Das Abendessen konnte man ab 7 Uhr einnehmen, hatte aber auch bis 8 Uhr noch Zeit dazu. Danach konnte man an die Bar gehen, sich einen Drink holen und, wenn Interessenten zusammen kamen, ein zünftiges Bridge spielen. Im Eckzimmer standen zwei Pingpong-Tische. Tischtennis fand wegen der erforderlichen außerordentlichen Konzentration großen Anklang. Ganze Schlachten fanden statt, begutachtet von den umstehenden Kameraden.

Mit unserer Vorcrew, den 25ern, kamen wir sehr schnell in erfreulichen Kontakt. Selbstverständlich konnten uns unsere Vorgänger auch manche Tips für die »M-Penne« geben, wie wir die Schule herablassend und ungerecht nannten. Wir gaben sie dann später an unsere Nachcrew als Zeichen »lebendiger Tradition« weiter.

In den Sommermonaten fanden regelmäßig im Kurhaus Glücksburg an den Sonnabenden Tanzabende statt, die als »uniformfähig« angesehen wurden und uns dadurch zugänglich waren. Unsere Vorcrew informierte uns rechtzeitig über die sogenannten »Wanderpreise«, die kleinen Mädchen, die als konstante Freundinnen der Fähnriche von Crew zu Crew weitergereicht wurden. Auch unter diesen waren sehr nette junge Mädchen, die sich dann prompt zu den im Herbst und Winter offiziell eingerichteten Tanzstunden ziemlich vollständig versammelten. Immerhin haben sich nicht weniger als acht Flensburger Fähnrichsfreundschaften später als wertbeständig erwiesen und zur Verheiratung geführt. Doch hat es auch Fälle gegeben, wo Fähnriche ihren Kameraden bis zu drei Flaschen Sekt geboten haben, damit der andere für den Spender in die Tanzstunde gehen sollte …

Flensburg hatte damals sogar ein sehr nettes und abwechslungsreiches Theater, das wir Fähnriche gerne besuchten. Oft ging man zum Abendessen in den Gnomen-Keller, wo die »Kalte Platte« dem Fähnrichsappetit sowohl preislich als auch mengenmäßig angepaßt war. Notfalls konnte auch mit Schecks bezahlt werden.

Eines der Hauptereignisse der Flensburger Zeit war der große Sommerurlaub nach Hause, ganze vier Wochen in einem Stück. Für 14 Tage kam Hans Pauckstadt zu Besuch nach Kahlberg, das wir dann gemeinsam »unsicher« machten. In strahlendweißer Uniform, mit weißen Schuhen, Handschuhen und natürlich Dolch untergeschnallt, flanierten wir über die Promenade des kleinen Seebades, um die Augen der Jungfrauen des Landes mit Wohlgefallen auf uns ruhen zu lassen.

Die letzten 14 Tage verbrachte ich in Elbing bei meinen Eltern. Jeden Vormittag konnte ich mit meiner Mutter zum Reiten gehen, und wir machten auch größere Ausritte in die herrliche heimische Umgebung, etwa nach Stagnitten, dem Paradies unserer Jugend.

Nach den Sommerferien machte unsere Crew das traditionelle Fördeschwimmen, von der Marineschwimmanstalt in Mürwik über die ganze Förde nach der Badeanstalt Ostseebad-Kupfermühle, eine Strecke von ca. 3000 m, ohne Zeitvorgabe, so daß man sich nicht hasten brauchte. Erstaunlicherweise war auch nicht die Strecke das Hindernis, sondern die im September oft in der Innenförde auftretenden Massen an Quallen aller Größen. Es war ein einziges Quallenmeer, das beim Durchschwimmen geradezu physische Übelkeit erregte.

Unsere völlige Isolation von den politischen Ereignissen während der Kadettenzeit auf dem Auslandsschulkreuzer hatte mit unserer Fähnrichszeit in Mürwik aufgehört. Wir lebten wieder in Deutschland und unterrichteten uns über die Tagespolitik und künftige Tendenzen durch die Presse und den laufenden Schriftwechsel mit den Eltern und anderen Mitmenschen. Wenn heute herabsetzend und wahrheitswidrig behauptet wird, daß die

Reichswehr, deren Teil wir waren, politisch uninteressiert und uninformiert war oder doch so gehalten werden sollte, dann ist das eine historische Verdrehung. Allerdings durften wir uns politisch nicht aktiv betätigen, um ein unbedingt zuverlässiger Faktor der Staatserhaltung bleiben zu können. Wir waren als Rekruten auf dem Dänholm im Jahre 1926 auf die Weimarer Verfassung vereidigt worden, für uns verkörpert in der Gestalt des Reichspräsidenten v. Hindenburg. Wir standen ganz zu diesem Eid, auch wenn wir dem glanzvollen Kaiserreich und dem Herrscherhaus der Hohenzollern innerlich nachtrauerten und dieser vergangenen Epoche als einem würdigen Teil der deutschen Geschichte eine dankbare Erinnerung bewahrten.

Wir waren in der Mehrzahl alles Söhne von aktiven oder Reserveoffizieren, nicht wenige Söhne früherer aktiver Kaiserlicher Seeoffiziere. Kann es da verwundern, daß im Herzen eine Kammer der stolzen Erinnerung gewidmet war? So hatte uns natürlich auch das Resultat der Reichtagswahlen vom 20. Mai 1928 besorgt gemacht, bei welcher KPD und SPD zusammen 42 % der Stimmen auf sich vereinigen konnten und die SPD an der Regierung war in einer überaus unsicheren großen Koalition.

Dazu wurde es im Herbst offenbar, daß es erneut einer neuen Wirtschaftskrise entgegenging. Die ersten Nachrichten über eine neue Partei, die NSDAP, drangen zu uns, ohne daß zunächst viel über Programme und Ziele bekannt wurde. Der langjährige Chef der Marineleitung, Admiral Zenker, wurde verabschiedet und der bisherige Chef der Station Ostsee, Admiral Raeder, an seine Stelle berufen.

Der »immerwährende«, überaus verdienstvolle Reichswehrminister Dr. Geßler, der mit der Geschichte des Wiederaufbaus des Deutschen Reichsheeres und der Reichsmarine und deren absolut loyalen Einfügung in die Weimarer Republik eng verbunden war, hatte dem Generalleutnant a. D. Groener weichen müssen, der den Sozialisten genehmer war, wie wir glaubten.

Zenker mußte gehen, weil Versuche, die ärgsten Restriktionen des Versailler Vertrages zu umgehen, entdeckt und von willfährigen Elementen verraten worden waren. Die immer noch drükkenden hohen Reparationen drohten jede wirtschaftliche Erholung zu ersticken, das war nicht nur unsere Überzeugung. Gewiß gab es auch klügere Politiker als uns fröhliche Fähnriche der Crew 26!

Im ersten Viertel des Jahres 1929 begannen wir dann, uns auf die im Februar und März bevorstehende »Offizierhauptprüfung« vorzubereiten, die nächste Etappe auf dem langen und dornenvollen Wege zum Seeoffizier.

Als sich Nebel und Dunst der Prüfung verzogen hatten und die Crew 26, zum ersten Male nach Pünktchen geordnet, in die Offizierrangliste als Fähnriche aufgenommen wurde, waren wir noch ganz genau 60 Fähnriche z. S., 12 Ingenieur-Fähnriche und drei Verwaltungsoffizier-Fähnriche. Damit war die Crew von ihrem Eintritt in Kiel im April 1926 bis zur Beendigung der Marineschulzeit um fast genau ein Drittel aller Laufbahnen zusammengeschrumpft.

Jeder Seeoffizier, der in den Jahren nach dem Ersten Weltkriege bis zum Zeitpunkt der beginnenden »Massenproduktion« von Offizieren, also etwa bis zum Jahre 1935, die Marineschule Mürwik besucht hat, wird mir beipflichten, daß dieses Jahr neben dem notwendigen Schliff der Umgangsformen nach der rauhen Seekadettenzeit auf den Schulkreuzern dazu beitrug, daß das Ideelle des künftigen Berufs deutlich wurde, daß das dem Vaterland zutiefst Verpflichtet-Sein allen bewußt wurde.

Unsere Gruppenoffiziere, wirkliche Vorbilder, vermittelten uns Idealvorstellungen unseres Berufs mit einem überlegenen Ethos, etwa auf diese Formel gebracht: Wir dienen in Selbstlosigkeit unserem Vaterlande. Unser Vaterland gewährt uns einen bescheidenen Lebenszuschnitt. Dafür weist uns der Dienst eine Stellung im Volke zu, die uns aus der Masse heraushebt.

Das Lehr- und Wanderjahr als »Kursusfähnrich« 1929

Eigentlich war es kein Abschied von der Marineschule und ihrem Leben. Wir räumten nur den Nordflügel für den vom Kreuzer *Berlin* kommenden Jahrgang 27 und zogen um in den Südflügel, um nun vom 1. April bis zum 6. Juli 1929 auf der Torpedo- und Nachrichten-Schule Mürwik hintereinander die Waffen-Lehrgänge zu absolvieren.

Unter Harry Menches Kommando, der ein Herz für uns Fähnriche hatte und so manche Feier durch seine Erzählerkunst bereicherte, so daß er sich für seine besonders wahren, aber meist unglaubhaften Geschichten den Beinamen »der Vater der Lüge« verdiente, wurde eine Hälfte der Crew zunächst in die Geheimnisse der Torpedo-Waffe, die andere dagegen in das recht prosaische Fernmelde-, damals Nachrichtenwesen der Marine eingeweiht. Anschließend wurde dann gewechselt.

Vom Torpedo des alten Herrn Whitehead bis zum G 7a führte uns der Oberleutnant z. S. Jahn in die technischen Details ein, bis wir schließlich jedes Loch im Schwanzteil deuten, erklären und zweckmäßig bedienen konnten. Lochkunde nannte man das und scheute auch keine naheliegenden Vergleiche. Von der Wasserschlagklappe bis zur Gradlaufregelung, von der Tiefeneinstellung bis zum Verdampferzünder, vom Kalziumbehälter bis zur Gefechtspistole, wir kannten bald jedes Teil und seine Funktion. Auch der G 7E fand schon Erwähnung sowie die MZ mit ihrer geheimnisvollen Wirkungsweise.

Der Herr »Péters«, Kapitänleutnant seines Dienstgrades, mit weißem Tüchlein in der Brusttasche, lehrte uns dann die Theorie der Schußwerte und ihre Ermittlung, den Vorhaltrechner und die Wahl der Torpedogeschwindigkeit Vt, während Korvettenkapitän Junker, der nicht unser Wohlwollen finden konnte, uns in die ganz großen und hohen Begriffe der Taktik des Ausdampfens, des Einzel- oder des Fächerschusses einführte.

Unter den damaligen berufsmäßigen Gegebenheiten konnte nur die Verwendung im Rahmen der Torpedobootswaffe das

Hauptziel aller späteren Offiziere sein. Alle anderen möglichen Kommandos waren nicht entfernt ähnlich attraktiv. Das lag nicht nur im Nimbus der »draufgängerischen« Taktik im Ernstfall, sondern natürlich darin, daß schon junge Offiziere wichtige Posten an Bord einnahmen und damit frühe Selbständigkeit erreichten. Mit einer erfolgreichen Wachoffizierzeit auf einem der alten uns belassenen oder gar der neuen Torpedoboote der »Raubvogel-« oder »Raubtier-« Klasse hatte man ja bereits auch eine Anwartschaft auf eine spätere Verwendung als Kommandant eines dieser Boote erworben und damit nach aller Augenschein sich für alle hohen und höchsten Kommandoposten prädestiniert. Wenn auch das letztere für uns als Fähnriche noch gar nicht in Reichweite der Betrachtung lag, so spielte aber der Drang zur Torpedowaffe für die Mehrzahl von uns eine große Rolle. So wollte jeder gerne grade bei diesem Lehrgang mit besonders gutem Erfolg abschneiden.

Nach aller Theorie folgte dann das praktische Schießen auf den beiden uralten Torpedobooten *T 152* (unter dem damaligen Kommando von »Fritze« Berninghaus, einem langen, etwas schlaksigen Kapitänleutnant der Crew 17) und dem alten Schichauboot *S 23*, befehligt von Herrn v. Studnitz, Kapitänleutnant der Crew 15, bei dem wir besonders gerne zu den Schießübungen fuhren.

In der Geltinger Bucht in der Außenförde war der klassische Schießplatz der Torpedo-Schule, wo auch die Tiefenverhältnisse es gestatteten, etwa mal als »Grundgänger« endende Torpedos wieder herauszutauchen. Nun ging es für uns weniger um das Schießen, sondern in erster Linie um die Torpedopflege, das bedeutete das »Klarmachen zum Schuß«, das Wiedereinfangen, das »Zurückmachen vom Schuß« und das erneute wieder »Klarmachen«, alles bei Tag und Nacht im täglichen Wechsel der Funktionen. Natürlich war der Betrieb äußerst dreckig, zumal die Boote noch Kohleboote waren, oder nur Ölzusatzfeuerung hatten, und die Schlacke an Deck verstreut wurde, um es besser und sicherer begehbar zu machen. Denn mit Fett zum Einführen des Torpedos ins Rohr und zum Herausjagen mit Preßluft beim Schuß sowie mit dem Auffüllen der Torpedos mit dem rosagefärbten Torpedoöl wurde auf den Klarmachstationen nicht gespart. Dazu kamen dann die »Heizerflöhe« aus den Schornsteinen, so daß sich ein Dreckfilm auf Körper und Kleidung bildete. Unsere alten Seekadettensachen kamen wieder zu Ehren, der Überzieher oder Collani jetzt mit der Fähnrichslitze und dem Stern adaptiert und der Spiegel beraubt, während unsere Lehrer, die Torpedomechanikersmaate oder Obermaate im professionellen Lederzeug die sich bildende schwarze Schmiere besser aushielten. Aber das hinderte unsere Begeisterung keineswegs, auch wenn wir spätnachts hundemüde vom Nachtschießen kamen und dann erst unter der Dusche wieder menschliche Züge annahmen, um gleich am nächsten Morgen um 7 Uhr wieder in See zu gehen.

Auch an den spezifischen Torpedobootsgestank gewöhnten wir uns übergangslos. Ein satanisches Gemisch aus Heizöl, Torpedoöl, Spiritus und Karbid gab uns eine Geruchsausstrahlung, die wir erst nach Vollreinigung unserer Päckchen und nach Beendigung des Torpedolehrgangs loswurden. Leider aber erfuhren wir später nie, mit welchen Ergebnissen wir diesen besonders beliebten Lehrgang abgeschlossen hatten.

Ohne örtliche Veränderung schloß sich der Nachrichtenlehrgang an. Damit ergab sich ein ganz anderes Problem. Damals galt das Nachrichtenwesen mit seinen späteren Verwendungsmöglichkeiten als nicht gerade anziehend. Nachrichtenoffizier Borkum, Wangerooge, List auf Sylt, Arkona, Pillau und Brüsterort zu werden, oder gar zum Bodensee nach Langenargen abzuwandern, lag nicht im Ziel des Ehrgeizes der meisten Fähnriche z. S. Auch die sonstigen Verwendungen auf »Dickschiffen« und in Stäben erschienen uns damals keinesfalls als reizvoll. Andererseits aber mußte man auch diesen Lehrgang für die kommende Beförderung zum Leutnant bestehen. Es kam also darauf an, den Kursus so hinter sich zu bringen, daß man bei der Auswahl für die spätere mögliche Verwendung im Nachrichtenwesen so weit achtern am Tampen stand, daß sich ein »für die Nachrichtenwaffe ungeeignet« ergab.

Unter diesen Auspizien begannen wir den Kursus in der Torpedo- und Nachrichtenschule, Kommandeut der Fregattenkapitän Harry Menche (Crew 03). Der Kapitänleutnant Kienast war dann unser Lehrer, unterstützt vom Oberleutnant z. S. Brachmann.

Neben dem schon auf der *Emden* sattsam geübten Winken mit den Signalflaggen und Morsen mit der Klappbuchs oder dem Signalscheinwerfer, jetzt unter der Aufsicht von erfahrenen Signalmeistern, kamen wir auch an die Funktaste unter Mithören der gewiegtesten Funkmeister. Alle angewöhnten Schludrigkeiten in der Gebeweise und phantasiereichen Ergänzungen beim nur »Zur Hälfte hören«, wurden natürlich entdeckt und färbten das Ergebnis.

Daneben aber hörten wir erstmalig von Ver- und Entschlüsseln, von einfachen, doppelten und x-fachen Methoden der Codierung, vom Funkschlüssel M und den verschiedenen Graden der Geheimhaltung. Natürlich mußten wir das auch können und hatten später genug Gelegenheiten, in der Praxis des täglichen Borddienstes Funksprüche mit M-Offizier zu entschlüsseln. Jedoch zu begeisterten Jüngern des Fernmeldewesens konnte uns der Lehrgang vom 3. Juni bis 6. Juli, also ganze vier Wochen, nicht machen. So waren wir auch nicht traurig, als wir unsere Sachen in Mürwik packten, um nach Kiel zur Sperr-Schule umzuziehen.

Dieses erste Halbjahr 1929 brachte uns auch mit unserer Nachcrew in der gleichen Form zusammen, wie wir mit unserer Vorcrew enger vertraut geworden waren. Wir hatten dann später mannigfache gemeinsame Bordkommandos, die jeden Crewunterschied verwischten. Viktor Oehrn und v. Hausen waren später meine Oberfähnriche auf der *Kö*. Klaus Scholz, der Sohn des langjährigen Danziger Oberbürgermeisters, war später im großen Krieg mein ebenso erfolgreicher Flottillenkamerad. Bei Heinrich Liebe machte ich meine erste Unternehmung als »Konfirmande« in der U-Bootswaffe, mit Homeyer und Foerster war ich gemeinsam Kommandant in der Geleitflottille, mit Erdmann zusammen besuchte ich später die »Holland-Woche«, und mit Heßler nagte ich später zusammen an einem Geleitzug von Sierra Leone nach Großbritannien. Fast automatisch ergaben sich zwischen zwei bis drei Crews in der Jahrgangsfolge besondere Beziehungen. Dadurch wurde auch die nahtlose Geschlossenheit des Offizierskorps über einen längeren Abschnitt erreicht.

Auf der Sperrschule wurden wir von »Malchen Weiß« in etwas schwer verständlicher Sprache und auch keineswegs besonders freundlich begrüßt. Er, der Oberleutnant z. S. Weniger, genannt »Minus«, und der Oberleutnant z. S. Beucke, bemühten sich nun in den kommenden vier Wochen, uns mit den Tücken der Seeminen, der Art ihrer Verwendung und der Schwierigkeit ihrer Räumung vertraut zu machen. Die verschiedenen Typen, ihre technische Konstruktion, ihre verdammte Zündung und der wichtige Schutz gegen Räumung durch einen Gegner wurden nicht nur theoretisch auf der Schulbank gepaukt. Wir lernten auch das »Werfen« von Minensperren und das sehr viel schwierigere »Räumen«, wozu wir auf den Booten des Sperrversuchskommandos (SVK) *Pelikan* und *Nautilus* und dem Tender *MT-1* eingeschifft wurden.

Natürlich mußten wir alle Arbeiten selbst machen. Wir lernten das Ausbringen der Ottern und das der verschiedenen Suchgeräte mit und ohne Sprenggreifer. Ich konnte damals beim besten Willen nicht ahnen, daß die beiden M-Böcke, wir nannten sie *Pelinus* und *Nautikan*, zusammen mit einem alten Torpedoboot, im Jahre 1940 bei der »Weserübung« noch eine Kampfgruppe bilden würden, die dann unter meinem Kommando die dänischen Fährhäfen Nyborg und Korsör handstreichartig zu besetzen hatten.

Kommandeur der Sperrschule war zu unserer Zeit Kapitän z. S. Stohwasser, wegen seiner massigen Ungeschlachtheit und einem fusseligen Bart die »ungezurrte Hängematte« genannt. Er konnte jedoch keiner Fliege etwas zuleide tun und erfreute sich großer Beliebtheit. Es war uns klar, daß ein großer Teil der Crew später in der Sperrwaffe Verwendung finden würde und daß das immer noch etwaigen Dickschiffskommandos auf den »Hochbordpanzerschiffen« der Flotte vorzuziehen sei. Doch hatten wir mehr oder weniger schon damals das Gefühl, daß sich die Sperrleute gegenüber den anderen Waffenspezialisten herabgesetzt und aus unergründlichen Ursachen mit einem Minderwertigkeitskomplex behaftet fühlten. Das war unverständlich, aber eine Tatsache. Schon damals beschäftigte sich das SVK mit der Grund-Mine mit MZ, die noch im Experimentierstadium war, aber bereits als möglicher großer Schlager für einen später vielleicht mal möglichen Konfliktfall in der Ostsee galt. Durch die damalige enge Freundschaft Frankreichs mit Polen, die ja – wie wir es selbstverständlich auffaßten – ausschließlich der Niederhaltung und Einkreisung des Reiches galt, standen diese Verteidigungsnotfälle damals im Mittelpunkt aller Erwägungen.

Schon Anfang August ging es nach Stralsund zum Zugführerlehrgang. Der altvertraute Dänholm hatte uns wieder. Die bekannten Quartiere der 8. Kompanie nahmen uns als Fähnrichskompanie nun in Empfang. Auch sonst war alles beim alten. Denn nach wie vor gingen wir mit unserem Zinkwaschbecken unter die Pumpe, besuchten den »Rundfunk«, wenn nötig, aber, und das war sehr wesentlich, wir hatten keine Korporäle mehr und waren unsere eigenen Unteroffiziere. Das Hauptgewicht lag auf dem Felddienst, der MG-Bedienung und der Taktik im Gelände. Dazu hatten wir einen besonderen Lehroffizier, einen ausgewachsenen Infanterie-Oberleutnant, unseren »kleinen General«, Helmut Kleikamp, dessen Chef-Fahrer ich wurde. Auch er war alter königlich-preußischer Kadett, und so paßten wir recht gut zusammen, nicht nur auf dem Motorrad. Ich mußte nicht marschieren. Wie die anderen Motorradfahrer auch hatten wir »Motorisierten« im allgemeinen die Feinddarstellung zu übernehmen, mußten hier plötzlich auftauchen und rasch wieder verschwinden, um an anderer Stelle plötzlich wieder »starken Feind« zu markieren. Das machte natürlich viel Spaß.

Unser Kompaniechef war der Kapitänleutnant Mirow, ein sehr stiller und zurückhaltender Offizier mit viel Verständnis für uns Fähnriche. Wir schlugen natürlich häufig und auch ganz erheblich über die Stränge, was besonders in einer so kleinen Garnison wie Stralsund sofort überall bekannt wurde. Unser Zugoffizier war der damalige Oberleutnant z. S. Heinz Assmann (Crew 22), den wir alle verehrten, weil er, bei allem Verständnis für uns, es immer verstand, uns mit sicherer Hand zu leiten und zu beeindrucken. Er verlobte sich damals gerade, und wir hatten die Freude, mit ihm ganz erheblich zu feiern. Wenige Jahre später war ich dann mit ihm zusammen auf der *Karlsruhe*-Weltreise 1935, wo er als Kadettenoffizier der Crew 35 ein Vorbild war, wie es besser nicht gedacht werden konnte. Beim Attentat auf Hitler am 20. Juli 1944 wurde er schwer verwundet und blieb bis zu seinem allzu frühen Tod am 15. Oktober 1954 körperlich schwer behindert. Alle mochten ihn gern, und in der Messe war er Mittelpunkt. »Aushilfsweise« war ich auch sein Fahrer, und wir haben uns stets glänzend verstanden.

Der zweite Zugoffizier war der Oberleutnant z. S. Wolfgang Kähler, ein alter Plöner Korpskadett, zwar anerkannt, jedoch in seiner Temperamentlosigkeit genau das Gegenteil von Assmann. Mit unbeweglichem Gesicht, mitteilungsarm, saß er bei unseren häufigen Spontanfesten dabei. Wir konnten mit ihm wenig anfangen. Ich war später mit ihm in der 2. Minensuchflottille, wo er Kommandant von *M-117* war, während ich, I. W.O. auf *T-157*, durch einen Unfall meines Kommandanten zum stellvertretenden Kommandanten aufrückte, was er mir nie verziehen hat. Er hat es später noch zum Flottillenadmiral in der Bundesmarine gebracht.

Der Felddienst, von uns »Marinebuschkrieg« genannt, zeichnete sich für uns durch eine üppige Anwendung von Übungsmunition aller Art aus. Platzpatronen für das Gewehr 98, aber vor allem in ganz großen Mengen für das L.M.G/15, Handgranaten-Puffzünder und Kanonenschläge zur Markierung von Granateinschlägen dienten der realen Darstellung des notwendigen Schlachtenlärms. Aber das natürlich nicht allein, sondern auch der herrliche, jugendliche Unfug, den man damit anrichten konnte, ließ uns immer wieder neue, wenn auch unvorschriftsmäßige Verwendungsarten finden.

Diesen Spätsommer in der von uns allen besonders »marinefreundlich« empfundenen, vertrauten Kleinstadt genossen wir in vollen Zügen. Wir segelten mit den Dienstsegelbooten, und wir machten die in der Nähe gelegenen Seebäder »unsicher«. Das Café Mehnert am historischen Marktplatz war unser Stammlokal, wo wir sogar mit Schecks bezahlen durften. Wir sahen uns um nach den Töchtern des Landes, was in späterer Auswirkung mehrere Kameraden die Junggesellenfreiheit kostete. Leider muß ich aber auch bekennen, daß wir Motorradfahrer uns nicht viel besser als die heutigen »Rocker« benahmen. Wir machten zu acht schweren

Motorrädern einen einstündigen »Korso« um das Denkmal auf dem Marktplatz, was selbst der gutmütigen Stralsunder Bevölkerung zuviel wurde. So hatten wir dann jeden Sonnabend gegen Mittag nach der Musterung das recht zweifelhafte Vergnügen, den freundlichen Stadtpolizisten mit einer Handvoll Strafmandate auf dem Hof der K-8 zu begrüßen. Das riß empfindliche Löcher in die für das Wochenende bestimmte Verfügungssumme, aber bezahlen war Ehrensache und auch ratsame Klugheit, denn sonst ging das Mandat beim Kommandeur zu Protest, und das konnte dann in anderer Hinsicht noch weit teurer werden.

Mit dem »kleinen General« hatten wir viel Spaß und Freude, auch wenn er uns im Dienst gewaltig rannahm. Außerdem war er hart im Nehmen, was uns sehr beeindruckte. Er zuckte mit keiner Wimper, als wir nach einer gemeinsamen Feier seine Koje mit allem Bettzeug und seine ausgestopfte Felduniform mit allem Zubehör auf das Dach des von ihm bewohnten Junggesellen-Hauses neben dem Hof der K 5 gebracht, der Figur eine irgendwo aufgetriebene Rote-Kreuz-Fahne in die Hand gedrückt hatten und dieses Narrenspektakel für jedermann den ganzen nächsten Vormittag sichtbar blieb. Tatsächlich wurde er im Kriege ein richtiger »General« – Generalmajor –, und als wir uns, d. h. Hans Pauckstadt und ich, in Hechingen bei einem Treffen der alten ehemaligen königlich-preußischen Korpskadetten im Jahre 1978 begegneten, konnte er sich noch an alle alten Schandtaten der damaligen Zeit mit Freude erinnern.

Zum Abschluß unserer Fähnrichs-Infanterie-Zeit wurde unsere Fähnrichskompanie für vier Wochen nach dem Truppenübungsplatz Königsbrück bei Dresden verlegt. Dort sollten wir im weiträumigen Gelände zeigen, was wir auf dem beengten Raum des Dänholm gelernt hatten. Wir waren mit Freude und Begeisterung dabei. Mitunter schlug sie sogar derartige Wellen, daß erheblich gebremst werden mußte, so zum Beispiel, als bei einer Nachtübung der »angreifende Feind« mit aufgepflanztem Bajonett in die Stellung eindrang und »ernsthaft« auf den Gegner einstach, der sich schließlich vor dem »aus dem Häuschen geratenen« Angreifer nur noch dadurch vor lebensgefährlichen Verletzungen retten konnte, daß er eine Platzpatrone aus nächster Nähe abfeuerte.

Die Zeit im Lager verging sehr schnell. Dresden lag nahe, und doch bin ich nur dreimal in der wirklich schönen, eindrucksvollen Stadt gewesen. Ein Wochenende mußte ich für Großmuttchen Blume in Leipzig reservieren, wo ich nach ihren Maßstäben außergewöhnlich verwöhnt wurde. Das war eine große Wende in einem früher eher gespannten Verhältnis, an dem ich sicher durch meine kindliche Widerborstigkeit und auch Gleichgültigkeit schuld gewesen war. Jetzt, in der gleichen Uniform ihres einzigen Sohnes, der sich als Oberfähnrich z. S. auf dem Schulschiff *Hertha* in Port of Spain auf der Insel Trinidad wegen einer Arrestbestrafung das Leben genommen hatte, glaubte sie mich wohl doch auf dem richtigen Wege zu sehen. In feierlicher Form übergab sie mir zum Vermächtnis den »Kaiserlichen Dolch«, den »Marine-Degen mit dem Löwenkopf« und dem Steuerbord- und dem Backbord-Auge und den Gravierungen »F – B« für Fritz Blume und schließlich auch seine 8-mm-Mauserpistole. Tief ergriffen habe ich diese Zeichen der Anerkennung und der Zuversicht in meine Tüchtigkeit entgegengenommen. Die Erbstücke habe ich fortan in hohen Ehren gehalten und ausschließlich diesen Dolch getragen, der noch heute in meinem Besitz ist.

An den Infanteriezugführer-Lehrgang schloß sich als längster Lehrgang der Fähnrichsartillerie-Lehrgang auf der Schiffsartillerieschule in Kiel-Wik vom Oktober 1929 bis Februar 1930 an. Zu dieser Zeit war die Artillerie unbestritten die Hauptwaffe aller Fahrzeuge der Reichsmarine. U-Boote waren nach dem Versailler Diktat verboten, Raketen gab es nicht einmal in Gedanken. Dementsprechend wurde auch der Artillerieausbildung der höchste Stellenwert zuerkannt, zum steten Ärger der immer auf ihre besondere Bedeutung bedachten Torpedowaffe.

Kiel war zu dieser Zeit die größte Garnison der Marine und erfreute sich im Gegensatz zu Wilhelmshaven großer Beliebtheit. Neben der Schiffsstammdivision der Ostsee und der I. Marineartillerieabteilung nahm die Schiffsartillerieschule (SAS) den größten Teil des Kasernenkomplexes der Wik ein. Zur Stadt fuhr man von der Knorr-Straße aus mit der »Eins« und stieg am Schloßgarten aus, von wo man alle wichtigen Etablissements der Stadt gut erreichen konnte. Mit jedem »Landgang« landete man unweigerlich im Café Rolfs am Schloßgarten. Es war ein voll auf die Bedürfnisse der Fähnriche und »Subalternoffiziere« zugeschnittenes Kaffeehaus, von jedem etwas, Treffpunkt mit Kameraden, Treffpunkt mit Freundinnen, Nachrichtenbörse über alle Marineangelegenheiten, Briefkasten für Verabredungen und »Pumpstation« in vernünftigem Ausmaß. »Mutti« Rolfs kannte alle, natürlich auch die älteren Jahrgänge. Aber sie war verschwiegen. Es gab damals in Kiel drei in ihrer Art unentbehrliche Institutionen: außer »Mutti« Rolfs das Patzenhofer am Dreiecksplatz und das Conti in der Bahnhofstraße, wo man am Sonntag nachmittags zum Tanztee ging, eine Pauschalgebühr von 5 Mark bezahlte und dafür genügend Kuchen essen durfte, damit man ohne Abendessen auskommen konnte, worauf es uns leider damals ankam. In der Regel gingen wir in Zivil dahin, obgleich fast alle Anwesenden uns Fähnriche kannten. Natürlich aber mußte man sich ganz erstklassig benehmen, schon weil der Besitzer, Herr Dreischärf, ein guter Freund von Admiral Raeder war. Auch er kannte uns alle bei Namen und zwinkerte uns meist recht vertraulich zu, wenn er nach alter Gepflogenheit seine Runde zur Begrüßung machte. Im Patzenhofer konnten wir tatsächlich auch ohne Bargeld gut und reichlich essen, wichtig in unserem Alter, denn der Proviant bei einem Landkommando war recht mager. So schrieb man eben einen ganz primitiven Scheck aus, wie in der Messe üblich, mußte aber am Monatsbeginn zahlen. Selbst das aber war nicht allzu streng, nur mußte man dann zum Geschäftsführer, und das war natürlich immer etwas peinlich.

Bei der SAS in der Wik war der ganze Jahrgang zusammen eingeteilt. Den ersten Zug hatte der Kapitänleutnant Schönberg, allgemein »Schönberg-Bake« genannt, der zwar, etwas hölzern und steif, nicht allzuviel Sympathien sammeln konnte. Dafür erfreute sich aber seine Frau, die »rote Constanze«, über viele Jahre ganz besonderer Beliebtheit in der Kieler Garnison, weil sie, ein Ausbund der Natürlichkeit, bis zu den Fähnrichen herunter, die ganze

Marine kannte. Ihren Namen verdankte sie allein ihrem »rotflammenden Haarschopf«, der sie bereits von Ferne signalisierte. Die zweite Gruppe unterstand dem Oberleutnant z. S. Matthieß, Oscar, einem Hamburger Reederssohn, der besser dort geblieben wäre. Bei einem späteren gemeinsamen Bordkommando war er besser zu ertragen, als ausgerechnet als Fähnrichs-Gruppen-Offizier bei der SAS. Den dritten Zug hatte der Oberleutnant z. S. Zollenkopf.

Schießlehrer unserer Gruppe war der honorige Kapitänleutnant v. Goetze, den wir sehr gerne mochten, weil er uns als Herren behandelte. Ihn zeichnete stets vornehme Unnahbarkeit aus, dabei war er sachlich und nie laut. Seine Kritik nach den einzelnen Schießen war stets sehr genau und zutreffend.

Zum praktischen Geschützführerdienst waren wir den vier Oberstückmeistern ausgeliefert, den marinebekannten Oberdeckoffizieren Wersin und Bublies, und den Oberfeldwebeln Schröder und Wilms. Der ganz richtige »Kanonenschwoof« tobte in dem Molenschuppen auf der Tirpitzmole, wo angefangen von der 8,8 cm bis zur 17 cm alle damals noch in der Reichsmarine vorhandenen Kanonen als Exerziergeräte vorhanden waren, natürlich mit einer Ladekanone für die 15 cm L 45, wie auf der *Emden*, und einer 17 cm, wie die Kasemattgeschütze auf *Hannover* und *Elsaß*. Kritisch wurde es regelmäßig, wenn die beiden alten, ehrwürdigen Oberdeckoffiziere zwei Geschütze nebeneinander als Turmgeschütze exerzierten. Dann gab es erst einmal längere, überaus zeremonielle Auseinandersetzungen der beiden untereinander, und wir wurden achtungsvolle Zeugen einer außerordentlich vornehmen und stilvollen mittellauten Unterhaltung. Da dies sich aber praktisch fast regelmäßig mindestens einmal pro Exerzieren im Molenschuppen ereignete, kannten wir den Ritus bald und warteten nur gespannt auf das Stichwort. Natürlich waren diese vier Oberstückmeister Fachleute höchster Qualität und beherrschten ihr Metier aus dem Effeff.

Natürlich wurden wir auch im E-Meßwesen unterrichtet und ausgebildet, das damals die Grundlage für das Schießen auf optischer Basis zu liefern hatte.

Oscar Matthieß war nun wirklich zum Lehrer nicht geboren, und es bedurfte großer Selbstbeherrschung, seinen schnoddrigen Unterricht über sich ergehen zu lassen. Er hatte kein Maß und ganz offensichtliche Sympathien und ebenso eindeutige Antipathien, und zwar von Anbeginn an. Seine für uns ungewöhnliche, flotzige Art, die einerseits »humorvoll«, andererseits überlegen und tadelnd sein sollte, verschaffte ihm unser aller ungeteilte Mißachtung.

Der Kommandeur, Kapitän z. S. Kleine, ließ sich nicht allzuoft sehen. Dafür aber hatten wir bei den täglichen Musterungen den Chef des Stabes, oder wie er bei den Schulen genannt wurde, den Stabskapitän, Korvettenkapitän v. Fischel vor der Front, der unsere Sympathie im Handumdrehen gewann. Seine vornehme Gelassenheit, gepaart mit überlegenem Humor, gefiel uns sehr. Sein kavaliermäßiger Ton im Umgang mit uns verpflichtete uns mehr, als es eine rauhere Behandlungsweise vermocht hätte. Ich erlebte ihn später noch als Befehlshaber auf einem Panzerschiff in Spanien. Obwohl bereits am 30. November 1944 aus dem Dienst entlassen, geriet er in sowjetische Gefangenschaft und starb dort am 13. Mai 1950. Er hätte ein besseres Schicksal verdient, unsere Verehrung gehörte ihm.

Durch unser Herumzigeunern im Laufe des ganzen Jahres 1929 von Flensburg nach Kiel, nach Stralsund, nach Königsbrück, zurück nach Kiel waren wir stärker als im konzentrierten Lernjahr der Marineschule auch mit der Politik in Berührung gekommen. Auch wenn es eigentliche politische Diskussionen unter uns nicht gab, so bestand doch ein selbstverständliches Einvernehmen untereinander, daß die Politik Stresemanns in den kleinen und kleinsten Schritten erfolgreich war und daß der Young-Plan immer noch besser erschien als der vorangegangene Dawes-Plan mit den unbeschränkten Reparationsforderungen. Als es dann Stresemann gelang, bei der ersten Haager Konferenz die Zusage der Rheinlandräumung für das Jahr 1930 zu erreichen, fand das in so starkem Maße unsere Billigung, daß wir damals der heraufziehenden Wolke der NSDAP kaum wesentliche Beachtung schenkten.

Meine Mutter, die sich seit den letzten vier, fünf Jahren auch politisch betätigte, hatte ein großes Bild Stresemanns auf ihrem Schreibtisch stehen. So hatten wir auf Urlaub auch häufig vielseitige Diskussionen über die politischen Verhältnisse. Interessant war, daß auch in unseren Gesprächen die Möglichkeit, daß die NSDAP eine Massenpartei werden könnte, keine Rolle spielte, wie überhaupt diese Partei damals mehr die Farbe der Sektierer und Krachmacher nach außen vermittelte. Schon lange hatte sich meine Mutter auch für die damals von dem Österreicher Coudenhove-Calergie propagierten »Vereinigten Staaten von Europa« eingesetzt, für die sich auch Stresemann begeistert hatte. Auf diesem Gebiet konnte ich ihr nicht folgen, weil ich keinen Glauben an einen freiwilligen Verzicht der übermütigen Siegerstaaten an Souveränität zugunsten einer globalen Europa-Souveränität aufbringen konnte, selbst als sich Briand noch im gleichen Jahr für den gleichen Gedanken stark gemacht hatte. Nach unserem im Ausland gewonnenen England-Bild erschien der Gedanke als vollkommen illusionär. Als im Oktober 1929 Stresemann unerwartet starb, entstand zunächst eine unausfüllbare Lücke. Niemand wußte, wie es weitergehen sollte, zumal die Arbeitslosenzahl unaufhaltsam stieg und die Staatsverschuldung sich vergrößerte. Die nationalsozialistische Bewegung begann rapide zuzunehmen, ihre Gedanken gewannen auch in der Reichswehr Raum. Im Winter 1929/30 gab es bereits über drei Millionen Arbeitslose.

In der Marine hielt mit der Übernahme des Oberbefehls durch Admiral Raeder bereits 1927 die Auseinandersetzung um den Ersatz der schon im Kriege überalterten jetzigen Flotte an. Waren im Jahre 1927 die beiden neuen Kreuzer *Königsberg* und *Karlsruhe* vom Stapel gelaufen, gefolgt von der *Köln* im Jahre 1928, so lief in unserem Kursusjahr der Kreuzer *Leipzig* vom Stapel. Uns Fähnrichen hatten diese Neubauten starken stimmungsmäßigen Auftrieb gegeben. Die noch beim Eintritt recht fragwürdigen Berufsaussichten auf der veralteten Flotte waren hoffnungsvolleren Perspektiven gewichen. Zudem war es unter großen Schwierigkeiten gelungen, im Jahre 1928 im November mit nur schwacher Mehrheit im Reichstag den Bau des ersten Panzerschiffes als Ersatz für unsere alten »Bügeleisen« durchzusetzen. Daß damit auch eine gewisse staatliche Arbeitsbeschaffung betrieben wurde, störte uns keineswegs. Wieder schien es aber, daß das deutsche Volk die See und ihre Bedeutung für Handel und Wohlstand und auch für die Verteidigung nicht ausreichend verstanden hatte.

Flotten-Fähnrich auf der *Schleswig-Holstein*, Februar bis Mai 1930

Als wir Anfang Februar 1930 endgültig die Schulbänke verließen und auf die Flotte verteilt wurden, fiel zum ersten Mal die Crew in einzelne Gruppen auseinander. Bis auf drei Kameraden, die auf den neuen Kreuzer *Königsberg* kamen, wurden alle anderen auf die vier alten Linienschiffe der *Braunschweig-Klasse* verteilt, *Hessen*, *Elsaß*, *Hannover*, *Schlesien*.

Nur wenige Tage verbrachten wir auf der *Elsaß*, bis wir auf das grundüberholte Linienschiff *Schleswig-Holstein* überstiegen, das zukünftige Flottenflaggschiff. Wir wechselten recht ungern, denn auf der *Elsaß* waren wir mit einer richtigen eigenen Fähnrichsmesse wesentlich besser untergebracht gewesen. Außerdem war die *Sx*, wie wir sie nannten, eine Arche, das heißt ein Stabsschiff, in diesem Falle sogar mit dem Flottenchef an Bord, was für die Fähnriche, die nun alle Unteroffizierdienste versehen mußten, mit Sicherheit Komplikationen im Bordbetrieb ergeben würde, was dann später auch tatsächlich geschah.

Als erster begrüßte uns üblicherweise der Fähnrichsoffizier, der jedoch eine volle Bordfunktion hatte und nur nebenamtlich die Obhut über die Fähnriche übernahm. Hauptsächlich wurde er zur Ausklarierung aller unvermeidlich entstehenden Schwierigkeiten der Schiffsführung mit den unerfahrenen Fähnrichen herangezogen. Unser Fähnrichsoffizier, zugleich der II. A.O. des Schiffes, Kapitänleutnant Ernst Lindemann, nahm seine schwere Aufgabe mit großem Verständnis und viel Freude wahr und gewann unser aller Sympathie im Fluge für sich.

Wir waren natürlich als Unteroffiziere auf die Divisionen verteilt und machten in deren Rahmen Dienst als Korporäle mit den gerade auch an Bord gekommenen jungen Rekruten. Unsere Gruppe auf der *Sx* bildeten »Bobby« Schultz, unser Crewältester, Eckhardt Christian, »Ohl« Ambrosius, Jochen Heinecke, »Gipps« Hoffmann, »Ruppi« Heyn, Budde, Hopman, Menge, der »Prinz«, »Fummel« Forstmann, Spilling, Fleischmann, Klemm und ich. Wir waren 15 Crewkameraden in einer sogenannten Fähnrichsmesse, in der gerade eben Platz für acht Personen war. Wieder schliefen wir in Hängematten. Ich hatte bei der Verteilung ganz besonderes Pech, denn mein Schlafplatz war genau über dem Niedergang zum Vorschiff im vorderen Aufbaudeck, so daß jeder, der in die Quartiere der seemännischen Divisionen wollte, diesen Niedergang benutzen und zwangsmäßig die darüber hängende Hängematte streifte oder anstoßen mußte. Bei Urlauberbetrieb im Hafen hatte es für mich gar keinen Zweck, früher als Mitternacht schlafen zu gehen, weil erst nach Urlaubsschluß der Verkehr durch diesen Niedergang zum Vorschiff langsam abebbte. Meinen Spind dagegen hatte ich im Fähnrichsraum, in dem sehr bald infolge der Enge und der ewigen Hast des Uniformwechsels aber auch beim Umkleiden in Zivil, ein ausgesprochener Kommunismus herrschte. Da immer etwas herumlag oder beim Einschließen in das Spind vergessen worden war und häufig während des Dienstes auch eine Raummusterung der Fähnrichsmesse durch den IO vorgenommen wurde, hatte der zuletzt den Raum verlassende Fähnrich die stillschweigende Verpflichtung, alles, was herumlag, in eine für diesen Zweck vorgesehene Backskiste zu werfen. Da sammelte sich dann immer ein größerer Bestand aller nur möglichen Kleidungsstücke an.

Ein Schlaf in der kurzen Mittagspause war ebenso problematisch wie in »Oberdeck 8« auf der *Emden*. Auch hier konnten nur wenige auf den Backskisten auf und unter den Tischen liegen, die anderen mußten auswandern und sich heimlich, natürlich verbotenerweise, einen Platz in einer gerade nicht besetzten Kammer suchen. Selbstverständlich aßen wir in der Offiziersmesse am äußersten Ende der beiden Schenkel der Hufeisentafel, wo wir aber stets voll in Beobachtung durch den IO blieben, der sich zwar unsere Namen nicht merkte, dafür aber jeden einzelnen von uns in seiner dienstlichen Funktion haarscharf beobachtete. Er stand auf dem Standpunkt, daß jeder Fähnrich in seiner Bordzeit auch mindestens einmal eingesperrt werden müsse. Das äußerte er auch ganz frei und ungehemmt laut in der Messe, und er handelte auch danach. Es war der Korvettenkapitän Georg Reimer, genannt »Tom der Reimer«, ein Junggeselle, der meist auch in Kiel in der Freizeit an Bord blieb, wenn er nicht gerade von uns mit der Jolle nach Kitzeberg zum Golfspielen gebracht werden wollte. So konnte er uns auch in der Freizeit beobachten.

Ich war der I. seemännischen Division unter dem Kapitänleutnant Otto Schultz als Divisionsoffizier zugeteilt und bekam prompt eine sehr nette und ordentliche Rekrutenkorporalschaft als Korporal und Ausbildungsunteroffizier. Waffenmäßig aber war ich der Torpedo-Waffe unter dem I. T.O., Kapitänleutnant Lindenau und dem II. T.O., Leutnant z. S. Klaus Ewerth aus unserer Vorcrew zugeteilt. Außerdem war auch mein Jahrgangskamerad Rolf Menge der Torpedowaffe zugewiesen. Das war natürlich sehr befriedigend, denn es eröffnete die vage Aussicht, nach der Fähnrichsborddienstzeit mit großer Wahrscheinlichkeit auf ein Torpedoboot kommandiert zu werden. Nun spielte die Torpedowaffe auf den alten »Bügeleisen« nur eine vollkommen untergeordnete Rolle. Die vorderen Rohrsätze im Vorschiff waren längst ausgebaut und nur unter der Schanze im Heck befand sich noch auf jeder Seite ein um etwa 100° schwenkbares Einzelrohr, das natürlich nur begrenzte Einsatzchancen in einem anzunehmenden Ernstfall bot. Ich bekam die Aufgabe, in der Torpedorechenstelle am Koppeltisch aus den übermittelten Werten das Gefechtsbild zu zeichnen und die eventuell ermittelten Schußwerte telefonisch an den T.O. zu geben, um möglicherweise sich bietende Torpedo-Chancen im Gefecht nutzen zu können. Andere Kameraden waren als Geschützführer oder in der Feuerleitung der Artillerie oder im Nachrichtenwesen gefechtsmäßig eingesetzt.

Im Hafen hatten wir die Bootssteurer für alle Kraftboote zu stellen mit Ausnahme der Boote des Flottenstabes, wenn dieser an Bord eingeschifft war. Außerdem hatten wir als Fähnrich der Wache den Unteroffizierdienst zusammen mit dem Leutnant der Wache zu gehen.

In See dagegen gingen wir neben dem Bootsmaat der Wache auch die Wache als Brückenunteroffiziere meist zusammen mit unseren Divisionsoffizieren, die dann den verantwortlichen Wachoffizier stellten. Neben unserem Divisionsoffizier hatte jede Division noch einen Divisionsleutnant, meist aus unserer Vorcrew, mit denen wir uns aber meist glänzend vertrugen. Mit Otto, »dem Kind«, unserem Divisionär, auch »Otto mit dem Kimmfloh« genannt, weil er sich allzu häufig sogar vor der Front, an einer delikaten Körperstelle kratzte, kamen wir sehr gut aus. Er war geistreich, sehr belesen und hatte viel Verständnis für uns Fähnriche. Eine vierstündige Seewache mit ihm war meist ein Vergnügen und immer abwechslungsreich, wenn er nicht gerade unter der Seekrankheit litt, was er mit allen Mitteln zu verbergen trachtete. Der Kommandant, Kapitän z. S. Knobloch (Karlchen), trat auf diesem Schiff in Anbetracht seiner Eigenschaft als »Flaggschiff der Flotte« nicht sehr in Erscheinung. Er war immer freundlich zu uns Fähnrichen und sogar geduldig, wenn ein als Chefbootsteurer abgeteilter Fähnrich z. S. das Steuerbord-Fallreep beim ersten Anlauf verfehlte und das Manöver nur mit mehrfachem Sägen einigermaßen wieder hinkriegen konnte. Allerdings nützte dem armen Fähnrich die milde und verständnisvolle Art des Kommandanten relativ wenig, denn protokollmäßig stand ja der IO oben auf der Fallreepsplattform und beobachtete mit superkritischen Augen die Bootsmanöver der Fähnriche.

Da die Flotte schon Ende März gemeinsam zu einer Reise ins Mittelmeer entsandt werden sollte, tobte vom Tage unseres Anbordkommens an sofort auch schon eine beschleunigte Gefechtsausbildung, um die Schiffe der Flotte gemeinsam einigermaßen gefechtsklar auf diese erstmalige Auslandsreise zu schicken.

Wir freuten uns auf eine Reise in ein Seegebiet, das wir mit der *Emden* nicht berührt hatten. Der Flottenstab mit dem Flottenchef, damals Vizeadmiral Oldekop, war vom Flottentender *Hela* auf die *Sx* übergestiegen, zusammen mit Kapitän z. S. Saalwächter, damals Chef des Stabes der Flotte, Fregattenkapitän Guse als I. Asto, Korvettenkapitän Kummetz als II. Asto, alle später große Admirale. Sie brachten ihr blütenweißes Chefboot mit an Bord, an das wir Fähnriche aber nicht rangelassen wurden und die blaue Stabsjolle, über die wir auch nicht verfügen durften.

Der ganze Verband der vier alten »Bügeleisen« unter Führung der *Schleswig-Holstein* ging in den letzten Märztagen 1930 in See. Nach dem Passieren der Straße von Gibraltar trennten wir uns von den beiden Nordseeschiffen *Hannover* und *Schlesien* an der spanischen Ostküste, wo diese Alicante, wir, das heißt die *Hessen* und die *Sx*, dagegen Valencia aufsuchten. Hier blieben wir über die Osterfeiertage auf Reede liegen.

Im nächsten Hafen, Palma de Mallorca, lagen wir dann alle vier Linienschiffe wieder zusammen, so daß wir 26er Crewkameraden uns in größerem Kreise treffen und unsere Erfahrungen austauschen konnten.

Die Strecken zwischen den vorgesehenen Häfen wurden natürlich nicht im normalen Reisemarsch zurückgelegt. Da meistens zwei Schiffe immer die gleichen Häfen hatten, wurde sofort nach Verlassen eines Hafens das Fahren im Verbande mit allen dazugehörigen Signalen und Bewegungen geübt. Auf der Reise von Palma aber waren wir nun gleich vier Schiffe. Kaum waren wir nach Sizilien unterwegs, übernahm der Flottenchef das Kommando, und dann ging es los mit Kiellinie, Steuerbord-Staffel, Backbord-Staffel, Dwars-Linie Backbord, Dwars-Linie Steuerbord, Gefechtskehrtwendung, Kolonnenfahrt, »Peilung soll sein« auf das Flaggschiff usw. Die Signale wehten, die Kommandanten fluchten (– in sich hinein –), die Gefechtswachoffiziere guckten heimlich in die taktischen Vorschriften, der Chef des Stabes der Flotte hing wie ein Giftzwerg über der Reling der Stabsbrücke und brüllte den Kommandanten an: »Schleswig-Holstein. Sie müssen aufdampfen!« »Karlchen« Knobloch lief ultraviolett an und legte die Hand an die Mütze und sagte leise: »Ich heiße Knobloch und nicht Schleswig-Holstein!« Die Laune auf der Brücke war bis zum Äußersten gespannt. Aber es ging mit nur kurzer Mittagsunterbrechung weiter im Verbande der Flotte mit Lob- und Tadel-Signalen an der Rah von »Flotte« an eines der vier Schiffe. Nach Dunkelwerden begann dann das nächtliche Exerzieren im Verbande, voll abgedunkelt, nur mit Kielwasserlaternen und Abstandslichtern. Infolge der jetzt noch höheren Kollisionsgefahren der Schiffe untereinander war die Spannung auf der Brücke jetzt unmittelbar vor der Explosion, bis endlich um Mitternacht das willkommene Signal vom Flaggschiff kam: »Diese Übung ist beendet. Aufblenden–Reisemarsch–Kiellinie–Abstand 400 m!« So ging es drei Tage und Nächte hintereinander. Alles lief nun am Schnürchen, als wir den pünktlich Feuer spuckenden Stromboli in stattlicher Kiellinie passierten, um am nächsten Morgen mit zwei Schiffen in Catania, wir zusammen mit der *Hessen* in Palermo einzulaufen. Nachdem wir dort an zwei Tagen das berühmte Kloster Monreale mit den Bogengängen, gepflegten Gärten und mumifizierten Mönchsleichen bewundert hatten und an einem Nachmittag ein ebenso berühmtes Hotel zum Teetrinken aufgesucht hatten, bekam unser Fähnrichsoffizier, der Kapitänleutnant Ernst Lindemann, später Kommandant der *Bismarck*, seine große Chance bei uns Fähnrichen. Wir machten zusammen einen zweitägigen Ausflug in Zivil nach Taormina, wo in einem sehr guten, herrlich gelegenen Hotel Einzelzimmer für uns bestellt waren.

Lindemann hatte, in tiefem Verständnis für uns Fähnriche, nun nicht etwa ein Riesen-Kultur- oder gar Besichtigungsprogramm organisiert, sondern in erster Linie Wert auf ein Ausruhen von der Bordbeanspruchung und auf den Genuß einer kultivierten Umgebung gelegt. Das aber gelang ihm vollendet. Bis auf einen Vormittagsausflug zu der vom Ätna-Ausbruch 1928 durch Lava verschütteten Ortschaft Mascali blieben wir in Taormina, fuhren ganz früh morgens mit einem Hotelbus herunter zum weißen Sandstrand in einer der unter uns liegenden Felsenbuchten zum Baden, genossen ein qualitäts- und quantitätsmäßig hervorragendes Frühstück, lagen dann in Liegestühlen in der südlichen Sonne und erwarteten mit Freude ein sehr gutes Mittagessen, um danach der Ruhe zu pflegen. Am Nachmittag machten wir im Ort Taormina eine Konditorei ausfindig, sahen uns erfolglos nach den Töchtern des Landes um und genossen später im Mondlicht das altrömische Amphitheater von Taormina mit dem Ausblick auf den leuchtenden Schneegipfel des Ätna. Nur eine winzige Rauchfahne zeigte sein Wesen an. Der gute Chianti tat seine Pflicht beim Abendessen, so daß wir tief und traumlos schliefen und ich das nächtliche Anstoßen meiner Hängematte in Kurzintervallen an Bord nicht vermißte. Viel zu schnell vergingen diese zwei herrlichen Tage, und der sonst so streng wirkende Lindemann hatte durch seine freundliche und verständnisvolle Aufgeschlossenheit bei uns *Sx*-Fähnrichen für immer einen Stein im Brett.

Ohne uns mit den Nordsee-Schiffen *Schlesien* und *Hannover* noch einmal zu treffen, gingen wir von Palermo zusammen mit der *Hessen* durch die Meerenge von Messina, zwischen Scylla und Charybdis des Altertums, quer über die südliche Adria nach Korfu. Vom Ankerplatz aus bot der befestigte Ort einen herrlichen Anblick, das »Kercyra« der alten Griechen, von wo ein Teil der Griechen nach Troja auszog, um der schönen Helena willen. Die Insel bot Gelegenheit zu herrlichen Spaziergängen in vielen Parks und zu den Bergen mit ihren Festungen und natürlich, wie konnte es anders sein, zum Achilleion, einem Lieblingssitz Wilhelms II., der für den tragischen Helden Achill schwärmte. So hatte er dem sagenumwobenen Helden im Park dieses Hauses, Schloß konnte man das freundliche und durchaus würdige, aber keineswegs übertrieben aufwendige Bauwerk gar nicht nennen, zwei mächtige Denkmäler gesetzt, einmal dem strahlend heldischen Achill mit Kampfhelm, Speer und Schild im Ebenmaß der griechischen Marmorskulpturen, hier jetzt in Bronze, und dann das Denkmal des sterbenden Achill. Ich empfand es als peinlich, durch das Achilleion geführt zu werden. Schließlich war es doch so privat und trug der persönlichen Eigenart des Eigentümers Rechnung, daß man den Eindruck nicht verbannen konnte, daß der Besitzer gerade damit rechnete, in wenigen Tagen wieder dorthin zurückzukommen.

Nach diesem Besuch, die beiden anderen Schiffe waren in Patras gewesen, vereinigten wir uns wieder zu einem Geschwader und liefen wenige Tage später zusammen in Piräus ein, wo uns ein großes Tamtam offizieller Veranstaltungen erwartete. Selbstverständlich erstiegen wir mit unseren Soldaten die Akropolis und hielten ihnen Vorträge über das altgriechische Staatswesen der

Athener und der Spartaner von Perikles bis zu Alexander, bis zur Besiedlung des süditalienischen Raumes und dem Untergang des Hellenentums und der Ablösung durch die Römer. Die Akropolis mit Agora und Tempelanlagen, besonders dem Nike-Tempel, machten auch auf unsere Soldaten einen tiefen Eindruck.

Weniger ergriffen waren wir bei der im unteren Teil der Stadt gelegenen Anlage des Poseidon-Tempels, der zwar besonders gut erhalten war, um den jedoch innerhalb des Drahtzaunes athenische Gassenjungen Fußball spielten. Ein Marsch der Besatzungen aller vier Schiffe unter der Führung der Flottenkapelle durch die ganze Stadt führte zu spontanen Jubelrufen und lebhaftem Klatschen der Bevölkerung, die sich auf den Straßen und Plätzen sammelte. Ein abendliches Konzert in einem der großen öffentlichen Parks vereinigte eine zu Zehntausenden zählende Menge zu großen Sympathiekundgebungen. Dem mittäglichen Aufzug der königlichen Garde der Evzonen in ihren traditionellen Uniformen mit ihren Balletträckchen und Filzschuhen mit rotem Pong-Pong sahen wir mit Freude zu, wie wir überhaupt von der ganzen doch betont freundlichen Begrüßung und Behandlung sehr überrascht waren. Häufiger wurden wir auch von gastfreundlichen Griechen angesprochen und zu einem oder mehreren Gläsern Wein in ländlichen Osterien eingeladen, wo nur die Konversation große Schwierigkeiten machte, da wir keinen Athener treffen konnten, der eine fremde lebende Sprache verstehen oder gar sprechen konnte.

Auf der *Schlesien* war der Korvettenkapitän Canaris IO und nicht immer sehr freundlich zu den Fähnrichen. Als ich eines Tages mit der Motorjolle als Bootssteurer mich beim Übersetzen unseres T.O. zur *Schlesien* dem für Offiziere zuständigen Steuerbord-Fallreep näherte, stand oben ein brüllender IO, der mich nicht an das Steuerbord-Fallreep lassen wollte, sondern mich mit allen Anzeichen des Entsetzens an das Backbord-Fallreep verwies. Da ich zunächst hartnäckig blieb und mich erneut dem Steuerbord-Fallreep näherte, ergriff er ein Megaphon und schrie derartig, daß auch mein Passagier, der Kapitänleutnant Lindenau, aufmerksam wurde und mich großzügig anwies, nunmehr das

Backbord-Fallreep zu benutzen. Ich tat es und mußte mich nach Aussteigen meines T.O. an Deck bei Canaris melden: »Glauben Sie, daß ich mir nochmals das Steuerbord-Fallreep von einem der unseemännischen Fähnriche der Crew 26 in Kistenbrettchen zertrümmern lasse?« Ich konnte nicht ahnen, daß am Vortage tatsächlich ein Fähnrich der *Schlesien* das Steuerbord-Fallreep derartig beschädigt hatte, daß der nachfolgende Flottenchef genötigt war, das Backbord-Fallreep zu benutzen, weil so schnell nicht einmal die Zimmermeisterei der *Schlesien* das beschädigte Steuerbord-Fallreep wiederherstellen konnte. Das war mein einziger Eindruck von diesem seltsamen und später legendären Manne der Abwehr. Seine Fähnriche berichteten später, daß in jedem Hafen ein Extrapostsack für ihn mit der allgemeinen Schiffspost an Bord kam und daß er in den Häfen meist für mehrere Tage vom Schiff verschwand und der A.O. dann seine Vertretung ohne Kommentar übernahm.

Nach erneutem schweren Kohlen, dem vierten auf dieser Reise, aus den Colliern der Hapag, begann der Heimmarsch, der uns zunächst noch nach Syracus auf Sizilien führte. Im antiken griechischen Theater wohnten wir der Aufführung der »Iphigenie auf Aulis« des Euripides und des »Agamemnon« des Aeschylos bei, die uns großen und nachhaltigen Eindruck machten. Die Teilnahme großer Teile unserer Besatzungen verfehlte ihren Eindruck auf die anwesenden italienischen Festspielgäste und die anderer Nationen nicht. Obwohl die Sprache unverständlich war, genügten doch die Gesten und Chortänze, um die Handlung annähernd verständlich zu machen, falls man die Sage aus der Schulzeit noch in der Erinnerung hatte. Auch das Ohr des Dionysos fand unsere Beachtung mit dem Bemerken, daß es eine derartige Naturerscheinung nur an Land, jedoch keineswegs an Bord für den Fähnrichsoffizier und den IO geben dürfe.

Wieder folgte ein längerer Seetörn bis nach Cadix, wo sich dann die ganze Flotte für den Heimmarsch versammelte. Hier konnten wir an einem Abend endlich alle Fähnriche der Crew zusammenbringen, um die recht unterschiedlichen Erfahrungen auszutauschen, die die Dickschiffe voneinander unterschieden. Wir von der Arche, der *Sx*, konnten recht zufrieden sein, wenn auch nur noch drei übrig waren, die der IO noch immer nicht erwischt und noch nicht eingesperrt hatte.

Mit den Verbandsmanövern im Formationsfahren vergingen die Entfernungen bis zum Kanalausgang nach Nordosten bei Texel schnell. Hier wurde nun etwas gestartet, das es weder vorher noch jemals nachher wieder gegeben hat, das Wettrennen der alten Linienschiffe, das schon tagelang vorher die Leitenden Ingenieure mit Sorgen erfüllt hatte. In Dwarslinie aufmarschiert, ging das Rennen über die Bühne, den Feuerlöschschlauch klar bei den Kolbenstangen im Maschinenraum und den Maschinisten mit den Händen an den Pleuellagern, um rechtzeitig vor Festbrennern zu warnen. Die *Sx* überstand auch diese gewaltige Kraftanstrengung und erreichte etwa 17 Knoten, was fast der Konstruktionsgeschwindigkeit entsprach, *Schlesien* hielt sich tapfer, auch *Hannover*, nur die *Hessen* sackte achteraus. Während die Nordseeschiffe an der Jademündung detachiert wurden, dampften wir zu zweien durch den Kanal nach Kiel, wo wir Mitte Mai im Heimathafen an der Boje vor Bellevue festmachten.

Oberfähnrich-Säbelfähnrich auf der *Sx*, Juni bis Oktober 1930

Am Tage der Skagerrak-Parade der Flotte wurden alle Fähnriche der Crew 26 auf allen Schiffen der Flotte zu Oberfähnrichen befördert. Bei der Flotten-Parade am 1. Juni 1930 paradierten mit der kaiserlichen Kriegsflagge im Großtopp die Linienschiffe *Schlesien*, *Hessen* und *Hannover* und der Kreuzer *Königsberg* vor dem Flottenflaggschiff *Schleswig-Holstein* in der westlichen Ostsee. Es war ein denkwürdiges, feierliches Ereignis.

Natürlich hatten wir rechtzeitig uns den nun für die Zeit bis zur Offizierbeförderung obligaten Uniformrock beim Schneider machen lassen. Denn von nun an durften wir nicht mehr in Zivil an Land, sondern hatten grundsätzlich Rock, schwarzes Koppel und Säbel zu tragen, so wollte es bereits die Tradition der Kaiserlichen Marine, und wir waren stolz, ihr zu folgen.

Der Ernst des Lebens begann dann nach einer achttägigen Segelreise zur Travemünder Woche wieder in der nun folgenden Artillerie- und Gefechtsausbildung auf der *Sx*. Alles ging vonstatten in der bekannten und üblichen Reihenfolge mit Klingscheiben-, Abkomm- und Kaliber-Schießen, wozu dann schließlich auch noch das Torpedo-Schießen der alten Bügeleisen kam, das aber auch sehr ernst genommen wurde. Wir waren dann die ganze Woche auf See in der westlichen Ostsee und ankerten meist über die Wochenenden, die damals tatsächlich nur aus den Sonnabend- und Sonntagnachmittagen bestanden, vor einem der vielen Ostseebäder in der Lübecker Bucht oder an der Mecklenburger Küste.

Immer noch gab es drei bisher unbestrafte Oberfähnriche auf der *Sx*, und es schien fast so, daß es damit sein Bewenden haben sollte.

Wir spielten in der Messe viel Bridge oder hörten auch Anton Ruhlands »unglaubliche« Geschichten aus seiner Zeit unter Lettow-Vorbeck in Ostafrika, die er in vorgerückter Stunde mit viel Humor und gewürzt mit Brocken in Kisuaheli erzählen konnte. »Tom der Reimer« war ein großer Freund vom Curry-Essen, und so fand es häufiger statt, wenn wir irgendwo in der Woche zu Anker lagen.

Als ich beim Flottenwettrudern mit meiner Korporalschaft das Rennen der Linienschiffsruderjollen gewann gegen die drei anderen Konkurrenten, der heißumkämpfte 14riemige Linienschiffskutter jedoch verlorenging und in der »Galeere«, wie die Linienschiffs-Ruderbarkasse genannt wurde, weil immer zwei an einem Riemen pullen mußten, nur ein magerer zweiter Preis erreicht wurde, glaubte ich in meiner Fähnrichseinfalt, daß nun bald die Drohung des IO, jeden Fähnrich während der Borddienstzeit mindestens einmal einzusperren, gegenstandslos geworden wäre.

Wie hatte ich mich verrechnet. An einem regnerischen Spätsommertag vor den Herbst-Flotten-Manövern hatte ich Dienst als Kommandantenbootssteurer und sollte, wie üblich, Karlchen Knobloch um 9 Uhr von der Reventlou-Brücke abholen. Alles klappte vorzüglich, wir hatten allmählich bedeutende Routine im Manövrieren mit den langen schnittigen Booten. Mit hoher Fahrt legten wir den Weg zur Boje zurück, die dem Flottenflaggschiff als einzige mit Telefonkabel zustand. Das Anlegemanöver war ein seemännischer Leckerbissen, klappte mit drei Kommandos aus voller Fahrt mit »Stopp« – »Zurück-Stopp«, und das Boot lag eisern, aber sanft an das Kalbholz des Steuerbord-Fallreeps gelehnt, genau mit den Stufen des Treppchens vom Bootsinnern am unteren Fallreepspodest. Mit berechtigtem Stolz blickte ich zum IO auf, der am oberen Fallreepspodest den Kommandanten mit Seitepfeifen protokollgerecht empfing. Wohlwollend nickte mir der Kommandant zur Belobigung für das ausgezeichnete Manöver zu. Nach dem »Rührt euch« legte ich ab und ging an die Backspier zum üblichen Liegeplatz des Schnellbootes. Etwas beschwerlich mit dem Mantel kletterte ich über die Backspier an Deck, als der Läufer Deck mich bereits erwartete, um mich zur Meldung zum IO zu rufen. In der sicheren Erwartung eines Lobes aus besonders kompetentem Munde für das erstklassige Manövrieren mit dem Kommandantenboot betrat ich stolz aufgerichtet die Kammer. Mit einer eisernen Miene, wir nannten es »mit Knollen im Gesicht«, erwartete mich der Gewaltige mit dem Befehl: »Gucken Sie mal in den Spiegel, Oberfähnrich Merten!« Ich tat es und erbleichte. Der Mantel, obwohl zugeknöpft, war am Kragen nicht eingehakt. Ich wußte, ich war geliefert. Geliefert in der letzten Vorwoche der zu erwartenden Beförderung zum Leutnant z. S., dem Endziel der letzten fünf Jahre. Natürlich hatten Fähnriche den Mantel geschlossen zu tragen, zugeknöpft bis oben hin, und Haken und Ösen am Mantelkragen waren eingehakt zu tragen. Erst vom Leutnant an durfte der Mantel »oben offen«, das heißt nicht eingehakt, und der oberste Knopf offen getragen werden. Beim schnellen Anziehen des Mantels hatte ich offensichtlich den Haken an der Öse vorbeigehakt. Der oberste Mantelknopf war selbstverständlich geschlossen. Nur ein nach Formfehlern pedantisch suchender Offizier konnte von dem etwa 8 Meter entfernten oberen Fallreepspodest überhaupt erkennen, daß der Mantel nicht zugehakt war: »Drei Tage Kammerarrest« donnerten mir entgegen. Völlig vernichtet verließ ich die Kammer.

Frenetisches Geschrei erscholl in der Fähnrichsmesse, als ich mein Mißgeschick berichtete. Die beiden noch unbestraften Kameraden erbleichten vor der Aussicht, auch noch ranzukommen.

Nach langem Grübeln und den Bauch voller Zorn ging ich zu unserem Fähnrichsoffizier Ernst Lindemann. Er ließ mich ganz ruhig und fast teilnahmslos ausreden und meine Wut loswerden. Dann sagte er ohne jede Gemütsbewegung: »Ja, das hätte ich Ihnen schon seit längerer Zeit sagen können, daß der IO hinter Ihnen her war. Neulich beim Curry-Essen fragte er mich, ob es denn gar keine Möglichkeit gäbe, Sie mal zu erwischen. Sie wären viel zu kiebig und müßten unbedingt noch einen Dämpfer haben.« Das war ja eine reizende Auskunft. Sie war nicht geeignet, meine ohnmächtige Wut zu dämpfen. Als ich dann von der Möglichkeit einer Beschwerde redete, wies er mich auf die Marinebeschwerdeordnung hin, befahl mir, die Sache zu überschlafen und ihn am nächsten Mittag wieder aufzusuchen.

Je länger ich darüber nachdachte, desto mehr empörte mich diese Art der Befehlsausübung und der Disziplinargewalt. Auch nach Rücksprache mit meinem Divisionsoffizier, Otto dem Kind, war ich eigentlich in meiner Meinung bestärkt, mich beschweren zu müssen.

Blitzartig kam mir die schreckliche Parallele aus der Familie zum Bewußtsein. Wurde nicht mein Onkel Fritz Blume auch als Oberfähnrich, unmittelbar vor seiner Beförderung zum Leutnant z. S., auf dem damaligen Schulschiff *Hertha* mit drei Tagen Kammerarrest bestraft und zog dann diese grauenhafte Folgerung aus der Bestrafung, daß er sich das Leben nahm, weil er glaubte, danach nicht mehr leben zu können.

Ich befand mich tatsächlich in großer Gewissensnot. Konnte diese unleugbare Parallele so ganz zufällig sein? Hatte möglicherweise der IO das damalige Drama meines Onkels miterlebt und wußte er von dieser nahen Verwandtschaft? Diese Gedanken gingen mir im Kopf herum und ließen mich zu keiner erlösenden Entscheidung kommen. Natürlich war es in jedem Falle richtig, nach der Beschwerdeordnung erst 24 Stunden vergehen zu lassen, um die innere Erregung unter die eigene Kontrolle zu bringen.

Aber war das wirklich ein richtiger und erzieherisch gerechtfertigter Grundsatz, daß ein Oberfähnrich unbedingt vor seiner Beförderung zum Offizier noch mit Arrest zu bestrafen war?

Ich kann mich nur daran erinnern, daß ich am Morgen noch immer nicht wußte, wie ich mich nun zu entscheiden hatte. Nur eines war mir ganz klar geworden. Sollte ich je nach dieser Bestrafung doch noch Offizier werden, dann würde ich nach dieser Erfahrung derartige unsinnige, ehrverletzende und gefährliche Disziplinarmaßnahmen niemals anwenden. Nur insofern besaß diese böse Erfahrung auch einen begrenzten erzieherischen Wert, den jedoch ohne Zweifel der IO nicht beabsichtigt hatte.

Als ich am Nachmittag wieder bei Lindemann erschien, war ich entschlossen, mit dem Kopf gegen diese Wand anzugehen. Wieder ließ mich Lindemann in aller Ruhe ausreden, ohne auch nur ein Wort dagegen zu sagen. Dann aber antwortete er etwa folgendes: »Natürlich können Sie sich beschweren, Sie werden aller Wahrscheinlichkeit nach sogar Recht bekommen, aber was, glauben Sie, wird dem IO geschehen? Ihm wird allenfalls bedeutet werden, daß er das Strafmaß überzogen hat, weil der Anlaß zu gering war. Damit aber sind auch die zu erwartenden Folgen bereits für ihn erschöpft. Nun aber zu Ihnen. Was glauben Sie, wie viele Jahre wird Ihnen dann der Ruf überallhin vorauseilen, daß Sie eine superempfindliche Mimose sind und die notwendige Härte im Nehmen vermissen lassen? Nun, das müssen Sie selbst entscheiden. Ich aber möchte Ihnen als Ihr Kamerad abraten, denn schaden wird Ihnen diese Strafe von drei Tagen Kammerarrest in Ihrer Laufbahn bestimmt nicht, wenn Sie sie ertragen lernen.« Sprachs und holte unter seinem Tischchen in der Kammer aus einem Eiskübel eine Flasche Champagner, die wir dann zusammen lenzten. Als er einige Zeit später mein Lehrgangsleiter auf dem AO-b-Lehrgang wurde, haben wir beide noch öfter über diesen »empörenden und ungerechten« Fall gesprochen und dann weidlich gelacht.

Es ging mir jedoch nie so gut auf der *Sx* wie während der drei Tage Kammerarrest. Ich wohnte in der Kammer des T.O., des Kapitänleutnants Lindenau, der gerade beurlaubt war, vermißte das häufige Anstoßen meiner Hängematte während der Nachtzeit durch die Urlauber, machte natürlich den Dienst voll mit, auch das Essen in der Offiziersmesse und zog mich nur während der Freizeit in meine urgemütliche Kammer zurück. Da wir ohnehin zu Beginn der Herbstmanöver in See waren, hatte die drakonische Strafe auch keinerlei Landgangsbeschränkungen zur Folge. Nachteile im Beruf sind mir daraus nie erwachsen. Ich wurde, wie alle anderen, am 1. Oktober 1930 zum Leutnant z. S. befördert.

Bei den Herbstmanövern war ich zusammen mit Fro Harmsen (25) dem an Bord kommandierten Schiedsrichter zugeteilt, dem Korvettenkapitän Wischetztki. Der Krieg zwischen Rot und Blau fand wie üblich in der östlichen Ostsee statt und endete programmäßig mit dem Kampf in der Hamrarne-Enge nach nächtlichen Torpedoangriffen durch Zerstörer bzw. Torpedoboote. Da wir als Schiedsrichter für beide Seiten die Ausgangslage und Befehle kannten, war es besonders interessant.

In Kiel lag dann anschließend die gesamte Flotte für ein paar Tage zusammen. Doch nahmen wir an der Manöverkritik leider noch nicht teil, sondern schnürten zum letzten Male unseren Seesack, um auf unsere neuen Kommandos überzusteigen, die wir etwa am 20. September noch als Oberfähnriche antraten.

Auf allen Schiffen der Flotte standen die Besatzungen angetreten, als der scheidende Flottenchef vom Kutter der *Schleswig-Holstein* an Land gepullt wurde.

Unsere Linienschiffszeit und gleichzeitig unsere letzte Etappe der viereinhalbjährigen Ausbildungszeit waren abgelaufen. Der Gedanke war mir fern, daß ich acht Jahre später noch einmal auf dieses gute alte Schiff steigen würde.

Im Rückblick auf diese lange und vielseitige Ausbildungszeit halte ich fest, daß kein Tag und keine Woche, kein Schiff und kein Lehrgang zuviel gewesen sind, um uns die Kenntnisse und Gewohnheiten, das Wissen und die Praxis zu vermitteln, die wir von nun an in unseren verschiedenen Stellungen und Kommandos benötigten. Von verschwindenden Ausnahmen abgesehen, hatten wir nur Vorgesetzte und Lehrer gehabt, die uns geformt und geführt hatten, die uns wohlwollende Freunde und zugleich bewunderte Vorbilder gewesen waren.

So schmähend und seines eigentlichen Sinnes entkleidet der Begriff der Elite heute oft gebraucht wird, so sicher war das Wirken von vorzüglichen Vorgesetzten aller Dienstgrade dazu angetan, aus uns eine »Elite« zu formen, die ihrerseits wieder in der Lage war, aus den folgenden Generationen »Eliten« herauszulösen aus der Masse, die heute nur die unaufrichtige Doktrin der Gleichheit kennen will. Vorbild und Vorgesetzter zugleich war das Ausbildungsziel dieser wohlbedachten, jahrelangen Lehrzeit in Theorie und Praxis unsres Berufes gewesen. Jetzt aber lag es bei jedem von uns, das Erlernte auch anzuwenden und für die Marine, für Volk und Vaterland nutzbar zu machen.

Leutnant z. S. auf Kreuzer *Königsberg*, 1. Oktober 1930 bis 30. September 1931

Am 23. September meldete ich mich auf der *Königsberg* in Kiel beim IO, dem Korvettenkapitän Föste, genannt der »kleine Fö«. Von anderen Schiffen kamen meine Kameraden »Adje« Zenker, »Rüpel« Rüggeberg und »Bazi« Freymadl, mit welch letzterem zusammen ich eine Kammer im Achterschiff bezog. Allein die Tatsache, nunmehr Kammerbewohner und der Enge der Fähnrichs-Massenunterkunft auf der *Sx* entronnen zu sein, war eine seelische Wohltat.

Zenker und ich wurden Divisionsleutnante in der I. seemännischen Division unter dem Oberleutnant z. S. Rolf Johannesson. Zu meinem größten Erstaunen wurde ich gefechtsmäßig der Schiffsartillerie als Befehlsübermittlungsoffizier (BÜ) zugewiesen, obwohl ich auf der *Sx* ja mit der besonderen Aufgabe der Gefechtskoppelung für die Torpedowaffe ausgebildet worden war.

Die *Königsberg* war das Flaggschiff des Befehlshabers der Aufklärungsstreitkräfte (BdA). Damals hatte diese Dienststellung Konteradmiral Albrecht inne, genannt »Conus«, später Chef der Station O und Generaladmiral. Sein Chef des Stabes war der Kapitän z. S. Ciliax, allgemein gefürchtet wegen seiner Unnahbarkeit und Barschheit. Mir selbst passierte mit ihm folgendes. Ciliax bevorzugte die Stabsjolle zur Bellevue-Brücke, wenn er an Land gehen wollte. Eines Tages im Winter 1930/31 ließ Ciliax mir als Leutnant der Wache den Befehl zukommen, daß die Stabs-Jolle für ihn ans Fallreep kommen sollte. Das Chefboot war aber in der Werft, die Stabs-Jolle war ebenfalls in Reparatur, die anderen Kraftboote des Schiffes waren gar nicht ausgesetzt, da wir am nächsten Tag in See gehen wollten. Gerade, als ich dem Läufer Deck Anweisung gab, dem Chef des Stabes zu melden, daß keine Boote zur Verfügung ständen, kam bereits der grimme Ciliax aus der Hütte und bemerkte mit Mißfallen, daß sein befohlenes Boot noch nicht klar lag. Ich machte entsprechende Meldung, die er gar nicht zur Kenntnis nahm, sondern mich anschnob, daß er sofort zur Bellevue-Brücke müßte. Ich nahm die Hand an die Mütze und sagte: »Zu Fuß, Herr Kapitän!« Bruchteile eines Augenblicks schien es, daß gleich der Himmel einstürzen sollte. Plötzlich zwinkerte er mit den Augen, sein Gesicht verzog sich zu einem überraschenden Schmunzeln, und dann kam die Antwort knapp und klar: »Wenn Sie meinen, Leutnant Merten!« Er wandte sich, ging zur Stelling an Backbord-Seite, bekam seine »Seite« und trollte sich über die Blücher-Brücke. Nie wieder hatte ich in der *Kö*-Zeit mit ihm Differenzen.

Kommandant war damals der Kapitän z. S. Densch, genannt »Mungo«, der natürlich seines Lebens nur froh werden konnte, wenn der Stab des BdA nicht an Bord war. Wir schätzten ihn sehr. Nur konnten wir nie verstehen, warum er sich immer so unter Druck der Admiralsbrücke fühlte. Der kleine »Fö« war da ganz anders. Nichts brachte ihn aus seinem Gleichmut. Mit dem Kieker bewaffnet, nach englischer Tradition, schien er immer die personifizierte gute Laune. Er glaubte, alles immer nur mit Milde regeln zu können. Angesichts der damaligen personellen Schwierigkeiten in der kleinen Berufsmarine war das oft nicht einfach. Die freiwillig dienstzeitverpflichteten Soldaten hatten kaum Beförderungschancen. Man nannte sie die alten »Harzer«, die bereits sieben, acht Dienstjahre hinter sich hatten, auch oft ganz gute Fachschulabschlüsse vorweisen konnten und nun nur darauf spannten, in andere Berufe überzugehen. Soweit es ging, wurden sie an Bord auch mit Vertrauensposten betraut, Lastenverwalter, Wachälteste, die für eine gerechte Wacheinteilung zu sorgen hatten, Divisionsvertrauensleute, Stammbootssteurer der Beiboote und dergleichen. In diesen festen Positionen waren sie vom routinemäßigen Arbeits-Reinschiff und Exerzierdienst befreit. Dennoch gab es häufig mit diesen erfahrenen Soldaten dann disziplinare Schwierigkeiten, wenn zum Beispiel ganz junge Offiziere mit Schwung und gutgemeinter Initiative auf sie losgelassen wurden. Solange ihre etwas gemächliche, oft aber auch etwas herausfordernde Haltung keine Auswirkung auf die jungen Soldaten hatte, insbesondere auf die gerade an Bord gekommenen Rekruten, konnte man das als unerfahrener Leutnant ruhig unbeachtet lassen. Mitunter kam es jedoch zu Unbotmäßigkeiten. Dann blieb keine andere Lösung übrig als die Rapportmeldung beim IO, der dann eine der Missetat entsprechende Bestrafung aussprechen mußte. Sehr bald sahen wir Leutnants aber, daß wir mit dem Rapport beim IO keine Rückendeckung fanden. Das machte unsere schwierige Stellung im ersten Leutnantsjahr besonders unsicher, vor allem, wenn sich das begangene Delikt herumgesprochen hatte, meist »Trunkenheit im oder außerhalb des Dienstes« oder »fahrlässige Urlaubsüberschreitung«, und man vielleicht schon die ersten Vorkommnisse dieser Art mit dem Mantel der Liebe verhüllt oder durch gutes Zureden und Appelle an Einsicht und Vernunft geregelt hatte.

So wurde uns schon im ersten Leutnantsjahr mehr Weisheit zugemutet, als man verständlicherweise erwarten konnte. Mir halfen jedoch meine Kadettenkorps- und Erfahrungen als Stubenältester in Stralsund, und in der zweiten Hälfte meiner Bordzeit auf der *Kö* kamen keine Soldaten mehr zum Rapport beim IO, weil, wie es Zenker und ich ausdrückten, unser »Erster Offizier ein gar zu konziliante Mann sei«!

Selbst unser Divisionsoffizier, von uns »Jonas« oder »Jonasson« genannt, konnte uns da nicht helfen. Er war vorher P 3 bei der Station O gewesen und damit Adjutant beim Stationschef, damals der von allen jungen Offizieren hochverehrte Vizeadmiral Gottfried Hansen. Johannesson war noch im Juli 1918 in die Kaiserliche Marine eingetreten. Es war nie klar zu ersehen, ob er eigentlich Monarchist oder Verfechter der Weimarer Republik war. Geistreich und vielfältig interessiert, hatte er viel Verständnis für uns zwei Leutnante. Wir mochten ihn sehr gerne. Doch konnten wir seinen oft recht konfusen und komplizierten Gedankengängen nicht immer folgen. Er war noch Junggeselle und gab sich in

Zivil gerne ein wenig englisch. Friedrich der Große und natürlich Clausewitz waren seine Helden. »Jonas« liebte große Spaziergänge mit anregender Unterhaltung. Wenn er seine Thesen besonders deutlich machen wollte, geriet er in Erregung. Dann schlug seine Stimme über, wodurch er häufig völlig unberechtigt etwas in den Anschein der Lächerlichkeit geriet. Obwohl vom Dienstalter her zwischen uns eine große Differenz bestand, sind wir lebenslang gute Freunde geblieben.

Durch seine P 3-Zeit bei der Station war er im Hause des Stationschefs »persona grata«. Ganz besonders verehrte er »Mutti Hansen«, wie wir jungen Leutnants sie nannten. Sie kannte uns alle sehr bald nach unserer Beförderung beim Namen. Man ging sehr gerne zu ihren offiziellen, aber durch Frau Hansens menschliche Wärme recht ungezwungenen sonntäglichen Tanztees.

Durch die Tanztees beim Stationschef und die Bälle im damals noch Kaiserlichen Yachtclub lernte man sehr schnell die Kieler Gesellschaft kennen. Die Creme bildeten meist ehemalige kaiserliche Marineoffiziere oder auch Beamte, aber auch Professoren der Universität, Ärzte, Kaufleute, Reeder, Werftdirektoren und -ingenieure, deren Töchter das Parkett belebten.

Unter diesen jungen Damen war die Stieftochter eines höheren Kieler Polizeioffiziers, reizend, natürlich, frisch und unkompliziert. Ich mochte sie sehr gerne und freute mich, wenn ich sie bei einem der Feste traf. Dann und wann wurde man auch in der Familie eingeladen. Jedoch als kleiner Leutnant stand man ja erst am Anfang einer möglichen, aber keineswegs sicheren Karriere. So war es nicht einfach, die Balance zwischen guter Freundschaft und einer möglichen Ehekandidatur zu halten. Als ich eines Tages zu der Geburtstagsfeier dieser jungen Dame eingeladen wurde, erhob sich das »Problem« eines Geburtstagsgeschenks. Ich entschloß mich für ein Buch unverbindlichen Inhalts. Bei der Buchhandlung Lipsius und Tischer am Schloßgarten war eine sehr nette und attraktive junge Buchhändlerin beschäftigt, die mich beim Bücherkauf stets gut beraten hatte. Ich bat um eine Empfehlung. Rudolf Binding und Hermann Hesse waren schon zu romantisch und zu persönlich. Andere Autoren erschienen zu problematisch, wieder andere, wie Tucholsky oder Zweig, galten als zu wenig national. Schließlich brachte mir die Verkäuferin das Büchlein von Alexander Lernet-Holenia: »Die Abenteuer eines jungen Herrn in Polen«. Sie schwor, das Buch mir gerade für den beabsichtigten Zweck ganz besonders empfehlen zu können. Ich überwand alle Skrupel, ein Buch zu verschenken, das ich nicht selbst gelesen hatte. Der Geburtstagsnachmittag kam, ich überreichte mein Büchlein, die Eltern schauten gnädig drein. Wir waren etwa vier Paare, und es wurde ein harmonischer und recht lustiger Nachmittag. Der nächste Tag war ein Sonntag. Ich hatte Wache an Bord. Am Nachmittag wurde ich an das Telefon gerufen. Der Stiefvater der jungen Dame war am Apparat und bat mich, ihn am Montag um 6 Uhr abends zu besuchen, ohne auf meine Rückfrage nach dem Grunde dieses Ersuchens einzugehen. Ich hatte keinen Argwohn. Er war bisher immer betont freundlich zu mir gewesen. Trotz eifrigen Nachblätterns im Katalog meiner möglichen Verfehlungen fand ich keine Erklärung für seine seltsame Aufforderung. Vorsichtshalber informierte ich aber meinen Divisionsoffizier. Er kannte den besagten Herrn nicht persönlich. »Jonas« warnte mich vor jedem Versuch der eventuellen »Vereinnahmung«, was er als den einzigen Grund für diese Unterredung ansah.

Auf die Sekunde pünktlich erschien ich zur befohlenen Zeit. Der Hausherr öffnete mir höchstselbst, gab mir jedoch nicht die Hand und bat mich in sein Herrenzimmer, wo aufgeschlagen auf seinem Schreibtisch das Buch lag: »Die Abenteuer eines jungen Herrn in Polen«. Das also war der Grund! Der Hausherr stellte mir nun messerscharfe Fragen: »Haben Sie das Buch, das Sie meiner Tochter geschenkt haben, gelesen?« »Nein«. »Kennen Sie den Inhalt?« »Nein«. »Wie können Sie es wagen, meiner Tochter ein derartiges Buch zu schenken?« »Offen gesagt, es wurde mir empfohlen«. »Wer hat es Ihnen empfohlen?« »Nun, die Verkäuferin von Lipsius und Tischer!« »Ich habe das Buch gelesen und muß mich fragen, was hat zwischen Ihnen und meiner Tochter stattgefunden, daß Sie es wagen, ihr ein derartig obszönes Buch zu schenken?« »Ich bedauere außerordentlich, muß aber Ihre Verdächtigungen glatt zurückweisen. Hier liegt eine bedauerliche Nachlässigkeit vor, um deren Entschuldigung ich Sie bitten möchte!« Es folgte noch der Hinweis, er behielte sich vor, den Stationschef über »diese Entgleisung« zu unterrichten. Ich stand brüsk auf, nachdem ich nochmals meine Entschuldigung angeboten hatte, die er nicht annahm.

Ziemlich angeschlagen stieg ich in die nächste Straßenbahn, begab mich zu Lipsius und Tischer, kaufte das Buch noch einmal, beschimpfte dabei die Buchhändlerin, die mich glatt auslachte, und begab mich an Bord. Rasch hatte ich das Buch durchgelesen, eine flott geschriebene, harmlose Verwechslungskomödie, und war beruhigt. Das, was darin stand, war wirklich alles andere als anstößig, und schon gar keine Beleidigung für die Beschenkte oder deren Stiefvater. Es erschien mir peinlich und unnötig, den Stationschef damit zu behelligen. Ich berichtete Johannesson mein Erlebnis. Er lachte sich kaputt, nahm aber dann das Buch und las es bis zum nächsten Morgen. »Lächerlich und albern«, das waren noch die mildesten Bezeichnungen für das Verhalten des alten Herrn, die uns einfielen. »Jonas« war sofort bereit, zu dem Stiefvater hinzugehen und die Sache zu klarieren, was ihm auch gelang. Außerdem baute er noch bei Mutti Hansen vor, falls Kurzschluß eintreten sollte. Bei einem der nächsten Tanztees begrüßte sie mich mit der Bemerkung: »Der literarische Wagehals.«

Das Jahr auf der *Königsberg* war durch den Dienst als Feuerleitoffizier in der Artilleriezentrale gekennzeichnet. Mein großer Lehrmeister war der Oberleutnant z. S. Thöle, der erste Artillerie-Technische Offizier der Marine (ATO) in der Front auf dem mit der seinerzeit modernsten Feuerleitanlage, den neuesten Geräten und Kanonen ausgerüsteten Kleinen Kreuzer. Bedauerlicherweise sollten gerade diese hervorragenden Artillerie-Anlagen später im Kriege kaum wirkliche Gelegenheit bekommen zu zeigen, was sie wirklich leisten konnten. Der I. A.O., Korvettenkapitän Burchardi, war seiner Aufgabe sehr gut gewachsen. Ich konnte eine Menge von ihm lernen. Er andererseits konnte sich auf mich und die ihm von mir übermittelten Werte voll verlassen, so daß sich eine hervorragende Zusammenarbeit ergab, die sich dann im Laufe des Jahres durch ganz besonders erfolgreiche Abkomm- und Kaliber-

Schießen dokumentierte. Ich ahnte jedoch nicht, daß mir meine Passion für die Schiffsartillerie und besonders für die moderne Feuerleitung schon im kommenden Jahr einen Lehrerposten an der SAS bescheren sollte.

Ein starker Eindruck in dieser Zeit war der erste offizielle Besuch britischer Einheiten in Kiel nach dem Kriege mit den beiden Schweren Kreuzern *Norfolk* und *Dorsetshire*, bei dem unser Schiff als Kartellschiff diente. In wenigen Tagen entstand eine gute Harmonie und Sympathie, um das Wort Freundschaft zu vermeiden.

Wenige Tage nach ihrem Auslaufen aus Kiel trafen wir beide Schiffe wieder in Libau zur Feier des 10jährigen Bestehens der lettischen Flotte, wohin wir von der Reichsmarine entsandt wurden. Die lettische Bevölkerung, vor allem aber die dort verbliebenen Deutschen, empfingen uns mit großer Begeisterung. Es war nicht vergessen, daß es deutsche Freikorps gewesen waren, die das Baltikum gegen die Sowjets verteidigt und damit zur Selbständigkeit der Balten-Staaten beigetragen hatten.

Am 19. Mai 1931 lief in Kiel das erste Panzerschiff, die *Deutschland*, vom Stapel und wurde vom Reichspräsidenten getauft. Dieser Schiffstyp stand für eine neue Konzeption in der Erkenntnis, daß sich ein Linienkampf, wie in der Skagerrak-Schlacht, nie mehr wiederholen könne, auch dank der jetzt in den großen Marinen erscheinenden Flugzeugträger. Darin liegt auch ein Teil der unleugbaren Verdienste von Raeder, daß der Neubau überhaupt unter den obwaltenden schwierigen politischen Verhältnissen zustande kam.

Dieser Stapellauf wurde ein ganz großes Fest. Alles, was in der Reichsmarine überhaupt eine Schraube hatte, traf in Kiel ein. Unser Schiff wurde zum Gastschiff für den greisen Generalfeldmarschall bestellt. Er sollte bei uns in der Admiralskajüte des BdA wohnen. Da der alte Herr schon sehr schwer steigen konnte, wurde ein Niedergang von der Schanze bis auf die Hütte gebaut und dann weiter vom Aufbaudeck auf die Brücke. Denn der Reichspräsident sollte auch noch an der Vorführung eines Tag- und Nachtschießens teilnehmen, an das sich am nächsten Tage eine Parade der Flotte in See anschloß. Bei der Ankunft Hindenburgs in

Kiel feuerte die gesamte an den Bojen liegende Flotte den National-Salut, 21 Schuß. Auf der Förde lagen alle salutfähigen Schiffe, die *Karlsruhe*, das Flottenflaggschiff *Schleswig-Holstein*, das Flaggschiff des Befehlshabers der Linienschiffe (BdL), die *Schlesien*. Dann folgten *Hessen*, *Hannover*, schließlich am weitesten außen die *Köln*. Ganz draußen lag das Segelschulschiff *Niobe*, auf dem die Besatzung am nächsten Tage beim Passieren »Auf den Rahen« paradierte.

Gegen Mittag fand bei den Deutschen Werken der Stapellauf statt. Auch hier bot sich dem Auge ein feierliches Bild. Ein langer flaggengeschmückter Aufgang zum Taufpodest erleichterte den sonst beschwerlichen Weg für den Reichspräsidenten. Daneben stand die Unteroffizierschule Friedrichsort mit drei Kompanien als Ehrenformation. Sehr hoch oben war dann die Taufkanzel, von der aus der Reichskanzler Brüning eine längere Taufrede über »Frieden« und »Verständigung der Völker« hielt, die sicherlich politisch wichtig war, aber uns bei weitem zu illusionär erschien. Plötzlich, Brüning hatte gerade geendet, und Hindenburg sollte jetzt seinen Taufspruch sagen, setzte sich das gewaltige Schiff in immer schnellere Bewegung und glitt vorzeitig ins Wasser der Innenförde, die mit Hunderten von Booten besetzt war.

Der alte Herr erfaßte sofort die Situation und griff nach der Sektflasche, obwohl sie, mit dem Schiff verbunden, sich langsam durch ein Führungsauge nach oben zog. Hindenburg konnte eben noch ausrufen: »*Deutschland* sollst du heißen!« Dann aber nahm der Schiffsrumpf unwahrscheinlich schnelle Fahrt auf und glitt unter dem Heulen sämtlicher Sirenen in die Förde. Das Schiff rauschte mit hoher Fahrt über den Achtersteven auf das andere Ufer zu. Auch als die Werftanker fielen und die Bremskette ausrauschte, war kein Halten. Ohne wesentlich an Fahrt zu verlieren, näherte sich das Heck der Elisabeth-Brücke, glitt weiter südlich daran vorbei und brummte dann immer noch mit recht ansehnlicher Fahrt auf die Kaimauer. Atemlos hatten wir alle diesen Vorgang beobachtet. Sogleich kamen die entsprechenden Marinewitze auf. Die *Deutschland* hatte eben das elende Gequake vom »ewigen Friedenszustand« nicht mehr mit anhören können und hatte sich deshalb selbständig gemacht, und was sofort der losen Reden mehr waren.

In diesen Tagen hatte ich den Befehl bekommen, die schon traditionelle Skagerrak-Ehrenwache der Marine am 31. Mai und 1. Juni in Berlin vor der alten Wache Unter den Linden, vor dem Reichspräsidentenpalais in der Wilhelmstraße und vor dem Reichswehrministerium in der Bendlerstraße aufzuführen. Zunächst war mir bei diesem Gedanken gar nicht so sehr wohl, denn unsere Seeleute waren nun mal keine ausgesprochenen Paradesoldaten. Mein Vorgänger 1930 war Zugoffizier der Marine-Unteroffizierschule Friedrichsort gewesen und hatte daher auch einen ganz anderen Fundus gehabt, aus dem er seine Soldaten aussuchen konnte. Ich aber war auf eine Auswahl von nur zwei Schiffsdivisionen angewiesen, das heißt von etwa 180 Mann, von denen ich aber die älteren Obergefreiten nicht mehr zum Exerzieren heranbekam. Schließlich hatte ich die benötigten 45 Mann zusammen. Das tägliche Üben und Exerzieren in der Wik begann. Langsam gewann ich sogar die Zuversicht, daß es auch in Berlin klappen würde. Außer Marsch, »Wache aufführen« und »Achtung-Parademarsch« ging es auch um den erstklassigen, untadeligen Anzug der Soldaten, Schuhzeug, Koppel, Patronentaschen und ganz besonders um die »weißen Mützen«, in den einschlägigen Befehlen vorgeschrieben, die seidenen Tücher und nagelneue Exerzierkragen. Als ich das Detachement fertig hatte, kamen der Kommandant, »Mungo« Densch und der »kleine Fö« zusammen mit »Jonasson« zu einer Besichtigung in die Wik und waren anscheinend recht zufrieden. Selbst von Johannesson hörte ich keine bissigen Bemerkungen.

Am 24. Mai fuhren wir in die Reichshauptstadt, wo meine Soldaten in der Kaserne in Moabit beim Wachbataillon des Heeres untergebracht waren. Mir hatte man großzügig ein Zimmer im Hotel Fridericus in der Innenstadt in der Nähe vom Anhalter Bahnhof bestellt.

Am 25. Mai vormittags war ich zur Meldung beim Adjutanten des Chefs der Marineleitung, dem Kapitänleutnant Schulte-Mönting befohlen. Jovial und kameradschaftlich begrüßte er mich, um mich dann gleich in das Allerheiligste hereinzubugsieren. Raeder sah nur kurz vom Schreibtisch auf, um dann gleich nach meiner Meldung donnernd auf mich loszufahren: »Daß mir das tadellos klappt und Sie nicht die Marine blamieren! Hoffentlich haben Sie mit den Soldaten genügend geübt. Wenn das Geringste passiert, dann lasse ich Sie einsperren! Daß mir die Leute tadellos im Zeug sind, tadellose blaue Mützen bitte ich mir aus. Sorgen Sie dafür, Sie haben ja noch genug Zeit bis zum 31. Mai!« Damit war ich entlassen. Knieweich und angeschlagen verließ ich meinen Oberbefehlshaber. Blaue Mützen! Das konnte doch unmöglich wahr sein, wo doch ausdrücklich weiße Mützen in allen Befehlen der letzten Jahre gestanden hatten. Im Vorzimmer angekommen, sank ich vernichtet bei »Schumö« auf den nächstbesten Stuhl. Um die weißen Mützen zu schonen, hatte ich für die Reise nur blaue Mützen befohlen und daher auch keine Beanstandungen bei recht frechen »Zündern« gemacht, die die Männer auf der Reise getragen hatten. Schumö erkannte mein Dilemma und beschloß, wegen der Mützen noch einmal bei Raeder vorstellig zu werden. Nach wenigen Sekunden erschien plötzlich der wutschnaubende Raeder im Vorzimmer, um mich lauthals nochmals anzubrüllen: »Natürlich kommen nur blaue Mützen in Frage! Weiße Mützen sind ein vollkommen unmilitärischer Aufzug, das sollten Sie wissen!«

Ich rief postwendend die Kleiderkammer an und beschlagnahmte alle dort vorrätigen blauen Mützen, leider aber nur ganze neun. Ich holte sie ab, nahm ein kostspieliges Taxi nach Moabit, ließ meine Soldaten antreten und sonderte die allzu verwegenen »Urlaubszünder« aus. Nach dieser Prozedur fehlten aber immer noch zwanzig vorschriftsmäßige blaue Mützen. Letzte Rettung war ein Anruf in Kiel. Bitte an Johannesson, dort die mir noch fehlenden Mützen zu besorgen und mit einem Kurier über Nacht nach Moabit bringen zu lassen. Tatsächlich brachte Jonasson das Kunststück fertig. Ich war gerettet. Als Raeder am kommenden Tage um 12 Uhr auf dem Kasernenhof in Moabit zur Besichtigung der Truppe erschien, nickte er mir bei der Verabschiedung halb wohlwollend zu und sagte: »Das sind ja ganz ordentliche

Mützen der Männer, aber Sie müssen wohl immer erst gegenan meckern.« Ich vermied jede Entgegnung.

Doch die Überraschung sollte erst noch kommen. Am 27. Mai um 7 Uhr morgens wurde ich von Kiel aus im Hotel angerufen. Man teilte mir mit, aus Berlin sei ein Fernschreiben eingegangen, daß die Skagerrak-Ehrenwache sofort auf Kompaniestärke zu bringen und zwei weitere Züge mit Zugoffizieren und einem Kompaniechef nach Berlin in Marsch zu setzen wären. Ich war nun wirklich sauer nach aller Mühe und Arbeit. In Moabit traf ich bei meinen Leuten auf ungläubiges Staunen und auch Verärgerung. Am 28. Mai nachmittags trafen dann der Kapitänleutnant Bloser als Kompaniechef und der Oberleutnant (Ing.) Suhrmeier als zweiter Zugoffizier in Berlin ein. Man hatte aber nur noch weitere 40 Soldaten aus der Mannschaft der *Kö* herauslesen können. Es wurmte mich, daß diese bisherige »Leutnantsaufgabe«, eine besondere Ehre und Auszeichnung, nunmehr auf einen höheren Dienstgrad übergehen sollte. Raeder ließ es sich nicht nehmen, nun nochmals die Truppe zu besichtigen, jetzt in nahezu Kompaniestärke. Prompt bekam auch Bloser erst mal seine Abreibung. Tägliches Exerzieren füllte die Zeit bis zum 31. Mai, der auf einen Sonntag mit wirklich strahlendem Wetter fiel.

Unser Marsch ging von Moabit am Lehrter Bahnhof vorbei zum Großen Stern, durch das Brandenburger Tor zur Neuen Wache am Zeughaus, zurück Unter den Linden bis zur Wilhelmstraße, Parademarsch vor dem Reichspräsidentenpalais, zum Tirpitzufer und zur Bendlerstraße. An der Neuen Wache am Zeughaus, vor dem Reichspräsidentenpalais und vor dem Reichswehrministerium wurden die Wachen durch Abschwenken der Wachabteilungen, geführt von Oberfeldwebeln, abgelöst. Von der Bendlerstraße an hatte ich dann alleine die besondere Ehre, den Rest der Truppe unter Musik nach Moabit zurückzuführen. Das war ein recht ansehnlicher Marsch bei recht warmem Wetter für Seeleute, die ja zur Marine gegangen waren, damit sie nicht zu Fuß marschieren mußten! Eine ständig größer werdende Menschenmenge, je näher wir den Linden und der Wilhelmstraße kamen, begleitete uns, während uns berittene Berliner Schutzpolizei rundum umgab. Zunächst blieb alles ruhig. Nur ab und zu klatschte die Menschenmasse lebhaft. Nicht endenwollender Jubel aber brandete auf beim Parademarsch vor dem Reichspräsidentenpalais, wo der alte Herr in voller Uniform erschien. In der Nähe des Tirpitzufers hatten sich aber offensichtlich zahlreiche Hitler-Anhänger versammelt, die mit dauernden »Heil«-Rufen und »Heil Hitler« die berittene Polizei derartig reizten, daß diese mit gezogenen Säbeln in die Menge ritt und mit der flachen Klinge auf die dann johlende Menschheit einschlug. Das waren die »Zörgiebel-Kosaken«, genannt nach dem damaligen linksstehenden Berliner Polizeipräsidenten Zörgiebel. Die Truppe wurde nicht von den Krawallen berührt. Aber jeder der Soldaten sah plötzlich, welch ein Abgrund an Haß und Gewalttätigkeit zwischen Volk und Ordnungshütern sich auftun könnte.

Den letzten Vorbeimarsch »kloppten« wir vor Admiral Raeder, vor dem Hauptportal des Reichswehrministeriums, wo er sich mit der gesamten Admiralität eingefunden hatte. Es waren so viele Admirale versammelt, daß man die Geschichte von dem Löwen, der einen gefressen hatte, ohne daß man seinen Verlust bemerkte, hätte glauben können.

Das Segeln gewann damals in der Marine einen immer höheren Stellenwert, sowohl in der Freizeit als auch im dienstlichen Rahmen.

In allen Marinestandorten gab es regelmäßig den ganzen Sommer über an den Sonnabendvormittagen, während an Bord das Reinschiff tobte, die Standortsegelwettfahrten, bei denen neben den Dienstsegelbooten, die den verschiedenen Landkommandos zugewiesen waren, auch für die Kriegsschiffbeiboote Wettfahrten stattfanden. Daran nahmen die Barkassen der Linienschiffe teil, die Kutter der Linienschiffe (12riemig), die Kutter der Kreuzer (10riemig), die Kutter der Torpedoboote, die Jollen der Schiffe (Linienschiffe und Kreuzer), die Jollen der Minensuchboote und schließlich die Dingis aller Schiffe in ihren Klassen. Wenn mehrere Verbände auch aus der Nordsee im Sommer in Kiel anwesend waren, dann war oft die Beteiligung bei diesen Wettfahrten erstaunlich groß, so daß es auch die Unteroffiziere und Mannschaften der Schiffe interessierte, wer zu den Gewinnern gehörte. Am Ende eines jeden Jahres fand in jedem Standort eine große Preisverteilung statt.

Von den Mitgliedsbeiträgen des 1928 gegründeten Marine-Regatta-Vereins wurden vereinseigene Segelboote, meist Secondhand-Fahrzeuge, angekauft und den MRV-Zweigabteilungen in den Garnisonen zugeteilt. Alle Boote segelten unter dem Stander des MRV. Für die Wochenenden waren wir daher an Bord der Kriegsschiffe auf die Boote des MRV angewiesen, wovon wir aber auch weitestgehend Gebrauch machten.

Neben häufigen Siegen mit unserem *Kö*-Kutter gelang es mir dann auch schon im August 1931, einen Sieg mit einem der 35er Nationalen Kreuzer des MRV zu erringen.

Gerade in dieser Klasse war es der Marine gelungen, nach und nach einige noch gut erhaltene Boote aufzukaufen und auf verschiedene Kieler Dienststellen zu verteilen.

Das Messeleben war damals noch sehr ausgeprägt. Wenn auch meist alle älteren Offiziere des Schiffes vom Kapitänleutnant an aufwärts verheiratet waren, so war doch die große Herde der Leutnants und Oberleutnants durchweg unverheiratet. Fast alle wohnten an Bord und bildeten eine recht muntere Gemeinschaft mit Bridge-Spielen, Knobeln und anderen Spielchen, wie Doppelkopf und Skat. Eine gut verwaltete Offiziersmesse hatte auch gute und preiswerte Weinbestände. Der jeweilige Offizier vom Tagesdienst, einer der Divisionsoffiziere, war dann der Älteste an Bord und gab auch den Ton in der Messe an. Zu den Mahlzeiten saßen wir Leutnants am Ende der Hufeisen-Tafel. Als die Fähnriche an Bord kamen, nahmen sie die untersten Plätze ein, und wir rückten langsam nach der Mitte zu, wo der IO auf der einen Seite, der LI ihm gegenüber an der Mittelback saßen. Natürlich bekamen wir Leutnants immer erst zum Schluß die Platten gereicht. Oft bekamen wir gute Witze oder interessante Geschichten nicht mit, die an der Stabsoffizierback erzählt wurden, weil wir zu weit entfernt vom Zentrum der Ereignisse saßen. Dann beeilten wir uns, untereinander irgendwelche Witze zu erzählen und dröhnend zu lachen, damit die Stabsoffizierback neugierig aufmerksam wurde. So herrschte ständig eine gewisse nette Rivalität zwischen Ober- und Unterhaus.

An jedem Monatsersten lag zum Mittagessen das Gehaltsbuch mit der Monatsabrechnung auf dem Platz jeden Offiziers. Es gehörte zum guten Ton, die Abrechnungen ohne langes Nachrechnen zu unterschreiben. Wir dienten dem Staat, der Staat unterhielt uns. Punktum.

Erstmalig hatte die Marine bei der Gestaltung einiger Räume der *Kö* auch einen namhaften Innenarchitekten herangeholt, den damals sehr bekannten Professor Paul Ludwig Troost. Die Admirals- und die Schiffsmesse, die Admirals- und die Kommandanten-Kammer zeigten daher gegenüber dem herkömmlichen rein funktionellen Marinestil einen gewissen modernen, aber auch durchaus gemütlichen Stil. Wir nannten sie die »trostreichen« Räume. Alle anderen waren die »trostlosen« Räume.

Im Winter fanden regelmäßig an den Sonnabendvormittagen Vorträge zur Weiterbildung der Offiziere, aber auch zu deren geistiger Ausrichtung in der Aula der Marinestation der Ostsee statt, der früheren Marine-Akademie, heute Sitz der Landesregierung von Schleswig-Holstein. Von allen im Hafen liegenden Schiffen und von allen Landmarineteilen kamen die wachfreien Offiziere hier zusammen. Im allgemeinen trugen die höheren Offiziere vor, wie die Admirale Dr. h.c. Otto Groos, Schuster, Saalwächter oder Albrecht, der ein miserabler Redner war. Sehr häufig sprachen zu uns aber auch Professoren der Universitäten Kiel und Hamburg. Dann und wann benutzte auch der Admiral Dr. h.c. Erich Raeder dieses Katheder für seine bemerkenswerten Ansprachen an das Offizierskorps. Diese Ansprachen nutzte er auch zur politischen Ausrichtung. Sie gaben uns einen Eindruck von den jeweiligen politischen Strömungen und auch von Spannungen in der obersten Führung. Nur habe ich es nie verstanden, warum bei diesen Gelegenheiten der Chef der Marineleitung sich immer so persönlich und positiv festlegte. So erinnere ich seine Ausführung über die Person und sein von ihm betontes gutes Verhältnis zum Reichswehrminister Groener, etwa ein Jahr vor dessen Abgang im Jahre

1932, dann sein fast leidenschaftliches Eintreten für den Reichskanzler Brüning etwa um die gleiche Zeit, dem er menschliche Verehrung bezeugte. Das setzte sich ähnlich fort mit Schleicher, später Blomberg und dann schließlich auch mit Hitler nach der Machtübernahme. Es war uns dies vielleicht gerade deswegen so schwer begreiflich, weil sonst alle seine Ausführungen von kühler Sachlichkeit und unbeteiligter Nüchternheit beherrscht wurden.

Feuerleitlehrer an der Schiffsartillerie-Schule Kiel-Wik vom 1. Oktober 1931 bis 30. September 1933

Zu Anfang September erhielt ich, längst ganz vertraut mit der Feuerleitanlage der *Königsberg*, das Kommando als Feuerleitoffizier zur Schiffsartillerie-Schule (SAS). Das nun anzutretende Landkommando erforderte eine erhebliche Umstellung. Vom Rädchen-Dienst im Getriebe eines Kriegsschiffes wechselte ich auf einen zeitlich täglich begrenzten Lehr-Dienst in einer Schule mit Unterrichtsstunden, Pausen, Mittagessen in einem Kasino mit Offizieren verschiedenster Landmarineteile. Ganz neu war auch, daß ich nach dem offiziellen Dienstschluß nach Hause ging. Das ganze abendliche Messeleben mit den meist gleichaltrigen Kameraden gab es nun zunächst nicht mehr. Crewkameraden zum Meinungsaustausch waren nicht mehr in greifbarer Nähe.

Ich brauchte längere Zeit, bis ich mich daran gewöhnt hatte. Hinzu kam, daß ich mit Abstand der jüngste Lehrer, und auch der einzige unverheiratete Leutnant war. Nur der Lehrer für die Geschützführerlehrgänge, der Oberleutnant z. S. Bodo-Heinrich Knoke, war noch Junggeselle.

Ich fand in der Hardenbergstraße 17 bei der Witwe Jülich eine für Leutnantsverhältnisse geradezu fürstliche Wohnung, bestehend aus einem leidlich möblierten Wohnzimmer, einem Schlafzimmer mit französischem Bett und einem Badezimmer mit WC. Natürlich war dieser Luxus nicht gerade billig. Außerdem hatte man Telefonmöglichkeit im Korridor. Anrufen, aber auch angerufen werden, das war im Kieler Junggesellendasein von größter Bedeutung.

Im Hafen in der Wik, dem damaligen Tirpitzhafen, lagen seinerzeit außer den Artillerieschulbooten mindestens eine Minensuch-, eine R-Flottille und an einer besonderen kleinen Brücke eine S-Bootsflottille, dazu die zwei M-Boote des SVK mit dem Netzleichtern *MT1* und *M7-2*. So war eigentlich jeden Morgen eine längere Karawane von Offizieren und Unteroffizieren von der Stadt her auf die Wik in Anmarsch.

Die SAS nahm den größten Teil der Kasernenanlage der Wik in Anspruch. Es liefen dort die Geschützführer-Lehrgänge I und II für Unteroffiziere und ältere Mannschaftsdienstgrade, die Feuerleitlehrgänge für Schiffe und – getrennt – für Kleinfahrzeuge, die Feuerwerker-Lehrgänge, die Artilleriemechaniker-Lehrgänge, die Artillerieoffizier-Lehrgänge A für schwere Kaliber und B für Kaliber bis zur 15-cm-Kanone, zusätzlich auch noch die später nach Saßnitz verlegten E-Meß-Lehrgänge.

Ein Leutnants-Landkommando dauerte normalerweise zwei Jahre. Das dann folgende Bordkommando hing in hohem Maße von der Bewährung in der vorausgegangenen Landstellung ab. Dies erste Landkommando war dabei keineswegs eine Ruhestellung.

Der Kommandeur der SAS, der Kapitän z. S. Feige, ein alter Schiffsartillerist, trat auffallend selten in Erscheinung. Er war kein Freund von großen Reden oder Ansprachen. Außer einer Sonntagsnachmittag-Kaffee-Einladung innerhalb der zweijährigen »Zusammenarbeit« habe ich ihn nie persönlich gesprochen. Zu den Abschlußschießen der Offizierlehrgänge kam er meist mit dem Artillerie-Inspekteur zusammen an Bord.

Chef des Stabes war damals der Korvettenkapitän Tschiersch. Er wohnte, Junggeselle, in der Hardenbergstraße mir schräg gegenüber. Leider hörte er sehr schlecht, was mitunter die gemeinsamen Dienst-Gänge zur Wik, wenn man sich unversehens traf, recht schwierig gestaltete. Er war aber ein »real old gentleman«.

Unter ihm war dann der AO-a-Lehrer die nächstmächtigste Person an der Schule. Zu meiner Zeit war das der »Puju«, der »Pulverjude«, Korvettenkapitän Graßmann, der nach jedem Kaliberschießen bei der Besprechung auf der Schanze des jeweiligen Übungsschiffes die Schlußkritik mit weitausholenden, ballistischen Begründungen spannend zu gestalten wußte. Er war humorvoll und sarkastisch. Seinen Spitznamen verdankte er einer überdimensionalen Hakennase. Der AO-b-Lehrer war mein Fähnrichsoffizier von der *Schleswig-Holstein*, Ernst Lindemann.

Ihm und seinen jeweilig auf Lehrgang befindlichen Offizieren hatten wir tadellos einexerzierte Feuerleitzentralen auszubilden. Schon damals wurden alle Kommandos des betreffenden Schießleiters auf einer Wachsplatte, später auf einem Band aufgezeichnet und dann genau bis zur Einstellung der Werte am Geschütz weiterverfolgt. Auf einer großen Tafel wurden dann die Kaliber-Schießen mit den Zielaufnahmen, allen Kommandos, allen eingestellten Werten aufgezeichnet, und der betreffende Schüler (gleich, ob AO-a oder AO-b) mußte eingehend berichten und seine Kommandos begründen.

Die einfacheren Schießen fanden auf eine Schlepp-Scheibe, die gefechtsmäßigen Kaliberschießen zunächst auf die *Zähringen*, später dann auf die *Hessen* statt, die durch Funkbefehle von einem alten Torpedoboot, der *Pfeil*, gelenkt wurden. Wenn alles gut klappte, dann konnten die Zielschiffe abdrehen, nebeln, Gegenfeuer veranlassen, so daß man Treffer beobachtete durch das Aufblitzen der Einschläge, obwohl die Aufschläge tatsächlich »weit« durch das Zielschiff verdeckt lagen. Lief die *Zähringen* maximal 7 Knoten, so konnte die *Hessen* später immerhin bis zu 12 Seemeilen Geschwindigkeit laufen, so daß man tatsächlich richtige Gefechtsbilder fahren konnte.

Der erste Winter an Land erhielt für mich einen besonderen Akzent. Ich hatte eine Winterarbeit anzufertigen, an der sich schon etliche Vorgänger die Zähne ausgebissen hatten: »Die einfachsten Hilfsmittel für das Schießen von kleinen Fahrzeugen«. Das erschien mir zunächst widersinnig. Ausgerechnet ich, der von der modernsten Feuerleitanlage auf der *Kö* kam, mit A- und B-, C- und D-Komponenten, Koordinatenwandler, Ortungsgerät und Vorzündewerken, ich sollte nun über Schießen mit den primitivsten Hilfsmitteln eine »unterrichtsfähige Abhandlung« schreiben.

Ich war recht geknickt. Denn es war mir klar, es würde eine Menge Zeit kosten, eine wirklich »unterrichtsfähige« Unterlage zusammenzustellen. Schließlich gelang es mir, durch den Oberfeuerwerker einige geschickte Aufnahmen machen zu lassen. Dann machte ich mich an die Arbeit, die theoretischen Grundlagen zu erklären, die Hilfsmittel (EU- und SV-Anzeiger, Windscheibe, Aufschlaguhr, Schußtafeln) und schließlich deren Handhabung unter unterschiedlichen Bedingungen. Als ich meine Arbeit, 50 Seiten stark, reichhaltig illustriert, im Januar 1932 abgab, erwartete ich jedoch nicht mehr, als ein gelegentliches »ganz gut«. Wer aber beschreibt mein Entsetzen, als ich nicht nur vom Artillerie-Inspekteur, dem damaligen Konteradmiral Kinzel, schriftlich gelobt, sondern sogar im Stations-Tagesbefehl der Ostsee mit einem Lob für eine fachtechnische Winterarbeit erwähnt wurde.

Gleich im Oktober noch begann der erste Feuerleitlehrgang parallel mit einem Geschützführer-Lehrgang, einem AO-b-Lehrgang, einem Artillerie-Mechaniker-Lehrgang und einem E-Meßlehrgang. Die Feuerleit-Schüler, etwa 30 Obermatrosen oder Matrosengefreite, von allen fahrenden Verbänden zur SAS kommandiert, wurden in zwei Gruppen aufgeteilt, deren eine ich als Lehrer und Zugoffizier übernahm. Zunächst begann der theoretische Unterricht über Ballistik, Schußtafeln, Hilfsgeräte. Dann folgten praktische Geräte-Übungen und schließlich Leitübungen über das Telefon. Klappte das endlich alles in den Modellanlagen der Schule, dann war es auch so weit, daß die ersten geleiteten Abkommschießen auf den Artillerieschulbooten von den AO-b-Schülern als Leitern und den Geschützführern an den Kanonen durchgeführt werden konnten. Nun wurden für die Waffenleitlehrgänge nur die intelligentesten jüngeren Mannschaftsdienstgrade kommandiert, so daß es nicht schwerfiel, den Unterricht auch geistig etwas anspruchsvoll zu gestalten. Es kam noch dazu, daß in dieser Freiwilligen-Marine die Auswahl der Bewerber für alle Laufbahnen sehr sorgfältig und vorsichtig gehandhabt wurde. So wurden grundsätzlich nur Soldaten mit einer abgeschlossenen handwerklichen Lehre eingestellt. Außerdem galt die Marine als ein bevorzugter, elitärer Wehrmachtteil, und der Andrang war daher auch entsprechend groß. Die Soldaten hatten daher den Ehrgeiz, auch weiterzukommen. Die am Ende eines jeden Lehrgangs nach der Abschlußprüfung verteilten Laufbahnabzeichen waren ein großer Anreiz. Es gab ältere Unteroffiziere, die bis zu vier verschiedene Laufbahnabzeichen mit großem Stolz auf ihrem blauen Hemd trugen. Die Arbeit mit den strebsamen Soldaten machte daher auch viel Freude. So war ich sehr zufrieden und fühlte mich bei der SAS sehr wohl.

Unser Lehrerzimmer hatte vier Schreibtische, für Knoke, Rigauer, Smidt und mich. An der Tür prangte ein von Bodo-Heinrich Knoke gefertigtes Plakat: »Ist Eckenkragen angezogen?«

Damit hatte es folgende Bewandtnis: Raeder war ein Fanatiker des Eckenkragens mit Querbinder. Er hielt den moderneren Umlegekragen mit Langbinder für traditionslos und unmilitärisch. Nur widerstrebend hatte er den Umlegekragen für den Dienst an Bord, an den Schulen, in den Büros und Verwaltungsstellen zugelassen. Auf der Straße und im äußeren Erscheinungsbild aber verlangte er kategorisch zur Uniform den Eckenkragen. Alle Gesuche und Attacken, vorgebracht bei den berühmten Herrenabenden, waren vergeblich gewesen. Niemals habe ich Raeder anders als mit Eckenkragen gewandet gesehen – und auf die eherne Verpflichtung zu diesem Kragen wies Knokes Plakat uns tagaus, tagein hin.

Wie humorlos und empfindlich Raeder auch sonst sein konnte, hatte der Herrenabend im September 1930 gezeigt, wie üblich nach Manöverabschluß in Kiel. Die Hauptakteure eines Marine-Sketchs waren dabei die Oberleutnante z. S. Schimpf und Reinhard Heydrich gewesen. Sie nutzten ihren Auftritt zu einem augenfälligen Angriff auf die älteren Offiziere und warfen ihnen Liebedienerei und Mangel an Selbstbewußtsein ihren Vorgesetzten gegenüber vor, wie schon aus den Namen der handelnden Personen, dem Kapitän »Wendehals« und dem Kapitän »Angenehm« zu entnehmen war. Dies hatte sowohl Raeder selbst, aber auch die Mehrzahl der Admirale tief verletzt. Schimpf, unser FTO von der »Emden-Reise«, war zu dieser Zeit Nachrichten-Offizier bei der Ostseestation, Heydrich sein II. FTO.

Sehr bald nach ebendiesem Herrenabend passierte dann die Affäre Heydrich, die zur Entlassung führte und später so weitreichende Folgen zeitigte. Ich habe Heydrich nicht nur vom Sehen gekannt, sondern auch persönlich und so manche Runde Billard mit ihm im Offizierheim in der Wik gespielt, ohne je von ihm den Eindruck einer abnormen Persönlichkeit zu haben. Heydrich hatte einen geistreichen Humor und unterhielt oft die ganze Tischrunde der jüngeren Offiziere. Ich habe mich später oft gefragt, was wohl aus ihm geworden wäre, wenn er in diesem seinem aufrichtig geliebten Beruf geblieben wäre und eine normale Karriere absolviert hätte.

Politisch war das Jahr 1931 von schweren Hypotheken belastet, die Arbeitslosenzahlen wuchsen beängstigend. Die Fronten verhärteten sich. Die »Harzburger Front«, NSDAP, Deutschnationale und Stahlhelm zusammen seit dem 11. Oktober kontrastierte zu der am 16. Dezember gegründeten »Eisernen Front« aus SPD, Gewerkschaften und Reichsbanner Schwarz-Rot-Gold. Der Klassenhaß blühte, das Volk zerfiel immer mehr in zwei Lager. Wir standen dazwischen wie auf einer Insel, Zuschauer und doch mit Leidtragende, im vollen Vertrauen auf eine kluge Reichswehrführung, deren überparteiliche Funktion uns immer bedeutsamer erschien.

Die besonderen innenpolitischen Spannungen des Jahres verdeutlichte schon die Neuwahl des Reichspräsidenten. Zwei Wahlgänge waren erforderlich, bis Hindenburg wiedergewählt worden war. Auch der Kommunist Thälmann hatte für dieses Amt kandidiert und immerhin 3,7 Millionen Stimmen auf sich vereinigen können. Hitler hatte 13,4 Millionen Stimmen erhalten. Welch ein Graben lag zwischen diesen Extremen im zweiten Wahlgang. Wir wußten von Hitler nichts. Nur sehr verschwommene Begriffe seines Programmes flatterten im Raume. Zwei Grundsätze aber stimmten uns seiner Bewegung gegenüber positiv, einmal die geforderte Besinnung auf die Nation und dann die unabdingbare Revision des Schanddiktats von Versailles. Sein Antisemitismus erschien uns nicht gefährlich. In Kiel, wo die Marine und danach die Universität den Ton angaben, merkten wir wenig oder auch gar nichts von der SA und ihrem Auftreten. Außerdem vertrauten wir jungen Offiziere unseren Vorgesetzten. Was sie für richtig hielten, das war sicherlich auch der Lage angepaßt und entsprach unser aller gemeinsamen Ehrauffassung und nationalen Gesinnung. Bedenklich war aber schon der Rücktritt Groeners am 12. Mai, dem dann sehr schnell der Rücktritt Brünings folgte. Auf beide hatte sich Raeder in seinen Ansprachen vor dem Offizierskorps in persönlichster Form festgelegt. Was nun, wenn diese Persönlichkeiten so plötzlich von der Bühne abtraten?

Die Politik kümmerte mich indes bei allem Interesse weniger. Im Frühjahr 1932 nahm mich nämlich nicht nur vorübergehend eine große Liebe gefangen, sondern mehr und mehr trat auch die Segelei in den Vordergrund meines außerdienstlichen Tuns. Im ersten intensiven Segelsommer in Kiel nahm ich teil an sämtlichen Standortsegelwettfahrten, an den Frühjahrs- und Herbst-Regatten der Kieler Vereine, der Kieler Woche, der Schleiwoche, an den Rendsburger Regatten und auch teilweise an der Travemünder Woche. Als Dienstsegelboote hatten wir bei der SAS den Nationalen Kreuzer *Rosemarie*, das einzige gaffelgetakelte Boot unter seinen vier Kieler Klassenkonkurrenten, und zwei B-Jollen, die Vorläufer der 12-Fuß-Dingis, die dann lange Jahre die bevorzugte Einhandklasse bildeten. Die B-Jollen, *Biene* und *Basilisk*, die sich nur durch eine kleine Bugabdeckung von den späteren 12-Fuß-Dingis unterschieden, waren ideale Einhandfahrzeuge. »Carolus« Smidt und ich knobelten die Boote aus, *Basilisk* ging mehr oder weniger in seinen sommerlichen Besitz, *Biene* in den meinen über. Die Boote erforderten viel Feingefühl und ein fast animalisches Empfinden, ob man das Optimum an Fahrt erreichte und sorgsam beibehielt, selbst wenn man zeitweise an Höhe verlor.

Damals fanden alle Regatten noch auf der Kieler Innenförde statt, wobei man natürlich auf den Hafenverkehr, den Schleusenverkehr zum und vom Kaiser-Wilhelm-Kanal und auf die Landabdeckungen auf den verschiedenen Kursen sehr sorgsam achten mußte. Es gab auch noch kein Startschiff, sondern es wurde von der Brücke des Kaiserlichen Yachtclubs am Hindenburg-Ufer gestartet, die dann auch als Ziellinie zusammen mit einer ausgelegten Boje diente. Nun waren auch die Klassen damals relativ klein und ein Vergleich mit heute ist überhaupt nicht möglich. In der B-Jollen-Klasse waren wir nur ganze sechs Boote, später in der 12-Fuß-Dingi-Klasse waren es zeitweise zehn bis 16 Boote. Als dann im Jahre 1935 die Olympia-Jollen kamen, begannen die wirklich großen Klassen mit 20 bis 40 Teilnehmern. In der Klasse der 35er nationalen Kreuzer waren meist fünf bis sechs Boote, die recht spannende Kämpfe erlaubten. Dann gab es damals die 30er Schärenkreuzer, davon drei, vier in Kiel, die Drachenboote und dann die Riesenmenge der Ausgleichsklassen. Natürlich kamen auch schon in diesen frühen Jahren zur Kieler Woche viele Boote von der gesamten Ostseeküste von Flensburg bis Memel. Memel, damals in litauischer Hand, entsandte oft eines der allerschönsten großen Schiffe der Ostsee, den nationalen 80er *Henry Skougard*, der auch alle erschienenen Ausländer, Dänen, Schweden und Holländer an Maß und Schönheit hinter sich ließ. Später kamen dann auch die Berliner und Hamburger Regatta-Boote in größeren Mengen, darunter dann die zwei einzigen deutschen 75er Schärenkreuzer *Ruth* und *Schwanenweiß*. Das waren noch Yachten, die nicht nach funktionellen Gesichtspunkten, sondern nach Schönheit und Ebenmaß gebaut waren.

Im Juni erschienen bei der SAS die Kursus-Fähnriche des Jahrgangs 29, deren Fähnrichsoffizier ich wurde. Es waren vorzügliche Persönlichkeiten darunter, sie haben sich im Frieden und später im ungewollten Krieg alle aufs höchste bewährt. Mit vielen war ich später zusammen auf Schiffen und im Kriege auf U-Booten auf allen Weltmeeren. Ich denke an Jenisch, der als II. SKO mit auf der *Karlsruhe*-Reise 1935 war, an Dresky, an Reitsch, an Hetz, den späteren Flottenchef der Bundesmarine. Auch Schuhart, der Versenker der *Courageous*, und mein ehemaliger Kösliner Kadettenkamerad Reschke, auch später bei der Bundesmarine Admiral, gehörten zu dieser Crew. Es sind nicht viele übriggeblieben von diesem Jahrgang, der später durch Handelsschiffoffiziere (HSO) und zum Offizier beförderte hervorragende Oberfeldwebel verstärkt wurde. Sie alle waren mit großem Elan bei der Sache.

Die Wochenenden waren wir meist beim Segeln unterwegs.

Reitsch hatte seine Schwester Hanna, die spätere große Fliegerin und Testpilotin, in Rendsburg auf der Kolonialschule, die seit vielen Jahren in einer Art Kartell-Verhältnis zur Reichsmarine stand. Auf diese Weise lernte ich Hanna Reitsch kennen, von der damals niemand ahnen konnte, was für eine unglaublich tapfere und selbstsichere Frau sie werden sollte.

Der Sommer 1932 war jedoch auch durch das schwerste Unglück gekennzeichnet, das ich bei der Marine je erlebt habe. Wir waren am 26. Juli mit einem AO-a-Lehrgang und den parallel laufenden Geschützführer- und Waffenleit-Lehrgängen auf dem Kreuzer *Köln* zum Abkomm-Schießen eingeschifft. Morgens hatten wir beim Aufsuchen des Schießplatzes bei Marienleuchte auf Fehmarn die *Niobe* unter vollen Segeln passiert. Sie war dann außer Sicht gekommen, und wir wickelten unsere Schießübungen routinemäßig hintereinander ab, als am frühen Nachmittag plötzlich das Schießen abgebrochen wurde. Das Schiff ging mit hoher Fahrt, wie wir alle dachten, auf Heimatkurs nach Kiel. Dann aber sprach es sich schnell auf allen Gefechtsstationen herum, daß die *Niobe* gekentert sei. Keiner wollte und konnte es zunächst glauben. Gekentert, das war ja gar nicht möglich. Wir hatten mittags einen starken Regenguß gehabt und deswegen für kurze Zeit den gerade vorgesehenen Anlauf verzögert, aber weder viel Wind oder gar Sturm und auch keinerlei besonderen Seegang über die Stärken 3 bis 4 wahrgenommen. Dann kam der zweite Funkspruch mit der Alarmierung aller Schiffe zur Hilfeleistung. Wir mußten jeden Augenblick am Unfallort sein. Da kam uns bereits ein Handelsschiff entgegen, der Holzdampfer *Theresia L.M. Ruß* der gleichnamigen Hamburger Reederei mit 21 Geretteten an Bord. Vom Feuerschiff *Fehmarnbelt* übernahmen wir noch einmal 19 Gerettete. Damit waren 69 Mann der Besatzung in der kleinen Ostsee direkt unter der Küste der Insel Fehmarn umgekommen, und das in wenigen Minuten. Eine Gewitterböe hatte das Schiff auf die Seite gelegt, als hätte es weder Kiel noch Ballast. Nur Sekunden vergingen, bis die Segel ins Wasser tauchten, und dann nur noch zwei bis drei Minuten, bis das Schiff sank, weil durch die geöffneten Bullaugen und Oberlichter und dann auch durch die offenen

Niedergänge das Wasser ins Schiff strömte. Gerade dieser fürchterliche Wasserzustrom hinderte die unter Deck zum Unterricht versammelten Seekadetten am Entkommen an Deck. Nur sechs Männern war es gelungen, an Deck zu gelangen.

Mit hoher Fahrt liefen wir mit den Überlebenden nach Kiel ein, sprachlos angesichts dieser Katastrophe. Fast die Hälfte eines ganzen Offiziernachwuchsjahrgangs war umgekommen. Selten hat ein Unglück aber auch eine derartige Welle von Anteilnahme in der breiten deutschen Öffentlichkeit hervorgerufen, und das sogar angesichts der damaligen so verworrenen politischen Situation. Spenden kamen aus allen Volksschichten zum Zwecke des Neubaus eines Segelschulschiffes.

Ausgerechnet unserem Kadettenoffizier von der *Emden*, Hein Ruhfus, war diese Tragödie passiert. Das Kriegsgericht sprach ihn nach endlosen Verhandlungen und Untersuchungen, zu denen Fachleute der Seefahrt, der Navigation, der Meteorologie, des Schiffbaus und alte Kaphoorniers hinzugezogen wurden, von jeder Schuld frei. Er selbst, ohnehin kein selbstzufriedener und innerlich ausgeglichener Typ, hat diesen Schicksalsschlag nie verwunden. Als ich ihm wenige Jahre später kurzzeitig für die Englandreise der Kreuzer *Leipzig* und *Königsberg* zur Unterstützung an Bord der *Kö* kommandiert wurde, wo er unter »Ottchen« Schrader als Kommandant ein recht hartes Brot als IO zu kauen hatte, haben wir so manche Nacht das furchtbare Ereignis im Fehmarnbelt zusammen nacherlebt.

Natürlich begann sofort im Anschluß an das Unglück die alte, nie zur Ruhe gekommene Diskussion darüber, ob unter den fortschreitend technischer werdenden Erfordernissen moderner Kriegsschiffe die »altmodische« seemännische Ausbildung auf einem Segelschiff noch eine wirkliche Berechtigung habe. Immer und immer wieder wurde auf die britische Ausbildung hingewiesen, die seit Jahrzehnten schon ohne jede rein seemännische Segelpraxis für ihren sicherlich ausgezeichneten Nachwuchs auskäme. Auch die Japaner wurden immer wieder als Gegenbeispiel genannt. Tatsache aber ist es, daß nach dem Zweiten Weltkrieg die drei vorhandenen deutschen Segelschulschiffe sofort bei der US-

Navy, bei den Sowjetrussen und zunächst bei den Brasilianern für die gleichen Zwecke in Dienst genommen wurden. Ich empfinde es auch heute als unbedingt richtig, daß die kleine Bundesmarine allen Schwierigkeiten und entgegenstehenden Meinungen zum Trotz ein neues Segelschulschiff baute und den Offiziernachwuchs, nach wie vor, auf diese wahre Schule für ganze Männer zur seemännischen Grundausbildung schickte.

Am 31. Juli wurde der neue Reichstag gewählt, der der NSDAP 230 Mandate brachte und sie damit zur stärksten Partei machte, so daß Hitler den Posten des Reichskanzlers fordern konnte, den ihm aber der Reichspräsident nicht zubilligte. Immerhin gelang es dem Reichskanzler, nun Franz v. Papen, ein Ende der Reparationszahlungen zu erreichen. In der Konferenz von Lausanne (Juli 1932) wurde gegen eine einmalige Nachzahlung von drei Milliarden Goldmark der Spuk der Reparationen aufgehoben, nachdem bereits 53,2 Milliarden Goldmark aufs Reparationskonto gezahlt waren. Die aber damit eigentlich ebenfalls hinfällige Kriegsschuldlüge, die zur Begründung der Reparationsforderungen diente, galt weiterhin. Damit lieferten die uneinsichtigen Sieger Hitler jedoch fortgesetzt nur Argumente gegen Versailles und förderten gewissermaßen seine Propaganda.

Wir bei der Marine lebten ein von der Politik nur am Rande berührtes Leben. Politische Gespräche in den Offiziersmessen waren bei allem persönlichen politischen Interesse selten. Dennoch sind mir einige Kontroversen gerade zu der Zeit aus dem Offizierheim Wik in Erinnerung. Der damalige Kapitänleutnant Siegfried Sorge nahm bei jeder Gelegenheit gegen Hitler und die NSDAP Stellung, was uns jüngere Offiziere, die wir alle der »Bewegung« zunächst positiv gegenüberstanden, zu härteren Entgegnungen veranlaßte, als sie eigentlich beabsichtigt waren. Wir sahen den nationalen Appell und den Kampf gegen Versailles als positiv an. Das genügte uns. Die anderen Aspekte konnten wir damals noch gar nicht abschätzen.

Allerdings regten uns maßlose Ungeschicktheiten auf, wie im Frühjahr 1930 der Groenersche »Uhren-Erlaß«. Wer, wie der Erlaß formulierte, bei der erfolgreichen Abwehr »radikaler Zersetzungsangriffe gegen die Wehrmacht ... so umsichtig und tatkräftig« handelte, daß »wehrmachts- und staatsfeindliche Personen« bestraft werden konnten, konnte dafür »mit einer Uhr mit Gravierung« ausgezeichnet werden. Im Grunde wurden damit Denunzianten belohnt. Das konnte nur destabilisierend wirken. Als dann im Herbst 1930 beim Ulmer Reichswehrprozeß drei Leutnante wegen politischer Parteinahme für die NSDAP zu Festungsstrafen verurteilt wurden, war genau das Gegenteil von der beabsichtigten Wirkung erreicht. Es waren die Leutnante Ludin, Scheringer und Wendt, deren Schicksal nun die allgemeine Anteilnahme insbesondere der jungen Offiziere fand.

Durch den Reichswehrminister gefördertes Denunziantentum lehnte das Offizierskorps einschließlich der Flaggoffiziere ab. Groener war untendurch, und seine undurchsichtige Rolle bei der Abdankung des Kaisers 1918 kam wieder in Erinnerung.

Schon Ende August löste Papen den Reichstag abermals auf. Die Neuwahl wurde auf den November festgesetzt und führte zu einem merklichen Rückgang der Mandate der NSDAP. Der General v. Schleicher wurde Reichskanzler, ein Offizier, dem wir jungen Offiziere jedoch sehr skeptisch gegenüberstanden. Die Spannung wuchs, die Krise ging ihrem Höhepunkt zu. Wir alle fühlten es, ohne es ändern zu können.

Im Mai/Juni war ich zum AO-b-Lehrgang kommandiert und trat damit vom Lehrer- wieder zum Schüler-Verhältnis bei der SAS über, Lehrgangsleiter Kapitänleutnant Ernst Lindemann. Wir waren 10 Lehrgangsteilnehmer, von denen ich der jüngste, der älteste, Horst Kessler, Crew 1917 war. Lindemann stellte hohe Anforderungen an Konzentration und Entschlußfähigkeit, Beobachtungsgabe und Selbstbeherrschung. Es machte ausgesprochen Freude, seine sachlichen Kritiken nach jeder Übung zu hören und selbst zu fühlen, wie man von Übung zu Übung ruhiger, sicherer und schneller wurde. Als dann die praktischen Schießen auf den beiden Schulbooten *Hai* und *Drache* kamen, zunächst natürlich mit Abkomm-Schießen, da hatte man das Handwerkszeug voll im Kopf, beherrschte die Materie und zeigte sich allen wechselnden Lagen gewachsen. Lindemann war aber nicht nur ein guter Lehrer und überlegener Artillerist, sondern auch ein guter Psychologe und konnte sich gut auf die doch sehr unterschiedlichen Charaktere seiner Schüler einstellen. Bei aller Schärfe und Genauigkeit im Dienst verlief der Lehrgang in großer Harmonie und gegenseitiger Hilfsbereitschaft.

Kurz vor dem Ende des Lehrgangs waren die Reichstagswahlen am 6. November. Mein Crewkamerad Schnurbein und ich saßen in seinem Zimmer in der Hardenbergstraße und hörten im Radio die Wahlergebnisse mit sich steigernder Sorge um die Zukunft des Reiches. Wieder hatten die Kommunisten zugenommen, wie schon bei der Juli-Wahl, und hatten jetzt 100 Mandate, die NSDAP hatte nicht unerheblich abgenommen auf 196 Mandate gegenüber vorher 230, die Deutschnationalen, denen verständlicherweise unsere Sympathie gehörte, hatten sich etwas erholt und es auf 54 Abgeordnete gegenüber vorher 39 gebracht. Die Unsicherheit war größer denn zuvor.

Über Weihnachten und den Jahresanfang 1933 war ich in Elbing bei meinen Eltern. In ausgedehnten Spaziergängen tauschten wir unsere politischen Meinungen aus, und mein Vater verbarg seine Sorgen keineswegs. Als alter Liberaler, der er seinen Ansichten nach immer gewesen war, ohne je einer Partei angehört zu haben, stand er begreiflicherweise den Nationalsozialisten sehr ablehnend gegenüber, obwohl er das unbestreitbare Wiederanwachsen des Nationalgefühls und den Willen zum Revisionismus voll bejahte. Seinem fast friderizianischen Toleranzgedanken widersprach das laute, ungebärdige und rassistische Geschrei und völkische Getue. Nun waren gerade in meiner Heimatstadt die Repräsentanten der Bewegung nicht gerade die angesehensten Bürger, sondern hier waren tatsächlich die Außenseiter, der Mob tonangebend. Schon damals äußerte mein Vater seine Absicht, sich im Jahre 1934 nicht wieder zur Wahl als Oberbürgermeister für die weitere Amtsperiode zu stellen, falls sich die Verhältnisse nicht stabilisieren oder gar die Nationalsozialisten ans Ruder kommen würden. Während ich damals im wiedererwachenden Nationalgefühl und im Kampf gegen das Versailler Unrecht die Anziehungspunkte der Bewegung sah, konnte mein Vater die totalitären Tendenzen, die politische und rassistische Intoleranz nicht nur nicht billigen, sondern er verachtete sie als unseres Kulturvolkes unwürdig. Ich sah das damals als zweitrangig und propagandistisch überzogen an und war überzeugt, daß im Falle der Regierungsverantwortung diese Charakterzüge verblassen würden. Dennoch machten mich die vielen Gegengründe bei der streng nationalen Gesinnung meines Vaters zunächst doch recht bedenklich.

Den 30. Januar 1933 erlebte ich auf dem Artillerieschulboot *Bremse*, von der SAS dorthin als zusätzlicher Wachoffizier kommandiert während der kursusfreien Zeit der Schule. An diesem Tag berief der Reichspräsident Adolf Hitler zum Reichskanzler. Wir hatten diese Entwicklung kommen sehen. Ungeachtet der Bedenken meines Vaters hatten wir sie sogar mit herbeigewünscht, wenn wir ehrlich sein wollen. Warum – fragen uns heute Kinder und Enkel.

Die tiefgreifende Spaltung des deutschen Volkes in zwei extreme, unversöhnlich scheinende Richtungen ließ gar keine andere Lösung der Krise mehr zu. Ein Bürgerkrieg erschien unausweichlich. Mit Hitlers Reichskanzlerschaft nahm dann aber auch das deutsche Schicksal seinen unabänderlichen Verlauf, ganz anders, als wir alle je erwarten konnten. Erschien es aber zu Jahresbeginn 1933 nicht einfach nur logisch und voll gerechtfertigt, daß sich ein Volk von 70 Millionen fleißiger und intelligenter Menschen im Herzen Europas mit einem gleichen nationalen Selbstbehauptungswillen gegen die es umgebenden Feindvölker zur Wehr setzte? Deutschland war allein die Schuld am Weltkriege zugemessen worden. Es galt als geächtet und war nicht gleichberechtigt.

Waren das äußere Gründe für das Sich-Aufbäumen eines Volkes, so lagen die inneren Ursachen weniger deutlich zutage. Nach leichtfertiger Vernichtung der Monarchie war die parlamentarische Demokratie nicht eingewurzelt. Der Weltkrieg und sein unglücklicher Ausgang hatten die sozialen Gegensätze eher verschärft als bereinigt. Inflation und Reparationen hatten zur Verarmung und Verelendung breiter Bevölkerungsschichten geführt. Die Weltwirtschaftskrise vermehrte die Massenarbeitslosigkeit bis zur Katastrophe von sechs Millionen Verzweifelter (Höchststand der Arbeitslosigkeit im Februar 1933).

Hatte das Kaiserreich religiöse und rassische Toleranz praktiziert, so brachte die völkische Notpartei, als die sich die NSDAP ausgab, eine Rassenideologie mit in ihr Parteiprogramm, die von der Mehrzahl der vom Revisionismus gewonnenen Bürger zunächst gar nicht ernstgenommen wurde.

Rückschauend muß zugegeben werden, daß sich allerdings die Verhältnisse seit unserer frühen Jugend ganz erheblich geändert hatten. In meinen Jugendjahren, in meiner Heimatstadt Elbing, kannten wir keinen Antisemitismus. Unsere alten, seit Generationen dort lebenden Juden gehörten vollkommen integriert zur deutschen Bevölkerung. Sie spielten im öffentlichen und auch kulturellen Leben eine ganz normale Rolle ohne jede Einschränkung, wurden nicht über die Schulter angesehen und hatten keinerlei Herabsetzung zu erdulden. Sie selbst oder auch ihre Söhne waren Teilnehmer am Weltkrieg gewesen, und so hatten die wenigen Dutzend Familien auch ihren vaterländischen Blutzoll entrichtet. Viele hingen schon lange nicht mehr ihrer Religion an, und von manchen war es nicht einmal bekannt, daß sie Juden waren. Sie selbst übten schärfste Kritik an dem leider nicht nur als Randerscheinung zu wertenden Verhalten der nach dem Kriege aus dem Osten eingewanderten Juden.

Diese Unterwanderung, als die sie von den assimilierten Familien jüdischer Herkunft empfunden wurde, hatte nach dem Krieg sehr unerfreuliche Auswüchse im Gefolge. Einige Skandale in Berlin in den zwanziger Jahren nährten einen »wirtschaftlichen« Antisemitismus. In der Presse und im gerade erst entstehenden Rundfunk kamen Einflüsse zur Auswirkung, geeignet einen Verfall der allgemeinen Moral eines vorher fast philisterhaft sittenstrengen Volkes, insbesondere seiner neuen Führungsschicht zu befördern. Ein intellektueller Avantgardismus, der sich ethischer Prinzipien schämte, sie lächerlich machte, ohne dafür andere, neue Richtwerte schaffen zu können, breitete sich aus. In Kunst, Literatur und Theater wurde das bisher Verehrte, Erstrebenswerte und Überkommene heruntergerissen, verhöhnt und mit Unrat überhäuft.

Wenn heute von den »Goldenen Zwanzigern« gesprochen wird, dann schwingt bereits die große Lüge mit. Denn es waren alles andere als goldene Jahre. Es war eine deutliche erste Kulturrevolution weniger Meinungsmacher, die das ganze deutsche Volk in seinen Lebenswerten erschütterte.

Die große Masse konnte aber einen derartigen Bruch mit allem Gewesenen weder verstehen noch billigen.

Allein die damals dominierende Literatur gab sich fast ausnahmslos pazifistisch, antimilitaristisch, wenn nicht gar prokommunistisch. Dies rief eine schleichende Abwehrreaktion hervor mit verständlicherweise stark »völkischem« Einschlag. Wenn man heute die damals erzeugten Animositäten, reduziert auf Feind- und Freund-Bilder in allen Bereichen eines Volkslebens darstellen und erklären will, dann heißt das nicht, daß damit die später so folgenschwer daraus entstandenen Verfolgungen, Greueltaten und Verbrechen gerechtfertigt oder auch nur verringert werden sollen. Jedoch ein Zeuge des Jahrhunderts, der wahrhaftig bleiben will und keinen Grund hat, sich etwa reinwaschen zu wollen oder sich davonzustehlen, weil er als Berufssoldat politisch unmündig gehalten wurde, kann nicht die erlebte Erinnerung abschalten, wenn er die damaligen Zeiten mit vollem Bewußtsein erlebt hat.

Schließlich war auch nur mit großer Mühe der kommunistische Umsturz verhindert worden, verbunden mit den Namen Karl Liebknecht und Rosa Luxemburg und ihren sowjetischen Vorbildern Lenin und Trotzki. Die kommunistische Unterwanderung hielt an und führte zur härtesten Konfrontation im Volke. Es war daher propagandistisch für die jetzt zur Herrschaft gelangte NSDAP einfach, das »internationale Judentum« für alle besonders moralischen Veränderungen des deutschen Volkes verantwortlich zu machen.

Wenn heute unserer Generation vorgeworfen wird, daß man durch die Lektüre von Hitlers »Mein Kampf« hätte ausreichend gewarnt sein müssen, dann kann ich nur einwenden, daß das Buch vermutlich nur wenige Leser hatte und gewiß nicht als praktische Anweisung zum Handeln aufgefaßt worden ist.

Der historische Fackelzug noch am späten Abend des 30. Januar 1933 mit Hunderttausenden begeisterten Teilnehmern in Berlin, der dann im Radio und in den Wochenschauen dem deutschen

Volk das Bild einer plötzlichen Einigkeit anschaulich vermittelte, war derartig aufwühlend für jeden auch skeptischen Beobachter, daß es unmöglich war, sich nicht von dieser Woge der allgemeinen Begeisterung mitreißen zu lassen. So hörten unter den Millionen Deutschen auch wir paar Marineoffiziere in der Messe der *Bremse* dieses Spektakel einer Massenbegeisterung und waren ebenso ergriffen von der nationalen Leidenschaft, die sich so plötzlich Bahn gebrochen hatte. Wir waren überwältigt, tief beeindruckt und auch bereit, das Ereignis als das zu werten, was es sein sollte, eine Volkserhebung, obwohl die NSDAP keineswegs die Majorität im Reichstag, sondern lediglich das Gewicht der stärksten Partei erreicht hatte.

Sicherlich kann man heute mit der Sonde der Kritik an das damalige Geschehen gehen und dabei auch die hervorragende Regie der Abläufe für die tatsächlich eintretende Faszination mitverantwortlich machen. Jedoch, wer damals nach all den nationalen Qualen seit 1918/19 ein leidenschaftlicher Deutscher war, der konnte seine Freudentränen in diesem Gemeinschaftserlebnis nicht zurückhalten. Nie wieder in meinem Leben bin ich so mitgerissen gewesen wie damals, nicht einmal am Tage von Potsdam.

Der große Sieger gab sich zunächst »bürgerlich« und von besten Absichten beherrscht. Das war genau das, was man ja auch gerne glauben wollte. Nein – Hitler ist ja gar nicht so schlimm, so war man geneigt zu sagen, nachdem er sich sowohl zur deutschen Gesamtgeschichte und zum Christentum bekannt hatte, dabei sich hart absetzend von SPD und KPD, die sich in zwei marxistischen Grundsätzen artikulierten, daß die Monarchie als historische Erscheinung verworfen und insofern die deutsche Geschichte als verfehlt zu betrachten sei, weswegen ein gründlicher und vollständiger Bruch mit der Vergangenheit vollzogen werden müsse. Der zweite marxistische Grundsatz aber schloß das Christentum kategorisch aus mit dem Schlagwort: »Religion ist Opium für das Volk«!

Im Aufruf der Reichsregierung vom 1. Februar aber hieß es: »Möge der allmächtige Gott unsere Arbeit in seine Gnade nehmen, unseren Willen recht gestalten, unsere Einsicht segnen und uns mit dem Vertrauen unseres Volkes beglücken.« Wer hätte dieser demütigen Bitte an den Allmächtigen widerstehen können. Und Hitler schien auch danach zu handeln und bildete ein Kabinett der »Nationalen Konzentration«, das weithin Vertrauen erweckte und in dem außer ihm zunächst nur Göring und Frick als Vertreter der NSDAP figurierten, was alle Skeptiker wieder einmal überraschte.

Und dann kam der Tag von Potsdam, traditionsbeladen und voller tiefgründiger Symbolik. Wer bisher noch zögernd Abstand genommen hatte, der war jetzt gefangen im Überschwang vaterländischer Gefühle, die auch nur aus der Vergangenheit und ihrem dazugehörigen Traditionsempfinden zu verstehen sind. Der Staatsakt vom 21. März 1933 in der Garnisonkirche mit fast devoter Reverenz vor Hindenburg konnte auch die letzten Zweifler und Zögerer gewinnen. Die symbolische Versöhnung mit dem Kaiserreich, repräsentiert durch den greisen Feldmarschall, gewann ihm auch die letzten starrköpfigen Monarchisten.

Ich müßte lügen, wenn wir bei aller politischen Abstinenz dagegen gewesen wären. Wenn das Volk uns, seinen Soldaten, in der überwältigenden Mehrheit diesen Mann, Adolf Hitler, als Führer präsentierte, dann konnten wie letztlich nichts anders machen, als dies als Volkswillen auch zu akzeptieren, gleichgültig, ob dieser oder jener Vorbehalte hatte.

Am 1. April wurde ich zum Oberleutnant z. S. befördert. Die erste Gruppe unserer Crew, die ersten 18 »Pünktchenbesten« waren schon ein halbes Jahr früher befördert worden in der starren Reihenfolge, wie sie auf Grund der gesamten Ausbildungszeit, vorwiegend der Marineschulzeit, bis zur Leutnantsbeförderung eingereiht worden waren. Diese Reihenfolge wurde weder durch die Diensttüchtigkeit noch durch die Begabung gerechtfertigt.

Es entsprach Raeders schulmeisterlichem Denken, auf Grund theoretischer Prüfungen in der Ausbildungszeit eine Klassifikation vorzunehmen, die nun, obwohl bald von der Praxis als Offizier gründlich überholt, für das ganze Berufsleben bestimmend sein und bleiben sollte. Auch wenn dieses System nicht von Raeder geschaffen, sondern im wesentlichen aus der Zeit der Kaiserlichen

Marine übernommen war, so hätte seine Abänderung und Modernisierung längst nahegelegen. Schon nach wenigen »praktischen« Offizierjahren war diese Rangfolge völlig überholt, was sich in den Kommandos zeigte und auswirkte. Dann im Kriege gab es nach dem Abgang von Raeder eine Neuklassifizierung, die sich nach der inzwischen erreichten Bewährung der einzelnen ausrichtete. In zwei außerterminlichen Vorbeförderungen trat ich dann weit voraus vor allen Jahrgangskameraden in das Anfangsdrittel unserer Vorcrew in die Rangliste und wurde als einziger unter besonderen Umständen noch Kapitän z. S. Natürlich läßt sich auch über dieses System streiten, denn selbstverständlich gab es auch notgedrungen im Kriege Kommandos, die auch in bester Pflichterfüllung keine Möglichkeit boten, sich besondere Erfolge durch Tüchtigkeit und Tapferkeit zu erstreiten. Um nun in Friedenszeiten eine gerechte und alle Aspekte der beruflichen Bewährung berücksichtigende Rangfolge festzusetzen, hätte meines Erachtens alle zwei Jahre eine neue Rangfolge bis zum Stabsoffizier aufgestellt werden müssen. Das hätte das unberechtigte Übergewicht der Ausbildungszeit gegenüber der praktischen Bewährung wesentlich korrigiert. Dennoch konnte ich mich im April 1933 nicht beklagen, weil schließlich die bevorzugten Kommandos in meiner Friedenslaufbahn die als ungerechtfertigt empfundene Rangfolge der Offizierbeförderung weitgehend aufhoben.

Neben den Feuerleitkursen bekam ich in diesem Frühjahr noch eine Sonderaufgabe. Im Rahmen einer »schwarzen« Reserveausbildung erhielt ich eine Gruppe von Kieler Studenten zugewiesen, die in der Geschützbedienung ausgebildet und bis zum Geschützführer gebracht werden sollten. Zweimal in der Woche erschienen sie abendlich am Tor zum Flandernsportplatz, wurden dort von einem der Stückmeister in Empfang genommen, und dann ging im Molenschuppen der »Kanonenschwoof« los. Erstaunlicherweise machten sie trotz der schweren Knochenarbeit alle mit wachsender Begeisterung mit, auch beim »Punktern«, einer vorzüglichen, aber nicht einfachen Übung für Geschützführer. Das war gar nicht so selbstverständlich, weil in Kiel seit Menschengedenken eine latente Rivalität zwischen den Studenten und speziell den Fähnrichen und Leutnanten bestand, die sich mitunter bis zu gelegentlichen Rempeleien steigerte. Hier nun aber machten gerade die als Kampfhähne bekannten Studenten mit erfreulicher Begeisterung mit. Das Ganze geschah bei Nacht und Nebel. Außer unseren Oberstückmeistern war nur ich als Ausbilder bei diesem Vorhaben eingesetzt.

Einer weiteren zusätzlichen Aufgabe an der SAS widmete ich mich mit besonderem Eifer, der beschleunigten Artillerie-Ausbildung der Handelsschiffoffiziere (HSO). Mit der *Niobe* war ja über die Hälfte der Seeoffiziercrew 1932 umgekommen. Nun wurden alle Anstrengungen unternommen, um den Jahrgang wieder aufzufüllen. Die traurige Lage der deutschen Seeschiffahrt hatte es mit sich gebracht, daß ein großer Teil ausgebildeter Nautiker ohne Anstellung oder Beschäftigung war und daß ein ebenso großer Teil der jüngeren Nautiker jahrelang weiter in den unteren Schiffsoffizierstellen beschäftigt wurden, ohne Aussicht auf eine Verwendung als Kapitän oder Erster Offizier. Da kamen dann die zum Teil hervorragenden jungen Schiffsoffiziere der Handelsmarine zur Reichsmarine, was ja im Mobilmachungsfalle ohnehin auch vorgesehen war. Eingereiht in die Crew 32, hatten diese Fähnriche einen eigenen Gruppenoffizier, den Kapitänleutnant Alwin-Broder Albrecht, unser Leutnantsvorbild auf der *Emden*.

Sie waren mit außerordentlichem Eifer und großer Begeisterung bei der Sache und straften das seit Jahrzehnten mit Eifersucht und Neid belastete Verhältnis der Handels- zur Reichsmarine Lügen.

Da hatte ich sie dann alle zusammen, unter ihnen »Ajax« Bleichrodt, Günther Prien, Koppenhagen, Mellin, Dommes (einen ehemaligen Wahlstädter Kadetten), Michel, Franzius, alle ganz hervorragende Offiziere, die sich später im Kriege besonders bewähren sollten.

Beim »Kanonenschwoof« im Molenschuppen bekam ich schon einen Begriff, mit welcher Energie sie beim Dienst waren. Selten hat mir ein Lehrgang bei der SAS soviel ungetrübte Freude gemacht. Da die Anzahl der HSO's nicht ausreichte, um den Niobe-Verlust zu decken, wurden auch bewährte Unteroffiziere und

Oberfeldwebel, bevorzugt Obersteuerleute, auf der Marineschule zu Fähnrichen z. S. ausgebildet und dann in die Crew übernommen, später dann aber wegen der Altersunterschiede nach und nach in ältere Crews eingereiht, wie auch die HSO's, da nach den Daten der Patente der Handelsmarine befördert wurde.

Als Hitler im Frühjahr 1933 einen Besuch bei der Marine machte, fand ein gemeinsames Essen im Offizierheim in der Wik statt. Wir Leutnants und Oberleutnants fanden keinen Platz im Saal, sondern nur in einem Nebenzimmer, so daß wir Hitler beim Essen nicht beobachten konnten. Aber nach dem Essen gingen wir über die Terrasse in den kleinen dürftigen Garten, in dem dann auch Hitler mit seinem zahlreichen Gefolge in der Frühlingssonne auf und ab ging. Im Garten trat ein Adjutant an Hitler heran und übergab ihm ein Telegramm oder Fernschreiben. Plötzlich schlug er sich triumphierend auf die Schenkel und teilte mit allen Anzeichen der Befriedigung den Umstehenden wohl den Inhalt der Nachricht mit. Das überraschende Bild, daß sich ein Reichskanzler wie ein Bauer auf die Schenkel schlug im Beisein fast des gesamten Offizierskorps der Ostseestation, irritierte mich einerseits. Andererseits, dachte ich, wenn die breite Mehrheit des Volkes diesen Mann als Reichskanzler haben wollte, und ich schloß mich da nicht aus, müsse man ihn auch so nehmen, wie er sich nun gab.

Trotz aller politischen Ereignisse dieser Wochen und Monate fühlten wir Marineoffiziere uns vom Geschehen abgesetzt, nicht wirklich mit betroffen, gewissermaßen als »seitliche Beobachter«. Dennoch waren wir nicht etwa neutral, nur eben aus der bisherigen politischen Isolation heraus wohlwollend reserviert. Und so verfolgten wir auch die jetzt einsetzenden politischen Gleichschaltungen mit Indifferenz. Der Goebbelssche Propaganda-Sturm benahm uns nicht den Atem. Seine Eloquenz amüsierte uns mehr, als daß sie uns emotionell traf, fühlten wir uns doch ohnehin als auf dem richtigen nationalen Wege befindlich und keineswegs bekehrungsbedürftig. Auch der in diesem Jahre einsetzende Kampf gegen die Bekennende Kirche traf uns nicht, weil Raeder es mit seinem fast puritanischen Christenglauben verstand, seinen Machtbereich erfolgreich abzuschirmen, eines seiner unvergänglichen Verdienste.

So wurde auch der »Reibi«, der Reichsbischof Müller, kaum anders als eine Witzfigur betrachtet. Auch das nun plötzlich hervorgeholte »Germanentum« mit allen dazu herangeholten Begriffen aus der germanischen Frühzeit löste eigentlich nur belustigte Kommentare bei uns aus. Daneben aber gab es dann auch wieder Gesetze und Bestimmungen, die uns mit Freude und Genugtuung erfüllten. So kam sehr bald das neue Flaggengesetz heraus, das zwar die Hakenkreuzfahne zur Nationalfahne erklärte, aber die Kriegsflagge endlich von der schwarz-rot-goldenen Gösch befreite, die nicht nur wir als Fremdkörper empfunden hatten.

Skeptischer wurden jedoch schon die ersten gegen Juden gerichteten Gesetze beurteilt. Nach dem Gesetz zur Wiederherstellung des Berufsbeamtentums (7. April) sollten alle Nichtarier aus dem Staatsdienst entlassen werden. Das nahmen wir zunächst nicht sehr ernst. Rasch gelangten Kommentare hierzu zu unserer Kenntnis, wie zum Beispiel von Hermann Göring, der erklärt haben sollte, wer Arier ist, bestimme er.

Aber selbst Raeder gelang es nicht, dieses Gesetz für die Marine unwirksam zu machen, denn auch aus unseren Reihen verloren wir einige Kameraden, für die allerdings das Marine-Personalamt unauffällig, aber wirksam sorgte. Unsere Crew war nicht betroffen. Nach dem Kriege wurde bekannt, daß beide Oberbefehlshaber der Marine eine ganze Reihe sehr bewährter »nichtarischer« Offiziere erfolgreich geschützt hatten.

Dabei wurde dieses Gesetz keineswegs konsequent ausgeführt, denn mein Onkel Alfred Bielschowski, der Mann der Schwester meiner Mutter, der berühmte »Augenprofessor« in Breslau, blieb unangefochten Dekan der Medizinischen Fakultät an der Universität, in meinen Augen freilich keine Entschuldigung für diese rassistischen Maßnahmen.

Anfang Mai wurden die bisherigen Gewerkschaften aufgelöst und in die »Arbeitsfront« eingegliedert. Das aber war wieder eine von der Mehrzahl begrüßte Maßnahme, denn an die Stelle des bisherigen Klassenkampfes trat jetzt die »Volksgemeinschaft«, womit ein Teil der deutschen inneren Zerrissenheit tatsächlich beseitigt wurde.

Die langsam, und dann zunehmend wachsende Idee der Volksgemeinschaft galt auch uns Soldaten als bedeutsame Errungenschaft, die viele der schwerwiegenden Befürchtungen, die sich aus den rassistischen Maßnahmen ergaben, wieder kompensierte. Wir merkten das sofort auch im Verhalten der Werftarbeiter uns gegenüber. Plötzlich konnte man miteinander sprechen und ging nicht mehr wortlos aneinander vorbei oder mußte sich unerfreuliche Redensarten gefallen lassen. Wir blieben weiterhin unter uns, wie auf einer einsamen Insel, fast unbehelligt und waren zuversichtlich, daß sich »Unebenheiten« im Laufe der Zeit ausgleichen würden.

Der Sommer 1933 gewann dann noch abseits aller politischen Geschehnisse und Entwicklungen ausschlaggebende Bedeutung für mein künftiges Leben. Ich begegnete meiner künftigen Frau, Ruth Oldenburg aus Wiesbaden, die damals nach ersten Semestern in Freiburg in Kiel Medizin studierte. Bald nach dem ersten schüchtern-distanzierten Kennenlernen ergab sich eine große Übereinstimmung unserer Ansichten und Auffassungen, und Ruth erwies sich überdies als begabter Vorschotmann bei meinen sehr erfolgreichen Segelunternehmen dieses strahlenden Sommers.

Als sich das Semesterende näherte, war die Entscheidung noch keineswegs gefallen, ob und wie es weitergehen sollte und auch könnte. Schließlich aber war eines ganz klar, Ruth konnte nur heiraten, wenn sie das Studium aufgab, da dann das ihr von ihrem im Weltkrieg gefallenen Vater vererbte Geld nach den damaligen Heiratsbestimmungen für Marineoffiziere für die Anschaffung einer einfachen, aber ausreichenden Ausstattung benötigt wurde. Das erlegte mir eine große Verantwortung auf und verpflichtete mich zu einer sehr sorgfältigen Selbstprüfung. In ihrer ausgeprägt sportlichen Natur war sie ein hervorragender Kamerad, durch ihre Herkunft war sie verbunden mit den Traditionen des Offizierskorps, ein einfaches Leben gewöhnt und auch in den Grundzügen der Einstellung zu Volk und Vaterland ergaben sich zwischen uns keinerlei Unterschiede.

Erfreulicherweise zeigte sich auch meine Mutter, die ich bald ins Vertrauen gezogen hatte, mit meiner Wahl einverstanden. Bei einem Besuch in Wiesbaden gewann sie nicht nur einen überaus positiven Eindruck von Ruth, sondern auch von deren Familie. Der Landesrat Kranzbühler, der Ruths verwitwete Mutter nach dem Krieg geheiratet hatte, gab sich zunächst verständlicherweise etwas reserviert und förmlich, aber der Gleichklang zwischen den beiden Familien stellte sich dann dank der Herzlichkeit und Natürlichkeit meiner Mutter rasch ein.

Neben der persönlichen Weichenstellung mußte ich nun auch damit rechnen, daß mein zweijähriges Land-Kommando als Waffenleit-Lehrer an der SAS seinem Ende entgegenging. Gespannt wartete ich auf das nun folgende Bordkommando. Natürlich war ich nicht gefragt worden, das gab es bei der Marine nicht.

Artillerie-Referent beim Stabe des FdM und II. Wachoffizier auf dem Führerboot *T-156* vom 1. Oktober 1933 bis 30. September 1934

Mit dem Herbststellenwechsel wurde ich Artillerie-Referent beim Führer der Minensuchboote (FdM) und zugleich zu meiner eigenen Weiterbildung II. W.O. auf dessen Führerboot, dem alten Torpedoboot *T-156.* Ich war darüber nicht sehr glücklich. Ich wußte, daß ich für meine SAS-Zeit als Lehrer eine vorzügliche Führung bekommen hatte und hoffen konnte, daß sich das auch auf mein nächstes Kommando auswirkte. Die Tätigkeit auf Minensuchbooten, also der Dienst in einer fast ausschließlich passiven Waffe, erfreute sich nicht gerade besonderer Beliebtheit. So ehrenvoll es war, der Artillerie-Referent bei einem Befehlshaber zu sein, und so schmeichelhaft die Kommandierung deshalb war, weil nach dem Versailler Verbot erstmalig die Minensuchboote wieder mit einer Kanone (der 10,5-cm-Utoflak) bewaffnet wurden und nun dementsprechend auch die ganze Artillerieausbildung der Minensuch-Flottillen in die Hand genommen werden mußte, so groß war dennoch meine Enttäuschung, daß ich nicht als Artillerie-Wachoffizier auf eines der Torpedoboote kommandiert wurde.

Der bittere Bissen wurde mir etwas schmackhaft dadurch, daß mein Crewkamerad Günter Schultz als Adjutant FdM auf das gleiche Boot kommandiert war. Wir hatten uns immer glänzend verstanden. Aber auch das Kommando des FdM war neu geschaffen und im Auf- und Ausbau befindlich. Vielleicht konnte man dann doch aus diesem Kommando etwas machen.

Der Kommandant von *T-156* war der 18er Max Freymadl, zugleich I. Asto beim Befehlshaber, dem FdM, dem Kapitän z. S. Ramien, einem Flandern-U-Bootsfahrer aus dem Kriege. Ramien war vorher schon Chef einer Minensuch-Halbflottille gewesen. Im Grunde war er ein ausgezeichneter Offizier, ein sehr guter Seemann, gerechter Vorgesetzter und ein Mann mit viel Blick für das Wesentliche. Jede Art Firlefanz und Getue lag ihm völlig fern. Er war ein Bonvivant alter Schule, vor allem aber ein leidenschaftlicher Bridge-Spieler. Tag- und Nachtübungen, bei denen er bis zum letzten Augenblick auch auf der Brücke ausharrte, endeten regelmäßig nach dem Ankern mit der lauten Frage: »Wer gibt?«, gleichgültig, wie spät es war. Das war gar nicht so angenehm, denn wir Wachoffiziere hatten ja morgens um 7 Uhr wieder zum Dienst dazusein, gleichgültig, wie spät es am Abend oder in der Nacht zuvor geworden war. Nur Freymadl gelang es häufiger, sich zu verdrücken. Ramien hatte noch einige weitere Marotten, über die wir uns belustigten. So war er ein leidenschaftlicher Hummer-Freund, und jeder Besuch von Helgoland endete mit einem größeren Hummerschmaus, was unseren schmalen Portemonnaies gar nicht so guttat.

Max Freymadl war der Bruder meines Crewkameraden Rupprecht, mit dem ich auf der *Königsberg* die Kammer hatte teilen müssen, nicht immer zu meiner Freude. »Mäxer«, wie die Marine sagte, war bei weitem nicht so ungehobelt, aber halt auch ein Bajuware mit einer recht rauhen Schale. Er war 1918 in die Kaiserliche Marine eingetreten, hatte im Freikorps Löwenfeld gedient und die Kämpfe in Oberschlesien und im Ruhrgebiet mitgemacht. Er war meist recht kurz angebunden, ohne bewußt unfreundlich zu sein. Auf der Brücke war er ein ausgesprochener Tyrann, denn natürlich kannten wir den Brückenbetrieb auf einem Torpedoboot noch nicht, und da gab es dann natürlich immer gleich »ätzende« Bemerkungen, leider ohne ausreichende Erklärungen oder Begründungen. Er war ein ausgezeichneter Manövrierer und ein noch besserer Navigateur, aber leider gewohnt, alles selbst zu machen, ohne die Gabe, es anderen beizubringen. Dennoch lernte man bei ihm eine Menge.

Natürlich lagen wir als Arche, wie man alle Befehlshaber-Schiffe nannte, sehr viel mehr im Hafen, um den Post- und Schriftbetrieb eines Befehlshabers besser abwickeln zu können. Das kam mir als Artilleriereferent, aber auch meinen Segel-Interessen zugute. Bei Ramien war ich gut angeschrieben, und er hat später alles getan, um mich bei der Sperrwaffe zu halten, worauf ich gar nicht so erpicht war.

Im späteren Frühjahr 1934 sollten wir als Führerboot eine kurze Auslandsreise nach Finnland machen und Hangö besuchen. Am Abend vor dem Auslaufen wurden alle Mann bis auf die Wache von Bord geschickt. Ein Boot vom Marinearsenal brachte eine ca. 7 m lange Kiste an Bord, die sofort mit einer Persenning abgedeckt wurde. Sowohl uns Offizieren als auch der ganzen Besatzung wurde der Vorgang als »ganz geheim« bezeichnet. Wir erfuhren auch nichts weiter. Allein die Länge brachte uns auf bestimmte Vermutungen.

Als wir uns dem Inneren des Hafens Hangö näherten, kam uns ein Motorboot mit großem Winken entgegen, drehte dann neben uns auf den gleichen Kurs, und dann erscholl von einem der Insassen brüllend laut die Frage: »Habt Ihr auch den Torpedo mitgebracht?« Tosendes Gelächter der angetretenen Besatzung und von der Brücke war die Antwort. Nach dem Festmachen kam dann der ehemalige Kapitänleutnant Bräutigam an Bord, der in Finnland an der U-Bootsentwicklung tätig war und Versuche mit einem dort gebauten Boot durchführte. Auch ein Kapitän Bartenwerffer war daran beteiligt.

Meine Tätigkeit als Artillerie-Referent lief sich erst im Laufe des Jahres ein. Zunächst wurde nur die in Kiel stationierte 2. Minensuch-Halbflottille mit der 10,5-cm-Utoflak auf der Back ausgerüstet. Meine Aufgabe war es, den Wachoffizieren das »freie Schießen« mit einer Kanone und primitiven Hilfsmitteln beizubringen. Außerdem hatte ich ihnen das Geschützexerzieren vorzuführen oder wenigstens das einst auf den Schulschiffen und den Fähnrichskursen Gelernte zu überprüfen. Das ging dann auch verhältnismäßig schnell und reibungslos. Als dann von jeder der beiden Minensuch-Halbflottillen je ein Kommandant zum AO-b-Lehrgang gewesen war, wurde ich mehr oder weniger brotlos. Als sich das erste Jahr seinem Ende zuneigte, fand ich wider Erwarten bei Mäxer eine offene Tür, als ich darum bat, mit Ende des Jahres als W.O. in eine aktive Flottille kommandiert zu werden, damit ich mehr praktische Bordzeit bekam, um mal später Kommandant in einer Flottille werden zu können.

Inzwischen hatte Ruth ihr Studium aufgegeben und blieb zu Hause in Wiesbaden. Wir wollten zu Frühjahrsanfang 1934 heiraten. So hatte ich also sehr bald nach Dienstantritt beim FdM die damals recht umständliche Heiratserlaubnis einzuholen und die »arische Abstammung« von Ruth mit allen dazu notwendigen Urkunden nachzuweisen, tatsächlich bis zur »arischen Großmutter«, die dann sehr bald zum geflügelten Wort wurde. Tatsächlich wurde mir am 15. März 1934 vom Chef der Marineleitung/Marine-Personalamt, unterschrieben vom Kapitän z. S. Siemens, bald darauf mein Kommandant auf dem Kreuzer *Karlsruhe*, die Genehmigung zur Verheiratung erteilt.

Meine Eltern waren Anfang Januar nach Kiel gezogen, nachdem mein Vater sich nicht mehr für eine weitere Amtszeit als Oberbürgermeister in Elbing zur Wahl gestellt hatte. Gerne hätte er noch einmal für zwölf Jahre diese Aufgabe übernommen. Aber der Gauleiter Koch und die örtliche Parteipräsentanz hatten ihm nach seiner Weigerung, der NSDAP beizutreten, ganz unmißverständlich zu erkennen gegeben, daß sie nur einen Parteimann als Oberbürgermeister dulden würden. So hatte sich mein Vater schweren Herzens entschlossen, Elbing zu verlassen. Um meiner Schwester Ursula das Abitur und ein anschließendes Studium zu ermöglichen, kam nur eine Universitätsstadt in Frage. In der Moltkestraße hatten sie den oberen Stock einer älteren, sehr geräumigen Villa gemietet. Der Ortswechsel trug auch zur Milderung der schweren menschlichen Enttäuschung meines Vaters bei.

Am 21. April war es dann soweit. Die Eltern, mein Bruder Klaus und meine Schwester kamen zur Hochzeit nach Wiesbaden. Trauzeugen waren meine Crewkameraden Helmut Neuß und der gute »Dicke«, Freytag-Loringhoven.

Freytag hielt neben den beiden Vätern eine Rede auf das Brautpaar, Neuß auf die »Damen«. Am späteren Nachmittag verhüßten wir uns dann zur Hochzeitsreise. Natürlich verging die Zeit im Fluge und hinterließ viele überdauernde Erinnerungen. Zum Schluß hatten wir beide uns etwas für damalige Verhältnisse ganz Außerordentliches einfallen lassen. Wir hatten bei der Deutschen Lufthansa, die damals noch in den Kinderschuhen steckte, und wo wir Reichswehroffiziere bei der Benutzung der wenigen regelmäßigen Strecken sogar einen kleinen Rabatt bekamen, zwei Flugscheine von Hamburg nach Kiel bestellt. Vornehm, wie wir waren, standen wir dann auf dem Flugplatz in Hamburg und mußten endlos warten, bis wir an Bord der kleinen Junkers F-14 gehen konnten. Da gab es noch keine Stewardessen und keinen wie auch immer gearteten Service. Man wartete in einer Baracke, die sich Flugleitung nannte, bis ein Mann kam und sagte: »Kommen Sie mit!« Dann bestiegen wir das kleine Aluwellblech-Kabinchen mit lauter Ritzen ins Freie und zwei lächerlich kleinen Fensterchen in den Türen. Es stank fürchterlich nach Brennstoff, nach reinem Benzin, was Ruth den Flug völlig verleidete.

Mit fast einer Stunde Verspätung gegen Fahrplan trafen wir in Kiel-Holtenau ein, wo uns »Hempel« Schultz mit seinem Wagen erwartete, um uns in die Moltkestraße zu fahren, wo wir erst einmal bei den Eltern wohnten.

Bei der Wohnungssuche hatten wir bald Erfolg. Unser Crewkamerad Adalbert v. Blanc, einer der ersten Verheirateten der Crew, war als Wachoffizier von Kiel nach Pillau versetzt worden und gab seine Wohnung in der Feldstraße auf, die wir übernehmen konnten.

Wir hatten als 15. Paar der Crew geheiratet und die crewtraditionelle Whisky-Karaffe mit der taktischen Nummer der Verheiratung und dem Crew-Schlachtruf »Hotje-Hoy« überreicht bekommen. Es gehörte zur Selbstverständlichkeit, daß die noch

Unverheirateten der Crew jederzeit als vertraute liebe Gäste bei jedem Crew-Ehepaar ohne besondere Anmeldung überfallartig erscheinen konnten und gerne auch davon Gebrauch machten. Oft kam es vor, daß die Unverheirateten sich um die »armen« Frauen kümmerten, wenn die Männer in See waren oder sogar für längere Zeit auf Auslandsreisen.

Im Hause wohnte auch der damalige Korvettenkapitän, spätere Admiral Krancke, der nach unserem Pflichtbesuch bei ihm aber für uns ein viel zu »hohes Tier« war, um engeren Kontakt aufzunehmen. Wir hatten genug zu tun, um unsere vielen Pflichtbesuche zu absolvieren, wie sie die damalige Etikette selbstverständlich erforderte.

Die Marine kannte außer den natürlich notwendigen Besuchen bei den unmittelbaren Vorgesetzten, die sich meist in gegenseitigen kleineren Einladungen fortsetzten, auch noch den Besuchsaustausch der einzelnen Schiffe oder Verbände, der regelmäßig nach allen größeren Umkommandierungen zum 1. April und 1. Oktober jeden Jahres stattfand. Man kam an einem Orte zusammen, begrüßte sich gegenseitig, trank einen Sherry oder Portwein zusammen, unterhielt sich mit möglichst vielen, trug sich in eine Liste des betreffenden Kommandos ein, und die formellen Pflichten waren für das Kommando-Jahr erledigt. Das Ganze hatte Form und Stil und förderte das Zusammenleben.

Die Einrichtung der Heiratserlaubnis – einmal abgesehen von dem törichten »Ariernachweis« – hielt ich damals für richtig und bedauere es, daß sie heute nicht mehr erforderlich ist. Die Weimarer Republik hatte das ständische Bewußtsein der Mehrheit der Bevölkerung nicht zu ändern vermocht. Die Auswahl des Offiziernachwuchses war ganz bewußt darauf ausgerichtet, die Besonderheit dieses Staat und Volk verpflichteten Berufsstandes bürgerlicher und adeliger Herkunft zu erhalten. Es lag nahe, dafür zu sorgen, daß durch eine adäquate Ehe diese Auffassung von Pflicht, Treue, Wahrhaftigkeit, Anspruchslosigkeit, Opferbereitschaft und Standesethik nicht nur erhalten blieb, sondern sich auch in den nachfolgenden Generationen vererbte. Demzufolge waren auch an die Ehefrauen Maßstäbe anzulegen, die sich aus dem gleichen Lebensmilieu erwarten ließen und in denen die unbedingte Kameradschaft in guten und in schlechten Tagen wichtiger waren als vielleicht Geld und eventuelle emanzipatorische oder intellektuelle Befähigungen.

Diese später oft verleumdeten Auswahlkriterien gaben dem Offizierskorps lange die Festigkeit und innere Geschlossenheit, die in der Marine auch bis zum bitteren Ende des Krieges trotz Anzeichen bereits vorher einsetzender Verwässerung standhielten. Die Haltung der Witwen der Marineoffiziere in der Kriegs- und Nachkriegszeit und der meisten Ehefrauen hat für die Richtigkeit dieser Auffassung ein eindeutiges Zeugnis abgelegt und damit praktisch jene oft kritisierte Auswahl glänzend gerechtfertigt. Raeder hat die Heiratsgenehmigung mit Zähnen und Klauen gegen die unbedenklichere und laxere Auffassung der NS-Potentaten verteidigt.

Das politische Klima dieser Zeit war dazu angetan, unsere seit Januar 1933 wachsende Zuversicht zu stärken. Nach lange fruchtlosen Versuchen, so stellte es sich uns dar, die tatsächliche praktische Gleichberechtigung mit den anderen Völkern zu erlangen, trat Deutschland im Oktober des Jahres 1933 aus dem Völkerbund aus. Ich kann mich nicht erinnern, daß es jemanden gegeben hätte, der diesen längst fälligen Schritt der Selbstachtung nicht auch gebilligt hätte. In erstaunlich kurzer Zeit war es der neuen Regierung gelungen, die Arbeitslosenzahl von sechs Millionen im Februar 1933 auf knappe vier Millionen bei Jahresende 1933 zurückzuschrauben. Das Volk zeigte sich von Optimismus erfüllt.

Wenn das Gespräch in der Messe auf die Politik kam, dann meist im positiven Sinne. Die innenpolitischen Vorgänge blieben meist unerwähnt und fanden wenig Interesse.

Hitler hatte überdies verkündet, daß die »Revolution« jetzt vorbei sei und nun die Weiterentwicklung, die Evolution, kommen müsse. Somit schien die innenpolitische Szene sich zu beruhigen. Von der Insellage der Reichsmarine aus gesehen, schien das nationale Leben wieder in Ordnung zu sein. Da ereignete sich der »Röhm-Putsch« oder das, was sich als solcher ansehen lassen sollte. Damals war ich von der Wahrheit aller offiziellen Mitteilungen überzeugt, auch wenn uns allen unvorstellbar war, daß es die SA gewagt hätte, die Rolle der Reichswehr zu übernehmen. Wir hatten auch aus unserer begrenzten Sicht der Dinge in Kiel niemals den Eindruck, daß die Rolle der SA über die einer Art Kriegsspielerei hinausgehen sollte. Zwar gab es sogar eine Marine-SA, die ab und zu auch beim Kutterpullen auf der Förde zu sehen war, aber weder hatte jemand einmal diese Männer beim Waffendienst gesehen, noch traute man ihren örtlichen Führern, mehr oder weniger biederen Kieler Bürgern, die Rolle von Usurpatoren zu.

Die Umstände, wie nun die SA ausgeschaltet wurde, waren bestürzend, soviel man davon erfuhr. Erstmalig war zu Bedenken Anlaß, wenn man auch sehr schnell mit Kernsätzen wie »wo gehobelt wird, da fallen eben auch Späne« zu gerne darüber hinwegzugehen bereit war.

Ich erinnere mich, daß mein Vater mir einige Wochen später mitteilte, daß bei dieser Gelegenheit auch sein Regimentskamerad, der General v. Schleicher, und dessen Frau in ihrer Wohnung erschossen worden wären. Ich konnte und wollte es auch nicht glauben, daß das mit Wissen Hitlers geschehen sei, sondern nahm an, daß es eben Übergriffe losgelassener kleiner Gangster gewesen seien. Tatsächlich entwickelte sich von da an das Gerede, daß eben der Führer unmöglich alle die unerfreulichen Dinge kennen könne und daß eben meist derartige oder später auch andere Übeltaten auf den Demagogen Goebbels und seine wüsten Horden zurückzuführen seien.

Wir waren am 30. Juni mit *T-156* und dem FdM in Wilhelmshaven zum Stapellauf des Panzerschiffes *Admiral Graf Spee* und hörten am Abend von den Ereignissen von Wiessee. An einem der nächsten Tage lag bereits ein Erlaß des damaligen Reichswehrministers v. Blomberg vor etwa des Inhalts, daß die Wehrmacht als einziger Waffenträger der Nation fern vom innenpolitischen Kampf zu stehen habe. Das vermittelte den Eindruck einer tatsächlich im letzten Augenblick abgewendeten Gefahr für das ganze Land und trug sehr wesentlich zur Beruhigung der Gemüter bei.

Anfang Juli wurde ich plötzlich, ohne Voranmeldung, zu meiner

Überraschung (und großen Freude) auf den Kreuzer *Königsberg* zur Teilnahme an dessen Englandreise kommandiert.

Ruth war natürlich weniger begeistert, so wenige Wochen nach unserer Hochzeit, zumal für das Kommando keine Beendigung angegeben war. Ich aber zog stolz auf der *Königsberg* in eine Einzelkammer unter der Brücke ein und meldete mich bei meinem alten Kadettenoffizier, Korvettenkapitän Ruhfus, jetzt IO der *Königsberg*, der sich ehrlich freute, einen seiner einstigen Kadetten nun hier als Verstärkung zu erleben. Tatsächlich hatte er allen Grund, sich zu freuen, denn er war mit dem an Bord vorhandenen Offizierskorps nicht gerade verwöhnt. Ich habe nie wieder ein derartig unausgewogen und ungünstig zusammengesetztes Offizierskorps erlebt, zumal auf einem Kreuzer, der nun gerade eine ganz besondere repräsentative Aufgabe übernahm.

Die *Königsberg* als Flaggschiff des BdA unter Kapitän z. S. Otto v. Schrader und der Kreuzer *Leipzig* unter dem Kapitän z. S. Hormel gingen in den ersten Julitagen von Kiel aus durch den Kanal in die Nordsee und liefen dann zusammen in Parade-Aufstellung in Portsmouth ein. Es war ein großes Erlebnis, an einem herrlichen Sommertage über die Reede von Spithead vorbei am berühmten Spitfort in den Hafen der Royal Navy einzulaufen. Der Schwere Kreuzer *Dorsetshire* war unser Komplimentier-Schiff, unser alter Bekannter von Kiel und Libau. Die Engländer waren offensichtlich bemüht, sich mit uns gutzustellen und das sogenannte »große Entgegenkommen« zu praktizieren. Auf der Hinreise hatte ich Wache auf der Brücke als W.O. gegangen und war nun auch im Hafen mit als Offizier vom Tagesdienst eingeteilt, vorzugsweise zu den Tagen mit großen Empfängen an Bord.

Eine Festlichkeit jagte die andere. Die Gastgeber taten wirklich alles, um uns den Aufenthalt so angenehm wie nur möglich zu machen.

Neben den meist etwas steifen rein offiziellen Veranstaltungen gab es auch eine ganze Reihe Einladungen der britischen Offiziere in ihre Familien und dort dann, weniger förmlich, auch ausgedehnte Konversationen über den Weltkrieg und das Unglück der damaligen Feindschaft. Nun, die »Platte« kannten wir schon von vorangegangenen Treffen. Aber da sich hier nun sogar auch die Damen dieser These bemächtigten, konnte man versucht sein, das Gerede von den »zwei weißen Völkern« tatsächlich für bare Münze zu nehmen.

Aber daneben kam erstaunlicherweise immer wieder das Thema »Röhm-Putsch« und seine »Erledigung« zur Sprache, wobei ganz ostentativ gerade von den Damen die Untreue Hitlers seinem Freunde Röhm gegenüber als unverständlich und unverzeihlich betont wurde.

Es war nicht einfach, immer wieder die offizielle Version der Ereignisse zu vertreten. So hatte ich eine fast einstündige Diskussion mit einer Admiralstochter, die das erschütternd charakterlose Ermorden ohne Gerichtsverfahren einfach nicht verstehen wollte. Es ist mir nicht gelungen, die reizende, charmante und bildschöne junge Dame zu beruhigen, geschweige denn, sie von der Richtigkeit der Maßnahme zu überzeugen, wie sie uns dargestellt worden war. Tatsächlich überschattete das Röhm-Ereignis unseren Besuch in England doch merklich. Auch der Admiral der Marinestation Portsmouth kam in seiner großen Rede auf der Nelsonschen *Victory* beim feierlichen Mittagessen mit einer sehr eleganten, aber dennoch deutlichen Bemerkung auf dies Ereignis zu sprechen, was eigentlich bei einer offiziellen Veranlassung zum mindesten ungewöhnlich war. Die jüngeren Offiziere der Royal Navy gaben sich durchgehend aufgeschlossen und wenig gehemmt. Mein Freund von der *Dorsetshire*, seit deren Besuch in Kiel, der Leutnant der Royal Marines Peter Harvey, war sogar richtig freundschaftlich.

Meist gluckerte ich mit Ruhfus nach dem Anbordkommen von den Festen an Land noch ein paar Gläser Whisky. Dann kam sein ganzer Kummer zum Vorschein. Das eine war das Unglück mit der *Niobe*, über das er einfach nicht hinwegkam, das andere aber war sein unberechenbarer Kommandant, mit dem er bei aller Mühe nicht klarkam, »Ottchen« Schrader, ein Marine-Original, aber auch ein Mann von großem Ehrgeiz und einem unkomplizierten Verstand, aller Theorie abhold. Unzählige Geschichten und Anekdoten kreisten um seine Person, von denen ich zwei selbst in der Zeit meiner Kommandierung auf der *Königsberg* miterlebte. Er stammte aus Ostpreußen, berlinerte aber unvergleichlich. Im Weltkrieg war er als Oberleutnant z. S. nacheinander Kommandant von *UC-31* und *UB-64* in der U-Flottille Flandern gewesen, hatte den Hohenzollern-Hausorden bekommen und galt als wilder Draufgänger. In der Reichsmarine hatte er als IO der *Hessen* nicht unerhebliche Berühmtheit erlangt dadurch, daß er mit der *Hessen* an der Boje liegend in der Nacht vor der Besichtigung durch den Flottenchef das Schiff durch Schlepper vom Arsenal die ganze Nacht quer zum Winde hatte schleppen lassen, damit die unvermeidlichen »Heizerflöhe«, der Kohleaschenstaub, nicht auf die Hochglanz gescheuerte Schanze herabfielen und er dann am nächsten Tage mit einer »geleckten« Schanze beim Flottenchef Eindruck machen konnte. Dem Vernehmen nach hat der Flottenchef, Admiral Oldekop, diese unvergleichliche Anstrengung nicht einmal bemerkt.

Was machten zwei Kriegsschiffe der Reichsmarine, wenn sie, wie in diesem Falle, im Verbande marschierten? Da reichte natürlich das Fahren in Kiellinie oder auch in Staffel nicht aus. Da mußten dann unter allen Umständen täglich Fahrübungen mit allen nur möglichen Formationsänderungen stattfinden. Wenn dann noch auf einem Schiff eine Kommando-Flagge wehte, dann nahm auch noch der jeweilige Befehlshaber die Gelegenheit wahr, die beiden Schiffe von der Admiralsbrücke zu lenken und nach seinem weisen Ratschluß das Wasser pflügen zu lassen. Hatten sich nun die beiden Kreuzer auf der Hinreise noch zurückgehalten, dann aber war es jetzt nach dem Auslaufen nach dem sechstägigen Besuch allerhöchste Zeit, das Fahren im Verbande zu üben. Schrader hatte sich mit Vorbedacht von den Artilleriemechanikern seines Schiffes eine kleine handliche Rechenscheibe machen lassen, die mit zwei Gradkreisen, die sich bei den Formationsübungen um das feststehende Mittelstück drehen ließen, ihm bei richtiger Bedienung sowohl den dann anliegenden Kompaßkurs als auch die Kompaßpeilung des anderen Schiffes verraten konnten. Die Voraussetzung war eben nur, daß die Einstellungen richtig vorgenommen werden mußten.

Es war ein herrlicher Tag in der frischen See. Ich hatte die Vormittagswache von 8 bis 12 Uhr auf der Brücke, als gegen 9 Uhr von der Admiralsbrücke der Ruf ertönte: »*Königsberg*«. Ich meldete mich mit »*Königsberg* Achtung«, worauf es von oben ertönte: »Der BdA beabsichtigt zu evolutionieren! Anfang 9.30 Uhr!« Zugleich ging auf der BdA-Brücke das entsprechende Flaggen-Signal hoch an die in Kiellinie folgende *Leipzig*. In wenigen Minuten erschien Schrader mit seiner blankpolierten Messingrechenscheibe in der Hand. Gegen halb 10 Uhr pünktlich erschien Kolbe auf der Admiralsbrücke, und der Chef des Stabes übernahm das Kommando über den Verband. Und dann ging es auch gleich los mit allen Bewegungen zweier Schiffe zueinander und miteinander, die überhaupt möglich waren. Ich kannte den Zirkus seit meiner Fähnrichzeit auf der *Schleswig-Holstein* und der Kreuzerzeit auf der *Königsberg* als kleiner Leutnant, so daß *Kö* von der Admiralsbrücke keine Rüge erteilt bekam. Mit Besorgnis aber sah ich zu »Ottchen« hin, der sich rechtschaffen abmühte, die Gradkreiseinstellungen rechtzeitig und richtig durchzuführen und dann fast lakonisch den Rudergänger nach dem anliegenden Kurs befragte. Ich sah, wie er dann voller Unruhe zunächst, dann aber mit offenbarer Verzweiflung an der Scheibe hantierte und dann bei der Kursnennung des Rudergängers fast entmutigt die Achseln zuckte. Dennoch gab er nicht so schnell auf. Aber da kam dann plötzlich das Signal an die *Leipzig*: »Peilung soll sein 40 Grad«, was bedeutete, daß *Leipzig* das Flaggschiff in 40 Grad rechtweisend pellen, den Kurs aber beibehalten sollte. Zweimal fragte mich Schrader, ob er das richtig verstanden hätte, was ich nur bejahen konnte. Da war es dann aber auch um seine Selbstbeherrschung plötzlich geschehen, als nun wir die *Leipzig* in 220 Grad rechtweisend auf Nordkurs 0 Grad peilten. Er war bei seinen Einstellungen zu einem vollkommen anderen Resultat gekommen, was unschwer aus seiner Verzweiflung zu entnehmen war. Da richtete er sich plötzlich in voller Größe auf und warf mit den Worten: »Wissen' Se W.O., die Scheibe taugt nichts« die neue kunstvolle Rechenscheibe außenbords. Es fiel der Brückenbesatzung nicht leicht, ein brüllendes Gelächter zu unterdrücken. »Ottchen« aber verschwand im Kartenhaus und kam erst nach Beendigung der Fahrtübungen wieder zum Vorschein.

Es gab damals in den Zigarettenpackungen bestimmter Marken alle möglichen Erinnerungen an den Weltkrieg. So fanden wir eines Abends in der Messe beim Bridgespielen in einer Zigarettenpackung ein Bildchen »Berühmte U-Bootkommandanten des Weltkrieges, Oberleutnant z. S. Otto v. Schrader, Kommandant *UB-64*, Ritter des Hausordens von Hohenzollern«. Das war etwas für Schrader. Der Adjutant, der 28er Schulze (Wilhelm) übernahm es, »Ottchen« am nächsten Vormittag auf der Brücke das Bildchen beiläufig unterzujubeln. Schulze staffelte langsam an den in der Brückennock stehenden Schrader heran: »Moijen, Schulze!« »Morgen, Herr Kapitän!« »Na, wat gibt's denn, Schulze, Se haben doch wat!« »Jawohl, Herr Kapitän, wir haben dies Bild gestern abend in einer Zigarettenpackung gefunden!« »Na, dann zeijen Se mal her!«, aufmerksam das Bildchen betrachtend: »Nee, wat de Leute heut' allens machen an Reklame. Kann ick dat haben für meine Kinder?« »Aber natürlich, Herr Kapitän.« Schrader steckte das Bildchen sorgsam weg und guckte traumverloren in die blaue See, raffte sich dann aber plötzlich auf und rief den sich langsam entfernt habenden Schulze wieder zu sich in die Brückennock: »Sagen' Se, Schulze, wie war dat, wo war dat drin?« »In einer Zigarettenpackung von Josetti-Juno zu dreieindrittel Pfennig!« »Ach nee.« Schulze entfernte sich bereits wieder, als Ottchen plötzlich ihn nochmals zurückrief und sagte: »Hören Se, Schulze, dreieindrittel … da schreiben Se mal an die Firma, ick möcht inne bessere Sorte!« Sprach's und ging ins Kartenhaus.

Schrader war ein ganzer Mann und Offizier. Er nahm unter vollem persönlichen Einsatz an der Erbeutung eines britischen Torpedobootes als Admiral der Norwegischen Westküste teil und zog nach der Niederlage des Reiches den Freitod der schmählichen Gefangenschaft vor. Seine Marotten und Originalitäten machten ihn weithin bekannt, doch nichts konnte auf seine vorbildliche Haltung irgendeinen Schatten werfen.

Ich gedachte, zurück in Kiel von der Englandreise, sofort wieder auszusteigen und meine FdM-Tätigkeit wiederaufzunehmen. Doch man hatte schon wieder anders über mich bestimmt. Ich sollte auch noch für die anschließende Reval-Besuchsreise der *Kö-*

nigsberg an Bord bleiben. Natürlich war ich einverstanden. Doch tat mir Ruth leid. Ruhfus, der wahrscheinlich hinter dieser weiteren Kommandierung gesteckt hat, war froh und zufrieden, daß ich ihm auch noch für diese Reise (ohne BdA-Stab) zur Verfügung stand. Er war tatsächlich mit seinen Wach- und Divisionsoffizieren nicht gerade gesegnet. Es passierten auf dem Schiff infolge einer ungeeigneten Offizierbesetzung Dinge, die ich auf anderen Schiffen weder früher noch später erlebt habe. Auf Brückenwache schlafen war noch ein mildes Delikt. Ich erinnere mich, daß ich bei einem hochoffiziellen Mittagessen im Schwarzhäupterhaus in Reval die Schienbeine eines älteren Kameraden mit Fußtritten bearbeiten mußte, um diesen aus einem allen sichtbaren Schlaf zu wecken.

Auch in Reval war ich mit Ruhfus bei mehreren privaten Parties. Die Stimmung der dort lebenden, sehr national eingestellten Deutschen war bereits erheblich gedrückt, da sich die Esten zunehmend chauvinistisch gebärdeten. So war eigentlich diese Reise etwas deprimierend, trotz aller uns zuteil werdenden großzügigen Gastfreundschaft.

Seglerisch hat mir das Jahr 1934 große Erfolge gebracht. Ich hatte mich jedoch in erster Linie auf die Kriegsschiff-Beiboote konzentrieren müssen, da der FdM keine eigenen Dienstsegelboote hatte und es schwierig war, für mich als Offizier im fahrenden Verband rechtzeitig MRV-eigene Boote für die Kieler Regatten zu bestellen. Pfingsten hatte ich mich zur Teilnahme an der Nordseewoche für den Seefahrtskreuzer *Zikade* als Steuermann gemeldet. Als ich meine Besatzung benennen mußte und meine Frau als Vorschotmann angegeben hatte, wies mich der Kapitänleutnant Rogge von der Bildungsinspektion, der die Vergabe regelte, mit dem Hinweis ab, daß diese Besetzung als »nicht ausreichend« für Nordseeverhältnisse abgelehnt werden müsse. Natürlich ließ ich mir das nicht so ohne weiteres gefallen, und so kam es zu einer Kontroverse mit einem Offizier, von dem ich noch nicht wissen konnte, wie oft und wie eng wir miteinander noch in der Zukunft zu tun haben würden. Und natürlich gab Rogge nicht nach, so daß ich auf dic Teilnahme verzichtete.

Als der Herbststellenwechsel da war und ich meinen Seesack schnürte, da war Mäxer Freymadl so großzügig, daß er mir seine Beurteilung über mich vorlas. Ich konnte in jeder Weise zufrieden sein. Auch Ramien, der FdM, verabschiedete mich mit großem Wohlwollen und allen guten Wünschen, daß ich mal dereinst ein vorzüglicher Minensuchkommandant werden sollte. Genau aber das war es, was ich nun wirklich gar nicht so gerne werden wollte. Natürlich wagte ich es nicht, ihm das zu sagen. Ich hätte sein väterliches Wohlwollen kränken können.

Ramien nahm ein frühes, schreckliches Ende. Fast unmittelbar nach der britischen Kriegserklärung 1939 beging er trotz seiner großen Familie und jungen Ehe Selbstmord. Es blieb offen, ob die englische Gefangenschaft, in die er am 29. August 1918 geraten war, nachdem er nur mit großer Mühe nach einem Minentreffer im Kanal aus seinem Boot *UB-109* aussteigen konnte, für diese Entscheidung mitbestimmend gewesen war.

Artillerie-Referent bei 2. MSH und I. W.O. auf *T-157* vom 1. Oktober 1934 zum 1. Oktober 1935

Am 1. Oktober meldete ich mich vom FdM-Führerboot zur 2. Minensuch-Halbflottille kommandiert beim Flottillenchef, dem Kapitänleutnant Schomburg, Oscar, Crew 15, auf dem Führerboot an der Tirpitzmole in der Wik.

Nach einigen von offensichtlichem Wohlwollen geprägten Worten des Flottillenchefs erhielt ich die Weisung, auf *T-157* bei dem Kapitänleutnant Hugo Pahl, Crew 18, als Wachoffizier einzusteigen. Mein Vorgänger, der Oberleutnant z. S. Hans Sönnlichsen (Crew 24), war bereits ausgestiegen. Ich kam zu meinem Segelkonkurrenten im Dinghi und in der 12-Fuß-Jolle aus den vergangenen Jahren. »Mungo«, wie der Kommandant allgemein genannt wurde, war Plöner Korpskadett gewesen, noch 1918 in die Marine eingetreten, danach im Freikorps und noch Junggeselle. Er stammte aus Laboe bei Kiel, wo der Vater Lotse gewesen war. Er war das, was wir damals in der Marine mit »breiter Axt« bezeichneten.

So schienen die Aspekte der Kommandierung zunächst gar nicht schlecht zu sein. Natürlich wurde ich auf Grund meiner Vorbildung auch wieder Artillerie-Referent der Flottille und bereitete damit dem Führerbootskommandanten, der gerade auch einen AO-b-Lehrgang hinter sich gebracht hatte, größeren Kummer, weil ich doch jahrgangsmäßig sehr viel jünger war. Immerhin war er einer unserer Zugoffiziere auf dem Fähnrichs-Infanterie-Lehrgang gewesen.

Dank Freymadls guter Vorbereitung kam ich auch auf der Brükke mit »Mungo« gut klar und konnte manches von ihm lernen.

Das Boot war offiziermäßig unterbesetzt. Einen zweiten Wachoffizier gab es nicht, das machte der Obersteuermann Hoffmann. LI war der Oberleutnant (Ing.) Dohnke, der an Nierensteinen litt und häufig ausfiel. So waren wir meist nur zwei Mann in der Messe, der Kommandant und ich.

»Mungo« hatte natürlich eine Landwohnung. Er war aber meist zu faul, um nach dem Einlaufen noch an Land zu gehen. So erwartete er natürlich, daß auch sein I. W.O. an Bord blieb, um mit ihm nach dem Festmachen bis weit nach Mitternacht Doppelkopf zu spielen. Das war für einen Jungverheirateten nicht immer sehr erfreulich, aber ich mußte es erdulden. Seine stete Behauptung ging dahin, daß Verheiratete nur »halbe Gefechtskraft« darstellten. Ganz wild wurde er, wenn beim Einlaufen gleich nach Passieren von Friedrichsort schon die nicht mehr zum Manöver benötigten verheirateten Obermaschinisten, älteren Unteroffiziere und alten Stabsgefreiten mit ihren Aktentaschen an Deck kamen, um gleich nach dem Festmachen an Land zu jumpen. Das wußte bald jeder der Besatzung, weshalb sie es nicht mehr wagten, sich an Deck zu zeigen, sondern in ihrem Ausgehzeug unter der Back klar standen.

Diese alten Torpedoboote wurden unentwegt zu Diensten außerhalb ihrer Flottille herangezogen, so zum Beispiel zum Torpedo-Übungsschießen der Kreuzer und Panzerschiffe in der äußeren Lübecker Bucht. Dann mußten die Torpedos wieder eingefangen und nachher wieder an die übenden Schiffe abgeben werden, ein Arbeitsdienst, der uns weit über den Flottillenrahmen hinaus oft wochenlang in See beschäftigte. Nach dem Nachtschießen und der anschließenden Torpedo-Abgabe an das übende Schiff war es meist um Mitternacht, wenn auch wir zu Anker gehen konnten, um am nächsten Morgen, spätestens um 8 Uhr schon wieder in Kiellinie hinter dem übenden Schiff zu stehen. Meist war am Freitag um Mitternacht der Schießtörn beendet, und wir wurden für das Wochenende nach Kiel entlassen. Dann aber ging es nach der Torpedo-Abgabe mit »AK« durch den Fehmarnsund nach Kiel, wo wir dann so gegen 4 Uhr festmachten. Der Kommandant hatte sich meist nach der Torpedo-Abgabe aufs Ohr gelegt und mir den Rückmarsch überlassen. Aber wenn er nach dem Festmachen plötzlich aufwachte, dann konnte es geschehen, daß er mich und den Obersteuermann zum Doppelkopf bis zum Hellwerden aus den Kojen holte. Heute würde man sagen, daß wir verständlicherweise »sauer« waren – aber da kannte er keinerlei Rücksicht. Überdies neigte er periodisch zum Alkohol, meist zum elendesten Weinbrand.

Hatten wir eine längere Fangperiode für die Flotte hinter uns und lagen gerade keine Sperrübungen der Flottille oder des FdM-Verbandes im Programm, dann bekamen wir zur Belohnung »Einzelübungen« nach Plan vom Chef der Halb-Flottille zugeteilt. Auf nach Helgoland. Das war dann »Mungos« Hauptziel. Meist lagen wir zwei Tage in Helgoland, suchten uns beim Fischer Brodersen den besten Hummer aus und bildeten uns ein, daß der Whisky, der Gin, der Martell und der Remy-Martin weit billiger wären als auf dem Festlande.

Im Dezember 1934, als wir wieder einmal alleine in Helgoland lagen, wollte Mungo unbedingt im großen Kreis an Land gehen. Wir waren gezwungen, der ehemalige Kaiserliche Oberleutnant z. S. Scheeder-Bieschin, zu einer Reserve-Übung an Bord kommandiert, der Obersteuermann Hoffmann und ich, mit ihm an Land zu fahren, obwohl nun kein W.O. mehr an Bord war, der im Notfalle hätte ankerauf gehen können. Wie schon oft erlebt, war nach dem Hummer-Essen die Stimmung schon wieder einmal ganz hoch. Nach dem Essen gingen wir dann auch auf das Oberland, um frische Luft zu schöpfen. Plötzlich waren wir am Leuchtturm, und Mungo bot eine seiner unnachahmlichen Wetten an, daß er allein in der Lage sein würde, mit dem Lichtstrahl des Leuchtturms eine volle Runde mitzudrehen, ohne daß der Lichtstrahl ihn überholen würde. Natürlich wußte jeder, daß unmittelbar um den Leuchtturm herum größere Felsbrocken lagerten, die den Kurs behinderten. Dennoch mußte der übermütige Spaß über die Bühne gehen. Es passierte, was zu erwarten war. Der wilde Mungo stürzte beim ersten Versuch über einen der Felsbrocken und brach sich ein Bein.

Dieser Helgolandbesuch war damit beendet. Am nächsten Tage, einem Sonntag, ging ich dann ankerauf und dampfte nach Kiel zurück, nachdem ich den Beinbruch des Kommandanten beim »Aussteigen aus dem Elevator« in Helgoland, der, nie richtig funktionierend, das Unter- mit dem Oberland verband, durch FT an die Station O gemeldet hatte. Zum mindesten mußte ein stellvertretender Kommandant ernannt werden. Zu meinem größten Erstaunen, entgegen allen Erwartungen, wurde ich das, zum Verdruß aller der erheblich älteren M-Bootskommandanten. Das aber hat mir der nachfolgende Älteste Kommandant der Flottille – im Marinejargon stets »Ärger-Karl« genannt – in diesem Fall auch noch der Führerbootskommandant, der Oberleutnant z. S. Wolfgang Kähler, nie verziehen.

Es gab in den Flottillen der Reichsmarine eine die Kameradschaft und Geselligkeit außerordentlich fördernde Einrichtung, den Wachbootskaffee. Im Hafen hörte der Dienst ganz allgemein am Sonnabend nach der Mittagsmusterung auf. Nach dem dann stattfindenden bootsweisen Mittagessen gab das Wachboot in der Offiziermesse diesen legendären Wachbootskaffee, zu dem sich sämtliche Kommandanten und der Flottillenchef einfanden. Meist dauerte er ein bis zwei Stunden und diente auch dazu, die Ereignisse der Woche durchzusprechen, wenn auch der kameradschaftliche und heitere Aspekt im Vordergrund stand. Natürlich wagte ich es nicht, als ich nun stellvertretender Kommandant geworden war, von mir aus zum Wachbootskaffee zu gehen. Nun war gerade

T-157 am nächsten Sonnabend nach meiner Bestellung Wachboot. Ich blieb an Bord, bis plötzlich der Flottillenchef den Läufer Deck des Wachbootes schickte, um mich zu holen. Da saß ich nun als kleiner Oberleutnant im Kreise der recht viel älteren Kapitänleutnante. Aber Oscar Schomburg machte meine Einführung doch sehr reizend und überzeugend, so daß ich nach anfänglicher Zurückhaltung im Kreise dieser hehren Kapitäne bald ästimiert wurde.

Nach Weihnachten gingen wir zu einer recht umfangreichen Überholung in die Werft. Ein junger, sehr zackiger Baurat leitete die Werftsitzung, auf der nun über alle beantragten Arbeiten zwischen dem Kommando und der Werft, in diesem Falle den »Deutschen Werken«, entschieden werden mußte. Ich hatte diese Sitzung als verantwortlicher Kommandant für die »Kriegsdienstverwendungsfähigkeit« dieses angejahrten Untersatzes zu überstehen. Der Marinebaurat Aschmoneit ließ sich mir gegenüber auch nicht zu der geringsten Konzession herbei. Er hatte die Arbeitsaufträge bereits genauestens durchgearbeitet und fast die Hälfte der ihm unnötig erscheinenden Maßnahmen gestrichen. Was mich aber am meisten ärgerte, er vertrat in der Frage der Fertigstellung den Bummeltermin der Werft. Wir gerieten recht heftig aneinander, ohne zu ahnen, daß wir sehr viel später nach dem großen Kriege gemeinsam eine große Wiederaufbauarbeit in bester Harmonie durchzuführen haben würden. Damals habe ich mich schandbar über ihn geärgert.

Ich trat wieder ins zweite Glied, als »Mungo« zurückkehrte. Die lange Genesungszeit hatte ihn nicht etwa milder gestimmt, und es verdroß ihn zusätzlich, wenn ich bei den wöchentlichen Standortsegelwettfahrten vor ihm die Ziellinie passierte.

Durch meine rege Segelaktivität, nicht nur bei den Standortsegelwettfahrten, sondern gelegentlich aller Kieler Regatten war ich auch mit dem Marine-Regatta-Verein eng verwachsen. Den MRV leitete damals der aus der Schiffsjungenlaufbahn aufgestiegene Korvettenkapitän François, der sich mit einer mitreißenden Begeisterung für die Segelei einsetzte.

In dem Gedanken, die Marinen der europäischen Völker zum

friedlichen Segelwettbewerb zusammenzuführen und damit eine gewisse übernationale Marinefreundschaft zu bewirken, hatte Raeder die Station O veranlaßt, schon im Herbst 1934 bei der bekannten Yachtbaufirma Abeking und Rassmussen zwölf völlig gleiche Einheitsboote der Starklasse für die Marine zu bestellen.

Im April 1935 wurden die Boote geliefert und an die bekanntesten und besonders interessierten Segler der Marine im Kieler Raum für die Saison vergeben. Auch ich bekam ein Boot zugewiesen, die *Bellatrix*. Fortan trainierte ich damit, wann immer nur möglich. Die Konkurrenz war groß.

Im Juli 1935 fanden erstmalig die Deutschen Marinemeisterschaften statt, zu denen auch Segel-Wettfahrten der Kriegsschiffbeiboote gehörten. Ich gewann die drei Regatten der Torpedobootskutter; bei sechs Konkurrenten erreichte ich jedesmal den 1. Platz. Ich gewann auch den 1. Preis im Flottenwettrudern für die Torpedobootskutter des FdM. Das häufige Trainieren meiner Kuttercrew hatte sich gelohnt, obwohl es mir von »Mungo« nur Skepsis und maliziösen Spott eingetragen hatte, aber den Männern von *T-157* hatte es doch viel Spaß gemacht.

Am 11. Juni, mitten in der Marinevolkswoche, einer großartigen Propagandaveranstaltung der Reichsmarine, kam unsere Tochter Karen-Helge im Marinelazarett in der Wik zur Welt, während auf dem Kasernenhof der Wik die Erstürmung eines Negerkraals durch Marine-Infanterie und ein Landungskorps eines Auslandskreuzers mit gewaltigem Geschrei und Platzpatronenaufgebot der staunenden Zivilbevölkerung vorgeführt wurde. Ich merkte bald, daß wir nun zu dritt waren, obgleich ich zunächst wenig mit dem Zuwachs anfangen konnte.

Alles erschien damals in hellem Lichte. Es ging ein Aufatmen durch das ganze Reich, die Zeit der Demütigungen nach dem verlorenen Krieg schien vorüber zu sein. Alles atmete wieder Hoffnung und Freude. Es begann sich ein Gefühl dafür auszubreiten, daß alle zusammengehörten, daß es nur der Einigkeit bedurfte, um die vielfältigen Probleme, zum Beispiel die Arbeitslosigkeit, zu beseitigen. Das Reich gewann von Tag zu Tag an Anerkennung, außenpolitisch schienen keine Wolken am Horizont zu sein. Hitler gab sich in seiner großen »Friedensrede der 13 Punkte« am 21. Mai 1935 außergewöhnlich friedfertig. Wieder, so muß ich auch heute sagen, waren wir mit Hitler einig, obwohl wir ihn weder gewählt noch als »unpolitische« Reichswehroffiziere in irgendeiner Weise gefördert hatten.

Der deutsch-englische Flottenvertrag vom 18. Juni 1935 bedeutete in jeder Weise einen Durchbruch. Deutschland, Protagonist der U-Bootwaffe im Ersten Weltkrieg, durfte endlich wieder U-Boote zu seiner Verteidigung bauen. Das vertragliche Verhältnis der Marinen zueinander von 35:100 sagte klar aus, daß an eine Frontstellung gegen England gar nicht gedacht war. Oft und immer wieder hatte Hitler betont, daß er England für den großen Ordnungsfaktor in der Welt hielt, daß das britische Empire für eine friedliche Zukunft der Welt von hervorragender Bedeutung sei.

Natürlich muß man zugeben, daß wir auch beruflich erfreut und hoffnungsvoll in die Zukunft sahen. Die Aufstiegschancen hatten sich gegenüber der Weimarer Reichsmarine mit ihren vier alten Hochbordpanzerschiffen der Lothringen-Klasse und den genau 800 Offizieren aller Marinedienstzweige geradezu unwahrscheinlich verbessert.

Neben außenpolitischen Erfolgen und angesichts gestiegener beruflicher Chancen traten die im September verkündeten »Nürnberger Gesetze« ganz in den Schatten, zumal sie uns in keiner Weise zu berühren schienen. Wie viele andere neue Gesetze oder Bestimmungen tat ich sie damit ab, daß sicherlich nichts so heiß gegessen würde, wie es nun einmal gekocht war. Meine Eltern indes waren empört, mein Vater geriet vollkommen außer sich, weil diese Maßnahmen seinen ausgesprochen liberalen Grundsätzen zuwiderliefen.

Unmittelbar nach den Herbstübungen, die in Swinemünde endeten und die ganze damalige Reichsmarine vereinigten, kam der Ostseestations-Tagesbefehl mit den neuen Stellenbesetzungen. Ich traute meinen Augen nicht. Ich war als II. Artillerieoffizier auf den Auslandskreuzer *Karlsruhe* kommandiert. Das war weit mehr, als ich erwartet hatte. Weniger erfreut würde aber wohl meine Frau sein, wenn ich in jedem Falle nun noch vor Weihnachten für eine längere Zeitspanne ins Ausland ginge. Sie nahm aber diese Verwendung mit Verständnis und großzügig auf.

II. Artillerie- und Divisionsoffizier auf *Karlsruhe*; Auslandsreise vorn November 1935 bis Juni 1936

Ich freute mich besonders, das künftige Bordkommando mit meinem Crew-Kameraden Gustav Forstmann zu teilen.

Kommandant war der gutaussehende Kapitän z. S. Leopold Siemens, der vom Marine-Personalamt kam und, an der Quelle sitzend, dafür gesorgt hatte, daß er gute Offiziere an Bord hatte. Wir mochten ihn gern und nannten ihn sehr bald nur noch »Poldi«. Siemens war im Ersten Weltkrieg noch Wachoffizier auf einem U-Boot gewesen, hatte aber in der Reichsmarine bisher vorwiegend nur Stabskommandos gehabt. Mit U-Bootsabzeichen und EK I war er im Ausland, wo diese Auszeichnungen besonders wichtig genommen wurden, eine wirklich gute Erscheinung.

IO war der Korvettenkapitän Bernhard Rogge, ein erstklassiger, begeisterter Segler und Seemann. Er war 1915 als Freiwilliger in die Kaiserliche Marine eingetreten, hatte beide Eiserne Kreuze und die Rettungsmedaille am Band, eine seltene, aber besonders hoch zu bewertende Auszeichnung. Rogge, zeitlebens eine überzeugende und mitreißende Persönlichkeit, verlangte sehr viel, war aber auch bereit, alles und jedes an erster Stelle mitzumachen. Wir kannten uns bereits von der Segelei und dem MRV her. Er hatte viel Humor, war eigentlich immer guter Laune und verstand es vor allem sehr gut mit den Feldwebeln und Abschnittsunteroffizieren. In allen seemännischen Fragen voller Kompetenz, war er für einen »Schreibtisch-Kommandanten«, wie die aus Berlin kommenden großen Kapitäne genannt wurden, von entscheidender Wichtigkeit. Siemens fügte sich ihm vernünftigerweise auch gerne. Rogges Entscheidungen erschienen immer als Entschlüsse des Kommandanten. Seine Auslandserfahrung und auch seine fremdsprachliche Gewandtheit waren für einen Auslandskreuzer von besonderer Bedeutung. Natürlich hielt er auch die Offiziermesse gut und harmonisch zusammen.

Rogge, etwa zehn Jahre jünger als der Kommandant, war sehr glücklich, aber kinderlos verheiratet. Seine Frau lebte ausschließlich für ihn und litt ernstlich unter seiner Abwesenheit. Als der Krieg ausbrach und sie erfuhr, daß er zum Kommandanten eines Hilfskreuzers für die Übersee-Handelskriegsführung bestimmt war, nahm sie sich das Leben.

Aus dem damaligen Offizierskorps der *Karlsruhe* gingen Offiziere hervor, die sich später im Kriege besonders auszeichneten. Kadettenoffizier der Crew 35, die mit uns auf Weltreise ging, war der Kapitänleutnant Heinz Assmann, unser Fähnrichsgruppenoffizier beim Zugführerlehrgang in Stralsund. Meine beiden Zugoffiziere waren die Leutnante z. S. Gericke und Heinrich Lehmann-Willenbrock, dieser später einer der tüchtigsten und erfolgreichsten U-Bootskommandanten.

In besonders guter Erinnerung ist mir unser Marinepfarrer Schlüter, der zwar noch sehr jung für sein Amt war, dafür aber ein hervorragender Kamerad, ein geistreicher und hochgebildeter Vertreter seiner Kirche, ein Soldatenpfarrer, wie er sein sollte.

Als er nach der Auslandsreise freiwillig seiner Wehrpflicht nachkam, allein schon ein Zeichen seiner Bemühungen, sich das tiefere Verständnis für den Marinesoldaten zu erwerben, machten wir von Kiel aus einen Messeausflug nach Eckernförde, um den »Marinemutwilligen Schlüter« als Rekrut zu besuchen.

Unsere Reise begann Ende Oktober an der Blücher-Brücke in Kiel. Meine Division hatte Manöverstation auf der Schanze. Ich stand mit den anderen Kameraden am Backbord-Seitengang neben der Hütte. Anzug: Mantel, Schärpe, Eckenkragen. Ab und zu konnte ich einen Blick zu Ruth und den Eltern werfen, die am Poller für die Achterspring standen.

Am 30. Oktober liefen wir in Santa Cruz de Tenerife ein. Alles war wie gehabt, nur brauchten wir nicht zu kohlen, wie damals mit der *Emden*. Auch das Hotel Quisisana erschien in alter Pracht. »Meeting of highlife« flüsterte dem »Dicken«, Freytag, und mir damals ein Kanaker zu. Das später für uns geflügelte Wort ließ uns dann auch einen Besuch nicht ratsam erscheinen. Im Hafen lag der Dampfer *Heinz Horn*, zur Zeit Filmschiff für den Film »Die letzten vier von Santa Cruz«. Assmann fand die Schauspielerin Irene v. Meyenburg recht attraktiv, aber sie war fest in anderen Händen.

Die deutsche Kolonie, sprich die Firma Ahlers, der Inhaber seit Jahrzehnten deutscher Konsul, veranstaltete einen Ausflug zum Mercedeswald. Eine Hälfte der Besatzung fuhr mit Omnibussen hin, die andere wanderte durch sonnige Bergschluchten aufwärts zum Eukalyptuswald im Nordteil der Insel. Die Marschzeit betrug etwa drei Stunden, die Fahrtzeit 40 Minuten. Oben im Mercedeswald hatte die deutsche Kolonie ein Picknick vorbereitet, zum Trinken guten roten Teneriffa-Wein mit hoher PS-Zahl. War morgens um 7 Uhr beim Abmarsch von Bord noch Nebel, so löste er sich mit steigender Sonne schnell auf. Sie brannte unbarmherzig auf die Seeleute, die auf schmalen Ziegen-Trampelpfaden unter Führung eines Einheimischen in den Gebirgstälern hochstiegen. Eine fast mannshohe hellgelbe Pflanze, der Wolfsmilch ähnlich, verbreitete einen nahezu schwindelerregenden herben Duft. Jeder mußte die Augen hart auf die Füße des Vorgängers geheftet halten, um nicht abzustürzen. Das am Morgen noch zu kühle weiße Arbeitszeug glich gegen Mittag einem Warmwasserumschlag. So hatten die braven Seeleute, des Wanderns unkundig, einen unvorstellbaren Durst, als sie am Ziel von den reizenden Landsleuten herzlich in Empfang genommen wurden. Hunger, für dessen Bekämpfung auch bestens gesorgt war, hatte niemand. In großen Korbflaschen stand der rote gute Landwein bereit, obwohl der busfahrende Teil ihm schon kräftig zugesprochen hatte. Leider aber gab es weder Wasser noch nichtalkoholische Getränke. So kam, was kommen mußte. Es dauerte noch keine halbe Stunde, da war die Schar der ermatteten Seeleute eine einzige lebhafte, kaum mehr zu bändigende Masse laut, aber nicht gerade melodisch singender Männer unklarer Aussprache. Dennoch hatten wir mit dem Erstaufstieg den weit besseren Teil erwählt. Denn die bisherigen Busfahrer, jetzt zu Absteigern geworden, hatten weniger aus Durst, sondern mehr aus Lust dem roten Inselwein kräftig zugesprochen.

Sie spürten jetzt beim Abstieg die nicht unerhebliche Behinderung ihres Gradlaufes, verloren den Pfad unter den Fußen und rollten die Hänge herunter. So gab es nicht unerhebliche Verletzungen und Ausfälle. Manche fand man erst nach Dunkelheit. Einige mußten in Transporthängematten an Bord gebracht werden.

Ich hatte zum Glück in meiner Division keine wesentlichen Ausfälle. Dieser Ausflug blieb uns allen in lebhafter Erinnerung und bedeutete eine Warnung, wie man es nicht machen sollte.

Da ich außerdem noch Sportoffizier des Schiffes war, hatte ich auch noch eines Tages mit unserer Bordmannschaft gegen den dortigen Fußballklub anzutreten. Natürlich verloren wir das Spiel. Wir hatten ja auch nie Zeit und Gelegenheit zu trainieren, aber es machte die Spanier sehr stolz, daß sie gegen uns Deutsche gewonnen hatten. Bemerkenswert war allerdings, daß ich meine erste spanische Rede hielt, die ich mir in mühseliger Arbeit angefertigt und sogar verständlich vorgetragen haben soll. Wie oft habe ich im Kriege weit draußen auf See die »glücklichen Inseln« in Höchstspannung auf Feindfahrt passiert und an diese Tage mit Freude und auch wohl etwas Wehmut gedacht.

Am 7. November liefen wir nach Süden aus. Es war der Tag des Flaggenwechsels, der uns allen mächtig an die Nieren ging. Es sank die schönste, klarste, beziehungsreichste und auch im Ausland angesehenste Flagge, unter der je deutsche Kriegs- und Handelsschiffe die Meere befuhren, Schwarz-Weiß-Rot mit dem Eisernen Kreuz in der Mitte.

Es stieg die neue Flagge am Flaggstock am Heck auf, zu der wir erst eine innere Beziehung finden mußten. In gewisser Weise erschien sie als ein Plagiat der alten kaiserlichen Kriegsflagge, doch mit soviel grausamer roter Farbe! Die Flaggenfrage in unserem Heimatlande – warum muß sie immer sein? Der Kommandant hielt eine hervorragende Ansprache, die uns Offizieren das Wasser in die Augen trieb. Es war mehr eine Abschiedsrede, fern jeden Jubels. Nach der stillen Feier mit »alle Mann achteraus« fanden wir uns, alle etwas betreten, in der Messe wieder; jeder hing seinen Gedanken nach.

Nächste Station war die von Portugal verwaltete Tropeninsel

São Tomé, mit allem, was die Natur nur bieten kann an Herrlichkeiten, Ananas, Kakao, köstliche Vanille-Bananen und Kokosnüsse. Die damalige deutsche Devisenknappheit hatte wunderliche Folgen. Wir wurden die ganze Reise über von unserem eigenen Tanker begleitet, der *Mittelmeer* der Reederei Essberger. Er trug uns den Brennstoff, den Proviant und das Bier hinterher und diente zudem noch zur Zieldarstellung für die Gefechts- und Artillerieschießübungen. Wir Offiziere waren auf ganze fünf Dollar pro Hafen limitiert. Dennoch empfanden wir es als ein seltenes Glück, überhaupt einen Blick in die Welt tun zu dürfen.

Als Sportoffizier wollte ich auch dieser Stellung möglichst vielseitig entsprechen. So suchte ich mir unter den Seekadetten die besten und begeistertsten Tennisspieler aus und nahm in jedem Hafen, wo sich Tennisgelegenheit bot, diese Chance wahr. Schon in Teneriffa hatten wir begonnen und setzten unser Training hier jetzt in São Tomé mit Begeisterung fort. Assmann war großzügig genug, die Kadetten zu beurlauben, wenn ich ihn darum bat. Noch heute, unter den Überlebenden dieser Tennismannschaft, ist es so, daß die Begeisterung über die vielen schönen Stunden durchbricht, die wir zusammen auf allen Tennisplätzen der Erde verbracht haben.

Ganz besonders gerne ging ich die Morgenwache von 4 Uhr bis 8 Uhr, die Stunden der dann erwachenden Natur. Ich erinnerte mich an meine Kadettenzeit auf der *Emden* und wie sehr wir die Morgenwache bei dem damaligen Oberleutnant z. S. Schimpf geschätzt hatten. So folgte ich seinem Beispiel, exerzierte sehr scharf und exakt alle nur möglichen Fahrtstörungen und ihre Behebung und machte eingehenden Unterricht mit der Wache, die dann ausschließlich die Seekadetten stellten. Nach einer guten Stunde versammelte ich sie, um mich mit ihnen in der Brückennock zu unterhalten. Ich gewann den Eindruck, daß sie sich sehr viel »freier« und weniger gehemmt gaben, als wir es als Kadetten gewesen waren. Viele traf ich später als Wachoffiziere, U-Boots-, Schnellbootskommandanten und sogar als Flottillenchefs wieder. Diese Crew trug im Kriege mit die Hauptlast und mußte mit die größten Opfer erleiden.

Nach dem Auslaufen mit Kurs auf Lobito, unserem nächsten Zielhafen, passierten wir die Linie. Die Äquatortaufe beherrschte das Schiff für einen Tag vollkommen. Sie war ein besonderer Eindruck für die Kadetten und gehört nun einmal mit allem Firlefanz zur Seefahrt. Ich habe selbst dann im Kriege unter doch wirklich sehr ernsten Bedingungen nie auf diesen alten Seemannsbrauch verzichtet.

Lobito, Portugiesisch Angola, war Endstation der Benguela-Eisenbahn, die weit in das Landesinnere hineinführte. Uns beeindruckte die unerwartet große Teilnahme der deutschen Farmer und anderer dort lebender Landsleute an unserem kurzen Besuch. Bis weit aus dem Inneren des Landes waren sie gekommen, um einmal wieder ein deutsches Kriegsschiff zu sehen.

In Durban, an der Blue Beach, wedelten die Haie am Drahtzaun, der sie von den Badenden trennte. Wir badeten um Mitternacht bei Meeresleuchten. Pfarrer Schlüter erzählte uns hier ein herrliches Erlebnis. Die Geschichte brachte ihm unser aller Zuneigung ein. Er hatte bei einem Bordfest die offensichtliche Huld einer etwas ältlichen Engländerin genossen, die ihn bei Beginn eines langsamen English-Waltz fragte, was wohl sein Metier auf diesem schönen Schiff sei. Er, nicht sehr gewandt in Englisch, überlegte sekundenlang und sagte dann verschämt: »I can make you happy!« Abrupt ließ sie ihn stehen, musterte ihn langsam und kritisch von oben bis unten und gab zur Antwort: »I don't think so« – wohlgemerkt, sie überragte ihn um Haupteslänge.

Durch die Straße von Madagaskar dampften wir in ständiger Tropenschwüle, begleitet von stundenlangen Gewittern über der fernen Insel, die die Nacht sekundenlang zum grellen Tag machten. Alle Mann »Anzug Badehose« am Tage, wenn endlich ein Tropenguß seine Schleusen über unserem Schiff öffnete.

Am 18. Dezember liefen wir in Mahé ein – das Paradies der Seychellen, das wir schon auf der *Emden*-Reise kennen- und liebengelernt hatten. Die Berge und der versteckte Wasserfall, alles war wie damals unverändert, in fast majestätischer Schönheit und Erhabenheit.

Unsere Kaskaden, wie wir den Wasserfall schon als Emdenkadetten nannten, waren auch jetzt wieder die Attraktion. Eine Partie war täglich dahin unterwegs, nachdem Forstmann und ich den Weg wieder erkundet hatten. Wir hatten uns eine Taxe genommen und fuhren zu einem Punkt an der Küstenstraße, den wir von Bord aus festgelegt hatten. Dann begannen wir den Aufstieg durch den dichten Dschungel. Sehr bald wurde es lichter, und wir fanden ein Kloster im Urwald versteckt. Sogar eine Art Pfad kam zum Vorschein, und es begegnete uns ein Mönch in brauner Kutte. In höflichstem Englisch fragten wir nach dem Weg zum Wasserfall. Der Braunbekuttete schlug als bereitwilliger Führer ein unglaubliches Tempo bergwärts an. Wir hatten alle Mühe mitzuhalten. Mein guter Gustav sagte zu mir: »Nun sieh dir nur diesen vollgefressenen Strumpf an!« Da drehte sich der voluminöse Mönch um und grinste uns mit den Worten an: »Wat sagste?« Wir versteinerten. Hier in aller Weltabgeschiedenheit ein Mönch aus Berlin.

Das Fußballspiel gegen eine barfüßige Mannschaft verloren wir natürlich haushoch. Auf dem Tennisplatz des Gouverneurs tummelten wir uns nur an den Spätnachmittagen, wenn die Sonne ihre umbarmherzigen Strahlen milderte. Aber für das Kuttersegeln war das Revier vorzüglich geeignet. Ich hatte die Genehmigung erhalten, zwei Bojen auszulegen, und plazierte sie so, daß fast täglich ein herrlicher Dreieckskurs bei dem regelmäßigen Wind gesegelt werden konnte.

Nur ungern gingen wir drei Tage vor Beginn des neuen Jahres wieder in See, Ziel Batavia in Niederländisch-Indien, die Perle von Java. Es war ein langer Seetörn unter Marschmotoren über den Indischen Ozean mit tagelang spiegelglatter See und bei großer Hitze. Nachts schliefen wir im Liegestuhl an Deck. Wir hatten genug Zeit für Artillerie- und Gefechtsdienst mit Zieldarstellung durch unsere *Mittelmeer,* und Poldi dachte sich ein strategisches Kriegsspiel mit dieser Lage aus: »Kriegsfall mit Rot – Frankreich! Gelb – England, wohlwollend neutral«!!??

Am 10. Januar liefen wir in Tandjong Prick ein, dem Hafen von Batavia, einem Repräsentationshafen. Bares Entsetzen verbreitete sich, als der deutsche Generalkonsul wissen läßt, daß wegen Seuchengefahr nicht an der Pier, sondern an zwei Bojen festgemacht werden soll. Der Hafenkapitän weiß nichts davon, der Hafenarzt noch weniger. Der neuernannte Generalkonsul, zugleich Landesleiter der NSDAP, wollte seinen Salut haben, das war der Grund. An der Pier liegend durfte er hier nicht gefeuert werden ... Poldi ließ sich beeindrucken, und wir mußten große Hafenwache mit Bootsverkehr usw. gehen.

Der ganze Trara eines »großen« Hafens ging über die Bühne, mit Abordnungen, Bordfesten, Bierabenden, im Deutschen Verein und – getrennt – im Deutschen Klub. Nicht selten in der Welt, die Deutschen immer schön getrennt – Verein und Klub – ob in Japan oder in Südamerika, ein trauriges Kapitel deutscher Un-Einigkeit.

Unvergeßlich war auch die große »Reistafel« im Hotel des Indes mit 18 javanischen Dienern. Großes Essen auch beim Generalkonsul. Die Frau des Hauses noch bei der Suppe: »Nu, Albert, willste gleich quatschen oder erst später?« So gehört in Anwesenheit des königl. niederländischen Gouverneurs, S.E. Admiral van Dulm.

Am 7. Februar liefen wir in Hongkong ein, dem interessantesten Hafen dieser Reise. Eine faszinierende Stadt, ein gewaltiger Hafen. Wer vertrat die Royal Navy? Unser Freund, der Kreuzer *Dorsetshire*, Kiel, Libau, Portsmouth, nun Hongkong – ich kann nur noch gespannt sein, wo wir uns das nächste Mal begegnen.

Eine U-Flottille und das Mutterschiff *Midway* lagen auch noch im Hafen, dazu die 8. Zerstörer-Flottille, einige Flußkanonenboote, dann vier chinesische Kanonenboote, ein japanisches Vermessungsschiff, ein französisches Aviso, ein undefinierbarer Portugiese – die Flaggenparade dauerte morgens fast 20 Minuten, bis alle Nationalhymnen abgespielt waren. Dschunken aller Größen mit ein bis drei Masten mit ihren Reisstrohsegeln belebten das Wasser. Es ist viel über Hongkong geschrieben worden, doch Hongkong ist im Wortsinn unbeschreiblich. Unser Aufenthalt ließ kaum eine private Unternehmung zu. Der deutsche Konsul Gipperich entpuppte sich als ein blamabler Vertreter des Reiches, war aber natürlich PG. Ein Kirchgang mit 200 Soldaten, um den Zeitungsgerüchten über die deutsche moderne Gottlosigkeit zu widersprechen, machte offensichtlich Eindruck, sogar auf die Presse. Das hervorstechende Ereignis war die Einladung im Chinese-Million-Club für Forstmann, Koppenhagen, seinen Zugoffizier, und mich, eingeladen von den Compradores der deutschen Firmen, den unentbehrlichen Mittlern zu den Chinesen. Man gab uns ein Dinner von fast fünf Stunden Dauer. Nach der harten Whisky-Ouvertüre kamen in langsamer Folge etwa 25 verschiedenste Gänge, meist nur in einer Riesenschüssel in der Mitte, aus der sich alle reihum bedienten. Mein Nachbar verwöhnte mich und schob mir mit seinen Stäbchen, die von ihm erwählten Speisen bis zum Zäpfchen hinten in den Hals und grinste freundlich und voller Wohlwollen dabei. An jeder Seite saß ein Mädchen, zur Bedienung und Unterhaltung, was wenig nützte, da wir uns außer durch freundliche Blicke nicht verständigen konnten. Große Pausen zwischen den Gängen waren entweder für eine Opiumpfeife oder aber für einen Rückzug mit einem der Mädchen bestimmt, die nach Ratschlag des neben mir sitzenden Präsidenten nach ganz bestimmten Gängen individuell besonders empfehlenswert sein sollten. Die mit uns dinierenden Chinesen ließen sich in ihren Gewohnheiten nicht im geringsten stören. Wir hatten da doch Hemmungen. Aber natürlich haben wir dann immerhin, allerdings folgenlos, auch eine Opiumpfeife probiert. Andere Länder – andere Sitten. Das traf hier nun wirklich zu.

Am 17. Februar verließen wir mit »großem Bahnhof« die Kronkolonie. Dutzende von Booten begleiteten uns.

Ich hatte Wache beim Auslaufen, aber »Poldi« wollte selbst fahren. Plötzlich war der Nebel da, wie häufig in dieser Gegend mit aufeinander treffenden wechselnden Strömungen. Und das bei dem Dschunken-Verkehr und der nur knapp 800 m breiten Durchfahrt zwischen den Inseln! »Poldi«, eben noch strahlend, voller Stolz und Hochgefühl, war jäh ernüchtert. Natürlich konnten wir nicht hier mitten im Fahrwasser zu Anker gehen, also runter mit der Fahrt. Als aber nichts erfolgte, übernahm ich einfach das Kommando, ließ Nebelsignale mit der Dampfpfeife geben und ging auf »Dreimal-Langsame«. Wie Schatten strichen die Dschunken vor unserem Bug vorbei und brannten laut krachende Feuerwerkskörper ab, um sich bemerkbar zu machen, aber auch um die bösen Geister zu vertreiben, eine originelle Art von Nebelsignalen. Ein Blick auf die Karte genügte, und mir war klar, daß wir aufbrummen würden, wenn nichts veranlaßt würde. Mit Erdmann, dem Obersteuermann, mit dem ich schon Rekrut auf dem Dänholm im Jahre 1926 gewesen war, verständigte ich mich blitzschnell. Es war ein unbeschreiblicher Zustand, daß der W.O. mit dem Obersteuermann das Schiff fuhr und der auf der Brücke befindliche Kommandant mit dem Navigationsoffizier keine Kommandos mehr von sich gab, nur noch ängstlich fragte, ob alles klargeht. Die Enge endlich unversehrt hinter uns, hörte man den Stein von »Poldis« Herzen fallen, und er befahl mir, zu Anker zu gehen, was ich auch für vernünftig hielt. Die Sicht betrug höchstens 70 m, und rings um uns knatterte das Feuerwerk von den Dschunken. Wortlos ging »Poldi« von der Brücke, ohne sich auch nur umzusehen. Der Navigationsoffizier kam zu mir und drückte mir wortlos die Hand.

In Hongkong war uns noch besonders das betonte Interesse der Briten am Dritten Reich aufgefallen. Der britische Stationsoffizier hielt eine Rede, an die ich noch oft denken mußte. Er sprach von den »zwei weißen Völkern«, die sich die Erde teilen könnten, wenn sie nur zusammenhielten, Erinnerungen an den Besuch in Portsmouth stiegen auf. Steckte mehr als Höflichkeit hinter diesen Worten?

Am 21. Februar erreichten wir Nagasaki, das wir 26er schon vom Jahre 1927 her kannten.

Der Botschafter v. Dirksen und der Marine-Attaché Paul(chen) Wennecker waren von Tokio hergekommen, mußten jedoch noch in der gleichen Nacht wegen der Militärrevolte in der Hauptstadt zurückfahren. Wennecker, I. A.O. während meiner Fähnrichszeit auf der *Schleswig-Holstein*, den wir alle wegen seiner großzügigen, immer freundlichen Art sehr verehrt hatten, überbrachte mir Grüße meiner Schwägerin und meines Schwagers, die ich nun hier in Japan kennen lernen sollte.

Mein Schwager lebte seit vielen Jahren in Tokio und war bei der Vertretung der IG-Farben Farbenspezialist. Mit dem Botschafter kam auch ein junger deutscher Austauschstudent, »Franzel«

Krapf, an Bord, der mit Anwartschaft auf spätere Verwendung im Auswärtigen Dienst hier Japanisch lernen sollte. Er war uns als Dolmetscher unentbehrlich und begleitete uns bis zum letzten Tage in Kobe. Bei allen Streifzügen an Land war er unser kenntnisreicher Cicerone. Später ist er ein bedeutender Diplomat im Dienst der Bundesrepublik Deutschland geworden.

Der Militärputsch in Tokio, der schon lange gedroht hatte, brachte eine noch militantere Regierung an die Macht und vereitelte unseren vorgesehenen Besuch in Yokohama, wofür dann Kobe an der Inlandsee eintreten mußte. Nagasaki aber, 1945 von der zweiten Atombombe völlig zerstört, sinnlos, weil schon die erste Atombombe auf Hiroshima die Welt für immer verändert und die Japaner zerbrochen hatte, war damals unser Ausbildungshafen. Ausbildungsziel war die Erreichung der vollen Gefechtsbereitschaft. Das geschah mitten im japanischen Winter, der nicht so sehr durch Kälte, sondern durch die unglaubliche Feuchtigkeit abschreckte und nach der Tropenzeit gesundheitlich erhebliche Anforderungen stellte.

Auf unserem Programm stand Scheibenaufbau bei Mitsubishi, Abkommschießen und anschließendes Kaliberschießen bei Tag und Nacht. Dazu kam das fast tägliche Ein- und Auslaufen in den Hafen von Nagasaki, der nachts bis weit draußen in der Einfahrt mit Hunderten von Fischerbooten garniert war. Sie trieben ungeniert mitten im Fahrwasser oder waren mit einem Stein verankert, meist gar nicht oder nur unzureichend beleuchtet, oder zeigten sogar erst in letzter Sekunde vor dem Rammstoß ein Licht. Das aber brachte die ohnehin angeknacksten Nerven unseres Kommandanten nun völlig zum Bersten und dann, noch schlimmer, zur Apathie. Er wurde fast teilnahmslos und überließ mir widerstandslos die Schiffsführung bei den nächtlichen Slalomfahrten in der Einfahrt.

Am Tage der Kaliberschießen wimmelte das Meer von japanischen Kriegsschiffen, die sich entweder in unsere Kiellinie oder auch in die der scheibeschleppenden *Mittelmeer* hängten. Die Japaner müssen von unseren artilleristischen Fähigkeit voll überzeugt gewesen sein. Denn sowohl die drei Tag-Anläufe des I. A.O. waren sehr gut und meine zwei Nachtschießen, der II. A.O. ist der »Herr der Nacht«, ein Scheinwerfer-Anlauf auf etwa 50 Hektometer, nachfolgend ein Anlauf unter 8,8-cm-Leuchtgranatenschirm auf 80 Hektometer waren recht erfolgreich. In beiden Fällen mußte nach der siebten Salve abgebrochen werden auf einen Funkspruch der *Mittelmeer* hin, weil sonst die Scheibe vollkommen zertrümmert worden wäre. Der I. A.O. Günther und ich konnten zufrieden sein, »Poldi« war glücklich und erfreut, daß er das gute Ergebnis in die Heimat melden konnte. »Fürst« Waue, der Torpedooffizier, war etwas weniger glücklich mit seinen Torpedos am nächsten Tage. Er produzierte einen Oberflächenläufer, einen Kyltläufer und einen Fehlschuß auf 3000 m und hatte dann in der Messe einen schweren Stand.

Am 4. März liefen wir mit üblichem Zeremoniell in den sehr bedeutenden Hafen Kobe ein und gingen an den für uns vorgesehenen Platz an der Pier. Ich hatte mit meiner Division Manöverstation auf der Schanze. So standen wir angetreten, als »Poldi« das Schiff unter Schwierigkeiten allmählich an die Pier boxte. Ein eilfertig mit einem Filmapparat herumlaufender großgewachsener Mann fiel mir auf, dazu eine sehr elegante, mit großem Hut aufgetakelte, gutgewachsene Dame. Nur sie konnte meine Schwägerin sein. Ich sollte es in wenigen Minuten genau wissen. Die Stelling hatte eben die Pier berührt, als sich vorbei an allen Potentaten ebendiese elegante Dame auf die Stelling drängte, mit wenigen Schritten das Außendeck erreichte, den wachhabenden Offizier beiseite schob, an der angetretenen Ehrenwache vorbeihastete, sich im Laufschritt zur Schanze in Bewegung setzte und mir mit einem Schrei und ausgebreiteten Armen um den Hals fiel. Das nun angesichts der angetretenen Division, die bis auf wenige noch an den Pollern arbeitende Seeleute im Stillstehen verharrte, da gerade für den jetzt an Bord kommenden japanischen Admiral und sein Gefolge »Seite« geblasen worden war. Brüllendes Gelächter ertönte von Hütte und Schanze angesichts dieses unkonventionellen Bildes auf einem deutschen Kriegsschiff. Es kostete einige Mühe, meiner Schwägerin klarzumachen, daß dies nicht der richtige Ort und die richtige Zeit sei, um familiäre Intimitäten auszutauschen. Die Szene bot für den Rest unserer Reise Gesprächsstoff. Selbst Kommandant und IO beeilten sich jedoch, das Ereignis charmant zu interpretieren und die Störung des Begrüßungszeremoniells galant zu verzeihen.

Ich durfte einige Tage in Omori bei meinem Schwagerehepaar verbringen. Diese Zeit war auch durch eine Reise über Nara und Kioto nach Tokio sehr abwechslungsreich und familiär. Dennoch fiel ein starker politischer Schatten in diese Tage, als am 7. März die Rheinlandbesetzung erfolgte, die im Ausland, selbst in Japan, sehr ungünstig und verständnislos kommentiert wurde. Immerhin schrieben wir inzwischen das Jahr 1936 und erwarteten eigentlich, daß diese diskriminierenden Souveränitätsbeschränkungen des Versailler Diktats von seiten der Feindmächte allmählich von ihnen selbst aufgehoben werden würden.

So sahen auch wir fern der Heimat diesen Schritt Hitlers als logische Folge der nationalsozialistischen Revolution an und waren eigentlich nur gespannt, ob nun alle die frommen britischen Freundschaftsbeteuerungen, die wir noch im Ohr hatten, sich jetzt auf das vor allem geifernde Frankreich auswirken würden. England aber verhielt sich ruhig, vernünftig und mäßigend. Der deutsch-britische Flottenvertrag begann sich auszuwirken.

Die japanische Presse zeigte dann aber nach der ersten Schrecksekunde nicht nur Verständnis für die Wiedererrichtung der Wehrhoheit im westlichen Rheinland, sie feierte förmlich diesen Akt deutscher Emanzipation. Schließlich sah sich auch Japan umringt von Un-Freunden und mißgünstigen Nationalstaaten, allen voran den USA, denen jedes politische Feingefühl für dieses uralte Kulturvolk und seine Lebenszwänge vollkommen abging.

Nachdenklich dampften wir unserem nächsten Ziel entgegen, dem US-Stützpunkt Dutch Harbour auf der Insel Unalaska der Alëutenkette, einem einsamen Naturhafen dieser nur strategisch interessanten Inselsperrkette gegen die Bering-See, die wir 26er schon von der Kadettenreise her kannten.

Vom 18. März an gerieten wir tagelang in den schwersten Sturm, den ich überhaupt während meiner ganzen seefahrenden Zeit erlebt habe. Das Schiff kam bei anhaltenden Windstärken zwischen 11 und 12, aber gegen die See beiliegend, nicht in wirkliche Gefahr, nahm aber doch in diesen drei Tagen einigen merklichen Schaden. Viel schlimmer war jedoch, daß der Kommandant sich seemännisch der Situation nicht gewachsen zeigte.

Rogge war beim nicht einfachen Abreiten dieses Zyklons, dem wir dann durch geschickte Manöver entkamen, der ruhende Pol an Bord. Er unterstützte und ermutigte mich sehr wirkungsvoll während dieser Tage auf der Brücke, in denen ich kaum Schlaf fand. Gemeinsam schafften wir es auch beim langsamen Abflauen des Sturmes, den Kommandanten im Glauben zu lassen, er allein habe in dieser Lage richtig und zweckentsprechend gehandelt.

In Thule, dem nebligen Alëutenhafen Dutch Harbour, wurde dann alles an Ausbildung nachgeholt, was die Sturmtage verhindert hatten. Ich aber bekam als Sonderauftrag die Abfassung des Berichts an das Oberkommando mit allen Unterlagen, Zeichnungen, Barographen- und Thermographenkurven, Wettermeldungen und Wetterkarten für jede Stunde der Sturmzeit mit Verhalten des Schiffes usw. Das war eigentlich die Aufgabe des Navigationsoffiziers und eine schrecklich kleinliche Pedantenarbeit obendrein, von der ich nach langer Tag- und Nachtarbeit später nie wieder etwas hörte. Unvergeßlich bleibt ein seltsames Ereignis auf meiner Wache beim Passieren der Schiffahrtsroute San Franzisko–Hawai–Japan. Nach wochenlangem einsamen Kurs im Nordpazifik kam plötzlich ein schönes, großes und stattliches Kombi-Schiff, Fracht und Passagiere, an Backbord voraus. Ich peilte an der Backbord-Kreiseltochter die Auswanderung und sah, daß das Schiff weit vor unserem Steven nach Steuerbord passieren und auswandern mußte. Und dennoch, als wenn sich beide Schiffe magnetisch auch auf diese große Entfernung anziehen würden, kamen wir uns beide immer näher. Um schließlich die Situation zu klären, ließ ich, obwohl nicht ausweichpflichtig, unseren Kurs um 10° nach Backbord ändern. Kein Zweifel, das Schiff blieb ganz klar nach Steuerbord durchwandernd. Dann »sah« ich plötzlich, wie unser Schiff nach Steuerbord dreht und damit unweigerlich in äußerste Kollisionsgefahr geriet. Wir lagen aber fest auf klarem Kurs. Da schrie dann ganz plötzlich der Rudergänger: »Ruder-Versager – Ruder liegt Steuerbord 20 Sekunden«, und prompt kommandierte ich: »Backbord-Maschine AK-Zurück, Steuerbord-Maschine-Stopp!« Und dann erst sah ich, daß wir tatsächlich nach Steuerbord drehten und in Gefahr kommen würden, wenn ich nicht auf Grund der vorausgegangenen Vision schon die Kommandos gegeben hätte, wenige Sekunden bevor die Drehung bereits einsetzte. In gut hundert Meter Abstand brachte ich das Schiff zum Stehen, der Dampfer, ein Amerikaner, dippte plötzlich die Flagge, wahrscheinlich vor Angst, die Passagiere kamen an Deck und winkten. Unser Ruder aber blieb unbeweglich liegen auf Steuerbord 20, und erst nach einem halbstündigen Schwabbern ohne Fahrt in der alten Dünung gelang es der Maschine, die Ruderstörung zu beseitigen. Durch die tagelange schwere Beanspruchung des Rudermotors im Zyklon und der Kontakte der Steuerungen durch das gewaltige Gieren am Ruder in der hohen achterlichen See waren die Kontaktgeber derartig verschmort, daß plötzlich ein Kurzschluß entstand, ausgerechnet in dem Augenblick, als nach Wochen das erste passierende Schiff vor dem Steven auf Kursrichtung durchwanderte.

Es unterliegt für mich keinem Zweifel, daß ich tatsächlich das Ereignis wenige Sekunden vor seinem tatsächlichen Auftreten vorhergesehen habe, was es mir ermöglichte, die notwendigen Gegenkommandos im gleichen Augenblick der Störung auch sofort zu geben, bevor sich die Störung selbst bereits auszuwirken begann. Etwas Ähnliches hatte ich schon einmal in Pillau bei einem Anlegemanöver auf *Bremse* erlebt und Sekunden, bevor es tatsächlich geschah, den kleinen Sandsack der Wurfleine in einem Kinderwagen auf der Pier landen »sehen« – der dann, als es passierte, zum Glück den harten ostpreußischen Kinderschädel nicht beschädigt hatte. Es sollte mir später im Kriege noch ein dritter ähnlich gelagerter Fall auf See passieren. Drei Zufälle oder gibt es doch Unerklärliches auf dieser Erde?

Nach Schnee und Eis in Japan und den Alëuten war nun in San Diego Frühling mit sommerlicher Wärme. San Diego war ein gewaltiger Kriegshafen der US-Navy, ein Naturhafen, ein Segelparadies. Die Luft war voller Flugzeuge aller Bauarten, es schwirrte um uns herum von Land und von einem Träger von See von Flugbooten, ein Crescendo an Fluglärm aller Art. Hunderte von Kriegsschiffen aller Art lagen in Päckchen längsseits und hintereinander an einer endlosen Pier. Eine unvorstellbare Machtzusammenballung!

In San Diego erwiesen sich die Schäden auf der *Karlsruhe* als so erheblich, daß ein Marinebaurat Küchler extra aus Berlin angereist kam, um mit der außerordentlich hilfsbereiten Marinewerft die notwendigen Reparaturen und Verstärkungen der Längsfestigkeit vorzunehmen. Wir kamen hier auch mit den dortigen Starboot-Seglern in Verbindung und segelten mehrere Regatten mit ihnen und gegen sie. Auch den kommenden Vertreter der USA bei den olympischen Segelwettbewerben in Kiel, Glen Waterhouse, lernten wir kennen, ein robuster Naturbursche.

Als wir am 17. April San Diego wieder verließen, um den Panamakanal anzusteuern, da lag eigentlich der eindrucksvollste Teil der Reise schon hinter uns. Es soll nicht unerwähnt bleiben, daß wir auch in den USA bis dahin keinerlei ernsthafte Kritik an unserer innenpolitischen Entwicklung vernommen hatten. Im Gegenteil schien es uns, daß die Welt zunehmend doch Verständnis für uns gewann und daß man keinerlei Konfliktstoffe hinter der Hand im verborgenen aufbewahrte. Die Welt wartete auf die in diesem Sommer in diesem auch wirtschaftlich wieder interessanten Lande stattfindenden olympischen Sportwettkämpfe. Die Auslandsdeutschen, die jahrzehntelang gerne ihre deutsche Abstammung vergessen lassen wollten, traten wieder in größerer Geschlossenheit in Erscheinung. Leider zögerten sie nicht, der recht unglücklich auftretenden »Auslandsorganisation« der NSDAP beizutreten, die sich durch politisches Ungeschick und eifernde Unduldsamkeit auszeichnete und viel Kredit verspielte.

Der Kanalhafen Balboba erschien uns als ein US-amerikanisches Machtzentrum von beeindruckender Stärke, die Bastion einer sich antikolonialistisch gebenden Macht. Das damals noch als technisches Wunder angesehene Werk des Kanals mit seinen Riesenschleusen und schon weit entwickelten Automation des Schleusenbetriebes, die mustergültige Organisation, das verdiente schon unsere Bewunderung. Noch nicht einmal einen ganzen Tag benötigten wir, um auf die atlantische Seite zu gelangen. Ich konnte schwerlich damals ahnen, daß das nun zu kreuzende Seegebiet in gar nicht so ferner Zukunft mein Operationsgebiet sein würde.

St. Thomas auf den ehemals dänischen Virgin Islands, jetzt US-Außenfort der Panamakanal-Sicherung, war unser letzter außereuropäischer Hafen. Gegen unsere Kadettenzeit hatte sich fast gar nichts verändert. Noch einmal nutzten wir den Hafen als ideale Ausbildungsgelegenheit zum Bootsdienst, Segeln, Tennisspielen mit den Kadetten, Haifisch fangen und Ausflügen der Offiziersmesse zu den vorgelagerten Inseln, abendlichen Lagerfeuern mit kaltem Becks-Bier bei tropischem Mondschein. Es stand für jeden von uns in den Sternen, ob oder wann er wieder einmal die Nase in die weite Welt stecken würde.

Ohne jeden Zweifel waren wir uns alle einig, daß es dem IO, »Benno« Rogge, wirklich gelungen war, aus dem verschiedenartig zusammengesetzten Offizierskorps eine wirklich belastungsfähige Gemeinschaft zu machen. Er hat gar nicht so viel später das gleiche Wunder unter sehr viel schwereren Kriegsverhältnissen auf seinem Hilfskreuzer *Atlantis* nachexerziert in einer Vollendung, wie es vor oder nach ihm niemandem im gleichen Ausmaß gelungen ist.

Auf dem Marsch von St. Thomas nach Pontevedra in Nordwestspanien, dem letzten Hafen dieser Reise und dem Treffpunkt mit dem anderen Schulkreuzer *Emden*, wurden Forstmann und ich ganz überraschend zum Kommandanten bestellt und zu Kapitänleutnanten befördert. Es war der 28. Mai 1936 und das Beförderungsdatum der 1. April, genau zehn Jahre seit dem Eintritt als freiwillige Matrosen in die damalige Reichsmarine. Natürlich freuten wir uns. Denn wenn wir auch die materielle Seite des Lebens gering erachteten, so hatten wir doch beide damals bereits unsere kleinen Familien und wußten, wie unsere tüchtigen Hausfrauen sich einrichten mußten, um über die Runden zu kommen. Ruth hatte aus Ersparnisgründen unsere Wohnung in Kiel aufgegeben und war zu ihren Eltern nach Wiesbaden gezogen. Die schwer belastende Miete entsprach meist der Hälfte des Gehaltes. Jetzt konnte sie sich die gerade freigewordene und attraktive größere Wohnung in der Esmarchstraße 7 leisten.

Pontevedra an der Ria de Pontevedra war ein wunderbarer Naturhafen, Muster eines recht weltabgeschiedenen Ausbildungshafens. Als Kadetten hatten wir eben nebenan in der Ria de Villagarcia zum gleichen Zweck mit der *Emden* gelegen. Natürlich galt dieser Hafen in erster Linie der Zusammenführung der beiden Hälften der Crew 35, die nun zu einer Einheit für die Marineschule-Ausbildung vorbereitet wurde. Die Kadettenoffiziere Assmann, auf der *Emden* war es nach meiner Erinnerung der 25er Biesterfeld, verabredeten nun alles, was sie dafür als notwendig erachteten. Ein Kutterrace, ein Wett-Segeln und Wettbewerbe in allen seemännischen, nachrichtlichen und auch Exerzier-Diensten wurden vereinbart.

Wir hatten neben der Vorbereitung auf die Gefechtsbesichtigung noch mit unseren Seeleuten das Schiff auf Hochglanz zu bringen. Die zur Unteroffizierausbildung abzukommandierenden Soldaten und die Unteroffiziere zu Spezialausbildungen waren namhaft zu machen, die Führungsbücher für die Abzukommandierenden waren abzuschließen, auch ein Teil der Offiziere würde wechseln. Rogge und Koppenhagen, die beiden »Olympia-Verdächtigen«, bekamen Befehl, schon in diesem Hafen auszusteigen. Wir verabschiedeten die beiden Olympioniken sehr feierlich.

Am 12. Juni liefen wir bei prächtigem Wetter in Wilhelmshaven ein und wurden von Adolf Hitler begrüßt, was großes Aufsehen erregte. Seine damalige Ansprache war maßvoll und selbstbewußt. Sie vermied außenpolitischen Zündstoff, und wir nahmen einmal mehr die Gewißheit in uns auf, daß unter Hitler mit England keine Schwierigkeiten entstehen würden. Alles schien in bester Ordnung – von Spannung keine Spur.

Offensichtlich war er sogar Kleinlichkeiten gegenüber allergisch, denn als der Zoll an Bord rückte, um die von den fünf Dollar pro Hafen im Ausland gekauften Souvenirs zu verzollen, ließ er verkünden, daß er »mit dieser Bürokratie brechen« werde. Mir kam es ein wenig lächerlich vor, daß man das Staatsoberhaupt überhaupt mit einer derartigen Bagatelle belästigt hatte. Dennoch schien es, daß selbst Hitler mit der in Hunderten von Jahren gewachsenen, Selbstzweck gewordenen Bürokratie auch nicht fertig wurde, denn die Zöllner kamen dennoch an Bord und schlugen ihr Quartier in der Messe auf, wenn man auch hörte, daß sie sehr großzügig verfahren würden.

In Kiel fand dann unsere Auslandsreise ihren harmonischen Abschluß mit einer großen Feier in der »Waldwiese« am 16. Juni und einer ganz besonders gelungenen Feier der Offiziermesse an Bord in unseren piekfeinen weißen Messejacken, wie wir sie erstmalig für die Reise als offizielles Kleidungsstück hatten beschaffen dürfen. Wie hervorragend das Offizierskorps der *Karlsruhe* als Einheit tatsächlich war, hat dann bald der Zweite Weltkrieg erwiesen. Unser IO Bernhard Rogge wurde der berühmteste und erfolgreichste Hilfskreuzer-Kommandant, Forstmann ein hervorragender R-Bootsflottillenchef, Birnbacher ein erfolgreicher Schnellbootsflottillenchef, Schultze-Herbert, Lehmann-Willenbrock und ich bekannte U-Bootskommandanten. Die beiden hervorragenden Seekadetten-Offiziere, Jenisch und Fröhlich, blieben als U-Bootskommandanten, mein Zugoffizier Gericke blieb in Narvik, der Rollenoffizier Albrecht blieb als II. A.O. auf der *Bismarck*, Koppenhagen kam als Torpedobootskommandant in russische Gefangenschaft. Unser »Baby-Officer« Ewald Engler wurde später Leitender auf einem U-Boot und dann Flottillen-Ingenieur in der 2. U-Flottille. Waue, Torpedooffizier, wurde tatsächlich noch Admiral und erlitt als Seekommandant an der Adria ein grausiges Schicksal. Wie alle dort eingesetzten Marineoffiziere wurde er nach der Kapitulation von den Tito-Partisanen viehisch umgebracht.

Froh und glücklich waren wir nun in der neuen Wohnung. Was noch viel verblüffender war, Ruth hatte Groschen auf Groschen von unserem gewaltigen Sold gespart, und so konnten wir uns das erste eigene Auto zulegen, einen viersitzigen Opel »P-4« als Cabriolet. Das aber war schon beinahe als Luxus zu bezeichnen, denn zur damaligen Zeit waren wir in Deutschland, anders als in den Vereinigten Staaten, noch weit davon entfernt, ein Auto als »Verkehrsgebrauchsgegenstand« zu betrachten. Unser »P-4« hatte ganze 1.860,– RM gekostet, was damals viel Geld war.

Unsere Karen-Helge wuchs munter heran; sie war der tägliche Jubel des Großvaters, wenn er am Vormittag von der nahen Moltkestraße kam, um sie zum Spaziergang abzuholen. Es war eine schöne und hoffnungsfrohe Zeit, die wir damals erlebten, ahnungslos, was die Zukunft bringen würde.

Kapitänleutnant und II. Artillerieoffizier auf Kreuzer *Karlsruhe*; Juni 1936 bis Oktober 1937

Dienstlich hatten wir nach unserer Rückkehr erst einmal »Saure-Gurken-Zeit«. Dafür war in der Kieler Segelei in diesem Sommer der Teufel los. Vor den olympischen Segelwettkämpfen fand eine seglerische Großveranstaltung nach der anderen statt, beginnend im Mai mit den Ausscheidungsregatten, an die sich im Juli die II. Marine-Pokal-Segelwettfahrten anschlossen, dann noch die Kieler Woche, mit einigen schönen Erfolgen für mich.

Bei den olympischen Segelwettbewerben war ich eingeteilt als Begleitoffizier für prominente Besucher. Viele Gäste waren meine Zuhörer, wenn ich mich bemühte, für Laien verständlich, den Sinn, Zweck und Verlauf der Regatten zu erklären. Manche der Besucher wollten bei diesem strahlenden Wetter aber nur auf der spiegelglatten Ostsee herumfahren, in der Sonne entspannen und das herrliche Bild der vielen Yachten genießen. Blomberg, der Reichskriegsminister, mit seinen beiden reizenden Töchtern, war ein besonders angenehmer Besucher. Erfreulich war auch der Reichssportführer v. Tschammer-Osten mit Begleitung. Die Parteibonzen aus Berlin, die einen ganzen Tag von früh bis spät gekurrt werden mußten und sich überhaupt nicht um das Geschehen auf dem Wasser kümmerten, waren weniger sympathisch, dafür aber recht anspruchsvoll.

Die Regatten endeten mit einem eindrucksvollen Sieg der deutschen Equipe in der Starklasse (Peter Bischoff und Jochen Weise), in Anwesenheit Hitlers, eingeschifft auf dem Aviso Grille. Überall herrschte eine unglaubliche Begeisterung.

In Spanien hatte vor Beginn dieses friedlichen Völkerwettstreits eine folgenreiche weltpolitische Auseinandersetzung begonnen. Am 18. Juli erhob sich in Spanisch-Marokko das Militär gegen die Volksfrontregierung in Madrid, die zunehmend unter kommunistisch-anarchistischen Einfluß geraten war. General Franco hatte sich an die Spitze der antikommunistischen Gegenbewegung gesetzt und bat nun die beiden antikommunistischen Staaten Europas, Italien und Deutschland, um Hilfe. Während Sowjetrußland ganz offen die Auflösung des demokratischen Spaniens betrieb, stellten sich England, die USA und Frankreich auf die Seite der de facto legalen Regierung in Madrid. Überall im Lande tobte mit unglaublichen Greueltaten beider Seiten der offene Kampf. Zum Schutz der in Spanien lebenden Deutschen liefen am 23. Juli 1936 die Panzerschiffe *Deutschland* und *Admiral Scheer* nach Spanien aus. Wenige Tage später folgten ihnen der Kreuzer *Köln* und vier Torpedoboote. Gleich in den ersten Wochen wurden etwa 15 000 Deutsche und andere Flüchtlinge aus spanischen Häfen evakuiert. Das war besonders schwierig, weil bereits der größere Teil der spanischen Marine, meist nach Ermordung der Offiziere, auf die rotspanische Seite übergetreten war, wie die gesamte im Kriegshafen Cartagena stationierte Mittelmeerflotte. Sie beherrschte weitgehend die Gewässer um die Iberische Halbinsel und sicherte somit auch den Nachschub an Waffen und Munition aus Rußland für die zunehmend sich anfindenden Freiwilligen-Bataillone auf der kommunistischen Seite.

Die eben noch friedlich scheinende Welt stand sich in zwei Lager geteilt gegenüber, bei der stark volksfrontfreundlichen französischen Regierung beinahe selbstverständlich, bei der britischen Regierung völlig unverständlich, bei den Amerikanern nur aus demokratischem Idealismus erklärlich.

Am 30. September trat auf der *Karlsruhe* der erwartete große Stellenwechsel ein. Unser größter Verlust war der IO Rogge. Er wurde Kommandant des neu in Dienst zu stellenden Segelschulschiffs *Albert Leo Schlageter*. Für ihn kam aus Berlin der damalige Korvettenkapitän v. Friedeburg, der sehr schnell, aber in ganz anderer Art als sein Vorgänger, unserer Gefolgschaft sicher sein konnte.

Die Kadettenoffiziere gingen von Bord. Auch der ATO, der artillerietechnische Offizier, Karl-Otto Bauer, wurde abkommandiert und durch meinen Crewkameraden Ali Schnarke ersetzt, so daß wir jetzt drei Offiziere vom Jahrgang 26 an Bord waren.

Wir liefen im Oktober nach Spanien zur Wahrung der deutschen Interessen aus. Unser erster Hafen war Ferrol, weißspanischer Marinestützpunkt an der Nordwestküste. Der Hafen war durch eine Minensperre weit draußen gesichert und konnte nur mit Lotsenhilfe erreicht werden. Da ich ein wenig spanisch sprach und als Kapitänleutnant dem Kommandanten etwas repräsentativer erschien als der neue sehr tüchtige Adjutant Birnbacher, der noch Leutnant war, begleitete ich auf Wunsch von »Poldi« ihn an seiner Stelle mit dem Abzeichen der Adjutanten beim Besuch beim Stationschef der Nordküste, Admiral Blanco. Dieser, ein sehr würdiger, schlanker, weißhaariger Mann, öffnete alle Schleusen spanischer Beredsamkeit. Ich verstand nur Bruchstücke und übersetzte nur »gefühlsmäßig« den Wortschwall des Admirals. Siemens erläuterte seine taktischen Absichten, die kantabrische Küste mit dem Schwerpunkt Bilbao und Santander zu überwachen, beide zu diesem Zeitpunkt noch in rotspanischer Hand. Er bat um eine Liste der spanischen Handelsschiffe, die im Verdacht standen, Transporte für Rotspanien zu fahren. Es dauerte auffallend lange, bis ein Stabsoffizier mit einer Liste der »Vapores suspiziosos« erschien. Sie erwies sich später als vollkommen falsch und unsinnig. So konnte der deutsche Kreuzer wenigstens kein Unheil anrichten. Ferrol blieb zunächst unser Stationshafen. Sehr bald nannten wir es auch des Wetters wegen nur noch unser »spanisches Wilhelmshaven«.

Es wurde nicht ganz klar, was nun eigentlich unsere Aufgabe dort war. Die Evakuierung der deutschen Landsleute, auch die Bergung anderer Verfolgter war im wesentlichen beendet. Rotspanische Häfen liefen wir nicht an. Ab und an wurden wir auf einen Treffpunkt angesetzt, um einen deutschen Dampfer bis in einen weißspanischen Hafen zu geleiten. Meist standen wir recht planlos vor der westspanischen Küste auf und ab. Die Nordfront verlief etwa zu dieser Zeit bei Gijon. Bilbao war weitgehend eingeschlossen, und der Fall dieser Stadt schien nur noch eine Frage der Zeit. Natürlich lief eine fast ununterbrochene Versorgung durch Frankreich über Biarritz und St. Jean de Luz nach Bilbao, von französischen oder auch englischen Zerstörern gesichert. Vor der endgültigen Besetzung Bilbaos durch die Franco-Truppen rauschten die britischen Zerstörer im Pendeldienst von dort in die französischen Häfen und retteten die Reste der rotspanischen und internationalen Brigaden über See. Nur auf wenige hundert Meter Abstand passierten sie uns. Die Roten, eine wilde Horde, nur teilweise uniformiert, teils auch betrunken, reckten ihre Fäuste zu uns herüber. Der britische Zerstörer und wir beachteten peinlichst die internationalen Höflichkeitsregeln mit Front zur Passierseite und dem Dippen der Kriegsflaggen. Uns ging es nur durch den Sinn, wie sich die Royal Navy wohl fühlen mochte mit dieser wilden Soldateska an Deck.

Unser Kommandant hatte eine geradezu panische Angst, in irgendwelche politischen Schwierigkeiten hereingezogen zu werden. Er war daher auf der Brücke unleidlich, gereizt und hypernervös. Die Roten hatten hier im Norden keine nennenswerten Seestreitkräfte, und so war bis auf die normalen Sardinenfischer-Flotten auch wenig Verkehr hier oben.

»Poldi« wußte aber in seinen Funksprüchen an den deutschen Spanienbefehlshaber und das OKM die Situation immer ausgesprochen dramatisch zu schildern.

Als ich ihn einmal wieder in grausig schlechter Stimmung auf der Brücke erlebte, fragte ich ihn beiläufig, was ihn denn an unserer Tätigkeit hier so errege. »Nun, das werden Sie wohl nicht verstehen«, räumte er ein. Worauf ich ihn provozierte, daß ich die Stellung als Kommandant eines Auslands-Kreuzers als die erstrebenswerteste Kommandierung eines ganzen Seeoffizierlebens betrachtete. Er sagte dann aber zu meinem Entsetzen: »Es gibt für mich überhaupt nur eine einzig erstrebenswerte Stellung in der Marine, und das ist die Position des Chefs der Marine-Personalabteilung!« Ich war unfähig, das Gesagte zu begreifen. Eine Schreibtischstellung in Berlin besser als doch weitgehend selbständiger Kommandant eines modernen Kreuzers! »Poldi« bemerkte natürlich meine Verständnislosigkeit und fügte begütigend hinzu: »Das werden Sie erst später begreifen!«

Durch sich langsam einstellende und dann festigende Kontakte zu spanischen Offizieren erhielten wir Einblick in die Schrecken und das Grauen eines Bürgerkrieges, der auf beiden Seiten ohne jeden Pardon geführt wurde. Auch der berühmt gewordene Felsen wurde uns gezeigt, unmittelbar an der Küste bei Bilbao, wo die Roten aneinander gefesselte Mönche, Nonnen, Offiziere, Angehörige der Guardia Civil, Rechtsanwälte und andere Oppositionelle herabgestürzt hatten. Aber auch die Moros, die franquistische Kerntruppe, waren nicht gerade von übertriebener Menschlichkeit angekränkelt. Sie haßten den winterlichen Stellungskrieg und machten häufig Krieg auf eigene Faust. Wir waren auch einmal bei ebendieser ominösen »Elite«-Truppe, die mitunter nach dem Sieg als Belohnung eine Ortschaft zur Plünderung zugewiesen erhielt. Das war wirklich nicht mit unseren Maßstäben zu messen, was wir so »vertraulich« zu sehen bekamen. Abgeschnittene Ringfinger mit Ringen daran erregten bei uns Übelkeit, wenn die Moros sie so beiläufig aus den tiefsten Taschen des Burnus zogen, um Kriegsruhm nachzuweisen.

Wir hatten auch ein Flugzeug zur Aufklärung an Bord. Der Seeflieger brannte darauf, nun endlich auch einmal eingesetzt zu werden. Als wir an einem Wochenende den spanischen Kriegshafen in Marokko, Melilla, anlaufen sollten, gelang es dem Bordflieger, »Poldi« zu der Genehmigung zu überreden, das Bordflugzeug etwa drei Stunden vor dem Einlaufen zu einem Aufklärungsflug zu starten. Alles verlief soweit planmäßig. Daß aber der Deutsche Seebefehlshaber in Spanien (BdSp), Admiral v. Fischel, eingeschifft auf Admiral *Scheer*, bereits in Melilla zu Anker lag, war uns unbekannt. Mit beschwingter Eleganz erhob sich unser Bordvogel in die Lüfte und verließ uns in Richtung der afrikanischen Küste. Als aber nach etwa zwei Stunden ein Offizier-Funkspruch auf der *Karlsruhe* eintraf des Inhalts, daß der Kommandant sich nach dem Einlaufen in Melilla beim BdSp wegen des Bordflugzeuges zu melden hätte, verbreitete sich gespannte Erwartung. Wieder hatte ich bei der bevorstehenden »Unterredung« als Adjutant zu fungieren und sollte wohl zur moralischen Stützung unseres Kommandanten beitragen.

Folgendes hatte sich ereignet. Unser Bordflieger hatte an der nordafrikanischen Küste in der Bucht von Melilla das Panzerschiff entdeckt und zunächst einige Ehrenrunden geflogen und dann einige Tiefangriffe markiert. Das war natürlich schon ein schwerer Verstoß gegen fliegerische Regeln. Dann aber hatte er die Staffel der »Legion Condor« auf dem Binnensee unmittelbar bei Melilla gesehen. Deren dort ordentlich aufgereihte Maschinen unterschieden sich ausschließlich durch die weißspanischen Kreuze als Hoheitsabzeichen vom Bordflugzeug. Natürlich konnte er auf dem See besser und sicherer liegen, als auf der Reede dümpelnd auf unser Einlaufen zu warten. Prompt hatte er also eine saubere Landung auf den See hingelegt und sich neben die sechs anderen Maschinen ausgerichtet hinmanövriert.

Nun war doch die Existenz der Legion noch »supergeheim«. Die Flieger der Staffel durften uns gar nicht kennen oder gar besuchen. Sie hatten eine extra Uniform, wohnten in einem Hotel vollkommen abgeschlossen von der Umwelt außerhalb von Melilla, mit einer Dauerwache schwerbewaffneter Guardia Civil vor der Hoteltür. Und nun hatte ein typengleiches deutsches Bordflugzeug diese Tarnung nach auffälligstem Verhalten über Hafen und Stadt durchbrochen. Der Admiral kochte, »Poldi« stand da wie ein gescholtener Schuljunge, ich als Blitzableiter daneben. Nach der uralten Melodie, daß Schimpfe nicht weh tut und Prügel nicht lange dauern, wetterten wir das Unwetter gemeinsam ab. Admiral v. Fischel, der Stabskapitän unserer Fähnrichs-SAS-Zeit, war aber ein viel zu vornehmer und feiner Mann, um nun stundenlang auf diesem Versager herumzuhacken. Nachdem er seinen auf Höchstdruck aufgepumpten Zorn losgeworden war, lud er völlig überraschend »Poldi« und mich in die Admiralsmesse ein und trank mit uns ein Glas Sekt. Sehr still gingen wir nach einer Stunde wieder von Bord, kein Wort fiel auf der Fahrt zurück.

Eben für diese Kampfstaffel der Legion aber machten wir nun auf der Südstation öfter Dienst, indem wir uns auf eine vorher genau festgelegte Position legten, um Ansteuerungs- und Seenothilfe darzustellen bei den häufigen Nachtbombenangriffen auf Malaga, damals ein hartnäckiger Stützpunkt der Roten.

Anfang Dezember kam der Befehl, nach Kiel zurückzukehren. Die *Nürnberg* hatte unsere Aufgabe übernommen. Wenige Tage nach Passieren von Gibraltar kam zu meinem Entsetzen für mich die Kommandierung, gleich in der Kieler Schleuse als Fla-A.O. auf den nach Spanien auslaufenden Kreuzer *Leipzig* einzusteigen. Das war nun das zweite Weihnachten, das ich nicht mit meiner kleinen Familie verbringen konnte. In der Schleuse in Holtenau mit meinen Koffern von der *Karlsruhe* an Land gesetzt, mußte ich auf die andere Schleusenkammer wandern, um auf der *Leipzig*, freundlichst empfangen, wenige Tage vor Weihnachten wieder nach Süden auszulaufen. Genau eine halbe Stunde Zeit hatte ich, um mit meiner Frau zu sprechen. Allerdings hatte man mich getröstet, daß wir im April wieder zurück sein würden.

Als »verliehener« Fla-A.O. auf Kreuzer *Leipzig* (Spanien); Dezember 1936 bis April 1937

Die *Leipzig* unterschied sich in Besatzung und Offizierskorps merklich von der inzwischen vertraut gewordenen *Ku*. Der Kommandant, Kapitän z. S. Otto Schenk (Crew 14), war mir bis dahin unbekannt. Von der *Dresden* war er aus chilenischer Internierung auf abenteuerliche Art noch im Kriege nach Deutschland zurückgekommen. Er ließ sich nicht mit »Poldi« vergleichen, strotzte vor Unternehmungslust und hätte am liebsten das Schiff ohne Offiziere ganz alleine gefahren. Ihm machte es gar nichts aus, daß er mit seinem Schiff über Weihnachten in den spanischen Gewässern herumkurven würde. Wenn er nicht gerade auf der Brücke herumgeisterte, dann stand er in der Offiziermesse, hatte sein Glas Bier in der Hand und verbreitete sich über das fabelhafte Offizierskorps seines Schiffes, womit er zweifellos recht hatte.

Ich hatte den Kapitänleutnant Zaubzer (Crew 25) abzulösen, der auf AO-a-Lehrgang kommandiert war. Wenige Jahre später sollten wir beide zusammen die ersten Schüsse im Zweiten Weltkrieg von der *Schleswig-Holstein* in Danzig abfeuern. Natürlich hatte ich auch seine seemännische Division zu übernehmen, was ich aber gerne machte, um neben der Fla-Artillerie eine weitere Aufgabe zu haben. IO war der Korvettenkapitän Mirow (Crew 14), unser einstiger Fähnrichskompanie-Chef Der I. A.O. war der Korvettenkapitän v. Hohnhorst (Crew 16), den ich auch schon von der SAS her kannte. Mein Crewkamerad »Schnurz« v. Schnurbein, mit mir zusammen auf AO-b-Lehrgang, war II. A.O., so daß es auf der Ebene der Divisionsoffiziere einmütige Auffassungen gab.

Zunächst gingen wir auch mit der *Leipzig* auf die Nordstation, Basishafen El Ferrol. Beim ersten Einlaufen trat Schenk allein auf den Plan. Er jagte alle Wachoffiziere von der vorderen Brücke und bediente Ruder, Maschinentelegraph und sogar den Navigationsscheinwerfer selbst. Wir Wachoffiziere standen auf der hinteren Brücke und durften kein Wort sagen. Daß ein Kommandant seine Offiziere in die Ecke stellte, um sich selbst loszulassen, das war mir neu und eine wenig erfreuliche Erfahrung.

Wir nannten das Schiff nur noch den »Einmannkreuzer« und führten offiziell Beschwerde bei Mirow, der es aber nicht auf sich nahm, dem Kommandanten unsere Verärgerung mitzuteilen. Wie in Ferrol, so ereignete sich das nun ständig bei jedem Einlaufen in einen Hafen. Es war eine ärgerliche Zeit, fehl am Platze für die Praxis der Schiffsführung der Wachoffiziere.

Natürlich kam es zum Streit mit dem Kommandanten, der entsetzt war, welchen Grad von Unbeliebtheit er sich durch seine lächerliche Selbstdarstellung verschaffte. Der einzige Erfolg war, daß er den W.O. zunächst machen ließ, aber ohne jeden Grund dann doch schließlich eingriff, was für die W.O.'s eigentlich noch herabsetzender war. Als ich mich im April abmeldete und auf Befragen offen sagte, daß ich auf diesem Schiff eigentlich nur gelernt hätte, wie man es als Kommandant nicht machen dürfe, spielte er den in seinen ehrlichen Bemühungen völlig Verkannten.

Nach der Nordstation folgte für die *Leipzig* zur Erholung wieder die Südstation und damit die neue Rolle auf einer »Kontrollstation«. Am 12. März 1937 trat die »Internationale Seeüberwachung« in Kraft, ein Musterbeispiel international vereinbarter Heuchelei. Die Italiener und wir bekamen die in Zonen aufgeteilte rotspanische Küste, die Briten und Franzosen die weißspanische Küstenlinie zur »Kontrolle« zugewiesen. Die passierenden Schiffe durften zwar namentlich erfaßt, aber nicht wirklich nach der Ladung kontrolliert werden. Somit war das eine Farce. Nicht einmal eine Befragung war zugelassen. Bei Geleiten, wie im Mittelmeer üblich, waren sogar die Schiffsnamen nicht festzustellen, weil sie entweder übermalt waren oder die Geleitfahrzeuge die Kontrolleure gar nicht nahe genug herankommen ließen. Natürlich wollten wir es unter keinen Umständen zu einer Konfrontation mit den meist rotspanischen Zerstörern kommen lassen. So führten wir miteinander eine vollständige Affenkomödie auf.

Da wir zu den Wochenenden meistens mit den Engländern oder Franzosen oder auch mit beiden und den Italienern friedlich zusammen in einem Hafen lagen, »Kontrolle« fand zu dieser Zeit gar nicht statt, wurden selbstverständlich die international üblichen Formen der Höflichkeit, der gegenseitigen Besuche und oft auch gemeinsamer Landgänge aufrechterhalten. Außerhalb der politischen Gegensätze fanden sich hier klassische Freundschaften wieder zusammen. Deutsche und Engländer besuchten sich gegenseitig, die Franzosen hatten es lieber mit den Italienern. Vielleicht war es auch nur die Sprachbarriere, aber es war doch immer recht merkwürdig, daß wir meist mit den Briten uns in einem Hotel oder auch in einem Kaffeehaus zusammenfanden und dann recht freimütige Unterhaltungen führten. Natürlich hatten wir nichts gegen die Italiener, aber die Unterhaltung – meist über eine Drittsprache –, oft in einem fast unverständlichen Englisch, führte doch zu einer nur steifen und förmlichen Fühlungnahme. Mit den Engländern war das absolut problemlos, und beide Seiten machten sich über den nunmehr vertraglich vereinbarten Unsinn lustig.

Nach wechselnden Stationen im Süden mit Wochenend-Aufenthalten in Algeciras, Cadix, Tanger und Ceuta, bekamen wir schließlich die Kontrollstation vor dem rotspanischen Kriegshafen Cartagena. Tagsüber standen wir eben außerhalb der 6-Seemeilen-Zone vor dem Hafen auf und ab. Mit allen Optiken der

Leit- und Meßgeräte kontrollierten wir das Geschehen an Land und den Verkehr unmittelbar unter der Küste. Wir sahen die rotspanischen U-Boote schon getaucht mit sparsamem Sehrohrgebrauch aus dem Hafen auslaufen und am Spätnachmittag aufgetaucht wieder einlaufen. Wenn gegen Abend die rotspanischen Zerstörer in guter Ordnung und Formation ausliefen, dann bedeutete das, daß sie im Laufe der Nacht weit im Osten einige rotspanische oder auch russische Transportschiffe aufnahmen, und gegen Morgen an uns vorbei in den Hafen von Cartagena geleiten würden. Üblicherweise bestanden diese Geleite aus vier bis acht Dampfern mittlerer Tonnage, das heißt von 3000 bis 5000 t, die meist auch noch Decksladung in Riesenkisten mit sich führten. Die rotspanischen Zerstörer schirmten den Convoy immer dergestalt ab, daß wir nicht nahe genug herankommen konnten, um die Schiffsnamen und Heimathäfen zu erkennen. Flaggen wurden grundsätzlich nicht gezeigt. Natürlich konnten wir die Sicherungskette nicht durchbrechen. Es hätte uns als Provokation ausgelegt werden können. In unsere Beobachtungsliste konnten wir also immer nur eintragen: »Heute am 20. Januar 1937 um 05.45 Uhr fünf mittlere Frachter von Osten unter Sicherung nach Cartagena eingelaufen! Decksladung beobachtet! Unterschrift: Kdt. Leipzig!«

Das einzig wirklich ungewöhnliche und beinahe kriegsnahe Vorkommnis dieser Wochen ereignete sich durch eine zielgerichtete Provokation von vier eines Abends aus Cartagena auslaufenden, aber nicht wie üblich im Osten verschwindenden Zerstörern. Sie fuhren wiederholt Scheinangriffe auf uns, denen der Kommandant durch geschicktes Manövrieren auswich, mit dem er die beiden Zerstörer-Rotten stets in taktischen Nachteil brachte. Wir hattet die Kanonen geladen. Die Türme wurden laufend mitgerichtet. Ich hatte die Flak mit Leuchtgranaten klar zum Feuern. Jeder wartete auf den Ausbruch erster Feindseligkeiten. So ging es bis etwa 2 Uhr nachts in voller Gefechtsbereitschaft hin und her.

Schenk zog sich immer wieder sehr geschickt aus der Zangenposition heraus. Dank unserer überlegenen Optik hatten wir die Ziele immer fest in Richtung und Entfernung. Plötzlich und unvermutet schlossen sich die Zerstörer in Marschformation zusammen und dampften mit hoher Fahrt in Richtung Cartagena.

Wenige Tage später ereignete sich das gleiche Katz-und-Maus-Spiel. Wieder tobten wir zusammen mit den rotspanischen Zerstörern an der Küste auf und ab. Etwa gegen 1 Uhr nachts gab der Kommandant an alle Stellen, daß der Horchraum einen Torpedo gehorcht hätte, der nur knapp hinter uns durch unser Kielwasser passiert hätte. Obwohl wir den ganzen Abend die Zerstörer nicht einen Augenblick unbeobachtet gelassen hatten, war von meinen beiden Leitständen optisch kein Abschuß oder auch nur irgendwelche Anstalten dazu beobachtet worden, zumal gerade in dieser Nacht der Gefechtsabstand nur selten größer als 4000 m gewesen war. Fast unmittelbar danach liefen die Spanier wieder nach Cartagena ein. Als wir uns noch zum »night cup« in der Messe zusammenfanden, da kam auch der immer noch aufgeregte Kommandant, der bereits eine Alarmmeldung an den BdSp und das OKM losgelassen hatte, um den ganzen Vorfall zu rekonstruieren. Der Horchgerätemann, ein sehr verläßlicher, bewährter Unteroffizier, blieb eisern bei seiner Behauptung.

Als Folge dieser erneuten Konfrontation wurden wir schon wenige Tage später aus dem Kontrolldienst herausgezogen. Da unsere Spaniendienstzeit ohnehin in wenigen Tagen beendet sein sollte, setzten wir uns auf Heimatkurs in Marsch.

Als dann am 29. Mai, etwa sechs Wochen später, die Bomben-Angriffe auf die *Deutschland* in Ibiza erfolgten, erhielt unser Erlebnis auf der *Leipzig* eine andere Dimension. Die dann später für Ibiza gewählte Gegenmaßnahme mit der Beschießung von Almeria fand sicherlich keine allseitige Zustimmung bei uns jüngeren Offizieren.

Wieder auf der *Karlsruhe*

Wieder in Kiel, bekam ich zunächst einmal einen vernünftigen Urlaub, bevor ich wieder meine Stellung als II. A.O. auf der *Ku* antrat.

Friedeburg belebte die Messe außerordentlich. Er konnte fabelhaft erzählen, hatte in Berlin auch stark politisch gefärbte Aufgaben hinter sich, kannte alle Prominenten und den dazugehörigen Klatsch und verfügte obendrein über außergewöhnlichen Humor und ein beachtliches Erzählertalent. Nach dem Mittagessen, nach Raucherlaubnis mit »Jot-Dora«, begann er meist ohne längere Einleitung zu erzählen. Mitunter saßen wir bis 4 Uhr nachmittags noch in der Messe bis auf die, die gerade Dienst hatten, und hörten ihn berichten aus einer uns völlig fremden Welt. Er zog uns alle in seinen Bann und nicht etwa nur uns Männer, nein, auch unsere Frauen konnten ihm gespannt zuhören, wenn das Offizierskorps »mit Damen« zusammenkam. Er hatte auch viel Freude an Geselligkeit, und so waren wir alle häufig bei Friedeburgs zu Gast. An Bord machte er seine Sache ganz vorzüglich.

Überraschend schnell verging das noch verbleibende knappe halbe Jahr auf der *Karlsruhe* mit Gefechtsausbildung und Herbstmanövern. Es war insgesamt eine sonnige Zeit, und sie hat mir auch beruflich viel gegeben. Es wurde auch der erfolgreichste Segelsommer, den ich je erlebte. Das fing gleich nach meiner Rückkehr an mit dem Auftrag, einen Starboots-Segellehrgang in Kiel für junge Offiziere abzuhalten, der mir natürlich viel Spaß und Freude machte.

Dann wurde ich auch mit der Vertretung der Reichsmarine als Steuermann bei den Marine-Pokal-Segelwettfahrten in Kiel beauftragt, die gerade in diesem Jahr eine noch größere Beteiligung anderer Marinen erwarten ließ. Außer den schon von Anbeginn beteiligten Dänen, Schweden, Holländern, Engländern und Italienern erschienen auch zum ersten Mal die Franzosen und die Polen. Es gab spannende Wettkämpfe und ein heftiges Ringen um die Punktergebnisse der fünf Wettfahrten. Überraschend gewannen die Engländer, wenn auch nur mit knappem Vorsprung gegen die Italiener. Der englische Sieg war besonders hervorzuheben, da der blutjunge Steuermann erstmalig das ihm bis dahin unbekannte Segelrevier erlebte. Die Engländer kamen mit einer privaten Motoryacht, gaben laufend Parties und fühlten sich augenscheinlich sehr wohl in Kiel. Wir kamen über den vierten

Platz nicht hinaus; aber das tat der gesamten Sache selbst keinerlei Abbruch.

Dann aber hielten die Holländer es für angezeigt, die jährliche Gastfreundschaft der Deutschen Marine zu erwidern, und luden ein Starboot und eine Olympiajolle der Marine zu der jährlichen Hollandwoche auf die Zuidersee und auf die Losdrechtschen Plassen ein. Wieder wurde ich als Teilnehmer entsandt. Was die ganze Sache besonders attraktiv machte, ich durfte, nein, ich mußte sogar meine Frau mitnehmen. Das war nun das erste Mal, daß sie auch ein wenig von meiner Rennsegelei hatte. Es wurde eine große Erfolgsserie, solange das seglerisch einwandfreie Gebiet der Zuidersee das Regattafeld war. Die sich daran anschließenden Regatten auf den Moorseen, den Losdrechtschen Plassen, hatten seglerisch keinen Wert, sondern stellten mehr eine Art Volksbelustigung dar.

Die Holländer waren zuvorkommende und aufmerksame Gastgeber und verwöhnten uns sehr. Wie schon in den vorangegangenen Jahren waren die beiden holländischen Oberleutnante Jan van Dulm und Fritz Poortmann unsere Konkurrenten, nicht nur in Kiel, sondern jetzt hier auch in Holland zusammen mit den teilweise ausgezeichneten Seglern Bob Maß und anderen. Jan van Dulm, mit dem sich eine gute Freundschaft entwickelt hatte, war der Sohn des holländischen Gouverneurs in Batavia, den wir dort beim Karlsruhe-Besuch im Jahre 1935 kennengelernt hatten. Er war dann im Kriege der bekannteste und erfolgreichste holländische U-Bootskommandant.

Mit dem Sommer 1937 endete meine sehr befriedigende Kreuzer-Zeit. Mit den neuen Kommandierungen für den 1. Oktober war ich als Kommandant zur 2. Geleithalbflottille kommandiert. Etwas eingeschränkt war die Freude dadurch, daß bekannt war, daß die zwischen 1935/36 gebauten Geleitboote infolge ihrer neuartigen Hochdruckdampf-Anlagen fast ständig in der Werft lagen, um die Störungsquellen herauszufinden und abzustellen. Ich wußte, daß es darauf ankommen würde, ob ich ein Krupp-Germania-Boot oder ein Blohm & Voss-Boot bekommen würde.

Kommandant *Geleitboot F-7* der 2. Geleitflottille Kiel vom 1. Oktober 1937 bis 12. Februar 1939

Ich war Kommandant – ganze elf Jahre hatte ich vom Eintritt in die Reichsmarine bis zu diesem schönsten Kommando für einen jungen Seeoffizier benötigt.

Als ich an der Tirpitz-Mole in der Wik *F-7* von meinem Vorgänger übernahm, der das Boot in Dienst gestellt hatte, Kapitänleutnant Hans John (Crew 24), war ich hellauf begeistert. Das war ja fast ein Torpedoboot, damals für jeden von uns das »summum optimum«! Das Boot war bei Blohm & Voss in Hamburg gebaut worden, erst ein knappes Jahr in Dienst gewesen und hatte mit seiner Hochdruckdampfanlage mit Benson-Kesseln als einziges der Geleitboote ohne größere Ausfälle fahren können. Zur 2. Flottille in Kiel gehörten die Boote von *F-6* bis *F-10*. Es waren etwa 600 t große, etwa 75 m lange und sehr flachgehende Boote, Tiefgang nur 1,80 m, mit 28 Knoten Geschwindigkeit und einer Bewaffnung von je zwei 10,5-cm-Kanonen und je vier 3,7-cm-Fla-Kanonen in Doppellafetten, bei einer Besatzung von etwa 130 Mann. Ihr Zweck war der Geleitdienst für die größeren Schiffe zur Minen- und U-Bootsabwehr, und der Einsatz hilfsweise zum Räumdienst, gegebenenfalls auch zur Verwendung beim Minenwerfen. Die vielseitigen Aufgaben erforderten eigentlich die ständige Fahrbereitschaft der Flottille. Das aber erschien bei Kommando-Antritt in weiter Ferne, denn zunächst war *F-7* das einzig fahrbereite Boot.

Als ich das Boot feierlich übernahm, begann tatsächlich die schönste Zeit meiner Marinelaufbahn. Sie sollte bedauerlicherweise nur ein Jahr und 136 Tage dauern. Kommandant eines eigenen Bootes, den eigenen Kommandowimpel im Mast, die »weiße Mütze« des Kommandanten, eine getrennte Wohn- und Schlafkammer mit Dusch-Bad, das bedeutete, ganz abgesehen von diesen Annehmlichkeiten, gerade auch ein eigenes Offizierskorps, eine eigene Besatzung, der man den persönlichen Stempel der Dienstauffassung und des Könnens aufdrücken würde.

Es wird immer schwer und unsicher von einem selbst zu beurteilen sein, ob man bei seinen Offizieren beliebt und geschätzt wurde. Ausschlaggebend war in erster Linie der Erfolg. Danach geurteilt, stimmte das Verhältnis ausgezeichnet. Im Frieden lag der »Erfolg« eines Bootes innerhalb einer Flottille in der Ausführung jeden Dienstes, am »schnellsten«, am »genauesten«, kurz eben am »besten«! Dazu gehörte aber auch ein Boot mit den besten disziplinaren Verhältnissen, den wenigsten Strafen, den meisten Beförderungen und besonderen Belobigungen. Hierfür war neben dem LI für die technische Division der I. W.O. für die seemännische Division zuständig. Auch hier war ich von großem Glück begünstigt. Kurz vorher an Bord als I. W.O. kommandiert, traf ich auf den Oberleutnant z. S. Bernadelli, der, bei den 33ern eingereiht, vom Kadettenkorporal zum Offizier aufgestiegen war. Er war ein hervorragender Praktiker auf allen seemännischen Gebieten und hatte die so wichtige »mittlere Hand« zwischen harter Disziplin und gleichmäßiger Gelassenheit in der Menschenbehandlung. Er teilte meinen Ehrgeiz, das »beste Boot« zu haben, und so waren wir schnell eines Sinnes.

Wir waren auch Arztboot der Flottille, und gerne erinnere ich mich an den Dr. Lübben und später an den recht bajuwarischen Dr. Brunner, die glänzend in die kleine Offiziersmesse hineinpaßten. Dazu bekamen wir alle halbe Jahre einen neuen Schub Fähnriche z. S. zur praktischen Bordausbildung. Hier konnten sie natürlich viel mehr lernen als wir seinerzeit als Bordfähnriche auf den alten Linienschiffen. Einen möchte ich ganz besonders hervorheben, den Fähnrich z. S. Bertelsmann aus Kiel, der dann zugleich auch mein Vorschotmann auf dem Starboot wurde. Er blieb als Kommandant *U-603* im März 1944 im Atlantik. Auch der hervorragende Stabsobersteuermann Peters ist zu erwähnen, mit dem ich naturgemäß bei allen nautischen Aufgaben besonders eng zusammenarbeiten mußte.

Die Soldaten aller Laufbahnen brachten nach der Wiedereinführung der Wehrpflicht viel Begeisterung mit. Sie waren fast alle schon in der Hitlerjugend gewesen, hatten die harte Schule des Arbeitsdienstes hinter sich, waren von Idealen getragen und taten offensichtlich gerne ihren Dienst. Verglichen mit den alten Berufssoldaten der Reichsmarine, die meist nach dem Durchwandern der geringen Beförderungsmöglichkeiten zwar Meister ihres Faches waren, aber militärisch keinen Ehrgeiz mehr entwickelten und oft dann auch disziplinar schwierig wurden, ergaben sich merkliche Unterschiede.

Flottillen-Chef war der Korvettenkapitän Friedrich-Wilhelm Pindter, ein 16er. Pindter, ein langjähriger Sperrmann, hatte eine großzügige Gesinnung und versuchte, wirklich weitgehend, den Kommandanten ihre Selbständigkeit zu belassen. Er hatte Humor; wir kamen vorzüglich miteinander aus.

Fast unmittelbar nach der Kommando-Übernahme begannen die zwei fahrbereiten Boote unserer Flottille mit der bootsweisen Einzelausbildung in der westlichen Ostsee. Da wurden dann die ersten Rollen, z. B. »Feuer im Schiff«, »Boje oder Mann über Bord«, »Kutter aussetzen«, ums »Schiff pullen«, und die möglichen Ausfälle geübt, etwa die verschiedensten Maschinenstörungen. Jeden Tag steigerte ich die Anforderungen. Mittags wurde, schon damals aus Brennstoffersparnisgründen, geankert, irgendwo in der Strander- oder der Eckernförder-Bucht, und dann »tobten« wir wieder den ganzen Nachmittag bis gegen 6 Uhr abends herum. Nachts lagen wir dann irgendwo unter Land, um morgens ab 7 Uhr wieder mit der Bootsausbildung fortzufahren, bis jeder wirklich seine Obliegenheiten im Schlaf beherrschte.

Öfters ließ ich auch nach altem bewährten Emden-Muster morgens gleich nach dem »Anker auf« den Kutter dem langsam enteilenden Boot nachpullen. Das erfreute sich zwar keiner besonderen Beliebtheit, half aber außerordentlich, die Seeleute mit ihrem Kutter verwachsen zu lassen. Wir wollten nicht nur die beste Rettungsbootsmannschaft der Flottille, sondern (in unserer Größenklasse) der ganzen Flotte werden. Um es gleich vorwegzunehmen – wir wurden es.

Dann aber kam endlich auch *F-10* aus der Werft, und wir konnten rottenweise üben. Gelegentlich faßte der Flottillen-Chef dann auch mal drei Boote zusammen und machte die ersten Übungen im verkleinerten Verbande, sobald seine Arche – *F-8* – fahrbereit war. Das Manövrieren mit den Geleitbooten war trotz der starken

Turbinenkräfte in Anbetracht des geringen Tiefgangs und der relativ hohen Aufbauten bei Querwind außerordentlich schwierig. Die Boote trieben, sobald die Fahrt im Boot nachließ, wie ein Bund Stroh mit dem Winde.

In Cuxhaven, wo selbst bei Stillwasser im Amerika-Hafen immer eine Grundströmung vorhanden war, kam es zu dramatischen Manövern an dem später für unsere Flottille vorgesehenen recht beschränkten Liegeplatz. Man konnte sich zwar meist die Einlaufzeit doch so wählen, daß nicht gerade der volle Flut- oder Ebbstrom lief, aber den Wind konnte man nun wirklich nicht wählen. Er war zusammen mit dem Strom der zweite entscheidende Faktor. Ich habe in der ganzen Zeit nicht ein einziges Einlaufen von etwa 20 Manövern erlebt, wo nicht das eine oder andere Boot recht unterschiedliche, aber doch meist nur durch eine Werft zu beseitigende Schäden erlitt.

Das Üble aber war, daß die bereits festgemachten Boote, vor allem deren Kommandanten, vom Molenkopf der Pier aus mit Argusaugen die Manöver der noch einlaufenden Boote beobachteten und sich diebisch freuten, wenn der nächste noch größeren Schaden nahm als ihr eigenes Boot.

Gleich nach Weihnachten mußte ich mit *F*-7 nach Hamburg in die Werft, um die fälligen Garantie-Arbeiten nach der Indienststellung zu erledigen. Ich fand das ganz gut, denn ich war weg von der Flottille und in Hamburg ganz auf mich allein gestellt. Nicht jeden Sonnabend und Sonntag konnte ich nach Kiel zu Weib und Kind fahren. Das war einfach zu teuer. Ich konnte an Bord wohnen bleiben, bis auch meine beiden Räume zur Überholung herankamen. Von der Besatzung blieb auch nur etwa ein Drittel an Bord.

Ich war häufiger in der City oder in den Vororten Hamburgs von meinen Starbootfreunden eingeladen, und kam dann später als Mitternacht am Elbtunnel an. Dann mußte man aber durch die ganze Länge des Tunnels marschieren und dann noch durch das ganze Werftgelände von Blohm & Voss bis zum Liegeplatz des Bootes. So kam ich dann auch eines spät gewordenen Abends so gegen 4 Uhr in der Frühe an Bord zurück. Die ganze Werftnachtschicht schlief Mann bei Mann in der Offiziersmesse auf dem Boden, fest und tief. Natürlich fand ich das geradezu empörend, denn schließlich bezahlte ja die Marine ganz erheblich erhöhte Arbeitsentgelte für die Nachtschicht. Ich schrieb eine dienstliche Meldung an die Bauaufsicht der Marine, die für Blohm & Voss zuständig war.

Ein paar Tage später wurde ich gegen Mittag zu Herrn Blohm persönlich gebeten und erhielt dort eine Lektion über das, was Sache der Werft, und das, was Sache der Marine wäre. Er gab mir zu verstehen, und das hat mich sehr beeindruckt, daß infolge der damaligen Arbeitsanhäufung die physischen Kräfte seiner Leute aufs härteste angespannt wären und man da dann auch über derartige Unebenheiten hinwegsehen müsse. Ich, der dienstliche Moralapostel, ging klein und einsilbig nach dieser Unterredung wieder auf mein Boot zurück.

Im Frühjahr konnte ich erwirken, daß ich zu den Hamburger Frühjahrsregatten auf der Alster als Vertreter der Kriegsmarine entsandt wurde. Mit zwei ersten Plätzen bei fünf Regatten, im Gesamtresultat Zweiter, wurde ich mit meinem Boot *Capella* zu den bekanntesten Seglern der Kriegsmarine gerechnet.

In politischer Hinsicht konnte der Abschluß des Jahres 1937 nur mit großer Befriedigung betrachtet werden. Der britische Außenminister Lord Halifax hatte erstmalig klar zu erkennen gegeben, daß England den Versailler Vertrag als überholt betrachte, daß aber jede Revision besonders der gebietsmäßigen Bestimmungen nur auf dem Verhandlungswege gelöst werden könnte. Das war britischer Realismus und eröffnete gute und friedvolle Perspektiven für die Zukunft.

Leider zeigte aber die weitere Entwicklung, daß unverständlicherweise Hitler das britische Verständnis und Entgegenkommen falsch interpretierte und die einmalige Chance einer engen Kooperation mit England zum mindesten ungenutzt hat verstreichen lassen. Wir Seeoffiziere kannten die Weltmacht Großbritannien von unseren Reisen. Wir wußten auch um deren Ordnungsfunktion.

In unseren Gedanken tauchten damals keine Zweifel an der

Richtigkeit der außenpolitischen und erst recht nicht der innenpolitischen Entwicklungen auf.

Erst mit der Blomberg- und der sich daran anschließenden Fritsch-Krise, deren ganze Dimension sich uns nur langsam erschloß, kamen bedenkliche Momente ins Spiel. Ich hatte Blomberg während der olympischen Spiele über das Regattafeld in Kiel gefahren, hatte bei aller Liebenswürdigkeit nicht gerade den Eindruck überragender Größe gewonnen, sah in ihm jedoch einen sicherlich zuverlässigen und in den Traditionen des preußischen Heeres verwurzelten Offizier. Es war schwer begreifbar, daß gerade ein solcher Mann nun in eine so platte und törichte Angelegenheit geraten konnte. War es etwa so zu erklären, daß er, wie viele der Nazi-Führer oder Gauleiter mit der nun errungenen Macht und Stellung sich nicht mehr an die Normen der früher maßgebenden Gesellschaft halten zu müssen glaubte? Es bestand kein Zweifel, daß gerade unser Oberbefehlshaber Raeder fest entschlossen war, diese Normen auch in der neuen Zeit zu wahren und ihre Einhaltung wenn nötig zu erzwingen.

Die Affäre um den Oberbefehlshaber des Heeres, Frhr. v. Fritsch, den wir alle nur dem Namen nach kannten, hat uns weniger berührt. Wenn sich unsere höchsten Vorgesetzten, die ja den Mann alle gut kennen mußten, nicht auf die Hinterbeine stellten, was hatten wir dann für einen Standpunkt zu vertreten? Schließlich fühlten wir alle uns aber doch höchst ungemütlich, weil nun gerade die Wehrmacht in Skandale verwickelt wurde, die unser Ansehen im Volke, auf das wir besondere Rücksicht zu nehmen seit der Reichswehrzeit erzogen waren, in ein unerfreuliches Licht brachte. Keinem von uns kam auch nur entfernt der Gedanke, daß hier Absichten verfolgt wurden, die auf eine ganz neue Wehrmachtstruktur herauslaufen sollten. Wir waren peinlichst berührt – aber auch nicht mehr.

Daß Hitler die Stelle des Oberbefehlshabers der Wehrmacht übernahm, hielten wir lediglich für einen mehr oder weniger wirkungsvollen Imponierakt, denn machen würden das Fachliche doch letzten Endes nur die »gelernten« Generale, meinten wir. Das war unser, zugegeben subalternes, Bild der nun entstandenen Lage.

Wir waren daran gewöhnt, daß wir über derartige Dinge von unseren Vorgesetzten keine oder nur sehr allgemeine Orientierungen erhielten.

Für uns änderte sich gar nichts, unser Oberbefehlshaber blieb Raeder, der uns nun schon seit der Reichswehrzeit langsam, aber sicher in der Entwicklung aufwärts geführt hatte. Sahen wir uns um und dachten zurück an die kleine Reichsmarine, in die wir vor nunmehr elf, zwölf Jahren eingetreten waren, was für eine erstaunliche Entwicklung war unter seiner etwas schulmeisterlichen, aber geradlinigen Führung eingetreten!

Als dann am 13. März 1938 der Anschluß Österreichs erfolgte und das »Großdeutsche Reich« erstand, hatte die deutsche Geschichte für uns ihren Sinn und ihre Vollendung gefunden. Keinen damals lebenden Deutschen wird dieses Ereignis unberührt gelassen haben. Daß auch die Deutschen im bisherigen Österreich nicht anders dachten und fühlten, zeigten sie unseren Soldaten beim Einmarsch.

In dankbarer Erinnerung habe ich aus diesem denkwürdigen Frühjahr noch meine Teilnahme an der Internationalen Genua-Woche, bei der ich erstaunliche seglerische Erfolge einheimste. Meine Flottille empfing mich nach Rückkehr mit großen Jubel, und es regnete Glückwünsche und Einladungen.

Die meisten Geleitboote der Flottille waren infolge Änderungen an den Antriebsanlagen immer noch nicht, oder besser, wieder nicht klar zum Einsatz. So konnte mir nichts besseres geschehen, als zu Einzelübungen entlassen zu werden. Nun ging ich ganz auf mich gestellt in die östliche Ostsee und begann erneut, mein Boot auf einen Ausbildungshöchststand zu bringen. Leider waren mir zwei meiner »Sehnsuchtshäfen«, Königsberg und Elbing, ohne besondere Begründung von meiner eingereichten Planung gestrichen worden. Es blieb bei Pillau als meinem östlichsten Hafen. Im Juni begann mit der mittlerweile ziemlich vollzähligen Flottille die Verbandsausbildung mit Sperrübungen, später Artillerie-Schießen, bei dem ich als Artilleriereferent der Flottille voll eingespannt war. Natürlich war ich sehr stolz, als sich die Schießübungen treffermäßig sehr erheblich von denen der 1. Geleitflottille abhoben. Was immer an Übungen von der Flottille angesetzt wurde, immer war zu meiner Freude *F-7* das erste Boot, und das Rufzeichen des Bootes hing an der Rah des Führerbootes. Dank des vorzüglichen I. W.O. Bernadelli und unserer intensiven Einzelübungen waren wir eben immer besser und schneller als die anderen, was sich auch Anfang September bei den FDM-Übungen fortsetzte.

Die den Sommer 1938 beherrschende Sudetenkrise, erst im Münchner Abkommen Ende September beigelegt, wirkte bis in unsere Flottille hinein. Die schon festgelegten Herbstübungen wurden plötzlich abgeblasen. Der politische Himmel hatte sich unversehens verdüstert.

Eine militärische Auseinandersetzung schien nicht ausgeschlossen zu sein. So erhielten wir nach Übernahme scharfer Munition in Dietrichsdorf den Befehl, nach der Nordsee zu verlegen, was wir kopfschüttelnd hinnahmen. Was konnten wir mit unserer vergleichsweise lächerlich kleinen Marine gegen Großbritannien ausrichten, gerade unsere Geleitflottille, die ständig mit den Ausfällen der Kesselanlagen zu kämpfen hatte! Jedenfalls nahmen wir diese Vormobilmachung nicht sonderlich ernst. Dennoch lag etwas in der Luft, was uns erstmalig besorgt stimmte.

Vielleicht aber fühlten wir auch, daß dieses Spiel mit dem letzten Einsatz zum letzten Male gespielt worden war. Wir lagen in Wilhelmshaven auf Reede, beide Geleitflottillen, ausgerüstet mit Minenschienen, klar zur Minenübernahme, um eine Sperre in der Nordsee zu werfen, falls es zum Kriege kam.

Dann aber kam das Münchner Abkommen. Wieder hatte Hitler recht behalten. Die Kriegsgefahr war für die nähere Zukunft gebannt. Wir lichteten die Anker und gingen durch den Kanal nach Kiel und passierten in Rendsburg eine jubelnde Kolonialschule. Schmerzhaft blieb mir damals in Erinnerung, daß meine eigene nähere Heimat, das frühere Westpreußen mit seiner urdeutschen Hauptstadt Danzig nach wie vor der Erlösung harrte und harren mußte, da Hitler ja nun seine »letzte« territoriale Forderung zur Revision des Versailler Diktats erfüllt bekommen hatte. Aber unter allem herrschenden Jubel konnte man seine eigenen Sorgen und Bedenken gar nicht äußern. Man konnte nur vertrauen, daß Hitler es schon machen würde. Nie war seine Position so allgemein anerkannt wie in diesen Tagen, auch unter uns Offizieren und erst recht bei unseren Soldaten.

Wir nahmen unseren festgelegten Jahresdienstplan wieder auf. Zunächst hatten wir in der Lübecker Bucht die besondere Aufgabe, beim Torpedoschießen der Panzerschiffe die Übungstorpedos wieder einzufangen, eine Tätigkeit, die ich schon in der Zeit auf den alten T-Booten bis zum Gehtnichtmehr hatte durchführen müssen.

Die beiden Panzerschiffe *Deutschland* und *Admiral Scheer* dienten sich gegenseitig als Ziele. Da wir gerade nur drei klare Boote waren, liefen wir also im Kielwasser des gerade zum Schießen anlaufenden Panzerschiffes mit geringstmöglichem Abstand, um nach erfolgtem Schuß oder Fächerschuß in die Torpedolaufbahn einzudrehen und der Blasenbahn bis zum Aufkommen des Torpedos zu folgen.

Waren alle Übungstorpedos verschossen, dann mußte man sehr vorsichtig beim Panzerschiff längsseits gehen und die eingefangenen Torpedos wieder übergeben. So ging das meist bis in die späte Nacht. Das Panzerschiff lag dann oft schon lange unter der Küste zu Anker, bis man seine letzten Torpedos endlich abgegeben hatte, wobei groteskerweise wir Geleitboote in der Reihenfolge der Dienstalter der Kommandanten unsere eingefangenen Torpedos abgaben, nicht nach der Reihenfolge des Einfangens. So mancher Fluch kam meiner tüchtigen Besatzung über die Lippen, wenn wir in Rekordzeit beim gleichen Fächerschuß unseren Aal bereits an Deck hatten und *F-8* immer noch hin und her sägte, um an seinen aufgekommenen Torpedo heranzukommen.

Im Augenblick des Fächerschusses (Mehrfachschüsse gleichzeitig), mußte man in die Laufbahn mit Höchstfahrt eindrehen, damit man nicht die Blasenbahn verlor, die natürlich mit der Zeit verschwand. Die Boote liefen dann mit Höchstfahrt in geringster Entfernung voneinander auf das Ziel zu, hinter ihrem Torpedo her. So standen wir dann in diesen Tagen auch einmal wieder hinter der Admiral *Scheer* in der Reihenfolge *F-8*, *F-7* und *F-6* in Kiellinie. Der Dreierfächer fiel, und mit »AK« drehten alle drei Boote gleichzeitig nach Backbord in die drei gut erkennbaren Blasenbahnen ein. *F-8* drehte plötzlich immer weiter nach Backbord, weit über die Blasenbahn hinaus, und kam mit Höchstfahrt immer weiter auf *F-7* zu. Intuitiv erfaßte ich die Lage. *F-8* hatte einen Ruderversager. Gefahr war im Verzuge. Tatsächlich gelang es mir, den noch kleineren Drehkreis gegenüber *F-8* zu erreichen und wähnte mich bereits frei, als plötzlich von meiner Backbord-Seite der Schrei ertönte: *F-6*, der trotz des Heulens zum Anzeichen des Ruderversagers auf *F-8* und auch von *F-7* mitheulend, die Lage offensichtlich nicht erkannt hatte. Das dann zu spät eingeleitete Manöver konnte den Freund nicht mehr retten, *F-6* raste unmittelbar hinter der Brücke in *F-8* hinein und riß *F-7* mit seinem Heck in der Drehung den unteren Teil des Vorstevens weg. So trugen alle drei Boote erhebliche Beschädigungen bei dieser Havarie davon, *F-7* zum Glück die geringsten, dank unserer schnellen Reaktion, die uns noch ein Lob des Flottillen-Chefs eintrug. Die 2. Geleitflottille aber erhielt fortan den Namen »Selbstmordflottille«, als sie in die Werft nach Kiel zur Schadensreparatur einlief, *F-8* mit ausgebrachtem Lecksegel und Dauerbetrieb der Lenzpumpen, *F-6* mit einem um mehrere Meter umgebogenen Vorsteven und schließlich *F-7* mit dem Verlust von ca. 1,50 m des unteren Vorstevens.

Im Winter wurde *F-7* zusammen mit *F-10* der ein Jahr zuvor in Dienst gestellten 3. U-Flottille *Lohs* zum Torpedoschießen zur Verfügung gestellt. Diese U-Flottille bestand zu der Zeit aus sieben Booten des Typs II B, die sogenannten Einbäume, einem Einhüllenboot von nur 250 ts Deplacement mit drei Bugtorpedorohren und etwa 22/23 Mann Besatzung. Flottillen-Chef war der Kapitänleutnant Eckermann von meiner Vorcrew, den ich vom Segeln her gut kannte.

Als ich als Ältester Kommandant unsere F-Bootsrotte in Travemünde zur Verfügung der 3. U-Flottille meldete, ließ mich Eckermann zunächst einmal eine gute halbe Stunde warten, weil er noch beim Frühstück saß. Nach der Meldung schlug er dann mir gegenüber eine Tonart an, die ich bisher auch von älteren Vorgesetzten nicht gewöhnt war. In arroganter Weise hielt er es für nötig, mich auf meine Pflichten hinzuweisen. Pünktlichkeit, Genauigkeit, Schnelligkeit glaubte er mir besonders predigen zu müssen. Wortlos ließ ich diese Machtdemonstration über mich ergehen.

Dieser Schießabschnitt, der erste der U-Flottille, ist mir als höchst unerfreulich in Erinnerung geblieben. Es gab unentwegt alberne Winksprüche an uns beide F-Boote mit Tadel und Lob.

Dabei interessierte uns das Torpedo-Schießen der U-Boote außerordentlich, wie überhaupt die ganze, für uns bisher unbekannte Waffe. Selten sahen wir beim Tagschießen einmal das Angriffssehrohr, dagegen um so häufiger bei Nacht die aufgetaucht schießenden Boote. Natürlich gingen wir auch einmal an Bord der Einbäume und sahen uns diese recht primitiv wirkenden Boote sehr genau an. Selten stellten unsere damaligen ersten S-Geräte, unsere Sonar-Geräte, die Boote bei den Tagangriffen unter Wasser fest, auch unsere Horchgeräte schienen nicht sehr effektiv zu sein.

Eigentlich sehr unerwartet kam nun doch schon Ende Oktober die Forderung Hitlers nach der Rückgabe des deutschen Danzig. Das war nun wirklich alarmierend, denn er hatte ja selbst als letzte aller seiner Gebietsforderungen die Abtretung des Sudetenlandes erst kürzlich postuliert. Das konnte so nicht gutgehen, selbst wenn wir natürlich, und ich ganz besonders, diese Forderung billigten, wenn auch nicht zu diesem Zeitpunkt. Schon in Köslin war mir die Absurdität dieser Grenzziehung zum vollen Bewußtsein gekommen, die allein deshalb erfolgte, um den Polen einen Seehafen zuzuschanzen. Was hatten wir Schüler aus Ostpreußen und dem restlichen Westpreußen nicht alles an Schikane der Polen auf den Ferienreisen hin und zurück erlebt! Aber, fragte ich mich damals, und frage ich mich heute noch genauso, warum mußte das alles in einem derartig atemberaubenden Tempo geschehen? Und warum immer wieder mit der Formel der »letzten aller Forderungen«?

Dennoch glaubten wir trotz permanenter polnischer Provokationen bei der Jahreswende 1938/39 nicht an einen Krieg um Danzig.

Am 9. November 1938 hatte die im Volksmund in einer Mischung aus Spott und Abscheu sogenannte »Reichskristallnacht«

stattgefunden, als organisierte Repressalie für die Ermordung des deutschen Botschaftsrates Ernst vom Rath in Paris durch einen jüdischen Attentäter. Tausende jüdischer Geschäfte im ganzen Reich wurden durch SA-Kommandos demoliert und geplündert. In fast allen größeren Städten wurden die Synagogen angesteckt und geschändet. Im Ausland verscherzte sich damit das Reich den Rest des Vertrauens und rief eine weltumspannende jüdische Reaktion hervor. Die früher genutzte Ausrede, mit der sich viele beruhigten, daß schließlich der Führer nicht alles wissen konnte, verfing nicht mehr. Wir der Politik fernestehenden Soldaten, die wir bisher alle großen außenpolitischen Erfolge mit Begeisterung begrüßt hatten, auch die innenpolitischen Erfolge der Beseitigung der Arbeitslosigkeit, der Schaffung der Volksgemeinschaft und der Wiedererweckung des Nationalgefühls, wir waren nur verlegen und auch beschämt über diesen eigentlich als überholt betrachteten, befohlenen Ausbruch des staatlichen Antisemitismus. Außerdem aber waren wir zu sparsam und zu genau erzogen, um für die sinnlose Vernichtung von Substanzwerten Verständnis zu haben. Die Zerstörung der Synagogen verletzte unsere Ehrfurcht vor Gott und unseren Stolz als altes Kulturvolk dieser Erde. Wenn ich mich recht erinnere, dann hatten wir letztlich alle gedacht, daß mit der schließlichen Erringung der Macht sich die Elemente des rassistischen Hasses beruhigen und so weit verflachen würden, daß die störenden und peinlichen Äußerungen der sogenannten Kampfzeit in Vergessenheit geraten würden.

Es kam das Jahresende 1938, das letzte im Frieden. Ein im Beruf glückliches und besonders erfolgreiches Jahr endete. Wir waren glücklich, soweit Menschen überhaupt glücklich sein konnten.

Der Aufbau der Kriegsmarine im Rahmen des britisch-deutschen Flottenabkommens, wer will es uns verdenken, erfüllte uns beruflich mit Optimismus. Die würdige Stellung, die Hitler der Wehrmacht und im besonderen der Marine gegeben hatte, stimmte uns stolz und zuversichtlich. Der Ton zwischen den englischen Seeoffizieren und uns war bei den Marine-Pokal-Segelwettfahrten 1938 ganz besonders vertraulich und persönlich herzlich gewesen. Erstmalig hatten auch die Türken und die Rumänen in diesem Jahre teilgenommen, dazu wieder die Polen, wie auch schon im Jahre 1937.

Diese Gemeinde dänischer, schwedischer, französischer, italienischer, holländischer, britischer, polnischer, rumänischer, türkischer und deutscher Starbootsegler bildete einen kleinen Völkerbund und vertrug sich glänzend. Trotz aller drohenden Wolken am Horizont erschien uns ein Krieg als außerhalb unseres Vorstellungsvermögens, so naiv das in der Rückschau klingen mag.

Das Jahr 1939

Die erste Überraschung traf mich sehr bald nach Jahresanfang mit der Kommandierung zum AO-a-Lehrgang zum 13. Februar 1939. Das bedeutete das vorzeitige Ende meiner so befriedigenden Kommandantenzeit. Ich war tief betroffen, so auszeichnend auch der Lehrgang für »Artillerieoffiziere für schwerste Kaliber« anzusehen war. Der Verlust eines halben Jahres der Kommandantenzeit ließ mich der Kommandierung nicht recht froh werden. Ich würde also wohl eines nicht allzu fernen Tages als I. A.O. auf einem Panzerschiff oder gar auf einem Schlachtschiff und, wenn es sehr gnädig abging, auf einem Kreuzer landen. Die ersten meines Jahrgangs waren schon zum Admiralstabslehrgang kommandiert worden und dünkten sich »besser als alle ihre Brüder«, wie man in der Marine etwas neidvoll diese sogenannten »Führergehilfen« kommentierte. Dieser Ehrgeiz lag mir fern, aber I. A.O. erschien mir auch nicht gerade als das höchste Ziel.

Schweren Herzens gab ich *F-7* an meinen Nachfolger ab. Mit stockender Stimme verabschiedete ich mich von meinen vorzüglichen Matrosen, Unteroffizieren und Offizieren. Der I. W.O., Bernadelli, übergab mir traditionsgemäß den Kommandanten-Wimpel an einem herrlich gearbeiteten kurzen Flaggstock, mit einer besonders ehrenvollen gravierten Widmung auf einer kleinen Silberplatte. Es fiel mir sehr schwer, meinen Kummer zu verbergen.

Auch der Abschied von der Flottille fiel mir nicht leicht. Der

Kreis der Kommandanten hatte so manchen Wachbootskaffee harmonisch und kameradschaftlich in Diskussion und Kritik zum wirklichen Erleben gemacht. Auch den Flottillen-Chef hatten wir in seiner persönlichen Anständigkeit und Vorbildlichkeit schätzen und verehren gelernt. Es würde lange dauern, bis man wieder in einer vergleichbaren Gemeinschaft leben würde.

Die Iden des März brachten dann die über Krieg und Frieden entscheidende Entwicklung, für die mir damals jedes Verständnis fehlte und heute noch immer fehlt. Am 15. März marschierten deutsche Truppen in der Resttschechei ein. Es war für uns undurchsichtig, ob und inwieweit hier Gewalt und Erpressung angewandt wurden. Aber uns allen wurde plötzlich klar, daß damit der bisher auch von England anerkannte Grundsatz: »Gemeinsames Blut gehört in ein gemeinsames Reich« verlassen und aus dem revisionistischen ein imperialistisches Reich geworden war.

Am gleichen Tage wurde in Kiel unser Sohn, Karl-Friedrich Birger, geboren. Der Einmarsch in Prag aber machte uns sehr nachdenklich. Wir waren als Staat wortbrüchig geworden, wir hatten unsere Prinzipien verlassen, nach denen wir angetreten waren.

Wohin trieben wir? Es kam dann auch prompt die englisch-französische Garantie-Erklärung an Polen.

Auch dem jüngsten Seekadetten, der eine große Schulschiffreise durch die Welt gemacht hatte, war in Anbetracht des britischen Prestiges und der tatsächlichen Weltmacht klar, was das ganz eindeutig bedeutete: Krieg, im Falle einer gewaltsamen Gebietsregelung auf Kosten Polens, wenn sie auch für das deutsche Volk soviel wichtiger und berechtigter erschien als die alle Verträge verletzende Liquidierung der Mini-Tschechoslowakei. Immer wieder hatte auch Raeder in seinen Ansprachen vor uns verkündet, daß wir uns darüber keinerlei Sorge machen brauchten, daß er mit Hitler darin vollkommen übereinstimmen würde, daß ein Krieg mit England einfach undenkbar sei. Die zweite typisch britische Antwort ließ nicht auf sich warten. Am 27. März wurde in England die allgemeine Wehrpflicht eingeführt. Das war der endgültige Bruch jeden deutsch-britischen Einverständnisses, das bisher die Gebietsrevisionen ermöglicht hatte.

Die Götter schlugen mit Blindheit den, den sie verderben wollten. Anders ist das Jahr 1939 nicht zu verstehen, heute nicht, und damals auch nicht, wenn auch diese Erkenntnis damals sicher nicht verbreitet war. Wir begruben unsere Sorgen etwas einfältig in der illusionären Hoffnung, entgegen allen Befürchtungen, Hitler habe bisher doch immer richtig gehandelt.

Als am 23. März Litauen ohne langen Nervenkrieg das unrechtmäßig besetzte Memelgebiet gleichsam auf silbernem Tablett an das Reich zurückgab, erschien das als eine erneute volle Bestätigung seiner Politik. Das war so überraschend, daß jeder Skeptizismus erneut widerlegt war.

Schüler des AO-a-Lehrganges 15. Februar bis 30. Mai 1939

Der Korvettenkapitän Engelhardt war unser AO-a-Lehrer, den wir, weil er etwas schnoddrig im Ton war, zunächst mit viel Vorsicht betrachteten. Im weiteren Verlauf nahm er uns alle doch sehr für sich ein durch Sachlichkeit und Gerechtigkeit. Ich kannte ja den ganzen Film des Lehrgangs von meiner eigenen SAS-Zeit her und von der Teilnahme meiner BÜ-Lehrgänge an den Schießübungen der großen Artilleristen. Mit einem Teil der AO-a-Schüler hatte ich schon den AO-b-Lehrgang bei Kapitän Lindemann gemacht. Auch von meinem Jahrgang waren wir nun mehrere hier zur »Hohen Schule der Schiffsartillerie«. Für mich bedeutete das eine recht angenehme Zeit, da ich zu Hause in der Esmarchstraße wohnte.

In etwa der Mitte des Lehrgangs kamen für die AO-a-Schüler schon die neuen Kommandos heraus. Ich war mehr als erstaunt, als ich meine Kommandierung als Kadettenausbildungsoffizier für den Jahrgang 1939 auf dem zum Schulschiff herabgestuften alten Linienschiff *Schleswig-Holstein* zur Kenntnis nehmen mußte. Im August sollten alle drei Schulschiffe, *Sx*, *SN* und *EM* auf eine mehrmonatige Auslandsreise gehen. Mein Crewkamerad Spilling war KO auf *SN*, der 29er Hans Wirt KO auf unserem alten Schulkreuzer *Emden* geworden.

Damit war ich plötzlich wieder in den Bannkreis der Bildungsinspektion geraten. Wenn ich mich nicht sehr täusche, hat da irgendwo Bernhard Rogge die Hand im Spiel gehabt. Diese Kommandierung war eigentlich recht befriedigend. Mit einer erstrebenswerten Kommandantenstellung war ja ohnehin nach der F7-Zeit zunächst nicht wieder zu rechnen. Die Erziehungsarbeit machte mir Freude. Außerdem lockte mich auch die damit verbundene Auslandsreise, selbst wenn sie naturgemäß wieder eine längere Zeit der Trennung von meiner Familie bedeutete.

Zum Abschlußschießen des AO-a-Lehrgangs vom Panzerschiff *Admiral Scheer* kam sogar Raeder, inzwischen zum Großadmiral befördert. Das Schicksal wollte es, daß ich mit einem der drei Besichtigungsanläufe auf das neue funk-ferngelenkte Zielschiff *Hessen* vorgeführt wurde. Auch an diesem Tage blieb mir die heilige Barbara treu und trug mir sechs Treffer in das ferngelenkte Zielschiff. Da auch die beiden anderen Kameraden mit ihren gefechtsmäßigen 28-cm-Anläufen von unserer Artillerieheiligen begünstigt waren, waren nicht nur unser Lehrer Engelhardt und wir selbst, sondern sogar der Großadmiral von der Vorführung »befriedigt«, wie er sich, betont nüchtern, auszudrücken beliebte.

Bevor er jedoch am späten Nachmittag in Kiel von Bord ging, versammelte er den Lehrgang und das Offizierskorps des Schiffes und hielt eine etwa halbstündige Ansprache, in der er fast leidenschaftlich betonte, daß es weder zu einem Krieg kommen werde noch zu einer ernsthaften Konfrontation mit England. Diese Zusicherung hätte ihm der Führer gerade erst wieder vor einigen Tagen gemacht. Wir waren etwas verwirrt, denn erst am 28. April hatte Hitler in einer Reichstagsrede unverständlicherweise das bisher so gerühmte und noch bei weitem nicht erfüllte Flottenabkommen von 1935 gekündigt. Das war eine bedeutende unsinnige Herausforderung, so daß doch bei jeder etwa kommenden außenpolitischen Auseinandersetzung gerade England mit größter Wahrscheinlichkeit jetzt auf der Gegenseite zu finden sein mußte. Wenn aber unser Oberbefehlshaber so etwas sagte, dann mußte er dafür auch eine klare und verläßliche Begründung haben. So kannten wir ihn seit nunmehr fast über einem Jahrzehnt, und so vertrauten wir auch.

Kadettenoffizier auf Schulschiff *Schleswig-Holstein*

Crew Oktober 1938 (18. Juni bis 15. Oktober 1939) und Crew Oktober 1939 (12. Dezember 1939 bis 28. April 1940)

Kadettenoffizier oder amtlich »Ausbildungsoffizier für den Offiziernachwuchs«, war eine außerordentlich ehrenvolle, aber auch beanspruchende und verpflichtende Stellung. Noch zu meiner Zeit wurden die Jahrgänge nach ihren KOs genannt. So waren wir die »Ruhfus-Crew«, die 25er die »König-Crew« usw. Dadurch aber, daß jetzt die Zahl der auszubildenden Kadetten so erheblich zugenommen hatte, war eine Trennung der Crews für die Schulschiffzeit und damit eine Verteilung auf drei Schulschiffe mit je einem KO notwendig geworden, so daß nun mehrere für Geist und Haltung einer Crew verantwortlich wurden. Wir drei, die sich nun zu etwa gleichen Teilen der Crew 1938 – Eintritt Oktober – annahmen, kannten uns sehr gut. So ergaben sich keine wesentlichen Unterschiede in der Schulschiffausbildung dieses Jahrgangs.

Ich war nur wenige Tage vor Ankunft der Kadetten an Bord gekommen und hatte mit den Vorbereitungen des Lehrplans und der Unterrichtsverteilung alle Hände voll zu tun. Sehr wesentlich erschien es mir, alle Kadetten kennenzulernen und die vielen Namen zu behalten. Ich erinnerte mich an unsere Rekrutenzeit, als es uns menschlich berührte, daß unser Kompaniechef, Kapitänleutnant Kratzenberg, innerhalb einer knappen Woche uns etwa 120 Rekruten alle genau bei Namen kannte. Jetzt aber hatte ich rund 170 Kadetten aller Laufbahnen zu erwarten, die ich auch unbedingt innerhalb einer Woche alle mit Namen kennen wollte.

Ich beschloß daher, mir ein Fotoalbum anzulegen mit dem Paßbild jedes Kadetten und allen möglichen persönlichen Daten, wie zum Beispiel neben Geburtsort und -tag die Schulbildung mit Namen der Schule, Sportart und Auszeichnungen, Lieblingstätigkeiten, schlechteste Abiturziffer in einem Fach, Fremdsprachentalente, Eltern usw., etwa zehn solcher Angaben, die im einzelnen mehr oder weniger unwichtig, aber doch dem einzelnen »eigentümlich« waren und ihn damit von der Masse unterschieden. Dementsprechend bereitete ich für jeden einen Fragebogen vor. Während der Auswertung verfeinerte ich mein »System« noch durch zusätzliche Fragen. Es funktionierte, und innerhalb einer guten Woche hatte ich fast alle 170 Namen intus, nach zehn Tagen kamen Verwechslungen nicht mehr vor.

Beim zweiten Jahrgang, der Crew vom Oktober 1939, die zahlenmäßig noch stärker war (210 Kadetten), hatte ich das System perfektioniert und kannte innerhalb der ersten acht Tage alle meine Kadetten mit Namen. Natürlich setzte das auch voraus, daß man nicht nur das Album mehrfach täglich genau studierte und sich selbst dabei abfragte, sondern auch, daß man so oft es ging dem Dienst beiwohnte, wobei die Korporäle und Zugoffiziere gehalten waren, ihre Kadetten nur mit dem Namen anzusprechen. Das war zugleich auch eine gute Übung für diese Vorgesetzten.

Dieser erste Jahrgang gliederte sich in drei Wachen mit etwa 32–34 Seekadetten, einer Wache von 26 Waffen-Kadetten, eine von etwa 30 Ing.-Kadetten und ca. 18 Bau-Kadetten, und schließlich ca. sechs Verwaltungsoffizier-Kadetten. Sie hatten alle bereits ein halbes Jahr Reichsarbeitsdienst hinter sich, was sich günstig bemerkbar machte in bezug auf die Anfangsgründe der Disziplin und ihre Anspruchslosigkeit. Sie zeigten alle guten Willen, wollten etwas lernen und auch etwas werden. Sie hatten schon gelernt, laut und deutlich zu antworten, waren durchweg sportlich und jederzeit auch zum Wettstreit untereinander bereit, ohne unkameradschaftliches »Wetzertum«. Diese Crew, hauptsächlich die Geburtsjahrgänge 1919 und 1920, nannte sich die »Großdeutschland-Crew«, weil sie als erste sich aus Kadettenfreiwilligen aller deutschen Gaue zusammensetzte, auch inoffiziell aus Danzig.

Dieser Jahrgang, dessen Ausbildung in den Zweiten Weltkrieg hineinragte, wurde schon nach noch nicht zwei Jahren zum Offizier befördert und hat dann die ganze schwere Last des Krieges mitgetragen. Fast die Hälfte dieser Crew von insgesamt 586 Kadetten ist gefallen. Von den Seeoffizieren fielen allein auf U-Booten 119, von den Ing.-Offizieren 55, letztere meist bereits als Leitende Ingenieure. Ein Kamerad dieser »Großdeutschland-Crew« wurde nach dem Kriege Historiker, Rolf Güth. Er hat über seinen Jahrgang genaue statistische Erhebungen angestellt. Es ist auch sehr bemerkenswert, daß die Überlebenden alle nach dem Kriege ihr Leben neu meisterten mit zum Teil erstaunlichen Erfolgen im Berufsleben.

Meine Aufgabe auf der *Sx* war schon deshalb nicht sehr einfach, weil der Kommandant, Kapitän z. S. Gustav Kleikamp, selbst KO gewesen war und somit immer Gefahr bestand, daß er sich einmischen könnte. Das war aber nicht der Fall. Der unter den Kadetten als der »eiserne Gustav« bekannte Kapitän Kleikamp hat mir in hohem Maße freie Hand in der Ausbildung gelassen, mir hier und da einen guten Rat gegeben und mich nur dann und wann merken lassen, daß er mein Geschäft eigentlich auch voll beherrschte. Nach kurzer Zeit hatten wir trotz seiner Wortkargheit und Zurückhaltung ein sehr gutes und vertrauensvolles Verhältnis zueinander,

Kleikamp war ein ausgezeichneter Kommandant mit einer überlegenen Ruhe und großer Selbstbeherrschung. Nie habe ich ihn nervös oder unsicher gesehen, nie habe ich ihn laut oder erregt sprechen oder kommandieren hören. Er brachte es noch bis zum Vizeadmiral und hohen Befehlshaberpositionen im Kriege. Nach dem Krieg, in den Jahren 1952/54, traf ich ihn wieder bei einer großen Handelsfirma im Ruhrgebiet, wo er als kaufmännischer Angestellter im Exportgeschäft arbeitete, mit der gleichen überlegenen Ruhe und Selbstsicherheit, die ihn schon als Kommandant der *Sx* ausgezeichnet hatte.

Der I. A.O war der 25er Guido Zaubzer, mit dem ich vorher auf dem AO-a-Lehrgang gewesen war und auch ganz übereinstimmte. Wir kannten uns schon von der Spanienzeit der *Leipzig*.

Jetzt wurde ich sein Stellvertreter und Gefechtsbeobachter im Vormars. Wir haben die nicht immer einfache Danzig-Zeit zusammen gut überstanden. Nach einer I. Asto-Stellung beim Befehlshaber der Schlachtschiffe verunglückte er, ein hervorragender, aber auch sehr ehrgeiziger Offizier.

Navigationsoffizier war »Papa« Gruber, ein 21er, ein jovialer herzlicher Kamerad, mit dem ich, er war alter Korpskadett aus Lichterfelde, sofort ein gutes Verhältnis hatte. Auch seinen Unterricht bei den Kadetten über Navigation machte er sehr nett, bis durch den Kriegseinsatz diese Tätigkeit in den Hintergrund trat. Von der *Sx* ging er wieder als NO auf den Schweren Kreuzer *Blücher*, später als IO auf das Panzerschiff *Admiral Scheer*. Er hat später lange Jahre die Marine-Offiziersmesse in Kiel geführt.

Die Kadettenoffiziere der einzelnen Wachen kamen zum Teil mit den Seekadetten von den Segelschulschiffen, mit den Ing.-Kadetten von der Marineschule Wik, der Zugoffizier der Waffen-Kadetten mit diesen von der Werkstattausbildung. Der I. SKO war der Oberleutnant z. S. August Maus, ein gutaussehender 34er; er gewann fast sofort mein vollkommenes Vertrauen. Mit den Kadetten, die er schon in der Infanteriezeit gehabt hatte, konnte er glänzend umgehen. Er war selbstsicher und in jeder Weise vorbildlich. Wir kamen so gut klar miteinander, daß ich ihn später als I. W.O. auf mein U-Boot mitnahm.

Der II. SKO war der Leutnant z. S. (35er) Klaus Harney, ein klarer, selbstsicherer, vorbildlicher und energischer junger Offizier mit hoher Intelligenz und schneller Entschlußkraft, der auch seine Unteroffiziere richtig anleitete. Er ging dann weiter mit den Kadetten auf die Marineschule in Mürwik als Gruppenoffizier, fuhr dann auf einem Zerstörer und bekam dann schließlich noch eine U-Bootskommandanten-Ausbildung. Mit *U-756* ist er im September 1942 versenkt worden.

Der III. SKO war der Oberleutnant z. S. Hans Jürgen Oldörp aus Lübeck, ein 35er von großer Ruhe und Gelassenheit, der seine Aufgabe ebenso spielend meisterte wie seine beiden anderen Kameraden. Ebenfalls ausgesprochene Elite-Offiziere waren die beiden Ingenieurkadetten-Offiziere, der I. Ing.-KO Oberleutnant

(Ing.) Günter Züllich, ein 32er, und der II. Ing.-KO Groth, ein 34er, eine hervorragende Ergänzung zu seinem I. Ing.-KO. weil er Humor und Freude in die Ausbildung brachte.

Der Zufall spülte mir den Zugoffizier für die Waffenkadetten, den Oberleutnant (W.) Konrad Lüders, an Bord, den ich schon von der Segelei gut kannte. Er fühlte sich in seiner Laufbahn nicht glücklich, das konnte er nicht verleugnen. Es gelang ihm später noch, Seeoffizier zu werden. Er war sehr tüchtig, intelligent und beharrlich, aber auch sehr empfindlich.

Politische Indoktrinierung im Sinne des Nationalsozialismus kannten wir so wenig wie die Vermittlung eines Feindbildes. Der Wille, das ganze Deutschland wieder stark und geachtet zu machen und hierzu beizutragen, war für die Mehrzahl in der Berufswahl ausschlaggebend. Die geachtete Stellung des Offiziers in der Gesellschaft, nicht etwa erst in der neuen nationalsozialistischen Volksgemeinschaft, sondern zurückgehend bis zu den Preußenkönigen, das besondere, auch im Binnenlande, hohe Ansehen der Marine, der Abenteuerreiz der Seefahrt, der Welterfahrung und schließlich der Stolz, sein Volk zu repräsentieren, das waren die hauptsächlichen Motive für das Drängen zur Marine. Niemand war getrieben vom Welteroberungswahn. Angesichts des eben erst begonnenen Wiederaufbaus einer den deutschen Möglichkeiten entsprechenden Marine, zunächst mit Zustimmung und im Einverständnis mit England, gab es auch gar keinen Raum für derartige utopische Gedankengänge. Die ersten Schlachtschiffe *Scharnhorst* und *Gneisenau* waren gerade in Dienst oder im Erprobungsverhältnis, aber sie waren ja auch nur ein Kompromiß mit ihren 28-cm-Türmen, einer absichtlich nicht mehr zeitgemäßen Bewaffnung, um England keinesfalls zu beunruhigen. Auch die im Bau befindlichen ersten wirklichen Schlachtschiffe, die *Bismarck* bei Blohm & Voss und die *Tirpitz* auf der Marinewerft in Wilhelmshaven, konnten für England keinesfalls als besorgniserregend gelten.

Sehr bald nach dem Anbordkommen der Kadetten in den letzten Juni-Tagen und nach der Grundausbildung im Hafen, dem notwendigsten Rollendienst, gingen wir erst einmal auf eine »Bäderreise« in die Ostsee, die die Kadetten trotz des harten Dienstes sehr genossen. Es ist heute fast unvorstellbar, mit welcher Begeisterung und unverhohlener Sympathie die jungen Offiziersanwärter damals überall von den Badegästen der vielen Kurorte an der Ostseeküste begrüßt und verwöhnt wurden.

Wenn wir, wie geplant, im letzten August-Drittel zur Mittelamerika-Reise auslaufen sollten, dann war auch keine Zeit zu verlieren. Vieles war seit unserer Fähnrichszeit schon umgebaut und verbessert worden. Es gab keine Kohleheizräume mehr. Damit fiel das grausame Kraftkampfspiel des »Kohlens« weg, was uns manchen Hafen verleidet hatte. Der Platz für die Unterbringung der Kadetten war reichlich bemessen. Wir hatten es sogar als Bordfähnriche viel schlechter gehabt. Natürlich wurde auch jetzt der Wettbewerb ganz groß geschrieben. Übungen an der Ladekanone, in den 12riemigen Linienschiffskuttern, die Dampfpinnasse, der Hilfsmunitionstransport, das alles machte ja erst aus den Offiziersanwärtern wirklich eine Crew. So verging in eifriger Vorbereitung auf die beabsichtigte große Reise der Monat Juli.

Im August häuften sich aber die Wolken über der Ostsee. Plötzlich war die Auslandsreise in Frage gestellt und eine andere Verwendung vorgesehen. Als wir um den 20. August nach Dietrichsdorf verlegten, um zusätzliche Gefechtsmunition zu übernehmen, versammelte der Kommandant sein Offizierskorps in der Kajüte und erläuterte in dürren Worten die vorgesehene Aufgabe, der Besuch des Schiffes in Danzig in voller Kriegsbereitschaft. Sollte das wieder eine der Drohgesten werden, wie schon gehabt mit der Verlegung der Geleitflottille in die Nordsee? Wir gingen sorgenvoll und mit ernsten Gedanken auseinander.

Am 22. August liefen wir nach Swinemünde aus. Am 16. August war unser Kommandant nach Berlin befohlen worden und hatte sich nach seiner Rückkehr sehr einsilbig verhalten. Längst war bekannt, daß wir nun zu einem allgemein üblichen Kriegschiffbesuch nach Danzig gehen sollten. Am 24. August verließen wir Swinemünde. Am späten Nachmittag gab der Kommandant allen wachfreien Offiziere die dem Schiff erteilte Aufgabe des OKM bekannt. Für den Fall einer kommenden kriegerischen Auseinandersetzung mit Polen war die *Sx* als schwimmende Batterie vorgesehen zur Unterstützung der Landfront gegen Gdingen und Oxhöft, zur Niederkämpfung von Hela und zum Schutz von Danzig und Neufahrwasser gegen eventuelle polnische Seestreitkräfte. Die Voraussetzung hierfür war aber die vorherige Wegnahme der von den Polen befestigten und mit einer Besatzung versehenen Westerplatte. Der notwendige Angriff auf die Westerplatte war aber zunächst nicht Aufgabe der *Sx*. Mit erheblicher Gegenwehr, vor allem der polnischen Luftwaffe, mußte gerechnet werden, wodurch das alte unmoderne Linienschiff im Ernstfalle besonders gefährdet wäre. Der Generaladmiral Albrecht, damals Kommandierender Admiral Ostsee, befahl daher, die Fla-Maschinen-Waffen der *Sx* mit fünf weiteren 2-cm-Flak und sechs MG zu verstärken und dafür zwei Offiziere, 19 Unteroffiziere und 39 Mann der Küstenartillerieschule Swinemünde einzuschiffen.

Immer noch glaubten wir nicht wirklich an Krieg. Am 24. August, etwa gegen 8 Uhr abends, trafen wir bei der Stolpe-Bank auf die 1. Minensuchflottille aus Pillau mit der Marinestoßtruppkompanie der III. MAA an Bord, die dann zügig mit allen Waffen und Geräten im Mondschein übernommen wurden. Das war sehr geheimnisvoll, alle Fahrzeuge vollkommen abgeblendet, dazu Kriegswache auf allen Gefechtsstationen. Für die rund 250 Offiziere, Unteroffiziere und Mannschaften waren die achteren Kasematten beider Seiten freigemacht worden. Ihre Anwesenheit an Bord hatte unbedingt geheim zu bleiben. Die Soldaten durften sich daher auch beim Aufenthalt in Danzig nur zeitweise, im Sportzeug an Deck sehen lassen. Weniger gefiel uns, daß wir auch noch Angehörige der neuaufgestellten Marine-Propaganda-Kompanie an Bord nehmen mußten. Das erstmalige Auftreten dieser sehr unterschiedlichen, aber doch recht anmaßend auftretenden unverkennbaren Zivilisten in Uniform machte uns recht besorgt.

Wir hatten jetzt fast genau 1200 Mann an Bord, weit mehr als die zulässigen »Bordstärken«. Während der Reise von Swinemünde nach Danzig waren größere Mengen Munition aller Kaliber scharfgemacht worden. Auch das war kein erfreuliches Indiz. Dennoch rechneten weder ich noch die Mehrzahl der Kameraden mit einem Kriege.

Das Zeremoniell beim Einlaufen in Danzig am 25. August lief ab wie üblich. Der polnische Gesandte in Danzig, Chodacki, der Senatspräsident Greiser und schließlich der Völkerbundskommissar, der Schweizer Carl Jacob Burckhardt, machten ihre offiziellen Besuche. Die Gegenbesuche unseres Kommandanten in großer Uniform unterschieden sich in nichts von der normalen Routine im Ausland.

Allerdings stellte sich bei dem nachmittäglichen Besuch des Befehlshabers der Danziger Heeresverbände, des Generalmajors Eberhardt, heraus, daß für die Einnahme der Westerplatte durch seine Verbände keinerlei Planungen vorlagen. Das war recht überraschend, denn auch die *Sx* war weder nachrichtenmäßig noch sonst über die genauen Einzelheiten der Westerplatte unterrichtet. Das Oberkommando des Heeres (OKH) hielt diese Information zurück – oder nicht für wichtig. Weder die Bewaffnung noch die mögliche Stärke der polnischen Besatzung waren bekannt, auch die Baulichkeiten konnten nur skizzenhaft in Erfahrung gebracht werden. Das überraschte doch sehr und wirkte recht dilettantisch.

Das Schiff machte zunächst am vorgesehenen Besuchsplatz genau gegenüber der Westerplatte fest, in einer Zwischenform zwischen Besuchsmarkierung und Kriegswachzustand. Die 15-cm-Kasemattgeschütze der Steuerbord-Seite waren kriegswachmäßig besetzt, die Fla-Wachen blieben in der Nähe ihrer Kanonen. Ein verschärftes »Schotten-Dicht« wurde durchgeführt.

Auf der Schanze traten Ehrenwache und Musikkorps zum Empfang an. Eine große Menschenmenge jubelte dem Schiff beim Einlaufen von Land aus zu. Es schien, als wenn mit dem Einlaufen des Schiffes bereits die Freie Stadt in den Schoß des Vaterlandes zurückgekehrt sei. Obwohl aus gutem Grunde keine Besucher an Bord gelassen werden konnten, standen die Menschen dichtgedrängt stundenlang auf der Pier.

In einer nachmittäglichen Besprechung entschloß sich der Kommandant dazu, nach dem erwarteten Angriffsbefehl durch einen kurzen Feuerüberfall mit allen Kalibern der Stoßtruppkompanie die Möglichkeit zu geben, das Gelände der Westerplatte zu nehmen und zu besetzen. Als um kurz nach 9 Uhr abends der Angriffsbefehl vom Nachmittag widerrufen wurde, atmete das ganze Schiff hörbar auf. Niemand glaubte mehr an eine kriegerische Auseinandersetzung. Wir nahmen an, noch einmal sei ein Wunder geschehen, England und Frankreich hätten eingelenkt; es war fast zu schön, um wahr sein zu können.

Am 26. August verholten wir mit dem Schiff bis zur alten Museums-Festung Weichselmünde, um den polnischen Beobachtungsposten keine Einblicke mehr zu ermöglichen. Am späten Abend kam die Nachricht, daß die Garnison auf der Westerplatte von See aus Verstärkung erhalten hatte. Man war also polnischerseits zweifelsohne auf Kampfhandlungen vorbereitet. Angeblich wurden etwa 20 Mann zusätzlich an Land gesetzt.

Die Westerplatte war eine sehr eigenartige Konstruktion, zurückgehend auf den Versailler Vertrag. Nach Inkrafttreten dieses Diktats begann im Fischerdörfchen Gdingen der Bau eines großen polnischen Handels- und Kriegshafens. Er wurde, wie auch die berühmte Kohlemagistrale von Gdingen nach Polnisch-Oberschlesien, von den Franzosen finanziert. Der Aufbau des polnischen Heeres und auch der Luftwaffe lag in französischer Hand. Natürlich konnte das für Polen bestimmte Kriegsmaterial aus Frankreich nicht nur in Gdingen eingelagert werden.

So kam man auf die Idee, an der Ausfahrt des Danziger Hafens, auf deutschem Territorium, eine Befestigung anzulegen, auch zur Lagerung von Munition und Sprengstoffen. Dies stellte eine deutliche Gefährdung der deutschen Einwohner von Neufahrwasser und Weichselmünde dar.

Ein Völkerbundsbeschluß im Jahre 1925 legte die zulässige Besatzung der Westerplatte fest, 88 Mann zur Bewachung der Waffen und Munitionsschuppen. Als Polen am 6. März 1933 eine unzulässige Verstärkung durch eine Kompanie Marineinfanterie vornahm, wurde Polen gezwungen, diese Truppe wieder zurückzuziehen. Von einer Befestigung war weder im Versailler Vertrag noch in späteren Völkerbundsbeschlüssen die Rede. Die Warschauer Regierung gab allerdings den Befehl, die Westerplatte zur Rundumverteidigung einzurichten, unter strengster Geheimhaltung vor

Senat, Bevölkerung und Völkerbundskommissar, eine flagrante Verletzung des Danzig-Status.

Diese Befestigungsarbeiten wurden in den Jahren 1933/36 fast ausschließlich nachts durchgeführt. Dennoch bekam die deutsche Abwehr genaue Kenntnis von der Art der Befestigungen und der festen und beweglichen Bewaffnung. Nur standen diese Informationen erstaunlicherweise weder dem Kommandanten der *Sx* noch den in Danzig befindlichen deutschen militärischen Stellen zur Verfügung. Man kann also wohl kaum behaupten, daß für einen Konflikt mit Polen eine sorgfältige Planung der Marine vorlag.

Der Kriegsschiffbesuch war seit langem mit der polnischen Regierung für den 25. August 1939 vereinbart. Nur sollte ihn der Kreuzer *Königsberg* durchführen und eine Gedenkfeier für den Kreuzer *Magdeburg* in Danzig abhalten, wo die Besatzung dieses Schiffs beigesetzt worden war. Erst am 21. August war der Befehl ergangen, die *Sx* gegen die *Königsberg* auszutauschen.

Am 28. August hatte der Senat der Freien Stadt Danzig Kommandant und Offizierskorps der *Schleswig-Holstein* zu einem Mittagessen in den historischen Rathaussaal eingeladen. Es war sehr feierlich, trotz recht gedrückter Stimmung. Die Reden waren weitgehend unpolitisch. Der Senatspräsident Greiser sprach über die historische Entwicklung Danzigs und wies sehr eindrücklich auf das rein deutsche Bevölkerungspotential hin. Er betonte, daß auch jetzt, nur kraft Völkerbundsstatut, beamtete Polen (Eisenbahn, Post und Zoll) in der Stadt ansässig wären, Feststellungen ohne jede Polemik. Es war das letzte offizielle Gastmahl, das die Freie Stadt Danzig gab.

Unser Liegeplatz an der alten Festung Weichselmünde war an sich idyllisch. In der jederzeitigen Erwartung einer Sondermeldung, daß nun auch das Danzig-Problem für immer friedlich gelöst worden sei, machten wir mit den Kadetten normalen Ausbildungsdienst. Allerdings war beim Kommandanten ein ständiges Kommen und Gehen, ohne Zusammenhang mit unserem offiziellen Besuch. So kam der 31. August, und wir lagen immer noch bei der alten Festung. Es herrschte eine große Spannung. Bei dem herrlichen Wetter gingen wir am Spätnachmittag gern noch nach Brösen oder nach der Mövenschanze zum Baden. Als wir am 31. August abends zurück an Bord kamen, erwartete mich die Nachricht, mich zur Kommandantenbesprechung um 11 Uhr abends einzufinden. Ich hatte Kleikamp mehrere Tage nur flüchtig gesehen und erschrak über sein Aussehen, als wir uns versammelten. Er war wachsbleich, mit tiefen Schatten unter den Augen, aber ruhig und beherrscht wie immer, als er uns eröffnete, daß der Befehl zum Angriff für den kommenden Morgen um halb 5 Uhr am Nachmittag eingetroffen sei.

Wir waren starr, weil wir eigentlich nicht mehr mit dem nun unweigerlich ausbrechenden Krieg gerechnet hatten. Widerstreitende Gefühle beherrschten mich. Mit Zaubzer, dem I. A.O., ging ich erst einmal in die Messe und trank einen Schnaps. Wir waren beide sehr ernster Stimmung.

Währenddessen begann die Ausschiffung der Sturmkompanie nach der Landseite. Dem Kompaniechef, Oberleutnant z. S. Hennigsen, hatten wir schon beim Schluß der Offizierssitzung die Hand gedrückt.

Zur Verstärkung war ihm auch ein Maschinengewehrzug aus der Schiffsbesatzung unter dem Leutnant z. S. Paul Hartwig unterstellt. Gegen 2 Uhr nachts war die *Sx* seeklar, und die Gefechtsstationen wurden besetzt. Ich war rollenmäßig als Hilfsbeobachter und Reserve-A.O. im Vormars vorgesehen. Der A.O. war im Kommandostand auf der Brücke, um unmittelbar mit dem Kommandanten Verbindung zu haben. Gegen 4 Uhr früh klatschten die Leinen ins Wasser, der Schlepper am Heck des Schiffes hatte die Aufgabe, das nur mit langsamster Fahrt vorausgehende Schiff so zu halten, daß die Backbord-Seite mit dem Turm A und den ersten vier 15-cm-Kasemattgeschützen die Zielrichtung halten konnten. Praktisch wurde das Schiff mit dem Vorsteven leicht an die Böschung gedrückt in etwa 100 m Abstand von der roten Ziegeleinfassungsmauer der Westerplatte. Selbst ich gewann vom Vormars keinen Einblick in die Bebauung der Befestigung. Dichter Wald und ein hoher Graswall vor den Baulichkeiten versperrten jede Sicht. Noch weniger sah man natürlich vom Artillerieleitstand aus.

Um 4.47 Uhr morgens feuerten die Geschütze der alten *Sx* die ersten Salven des schaurigsten und folgenschwersten Krieges dieses Jahrhunderts. Ganz Danzig und Neufahrwasser flog aus den Betten. Nach vier Salven des Turms A und 59 Schuß 15-cm-Granaten der Mittelartillerie, die einen Teil der Umfassungsmauer niederlegten, oder wenigstens große Lücken davon einrissen, wurde das Feuer zunächst gestoppt. Die 2-cm-Flak hatten etwa 600 Schuß gestreut in die Baumkronen gefeuert, um etwas besseren Einblick gewinnen zu können. Es war ein Höllenspektakel, aber, wie sehr schnell erkennbar wurde, ohne deutliche Wirkung. Hartwig hatte mit seinen Maschinengewehren von den erhöhten Plattformen der Silos in Neufahrwasser die Mauerkronen abgekämmt. Diese Stellungen lagen zwar höher als die polnischen Verteidigungslinien, konnten aber dennoch, durch die Bäume gehindert, die einzelnen Befestigungen nicht ausmachen.

Nach dieser Feuereröffnung rückte die Sturmkompanie vor und kam offensichtlich bis etwa 300 m an die Verteidigungslinie heran, blieb dann aber im konstanten gutgezielten schweren MG-Feuer liegen. Offensichtlich verfügten die Polen auch über Feldkanonen kleineren Kalibers, denn dann und wann sah man während unserer Feuerpause Granateinschläge. Vom Leuchtturm auf der Neufahrwasser-Seite bellte pausenlos ein leichtes MG der Danziger Polizei, auch während unserer Feuerpause. Gegen 7 Uhr mußte sich die Kompanie zurückziehen. Die Verluste, vor allem an Verwundeten, waren zu hoch. Kleikamp beschloß daher eine längere und härtere Artillerievorbereitung.

Das polnische Abwehrfeuer erfolgte praktisch aus zwei getrennten Ebenen. Die sechs Blöcke oder auch Schartenstände hatten zwei Stockwerke. Im oberen lagen die Schießscharten dicht unter dem Dach, mit Sandsäcken abgedichtet, im unteren Stockwerk befanden sich betonierte Schießscharten mit schwenkbar pivotierten schweren Maschinengewehren. Dadurch gewannen die Angreifer der Sturmkompanie den Eindruck, von Baumschützen unter Feuer genommen worden zu sein, zugleich aber fegten die MG-Garben in geringster Bodenhöhe alles weg, was überhaupt in Sicht gelangte. Diese, insgesamt sechs hervorragend festbetonierten Stützpunkte hatten eine Eisenbetonstärke von 50 cm und waren damit allen Infanteriewaffen gegenüber unverwundbar. An Waffen standen 14 festeingebaute schwere, und sieben leichte Maschinengewehre zur Verfügung.

Nachdem klar war, daß die Westerplatte nicht im Handstreich zu nehmen war, traten Turm A und Backbord-Mittelartillerie erneut eine halbe Stunde in Aktion mit etwa 90 28-cm-Granaten, etwa 400 15-cm-Sprenggranaten und obendrein etwa 360 Schuß 8,8-cm-Flakmunition, dazu 3000 Schuß 2-cm-Granaten. Es war schwer, sich ein Bild von der Wirkung zu machen, denn durch die Bewaldung detonierten viele Granaten in den Bäumen und setzten die Wirkung erheblich herab. Gegen 8 Uhr flogen plötzlich mit lautem Heulen einige Granaten kleinerer Kaliber am Vormars vorbei, deren Abschußstelle ich aber schnell feststellen konnte.

Nachdem ich die genaue Zielrichtung angegeben hatte, ließ der Kommandant die 8,8-cm-Flak mit Zeitzündern schießen. Sehr schnell war das polnische 7,5-cm-Feldgeschütz außer Gefecht gesetzt. Weiteres Feuer erhielt die *Sx* dann nicht mehr. Aber gegen halb 9 Uhr platzte der Verschluß des zweiten 15-cm-Backbord-Kasemattgeschützes und bescherte auch dem Schiff die ersten Ausfälle. Zwei meiner Kadetten wurden schwer verwundet, zwei weitere leichter.

Um 1 Uhr mittags mußte das Unternehmen Westerplatte nach dem Ausfall des schwerverwundeten Oberleutnants Hennigsen aufgegeben werden. Wir gingen mit Schlepperhilfe recht kleinlaut wieder an unseren Liegeplatz an der Festung Weichselmünde. Als jetzt nach der Beschießung der innere Bereich der Westerplatte etwas besser eingesehen werden konnte, war von einem Überblick über die tatsächlichen Verteidigungsanlagen immer noch keine Rede. Die Verluste unserer Sturmkompanie waren erheblich, 13 Gefallene, 58 Schwerverwundete und 40 Leichtverletzte.

Hätte uns die Anlage 21 aus dem Handbuch für Admiralstabsoffiziere über Feindnachrichten vom 15. März 1938 auf der *Sx* vorgelegen, wäre mit Sicherheit ein anderer Eroberungsplan vorbereitet worden. Richtigerweise meldete jetzt der Kommandant, daß mit Schiffsartillerie auf die gegebene kurze Entfernung eine aussichtsreiche Zerstörung der Verteidigungsanlagen nicht möglich sei. Tatsächlich wären für diese Aufgabe schwere Granatwerfer oder Mörser, also Steilfeuergeschütze, benötigt worden. Das aber hätte auch schon vorher aus den Unterlagen der Seekriegsleitung ersehen werden können. Während ständig die Sondermeldung über den Fortgang der Operationen über das Radio lief, auch Hitlers große Rechtfertigungsrede vor dem Reichstag, war uns allen nach dem Mißerfolg gar nicht wohl in unserer Haut. Dann kam das britische Ultimatum.

Damit war klar, daß nun genau das passieren würde, was immer vermieden werden sollte und auf das man weder geistig noch militärisch vorbereitet war, der Krieg gegen England. Es war nur noch eine Frage von Stunden, daß er erklärt werden würde. Keiner von uns Seeoffizieren hatte auch nur eine Sekunde daran gezweifelt.

Nach allem, was wir heute wissen, hat Hitler diesen Krieg gewollt, auch unter Inkaufnahme der englischen Beteiligung gegen uns. Hat Hitler wirklich geglaubt, daß der deutsch-russische Nichtangriffspakt die Engländer von ihrer eingegangenen Verpflichtung gegenüber Polen zurückhalten würde? Natürlich erschien uns der Hitler-Stalin-Pakt zunächst als ein genialer Schachzug. Doch ohne damals das geheime Zusatzprotokoll zu kennen, kam uns jungen Offizieren diese scheinbare Verbrüderung doch recht unheimlich und nur vom Augenblicksinteresse diktiert vor. Wie konnte das mit der ganzen bisherigen NS-Ideologie in Übereinstimmung gebracht werden? Wir, ein dezidiert antikommunistisches Land, das eben diesem Anti-Prinzip den Wiederaufstieg zu verdanken hatte, wir schlossen mit diesem Genickschußland einen Freundschaftsvertrag. Das war nicht zu begreifen.

Am 3. September mittags kamen die Kriegserklärungen Englands und Frankreichs. Wir holten tief Luft und waren uns darüber klar, daß wir jetzt in jeder Weise gefordert waren. Ergriffen und todernst hörten wir die Radiomeldungen. Wenn Hitler diesen Krieg riskierte, dann mußte er doch auch etwas hinter der Hand haben, so belogen wir uns zunächst selber.

Ich weiß heute meine Worte nicht mehr, aber ich hielt einen

längeren Vortrag vor meinen Kadetten, wenn auch nicht voller Begeisterung für den nun kommenden Kampf, aber voller Entschlossenheit, nun das zu beweisen, was man in langen Friedensjahren von der Pike auf gelernt hatte. Die Bedeutung des Augenblicks war in allen Gesichtern zu lesen, kein Jubel oder gar Begeisterung, nur klare ernste Bereitschaft jedes einzelnen, seine Pflicht für das Vaterland zu tun!

Noch am 2. September hatten wir mit der *Sx* von der Festung Weichselmünde stromaufwärts bis gegenüber dem Weichselbahnhof auf der Toten Weichsel verholt und von hier aus mit jeweils einem Rohr des Turm A den gegen Gdingen vorgehenden Infanteristen Artillerieunterstützung gegeben. Dazu hatten wir einen eigenen Beobachtungstrupp unter dem II. SKO, dem Leutnant z. S. Harney, mit Funkgerät in die vordersten Stellungen entsandt. Als »altem« Spezialisten im Landzielschießen mit verlegtem Treffpunkt, wozu ich schon als Lehrer bei der SAS ein besonderes Verfahren entwickelt hatte, fiel mir diese Aufgabe auf Anordnung Kleikamps zu. Ich hatte auch schon Tage vorher die Vorarbeiten gemacht und die Hilfsziele mit den Entfernungen aus der Karte festgelegt.

Verständnisvoll hatte Zaubzer mir diese Aufgabe abgetreten. Ich wählte das Rohr von Turm A mit der geringsten Schußbelastung, um möglichst genau an die schußtafelmäßigen Grundwerte heranzukommen. Dann fiel der erste Schuß mit etwa 90 Prozent der Höchstentfernung, Harney vermaß die Einschlagstelle von den beiden ein Kilometer entfernten Beobachtungsständen, und wir wandten auf den nächsten Schuß die notwendigen Korrekturen an. Schon mit dem nächsten Schuß lagen wir genau in einer polnischen Feldartilleriestellung, die das Vordringen der Heeresspitzen bisher mit Erfolg verhindert hatte, so daß sich die Infanterie hatte eingraben müssen. Jetzt standen sie auf, und erst nach Stunden bekamen wir eine neue Unterstützungsanforderung.

Die große Sensation ereignete sich dann erst gegen 6 Uhr am Nachmittag des 2. September, als die zweite und dritte Gruppe des Sturzkampfgeschwaders Immelmann mit etwa 60 Flugzeugen des Typs JU 86 die Westerplatte angriff. Natürlich sahen wir die

Sprengpilze der Detonationen und konnten die Stuka-Taktik aus nächster Nähe beobachten. Der Eindruck war noch weit stärker als das Artilleriefeuer unseres Schiffes am Vortage. Bei klarer Sicht kam eine Maschine nach der anderen in großer Höhe angeschwebt, kippte dann plötzlich über einen der Flügel ab und flog dann fast senkrecht mit einem grausamen Heulen auf das Ziel zu, löste dann meist erst zwei mittlere Bomben auf jeder Flügelseite, fing dann in etwa 500 m Höhe ab und verschwand nach See zu. Wenige Augenblicke später erschien dann die gleiche Maschine nochmals und warf in gleicher Manier eine offensichtlich zwischen dem Fahrgestell aufgehängte Bombe von 500 kg.

Das markerschütternde Geheul besonderer Sirenen beim Sturzflug zum Zwecke der moralischen Erschütterung, das Brüllen der Motoren, die im Abendlicht aufblitzenden Tragflächen beim Abkippen über einen der Flügel, die rasche Reihenfolge der Maschinen, die den Eindruck einer Übermacht vermittelte, das Aufsteigen der haushohen Sprengwolken aus dem Zielgebiet: das alles war nicht nur ein begeisterndes Kriegsbild, sondern auch ein bisher nie gesehenes oder auch nur geahntes Inferno des modernen Krieges. Es war einfach unbegreiflich, wie nach dem Angriff, der etwas über eine halbe Stunde dauerte, noch Leben auf der Westerplatte geblieben sein konnte. Nur einmal sahen wir Mauerteile im Sprengkegel hoch in die Luft fliegen. Mit angehaltenem Atem verfolgten wir vom Deck der *Sx* aus das grausig-schöne Schauspiel. Ich habe gegen Ende des Krieges gewaltige US-Bomberverbände bei Tage über mehreren deutschen Städten ihre fürchterliche Last abwerfen sehen, das Fallen der Bomben und das Hochwachsen der Vernichtungswolken bis zur Verfinsterung des Himmel sehen müssen. Jedoch waren selbst diese Eindrücke in ihrer Geschlossenheit, in ihrer schicksalhaften Unerbittlichkeit nicht vergleichbar mit diesem ersten Stuka-Angriff auf die Westerplatte am Nachmittag des zweiten Kriegstages. Wir erwarteten danach die Kapitulation der Verteidiger.

Doch nichts dergleichen geschah. In der Nacht gab es erneute Schießereien mit Leuchtspur, die anzeigten, daß tatsächlich noch Leben übriggeblieben war.

Am Morgen des 3. September gab es eine Flut von Sondermeldungen, die alle darauf hindeuteten, daß der Feldzug gegen Polen gute bis sehr gute Fortschritte machte und mit einer den Erfolg verhindernden Gegenwehr nicht mehr ernsthaft zu rechnen war. Um so mehr entwickelte sich die noch nicht eingenommene Westerplatte zum Prestige-Objekt. Der Oberstleutnant Henke, Kommandeur des Pionier-Lehrbataillons aus Roßlau bei Dessau, hatte dann jedoch die Ruhe des Fachmanns, der ohne genaueste Vorbereitung und Erkundung keinen neuen Angriff vortragen wollte, denn schließlich hatte das Unternehmen Westerplatte keinerlei Einfluß auf das Gesamtgeschehen. Es konnte sich ohnehin nur um Tage handeln, bis die Polen den Kampf einstellen mußten.

Draußen in der Danziger Bucht wirkte inzwischen der Führer der Minensucher, FdM, um die Fahrwege auch an der Küste nach Gdingen von möglichen Minensperren zu räumen. Natürlich mußte er sich auch einmal besonders hervortun! Am Morgen des 4. September begann das Führerboot unter dem Befehl von Kapitän z. S. Ruge als FdM die Beschießung der Westerplatte von See aus. Mit ihrer einzigen 10,5-cm-Utoflak feuerte die FdM-Arche auf eine lächerliche Entfernung von 2800 m immerhin 65 Schuß gegen die Seeseite mit ihren Munitionsschuppen und Lagerhäusern. Auf diese geringe Entfernung war verständlicherweise die Flugbahn der Geschosse so flach, daß ein Teil an den Wällen abprallte und in hoher Bogenflugbahn weit über das Gelände der Westerplatte hinaus, auch noch über uns hinweg, bis in das bebaute Gebiet der Ortschaft Weichselmünde fielen und gottlob dort nicht mehr detonierten. Auch das Begleitboot der 2. Minenräumflottille, das M-Boot *Von der Groeben*, beschoß die Westerplatte mit ganzen 13 Schuß mit einem unerwarteten Erfolg. Gegen Mittag erschien plötzlich der Pumpenwärter der Kraftstoffanlage südlich Weichselmünde und bat um einen Spezialisten zur Entschärfung eines Blindgängers, der nach Durchschlagen des Daches nun höchst friedlich zwischen den Tankleitungen der riesigen Brennstoffbehälter von seiner Reise ausruhte. Kleikamp stoppte dann auch schnell die Feuergefechte der tatendurstigen Minensucher.

Am 5. September stand ich wieder den ganzen Vormittag über

im Vormars und half mit Einzelschüssen (28 cm) der weiter vorgerückten Landfront. Die Heeresverbände waren glücklich über diese Unterstützung. Sie behaupteten, daß ein Schuß ihnen sofort ein Vorrücken verlustlos um etwa einen Kilometer ermöglichte. So fiel auch praktisch nur etwa alle 40 bis 50 Minuten ein Einzelschuß. Ich staunte nicht schlecht, als an diesem Morgen plötzlich bei mir im Vormars ein echtes Elbinger Gesicht erschien, Heinz Albrecht aus Einlage, wo wir als Kinder oft im Winter schlittschuhlaufend auf den Kanälen zum Kaffee und Kuchen hingelaufen waren. Als Artillerist wollte er sich von unserer Unterstützung der Landfront und unserem offensichtlich sehr präzisen Verfahren überzeugen. Er hatte natürlich keine Ahnung, daß ich an Bord war und mich auf seinem Fachgebiet betätigte. An diesem Spätnachmittag waren wir an der Grenze der Reichweite angekommen, wenigstens von diesem Liegeplatz aus.

Wir begruben die Gefallenen des Marinestoßtrupps und den Kadetten Gotthold Petersen, der seinen Verletzungen durch den gesprengten Verschluß des Kasemattgeschützes erlegen war. Es war eine schlichte, ergreifende Feier. Dennoch war ich froh, daß ich nicht sprechen mußte. Einige Gefallene der Sturmkompanie lagen noch auf der Westerplatte und konnten unter dem Feuer der Verteidiger nicht geborgen werden.

Der Pionierkommandeur hatte den Einfall, einen Tankwagen der Eisenbahn mit einer Lokomotive in das Gelände einschieben zu lassen, um ihn dann zu sprengen und damit den Wald zum Brennen zu bringen. Am 6. September, morgens ganz früh, wurde der Versuch gemacht. Aber der Lokführer hatte keine Nerven und koppelte den Waggon zu früh los, so daß er nicht weit genug ins Gelände hineinkam. Auch ein weiterer Versuch mit zwei Waggons voller Brennstoff und ein Versuch mit Flammenwerfern brachten keinen anhaltenden Erfolg.

Am 7. September sollte nun, nach Übereinkommen mit den Pionieren, eine gewaltsame Aufklärung stattfinden, um sowohl die Moral als auch die Verteidigungskraft der Westerplatte zu überprüfen. Das Heer drängte auf Unterstützung gegen Gdingen und die Oxhöfter Kempe, die nur von der äußersten Stellung an der

Mündung vom Hafenbecken der Westerplatte möglich war. Gegen 4 Uhr verließen wir wieder gefechtsklar mit zwei Steuerschleppern unseren Liegeplatz und eröffneten kurz darauf erneut das Feuer mit der 15-cm-Batterie und der 8,8-cm-Flak mit langsamer Treffpunktsverlegung nach der Mitte der Anlagen. Um 5 Uhr wurde das Feuer eingestellt, um die Pioniere aufklären zu lassen.

Ich konnte vom Vormars aus ihr Vorgehen gut beobachten. Zunächst war kaum Gegenfeuer zu hören, dann und wann zischte ein Feuerstrahl aus einem der Flammenwerfer, eine schwarze Rauchfahne hinterlassend. Eine halbe Stunde später bat der Pionierkommandeur erneut um Feuerunterstützung, und jetzt wurde auch wieder der Turm A mit seinen 28-cm-Brocken eingesetzt, offensichtlich auch einer der befestigten Schartenstände getroffen und ausgeschaltet. Dann feuerte nur noch die 8,8-cm-Flak eine Art Sperrfeuer, bis das Feuer eingestellt werden mußte, um nicht die eigene Truppe zu gefährden. Um halb 8 Uhr wurde die Operation abgebrochen, der Einblick war erreicht, eine Übersicht über die Anlage gewonnen.

Der Hauptangriff sollte dann am nächsten Tage erfolgen. Immerhin war man gut auf etwa 100 m an die polnische Hauptverteidigungslinie herangekommen.

Wir lagen wieder auf unserem alten Liegeplatz gegenüber dem Weichselbahnhof, als um 10 Uhr plötzlich vom Signaldeck eine weiße Flagge auf dem großen Erdwall der Westerplatte gemeldet wurde. Der Kommandant eilte an Land, um sich mit dem Pionierkommandeur zu treffen. Tatsächlich kamen ab halb 11 Uhr die polnischen Verteidiger in kleineren Gruppen ohne Waffen bei den deutschen Stellungen an. Der Kommandant, ein Major Sucharski, erschien in voller Uniform und meldete die Kapitulation an den General Eberhardt. Kleikamp und Henke beließen Sucharski den Degen in Anerkennung der hartnäckigen und tapferen Gegenwehr. Der Kampf war vorbei. Fünf Offiziere, 27 Unteroffiziere, 158 Mannschaften und neun Verwundete gingen in Gefangenschaft. Etwa 20 Gefallene wurden festgestellt, so daß die Stärke der polnischen Besatzung sechs Offiziere und 206 Unteroffiziere und

Mannschaften betragen hatte, mehr als doppelt so viele wie bestimmungsmäßig zulässig.

Natürlich ging auch ich mit einigen Kadetten gleich nach der Kapitulation über das Gelände der Westerplatte, um mir einen Überblick über die Wirkung unserer Artillerie und des gewaltigen Stuka-Angriffs zu verschaffen. Hier sah ich zum ersten Mal in meinem Leben Tote. Besonders beeindruckte mich eine MG-Gruppe unserer Sturmkompanie, die unmittelbar vor der polnischen Feldstellung zusammengeschossen worden war und bei den Versuchen, den Wald niederzubrennen, völlig verbrannte, so daß die vier Toten nur noch durch den deutschen Stahlhelm als unsere Kameraden zu identifizieren waren. Es war ein grauenhaftes Bild. Noch heute sehe ich diese verbrannten Leichen vor mir, wenn das Wort Westerplatte fällt. In ganz anderer Weise, aber auch mit großer Eindringlichkeit, habe ich einen toten polnischen Soldaten vor Augen, der in einem Schützenloch gegenüber dem Leuchtturm lag. Genau in der Mitte der Stirn hatte er ein fast kreisrundes kleines rötliches Loch in einem gelblichen wächsernen Gesicht mit offenen Augen, die jeden Vorbeigehenden klagend ansahen. Dieser Blick hat mich nicht losgelassen. Der Soldat muß von einem Scharfschützen auf dem Leuchtturm auf der anderen Seite des Kanals schon in den ersten Tagen des Kampfes getroffen worden sein. Das war das »Angesicht des Krieges«, unvergeßliche Eindrükke. Der Schartenstand 5 war offensichtlich von einer schweren Stuka-Bombe getroffen und die 50-cm-Beton-Decken aufeinandergepreßt worden. Aus dem Zwischenraum waren Blut und Wasser getropft und eine weißliche Masse, Überbleibsel von Menschen …

Was aber empfand man bei diesem Anblick? Es ist schwer, die damaligen stark widersprüchlichen Empfindungen wiederzugeben. Einerseits waren die eigenen Opfer der Sturmkompanie unverhältnismäßig hoch gewesen, bei der Einnahme dieses widerrechtlich befestigten Munitionslagers. Andererseits hatten nach Lage der Dinge die Verteidiger auch nicht die geringste Chance, längere Zeit dort völlig abgeschlossen zu überleben. Man hatte sich das Gelände der Westerplatte nach dem Stuka-Angriff als vollkommen umgepflügt vorgestellt. Nach der Menge der Bomben hätte eigentlich kein Stein mehr auf dem anderen liegen dürfen. Das war aber nicht der Fall, zum Beispiel der betonierte Keller der Kaserne, in dem sich der Befehlsstand der Verteidiger befunden hatte, war nahezu unversehrt. Etwas anderes war es wohl gewesen, daß zwischen den einzelnen Verteidigungsständen und dem Gefechtsstand keinerlei Verbindungen mehr bestanden hatten.

Noch etwas fiel mir beim sorgfältigen Rundgang über das Gelände der Westerplatte auf, die letztlich geringe Zerstörungswirkung unserer Beschießungen, abgesehen von der Bewaldung. Nur noch das untere Drittel der Baumstämme stand da, ein bizarres Bild.

Sehr unangenehm fiel mir einer der Kriegsberichter auf, der sich allerlei Erinnerungsstücke aus der Messe und dem Privateigentum der Verteidiger besorgt hatte, darunter auch einen silbernen Löffel. Schlagartig wurde mir die unsoldatische Mentalität dieser verkleideten Zivilisten bewußt.

Schon wenige Tage nach der Einnahme der Westerplatte kam eine Besucherdelegation nach der anderen, um sich sowohl von der hartnäckig verteidigten Stellung, aber vor allem auch von der sehr unterschiedlichen und keineswegs sehr überzeugenden Waffenwirkung in diesem Gelände einen Eindruck zu verschaffen.

Als erster erschien Hermann Göring. Ich war zu seiner Begleitung abgeteilt und traf in seinem Gefolge meinen Crewkameraden Eckhardt Christian, der damals noch Adjutant bei Göring war. Göring gab sich jovial und war zu Scherzen aufgelegt. Milch und noch ein Luftwaffen-General begleiteten ihn. Er hörte bei den Erläuterungen, die ihm unser Kommandant geben mußte, kaum richtig hin. Ab und zu mußte einer aus seiner Begleitung seine Bemerkungen notieren. Auch er war offensichtlich über die tatsächliche Wirkung der Stuka-Bomben etwas enttäuscht. Christian lud mich für den Abend zum Essen ein in den »Hofzug« Hermann Görings. Das war mir sehr lieb, denn ich hoffte nun endlich von ihm Näheres zu erfahren, wie man sich den weiteren Krieg gegen England dachte, und was man wohl Entscheidendes in der Hand hätte, um ihn zu gewinnen.

Der Feldzug gegen Polen war inzwischen fast beendet. Die Halbinsel Hela war etwa an ihrem Fußende von unseren Truppen abgeriegelt. Wir schossen ab und zu von unserem Liegeplatz an der Grenze der Reichweite einige Beunruhigungsgranaten dorthin. Es war klar, daß auch dieser letzte Rest von Polen nur noch eine Gnadenfrist hatte. Also waren die Gedanken doch sehr darauf ausgerichtet, wie es nun wohl weitergehen sollte.

Das war dann auch das Hauptthema unseres bis auf die Getränke sehr einfachen gemeinsamen Abendessens. Schon nach wenigen Worten unserer Unterhaltung hatte ich den Eindruck, daß selbst der Adjutant des zweiten Mannes im Reiche nicht viel mehr wußte als auch ich. »Na, ihr müßt euch doch etwas dabei gedacht haben, wenn ihr es so weit getrieben habt, daß wir nun mit England und Frankreich auch in den Krieg kommen, das war doch vorauszusehen? Was wollt ihr denn nun Entscheidendes veranlassen?« Je mehr ich fragte, desto stiller wurde unser lieber alter Christian. Schließlich aber sagte er: »Nun ja – jetzt werden wir anfangen, Flugzeuge zu bauen, Flugzeuge, Flugzeuge, Flugzeuge in ganz großen Stückzahlen!« »Was«, erlaubte ich mir zu fragen, »erst jetzt fangt ihr an, Flugzeuge zu bauen? Das kann doch gar nicht sein?! Ihr müßt doch einen Plan haben, wenn ihr es auf einen Krieg habt ankommen lassen! Ihr müßt doch etwas sicherlich Gewaltiges in der Hand haben, wenn ...!« Christian, nicht nur ein Crewkamerad, auch ein wirklicher Crewfreund, konnte mir keine richtige Antwort auf meine Fragen geben. So ging ich denn zutiefst deprimiert spät am Abend wieder an Bord.

Tatsächlich hatte man gar keinen Plan, man hatte keine besonderen Waffen, man hatte offenbar mit einer Intervention Englands und Frankreichs gar nicht gerechnet! Das war doch wirklich unglaublich! Wirklich jeder Seekadett, meine alte These, hätte Hitler sagen können, daß es den Briten diesmal ernst war. Solcher politischer Dilettantismus erschütterte mich. Deswegen kann ich es auch bis heute nicht verstehen, daß ein letztlich doch intelligenter Mann wie Adolf Hitler nicht die Zeit und die Geduld aufzubringen in der Lage war, um seine Stunde abzuwarten. Ein weiteres Jahr deutschen Machtzuwachses in Frieden hätte vermutlich genügt, um die Polen zu veranlassen, das umstrittene Danzig auf silbernem Tablett dem Führer des Großdeutschen Reiches anzubieten, ohne daß auch nur ein böses Wort zwischen beiden Völkern gefallen wäre.

Als ich nach Abschluß der Danzig-Unternehmung nach Kiel zurückkehrte, habe ich, noch immer aufgewühlt, meiner Frau von diesem Gespräch erzählt. Auch sie verbarg ihre bodenlose Enttäuschung über die sträfliche Leichtfertigkeit unserer Führung nicht. Natürlich konnte man nicht nur gar nichts dagegen tun, sondern unser Pflichtbewußtsein und unsere loyale Grundeinstellung forderten jetzt unser ganzes Können, damit wir so gut wie nur möglich aus dem nun entstandenen Dilemma herauskommen würden. Ich habe nicht aufgehört zu beklagen, daß der Ausbruch dieses Krieges in leichtsinniger Weise provoziert worden ist, er brachte uns das Odium des Überfalls ein und gab der Rache und Vergeltung nach der Kapitulation den moralischen Mantel.

Noch immer hielten sich hartnäckig die Verteidiger auf der Halbinsel Hela, und wir bekamen den Befehl, nunmehr zusammen mit dem anderen Schulschiff, der *Schlesien*, die Batterien von Hela an der Südspitze der Halbinsel niederzukämpfen.

Das war trotz gründlicher Aufklärung leichter gesagt als getan. Während des täglichen Beschusses von Hela, meist mit einem Rohr von Turm Berta, lief natürlich der Bordbetrieb routinemäßig weiter. So konnte es passieren, daß wir mit Turm Berta schossen und vorne an der Backbord-Seite die Urlauber am Nachmittag an Land gingen. In allen späteren Erinnerungen der Kadetten ist diese Diskrepanz zwischen tiefstem Frieden und kriegerischer Betätigung festgehalten worden.

Nun aber kam der Auslaufbefehl zum Feuergefecht zusammen mit der *Schlesien* gegen die Batterien von Hela. Der rührige FdM ließ es sich nicht nehmen, vor unserer Kiellinie, *Sx* an der Spitze, seine M-Boote in Minensuchformation vorneweg zu setzen, um eventuelle Minentreffer zu vermeiden. Auch waren die polnischen U-Boote noch nicht alle lokalisiert, so daß auch noch die Gefahr eines U-Bootangriffs im allerdings sehr entfernten Bereich einer

Möglichkeit lag. So war es also ein gewaltiges Bild, als wir uns bald nach dem Auslaufen im Klarschiffzustand der Südspitze Helas näherten, zwei alte »Panzerhasen« der Vor-Dreadnought-Zeit mit Toppsflaggen und drohenden Geschützen in spitzem Winkel auf die Südspitze Helas zulaufend! Bei 150 Hektometer wurde das Feuer einzelschiffsweise auf die Haupt-Batterien eröffnet. Die polnische 15-cm-Batterie antwortete sofort und lag schon nach den ersten drei Salven deckend bei uns am Ziel. Es ist schon ein eigenartiges Gefühl, wenn man die Abschüsse einer Viergeschützbatterie alle »kreisrund« sieht, das heißt, daß die Kanonen auf den eigenen Untersatz gerichtet sind, dann plötzlich ein Brausen zu hören ist, das sich zum Heulen steigert und jäh dann plötzlich in einer Detonation endet, je näher, desto lauter. Nach der dritten Salve lag stets ein Schuß kurz etwa 100 m, die anderen drei Aufschläge etwa nur 100 bis 150 m weit, so daß sie jedesmal am Vormars vorbeiorgelten. Plötzlich lagen die Aufschläge nicht mehr bei uns, sondern bei der uns mit etwa 800 m Abstand folgenden *Schlesien*. Dieser Zielwechsel war uns nicht erklärlich, besser hatte die 15-cm-Kampfbatterie gar nicht liegen können.

Bei jeder Salve 28 cm ging ein Beben durch das alte Schiff. Der Rauch verdeckte zeitweilig das Ziel. Der Versuch, durch Flugzeugbeobachtung unsere Lage am Ziel zu verbessern, mußte infolge des rasenden Flak-Feuers aufgegeben werden. Die aufsteigenden Dreck- und Qualmfontänen der Aufschläge unserer 28-cm-Geschütze auf der Halbinsel ließen keine Beurteilung der Lage am Ziel zu. Dennoch schienen uns beiden, dem I. A.O. und mir im Vormars, die wir uns über jede Beobachtung verständigten, wenigstens zwei Salven im Ziel zu liegen, als das Schiff gezwungen war, hinter einer Nebelwand zu verschwinden. Es war eine wirklich aufregende Viertelstunde des Artilleriekampfes, wie sie so leicht nicht wieder vorkommen wird in der Geschichte des Seekrieges. Wie grundsätzlich alle Kriegsschiffe, die eine Landbatterie mit Langbasis von See aus bekämpfen, waren wir jedoch sehr erheblich im Nachteil. Nach Wiedereinlaufen nach Neufahrwasser erfuhr ich, daß wir einen Treffer auf dem Kasemattpanzer erhalten hatten am Steuerbord-Geschütz 5 und daß feine und feinste Granatsplitter ihren Weg durch die Bewegungsschlitze zwischen Geschütz- und Schiffspanzerung gefunden hatten. Einen Toten und sieben Verletzte kostete uns dieser Treffer, den wir auf dem Vormars nicht einmal gespürt hatten.

Schon der nächste Tag sah uns wieder draußen, diesmal mit verteilten Rollen. Während wir es wieder mit der 15-cm-Batterie in Hela aufnahmen, sollte sich *Schlesien* mit den Batterien in Heisternest und auf der Oxhöfter Kempe beschäftigen. Offensichtlich hatten die Polen eine neue Batterie, die aus den abmontierten 12-cm-Geschützen des Minenlegers *Gryf* bestand, im Norden der Kempe bei Rewa aufgestellt, die es den Minensuchverbänden schwermachte, ihre Räumarbeiten in der Putziger Wik durchzuführen. Kaum auf Schußentfernung der 15-cm-Batterie auf Hela von 170 Hektometer angekommen, eröffnete die Batterie das Feuer, wie am Vortage wieder mit allen vier Geschützen. Wir hatten demnach also nicht etwa vernichtend getroffen. Wieder sahen wir die Abschußfeuer der Batterie »kreisrund«, voll auf uns gerichtet. Wieder trat dieses eigenartige Gefühl an mich heran. Es ist bestimmt, ob es trifft oder nicht, du kannst daran gar nichts ändern, tue deine Aufgabe und tue sie gut, alles andere überlasse dem Schicksal oder Gott. Wieder zischten die Granaten dicht am Vormars vorbei und warfen ihre Wassersäulen unmittelbar in Lee von uns aus der See. Immer noch mußte die polnische Langbasis auf Hela exakt arbeiten. Gleich mit den ersten Salven lag die Batterie wieder deckend bei uns am Ziel. Nach Angabe der E-Messer lagen wir aber auch gut am Ziel, und dennoch feuerten alle vier Geschütze weiter. Bei diesem Seegefecht erhielten wir trotz so vieler deckender Salven keine Treffer, dafür aber lag das Deck nach dem Gefecht voller Granatsplitter der zu kurzen Aufschläge. Es gab diesmal weder Verwundungen noch Beschädigungen.

Am 1. Oktober sollte nun nochmals ein Großangriff beider alter Linienschiffe auf Hela erfolgen, zugleich mit dem Einsatz von Heeresverbänden im Zusammenwirken mit einer 15-cm-Eisenbahn-Batterie der Marine bei Putzig. Da endlich zeigten sich bei Kußfeld in der Mitte der Halbinsel die ersten weißen Flaggen. Am Nachmittag kam die Funkmeldung durch, daß ab 2 Uhr Waffenruhe eintreten werde. Am Abend wurde in Zoppot die Kapitulation der polnischen Resttruppen auf Hela abgeschlossen. Der polnische Feldzug war nun auch für uns beendet.

Ich erhielt noch eine Sonderaufgabe, das Landungskorps der *Schleswig-Holstein* zur Besetzung von Hela zu führen. Eine verstärkte Kompanie, vorwiegend aus Kadetten bestehend, wurde unter meinem Kommando am 2. Oktober morgens mit zwei Danziger Schleppern nach Hela-Fischereihafen gebracht. Mit den gleichen Schleppern wurden dann die entwaffneten polnischen Soldaten und Matrosen mit ihren Offizieren aufs Festland gebracht. Wir trafen sie in langen Kolonnen zum Fischereihafen kommend in guter Ordnung und Disziplin. Die Offiziere trugen ihre Degen, wie es in Zoppot vereinbart war. Der Oberbefehlshaber der polnischen Marine, der Konteradmiral Jozef Unrug, im Ersten Weltkriege Seeoffizier der Kaiserlichen Marine, stand mit seinem Stabe auf der Pier zur Einschiffung in die Gefangenschaft. Das Ganze machte einen würdigen Eindruck, jede Demütigung der tapferen polnischen Verteidiger war bewußt vermieden worden.

Nach sorgfältiger Verteilung meiner Truppe auf die zu schützenden und zu übernehmenden Objekte begab ich mich so schnell wie nur möglich zur gegnerischen Batterie der 15-cm-Bofors auf der Südspitze. Die war im wesentlichen unbeschädigt. Ein 28-cm-Treffer lag unmittelbar neben der Bettung des einen Geschützes, das aber behelfsmäßig wieder schußbereit gemacht worden war. Dagegen fehlten entgegen der Kapitulationsvereinbarung die Geschützverschlüsse aller vier Kanonen.

Nachts gab es an mehreren Stellen unmotivierte Schießereien, die sich nach meiner Kontrolle als Reaktionen nervöser Posten entpuppten. Erfreulicherweise hatten die Kadetten tatsächlich die besseren Nerven, nur in eine der fünf nächtlichen Schießereien war ein Ing.-Kadett verwickelt.

Am 7. Oktober fand dann die große und zugleich letzte Marineparade statt, die Danzig je unter der Reichsflagge wieder erleben sollte. Abordnungen der beiden Linienschiffe und der Minensuchverbände, zusammen etwa 800 Mann unter Gewehr, paradierten vor dem Oberbefehlshaber der Danzig-Streitkräfte,

Konteradmiral Schmundt, auf dem historischen Langen Markt in Danzig. Auch hier führte ich die Abordnungen der *Sx*, Spilling führte die Schlesien-Abordnung. Unter nicht endenwollendem Jubel der befreiten Danziger Bevölkerung marschierten wir im Parademarsch durch diese so deutsche Stadt, die ein Teil meiner Heimat war. Trotz aller schweren Gedanken, wie nun wohl der Krieg weitergehen solle, nach meinem Gespräch mit meinem Crewkameraden Christian, überwog an diesem Tag das Hochgefühl, daß dieses Versailler Unrecht wiedergutgemacht war. Im Rahmen der mir zufallenden Aufgaben als Kadettenoffizier einer kriegsmäßig eingesetzten Kadettencrew konnte ich mit ihrer Bewährung sehr zufrieden sein.

Schon am 5. Oktober war Raeder in Danzig gewesen, hatte die Westerplatte und Hela besichtigt, aber nur wenige Worte für unsere Soldaten gefunden. Er betonte, der jetzt kommende Schwerpunkt sei der Handelskrieg gegen England. Wie war das aber mit unseren bescheidenen Mitteln zu bewerkstelligen? Offensichtlich hatte es ihn selbst schwer getroffen, daß entgegen allen Zusagen der Staatsführung nun doch der Krieg mit England Tatsache geworden war.

Obwohl es billig ist, nachträglich zu behaupten, dies voraus gewußt zu haben, bleibe ich auch heute dabei, daß wir alten und jungen Seeoffiziere am Kriegseintritt Großbritanniens nicht die mindesten Zweifel hatten. Das änderte nichts an unserer Entschlossenheit, alles in langen Berufsjahren Gelernte einzusetzen, um das Bestmögliche für unser Volk herauszuholen. Nur herrschte kein Enthusiasmus, kein Jubel, keine Freude. Wir wußten, daß es jetzt auf jeden von uns ankam, wenn es überhaupt menschenmöglich sein könnte, gegen das so weit überlegene Weltreich durchstehen zu können. Ich konnte auch nicht umhin, meinen Kadetten bei vorgezogener Beendigung ihrer Bordausbildung und ihrer Verabschiedung von der *Sx* nach Rückkehr nach Kiel den ganzen Ernst der kommenden Jahre vor Augen zu stellen.

Wenn ich gedacht hatte, daß ich nun nach der Rückkehr vom Polenfeldzug nach Kiel und nach Ausschiffung der Kadetten ein verantwortliches Kommando irgendwo, möglichst auf einem kleinen Fahrzeug, bekommen würde, da hatte ich mich erheblich geirrt. Spilling blieb auf *SN*, ich auf *Sx*, und so erwarteten wir den nächsten, wahrscheinlich noch stärkeren Jahrgang, der am 1. Oktober 1939 nach Stralsund eingezogen worden war. Es sollte zweieinhalb Monate dauern, bis wir unseren Anteil des Jahrgangs an Bord bekamen. So wurde die Zeit zu einer größeren Werftliegezeit in Kiel ausgenutzt.

Natürlich verfolgten wir mit gespannter Aufmerksamkeit das weitere Kriegsgeschehen. Das vermutlich ehrlich gemeinte, aber aussichtslose Friedensangebot Hitlers nach dem Polenfeldzug an England und Frankreich erfuhr fast höhnische Ablehnung, wie wir es nicht anders erwartet hatten.

Sonst aber, bis auf einen verlustreichen und vergeblichen Luftangriff auf Wilhelmshaven, tat sich im Westen bis auf den begonnenen Zufuhrkrieg beiderseits nichts. Natürlich fand dieser peinlich genau nach der deutschen Prisenordnung vom 28. August 1939 statt. Da jedoch die englische Regierung ihre Handelsschiffe fast unmittelbar auf die Blockadeerklärung hin bewaffnete, konnte der Handelskrieg durch U-Boote schon im November nicht mehr nach Prisenordnung durchgeführt werden. Aber wir hörten auch, daß wir bei unseren nur 22 atlantikfähigen U-Booten schon in den ersten Wochen empfindliche Verluste hatten hinnehmen müssen. So waren bis November bereits acht Boote verloren, darunter unsere Crewkameraden Franz, Lott und Dau, von denen wir erst später hörten, daß sie mit einem Teil ihrer Besatzungen in Gefangenschaft geraten waren. Derartige Verluste bei den wenigen verfügbaren Booten erhöhten nicht gerade die Chancen, zur U-Waffe überwechseln zu können, sobald man (wie ich dringend hoffte) den Fängen der Bildungsinspektion entronnen war! Immerhin gab es aber auch große Schläge, wie die Versenkung der *Courageous* am 18. September durch Schuhart, den ich als Fähnrich bei der SAS gehabt hatte, und das tolle Stück von Prien mit dem Einbruch in die bestgehütete Bucht der Welt, nach Scapa Flow. Das waren schon Schläge, nur keine, die England gefügiger machen konnten.

Am 14. Dezember kamen die Kadetten des Jahrgangs Oktober

1939 von Stralsund an Bord. Die gesamte Crew umfaßte insgesamt 633 Kadetten, davon 363 Seekadetten und 104 Ing.-Kadetten, 44 Waffenkadetten, 28 Verwaltungsoffizierkadetten, 24 Bau-Ing.-Kadetten und 70 Sanitätskadetten. Auf unser altes Streitroß entfielen etwas mehr als 215 Kadetten, die ich alle innerhalb der ersten acht Tage mit Namen kennen wollte, wie ihre Vorgänger. Tatsächlich schaffte ich es auch diesmal. Ein Teil meiner KOs hatte gewechselt. Ich konnte den jungen Kameraden nicht den begehrten Weg an die Front verbauen. So mußte ich mich auch mit anderen Unterführern befreunden, aber auch die neuen SKOs, v. Lingelsheim, Nordheimer und Rendtel und andere haben sich hervorragend bewährt.

Wir fuhren als Eisbrecher in der Ostsee, durch den Nord-Ostsee-Kanal, um U-Boote unbeschädigt durch das Eis bis zur Elbemündung zu geleiten. Wir versuchten uns auch im Handelskrieg in der östlichen Ostsee bis zum Bottenbusen. Dieser elende Winter aber hatte es in sich. Die Kadetten hatten nichts zu lachen auf der fast ununterbrochenen Kriegswache, die wir gehen mußten, um auf jede Überraschung gefaßt zu sein. Oft auch, wenn wir im Hafen lagen, hatten wir einen derartigen Schneesturm, daß ein Anlandgehen gar nicht möglich war. Wenn ich Glück hatte, dann konnte ich wenigstens meine Frau anrufen und ihr sagen, daß an ein Kommen nicht zu denken war. Der so reichlich vorgesehene Unterricht konnte nur stark eingeschränkt erteilt werden. Auch dieser Jahrgang war eine Elite, wie sich dann im Laufe des Krieges und in der Nachkriegsbewährung ergab.

Im Laufe des Oktobers war in England der Premierminister ausgewechselt worden. Auf Chamberlain folgte der alte Kämpe und Deutschenfeind Churchill. Damit war für jedermann eindeutig, daß nur ein wirklicher Sieg über England zum Frieden führen könnte. Gleichzeitig aber wurde auch die ganze Welt gegen Deutschland mobilisiert.

Als am 16. Februar 1940 der britische Zerstörer *Cossack* im neutralen Norwegen im Jössingford das deutsche Versorgungsschiff *Altmark* mit 303 gefangenen Besatzungsmitgliedern der vom Panzerschiff *Graf Spee* im Südatlantik versenkten britischen Schiffe überfiel, enterte und in Anwesenheit eines norwegischen Torpedoboots diese Zivilgefangenen an Bord nahm, zeigte es sich, daß wohl bereits ein britisch-norwegisches Abkommen gegen Deutschland bestand. Einen erneuten Beweis lieferte dann die Minensperrung norwegischer Hoheitsgewässer gegen den deutschen Schiffsverkehr vom 6. April. Heute ist bekannt, daß in Nordengland bereits ein Expeditionskorps unter den Stichworten »Stratforce« und »Avonforce« bereitgestellt worden war, das am 6. April nach Drontheim und Narvik überführt werden sollte. Eine alliierte Besetzung Norwegens jedoch wäre wegen der Unterbindung der Erzzufuhr und der dann auch eintretenden Luftbedrohung des ganzen Reichsgebietes für die deutsche Staatsführung äußerst bedrohlich gewesen. So blieb dem Reich keine andere Wahl als die umgehende Besetzung Dänemarks und Norwegens.

So kam es zum Befehl »Weserübung«, der die relative Ruhe nach dem Polenfeldzug jäh unterbrach. Es war eine große Aufgabe der Kriegsmarine, mit ihren schwachen Kräften in Verbindung mit Heer und Luftwaffe diesen Einsatz vorzubereiten und dann durchzuführen. Dazu aber bedurfte es sämtlicher Kriegsschiffe, sowie der Hilfsschiffe und aller Schul- und Versuchsboote, um die Besetzung der wichtigsten Häfen in beiden Ländern durchzuführen. Dänemark konnte dabei nicht unbehelligt bleiben, denn nur über Dänemark ließ sich die Dauerbesetzung Norwegens aufrechterhalten. Die alte *Sx* erhielt wieder eine besondere Aufgabe.

Um in wenigen Stunden ganz Dänemark mit den wichtigsten Durchgangsstraßen und Fährhäfen zu besetzen, und um eventuelle Widerstandszentren niederzukämpfen, bedurfte es einer bis aufs kleinste abgestimmten Organisation und der präzisen Verteilung der schwachen Seestreitkräfte. *Sx* hatte dafür zu sorgen, daß eine von ihr gestellte Kampfgruppe unter ihrem artilleristischen Rückhalt die dänischen Fährhäfen Nyborg auf der Insel Fünen und Korsör auf der Hauptinsel Seeland handstreichartig in Besitz nehmen konnte und diese Fährverbindung intakt zum Transport der Heeresverbände bereitzuhalten hatte.

Die Kampfgruppe »Nyborg«

Als Kleikamp mich rufen ließ, um mir diese Aufgabe zu übertragen, machte er mir unmißverständlich die entscheidenden Bedeutung dieses Auftrags klar. Die mir zur Verfügung stehenden Schulboote des Sperrversuchskommandos, das ehemalige Torpedoboot *T-190*, das jetzt den Namen *Claus von Bevern* trug und lediglich mit zwei 10,5-cm-Utoflak-Geschützen bewaffnet war, die ebenso alten Minensuchboote *Nautilus* (ex *M-81*) und *Pelikan* (ex *M-28*), die je nur eine Kanone 10,5 cm auf der Back trugen, stellten nur eine lächerliche Kampfkraft dar, wenn man bedachte, daß der größte Teil der dänischen Marine, ihre leidlich modernen, 1929 bis 1933 gebauten sechs Torpedoboote, unmittelbar an der Einfahrt nach Nyborg im Marinehafen Slipshavn zur Bewachung der dänischen Beltsperre konzentriert waren.

Bei wirklich harter Gegenwehr würden wir einen schweren Stand haben. Gleich zu Beginn der Vorbereitungen, bei der Einschiffung der Heeresabteilung im abgelegenen, nicht einsehbaren Ölhafen Kiel-Wik gab es eine häßliche Kollision beim Anlegen von *Nautilus* und *Pelikan*, die aber noch glimpflich ablief. Wir übernahmen etwa 150 Mann des Infanterie-Regiments 198 unter ihrem famosen Hauptmann Kanzler, der mir der richtige Mann für diese Aufgabe zu sein schien. Die Heeresabteilung hatte sich ausschließlich mit der sofortigen Besetzung der im Hafen befindlichen Fährschiffe zu befassen, ohne Rücksicht auf etwaige Kampfhandlungen mit dortigen Seestreitkräften, dies meine Aufgabe. Noch in der Nacht vom 7. auf den 8. April liefen wir hinter der *Sx* nach der Eckernförder Bucht aus, wo wir weitab von Land ankerten. Da die SVK-Schulboote nur sehr reduzierte Besatzungen hatten, die für eine eventuell notwendige Bewachung von dänischen Kriegsfahrzeugen nicht annähernd ausreichen würden, bekam ich noch eine Landungsabteilung von der *Sx*, etwa 30 Mann, in der Mehrzahl Kadetten, unter meinem Ing.-KO Oberleutnant (Ing.) Glasow an Bord von *Pelikan*. Der Tag verging mit Besprechungen. Um 8 Uhr abends, bei Dunkelheit, begann der Vormarsch auf den Großen Belt im Kielwasser der *Sx*. Die Spannung war beträchtlich. Als erstes dänisches Kriegsfahrzeug trafen wir auf ein nicht identifiziertes Torpedoboot am Eingang der dänischen Minensperre. Wenige Minuten später passierten wir die Sperre und erkannten zu Anker beim Sperrfeuerschiff Nord als Sperrbewacher das dänische Fischereischutzboot *Ingolf* von etwa 1200 ts mit recht guter Bewaffnung von zwei 12-cm- und zwei 5,7-cm-Kanonen und dabei das dänische Torpedoboot *T-5*. Dann aber krachte es plötzlich achteraus. Der Arsenal-Schlepper *Taifun* mit Marinesoldaten an Bord kollidierte mit dem dänischen Lotsendampfer. Ich wurde von Kleikamp zur Hilfe abgeordnet und fand den Schlepper im Absaufzustand in der westlichen Sperrhälfte. Der deutsche Fischdampfer-Bewacher *Hugin* der BSO-Flottille hat die Besatzung gerettet. Das war der erste Verlust dieses Feldzuges, und überdies mußten die Dänen nun gemerkt haben, daß etwas los war.

Als wir die *Sx* gegen halb 3 Uhr nachts wieder erreichten und in Kiellinie einscherten, gab es die nächste Überraschung. Die *Sx*, unsere Kampfbatterie im Ernstfall, war auf dem Vengeance-Grund aufgelaufen, und ich wurde mit meiner Kampfgruppe nach Plan entlassen. Zunächst stand ich mit dem Verband auf und ab, um unsere genaue Anlaufzeit abzuwarten. Dann passierten wir mit gesetzten Laternen, um harmlose Wanderer zu markieren, die Gefahrenzone der bekannten Küstenbatterie, blendeten wieder ab und passierten genau Viertel nach 5 Uhr den Fährhafen mit zwei großen Fährschiffen und die Hafenmolen. Da lag, nur schwach zu erkennen, an der Westseite des Hafenbeckens das dänische Torpedoboot *Örnen – T-6*. Die Spannung auf der Brücke knisterte förmlich, die schwerbewaffneten Hopliten der Infanterie waren unter Deck klar zum Ausbrechen aus Pforten und Luken, die Geschützbedienungen 10,5-cm-Geschütze lagen an Deck klar zum Feuern.

Im Näherkommen sah ich den Posten auf dem Mitteldeck von *Örnen* nach der Back, dem Unterkunftsraum der Besatzung, laufen. Ich hatte die Hand auf der Alarmglocke, falls jetzt die unter Bezügen verborgenen Geschütze besetzt würden. Im letzten Augenblick entschloß ich mich, nicht längsseits, sondern hinter *Ör-*

nen festzumachen, damit die Infanteriesturmabteilung nicht über das fremde Torpedoboot stürmen mußte, was Verzögerungen geben könnte, falls sich die Dänen wehrten. Der Posten kam wieder vom Eingang zur Back zurück, ein zweiter Seemann hinter ihm her, sich mühsam die Hose hochziehend, noch ein dritter in Eile. Alle liefen auf die Pier zu unserem angesteuerten Liegeplatz unmittelbar hinter dem Heck von *Örnen*, um zu unserer Überraschung unsere Leinen wahrzunehmen.

Ich ließ die Geschützbedienungen die Manöverstationen Back und Heck besetzen, gab keinen Alarm, und erst nach Festmachen stürzten unsere Hopliten an den verdutzten dänischen Seeleuten vorbei zu den Fährschiffen. Kein Laut, kein Geschrei, die Überraschung schien gelungen, das Trappeln der Nagelstiefel der Infanteriesoldaten entfernte sich immer weiter. *Nautilus* kam längsseits noch im Manöver und setzte auch seine Schwerbewaffneten über unser Boot an Land. Drüben an der Ostseite hatte *Pelikan* so festgemacht, daß jetzt der Hafen gesperrt war. Vorsichtshalber hielten wir nach dem Festmachen die Kanonen besetzt. Ich ging herüber zu *Örnen* und ließ mit acht Mann das Oberdeck vorläufig besetzen und begab mich dann nach achtern zum Kommandanten, dem dänischen Kapitänleutnant Dramm, der mich von den Marine-Pokal-Segelwettfahrten her kannte. Er machte, nicht ohne gekränkt zu sein, gute Miene zum bösen Spiel. Er tat mir leid, aber ich gab mir auch die größte Mühe, seine verständliche Entrüstung zu achten und durch eine ehrenhafte Behandlung zu honorieren. Ich genehmigte, daß er mit seinem Kommandeur in Slipshavn in Verbindung treten konnte, allerdings im Beisein eines meiner Offiziere am Telefon von Land. Ich erhielt die gewünschte ehrenwörtliche Zusicherung, Widerstand und Fluchtversuche zu unterlassen. Dafür zog ich meine Soldaten von Bord ab. Nur ein Doppelposten blieb auf der Pier in der Höhe von Bug und Heck des *Örnen*, Gewehr über. Um 6 Uhr konnte ich an Kleikamp melden, daß alles planmäßig und ruhig verlaufen, der Fährverkehr sichergestellt war und zwei Schlepper zur *Sx* unterwegs waren, um sie vom Vengeance-Grund zu ziehen. Alles lief ohne Aufregungen ab. Der Polizeichef, der Bürgermeister, der Kommandeur der Beltsperre, alle warteten auf die wohl bevorstehende Erklärung der dänischen Regierung. Die internationalen Höflichkeitsregeln wurden streng eingehalten. Als *T-6* unsere Flaggenparade um 8 Uhr nicht mitmachte, ließ ich Dramm darauf aufmerksam machen, worauf er sofort an Bord kam, um sich zu entschuldigen. Weil Dänemark noch keine Sommerzeit hatte, war es bei ihm eine Stunde vor unserer Flaggenparade. Dennoch schien *T-6* etwas zu planen, obwohl die dänische Regierung um 8 Uhr Schießverbot an alle Truppen erlassen hatte. Plötzlich hatte *T-6* beide Kessel in Betrieb, und die gegenüber an der Osthafenmole liegende *Pelikan* meldete mir, daß auf *T-6* ein Torpedo geladen wurde. So ließ ich vorsichtshalber nun *Pelikan* so längsseits von *T-6* gehen, daß der Bug nach See zeigte, damit notfalls die Kanone gebraucht werden konnte. Ich ließ Dramm durch Glasow rechtzeitig über diese Absicht unterrichten. Nach kurzer Zeit hatten die Kessel auf *T-6* wieder »Feuer aus«. Dann drehten auch wir und *Nautilus* an der Pier auf Auslaufkurs, um die Kanonen notfalls nach See benutzen zu können.

Als wenig später vor der Einfahrt dänische Fahrzeuge sichtbar wurden, ließ ich *Pelikan* auslaufen, um die Fahrzeuge, darunter offensichtlich das Fischereischutzboot *Ingolf*, entweder nach Slipshavn oder besser nach Nyborg hereinzunötigen. Das Ganze vollzog sich ohne jede kriegerische Geste. Nach dem Festmachen in Slipshavn versprachen alle Fahrzeuge, sofort nach Nyborg einzulaufen. Dann kamen sie nacheinander, *T-4* mit Flottillenstander, dann *M-1*, dann *S-2 (Stören)*, dann *S-3 (Söridderen). Die* Besuche liefen friedensmäßig ab. Die Haltung war würdig und korrekt, das internationale Zeremoniell machte alles viel leichter und höflicher. Der Kommandeur der Beltsperre auf *Ingolf* empfing mich 20 Minuten nach 4 Uhr nachmittags allerdings sehr steif, sehr förmlich, fast feindselig. Die dänische Marineleitung hatte Anweisung gegeben, den örtlichen deutschen Befehlshabern der Kriegsmarine zu folgen und die angewiesenen Häfen nicht zu verlassen. Als ich darauf erklärte, daß ich bei seinem Offizierehrenwort darauf verzichten würde, die Maßnahmen zur Fluchtverhinderung auf den Schiffen und Booten durch Entfernung von Maschinenteilen durchzuführen, gab er mir nicht nur sein Wort, sondern wurde auch etwas freundlicher, zumal ich die ganze Unterhaltung mit ihm in englischer Sprache führte. Etwas maliziös teilte er mir dann mit, daß eines seiner Boote in der vergangenen Nacht die Marinebesatzung eines Zivilschleppers gerettet hätte, der in der Sperrlücke der Beltsperre durch Kollision mit dem Sperrlotsenboot gesunken wäre. Die Schuld läge eindeutig auf seiten der deutschen Schlepperführung. Ebenso maliziös habe ich ihm dann den besonderen Dank der Kriegsmarine ausgesprochen.

Wir kamen dann überein, jeden Landgang der deutschen und der dänischen Marinesoldaten vorläufig zu unterbinden. Er wollte dringend wissen, wie lange ich das Kommando in Nyborg behalten würde. Als ich ihm mitteilte, daß ich noch am gleichen Abend mit meiner Abberufung und der Zurückziehung meiner Kampfgruppe rechnete, ließ er mich wissen, daß er einen dienstjüngeren Offizier als deutschen Marinebefehlshaber in Nyborg nicht akzeptieren könne.

In der Zwischenzeit war die Torpedoschulflottille mit drei Booten unter dem Kommando von Korvettenkapitän Teichmann in Nyborg eingelaufen, hatte aber schon nach einer Stunde auf Grund eines Gegenbefehls die Übergabe abgebrochen und war wieder ausgelaufen. Bis zur Ankunft einer anderen Ablösung wollte ich noch gerne die neuen Hafenanlagen in Slipshavn, der Marinebasis, erkunden. Ich fuhr also mit einer ganz gewöhnlichen dänischen Taxe, ohne jede weitere Begleitung, in die Höhle des Löwen und traf einen sehr vernünftigen Chef des Stabes der Beltsperre, den Orlogskapitän von Bohsen, dort an, der verständlicherweise auch etwas förmlich war. Er zeigte sich erschüttert über diese Ausweitung des Krieges nach Norden. Er teilte mir das Fiasko vom Oslofjord mit, die Versenkung der *Blücher* in der Dröback-Enge. Etwas verstört kam ich zurück an Bord, wo ich die Nachricht vorfand, daß wir hier von der BSO-Flottille noch am gleichen Abend abgelöst werden würden und damit meine Aufgabe beendet sei. *Claus von Bevern* hatte Befehl bekommen, sofort nach Warnemünde auszulaufen. *Pelinus* und *Nautican*, wie wir die beiden alten SVK-M-Böcke immer genannt hatten, hatte ich bereits nach Eintreffen der T-S-Flottille wieder nach Kiel entlassen müssen. Jetzt ließ ich mit Flaggenparade meinen Dienstältesten-Stander auf *Claus von Bevern* niederholen, entließ das immer noch eindrucksvolle alte T-Boot und übergab die Geschäfte und das Kommando an den Ältesten der BSO-Schulflottille, den Kapitänleutnant Zentgraf, einen Reserveoffizier, was die dänischen Seeoffiziere nur mit unverhohlenem Zorn quittierten, als ich mich von ihnen verabschiedete. Ich stieg mit meinem Landungstrupp unter dem Oberleutnant (Ing.) Glasow auf den eben eingetroffenen Arsenal-Schlepper *Föhn* und lief mit diesem Untersatz, ohne auf die dänische Beltsperre zu geraten, nach der Strander Bucht, wo wir gegen Morgen nach ereignisreichen 24 Stunden wieder unsere *Sx* bestiegen. Für alle, auch die Kadetten, war es eine außerordentlich fesselnde Aufgabe gewesen.

Dann aber folgten in den nächsten Tagen auch die großen Schläge, die unsere kleine unzureichende Marine hinnehmen mußte, nach dem Verlust der *Blücher* die *Karlsruhe* vor Christiansand und die alte *Königsberg*, der ich so herrliche Leutnantszeiten verdankte, und dann der Verlust fast unserer gesamten Zerstörerflotte in Narvik mit dem Tod so vieler Crewkameraden und Freunde. Aber es konnte trotzdem kein Zweifel daran bestehen, daß sich unsere maritime Ausgangslage entscheidend gebessert hatte. Die Marine hatte, wenn auch unter schweren Verlusten, die ihr zugefallene Aufgabe hervorragend gelöst.

Wo sie hingestellt waren, hatten auch die Kadetten des Jahrgangs Oktober 1939 ihre Feuertaufe erhalten und sich bewährt. Am 28. April 1940 verabschiedete ich mich in Swinemünde von diesem Jahrgang, weil ich nun endlich ein Frontkommando bekommen sollte.

Nun war ein solcher Abschied eines Kadettenoffiziers von seinem ihm anvertrauten Jahrgang nie ein endgültiger. Die wachsenden Anforderungen an die Kriegsmarine, die bedauerlichen Verluste und die sich ausweitenden Seekriegsschauplätze stellten die eben Fähnriche Gewordenen schon in kürzester Zeit auf

Positionen, die in Friedenszeiten erst nach vier, fünf Jahren Lehrzeit erreichbar waren. So traf ich denn schon im Jahre 1943 nach meiner U-Bootsfrontzeit bei den U-Bootsausbildungsoffizieren auf die ersten Kadetten der Großdeutschland-Crew und fast auch gleichzeitig auf die Crew Oktober 1939, die bereits als Oberleutnante in verantwortlichen Stellungen waren. Zeitweise waren von 12 Schulbootskommandanten allein acht aus den beiden Offizierjahrgängen, deren Anfangsschritte ich auf der *Sx* bei Kriegsbeginn hatte führen dürfen. Ich bin nicht enttäuscht worden. Wo diese jungen Kameraden hingestellt wurden, da haben sie sich ausnahmslos bewährt.

Die Überlebenden standen bei Kriegsende vor dem Nichts. Sie waren aber noch jung und unabhängig genug, um ein Studium und einen neuen Beruf mit gewohnter Energie und Selbstdisziplin beginnen zu können. So sind sie dann auch in der großen Mehrzahl hervorragende Staatsbürger und haben im Aufbau der Bundesrepublik Deutschland bedeutende Stellungen und Spitzenpositionen erreicht.

In der Wirtschaft, in der Technik, auf den Hochschulen, in der Beamtenschaft und schließlich in der Bundesmarine – überall waren diese ersten Kriegsjahrgänge anzutreffen.

Schicksalswaffe U-Boot. Krieg und Bewährung

Vorbereitung auf die U-Waffe vom 1. Mai bis 25. September 1940 in Flensburg, Neustadt, Pillau und Memel

Mit Kriegsbeginn schien sich zunächst wenig Aussicht zu bieten, noch zu der U-Bootwaffe zu wechseln. Schon seit 1934 hatte sich deren Nucleus mit Offizieren etwa dreier Jahrgänge der 25er, 26er und 27er unter dem Kapitän z. S. Karl Dönitz zusammengefunden. Es sah so aus, daß sie das Heft fest in der Hand behalten würden und sich für andere Offiziere wenig oder gar keine Chancen böten. Ich hatte ja schon eine Kostprobe des rüden Selbstbewußtseins der jungen U-Waffe als Kommandant von *F-7* erhalten, als ich zu Fangbootsdiensten der damaligen 2. U-Flottille (Kapitänleutnant Eckermann), zugeteilt gewesen war. Aber würde man denn einen ausgesprochenen Artilleriespezialisten wie mich, der sämtliche kostspieligen Lehrgänge dieser Waffe erfolgreich bestanden hatte, zur U-Waffe abschwimmen lassen? Da mußte man schon entgegen sonstigem Brauch etwas nachhelfen. Es gab in der Marine eine feste Regel, daß man die vom Marine-Personalamt verfügten Kommandos anzutreten hatte. Dem Glück etwas nachzuhelfen oder es auch nur zu versuchen, konnte schrecklich ins Auge gehen und oft das Gegenteil bewirken.

Als der zweite Jahrgang Kadetten im Oktober 1939 auf der *Sx* einstieg, hatte ich das dunkle Gefühl, das würde nun wohl mindestens ein Jahr so weitergehen. Mir war infolge der eigenen Personalwirtschaft der U-Boote, geltend für alle Dienstgradgruppen, ganz klar, daß mich die U-Waffe beim MPA anfordern mußte. Anders hätte ich keine Aussichten. Mein letzter IO auf *Karlsruhe*, Kapitän v. Friedeburg, war mittlerweile Chef der Organisationsabteilung der U-Boote geworden. Wir waren regelrecht befreundet, und man konnte mit ihm ganz offen und unbekümmert reden. Ich meldete mich bei Friedeburg, der damals auf dem U-Bootsbegleitschiff *Erwin Wassner* mit seinem kleinen Stab in Kiel an der Blücher-Brücke lag. Leicht schmunzelnd und sphinxhaft lächelnd empfing er mich und ließ mich nach meinem Vortrag noch eine Weile in Ungewißheit schmoren, ehe er versprach, sein möglichstes zu tun, natürlich nicht, ohne mir recht deutlich zu verpassen, daß man Stellenbesetzungen Gott und dem MPA überlassen müsse. Das war ganz »echter Friedeburg«, Verständnis, aber auch einen Sack voll marinemoralischer Grundsätze. Dennoch verstand er mich natürlich. Denn eine »dringende freiwillige Meldung zur U-Waffe« war ja keine Pöstchenjagd auf ein besonders beliebtes und erfreuliches Vorzugskommando für die Laufbahn! Mir ging natürlich auch durch den Kopf, was später meine beiden Kadettenjahrgänge von mir denken könnten, wenn sie hörten, daß sich ihr damaliger KO den »Rest« des Krieges entweder an Land oder in irgendeiner Stellung auf einem der »großen Schiffe« herumgetrieben hätte.

Als ich zum 1. Mai zur Torpedoschule Flensburg zum UTO-Lehrgang einberufen wurde, waren wir 40 Offiziere vom Jahrgang 24 bis 36, darunter auch mein Crewkamerad Hans Spilling, der Kadettenoffizier der *Schlesien*. Hatte er gleiche Argumente wie ich bei Friedeburg benutzt?

Offizierlehrgänge haben selten etwas Aufregendes. Wir hatten nach hervorragender Friedensausbildung mit den Fähnrichs-Waffenlehrgängen doch sehr bald den Eindruck, daß man mit uns Zeit schinden wollte, weil eben viel zuwenig Boote vorhanden waren und es noch längere Zeit dauern würde, bis man uns tatsächlich gebrauchen könnte. Selbst wenn der Anfang des U-Bootkrieges doch mit unerwartet hohen Verlusten begonnen hatte, hatte man sich offensichtlich mit uns auf Vorrat eingedeckt.

Da aber platzte die Bombe plötzlich über unseren Köpfen! Am 10. Mai begann der Westfeldzug, und wir saßen auf der Schulbank in einer Materie, die wir wirklich bereits lange beherrschten. Sondermeldungen und Kriegsberichte begleiteten diesen Lehrgang. Ich glaube nicht, daß wir sehr aufmerksame Schüler waren! Unsere Gedanken waren mit an der Front in Holland, Belgien und Nordfrankreich, und ich müßte heute lügen, wenn ich verbergen wollte, daß wir damals in Hochstimmung waren. Kam da nicht, wenn auch ohne Zutun der Marine, die längst fällige Abrechnung mit den Franzosen, die mit Versailles alles getan zu haben vermeinten, um das Reich für eine Ewigkeit als Volk zweiter Klasse zu behandeln?

Als dann Dünkirchen eingeschlossen war, hielten wir den Atem an. Bloß jetzt die Engländer nicht entkommen lassen, darin stimmten wir alle überein. Die Chance eines gewaltigen Sieges kündigte sich an. Aber die deutschen Panzer wurden angehalten, man ließ die Engländer waffenlos entkommen. Der Sieg fiel an England, der Frieden war verspielt! Machte Hitler den zweiten psychologischen Fehler in der Beurteilung Englands, den wir Seeoffiziere in Kenntnis des britischen Charakters und seiner bisher beherrschenden Doktrinen niemals gemacht hätten?

Wir schwankten wirklich in unseren Ansichten, denn wie oft hatte sich Hitler bisher als klüger und weitersehend erwiesen; sollte er auch diesmal bestätigt werden? Wir waren doch sehr betroffen zu erfahren, daß die Engländer mit primitivsten Fahrzeugen ohne nennenswerte Behinderung zur Insel entkamen. Es gab ein Geraune, der Plan für den gesamten Feldzug stamme allein von Hitler. Die Generale hätten gar nicht bis zum Kanal gedacht, ihre Operationsziele hätten viel näher gelegen. Was Wahrheit, was Propaganda, was Zweckverschleierung oder gar Byzantinismus war, wir in Flensburg auf der Schulbank konnten es damals weder erkennen noch gar zutreffend beurteilen.

Als Frankreich am 26. Juni kapitulierte, befanden wir uns schon auf dem U-Bootsnachrichtenlehrgang und hofften, daß nun auch der Friede bald ausbrechen würde, selbst wenn wir nun endgültig zu spät gekommen wären. Unser Kommandeur, der so persönliche und herzliche Kapitän z. S. Weygold, der sich rührend um uns U-Bootsadepten kümmerte und zusammen mit uns zur Ablenkung durch die Wälder streifte, versuchte die Wogen des Unmuts und der Erregung zu glätten. Am 11. Juni war auch noch Italien in den nahezu beendeten Feldzug gegen Frankreich eingetreten, in dem Moment, als Frankreich bereits am Boden lag. Damit aber war zusätzlich noch das Mittelmeer Kriegsgebiet geworden, was erfahrungsgemäß nicht als erfreulich gewertet werden konnte.

War für uns ältere Offiziere der UTO-Lehrgang zu gut 75 Prozent überflüssig, dann war es der Nachrichtenlehrgang erst recht. Für eine reine Auffrischung unserer Kenntnisse im Schlüsselwesen war der Lehrgang viel zu lang. Offensichtlich kniff es aber mit den Schülerplätzen in der praktischen U-Bootsbordausbildung. Am 29. Juni reisten wir nach Neustadt zur U-Bootsschule, die der 1. Unterseebootslehrdivision (ULD) in Pillau unterstand.

Der Frankreich-Feldzug war beendet. Zu unserer großen inneren Genugtuung fand die französische Kapitulation in dem gleichen Speisewagen in Compiègne statt, in dem im Jahre 1918 der Waffenstillstand zu demütigenden Bedingungen unterzeichnet worden war und der dort als Denkmal deutscher Niederlage jährlich Hunderten von französischen Schulklassen als ewiger nationaler Triumph gezeigt worden war. Ich erinnere mich noch heute an die Bilder in den Wochenschauen und schäme mich meiner damals geweinten Tränen nicht.

Die ganze Atlantik-Küste war in deutscher Hand. Das bedeutete in der Konsequenz eine U-Bootsbasis neben der anderen unmittelbar vor Englands Haustür. In Anbetracht der schon durch die zwangsweise Besetzung Dänemarks und Norwegens erweiterten Ausgangsbasis für See-Operationen, war es da noch einigermaßen vernünftig für England den Krieg fortzusetzen?

Neben dem »Wunder von Dünkirchen« hatte sich manches zu Gunsten Englands entwickelt. Die USA waren immer deutlicher auf Englands Seite getreten. In schwer zu überbietender Heuchelei erklärte sich Roosevelt als »nicht kriegführend«, aber »am Kriege teilnehmend« und setzte die von Anbeginn des Krieges begonnene Parteinahme und Unterstützung fort, die jeder Neutralität hohnsprach.

Waffentechnisch waren die Engländer beim Problem der Magnet-Zündung bei Minen und Torpedos weiter als wir. Unsere U-Bootsverlustquote war sehr viel größer als vorher angenommen. Die voll auf U-Bootabwehr und -Bekämpfung ausgerichteten britischen wissenschaftlichen Anstrengungen hatten bereits einige bedeutende Erfolge zu verzeichnen. Die schon im Ersten Weltkrieg gemachte Erfindung des »Asdic« war wesentlich verbessert worden, die Kurzwellenpeilung, später automatisch, bescherte ihnen eine unglaubliche Peilgenauigkeit selbst kürzester Funksprüche zunächst von unseren Landstationen, später auch des Funkverkehrs von jedem Geleit- und kleinsten Kriegsfahrzeug aus.

Die Franzosen mußten ihre rechtzeitig geflüchteten stolzen Kriegsschiffe in Portsmouth an die Royal Navy abgeben, die im Mittelmeer befindlichen in Alexandrien. Die schweren Einheiten in Oran und Dakar wurden jedoch in einer Überraschungsaktion von den bisherigen britischen Bundesgenossen überfallen und unbrauchbar gemacht, nachdem das Reich zur Schonung des französischen Stolzes auf eine Auslieferung verzichtet hatte. Mit Perfidie wurden Tausende loyaler französischer Seeleute in dieser Aktion getötet. Kaum jemand in der Welt regte sich darüber auf.

Wir aber saßen immer noch auf der Schulbank und hatten noch kein U-Boot von innen gesehen. Wir übten am Simulator und badeten im Tauchtopf, wir hörten uns die süffisanten zweifelhaften Weisheiten des 29ers v. Reiche an, der unser fronterprobter, gleichwohl dürftiger Lehrer war. Schließlich kamen wir doch noch nach Pillau zur Fahrpraxis. Wir wohnten wie die Fürsten auf der *Pretoria*, dem Flaggschiff der Afrika-Linien, und lauschten andächtig den gottlob nicht allzu häufigen Ansprachen des 25ers Büchel. Kommandeur war der 18er Ibbecken, den ich schon von der gemeinsamen Zeit auf der SAS kannte, wo er Kommandant des »Gummischuhs der Ostsee«, des Artillerie-Tenders *Hay*, gewesen war. Er gehörte jetzt zur stillen U-Waffe, auch wenn er etwas zu laute Ansprachen zu halten pflegte.

Täglich liefen wir, auf sämtliche Schulboote verteilt, in die vor der Pillauer Haustür liegenden Tauch- und Übungsquadrate aus, in denen dann jedes Boot für sich Tauch-, Trimm- und Tiefensteuer-Übungen durchführte. Die Rollen wechselten beständig, so daß jeder an jeder Gefechtsstation seinen Dienst verrichten mußte, die Position des Kommandanten nicht ausgenommen. Die Schulbootskommandanten waren in der Mehrzahl an der Front gefahrene Wachoffiziere, die dann nach ihrer Schulbootszeit Kommandanten werden sollten. Eine ganze Reihe später bekannt werdende U-Bootskommandanten begegneten uns damals als unsere Kritiker und Vorbilder. Ich denke an den 32er Rosenbaum, an den 34er Heidtmann, bei denen wir gerne fuhren, und eine ganze Reihe, bei denen wir ungern fuhren, weil sie ihre kritische Kompetenz übertrieben und die Grenzen des militärischen Takts nicht einzuhalten verstanden.

Dann aber tauchte einer auf, der bisher als W.O. gedient hatte, der uns allen ganz besonders in der Erinnerung blieb, der Oberleutnant z. S. d. R. v. Wilamowitz-Möllendorf, II. W.O. aus dem Weltkrieg auf U-Booten, der den hohen Rang als Arbeitsdienstführer an den Nagel gehängt hatte und jetzt dort wieder anfing, wo er bei Weltkriegsende aufgehört hatte. Er war ein temperamentvoller, begeisterter U-Bootfahrer und nahm seinen Dienst als Schulbootskommandant auf einem primitiven »Einbaum« genauso wichtig wie später seine aufopferungsvollen Reisen auf einem der modernen Versorger. Sehr bald hatte er dann schon in Pillau seinen Namen, »der wilde Moritz«, der ihn später in der ganzen Front-U-Waffe voller Anerkennung begleitete.

Wir konnten unsere Frauen nach Pillau kommen lassen. Neben dem nicht allzu harten Ausbildungsdienst genossen wir den ersten Kriegssommer am Strande der heimatlichen Ostsee. Wie viele junge Ehepaare waren zum letzten Male in ihrem Leben wenigstens für ein paar Tage zusammen …

Für mich war ja die Heimat in unmittelbarer Nähe. Der Leuchtturm von Kahlberg war das meistbenutzte Peilobjekt zur Schiffsortbestimmung im Übungsquadrat. Wenn wir zur Mittagspause auf Grund gingen und dann auf 20 bis 30 m Tiefe auf dem feinen Sand leise hin und her gewiegt wurden, dann vermeinte ich den feinen Kahlberger Dünensand fast körperlich unter meinen Füßen zu verspüren.

Die Zeit in Pillau verging arg schnell. Wir Älteren, für die eine Wachoffizierzeit nicht mehr vorgesehen war, fuhren mit der Bahn nach Memel. Die 24. U-Flottille, die uns nun die Torpedoschießpraxis beibringen sollte, nahm uns dort in Empfang und zog uns wirklich Tag und Nacht durchs Wasser. Dies war auch die wichtigste Ausbildungsstation für künftige U-Bootskommandanten. Wir waren nur ganze zehn des so großen Pillauer Kreises, darunter mein Crewkamerad Hans Spilling. Der 28er Weingaertner war Flottillen-Chef. Er hatte den ganzen wichtigen Betrieb sehr gut und zweckmäßig aufgebaut. Auch er war ein U-Bootfahrer der ersten Stunde und wußte sehr gut, worauf es ankam, auch wenn er nicht allzu häufig bei uns erschien. Zu unserer Zeit war die zur Verfügung stehende Anzahl der Schulboote vom Typ VII C noch so gering, daß Neubauten unter erfahrenen Kommandanten für einige Wochen abgestellt werden mußten, bevor sie zur Front gehen konnten.

Es waren ausschließlich Typ VII-Boote, mit denen wir vor der Küste der Kurischen Nehrung in den Schießquadraten mit den beiden schnellen Fruchtschiffen der Flensburger Reederei Schuldt, der *Ahrensburg* und der *Angelburg*, das Torpedoschießen übten. Später kam noch ein weiteres Zielschiff dazu, die *Bolkoburg*. Diese Schiffe tobten unentwegt auf den verschiedensten Kursen und mit den unterschiedlichsten Geschwindigkeiten durch die in den Quadraten unter Wasser stehenden U-Boote, die versuchen mußten, »ungesehen« zum Schuß zu kommen. Es kam vor allem darauf an, das Sehrohr sorgfältig und sparsamst zu führen. In der zur Zeit unseres Lehrgangs herrschenden Jahreszeit war das Meer hier oft so still und die Oberfläche wie ein Spiegel, so daß schon das kürzeste Sehrohrzeigen einen kleinen Wellenstreifen hinterließ, der das Boot verraten konnte. So waren die Bedingungen oft schwerer, aber überaus lehrreich, als irgendwo sonst im Weltmeer. Denn derartige Stillseen waren dort recht selten.

Natürlich wetteiferten wir auch miteinander. Die Treffer wurden auf Grund der Torpedodurchgänge unter dem Zielschiff errechnet, die Tiefgänge entsprechend an den Torpedos eingestellt.

Dann folgte das Schießen auf »gesicherte Objekte«, wobei die Torpedofangboote als Sicherungsboote, also als Escorts, fuhren, dann kamen die Zickzackkurse dazu, und schließlich wurden regelrechte Geleitzüge gebildet, wobei meist auch noch Zielschiffe von der 25. U-Flottille und deren Fangboote mit dazutraten. Genauso intensiv wurde das Überwasserschießen bei Nacht geübt mit sich steigernden Schwierigkeiten beim imperativen Gebot der Unsichtbarkeit. Es war wirklich die hohe Schule der U-Bootstaktik, und wir waren mit Begeisterung dabei. Natürlich zählten nicht nur die Trefferprozente bei der Beurteilung, sondern es blieb ausschlaggebend, ob der Treffer »gesehen« oder »ungesehen« erreicht worden war. Richtigerweise ging die Beurteilung davon aus, daß ein »gesehener« Schuß die darauffolgende Vernichtung des Bootes herausgefordert hätte.

Daneben erhielten wir Einblick in die Kriegstagebücher (KTB) der Frontboote und in die »Laufenden Befehle des BdU«, in denen den ständigen Veränderungen draußen an der Front Rechnung getragen wurde. Sie waren durchweg unmittelbar vom Kampfgeschehen geprägt und – bei aller Unterschiedlichkeit – meist eine spannende Lektüre.

Sehr bald zeigte sich bereits damals, daß der »schneidige« Unterwassertagangriff in der ersten Tageshälfte bei erheblicher Abwehr, das heißt von mehreren Geleitfahrzeugen, fast immer tödlich verlaufen mußte, weil dieser Abwehr eine viel zu lange Zeitspanne zur intensiven Verfolgung zur Verfügung stand, während den Angriffen in der zweiten Tageshälfte, oder besser bereits in der Dämmerung, sehr viel größere Chancen für ein Entkommen zuzumessen waren. Wir hörten auch erstmalig von den Torpedoversagern im Norwegenfeldzug und von den damit entgangenen Erfolgen gegen Kriegsschiffe des Gegners. Aber auch von den doch sehr erheblichen Verlusten erfuhren wir jetzt Authentisches. Verständlicherweise hörten wir sehr wenig über die Verlustursachen. Bei Totalverlusten blieb es bei Theorien, bei Rettungen in die Gefangenschaft gab es auch nur sehr geringe Hinweise.

Damals hatten wir neben der Kenntnis der MZ-Versager noch keine Erkenntnisse über die Fehler in der Tiefensteuerung der Torpedos, die sich dann in der gesamten Zeit der U-Bootkriegführung nicht einwandfrei haben beheben lassen. Damit aber verlor die deutsche U-Waffe bereits den Kampf gegen Zerstörer und Geleitfahrzeuge, denn bei Seegang von Stärke 5 an konnte es kein U-Boot selbst bei eindeutig richtigen Schußwerten und sogar geringer Entfernung wagen, auf die gefährlichsten Gegner zu schießen. Die geringstmögliche Tiefeneinstellung von 2,50 m konnte man einfach bei Seegang oder mittlerer Dünung nicht mehr einstellen, da sie unweigerlich zu Oberflächenläufern führte, die praktisch die eigene Vernichtung zur Folge haben mußten. Stellte man aber tiefer ein, dann unterschoß man mit größter Wahrscheinlichkeit die flachgehenden Ziele. Natürlich hofften wir »U-Bootbeflissenen«, daß, wenn wir endlich an die Front kommen würden, dann das Tiefenlaufproblem längst erledigt sein würde. Wir sollten uns täuschen. Auch die Einrichtung für den Winkelschuß schien nach den Frontberichten keineswegs zuverlässig zu arbeiten.

Die der 24. U-Flottille nur zeitweise für einige Wochen zugeteilten Frontboote, die von dieser Sonderaufgabe gar nicht sehr erbaut waren, wurden von Kommandanten geführt, die vorher eine erfolgreiche Wachoffizierzeit auf einem Frontboot hinter sich gebracht hatten, oder die vom Kommandanten eines Typ II-Bootes auf den Hauptkampftyp VII B-C umgestiegen waren.

Wie überall in der U-Waffe an Bord der Boote spielte der Dienstgrad keine Rolle gegenüber der wichtigen Fronterfahrung von Jüngeren, die das Kommando hatten. Das funktionierte auch normalerweise gut.

Die Memeler Zeit war für die angehenden U-Bootskommandanten entscheidend wichtig. Sie vermittelte die Sicherheit, die jeder von uns später als Kommandant unbedingt benötigte.

Ab Anfang September dieses zweiten Kriegsjahres rechneten Spilling und ich jeden Tag mit einem Frontkommando. Die Kommandierung traf für uns beide als erste des Lehrgangs am gleichen Tage in Memel ein, nur mit dem Unterschied, daß Spilling in Kiel, ich aber in Lorient – Westfrankreich – als »Konfirmanden« einsteigen sollten.

Kommandantenschüler auf *U-38* vom September 1940 bis Ende Januar 1941 im Nordatlantik

Spilling und ich reisten zusammen nach Kiel, er, um dort auf *U-104* unter dem Kommando von Kapitänleutnant Harald Jürst, einem 32er, einzusteigen, ich, um auf *U-38* bei dem 27er Heinrich Liebe in Lorient als Kommandantenschüler eine Frontreise mitzumachen. Ich konnte Spilling auf seinem brandneuen Untersatz vom Typ IX C besuchen. Das war etwas anderes, als die bisher gewohnten Boote vom Typ II und auch vom Typ VII. Er zeigte mir mit großem Stolz das eben erst frontdienstreif gewordene große Boot. Allein die Zentrale war sehenswert.

In Kiel erlebte ich den ersten britischen Bombenabwurf in die Stadt hinein. Darauf beschlossen wir, Ruth mit den Kindern bald in das offensichtlich weniger gefährdete Wiesbaden zu evakuieren, solange ich U-Boot fahren würde. Es war mir dann später doch eine außerordentliche Beruhigung, Ruth mit den Kindern in einer Stadt ohne Rüstungsproduktion und ohne jede strategische Bedeutung zu wissen.

Schon wenige Tage später machte ich mich auf die Reise von Kiel nach Lorient, das als erste deutsche U-Bootsbasis am Atlantik eingerichtet wurde. So war alles noch etwas improvisiert, aber erkennbar für den künftigen Großbetrieb geeignet. Für Paris waren großzügig fünf Tage Urlaub genehmigt, wegen einer längeren Werftliegezeit des Bootes *U-38*. Weisungsgemäß begab ich mich zur Kommandantur, um mit meinem Dienstreiseausweis einen Hotelplatz zugewiesen zu erhalten. Das klappte gut, und ich konnte sogar im Stadtbereich telefonieren. Nun war ja »Seelchen«, unser Crew-Kamerad Helmut v. Mantey, der Enkel des alten Koester, des berühmt gefürchteten Exerziermeisters der Flotte, hier in Paris Nachrichtenoffizier West und sicherlich nicht überbeschäftigt.

Ich bin ihm noch heute dankbar für die ausgezeichnete Führung durch Paris. Die Stadt war schon immer ein erträumtes Reiseziel gewesen, nur lag es lange außerhalb meiner Vorstellungskraft. Wir fühlten uns wirklich wie Gott in Frankreich! Sowohl in den Läden, die voller guter Ware waren, als auch in den Gaststätten, wurden wir aufmerksam und ausgesprochen höflich bedient. Auf der Straße hatte man nicht den Eindruck, daß die Menschen nun besonders deprimiert oder verzweifelt waren. Es waren sehr erholsame und friedliche Tage.

Unsere Soldaten benahmen sich in dieser Stadt in jeder Hinsicht tadellos. Sie waren sichtlich auch alle beeindruckt, bescheiden und traten nicht als übermütige Sieger auf.

Lorient war seit dem 18. Juni in deutscher Hand. Die unmittelbar hinter der deutschen Front vom BdU mitgesandten Beauftragten fanden hier und in Brest alles vor, was für einen wichtigen Stützpunkt erforderlich war, einen erstklassigen von der Tiede unabhängigen Hafen und eine Militär-Werft mit ausreichenden Einrichtungen. Nur etwas später wurden dann St. Nazaire, noch später dann La Rochelle und mit der Verlegung der Italiener auch noch Bordeaux U-Bootsstützpunkte.

Der BdU hatte sich ganz in der Nähe von Lorient im sogenannten »Sardinenschlösschen« in Kernével niedergelassen. Jeden empfing gleich am Bahnhof die ameisenhafte Geschäftigkeit einer Großbaustelle. Neben den Seeleuten und den Marine-Flak-Artilleristen traten die braunen Uniformen der Organisation Todt, OT, in Erscheinung, die für Lorient ein großes Bauprogramm abzuwickeln hatte. Die etwas gammelige, alte und verwohnte Stadt mit miserablem Pflaster und dunklen Straßen, aber eben mit dem unnachahmlichen Flair französischer Hafenstädte mit kleinen Kneipen und Bistros übte dennoch einen ganz besonderen Reiz auf uns aus. Wir fühlten uns sehr schnell dort zu Hause. Unsere Zentrale war die sogenannte Präfektur, eigentlich das Haus des französischen Werftdirektors.

Der Eingang zum Gelände des Arsenals war ein Riesentor in einer langen Mauer, die das ganze Gelände der Marine umschloß. Davor standen im trauten Verein unser Marineposten unter Gewehr und ein französischer Gendarm in makelloser Uniform. Dann kam im Innern der große Hof, auf dem zunächst Baracken zur Unterbringung der Offiziere erstellt wurden. Später ersetzte ein Riesenbunker die bei Luftangriffen weggeblasenen Baracken. Wir hielten uns tagsüber in der Präfektur auf, die als Kasino oder Offiziersmesse anzusehen war und deren recht gemütliche, mit Plüschmöbeln bestückte Räumlichkeiten eine eigenartige Atmosphäre der Ruhe und auch ein wenig der Unwirklichkeit ausstrahlten. Auch einen Kamin gab es in einem der Haupträume, an dem wir so manche Nacht an den kalten Tagen unsere Rotweingläser zum Temperieren des Inhalts nahe an die Glut stellten. Da saßen dann die großen Kapitäne und erzählten von ihren Erlebnissen. Meist gab es dann abends Fliegeralarm, der uns aber nicht störte. Wir hätten am Ende gerade Günther Prien unterbrechen müssen, wenn er Dinge erzählte, unter denen sich die altersschwachen Balken der ehrwürdigen Präfektur bogen, oder wenn Wolfgang Frank losgelegt hatte, der BdU-Kriegsberichter, der auch an den BdU-Besprechungen häufig teilnehmen durfte. Dann schaute häufig der kalte Herbstmorgen schon in die Fenster, ehe wir ins Bett fanden. Denn das Bett, das war genau das, was in Lorient eindeutig zu kurz kam. Fast alle wohnten wir im Hotel Beau-Sejour am Marktplatz von Lorient, ein Floh-Hotel erster Ordnung. Die Mindestausbeute pro Nacht betrug fünf bis sechs Flöhe. Üblicherweise war dann bei Hellwerden der »Engländer vom Dienst« über Lorient, warf irgendwo seine einzige Bombe ab und verschwand. Wir, eingeschlossen die Franzosen, gewöhnten uns daran, und tatsächlich entwickelten die Engländer zunächst wenig Glück mit ihren »Musterbomben«, die bei weitem nicht alle detonierten. Sicherlich sollte das später ganz anders werden, aber in den Jahren 1940/41 und auch noch in der ersten Hälfte 1942 störte diese Art der Kriegführung wenig.

Flottillenchef war damals der 24er Heinz Fischer, mit dem ich in Kadettenkorps- und Stabilazeit in Köslin zusammengewesen war. Er hatte uns als Vorbild zur Marine gelockt und erfreute sich allgemeiner Wertschätzung, auch wenn er in mancher Hinsicht ein Sonderling und Hypochonder war. Mein Kommandant auf *U-38*,

Heinrich Liebe, von unserer Nachcrew, war noch auf Urlaub und wurde jeden Tag zurückerwartet. Ich hatte daher unerwartet Freizeit und konnte mich überall gut umsehen. Die Hauptsache war das Zusammensein mit den gerade im Hafen liegenden U-Bootskommandanten der Front, von denen man hörte, wie und was der Gegner draußen veranlaßte, wenn man angriff, wie sich das angegriffene Geleit durch Kursänderungen mit Vernebelungen dem Zugriff entziehen wollte und andere lebenswichtige taktische Fragen. Im Stützpunkt herrschte immer Betrieb, denn nicht nur die zur 2. U-Flottille gehörenden großen Boote des Typs IX A-C waren zur Reparatur und Versorgung im Hafen, sondern auch ein Teil der Typ VII-Boote, deren Stützpunkt in St. Nazaire noch nicht fertig war. So liefen eigentlich jede Woche ein bis zwei Boote von Unternehmung kommend ein, und ein bis zwei Boote verließen Lorient zur Blockade Englands. Meist kam Dönitz zu dieser Zeit zu jedem Einlaufen, aber auch zum erneuten Inseegehen der damals meist schon hochdekorierten U-Bootskommandanten. Er hatte es sich zur steten Gewohnheit gemacht, jeden Kommandanten ausführlich zu hören.

An Hand des KTB und der Funkspruchkladde wurde die ganze Unternehmung wiederholt und im einzelnen berichtet, warum dies, warum das und vor allem auch warum nicht?! Dabei saßen dann der Admiral Godt, der »ewige« Chef des Stabes BdU, der die Menschlichkeit verkörperte und vom Verständnis für die Kommandanten getragen war, wenn einmal dies oder jenes nicht ganz im Sinne des BdU gelaufen war, und natürlich die jeweiligen Admiralstabsoffiziere, sämtlich sehr bewährte Kommandanten. Sie durften selten Fragen stellen.

Wenn er etwas auszusetzen hatte, dann sagte das der Admiral sehr direkt, der es vor allem nicht leiden mochte, wenn man eine Chance unnötig verpaßt hatte, wenn es am zähen Durchhalten oder am Angriffswillen gefehlt hatte. Das Verhör nahm immer längere Zeiten in Anspruch, oft zwei Stunden und mehr.

In der Wartezeit in Lorient als Konfirmanden waren gerade die im Kommen begriffenen großen Kapitäne Suhren, Lehmann-Willenbrock, Oesten und schließlich Günther Prien, teils nach einander, teils auch gerade zusammen im Stützpunkt, so daß es wirklich sehr interessant und lehrreich war. Dabei saß natürlich mein Crewkamerad Wolfgang Frank, der sich keine Story entgehen ließ und sie für seine Bücher sammelte. Er war aber auch gleichzeitig der anerkannte »maître de plaisir«, kannte jede Kneipe in und um Lorient, nahm an allen Willkommensessen oder Verabschiedungen teil, eben ein echtes Stück Lorient.

In den Bekleidungslagern der englischen Expeditionsarmee hatte man gewaltige Mengen an Kampfanzügen aus einem schilfgrünen derben Stoff gefunden, die für die U-Waffe beschlagnahmt worden waren. Sie stellten fortan die Bordkluft der U-Boote gegen England dar. Diese Kleidung war in vieler Hinsicht besser geeignet als unser traditionelles Blauzeug. Erst sehr viel später kam auch ein deutscher U-Bootsanzug in Form eines Overalls in Dienst, der dem guten britischen Beutezeug annähernd entsprach.

Ich benutzte jede Gelegenheit, bevor Liebe kam, um etwas von der Umgebung zu sehen. An den Straßen lagen jetzt im Herbst ganze Berge von Äpfeln, die bei Wind und Wetter langsam vor sich hin faulten, was aber der Güte des daraus gebrannten Calvados wohl keinerlei Abbruch zu tun schien. Wo immer wir auch hinkamen, die Bretonen waren freundlich und zuvorkommend. Die Frauen und Mädchen trugen vielfach an den Markt- und Festtagen noch ihre alten Trachten mit den gestärkten Hauben und zylinderartigen Hutaufsätzen. Auch die Fischer sah man noch häufig in ihren hellblauen Anzügen und der roten Baskenmütze. Saßen wir in den Fischerkneipen in den kleinen Häfen, machten sie ohne Aufsehen einen Tisch für uns frei, blieben dann aber unter sich und nahmen von uns nicht weiter Notiz. Ich gewöhnte mich sehr bald daran, ihr schwierig zu verstehendes »patois« zu dechiffrieren. Nie hörte ich üble Bemerkungen oder gehässige Reden. Sie ignorierten uns, aber gaben klare Antworten, wenn man sie ansprach.

Etwa eine Woche vor dem geplanten Auslaufen um den 15. November kam Heinrich Liebe, und wir verstanden uns sogleich. Jetzt machte ich allen Dienst an Bord als Gast-W.O., auch bei Trimmversuchen und Dichtigkeitsproben mit, bei der der Flottillen-Ingenieur, Kapitänleutnant Scheel in hohen Wasserstiefeln auf dem etwa einen halben Meter überfluteten Oberdeck auf und ab ging und beobachtete, ob, und wenn ja, wo entweder Luftblasen oder sogar Brennstoffblasen an die Oberfläche kamen.

U-38 war noch ein Typ IX A-Boot mit Netzsäge und etwas geringerem Brennstoffvorrat, gebaut im Jahre 1938. Es hatte auch einen etwas geringeren Freibord in der Wasserlinie, was sich nachher im Nordatlantik bei schwerer See recht übel auswirken sollte. LI war der Oberleutnant (Ing.) Steinmetz, auch ein alter erfahrener U-Bootfahrer mit einem gesunden Nervenkostüm, der sein Boot gut in der Hand hatte. Der I. W.O., Oberleutnant z. S. v. Rosenstiel, ein Balte, Crew 1933, ließ in seiner Eigenart die Dinge recht an sich herankommen. Er war ein prächtiger Kerl, hatte das Herz auf dem rechten Fleck und war auch erheblich belastbar. Er selbst hat später zwei Boote gefahren und ging am 5. Juli 1942 in der Biskaya mit *U-502* durch Fliegerbomben verloren.

Der II. W.O. war der Leutnant Ziesmer, ein 37er, klein, drahtig und immer guter Stimmung. Auch die Harmonie des Offizierskorps erschien also gewährleistet.

Die restlichen Tage vor dem Auslaufen vergingen sehr schnell mit Proviantübernahme, Torpedo-Übernahme, Hochladung und dann dem makabren Packen der Privatklamotten mit der Adressenangabe der Menschen, an die diese Habseligkeiten bei Verlust des Bootes geschickt werden sollten.

Am 21. November in der Abenddämmerung verließen wir unseren Liegeplatz an der Hulk *Isère* unter geräuschvoller Verabschiedung durch die gerade im Hafen befindlichen Kameraden. Der Flottillenchef brachte ein dreifaches Hurra auf Boot und Besatzung aus, die Kapelle spielte das U-Bootlied: »Denn wir fahren, denn wir fahren, gegen Engeland«. Wir setzten uns nach dem Passieren von Port Louis hinter die beiden Minensuchboote, die mit Gerät vor uns auf Auslaufkurs standen. Weit voraus stand ein voluminöser Sperrbrecher, gegen den hellen Abendhimmel gerade noch gut erkennbar. Als die M-Boote aus der Fahrrinne herausschwenkten, am Ende des Flachwassers, setzten wir uns im Abstand von etwa 200 m hinter den Sperrbrecher bis zum Punkt

»Kern«, dem letzten Punkt des derzeitigen Auslaufkurses, etwas nördlich der »Ile de Croix«, die noch als großer schwarzer Schatten zu erkennen war. Dann kam ein kurzer Morsespruch des Sperrbrechers, und wir waren entlassen.

Als erste Maßnahme fand ein Prüfungstauchen statt. Das Boot wurde sorgfältig ausgewogen, auf Sehrohrtiefe gebracht, angeblasen und ausgeblasen mit Diesel, alles wie im Schulbetrieb. Dann begann der übliche Wachtörn, wie er fortan die Regel darstellte. Ich löste regelmäßig einen der Wachoffiziere oder den Obersteuermann ab, für alle eine große Erleichterung. Wir waren für den Nordatlantik bestimmt und hatten eine Warteposition in der Nähe des »Rockall« einzunehmen. Es war eine dunkle, wolkige Nacht und nur mittleres Meeresleuchten. Dennoch mußte man sich erst daran gewöhnen, daß alle Augenblicke plötzlich eine schnurgerade Blasenbahn auf das Boot zukam, verursacht von Thunfischen, die mit dem großen Zielobjekt ihr Spielchen trieben. Wir marschierten mit etwa 14 Knoten Geschwindigkeit auf Südwestkurs, um schnellstmöglich die unter besonderer britischer Beobachtung stehende Biskaya hinter uns zu lassen.

Ich hatte die Morgenwache, und es hatte ganz erheblich aufgebrist. Dann trafen wir die großen bretonischen Fischerboote, unter vollen Segeln mit den Riesenangelruten an beiden Seiten am Heck durch die blaugrüne See ziehend, die Mannschaften an Deck nebeneinander ausgestreckt in ihren hellblauen Overalls und den roten Baskenmützen, wie bei einer Großregatta. Es waren eindrucksvolle Bilder, jedoch nicht gerade beruhigend. Denn wer wollte schon kontrollieren, wo sie sich die Nacht über herumgetrieben und mit wem sie sich wohl getroffen hatten, was sie außer ihren Fangergebnissen an Bord hatten und welche Nachrichten sie wohl an wen übermittelt hatten? Sie waren sicherlich nicht englandfreundlich, aber mit Sicherheit auch nicht gerade ausgesprochen auf unserer Seite. Obwohl wir immer beim Sichten eines dieser Segler unser Funkschapp unterrichteten, damit der Äther überwacht wurde, konnten wir keine nahen Funkzeichen feststellen. Kurz vor Hellwerden kam dann Liebe auf die Brücke, wie wir den Turm nannten, um dann sofort das tägliche Prüfungstauchen anzuschließen, damit das Boot von da an den Tag über gut im Trimm lag und beim Alarmtauchen keine Gewichtspanne passieren konnte, reine Routine, ich habe das später genauso übernommen. Das einzige Mal, wo ich es unterließ, hatte es dann auch verheerende Folgen.

Erstaunlicherweise hatten wir auch am nächsten Tag keinen Fliegeralarm, so daß wir den ganzen Tag durchmarschieren konnten. Beim Erreichen von 15° West gaben wir dann unsere Atlantik-Meldung ab und hatten nun die übliche Atlantik-Welle zu schalten. Aber auch auf dieser Welle war wenig Betrieb, dafür aber hörten wir mit großen Bedenken die mehrfach wiederholten Aufforderungen an *U-104*, sich zu melden, ohne daß eine Antwort erfolgte. Das war das Boot, mit dem Spilling von Kiel aus auf Unternehmung gegangen war. Es hätte etwa zu dieser Zeit in Lorient einlaufen müssen. Lange Zeit blieb unbekannt, daß *U-104* nach Versenkung von zwei Einzelfahrern im Nordatlantik von der britischen Korvette *Rhododendron* nordwestlich Irland mit Wasserbomben vernichtet worden war.

Wir wurden zunächst als Wetterboot abgeteilt und hatten zweimal am Tage das an der Position herrschende Wetter zu melden. Wie wir heute wissen, gaben wir damit dem Gegner unsere ganz genaue Position an. Er hatte dann nicht anderes zu tun, als entweder uns einen Verfolger hinzuschicken oder uns dadurch ins Leere laufen zu lassen, daß er die genaue Wetterposition den Geleitzügen oder auch den Einzelfahrern rechtzeitig bekanntgab. Selten haben daher Boote auf der Wetterposition Feindschiffe angetroffen.

Das Wetter wurde mehr und mehr winterlich, ein Tief jagte das andere über den Nordatlantik. Die Sicht, ohnehin sehr begrenzt durch die geringe Augenhöhe des U-Bootturms, wurde durch Dunst, Regen, Nebel und Diesigkeit noch weiter eingeschränkt. Oft waren wir gezwungen, halbe Tage unter Wasser zu stehen, weil bei Sichtweiten unter 100 m das Überraschungsmoment und auch die Gefahr für das U-Boot zu groß war. Über Wasser lag dieses Boot schlecht in der See, vor allem bei achterlicher See. Dann ging jede vierte bis fünfte See über die ganze Länge des Bootes von achtern über das Oberdeck einschließlich Turm hinweg, so daß nur noch die vier Köpfe der Brückenwache über Wasser sichtbar blieben. Das Turmluk mußte fest geschlossen gefahren werden. Ein breiter Gurt mit kurzem Stahlstropp um den Bauch, der im Jeckstag der Turmumrandung mit einem starken Karabinerhaken eingepickt war, sorgte dafür, daß keiner der Brückenwache von der See einfach herausgetragen wurde. Natürlich war man nach den ersten Minuten der Wache bereits bis auf die Haut naß, und so mußten wir die Wachzeiten auf eine Stunde verkürzen. Unter diesen Bedingungen war jede Gefechtstätigkeit unmöglich, und man tat besser daran, in der Tiefe zu verschwinden.

Erst auf 80 bis 100 m Tiefe verkündete ein leichtes, sanftes Wiegen, daß oben auf dem Meer Boreas 9 bis 10 herrschte. Dann mußte man sich auf das Horchgerät verlassen.

So ging es fast sieben Tage ohne Besserung. Nur zu den Programmzeiten auf unserer U-Bootswelle tauchten wir aus der Tiefe auf, um unseren Funkverkehr mitzuhören oder um Wettermeldungen abzugeben. Das Boot schwitzte, und das Wasser lief von den Bordwänden im Inneren. Alles schimmelte. Das Brot war besonders schnell am Ende. Ein grüner Pelz machte es ungenießbar, und das Konservenbrot, fast geschmacklos, schien aus Sägemehl hergestellt zu sein. Erst in der zweiten Dezemberhälfte begann sich allmählich eine Wetterbesserung abzuzeichnen. Wir waren von der Wetterposition abgezogen worden und hatten jetzt eine feste Position etwa 50 Seemeilen südwestlich des einsamen Felsens im Nordatlantik, des Rockall, und lauerten hier auf den britischen Schiffsverkehr, der ja irgendwo hier auch stattfinden mußte. Nördlich von uns stehende Boote, es waren doch ohnehin nur noch drei weitere rund um England herum, hatten ab und zu auch einmal einen Erfolg, nur wir konnten von unserer Position bei größter Aufmerksamkeit keinen Verkehr entdecken.

Der Kommandant, bereits seit einem halben Jahr mit dem Ritterkreuz ausgezeichnet, war tief deprimiert und fühlte sich hier zur Untätigkeit verurteilt, hatte aber andererseits den klaren Befehl, gerade diese Position zu halten. Außerdem litt er körperlich, sei es, daß der Seegang ihn nicht mochte, sei es, daß er tatsächlich

Magengeschwüre hatte, wie er häufiger durchblicken ließ. Er aß kaum etwas, außer einem dünnen Süppchen, das der Smut ihm täglich bereitete. Meist blieb er in seinem nur durch einen dünnen Vorhang vom Gang abgeteilten Kommandantenschapp und lag auf der Koje. Jedoch war er bei der geringsten Unregelmäßigkeit der Bootsbewegungen oder bei Unruhe in der Zentrale wie ein Blitz auf der Brücke. Dann fiel seine Krankheit von ihm ab. Zu den Mahlzeiten war er stets in der Messe, gleichgültig, ob er etwas zu sich nahm oder hungerte. Er war dann nicht gerade sehr mitteilsam, aber er zeigte doch das Bemühen, das Boot und sein Offizierskorps zusammenzuhalten. Er litt ganz fraglos, und ich habe ihn wirklich bewundert. Er klagte niemals.

So saßen wir gerade an einem Sonntag etwa Mitte Dezember bei leidlichem Wetter am Kaffeetisch und kreuzten aufgetaucht auf unserer Position. Der I. W.O. hatte Wache, und auch die Sicht war recht gut. Plötzlich Unruhe auf dem Turm und der Ruf. »Kommandant auf die Brücke«. Liebe stürzte los und ich gleich hinterher. Eindeutig sichtbar standen ein Mast und die Oberkante einer Brücke an Backbord achteraus eben über der Kimm, ein Fahrzeug, das gegen die noch stark anlaufende See dampfte und zweifellos Kurs auf uns hatte. Das Krähennest war schon sichtbar, also konnte es nur ein Kriegsfahrzeug sein. Nach meiner Schätzung war höchste Eile geboten, und der Wachhabende hätte schon mindestens vier Minuten früher Alarm auslösen müssen. Der Kommandant entschloß sich zum sofortigen Tauchen. Nach einer weiteren Minute waren wir in der Tiefe verschwunden. Ich wunderte mich etwas, daß der Kommandant nur eine Tauchtiefe von 50 m befahl, nachdem das Boot gut eingesteuert war. Der Horchraum, obwohl er genaue Objektpeilung bekommen hatte, konnte keine Schraubengeräusche feststellen, und wir kehrten an den Kaffeetisch in der Messe zurück. Etwa 20 Minuten später riß eine Gigantenfaust das Boot mit ohrenbetäubender Detonation nach oben und ließ es derartig erschüttern, daß man meinte, beide Enden wären abgebrochen. Natürlich ging die Beleuchtung aus. Erst nach Bruchteilen einer Minute flammte die Notbeleuchtung auf. Sie beleuchtete ein Chaos in allen Räumen, besonders in der Zentrale, die wir im Hechtsprung durch das Kugelschott noch in der Finsternis erreichten. Mit harter Kursänderung und erhöhter Fahrtstufe reagierte Liebe auf dieses so unerwartete Ereignis, nachdem Qualm und Rauch sich verzogen hatten und im Bereich der Zentrale zumindest kein Wassereinbruch bemerkbar war.

Es fielen keine weiteren Wasserbomben mehr, nachdem wir sehr schnell die Tauchtiefe um das Doppelte vergrößert hatten und jetzt auf 100 m mit verringerter Fahrtstufe dahinschlichen. Nach und nach kamen dann die Klarmeldungen von allen Räumen. Das Licht brannte wieder, aber ein schwacher Chlorgeruch machte sich im Vorschiff bemerkbar. Bei der dann sofort vorgenommenen Batterie-Kontrolle wurden immerhin sechs gerissene Batteriezellen festgestellt, die sofort überbrückt werden mußten. Dann begann sofort das Waschen der vorderen Batteriebilge und brachte schnell Erleichterung von der Chlorgasgefahr im Boot. Offensichtlich hatte die Wasserbombe sehr nahe an der Backbordseite, etwa auf gleicher Höhe der Zentrale gelegen und war wahrscheinlich auf etwa 50 m Tauchtiefe eingestellt gewesen. Sehr viel hatte meines Erachtens an der Vernichtung nicht gefehlt, und ich schwor mir, auf meinem zukünftigen Boot einen derartig laxen Ausguck und verspäteten Alarm nicht zu dulden. Ein einzelner Mast war meines Erachtens bereits ein Alarmtauchgrund und zwang zu größtmöglicher Positionsveränderung auf größerer Tauchtiefe. Ein Versteck auf 50 m Tauchtiefe erschien mir als barer Selbstmord. Was mich allerdings verblüffte, war die Tatsache, daß unser Gegner vom Horchgerät überhaupt nicht erfaßt worden war, obwohl die Peilung genau übermittelt und daher bekannt war. Vielleicht aber hatte der Horcher auch versagt, was um so unverständlicher erschien, als ja der Gegner aus eigener Sicherheit zum Wasserbombenwerfen eine hohe Fahrtstufe mit erhöhtem Geräuschpegel gebraucht haben mußte.

Es war Winter im Nordatlantik, in dem die Wasserschichtung für das »Horchwetter« nach allen Erfahrungen nur einen sehr geringen Einfluß ausüben kann. Doch dieser immerhin noch glücklich verlaufene Überraschungsüberfall machte mich sehr nachdenklich. Es konnte doch nicht möglich sein, daß man uns gehorcht hatte, ohne daß wir die Schrauben des Widersachers vernommen hatten. Dennoch mußte er uns doch sehr gut lokalisiert haben, nachdem schon 20 Minuten nach dem Wegtauchen vergangen waren. Das war auch schon bei geringer Fahrtstufe eine recht beachtliche Entfernung. In der Zentrale konstruierte ich mir die mögliche »Schnecke« mit der Annahme zweier Grenzentfernungen und zweier U-Bootsfahrstufen. Es konnte nicht stimmen. Ganz offenbar war noch eine andere physikalisch uns nicht klar ersichtliche Ortungsmöglichkeit im Spiel.

Andererseits aber hatte der Gegner nur eine einzige Wasserbombe geworfen, wo eine ganze Serie tiefenvariierter Ladungen uns mit Sicherheit den Garaus gemacht hätte. Sparsamkeit mit Wasserbomben war keine Eigenschaft der Royal Navy. Also war sich der Gegner doch in der Erkenntnis unseres Schiffsortes unter Wasser nicht so absolut sicher. Das Ganze aber paßte in kein bisher bekanntes Schema. Und noch weniger paßte dazu, daß nach nur zwei Stunden Tauchzeit beim Auftauchen keine Spur des Gegners mehr auf der gutsichtigen Oberfläche zu entdecken war. Wir schienen allein auf weitem Meer zu sein in der beginnenden Dämmerung.

Nun standen wir schon drei Wochen auf dieser Position und hatten außer unserem plötzlichen Widersacher noch keinen weiteren Mast oder Schornstein gesehen. Es kamen die Mondscheinnächte im Dezember mit verhältnismäßig ruhiger See. Die kleine, nur etwa 10 cm hohe Plastikwindabweiserkante auf der vorderen Turmumrandung wurde sehr sorgsam mit schwarzen Tuchstreifen abgedeckt, um eine mögliche Mondspiegelung zu verhüten. Mit kleiner Fahrt standen wir auf der Position Auf und Ab. Auch Liebe war kein Freund des Funkverkehrs, es gab allerdings Boote, die hatten immer etwas zu melden. Wir antworteten nur auf Aufforderung, nachdem unsere Rolle als Wetterboot vorbei war, mitunter auch nicht unmittelbar nach dem erfolgten Anruf.

Eines Nachts wurde von der Brücke ein Schatten gemeldet, nachdem wir den ganzen Tag schon Wabos und entfernte Detonationen gehört hatten, die aber auch von Fliegerbomben herrühren konnten. Sofort waren Liebe und ich auf der Brücke. Kein Zweifel, da lag ein breiter Schatten in etwa 3000, 4000 m Entfernung im langsam verdämmernden Mondlicht, daneben noch ein viel kleinerer, der den großen Schatten umkreiste. Es erschien Liebe noch zu hell für einen Überwasserangriff, und so tauchten wir zum Sehrohrangriff. Das ist eine »Leiche«, entschied Liebe: »Er liegt gestoppt und treibt.« Schließlich mußten wir das Sehrohr hoch ausfahren, um im Swell den Schatten in Sicht zu behalten. Den kleineren konnten wir zunächst überhaupt nicht mehr ausmachen, er schien verschwunden oder von der »Leiche« verdeckt. Vielleicht lag er auch längsseits, um die Besatzung aufzunehmen?

Bei aller Konzentration und Aufmerksamkeit konnten wir außer dem großen Schatten, den wir maximal mit 5000 Bruttoregistertonnen (BRT) ansprachen, keinen weiteren kleineren Schatten mehr erkennen. Wir waren allmählich auf etwa 800 m heran, und bei gut erkennbarer Lage 90 fiel dann endlich der erste Torpedoschuß dieser Unternehmung. Mit knapp 100 Sekunden Laufzeit stieg eine Sprengwolke mit lange nachhallender Detonation annähernd in der Schiffsmitte hoch. Etwas sorglos machten wir klar zum Auftauchen, um von den Booten den Namen des Schiffes zu erfahren, worauf jeder Kommandant ganz besonderen Wert legte, auch um zu überprüfen, ob er die Größe richtig geschätzt hatte. Aufgetaucht lag der Dampfer bereits sehr viel tiefer, sehr naher Funkverkehr wurde vom Funkraum gemeldet.

Gerade kam der UZO auf die Brücke, um einen Fangschuß abzugeben. Da kamen, nun doch unerwartet, hinter dem Schatten gleich zwei kleinere Schatten deutlich hervor und nahmen Kurs auf uns zu. Jetzt mußten wir aber wirklich sehr schnell weg, denn 700 m waren keine Entfernung bei einer ernsthaften Verfolgung. Der Kommandant ging sofort auf »Große Fahrt«, gleich weiter auf »Äußerste Kraft« mit beiden Dieseln. Schon hing sich der erste und dann auch wenig später der zweite Escort in unser Kielwasser. Da versuchte er sogar sein Glück mit dem Scheinwerfer, konnte uns aber nicht erreichen, weil es noch zu hell war. Langsam ging Liebe quer zur See, und unsere Verfolger führten brav die gleiche Kursänderung aus. Der Abstand, knappe 800 m, hatte sich nicht wesentlich verändert. So preschten wir durch die nächtliche See und konnten uns um den immer mehr verschwindenden großen Schatten nicht mehr kümmern. Ab und zu bekam ich ihn noch einmal ins Glas, aber dann schien er doch ganz verschwunden zu sein.

Die Jagd ging über 20 Minuten, ohne bedeutende Änderung, dann 30 Minuten, und wir hatten bestenfalls 100, 200 m gut gegen den uns nächsten gemacht, aber dann sackten unsere Gegner doch langsam weiter achteraus. Ein erleichtertes: »Sie drehen ab«, und schon nach kurzer Zeit waren sie außer Sicht. Liebe und ich diskutierten die Frage, ist das Schiff nun abgesoffen oder nicht? Wir beschlossen schnell noch einmal nachzusehen, um ganz sicher zu sein. Als wir eine gute Stunde auf Gegenkurs nichts mehr vorfanden, auch keine Spur von den Escorts mehr zu entdecken war, begaben wir uns gehorsam wieder auf unsere angewiesene Position beim Rockall. Nach dem Kriege konnte ich aus britischen Veröffentlichungen in Erfahrung bringen, daß wir mit *U-38* in dieser Nacht vom 26. zum 27. Dezember den britischen Dampfer *Ardanbhan* zwar getroffen hatten, jedoch, daß er erst am Mittag dieses Tages vom italienischen U-Boot *Tazzoli* treibend mit zwei Torpedos endgültig versenkt wurde. Er war ein Havarist aus dem Geleitzug OB-263 und vorher offensichtlich von der Mannschaft bereits verlassen.

Mittlerweile hatten wir Weihnachten hinter uns gebracht. Zusammen mit *U-95* und *U-65*, letzteres stand in Äquatornähe, waren wir insgesamt drei U-Boote, die den Blockadekrieg gegen England führten. Ein bißchen »dünn«, fanden wir damals und bezogen daher auch den Weihnachtsgruß des BdU mit allen guten Wünschen auch ausschließlich auf uns.

Mitten in der etwas nachdenklichen Silvesternacht trafen wir in einer schweren Sturm- und Regenböe auf ein Schiff, das wir zunächst wegen seiner vielen Masten für einen Segler unter Motor hielten. Schemenhaft, wie der »Fliegende Holländer«, kreuzte er ganz plötzlich unseren Bug in nur geringer Entfernung. Ab und zu schlug seine Schraube unter Donnergetöse aus der See. Nirgends auch nicht der kleinste Lichtschein. Wir dachten an die britischen Seeleute auf diesem Seelenverkäufer.

In dieser Sturmnacht war allein das Wetter bereits bedrohlich für das nur mittelgroße, von uns auf etwa 2500 BRT geschätzte Schiff. Die verschleiernde Regenböe ließ das Bild fast unwirklich erscheinen. Es bestand gar kein Zweifel, wir befanden uns in der erklärten Blockade-Zone. Damit war nicht nur die Rechtmäßigkeit gegeben, es bestand die Verpflichtung zu handeln. Dennoch mußten wir erst Hemmungen überwinden, um in dieser Silvestersturmnacht das Schiff anzugreifen. Natürlich war mit einer Rettung der Besatzung in dieser Nacht nicht zu rechnen. Aber was hatte denn auch dieser kleine, elende ehemalige Motorsegler hier in der Einfahrt zum Nordkanal in dieser barbarischen Nacht als Einzelfahrer zu suchen?

Der Aal traf in der Mitte, und genauso schemenhaft, wie das Bild während der ganzen Verfolgung gewesen war, teilte das Schiff sich plötzlich in zwei Hälften, die im brüllenden, aufgurgelnden Wasser sofort versanken. Nichts trieb auf, kein Boot, kein Floß, keine Wrackstücke, kein Mensch. Man hatte nicht einmal die Detonation im Geheul des Sturmes hören können. Das Schiff war wie von Geisterhand weggewischt. Als wir etwa zwei Stunden später in der Zentrale das alte Jahr mit einem kleinen Umtrunk abschlossen, da stand das eben erlebte Bild noch vor uns.

Wenige Tage später bekamen wir eine neue Position nordwestlich vom Rockall, wo das Wetter uns vergleichsweise noch schlechter erschien und sich erst nach der ersten Januarwoche langsam besserte. Aus dem Funkverkehr konnten wir entnehmen, daß ein Kamerad neu dazugekommen war, dafür aber der andere »Überweihnachter« nach Westfrankreich entlassen wurde. Die Boote *U-124* (Schulz, Wilhelm) und dann auch gleich *U-105* (Schewe) meldeten sich nach Passieren der Küstenzone. Am 9. Januar wurden wir plötzlich aus der Eintönigkeit des Tages herausgerissen. Ein Schiff mit zwei Masten kam deutlich sichtbar an der Kimm des Westhimmels auf. Routinemäßig operierten wir auf Parallelkurs, um das Schiff mit seiner Brücke eben unter der Kimm zu halten und uns neben der Gewinnung der Gegnerdaten, Kurs und Fahrtstufe, die Möglichkeit des Vorsetzens zu sichern. Endlich erwachte das ganze Boot zu vollem Leben. Mit beiden Dieseln auf

»Große Fahrt« hatten wir nach einer Stunde neben den genau ausgedampften Schußunterlagen auch die vorliche Position für einen Tag-Unterwasserangriff erreicht. Es war ein Dampfer wie das Gros der britischen Handelsflotte von etwa rund 5000 BRT.

Wir hatten gerade unsere Angriffsposition erreicht und waren im Begriff, tauchklar zu machen, als alle Brückengläser das Bild einer vorbildlichen Torpedosprengsäule auf der Höhe der Brücke des Gegners voller maßloser Enttäuschung wahrnehmen mußten. Im Augenblick des Zusammenfallens der haushohen Sprengsäule war von der Brücke schon nichts mehr zu erkennen, und schon neigte sich der noch sichtbare Teil des Schiffsrumpfes uns zu, um gleich darauf auch schon sich weiter drehend langsam im Meer zu verschwinden. Das war doch nun wirklich geradezu grotesk. Wir standen mit ganzen drei Booten rund um England und machten uns noch untereinander Konkurrenz. Kaum glaubhaft, aber wirklich so geschehen am 9. Januar 1941 auf 57°57' Nord und 17°42' West mit dem britischen Dampfer *Bassano*. Liebe aber blieb so mißtrauisch, daß er nicht zur Untergangsstelle lief, wie ich erwartet hatte, sondern mit hoher Fahrt voller Enttäuschung in entgegengesetzter Richtung, ohne den Kameraden am Ort der Tat zu begrüßen. Wütend über unser Mißgeschick, hörten wir am Abend aus dem Erfolgsfunkspruch, daß es der gerade aus der Heimat gekommene Schewe *(U-105)* gewesen ist.

Gegen Mitte Januar kamen dann allmählich weitere Boote in den Nordatlantik, so *U-106 (Oesten)* und *U-96* mit meinem damaligen Zugoffizier der *Karlsruhe*, dem Oberleutnant z. S. Lehmann-Willenbrock, dann noch *U-123 (Moehle)* und schließlich mein Memeler Schulboot *U-94* mit dem alerten Kuppisch. Damit sollte es aber dann auch lebhafter rund um England werden. Uns war allerdings auch bald klar, daß wir wohl nicht mehr viel von einem eventuellen gemeinsamen Geleitzugansatz mitbekommen würden, weil unsere See-Ausdauer allmählich zu Ende gehen mußte. Allerdings schleppten wir noch eine zweistellige Anzahl an Torpedos mit uns herum, was besonders für die Soldaten im Bugraum äußerst unangenehm war. So wurden wir gegen Monatsende vom BdU nach Lorient zurückgerufen. Für den Kommandanten des Bootes war es auch buchstäblich höchste Zeit, denn nur mit milden Süppchen und Keksen konnte man selbst einem spartanisch trainierten Körper auf die Dauer nicht die unentbehrliche Kampfkraft abtrotzen. Liebe war mit seiner Leistungsfähigkeit am Ende.

Was macht nun ein Kommandantenschüler als überzähliger Badegast auf einem U-Boot? Wahrheitsgemäß war das die allerwichtigste Zeit seiner Ausbildung. Abgesehen davon, daß er natürlich ein gerngesehener zusätzlicher Wachgänger war, hatte er schon im eigenen Interesse diese Lehrzeit für sich voll auszunutzen. Jeder Funkspruch, alle an Bord befindlichen Befehle, Vorschriften, Beschreibungen mußten ihn interessieren. So oft wie nur möglich hatte er auf der Brücke zu sein, auch gerade außerhalb seiner Wache wegen der wechselnden Beleuchtungs- und Sichtverhältnisse. Wenn die Torpedos geregelt und nachgepumpt wurden, sollte er zeitweise dabeisein, aber auch in der Maschinenanlage hatte er sich täglich unter den unterschiedlichsten Fahrtbedingungen sehen zu lassen. Jedoch seine wichtigste Eigenschaft hatte zu sein, daß er nie im Wege stand und keinem der Besatzung auf den Wecker fallen durfte.

Auch wenn der »Konfirmande«, im U-Bootsjargon schon im Ersten Weltkrieg so genannt, schon größere Lebens-, Fahr- und eventuell sogar Manövriererfahrungen hatte, war es nicht sein Recht oder seine Aufgabe, dem Kommandanten etwa Ratschläge zu erteilen. Er konnte es später auf seinem Boot besser oder anders machen, hier aber mußte er sich auf seinen Beobachterstatus beschränken. Das war gar nicht immer so leicht, aber unabdinglich für das gute Zusammenwirken an Bord. Ich habe mich eisern daran gehalten. Diese Reise, die sich durch Ereignislosigkeit, durch schweres, jäh wechselndes Wetter, Kälte und Nässe, und nur lächerlichen Erfolg auszeichnete, ist eine harte, aber eindrucksvolle Vorschulung auf meine eigenen späteren Reisen gewesen. Der Schlaf blieb immer nur so leicht und durchsichtig, daß man schon im Unterbewußtsein jede noch so geringe Änderung wahrnahm. Schon eine Kursänderung oder auch nur ein Versteuern von wenigen Graden konnte durch die Veränderung der Seebewegungen des Bootes an der Oberfläche einen Weckimpuls vermitteln. Der ganze Körper stellte sich auch entsprechend ein.

Sehr wichtig war das Gefühl der körperlichen Sauberkeit. Dazu gehörte für mich das tägliche sorgfältige Rasieren, was bei sparsamem Umgang mit Frischwasser auch durchaus möglich war.

Natürlich konnte man keinen großen Wäscheberg mitnehmen, aber es war durchaus möglich, alle acht Tage einmal ein baumwollenes Unterhemd zu »knobeln«. Das tat man im Dieselraum auf der unteren Plattform, wo ich mich auch einmal wöchentlich von Kopf bis Fuß abseifen konnte, wie der Kommandant es selber auch machte.

Die Stimmung unter der Besatzung von *U-38* war ausgezeichnet. Das Boot war bereits sehr erfolgreich gewesen. Der Besatzungswechsel war damals noch nicht so häufig und radikal wie später, um jedem Neubau »gefahrene« Leute zu geben, die dann das Rückgrat der neuen Besatzungen bilden mußten. Das wirkte sich auch bei geringen Erfolgen positiv aus, wenn die Gemeinschaft schon längere Zeit zusammen gefahren war. Der Obersteuermann, Brüninghaus, der später Offizier und selbst ein tüchtiger U-Bootskommandant wurde, war ein sehr ruhiger, ausgeglichener Mann mit großen Selbstbewußtsein und übte seine Tätigkeit mit großer Sorgfalt aus. Ich hielt die Position des Obersteuermanns für das Gesamtoperieren des Bootes von entscheidender Wichtigkeit. Aber auch die beiden Obermaschinisten waren vorzügliche, erfahrene Männer mit großem Fachwissen.

Am 30. Januar 1941, mit Hellwerden, erwartete uns bereits der Sperrbrecher auf Punkt »Kern« vor Lorient. Er brachte uns bis zum Flachwassergeleit durch drei Räumboote, die uns dann bis zur Einfahrt bei Port Louis geleiteten. Alle wachfreien Besatzungsmitglieder mußten sich wegen der Minengefahr an Oberdeck aufhalten, obwohl es bitter kalt war. Ich war erstaunt, wie elend, bleich und mitgenommen unsere Soldaten plötzlich bei vollem Tageslicht an Deck aussahen. Im Bordbetrieb war mir das überhaupt nicht aufgefallen. Natürlich machen aber auch die zum Teil recht wilden Bärte und das lange Haar die Männer nicht gerade sehr schmuck und attraktiv. Trotz des geringen Erfolges und der zwei kümmerlichen Wimpel am Sehrohr war die Stimmung sehr gut in Erwartung von Urlaub und einer Ruhepause. An der Isere fand der übliche Empfang durch den Flottillenchef mit Musik und Englandlied statt.

Mich aber nahm gleich nach dem Zeremoniell Heinz Fischer beiseite, mein alter Korpskamerad aus Köslin, und eröffnete mir, daß ich bereits am Abend mit dem Nachtzug nach Deutschland reisen müsse, da ich um 11. Februar bei der Deschimag in Bremen das IX C-Boot *U-68* in Dienst stellen sollte. Meine Lehrzeit war beendet.

Indienststellung *U-68*

Erprobungs- und Ausbildungszeit vom 11. Februar bis 29. Juni 1941

Es war spätabends, als ich mit Ruth zusammen am 8. Februar von Wiesbaden kommend im winterlichen Bremen eintraf. Auf dem Bahnsteig empfing mich August Maus, mein I. SKO der Schulschiffzeit auf der *Schleswig-Holstein*. Bei ihm war noch ein junger Leutnant, Albert Lauzemis, der sich als II. W.O. meldete. So hatte August Maus als künftiger I. W.O. von *U-68* praktisch nur den Untersatz gewechselt. Er war ein vorzüglicher Kadettenoffizier gewesen, und ich zweifelte nicht eine Sekunde, daß er ein ebenso vorzüglicher I. W.O. sein würde. Ich sollte mich nicht täuschen. Der junge Leutnant machte einen klaren, unkomplizierten und straffen Eindruck. Das ließ sich also gut an, denn schließlich konnte ein Boot immer nur so gut sein wie seine Offiziere.

Sogar einen Dienstwagen hatte Maus zur Abholung vom Bahnhof organisiert, so daß wir in wenigen Minuten im »Deschimag-Heim« der U-Bootfahrer eintrafen, wo alle Offiziere der Baubelehrungen fast privat untergebracht waren. Geführt wurde das Heim von einer sehr angenehmen und gebildeten Dame, Frau

Hoppe, die sich in rührender Weise um alle ihre Schutzbefohlenen kümmerte. Dort traf ich dann auch gleich den schon auf uns wartenden LI, Oberleutnant (Ing.) Bernhard Klaunig, der einen ebenso fachkundigen wie freimütigen Eindruck machte.

Am nächsten Tag besichtigte ich die künftige Besatzung auf dem Gelände des Barackenlagers und sah mir anschließend mit den Offizieren das fertige, im Wasser liegende Boot an, an dem noch viele Menschen tätig waren, meist von Zulieferfirmen, die ihre Geräte justierten und überprüften. Immer noch liefen Dutzende von Stromkabeln durch das Turmluk, und auch äußerlich sah das Boot nicht wie ein Neubau aus.

Der älteste Offizier, Klaunig, hatte mir die Besatzung gemeldet. Von den drei Offizieren war noch keiner an der Front gefahren. Von den Feldwebeln hatte der Obersteuermann Uhlending schon drei Feindfahrten in der Nordsee, der Bootsmann Lenzen mehrere Fahrten auf einem Typ II-Boot hinter sich. Groß war meine Freude, als ich in meinem zukünftigen Dieselobermaschinisten den damaligen Heizer Schmelzle von *T-157* wiedererkannte. Er hatte immer die Winsch am Torpedoladebaum bedient und war mir daher besonders aufgefallen. Der E-Obermaschinist Werner Wiemer machte einen frischen und verläßlichen Eindruck. Von den Unteroffizieren hatten mehrere schon Feindfahrten hinter sich, so der Torpedomechanikersmaat Georg Roßner, die Maschinistenmaate Hedtfeld, Müller und Schendel, und der Bootsmannsmaat Deska.

Die Mannschaftsdienstgrade stammten in der Minderzahl aus der Einstellung 1937, in der Mehrzahl aus dem Einstellungsjahrgang 1938. Ich sah mir in alter Gewohnheit eines Kadettenoffiziers jeden meiner Soldaten sehr genau an und stellte schließlich fest, daß August Maus in meiner Vertretung die Besatzung gut zusammengestellt hatte.

Als ich am 11. Februar zur Indienststellung an Bord kam, war eine erstaunliche Veränderung mit dem Boot vor sich gegangen. Es lag sauber und sorgfältig gemalt im Hafenbecken der Deschimag, die Besatzung war auf dem Achterteil in Blau angetreten.

Zwei Mann an der Heckflagge, klar zum Heißen am nur ein einziges Mal und nur für diesen Zweck an Bord befindlichen Heckflaggstock. Auf der Pier hatte sich eine kleine Abordnung der Werft, der Bauaufsicht und der Kameraden eingefunden, die nach uns ihre Boote in Dienst stellen sollten. Zu meiner großen Freude war auch der Chef der Marinedienststelle, der Konteradmiral Heino v. Heimburg, mit Adjutanten erschienen, der selbst Kommandant von *U-68* im Weltkriege gewesen war, dazu der ehemalige LI von *U-68*, der Kapitänleutnant (Ing.) Rassow.

Der Chef der Bauaufsicht übergab mir nach Abschreiten der Front das Boot. Ich kletterte auf den Turm und hielt vom »Wintergarten« aus eine kurze Ansprache mit dem Versprechen, das Boot nach bestem Können zum Wohle des Vaterlandes zu führen. Dann kam mein Kommando: »Heiß Flagge und Wimpel.« Der Kommando-Wimpel am Stock wurde gleichzeitig mit der großen Heckflagge gesetzt. Dann ließ ich die Besatzung wegtreten und begrüßte die Gäste.

Am Abend gab uns die Deschimag einen Festabend in einer großen Gaststätte in Hemelingen, an dem dann auch die Frauen und die Freundinnen unserer Besatzungsmitglieder teilnahmen. Da wir alle ziemlich gemischt durcheinander saßen, wußten natürlich nicht alle Seeleute, wie die Verheirateten zusammengehörten. Dadurch ergaben sich einige ganz witzige Äußerungen. Ein mir schon am ersten Tage als Angeber aufgefallener Obermatrose vertrat dann auch beim Tanzen mit meiner Frau die Ansicht, daß der Kommandant wohl keine »große Nummer« sein werde. Auf die Rückfrage meiner Frau, warum wohl nicht, meinte der Tanzlöwe, er wäre wohl bei weitem zu alt für ein U-Boot. Als meine Frau dann aber zu ihm äußerte, daß sie mit mir verheiratet sei, war der arme Mann dann doch sehr verlegen und ward an diesem Abend nicht mehr gesehen.

Der nächste kalte Wintermorgen sah uns im Geleit des Sperrbrechers 32 und des Fla-Jägers 23 auf dem Wege nach der Elbe-Mündung und dem Kaiser-Wilhelm-Kanal bei Treibeis und schlechter Sicht. Eine U-Bootbrücke (Turm) ist bei strenger Kälte kein idealer Aufenthalt, weil jede Möglichkeit fehlt, sich auch nur kurz wieder aufzuwärmen. Natürlich marschierten wir bereits kriegsmäßig mit vollem Ausguck und schußklarer 3,7-cm-Kanone und den 2-cm-Fla-Waffen, da im Ernstfalle wegen der geringen Wassertiefen an ein rechtzeitiges Wegtauchen nicht gedacht werden konnte. Dennoch war mir wohler, als wir am Spätnachmittag in der Schleuse von Brunsbüttel festgemacht hatten. Um Eisbeschädigungen zu vermeiden, wurden wir am nächsten Tage von dem Marine-Schlepper *Monsun* durch den Kanal geschleppt, so daß wir uns voll auf eine eventuell nötige Fla-Abwehr konzentrieren konnten. In Kiel am Abend angekommen, machten wir an der Tirpitzmole fest und wurden gleich noch am Abend vom bereits auf uns wartenden U-Bootsabnahme-Kommando (UAK) in Empfang genommen. Damit hatte meine Selbständigkeit als Kommandant erst einmal aufgehört. Den täglichen Dienstplan bestimmte das UAK.

Bis zum 7. März, also 16 Tage lang, wurde nun das Boot erprobt, was sich recht schwierig gestaltete, weil zwar der Hafen nicht fest zugefroren war, aber Scholleneis von beachtlicher Stärke bis zu 45 cm die ganze Förde bedeckte. Ohne diese Behinderungen hätten wir diese Erprobungen in der Hälfte der Zeit hinter uns bringen können.

Fast alle Verheirateten hatten ihre Frauen nach Kiel kommen lassen, um während der UAK-Zeit mit ihnen zusammensein zu können. Für Klaunig und mich, die wir ja noch in Kiel wohnten, war natürlich diese Zeit sehr willkommen.

Das UAK unterstand dem Weltkriegs-U-Bootskommandanten Bräutigam. Die Erprobungsleiter waren durchweg ehemalige kaiserliche U-Bootskommandanten, die an dieser Stelle ihre wertvollen Erfahrungen einsetzten. Sie waren mitunter infolge ihres Dienstalters nicht ganz leicht zu behandeln. Zur Unterscheidung von anderen Booten hatte man uns im Marine-Arsenal gleich in den ersten Tagen ein Treff-Ass auf beide Turmseiten gemalt, das wir dann in der ganzen Erprobungszeit und Einfahrzeit in der Ostsee als Turm-Kennzeichen gefahren haben. Schließlich gefiel es uns allen so gut und erschien uns auch so voller Vorbedeutung, daß wir es auch als Frontkennzeichen beibehielten. Nach einem

Jahr, im Februar 1942, fügten wir dem bewährten Boot einen Obermatrosen-Winkel dazu, wozu dann mein späterer Nachfolger noch einen zweiten Winkel als Gefreiten-Abzeichen anbringen konnte.

Als sich am 8. März das UAK ausgetobt hatte und das Boot als »brauchbar« von der Werft abgenommen war, kam eine ganze Kavalkade im Kielwasser der *Schlesien* (als Eisbrecher) für den Marsch nach der östlichen Ostsee zusammen. Da marschierten unter Geleit hinter ihr zunächst *U-68*, dann *U-151* (Oestermann), dahinter *U-152* (Cremer) und schließlich *U-B* – ein belgisches Beuteboot (Korvettenkapitän Mahn) – und ganz am Tampen noch ein Handelsdampfer.

Auf dieser Fahrt erledigten wir nach dem Passieren von Arkona, wo wir aus dem Geleit entlassen wurden, eine der Probefahrt-Bedingungen, die Dauerhöchstfahrt, und zwar ohne jede Störung. In Neufahrwasser angekommen, schifften wir uns auf dem schönen alten Passagierschiff *Iberia* der Hapag für die Dauer der restlichen UAK-Erprobungen ein.

Aber man konnte uns infolge der Überfüllung nicht gleich alle brauchen, so daß wir an den kommenden vier Tagen unsere Einzelerprobungen und unser Einzelexerzieren durchführten. Da mußte im angewiesenen Tauchquadrat das Alarmtauchen, der Flieger-Alarm, der Geschütz-Alarm, das Tiefesteuern und -halten, das Aufgrundlegen und das Ausblasen mit Diesel geübt werden, bis es allen einschließlich dem Kommandanten zum Halse heraushing. Allmählich erreichten wir beim Alarmtauchen immerhin schon Zeiten von 45 bis 35 Sekunden, was natürlich frontmäßig vollkommen ungenügend war. Als nach Einzelübungen der Chef der U-Bootsabnahmegruppe I (UAG I), der Korvettenkapitän Sachs, genannt der »Braune Bomber«, im Ersten Weltkrieg Kommandant von *UB-60*, an Bord kam, konnten wir uns immerhin nicht mehr allzusehr blamieren.

Eben gegenüber dem Dock II lag der ganz moderne Zerstörer *Diether von Röder*, auf dem mein Busenfreund und Crewkamerad Roderich Frhr. v. Freytag-Loringhoven I. W.O. war. Ich nutzte die Gelegenheit, um mir einen ganz modernen Zerstörer anzusehen.

Nun – das war auch eine Waffe, die mir gefallen hätte, wenn ich auch auf *U-68* so stolz war, daß ich es um keinen Preis eines anderen, noch so verlockenden Kommandos wieder hergegeben hätte. Der »Dicke«, wie er in unserer Crew hieß, hatte sich beim Kampf um Narvik ganz besonders hervorgetan. Selbstverständlich gingen wir, wann es immer nur dienstlich möglich war, an Land und machten Danzig und Zoppot unsicher.

Vertraut, wie wir miteinander waren, ließen wir beide unseren Sorgen über die weitere Entwicklung freien Lauf. Er erzählte von Narvik und der unglaublichen Übermacht, mit der die Briten gegen die armseligen zehn deutschen Zerstörer angetreten waren. Von dem sich an den Untergang anschließenden Landkampf war er noch begeistert, nur eben hielt er die Aussichten im Krieg zur See für keineswegs rosig, und ich konnte ihn in bezug auf den U-Bootkrieg auch nicht sehr ermutigen nach meinen gerade zurückliegenden ersten Fronterfahrungen. Dabei war zu der Zeit weder vom Kriegseintritt der USA noch von einem Feldzug gegen Sowjetrußland die Rede.

Im Kriege war es aus einsichtigen Gründen selbstverständlich, daß auf einem U-Boot kein Damenbesuch stattfand. Neben dem klaren Befehl aber gab es einen Aberglauben, demzufolge es fürchterliche Folgen heraufbeschwor, wenn »lange Haare« auf das Boot kamen. Es war nicht festzustellen, woher diese nicht auszurottende Vorstellung kam. Kameraden des Ersten Weltkrieges konnten darüber auch keine klare Auskunft geben, hielten aber einhellig das Anbordkommen von Frauen für ebenso kriminell wie folgenschwer.

Als ich eines Sonntags gegen 5 Uhr nachmittags nach einem Besuch bei Freytag an Bord kam, hatten meine Wachoffiziere und der LI »Damenbesuch« zum Kaffee in der kleinen Offiziermesse. Ich war zunächst sprachlos, und es war mir auch völlig unklar, wie ich nun reagieren sollte. Ich zog es vor, die beiden sehr jungen und auch sehr ansprechenden Damen betont höflich zu begrüßen und im übrigen keinerlei Aufhebens von dieser glatten Befehlsübertretung zu machen.

Tatsächlich war es wohl die richtige Entscheidung, denn beide

Wachoffiziere haben mir später gestanden, daß ich mit diesem Akt der Großzügigkeit mir ihrer beider Sympathie eroberte. Der damalige Damenbesuch hat sich später nicht als verhängnisvoll für das Geschick des Bootes ausgewirkt. Dafür machte er es mir später leichter, auch einmal das Tabu zu brechen, als mich meine Frau zwei Tage vor dem Auslaufen in Kiel darum bat, doch einmal wenigstens kurz das Boot von innen zu sehen, damit sie sich ihres Mannes U-Bootsleben in dessen langen Abwesenheiten besser vorstellen könnte.

Als wir nach den dann folgenden viertägigen weiteren Erprobungen an unserem Liegeplatz festmachten, kam ein seltsames U-Boot unbekannten Typs längsseits.

Es war das von den Holländern erbeutete und von uns fertiggestellte U-Boot *UD-4* unter dem Korvettenkapitän d. R. Brümmer-Patzig, der schon im Ersten Weltkrieg als W.O. gefahren war.

Zu Untersuchungszwecken lag auch das gekaperte britische U-Boot Seal im Hafen, und ich konnte mit meinen Offizieren an Bord gehen und alles in größter Ruhe und Konzentration besichtigen. Was uns sofort auffiel, war natürlich der Reichtum an Platz, ein Boot von gut 20 ts mit der Fähigkeit, 120 Minen mitzuführen auf Schienen im durchfluteten Raum im Oberdeck. Kammern, regelrechte Kammern für Offiziere – Platz im Übermaß. Bemerkenswert war ferner die unglaubliche Materialverschwendung. In der riesigen Zentrale bestand fast alles, bis auf die Bordwand, aus Messing. Es blitzte nur so überall, obwohl nun seit Monaten niemand mehr geputzt hatte. Die Apparate machten alle einen sehr viel primitiveren Eindruck als auf unseren Booten.

Die wichtigsten Eigenschaften konnten wir natürlich nicht nachprüfen, Tauchzeit, Tiefenhaltung, Geschwindigkeiten und Verbräuche. Das Boot war immerhin über 80 m lang und ließ sich sicherlich trotz der Sehrohrtiefe von maximal 14,80 m schwer im Seegang auf Tiefe halten. Die sechs Bugtorpedorohre hatten eine sehr einfache, offensichtlich bewußt stabile, Nachlade-Einrichtung, natürlich auch alles in Messing oder Bronze. Das Sehrohr von Bar & Strout konnte nicht entfernt mit unserem Angriffssehrohr von Zeiss konkurrieren.

Tatsächlich haben die Briten mit ihren relativ wenigen Booten doch sehr bedeutende Erfolge erzielt. Allerdings konnten sie sich auf ganz bestimmte, eng begrenzte Seegebiete konzentrieren und hatten fast ausschließlich Kriegsschiffe als Ziele. Nur bei der Bekämpfung des Zufuhrverkehrs von und nach Norwegen bekämpften sie auch Handelsschiffe.

Eines Tages kamen zwei Heeresoffiziere und wollten gerne eine Tagereise mitmachen. Ihre Truppe lag in der Nähe, und sie warteten auf den nächsten Einsatz, nachdem der Seelöwe abgesagt war, was sie beide sehr bedauerten. Es waren junge Hauptleute und Kompaniechefs. Sie hatten beide das EK I. Als wir sie am Abend wieder absetzten, ging ich noch wenige Minuten mit ihnen auf der Pier auf und ab, wobei der eine andeutete, daß man wohl demnächst nach Osten in die endlosen Weiten marschieren würde. Ich hielt das für ein Hirngespinst.

Nach weiteren erforderlichen Erprobungen wurden wir der 25. U-Flottille in Danzig zum Torpedoschieden zugeteilt und liefen täglich zum praktischen Schießbetrieb in die Danziger Bucht aus. Flottillenchef war der Korvettenkapitän Hashagen, auch ein bekannter U-Bootskommandant aus dem Ersten Weltkrieg. Wir waren vier Boote in der Ausbildung, und der Betrieb lief Tag und Nacht, 14 Tage lang. Meine Torpedomechaniker kamen gut in Schwung. Mit etwa 20 Tag- und 10 Nachtanläufen war unser Programm erledigt, und wir hatten einmal mehr Veranlassung, unser Turmabzeichen, das Treff-Ass, zu behalten.

Am 9. April abends wurden wir von der Flottille zum Abhorchen nach Bornholm entlassen und liefen am nächsten Morgen in Rönne ein, dem Haupthafen der Insel. Hier war es wie im Frieden. Die Läden brachen vor Ware, Butter und Speck waren im Überfluß vorhanden. Man konnte »richtigen« Kaffee trinken, Kuchen in jeder Menge essen und auch den echten dänischen Aquavit in jeder Menge trinken. Die Bevölkerung zeigte sich freundlich, aber zurückhaltend. Wäre nicht die nächtliche Verdunkelung gewesen, dann hätte man geglaubt, weit vom Kriegsgeschehen entfernt zu sein.

Am Vorabend hatte ich den Funkspruch meiner Beförderung

zum Korvettenkapitän erhalten. Da gingen dann im ganzen Boot die Wellen der Begeisterung hoch.

Mit unserem Ausbildungsprogramm waren wir nun bald bis auf die Teilnahme an den taktischen Übungen fertig. Mit der Besatzung war ich im Grunde zufrieden, die Offiziere waren ausgezeichnet, der Bootsbetrieb funktionierte gut und ohne jede Reibung. Wir wollten an die Front, bevor die langen Sommerhelligkeiten die Passage in den Atlantik unnötig erschwerten. Es schien uns auch draußen von Monat zu Monat erheblich schwieriger zu werden. Auch die Verluste der »großen Drei« waren bekannt geworden – Prien, Kretschmer und Schepke –, alle am gleichen Geleitzug, wie es zunächst in der Fama hieß. Das klang nicht gut. Die Engländer mußten sicher etwas Neues haben, eine andere Erklärung gab es nicht für eine derartige Massenkatastrophe.

So traten wir nun guten Mutes und mit dem Wunsch, schnell fertig zu werden, bei der »Taktischen« an, der 27. U-Flottille unter dem Korvettenkapitän Sobe, wo wir uns gleich in guter Gesellschaft mit anderen Booten befanden. Da waren *U-558* (Sabby Krech), *U-554* (Lohmann), *U-555* (Horrer) und *U-203* (Mützelburg) und noch zwei weitere Boote. Es war ein sehr munteres Völkchen. Sobe schleifte uns Tag und Nacht ununterbrochen durch das Wasser der Ostsee. Von Fliegern überwacht, lernten wir, das Alarmtauchen immer weiter abzukürzen. Nur begrenzten eben die Wassertiefen der Ostsee unsere technisch noch verbesserungsfähigen Schnelltauch-Experimente. Nach eingehender Manöverkritik, in der jeder sein Fett bekam, entließ uns Sobe am 29. April zu den Restarbeiten.

Nach einem Nachtmarsch zur Übung der Besatzung liefen wir am 30. April vormittags noch einmal kurz Rönne an. Die Besatzung bekam Urlaub zum Einkauf von Schinken und Speck. Auch ich ließ mir eine Speckseite für meine Familie in Wiesbaden mitbringen. Ich aber bekam Besuch von den Korvettenkapitänen Pfeiffer und Schulze-Hinrichs, die mit einem Zerstörer im Hafen lagen und sich nun mal ein »richtiges U-Boot« ansehen wollten. Ich ließ es mir nicht nehmen, die beiden älteren Kameraden selbst herumzuführen, hatte ich doch einst bei Pfeiffer meinen Fla-MG-

Kursus gemacht. Beide staunten nicht schlecht, meinten aber schließlich, daß sie es doch wohl auf ihren Zerstörern besser hätten.

Am 1. Mai machten wir bei den Stettiner Oderwerken zu den restlichen Arbeiten fest. Die 4. U-Flottille mit dem Wohnschiff *Ubena* nahm uns in Empfang. Die Werft stürzte sich auf das Boot. Die Arbeit sollte fast sechs Wochen dauern, was mich in kalte Wut versetzte, denn damit kam ich in die Zeit der andauernden Helligkeit beim Marsch in den Atlantik, was ich allzugern vermieden hätte. Natürlich konnte die Besatzung törnweise auf Urlaub gehen, aber lieber hätten ich und meine Soldaten auf den Urlaub verzichtet, wenn die Werft nur die Hälfte der Zeit benötigt hätte.

Die Stettiner Zeit gab mir auch Gelegenheit, meinen alten Erzieher und Lehrer aus der Stabila-Zeit zu treffen, Kurt Böning, den wir trotz mancher Eigenarten doch alle sehr verehrt hatten. Er war nun mittlerweile in seiner Heimatstadt Stettin hochgeachteter Studienrat an seinem alten Gymnasium. Natürlich mußte ich ihm in allen Einzelheiten mein Boot zeigen, mußte ihm berichten von allem, was ich bereits in diesem Kriege erlebt hatte. Ich lud ihn ein auf die *Ubena*, und wir tranken so manche Flasche Rotwein zusammen. Wie wir eines Tages an Deck der *Ubena* saßen, löschte ein Sowjetdampfer gegenüber gerade seine Getreideladung, und wir sinnierten über Bündnisse selbst mit dem Teufel, wenn es anders gar nicht ging. Wohl argwöhnten wir beide, daß eines Tages auch noch ein Kampf mit dem Kommunismus ausbrechen würde. Aber keiner von uns konnte wissen, daß es nur noch eine kurze Atempause sein würde, daß der Sturm im Osten losbrechen würde.

Zur Zeit zeichnete sich ein voller Sieg im Südosten in Jugoslawien und Griechenland ab, aber war diese Ausweitung letztlich ein Erfolg? Der überaus kühne Flug von Rudolf Heß nach England hatte uns doch alle sehr bedenklich gemacht. Es bestand unter uns Älteren auch kein Meinungsunterschied darüber, daß dieser Heß-Flug wohl mit stillschweigender Billigung auch des Führers stattgefunden hatte.

Am 15. Juni marschierten wir als Einzelboot kriegsmäßig von Stettin nach Kiel zur Frontausrüstung und absolvierten dann das übliche Frontklar-Programm mit Torpedo-Übernahme, Entmagnetisieren, Kompensieren, Sauerstoff-Übernahme, Proviant-Übernahme, dem Trimmversuch und schließlich der wichtigen Frischproviant-Übernahme. Der Chef der 5. U-Flottille, der für unsere Ausrüstung in Kiel verantwortlich war, verzichtete auf eine markige Verabschiedung. Ich war immerhin einmal sein Lehrer auf der SAS gewesen. Ich konnte die neuesten taktischen Befehle bei ihm einsehen und ging dann zur Verabschiedung zum II. Admiral der U-Boote, Konteradmiral v. Friedeburg.

Am Morgen des 30. Juni, 1941 verließen wir mit anbrechender Helligkeit den Kieler Hafen. Unsere Frauen hatten sich auf der Seydlitz-Brücke neben der Marine-Badeanstalt gegenüber der Tirpitzmole, unserem Liegeplatz, versammelt und winkten, bis wir im Morgendunst verschwanden. Es gab kein Hurra und keine Musik, als wir uns dem Ungewissen zuwandten.

Kommandantenzeit auf U-68 der 2. Unterseebootsflottille (Lorient)

1. Unternehmung

Ausgelaufen in Kiel am 30. Juni 1941,
Eingelaufen in Lorient am 1. August 1941.
Dauer 33 Tage (Nordatlantik);
6416 Seemeilen über Wasser,
97 Seemeilen unter Wasser;
kein Erfolg im Handelskrieg.

Oft werde ich heute gefragt, was habt ihr euch denn nur damals gedacht? Ihr hättet doch wissen können, daß ihr mit den paar U-Booten nicht gegen das ganze anglo-amerikanische Industriepotential ankämpfen konntet. Nein, das konnten wir wirklich nicht wissen. Denn zu der Zeit glaubten wir nicht, daß die USA bereits mit im Kriege waren. Wir waren Soldaten, und mehr noch, wir glaubten, daß es uns doch noch gelingen könnte, die Engländer tonnagemäßig so zu schädigen, daß sie zur Vernunft kommen würden. Aber nun hatte Hitler präventiv, wie wir fest glaubten, die Russen angegriffen. Wenn auch die Wehrmachtberichte gut klangen, wie weit sollten unsere Armeen marschieren? Und selbst wenn es unserer Armee gelang, die Russen und damit den Kommunismus niederzuwerfen, war dann automatisch auch mit England Schluß? Das erschien uns mehr als unwahrscheinlich. War nicht nach dem Frankreichfeldzug schon von England zu hören, daß man sich im Falle einer Invasion auf der Insel nach Kanada zurückziehen und den Krieg von dort aus fortsetzen würde?

Aber bei uns mischte sich die jetzt kommende Bewährung im Beruf mit dem Enthusiasmus der jungen Besatzung, die, durch Hitlerjugend und Arbeitsdienst gegangen, ein vom Nationalsozialismus wieder wachgerufenes Nationalgefühl kennzeichnete.

Natürlich hatte auch die große Propagandamaschine von Joseph Goebbels ihren bedeutenden Anteil an der Begeisterung. Doch waren ausschlaggebend die großen bisherigen Erfolge des Polenfeldzuges, des »Blitzkrieges« gegen Frankreich, die gewaltige Basisverbreiterung von der Biskaya bis zum Nordkap und besonders auch rückwirkend die Schaffung Großdeutschlands, so daß man wirklich der Überzeugung sein konnte: »Ein Volk – ein Reich – ein Führer«. Keiner wußte wirklich, daß der Krieg mit England auf politischen Fehlkalkulationen beruhte.

Wir hatten Vertrauen zur Führung und, was wohl mit das Wichtigste war, wir hielten den Kriegsgrund, die Wiedervereinigung Danzigs mit dem Großdeutschen Reich, nicht nur für gerecht, sondern sahen sie als eine selbstverständliche Wiedergutmachung eines unserem Vaterlande angetanen Unrechts an. Schließlich waren wir alle jung, und auch ein Teil Abenteuerlust war in uns. Es ist ein Irrtum zu glauben, daß uns ein Haß gegen England bewegte, das uns in diesen Krieg gedrängt hatte. Aber unser Selbstbewußtsein war stark genug, dieser Nation das Recht abzusprechen, immer und immer wieder seit Jahrhunderten bestimmen zu wollen, was auf dem Kontinent zu geschehen hatte. So etwa waren meine Gedanken beim Auslaufen aus Kiel.

Bei bedecktem Himmel steuerten wir auslaufend nach dem Punkt »rot 15«, der Ansteuerung des Großen Belt, ein Weg, den ich in all meinen Dienstjahren wohl Hunderte Male zurückgelegt hatte. Nach Front-Routine machten wir gleich auf tieferem Wasser das nun obligatorische morgendliche Prüfungstauchen.

Beim Ansteuerungspunkt stand bereits der große Sperrbrecher, der uns bis zum Kattegat geleiten sollte. Dort stießen dann zu seiner Ablösung zwei Vorpostenboote zu uns, um das Flak-Geleit bis zu unserem Wartepunkt Kristiansand zu übernehmen.

Kurz nach Mitternacht standen wir querab von Skagen, dem

Gebiet, wo sich vorzugsweise britische U-Boote aufhielten, um den Versorgungsverkehr Norwegen anzugreifen.

Nach dem Prüfungstauchen, während dessen das Flak-Geleit auf uns warten mußte, blieb ich auf der Brücke, bis wir mittags in Kristiansand einliefen, um auf das weitere Geleit zu warten. Es war ein herrlicher Sommertag geworden. Ein friedvolles Bild bot sich uns mit vielen an den niedrigen Felsklippen badenden Norwegern. Im Schutz des Hafens ließ ich alle wachfreien Männer während der Wartezeit sich an Oberdeck sonnen. Wahrscheinlich würde es auf der Reise das letzte Mal sein, daß sie zusammen die Sonne genießen konnten.

Die Besatzung zählte 56 Köpfe. Dazu kamen noch zwei Fähnriche, ein Obersteuermann-Schüler und ein überzähliger Funkmaat, so daß wir gerade 60 Mann waren. Noch in Stettin hatte ich die mir für den U-Bootsbetrieb ungeeignet scheinenden Soldaten auswechseln lassen. Außerdem war vom Personalbüro U-Boote der bisherige Bootsmann gegen den Bootsmann Kurkowski ausgetauscht worden, der schon mehrere Feindfahrten hinter sich hatte. Mit Alex Kurkowski, der dann noch vier lange Unternehmungen auf *U-68* machte, hatten wir einen ganz besonders guten Tausch gemacht. Auch der zusätzliche Obersteuermann Walter Griese gefiel mir in seiner Ruhe und Ausgeglichenheit sehr gut.

Um Mitternacht, dunkel wurde es überhaupt nicht mehr, passierten wir 59° Nord und 3° Ost, meldeten uns, und schalteten auf Atlantik-Welle. Die See ist grau, der Himmel bedeckt, die Dünung nimmt ständig zu. Auf weißen Schaumkämmen heben sich losgerissene Treibminen gut ab. Wir passierten sie in respektvoller Entfernung.

Der denkwürdige 4. Juli brachte uns einen klaren, fast wolkenlosen Sommerhimmel, ganz leichte See und abnehmende Dünung, tiefgrünblaues Wasser und eine sehr gute Sicht. Als erstes erwartete ich rege Luftüberwachung und mahnte die Brückenwache zur schärfsten Aufmerksamkeit. Sechs Brückengläser (8 × 60) musterten die vier Sektoren ohne Unterlaß. Kein Wort fiel auf der Brücke. So verging Stunde um Stunde. Wir lagen schon auf WSW-Kurs und näherten uns dem »Rosengarten«, einem unterseeischen

Plateau zwischen Island und den Faröern, das bis auf 200, 300 m Meerestiefe ansteigt. Die Spannung auf dem Turm war fast mit der Hand zu greifen. Als es fast genau um die Mittagszeit und beim höchsten Sonnenstand plötzlich hieß: Mastspitzen an Steuerbord, da war es fast eine Erleichterung, weil jetzt gehandelt werden mußte. Zwei ganz feine Striche bewegten sich am Horizont, und da war auch eine ganz feine zarte Rauchwolke, eben hinter dem Strich, der ganz langsam millimeterweise wuchs und länger wurde, deutlicher sich abzeichnete an der messerscharfen Kimm. Die Striche zogen sich zusammen, und dann kam unter den beiden eine Vierkant-Form eben über die Kimm. Da hieß es sofort Alarmtauchen, denn das waren die Krähennester mit den Ausguckposten, zu denen wir genau im Mittagsglast standen. Auf Sehrohrtiefe, gut durchgependelt, kamen zwei Zerstörer so genau auf uns zu, daß man nur die beiden V-s der Bugsee mit dem darüber stehenden Schiff sah. Die nur geringe Dünung erlaubte ein Überspültfahren des Sehrohrs. Als der Horcher meldete: »S-Gerät an Steuerbord deutlich lauter«, ging ich doch besser auf Tiefe und war kaum auf 60 m, als eine einzelne Wabo nachhallend die trügerische Stille unterbrach. »Horchfahrt«, absolute Stille im Boot. Dann aber brach die Hölle plötzlich los. Serienweise fielen die Wabos, immer vier in Sekunden-Folge!

Längst waren wir auf 120 m und hatten selbst den Kreiselkompaß abgestellt. Um die Batterie zu schonen, gingen wir nur mit einer Schraube, so daß wir gerade steuer- und tiefenhaltungsfähig blieben. Ich bemühte mich, in der Zentrale das klatschendlaute S-Gerät durch Kursänderungen immer recht achteraus zu halten. Dann kamen plötzlich Serien Wabos, und sie lagen näher, die Druckwellen ließen das Boot schlingern. Dann waren mehrere S-Geräte zu hören, Ton unterschiedlich. Im Diesel pieselten die Abgasklappen, das Tropfen hallte durch das ganze Boot, auch die Steuerbord-Sternbuchse machte etwas Wasser. Wir sackten ganz langsam tiefer und standen auf 138 m Tiefe, aber jetzt lenzen, auch mit Druckluft, wäre ein Wahnsinn gewesen. Ich wußte noch nicht, was der Druckkörper aushielt, tiefer als 105 m waren wir in der Ostsee nicht getaucht. Ab und zu knackte es im Gebälk. Serie auf Serie fiel. Ich stand im Horchschapp und horchte mit. Bei der ruhigen See oben hörte man gut das Klatschen der Wabos auf dem Wasser. Ich drückte die Stoppuhr bis zur Detonation. Sie warfen Terrassen (60–80–100 m) und liefen immer über Kreuz oben an! Wiitsch-Wiitsch machten die Zerstörerschrauben, wenn der Werfer anlief. Vier Stunden amüsierten wir uns jetzt schon miteinander, ohne daß ein Ende abzusehen war. Wie hatten sie uns nur so genau festgestellt? Ob wir doch ein sehr hohes Flugzeug übersehen hatten? Ob hier im Rosengarten möglicherweise ortsfeste Horchgeräte auslagen? Wieder fielen zwei sehr nahe Serien in kurzem Abstand. Sechs Stunden dauerte jetzt der Rummel. Wir standen jetzt auf 160 m, und jetzt mußte ich schon beide Schrauben kleine Fahrt gehen, um nicht noch weiter abzusacken, zumal das Boot konstant schwerer wurde durch das Leckwasser. Schon lange lagen wir nicht mehr auf ebenem Kiel, sondern schoben uns mit 8° Achterlastigkeit durch das Wasser. Dann war es fast 20 Minuten still. Nur das S-Gerät hämmerte auf die Bordwand, aber keine Bombe fiel.

Wir hatten große Schwierigkeiten, auch nur annähernd den Schiffsort mitzukoppeln, denn mein Anhalt war das Achterausnehmen der S-Geräte, um vom Gegner wegzukommen. Nach siebeneinhalb Stunden Wabo-Segen wurde es ruhig, fast zu ruhig.

Ganz langsam ging ich dynamisch durch Fahrtvermehrung höher. Das Wasserpieseln im Diesel wurde geringer. Dennoch mußte ich lenzen, ein paar Tonnen Wasser mußten aus dem Boot. Im Diesel stand das Wasser am Schott zur E-Maschine fast auf der Höhe der Flurplatten, die Dieselkupplung war schon im Wasser. Bis auf die Rudergänger, den Zentralemaat sowie die beiden Obersteuerleute und den LI lagen alle auf ihren Kojen und atmeten seit zwei Stunden aus Kalipatronen. Als nach einer weiteren halben Stunde keine Wabo mehr fiel und das S-Gerät gerade eben noch im Gruppen-Horchgerät (GHG) zu hören war, ließ ich mit Druckluft lenzen, stoppte nach einer Minute wieder ab und fuhr fort, als sich nichts veränderte. Auf Sehrohrtiefe ließ ich dann den Kreisel wieder anlaufen. Auch danach änderte sich nichts. Tatsächlich: der Rundblick war frei! – Langsam wieder in Betrieb nehmen der Pumpen und der anderen Hilfsmaschinen, vorsichtiges Lenzen des Dieselraumes und Heckraumes. Erneuter sorgfältiger Rundblick und dann: »Auftauchen«! Trotz Abpumpen des Überdrucks flog das Luk nur so auf und zog mich fast bis auf die Brükke. Bei tagheller Nacht war weit und breit kein Gegner mehr zu sehen, aber das ging nicht lange gut. Schon nach 20 Minuten kamen vom Westen richtige schwarze Kohlerauchwolken sehr schnell näher. Wir mußten wieder runter in den Keller! Wieder Wabos in großen Serien.

Nach einer Stunde, die Zeit kam einem viel länger vor, und nach etwa 80 Wabos, aber alle doch in größerer Entfernung als zu Beginn des Tanzes, wurde das S-Gerät plötzlich schnell leiser. Ganz langsam steuerte ich wieder Sehrohrtiefe an. Rundblick. Besser, noch etwas abzuwarten. Es war nach Mitternacht, aber hell, wie am Tage. Vorsichtshalber ließ ich auch noch den I. W.O. durch das Sehrohr Rundblick nehmen. Auch Maus sah nichts Verdächtiges.

So entschloß ich mich wieder aufzutauchen, um endlich über Wasser aus dem Suchgebiet entfliehen zu können. Aufgetaucht. Doch da waren sie. An Steuerbord achteraus stand die Suchgruppe, aber so weit weg, daß ich riskierte, über Wasser, jetzt nach Nordosten mehr unter die isländische Küste davonzulaufen. Zunächst ging auch alles klar und wunschgemäß, bis nach einer guten halben Stunde, genau voraus, eine Rauchwolke über die Kimm stieg. Es half nichts, ich mußte wieder weg, Alarmtauchen und ganz schnell auf 100 m gehen. Wabos, aber weit weg, und wieder gab es ganze Serien hintereinander, ohne daß sie näher kamen. Ob wohl noch weitere deutsche Boote in der Nähe sind? Denn uns konnte der Tumult da oben kaum gelten? Wir nahmen den ganzen Zauber achteraus. Nach dem S-Gerät vergrößerte sich die Entfernung ziemlich schnell, auch die Schraubengeräusche wurden leiser und leiser. Ab und an fielen jetzt einzelne Wasserbomben in großer Entfernung. Gerne würde ich jetzt wieder hoch, um endlich die Batterie aufladen zu können. Schließlich waren wir wieder auf Sehrohrtiefe, wieder war der Rundblick frei – also aufgetaucht. Zwei Rauchwolken standen in 220° eben an der Kimm. Achteraus genommen und mit ganzer Fahrt nach NO abgelaufen, um die Batterie zu laden und den Druckluftvorrat wieder aufzupumpen! Außer Sicht der Rauchwolken, dann ganz langsam nach NW aufgedreht, um endlich hier aus dem Suchgebiet zu verschwinden. Nach kaum 40 Minuten Fahrt hatten wir voraus schon wieder eine Rauchwolke, der ich aber nach Norden ausweichen konnte. Dann aber drehten wir wieder auf West und gingen auf Höchstfahrt. Alles atmete auf. Man sah wieder belebtere Gesichter, aber die Spannung wich nicht, alles blieb in höchster Alarmstufe. Wir wunderten uns über das Ausbleiben von Flugzeug-Aufklärung.

Nach einer guten Stunde gingen wir sogar auf SW-Kurs. An Steuerbord achteraus war der Schatten von Island zu sehen, als ganz feine dunklere Linie an der Kimm mit einigen Buckeln. Vom Westen kamen mit verschlechterter Sicht einzelne Regenflaagen, für uns wie gerufen! Jetzt standen wir bald 24 Stunden in höchster Anspannung im dauernden Alarmzustand. Dennoch hatte ich Bedenken, die Gefechtswache wechseln zu lassen. Wir waren jetzt gut eingespielt. Beide W.O.s waren auf der Brücke – Kaffee wurde hochgereicht, kalte Küche genügte.

Kaum hatte ich doch normale Kriegswache aufziehen lassen, kam an Steuerbord voraus auch schon wieder eine gelblich-weiße Qualmwolke in Sicht, offensichtlich von einem schnellaufenden Kriegsschiff. Es gelang uns, nach Süden auszuweichen. Wirklich, hier hatten die Engländer eine erhebliche Bewachung aufgezogen. Nur wunderte es uns, daß die Luftüberwachung vollkommen ausblieb.

Was wir damals noch nicht wußten und erst später, lange nach dem Kriege erfuhren, war, daß schon damals die Engländer zum mindesten unsere Passiermeldungen bei 60° Nord mitlasen und obendrein selbst Kurzsignale auf der jeweiligen U-Bootswelle einpeilen konnten. So war durch Mitkoppelung ziemlich genau festzustellen, wann das betreffende U-Boot in der Island-Straße zu erwarten war. Es sind eine ganz erhebliche Anzahl unserer in den Atlantik entsandten Boote in diesem Seeraum infolge des meist günstigen Horchwetters hier bereits vernichtet worden. Begünstigt wurde dies auch dadurch, daß die meist noch kampfunerfahrenen Boote auf ihrer ersten Feindfahrt es noch nicht beherrschten, diesen langwierigen, sich immer wiederholenden Verfolgungen zu entgehen, sich also taktisch richtig zu verhalten. Alle technischen Neuerungen in der Ortung erprobten die Engländer vorzugsweise hier.

Tatsächlich gelang es uns, fast eine Stunde über Wasser mit Batterieladung zu marschieren, als wir schon wieder eine Suchgruppe voraus in Sicht bekamen. Der Versuch auszuweichen über Wasser mißlang, und dann kam auch schon fast genau von voraus ein großer Zerstörer genau in Lage 0 auf uns zu. Es half nichts, wir mußten wieder ganz schnell in den Keller. Wir gingen gleich auf 150 m, und schon fielen die Wabos mit größeren Unterbrechungen und bei sehr lautem S-Gerät, aber ohne Zweifel sich doch langsam achteraus entfernend. Schon nach einer halben Stunde war auf Sehrohrtiefe der Rundblick wieder frei.

Wieder gelang es uns, fast eine halbe Stunde über Wasser auf SW-Kurs dem Atlantik näher zu kommen, als aus einer Regenflaage auf 4000 m ein Fischdampfer auf uns zulief. Nun – dann eben noch einmal das gleiche Spielchen. Gleich auf 120 m bei lautem S-Gerät, diesmal aber in einer anderen Eigenart. Es hörte sich an, als wenn Stahlkugeln an die Bordwand prasseln, bei ganz kurzen Pausen. Wieder nahmen wir ihn achteraus. Ganze fünf Wasserbomben fielen dann in größerem zeitlichen Abstand. Das S-Gerät wurde leiser, und nach fast zwei Stunden Tauchzeit gingen wir sehr vorsichtig auf Sehrohrtiefe. Die Dünung hatte zugenommen und erschwerte den Rundblick, weil wir quer zur See erheblich pendelten. Zweimal rum, nichts zu sehen, auch der Himmel war frei!

»Auftauchen« – Anblasen«! Wir brachen aus der Oberfläche, das Turmluk flog auf. Schon war ich auf der Brücke und sah, daß im Abstand von 600 m der bewaffnete Fischdampfer gestoppt und leicht schlingernd lag. Schöne Überraschung. Was tun? Nichts wie weg! Aber nicht tauchen, dann holt er uns in kürzester Zeit den ganzen Suchklüngel auf den Hals! Ausblasen mit Druckluft, um keine Zeit zu verlieren, und sofort beide Diesel! Dann langsam hoch auf halbe Fahrt, weiter ganze Fahrt, und schließlich äußerste

Kraft voraus, Kurs WSW! Der Bewacher, mehr ein Hochseeschlepper als ein Fischdampfer, schien uns zunächst nicht einmal zu bemerken. Als wir gerade drei, vier Minuten auf Großer Fahrt sind, da kommt Leben in den Gegner. Er dreht auf unseren Kurs und besetzt die Bugkanone. Abstand 1000 m! Er brüllt mit seiner FT in den Äther SSSS SSSS SSSS und gibt die Position offen ab, so daß wir vergleichen können.

Ich laufe quer zur Dünung, damit er kräftig schlingert und das Abkommen der Kanone erschwert, lasse die 3,7 cm auf dem Achterschiff besetzen und in Einzelschüssen feuern. Seine Aufschläge liegen dann auch, wie erwartet, einer rechts, der nächste links und zu kurz; unsere leider aber auch nicht besser. Dann geht aber auch einmal eine Granate mit großem Geheul über uns weg, danach liegen die Aufschläge wieder schön brav um fast 400 m zu kurz im Kielwasser, und der Abstand vergrößert sich zusehends, wir schnauben mit äußerster Kraft vor ihm her.

Auf Grund seines Gebrülls im Äther wartete ich jede Minute auf einen Flugzeugangriff und auf das Auftauchen einer schnelleren Suchgruppe. Das ewige Tauchen-Auftauchen mit immer nur kurzen Ladezeiten hatte die Batterie bis fast auf Null gebracht. Wenn jetzt getaucht werden mußte, hatten wir höchstens für eine knappe Stunde noch »Kujambels«, wie das meine E-Leute ausdrückten. Für den Fall eines Falles traf ich alle Vorbereitungen zur möglichen Selbstversenkung. Der Seesack mit den Geheimsachen kam in den Turm, die Besatzung mußte den Tauchretter anlegen. In äußerster Spannung verging Viertelstunde auf Viertelstunde bei sich vergrößerndem Abstand, ohne Flugzeuge, ohne Insichtkommen von weiteren Verfolgern. Der Bewacher, nur noch mit den Aufbauten über der Brücke sichtbar, hatte auch das nutzlose Schießen eingestellt. Ich hatte auch meine Leute von der 3,7 cm längst wieder im Boot, aber er folgte mir immer noch mit großem Funkgeschrei. Gut 100 Minuten nach der Überraschung nahm ich die Vorbereitungen für den Notfall zurück. Langsam kam der Bewacher unter die Kimm, nur der Mast war immer noch sichtbar. Nach der zweiten Stunde verschwand auch der Mast. Alles war noch einmal gutgegangen. Aber ich machte mir Vorwürfe, daß ich nicht sorgfältig genug den Rundblick durchs Sehrohr ausgeführt hatte.

Am späten Abend, es ist der 5. Juli geworden, gibt es einen Wetterwechsel, gegen Morgen kommt dichter Nebel auf. Wir atmen auf. Zum ersten Male seit dem 3. Juli gehe ich von der Brücke und lege mich beruhigt auf die Koje. Uhlending übernimmt die Wache. Mit 9 Seemeilen Marschfahrt tasten wir uns südwärts durch den Nebel, um so bald als möglich wieder nächtliche Dunkelheit zu haben. Unsere Position zur Wettermeldung soll südwestlich Kap Farewell im Abstand von 176 Seemeilen sein, dem etwa nördlichsten Punkt der Geleitzugkurse von den USA.

Ich liege angezogen mit Blendbrille auf der Koje und versinke in einen bodenlosen Schlaf. Plötzlich erhebt sich ein schreckliches Geschrei auf der Brücke, und schon schrillen die Alarmglocken durchs Boot. Uhlending brüllt noch im Turmschacht: »Er rammt uns, er rammt uns!« Dann kommt es aus ihm heraus: »Zerstörer 100 m Lage Null!« Schon sind wir mitten im Tauchmanöver, aber was ist los? Während wir mit 20° Vorlastigkeit im Wasser hängen, bleibt das Heck über Wasser. Der Turm ist eben überspült, nur eine E-Maschine läßt die Backbordschraube in der Luft mahlen. Das ist nahe an der Katastrophe, der Feind muß nur eine Wasserbombe fallen lassen. Jede Sekunde erwarte ich den Rammstoß oder den tödlichen Blitz der Wasserbombe ... Es gibt nur eine einzige Möglichkeit: rauf, und dann an die Kanonen. Also: »Anblasen!« »Geschützbedienungen klar«. Turmluk frei – Luk fliegt auf – der Zerstörer liegt noch keine hundert Meter an Steuerbordseite gestoppt und dümpelt stark in der Dünung. Der Kommandant auf der Brücke trägt eine weiße Mütze, wie ich auch.

Instinktiv hebe ich die Hand an die Mütze, und tatsächlich hebt auch der Zerstörer-Kommandant seine Hand zur Mütze und grüßt herüber, während ich versuche, wenigstens mit der Backbord-Schraube Fahrt aufzunehmen. Dann kommt endlich unten Klaunigs Stimme: »Steuerbord-Kupplung ist frei!«

Beide äußerste Kraft voraus und: »Alarmtauchen!« Der Zerstörer sackt langsam achteraus.

Dennoch hat er offensichtlich zu spät geworfen, als er uns überlief. Die Detonationen liegen alle voraus, soweit man das im GHG beurteilen kann. Auf 150 m Tauchtiefe fangen wir ab und gehen zunächst mit großer Fahrt auf den neuen Kurs, während der Zerstörer, offensichtlich nach dem ersten Überlauf, erneut drehen will, denn die Schrauben sind laut, aber weit entfernt. Wir haben Glück, daß es nur einer ist; und so fallen in erheblichen Abständen 38 Wasserbomben immer zu je sechs Stück. Die ersten beiden Serien sind noch unangenehm nahe, denn das Boot federt um seinen Mittelpunkt und kommt auch ins Schaukeln um die Längsachse.

Und dann kommt plötzlich ein Grollen durch das Wasser, ein immer stärker werdendes Grummeln von ganz schweren großen Schiffsschrauben! Es schwillt an, nimmt immer mehr zu, man kann die Umdrehungen zählen, 70, 80, 90 wechselnd. Es rummelt über uns hinweg und nimmt dann ganz langsam ab. Ein ganz dicker »Koffer«, eventuell ein Schlachtschiff?

Oben im Nebel wäre keine Chance gewesen. Später, lange nach dem Kriege, erfahre ich, daß an diesem Tage die Besetzung von Island stattgefunden hat. Das war ein Transporter, kein Zweifel! Es war zugleich das erste Eingreifen der USA in das Seekriegsgeschehen.

Der 9. Juli ist der erste Tag ohne tückische Überraschungen, und wir müssen befehlsgemäß Wettermeldung abgeben. Das war wieder eine hervorragende Gelegenheit für den britischen Funkpeildienst, uns genau zu lokalisieren, wie wir dann nach dem Kriege erfahren haben.

Ich aber hatte mich mit einem anderen Problem zu beschäftigen, dem panikauslösenden Geschrei Uhlendings beim Treffen mit dem Zerstörer. Einen »durchdrehenden« Obersteuermann kann sich kein Kampfboot leisten.

Am 10. Juli hatten wir unser zugewiesenes Operationsgebiet erreicht, südlich Kap Farewell. Sehr nördlich aus der Belle-Ile-Straße kommende Feindschiffe konnten hier passieren. Tatsächlich kam am Abend aus dem hellen Westhorizont auf fast 80 Hektometer ein Dampfer in Sicht, ein schönes, modernes Schiff mit Kreuzerheck, Klippersteven, Kanone vorne und achtern, gekappten Stengen, keine Flagge, keine Abzeichen. Nach vier Stunden

Verfolgungsfahrt mußten wir aber aufgeben, da es mir trotz mehrfacher Versuche nicht gelang, in günstige Schußposition zu kommen. Langsam schlichen wir uns auf unsere Position zurück.

Dann standen wir vom 12. bis zum 18. Juli ereignislos im Operationsgebiet. Das zehrte an den Nerven, nach der zuvor verpaßten Chance. Anschließend sollten wir mit anderen Booten einen Vorpostenstreifen im mittleren Atlantik bilden und gingen sofort auf unsere neue Position, wo wir ab 19. Juli stur auf und ab standen. Nach wenigen wiederum ereignislosen Tagen bei relativ ruhigem, aber schlechtsichtigem Wetter wurden wir umgruppiert und in einem neuen Streifen wesentlich weiter südlich eingesetzt. Oft war die Sicht so schlecht, daß wir mehrfach am Tage tauchten, um besser »hören« zu können. Am 24. Juli wurden wir auf einen erkannten Geleitzug angesetzt und uns eigene Luftaufklärung mit einer FW-200 angekündigt. Tatsächlich konnten wir am 25. Juli mittags erstmalig Peilzeichen der FW-200 empfangen und bekamen den Standort des Geleitzuges mitgeteilt.

Jetzt kam Leben in das Boot, und im Atlantik wurde es lebhaft. Mit Großer Fahrt manövrierten wir auf das Geleit und bekamen vom fühlunghaltenden Flugzeug den neuen Standort und den neuen Geleitkurs. Weitere vier Boote verfolgten uns. Wir bekamen auch Fühlung, die wir meldeten, und erhielten Angriffserlaubnis vom BdU. Doch zunächst mußten wir uns vorsetzen, und außerdem war es noch zu hell. Aber das Geleit war gegen den hellen Westhimmel gut auszumachen. Jetzt sendeten wir Peilzeichen, natürlich nicht ahnend, daß auch der Gegner uns laufend dadurch mitpeilen konnte und jeden von uns genau mitkoppelte und das Geleit auch zum Ausweichen steuerte. Das Geleit bestand aus drei Kolonnen in unübersehbarer Zahl von Frachtschiffen. Langsam kamen wir nach vorne auf dem Geleitkurs. Wir gaben immer noch Peilzeichen. Der BdU nahm die Angriffserlaubnis wieder zurück und verschob sie auf 12 Uhr nachts.

Um Mitternacht am 27. Juli, südsüdwestlich von Irland, westlich der Biskaya, sammelten sich drei Boote weit vor dem Geleit zum Angriff, *U-79, U-561* und *U-68*. Aber es war mir noch zu hell, und wir standen auch noch zu weit ab. Um hinter die Voraussicherung zu kommen, staffelten wir jetzt kräftig ran, als plötzlich, eine halbe Stunde nach Angriffserlaubnis, zwei Torpedodetonationen am Geleit erfolgten. Da kam Bewegung in die Sicherung. Alle vier an unserer Seite stehenden Geleitfahrzeuge, zwei Zerstörer und zwei Korvetten, drehten mit äußerster Kraft nach außen, und dann begann der Feuerzauber. Schiffe und Bewacher schossen Leuchtgranaten, rote Sterne bezeichneten die Angriffsseite. Als die Leuchtgranaten platzten und die Leuchtschirme niedergingen, lagen wir haarscharf als Silhouetten sichtbar für die Geleitfahrzeuge und konnten nur nach außen abdrehen, um aus der Artilleriereichweite und der Beleuchtung zu entkommen. Offensichtlich war ein Schiff der ersten Kolonne getroffen und brannte. In Lage 0 kamen zwei Bewacher mit weißer Bugsee auf uns zu, so daß wir Fersengeld geben mußten und nicht beobachten konnten, was der Geleitzug hinter uns machte. Dazu fast pausenlos Wabo-Detonationen und immer neue Leuchtgranaten in unserer Richtung. Nach 20 Minuten äußerste Kraft drehte der erste Bewacher ab, wenige Minuten später der zweite. Sofort drehten wir hinterher und verfolgten nun umgekehrt die Bewacher. Aber vom Geleit war natürlich nichts mehr zu sehen. Dafür wurde die Sicht schlechter, und plötzlich waren die Bewacher, unsere Lotsen zum Geleit zurück, vom Nebel verschluckt. Wir hatten die Fühlung zum Geleit verloren. Wir stießen nach Süden vor, um auf alle Fälle bei Hellwerden vor dem Geleit zu stehen.

Vier Stunden waren seit dem Angriff vergangen, als ganz plötzlich genau voraus in etwa 4000 m Entfernung Scheinwerfer- und Morseverkehr registriert und dann ganz kurz ein Zerstörerschatten sichtbar wurde. Wir versuchten Fühlung zu halten, aber nach wenigen Minuten war er vom Nebel verschluckt.

Mit einsetzender Helligkeit stiegen die Nebel. Allmählich wurde auch die Sicht besser. Um 8 Uhr kam der Geleitzug OG-69 wieder in Sicht. Wie wir heute wissen, hat dieser Geleitzug in dieser Nacht tatsächlich nur drei Schiffe verloren, je eins durch *U-79* (Wolfgang Kaufmann), *U-203* (Mützelburg) und *U-126* (Bauer), wobei schwere Schätzfehler in bezug auf die Größe der Schiffe und ihre Anzahl gemacht worden sind. Wir hofften nun auf die nächste Nacht. Leider aber häuften sich die Maschinenschäden bei *U-68*. Die Schäden, die die Kupplungen beider Wellen durch das Schleifen im Leckwasser des Dieselraumes bei der langen Wabo-verfolgung unter Island erlitten hatten, zwangen immer wieder zu Stoppzeiten und Reparaturversuchen mit Bordmitteln. Die Abgasleitungen waren undicht, ebenfalls die Ausblaseleitungen. Die zwei Flaschengruppen der Druckluft im Vorschiff verloren stündlich an Druck, der Hochdruckverteilerstutzen war undicht und blies ins Boot.

Wir trudelten den Tag über vor dem Geleit nach Süden und wollten die Dunkelheit zum Angriff abwarten. Mit gutem, voll einsatzfähigem Boot hätte man sich auch getaucht in den Geleitzug hineinsacken lassen. Für *U-68* war das aber nicht mehr zu verantworten. Am Nachmittag kamen nacheinander zwei Korvetten getrennt in Sicht. Wir konnten über Wasser gerade ausweichen, ein anderes Boot hinter mir zog es vor zu tauchen. Der LI war auf der Brücke, die ich seit über 20 Stunden nicht mehr verlassen hatte, und meldete, daß wir versuchen müßten, den Hochdruckstutzen zu reparieren, weil das Blasen laufend zunahm und die Tauchbereitschaft gefährdet war. So setzten wir uns bis zum Dunkelwerden auf Geleitkurs nach Backbord ab zur Reparatur, die um 8 Uhr abends beendet war. Der Schaden konnte nicht ganz behoben werden, dennoch konnte man wieder etwas riskieren! *U-126* (Bauer) sendete Peilzeichen, und wir bekamen den Geleitzug tatsächlich um Mitternacht wieder in Sicht. Beim Anlaufen mit äußerster Kraft stießen wir auf zwei Zerstörer, die offensichtlich eine Kursänderung des Geleits abdecken sollten. Wir kamen erstaunlich nahe heran, ohne daß sie uns bemerkten, und ich war schon versucht, endlich auf den nächststehenden zu schießen. Der schwache Seegang und die geringe Dünung würden es wohl erlauben, nur müßte ich durch paralleles Aufdampfen die Lage von 120 auf wenigstens 90 verbessern. Beim Versuch um Mitternacht kam aber wieder Nebel auf, und der Zerstörer gelangte außer Sicht.

Endlich aber kam eine Korvette an Steuerbord in Sicht, mit der wir ein Spielchen begannen. Die Korvette drehte plötzlich zu und wir sofort ab, dann ging sie wieder auf alten Kurs, und wir folgten ihr. Das wiederholte sich noch zweimal. Jetzt wollte ich doch versuchen, das Ding endlich abzuschießen, als wir wieder auf parallelen Kursen lagen. Maus schätzte die Entfernung auf 1800 m, Lage 85°, Gegnerfahrt 8 Seemeilen, wie schon die ganze Zeit gekoppelt. Ich gab die beiden Heckrohre frei. In Anbetracht der ruhigen See konnte er T-3 einstellen, ohne Gefahr des Rausbrechens des Torpedos. Zwei Minuten vor Dreiviertel 3 Uhr fiel der Zweierfächer aus beiden Heckrohren, ohne erkennbare Wirkung auf das Ziel.

Auf Grund der gestrigen Erfahrung rechneten wir mit Auflösung des Nebels in den ersten Vormittagsstunden. Aber am 28. Juli blieb es bei einem etwa 50 m hohen Nebelmantel über dem Wasser, denn nach oben war es klar und sogar zeitweilig sonnig. Der blaue Himmel lachte in die Nebellöcher. Eine seltsam unwirkliche Atmosphäre umgab uns. Dabei waren alle Augenblicke Wabo-Detonationen zu hören. Am Nachmittag gab es eine Fühlunghaltermeldung von *U-126* (Bauer), eine Stunde später eine zweite. Wenn Bauers Standort stimmte, dann hätten wir etwa um Mitternacht wieder am Geleit stehen können. Wir steuerten den Treffpunkt an. Tatsächlich hatte in der vergangenen Nacht *U-561* einen, *U-203* zwei Dampfer aus dem Geleit herausgeschossen. Anerkennung! Wir hatten das Geleit nicht einmal gesehen. Als ich mir noch einmal alle Situationen der vergangenen Nächte vor Augen führte, erkannte ich auch meine Fehler. Es ist sicher klüger, nicht immer vor dem Geleit stehen zu wollen, sondern etwa in der Mitte, weil es dann immer leichter ist, die Ausweichbewegungen des Geleits zu erkennen und ihnen zu folgen. Vor dem Geleit stehend wird man von den Fegern so weit abgedrängt, daß es schwer wird, das Geleit nach der Kursänderung wiederzufinden. Diese klare Erkenntnis beschloß ich zu beherzigen.

Um Mitternacht – also schon am 29. Juli, wir erwarteten, jederzeit auf das Geleit zu treffen – war plötzlich ein kleineres, stark qualmendes Einzelschiff voraus in Sicht. Es »zackte« mit unverständlich großen Kursänderungen, schien auch dauernd die Fahrtstufe zu ändern und feuerte plötzlich eine Leuchtrakete, keine Leuchtgranate. Mißtrauisch beobachteten wir das Gehabe. Kursänderungen bis auf

Gegenkurs, das war verdächtig. Schon gestern hatte ein Boot vor einer Falle gewarnt. Das war sie! Wir hielten uns schön entfernt und verloren nach einer Viertelstunde die Falle außer Sicht.

Bei Hellwerden hatten wir einen großen Zerstörer als Schatten voraus. Da es schnell heller wurde und zudem aufklarte, entschloß ich mich zum Alarmtauchen. Dabei platzte das Schwingmetallzwischenstück der Druckseite der Hauptlenzpumpe; das gleiche Stück der Saugeseite war bereits in den ersten Tagen der Unternehmung geplatzt. Da aber das Druckluftlenzen wegen der Undichtigkeiten des Lenzanschlusses des Reglers nicht mehr durchführbar war, waren wir nur noch sehr begrenzt tauchklar. Zusammen mit allen anderen technischen Störungen mußten wir ernstlich erwägen, die Unternehmung abzubrechen. Während ich noch mit dem LI und den beiden Obermaschinisten auf der Brücke alle Möglichkeiten debattierte, erschien wie zum Hohn über uns wieder eine FW-200, die erneut nach dem Geleit suchte. Tatsächlich war aber an diesem Tage kein Boot mehr an das Geleit herangekommen, das Geleit war auch schon zu nahe an Gibraltar.

Zwanzig Minuten vor 10 Uhr am 29. Juli meldete ich dem BdU meinen Rückmarsch nach Lorient. Seit Tagen lag der Fähnrich z. S. Bruhns mit hohem Fieber in der Koje und klagte über Brustschmerzen. In der von mir verwalteten Bordapotheke hatte ich nichts, womit ihm geholfen werden konnte. Bruhns machte uns erhebliche Sorgen.

Am Nachmittag kam eine Sunderland tieffliegend auf uns zu, und erneut mußten wir in den Keller, wo es unentwegt rumste von Detonationen.

Wir steuerten auf dem Rückmarsch jetzt die Portugal-Küste an. Am Nachmittag des 20. Juli fiel der Steuerbord-Motor aus. Zwei Zylinder wollten nicht mehr mitmachen. Zur Reparatur tauchten wir und setzten den Rückweg unter Wasser fort. Bei Dunkelheit tauchten wir querab von Finisterre auf und mußten gleich noch einmal vor einem Flugzeug tauchen. Nach einer Stunde und vollkommener Nacht setzten wir dann unseren Rückmarsch unmittelbar unter der spanischen Küste fort, folgten ihr um die Ecke nach Osten und liefen dann bei Hellwerden von

Punta Estacca unter Wasser nach Norden auf Lorient zu. Um 10 Uhr am 1. August 1941 machten wir an der alten französischen Hulk *Isère* mit Musik fest.

Mir war keineswegs nach Musik zumute. Wir kamen mit fast vollzähligem Torpedovorrat (bis auf zwei) und fast dem halben Brennstoffvorrat nach Hause, ohne Erfolg, aber ich wenigstens mit vielen Erfahrungen.

Heinz Fischer empfing mich, sagte nichts und hatte auch nichts zu sagen. Aber er drückte mir still die Hand, sah auf das wimpellose Sehrohr und ergriff nochmals meine Hand. Ich war stark deprimiert, auch durch die schlaflosen Tage und Nächte am Geleit nervlich angegriffen und stand nun vor folgenreichen Entscheidungen. Fischer teilte mir mit, daß der BdU auf einen Vortrag verzichtete. Das war selten und nicht gerade ein Zeichen von Anerkennung. Mit Fischer sprach ich meine Sorgen durch. Neben seinem Durchdrehen beim Auftreffen auf den britischen Zerstörer hatte sich der Obersteuermann Uhlending zum Kritiker entwickelt und laut geäußert, daß mit diesem Kommandanten keine Erfolge zu erwarten seien. Ich konnte es nicht einfach übergehen, da es sowohl Offiziere als auch Unteroffiziere und Mannschaften gehört hatten. Nach eingehender Aussprache mit Fischer und anderen Kameraden im Stützpunkt machte ich eine offizielle Meldung an die Flottille. Uhlending wurde sofort abkommandiert.

Die zweite Sorge war der erkrankte Fähnrich, der mit einer schweren Lungenentzündung sofort ins Lazarett gekommen war.

Die dritte Sorge aber war, wie und wann war das Boot wieder voll einsatzbereit? Darüber konnte mir zunächst keiner eine verbindliche Auskunft geben.

Positiv war, daß sich die Besatzung bis auf den einen Fall voll bewährt hatte und keinerlei Veränderungen nötig waren. Der Bootsmann hatte sich als der Mann mit den besten Augen hervorgetan. Mehrfach hatte ich sie mir gewissermaßen leihen müssen, als ich in der dritten Nacht ohne Schlaf buchstäblich nicht das sehen und erkennen konnte, was mir Kurkowski und auch der Obersteuermann Walter Griese an Beobachtungen mitteilten. Um fit zu bleiben, hatte ich nach den ersten beiden Tag- und Nacht-

Geleitzugtagen Pervitin genommen. Das hatte sich zweifellos auf meine Sehfähigkeit bei Nacht ungünstig ausgewirkt. Natürlich machte mich das unsicher, wenn ich das Gefechtsfeld nicht in allen Einzelheiten übersehen konnte. Aber ich hatte ja auch zweimal versagt, das erste Mal mit dem Bewacher in nur 600 m Entfernung, trotz sorgfältigen Rundblicks, und dann bei dem schnellen Einzelfahrer, wo ich zu spät versuchte, auf die Generalkurslinie zu kommen. So führte diese erste Unternehmung zu einer Krise meines Selbstbewußtseins.

Die mehrfachen stundenlangen Wabo-Verfolgungen hatten gezeigt, daß bei dem jetzigen Stand der Geräte noch durchaus gute Chancen des Entkommens bestanden. Aber würden die Briten nicht eines Tages doch erfahren, wie tief wir tatsächlich tauchten, und dann ihre Wabos entsprechend einstellen? Trotz mancher positiver Aspekte glaubte ich damals auch nicht daran, daß wir allein mit U-Booten die anglo-amerikanische Tonnage so weit vernichten konnten, daß England zum Frieden bereit sein würde. Das gestand ich nach Rückkehr von dieser Reise im anschließenden Urlaub auch meiner Frau auf inständiges Befragen …

Daß immerhin fünf U-Boote an einem Geleitzug von etwa 30 bis 40 Schiffen in dreimal 24 Stunden Kampf nicht mehr als tatsächlich sieben Schiffe versenkten, gemeldet wurden immerhin 19 Schiffe, das konnte man beim besten Willen nicht als sehr wirksam bezeichnen. Wenigstens war von den fünf Booten keines verlorengegangen.

Es war überdies einer der wenigen Einsätze gewesen, bei denen der BdU Luftaufklärung mit der FW-200 zur Verfügung hatte. Durch ihre offensichtlich hervorragende Kurzwellen-Peilung (»Huff-Duff«) kannten die Briten jeden Standort jeden U-Bootes so annähernd genau, daß sie ihre Geleite um die Aufstellung der Boote herumführen konnten. Diese »Augen des BdU« in Gestalt der Luftaufklärung, mit denen zu jener Zeit tatsächlich noch etwas zu sehen war, wurden nun nicht etwa vermehrt, sondern aus Dilettantismus der höchsten Luftführung, Eifersüchtelei und kampfbedingtem Ausfall dezimiert und schließlich der Rest zu anderen Aufgaben abgezogen!

Bei der Werftsitzung ergab sich, daß wir bestenfalls erst in vier Wochen wieder damit rechnen konnten, daß das Boot frontklar sein würde. So wurde die Besatzung in drei sich überlappende Törns eingeteilt und konnte auf Urlaub fahren. Ich fuhr nach Wiesbaden zu meiner Familie und erlebte gleich in der ersten Nacht einen Bombenangriff, wobei gar nicht weit entfernt eine Luftmine niederging, die in der Wohngegend ohne militärische Ziele erhebliche Schäden verursachte. Wir waren in den Betten liegengeblieben.

2. Unternehmung *U-68*

I. Teil

Ausgelaufen von Lorient am 10. September 1941
Eingelaufen in Lorient am 25. Dezember 1941
Dauer 116 Tage, Mittel- und Südatlantik
17 481 Seemeilen über Wasser
119 Seemeilen unter Wasser

Erfolge im Handelskrieg:
drei britische Schiffe aus Geleitzug *SL-87*

Niceto de Larrinaga	5597 BRT
Edward Blyden	5003 BRT
Silverbelle	5302 BRT

Reede Insel St. Helena
der britische Admiralitätstanker

Darkdale	8145 BRT

zwei britische Einzelfahrer

Hazelside	5297 BRT
Bradford City	4953 BRT

Gesamterfolg: sechs Schiffe mit 34 291 BRT
Besondere Ereignisse:

Torpedoübernahme von *U-111* in der Tarafalbucht – St. Antao
Torpedoübernahme von *U-67* in der Bucht Point d'Arguin
Versorgung durch *Schiff 16 – Atlantis*
Versorgung durch *Python*
Heimbringung der Besatzungen *Atlantis* und *Python* nach St. Nazaire am 24. Dezember 1941

Während meines Urlaubs in Wiesbaden hatte ich noch nicht den unmittelbaren Eindruck der Kriegsnähe wie vorher in Kiel. In Wiesbaden hatte sich die deutsch-französische Waffenstillstands-Kommission (WAKO) niedergelassen. Für diesen Zweck waren die beiden besten Hotels, der Naussauer Hof und das Hotel Rose reserviert worden. Als ich hörte, daß der deutsche Verhandlungsleiter der Marine der ehemalige Navigationsoffizier der *Königsberg*, der jetzige Konteradmiral Wever, war, suchte ich ihn selbstverständlich auf und wurde im wahrsten Sinne des Wortes mit offenen Armen von ihm empfangen. Nachdem er hörte, daß ich von Lorient aus an der Front eingesetzt war und meine Familie in Wiesbaden hatte, bot er mir spontan an, meine Hin- und Rückreisen zur Front, wenigstens bis Paris, mit der täglichen Kuriermaschine zwischen Erbenheim und Paris zu arrangieren, was mir die lange Eisenbahnfahrzeit ersparen würde. Natürlich nahm ich dieses großzügige Anerbieten gerne an.

Auch sonst waren die Unterhaltungen mit Wever immer ganz besonders interessant. Er verfügte über tiefen Einblick in die damaligen Verhältnisse in Frankreich und hatte zur französischen Marine-Delegation ein ausgezeichnetes Vertrauensverhältnis hergestellt. Nach den Überfällen der britischen Flotte auf Mers-el Kebir und Dakar, nach der Vernichtung oder Unbrauchbarmachung der dort liegenden französischen Seestreitkräfte und den dabei eingetretenen großen Menschenverlusten, waren die französischen Marineoffiziere positiv für Deutschland und gegen die Briten eingestellt.

Wever war verzweifelt, daß er in Berlin kein Gehör fand. Die immer noch recht umfangreiche und gut ausgebildete »Marine Nationale« wäre wirklich, nicht nur nach seiner Überzeugung, unter der Zusicherung einer unangetasteten Souveränität Frankreichs und bei Erhaltung des nationalen Besitzstandes bereit gewesen, auf deutscher Seite gegen die Engländer zu kämpfen. Leider überwogen auf deutscher Seite Illusionisten und wohl auch törichte Chauvinisten, die von umfangreichen Gebietsabtretungen träumten. Doch vor allem hatte Hitler selbst in dem damaligen Glauben an unsere Unbesiegbarkeit sich geäußert, er wolle den großen Endsieg nicht mit einem anderen Volke teilen oder ihm gar den Sieg verdanken. Eine einmalige Gelegenheit, einen starken und einsatzwilligen Bundesgenossen für sich zu gewinnen, ging verloren. Wever litt beinahe physisch darunter, daß alle seine Bemühungen umsonst waren und sein sehr gutes Verhältnis zu den französischen Marineoffizieren immer stärker dadurch belastet wurde, daß wir immer mehr von den Franzosen forderten, ohne auch nur die geringsten vernünftigen Zugeständnisse zu machen.

Am 24. August wurde ich dann mit einem Auto der WAKO aus der Wielandstraße abgeholt und zu der bereits wartenden Kuriermaschine in Erbenheim gebracht. Schon am Nachmittag war ich mit einer JU-52 in Paris. Dort traf ich mich mit »Seelchen« Mantey. Am nächsten Morgen wollten wir einen Crewkameraden besuchen, damals Kommandeur der Kraftfahrzeugabteilung für Paris. Nachdem wir vergeblich versucht hatten, uns anzumelden, fuhren wir auf Verdacht bei ihm vorbei. Er lag noch im Bett, es war immerhin nach 10 Uhr morgens, und ließ sich gerade von einem seiner Soldaten im Bett rasieren. Ich dachte, ich müßte im Boden versinken, so hat mich dieses Etappenbild angewidert, es ist mir auch unauslöschlich in der Erinnerung geblieben. Draußen wurde gestorben, beste Kameraden gingen verloren, die Disziplin in den französischen Garnisonen wurde streng aufrechtgehalten, und hier hatte sich ein Etappenleben entwickelt, das gemessen an den Kriegsbedingungen einfach unverantwortlich genannt werden mußte. Nach zwei Tagen Paris hatte ich daher auch genug und freute mich auf Lorient und meine Besatzung.

Um Mitternacht etwa ging der Frontzug vom Bahnhof Montparnasse ab nach Lorient und Brest. Wie üblich traf man schon im Schlafwagen andere U-Bootskameraden, mit denen man

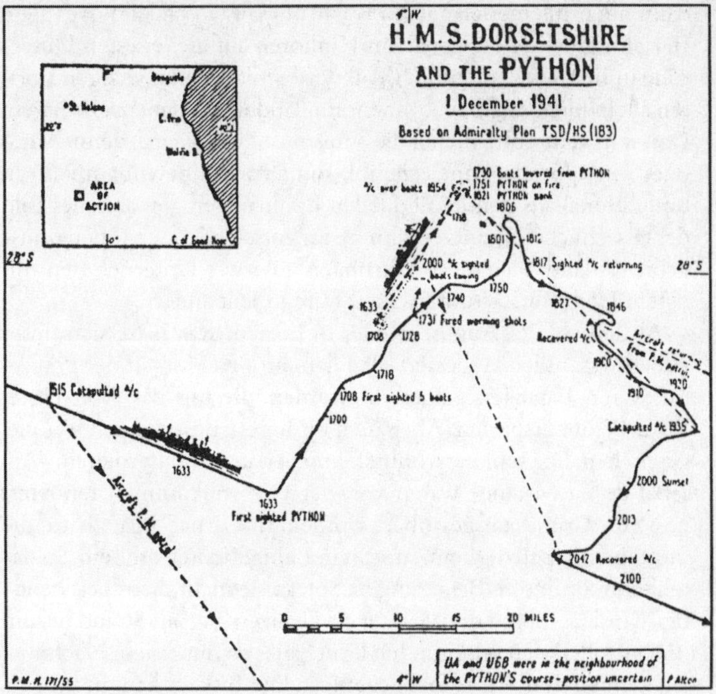

Aus: »War in the Southern Oceans-Pretoria 1956«
Bericht der südafrikanischen Regierung/Kap. 11 und 17.

dann noch zu einem längeren Erfahrungsaustausch kam. Aus allen Berichten wurde bei genauem Hinhören auf die leisesten Untertöne immer wieder deutlich, daß wir es mit unseren jetzigen Booten allein nicht schaffen können, England in die Knie zu zwingen. Das war kein abträglicher Pessimismus, geschweige denn Angst oder ein Unterlegenheitsgefühl, sondern ein bewußt nüchtern und rational aus den individuellen Erfahrungen gewonnenes Bild der tatsächlichen Frontverhältnisse im entscheidenden Operationsgebiet Atlantik. Meine Erfahrungen aus zwei Unternehmen mit einem Halbjahr Zeitunterschied waren nicht anders.

Als ich am 26. August wieder in Lorient war, hatte sich unser Leben wesentlich verbessert. Auf dem großen Hof vor der Präfektur waren Baracken aufgestellt worden, die uns das Floh-Hotel Beau-Séjour ersparten. Aber auch für unsere Besatzungen war viel geschehen. Die sehr verwohnten und verlausten Kasernen im »Arsenal de La Marine« waren von der OT vollkommen renoviert und von Grund auf gesäubert worden. In Carnac-Plage hatte die Flottille ein Offizierheim am Strand eingerichtet und ein Soldatenheim für unsere Besatzungen. Sofern sie nicht dienstlich benötigt wurden, tobten die Männer den ganzen Tag am Strand herum und erholten sich sehr gut. Ich lernte alles an nur einem Nachmittag kennen und war sofort begeistert. Die Biskaya kam in unendlich langen, ziemlich gleichmäßigen Wellen an den Strand, und es war schwer und außerordentlich anstrengend, immer durch die Kämme der Wellen hindurchzutauchen, um etwas Raum nach See zu gewinnen. Wie oft haben wir damals gedacht: »Wie schade, daß jetzt Krieg ist, hier müßte man nach dem Kriege mal mit Frau und Kindern hin.«

In der Zwischenzeit war auch die wenig erfreuliche Angelegenheit mit meinem Obersteuermann Uhlending erledigt worden, großzügig, ohne jede Überreaktion. Ich hatte nun den Steuermannsschüler Walter Griese als planmäßigen Obersteuermann an Bord. Er ist dann tatsächlich bis zu meiner Abkommandierung von *U-68* mit mir gefahren, durch dick und dünn, ein erstklassiger Könner, ein gewissenhafter Wachoffizier, ein hervorragender Kamerad und verläßlicher Freund bis heute.

Als wir endlich das Boot aus der Werft holen konnten, war der 7. September herangekommen. Jetzt erst begann unsere Arbeit des Seeklarmachens, mit der Torpedoübernahme voller Sorgfalt und Vorsicht, damit keine späteren Pannen passieren konnten, die Etos unter Deck, die Atos in die Oberdecksbehälter. Schorsch Roßner und seine Männer hatten einen guten halben Tag zu tun, während ich zum BdU nach Kernével befohlen wurde, um über den für uns vorgesehenen Operationsbefehl unterrichtet zu werden. Das sogenannte Sardinenschlößchen, ganz nahe am Strande, das der BdU mit seinem Stabe bewohnte, lag so, daß man von dort jedes ein- und auslaufende Boot sehen konnte. So wurde auch jedes Boot von dort zusätzlich durch Signal- oder Winkspruch verabschiedet und natürlich auch willkommen geheißen. Nach kurzer Begrüßung durch Dönitz und einigen gutklingenden Andeutungen wurde ich mit dem Chef des Stabes Godt und Victor Oehrn alleine gelassen. Diesmal wies man mir das Operationsgebiet Südatlantik mit der Anweisung zu, mit drei weiteren Booten bis nach Kapstadt vorzudringen und gemeinsam den Hafen zu blockieren, eine tolle Aufgabe. Allerdings war sie mit einer unangenehmen Beschränkung verbunden. Ich erhielt zunächst keine Angriffserlaubnis südlich des Äquators, bis alle drei Boote vor Kapstadt versammelt sein sollten. Es war vorgesehen, daß wir auf irgendeine Art noch vor der Kapstadt-Unternehmung mit Brennstoff versorgt werden sollten. Über das Wie und Wo war jedoch noch nicht entschieden. Außerdem sollte der Operationsbefehl erst nach dem Auslaufen an Offiziere und Mannschaften bekanntgegeben werden. Er galt für eine Region, die über 6000 Seemeilen von unserem Stützpunkt entfernt war. Das war wirklich eine bedeutsame Aufgabe, die mich ganz erfüllen würde.

Am Nachmittag machten wir dann im Hafen eine positiv verlaufende Dichtigkeitsprobe, wiederholt auch nach der Brennstoffübernahme, um zu sehen, ob eventuell irgendwo Dieselöl austrat, das eine Ölspur hätte bilden können, wie wir es auf der ersten Reise in sehr unerfreulicher Weise erlebt hatten.

Der nächste Tag, der 9. September, war dann der Proviantübernahme gewidmet. Der Obermatrose Hoffmann, unser Koch, übte die Aufsicht aus, denn er allein mußte wissen, wo er alle seine Sachen lagerte. Ich habe nie erlebt, daß er etwas suchen mußte. Das WC im Bugraum mußte ganz klar zweckentfremdet werden. Der Platz wurde für die Proviantverstauung benötigt.

Am nächsten Tage folgte das Entmagnetisieren in einem kleinen gefluteten Schwimmdock und die Funkbeschickung, danach der Trimm-Versuch, um das Boot auszuwiegen, und das Kompensieren des kleinen Magnetkompasses, der nun endlich wieder in Ordnung war. Die Maschinenstandproben waren schon früher erfolgreich abgeschlossen. Die verhältnismäßig vielen Pannen und Maschinenstörungen bei der ersten Unternehmung hatten mich höllisch mißtrauisch gemacht, und so hatten Klaunig und ich alle Proben selbst abgenommen. Als wir am Abend das Boot wieder an der Isère festmachten, waren wir beide überzeugt, daß es diesmal keine Schwierigkeiten geben würde.

Wir machten es zur Tradition, den letzten Abend vor dem Auslaufen noch einmal gemeinsam mit allen Offizieren zum Essen in die Moulin de Rosmadecq nach Pont Avon zu fahren. Ich hatte für diese Reise zwei Offiziere mehr an Bord bekommen. Da war erstmals ein junger Oberassistenzarzt, ein echter Kieler, Dr. Ulrich Sendler, als Bordarzt kommandiert worden, in Anbetracht der voraussehbar langen Reise. Außerdem hatte ich einen »Konfirmanden« an Bord, Fregattenkapitän Brachmann. Dr. Sendler war für mich ein völlig unbeschriebenes Blatt, wir waren uns noch nicht begegnet. Er war ein frischer und abenteuerlustiger Kamerad, und ich betrachtete ihn in gewisser Weise als Talisman dafür, daß nichts passieren konnte, weil er ja an Bord war! Tatsächlich hatte er beruflich keine Erfüllung auf dieser Unternehmung, sondern er diente in erster Linie der Unterhaltung des Kommandanten, wozu er sich als hervorragend geeignet erwies. Er bekam das Ressort Bordzeitung, Geburtstage und Photographieren, falls möglich, zugewiesen.

Brachmann (Crew 22) hatte sich freiwillig zur U-Waffe gemeldet. Witzigerweise war er seinerzeit, als unsere Crew als Fähnriche auf der Nachrichten-Schule war, einer unserer Lehrer gewesen. Er war seinerzeit sogar recht beliebt in seiner Klasse, und so hoffte ich auf einen zwar älteren, aber sonst guten Kameraden, der die Bootsgemeinschaft eigentlich nur bereichern konnte.

Mit der beginnenden Abenddämmerung um 8 Uhr abends am 10. September legten wir, von Heinz Fischer verabschiedet, von der Isère ab und setzten uns hinter die Schlepper, vorbei an Port Louis an Backbord und Kernével an Steuerbord langsam dem Punkt L-3 zu, wo ein Sperrbrecher und zwei Vorpostenboote schon auf uns warteten. Die Fla-Waffen waren besetzt, aber wir blieben im Geleit bis zum L-2 auch von Flugzeugen unbehelligt. Nach Entlassung des Geleits bei Punkt L-1 machten wir als erste aller Maßnahmen unser Prüfungstauchen mit ganz besonderer Sorgfalt. Als wir nach einer guten Dreiviertelstunde wieder auftauchten, war das Geleit verschwunden. Wir waren allein auf uns gestellt und setzten mit verschärftem Ausguck sofort unseren Reisemarsch mit SSW-Kurs nach der nordwestspanischen Küste mit großer Fahrt an.

In der beginnenden Morgendämmerung passierten wir mehrfach zahlreiche bretonische Fischerfahrzeuge mit ihren langen Thunfisch-Angelstöcken an beiden Bordwänden. Es war ein tolles Bild, wenn sie unter vollen Segeln schnaubend vorbeirauschten. Trotz sofortiger Funkwellenkontrolle stellten wir keine Signale nach dem Passieren fest. Ich glaube, wir waren eine außerordentlich großzügige Besatzungsmacht, daß wir den Bretonen bis tief in die Biskaya das Fischen erlaubten.

Es war gut bekannt, daß gerade an der nordwestspanischen Ecke eine ständige britische U-Bootposition gehalten wurde. Daher war ein Passieren am Tage keinesfalls ratsam. Man mußte also dieses Gebiet vorzugsweise nachts bewältigen, und dann mit hoher Fahrt. Ich kannte es ohnehin gut, hatten wir doch im spanischen Bürgerkrieg gerade hier an der Nordwest-Ecke lange Zeit mit dem Kreuzer *Karlsruhe* Position gehalten. So waren mir die vielen Leuchtfeuer, die ja friedensmäßig brannten, vertraut und die zum Teil weit einschneidenden Buchten, die Rias, sehr gut bekannt. Ich nahm mir vor, unter Ausnutzung der stark gegliederten physikalischen Gestaltung der Küstenlinie immer gerade eben entlang der Hoheitsgrenze das gefährdete Gebiet mit hoher Fahrt zu passieren, so daß man bei Hellwerden bereits im Atlantik stehen konnte.

Schon nach einer knappen Stunde kam Punta Estacca in Sicht, das stärkste der nordspanischen Leuchtfeuer, gleich darauf auch das etwas westlich gelegene Cap Ortegal. Dort drehten wir dann auf reinen Westkurs, um die Bucht von Coruña bis zum Leuchtfeuer Sisargas zu überqueren. Wie üblich, standen an dieser Ecke auch jetzt Hunderte von Sardinenfischern mit ihren hellen Karbidlampen. Bei der vorherrschenden Windstille, der Mondhelligkeit und bei unserer rauschenden Fahrt wurden wir schon auf größere Entfernung gesichtet, und im Chor dröhnte es durch die Stille der Nacht: »Eviva Alemania«, und: »Arriba España«.

Dann Prüfungstauchen im Atlantik in der hier dunkelgrünen tiefsichtigen Wasserschichtung. Die Passiermeldung hatten wir abgegeben, vor uns lag das Abenteuer. Aber zunächst benötigten die verwöhnten U-Bootknochen eine ganz erhebliche Lektion in Bordbeweglichkeit und Genauigkeit. Tiefensteuerübungen, Tiefenänderungen, Sehrohrtiefe steuern, schnell auf 100 m gehen, so ging das den ganzen Vormittag. Als wir am Nachmittag auftauchten, die portugiesische Küste gerade eben noch in Sicht, begann das große Bootsexerzieren bis zum späten Abend mit unzähligen Tauchmanövern, bis wir »lächelnd« wieder die 29 Sekunden Bestzeit für das Schnelltauchen erreichten. Daneben mußten das Klarmachen der Artillerie über Wasser, die Luftabwehr und das plötzliche Tauchen mit allen Artilleriebedienungen an Deck in Aktion geübt werden. Auch in den kommenden Tagen war es nötig, immer wieder ganz plötzlich eine Übung einzulegen, bis wir zur üblichen normalen Bootsroutine auf dem Reisemarsch übergehen konnten.

Sobald wir nun ungefähr aus dem unmittelbaren Gefahrenkreis der britischen Bewachung, sowohl von den britischen Inseln als auch von Gibraltar aus, heraus waren, mußten wir, um Brennstoff zu sparen, auch schon auf langsame Fahrt mit beiden Dieseln gehen, bis wir wenige Tage später dann auf unsere sogenannte Sparfahrt heruntergehen konnten, um sieben Knoten etwa, was einer leidlichen Radfahrer-Geschwindigkeit entsprach, aber viel Brennstoffersparnis bedeutete.

Seit dem frühen Morgen des 15. September liefen wir mit reinem Südkurs und freuten uns über das sich täglich ändernde Bild des Atlantiks. Als wir am Nachmittag dieses Tages ein vollgeschlagenes, leeres Rettungsboot antrafen, merkten wir erst wieder, daß wir uns mitten im Kriege befanden. Wir widerstanden der Versuchung, das Boot mit der 2 cm zu versenken, obwohl es natürlich ein Schiffahrtshindernis darstellte, hatten aber alle unausgesprochen den Gedanken, vielleicht könnte es noch irgendeinem Schiffbrüchigen zum Weiterleben verhelfen.

Immer noch übten wir an den Nachmittagen Alarmtauchen, hinzu kamen Feuerleit- und Artillerie-Übungen. Auch ein Tieftauchversuch war noch fällig, um ganz sicherzugehen, was man im Notfall dem Boot zumuten kann. Als wir schließlich ohne allzu großes Knacken im Gebälk eine ganze Weile 200 m Tauchtiefe gesteuert hatten, war das volle Vertrauen zum Boot, das auf der ersten Reise doch nicht unerheblich gelitten hatte, gottlob wieder ganz hergestellt.

Es war der 21. September. In der frühen Morgendämmerung hatten wir fast nur schemenhaft die Konturen der Insel La Palma, der westlichsten der Kanaren-Gruppe, in Sicht gehabt, als der Funkraum einen Funkspruch von *U-107*, dem 27er Günther Heßler, auffing, der einen nordgehenden SL-Geleitzug gesichtet hatte, der uns regelrecht entgegenkam. Sofort errechneten wir unseren Treffpunktkurs und waren schon auf Großer Fahrt, als vom BdU die Nachfrage nach unserem Standort kam. Heßler sandte dann sehr bald eine weitere Fühlunghaltermeldung, so daß wir mit Insichtkommen noch vor Dunkelheit rechnen konnten. Da kam von Klaunig plötzlich die Meldung, daß die Steuerbord-Kupplung rutschte, und wir vorübergehend die Steuerbord-Maschine stoppen müßten. Nun gut, »fahrklar sein« ist die Vorbedingung für einen guten Angriff. Also stoppten wir in der Hoffnung, durch erneute Fühlunghaltermeldung doch wieder sehr bald Anschluß zu gewinnen.

Dann aber, wir lagen noch gestoppt, kam der Geleitzug am hellen Südwesthimmel in 280° rw. in Sicht mit etwa 10 Seemeilen Abstand. Als endlich die Steuerbord-Maschine wieder klar gemeldet wurde, staffelten wir mit 16 Seemeilen Höchstfahrt an das Geleit von Steuerbordachtern heran und schoben uns in den Geleitzug mit fortschreitender Dunkelheit millimeterweise hinein.

Wie genau damals schon der britische Funkerkennungs- und Peildienst arbeitete, davon bekam ich erst lange nach dem Kriege, im Jahre 1983, eine ungefähre Ahnung, als ein guter englischer Freund mir die folgende Information aus dem Antisubmarine-Report der Naval Historical Branch zusandte, die Funksprüche, die zwischen der Admiralität und dem Convoy-Befehlshaber SL-87 gewechselt wurden:

»14.54 Uhr am 21. 9. 41
HF/DF-Peilung gibt den Standort eines U-Bootes, westlich der Kanarischen Inseln, innerhalb 250 Seemeilen vom Punkt 28 °N und 21 ° W an. Das U-Boot sandte 22 Wortgruppen eines 4 Buchstaben-Schlüssels. Diese Nachricht wurde an HMS *Gorleston* und HMS *Bideford* gegeben (Escorts am Geleit SL-87).
22.45 Uhr am 21. 9. 41
U-Boot machte erste Sichtmeldung. Wahrscheinlich von Convoy SL-87
09.50 Uhr am 22. 9. 41
U-Boot funkte wieder und ist noch in Fühlung mit Convoy SL-87
15.01 Uhr am 22. 9. 41
U-Boot funkte wieder noch in der Nähe von Convoy SL-87
13.45 Uhr am 23. 9. 41
Peilungen zeigen U-Boot immer noch in Nähe von Convoy SL-87.«

Das bedeutete, daß von Überraschungsmomenten überhaupt nicht die Rede sein konnte und wir eigentlich den Escorts am Geleit ins offene Messer liefen. Das einzige, was die Briten damals offensichtlich noch nicht klar erkannten, war die Anzahl der Boote, die am Geleit standen oder gerade eingetroffen waren. Später kannten die Funkbeobachter die »Handschrift« fast jeden U-Bootfunkers und konnten damit die U-Boote identifizieren, falls es nicht aus dem Inhalt der Funksprüche ohnehin hervorging.

Es bot sich uns ein fantastischer Anblick. Das Geleit bestand aus

10 Dampfern in zwei Kolonnen zu drei, einer Kolonne zu vier Schiffen mittlerer Größe. Die Sicherung bestand aus fünf Escorts, deren Typ nicht so genau festgestellt werden konnte. Die Aufstellung war klassisch, ein Feger vorneweg, je Flanke zwei Bewacher. Das Ganze sah sehr friedlich aus, aber die Spannung stieg mit jedem Meter, den wir uns nun von Steuerbord achtern hinter dem Steuerbord vorderen Seitensicherer näher an das Geleit heranschoben. Der achtere, den ich nicht dauernd unter Kontrolle halten konnte, drehte regelmäßig seine Zickzackkurse hinter uns ab. Und dann passierte das Unmögliche, das Unerwartete, das Atemberaubende. Der vordere Bewacher, der gerade auf den Convoy zuläuft und bisher ganz regelmäßig bei einem Abstand von etwa 1000 m nach Steuerbord, auf abliegenden Kurs ging, drehte plötzlich nicht nach Steuerbord, sondern nach Backbord, und wir lagen unmittelbar im Drehkreis. Im Drehen bot er kurz die volle Länge, wurde langsam spitzer und kam in Lage 0 genau auf uns zu. Dann, ganz allmählich, kam der Bug nach rechts. Wir konnten es gar nicht glauben, er drehte noch immer, und dann rauschte er mit schäumender Bugsee in höchstens 100 m Abstand an unserer Steuerbord-Seite vorbei, ohne Notiz von uns zu nehmen. Wir sahen die Seeleute an Deck stehen und ihre Zigarettenkippen außenbords werfen. Natürlich hatte ich versucht, mit der Steuerbord-Maschine und großer Fahrt voraus bei hart Backbord-Ruder immer nur die schmalste Silhouette zu zeigen, aber im Drehkreis kam ich natürlich einfach nicht mit seiner Drehung mit. Als er uns das Heck zeigte, fielen auf der Brücke unseres Bootes Zentnergewichte in den Atlantik. Die Situation war einfach zu unwahrscheinlich gewesen. Außer einem Rammangriff auf uns hätte der Einschornsteinzerstörer ebensowenig Waffeneinsatz durchführen können wie auch wir! Ein Torpedo, selbst als Oberflächenläufer geschossen, wäre auf die kurze Distanz nicht einmal scharf geworden. Aber wir hatten keine Zeit, um uns zu wundern. Durch die Verzögerung war der hintere Zerstörer der Seitensicherung bedenklich nahe herangekommen.

Schon die ganze Zeit fuhren wir mit offenen Mündungsklappen. Die Rohre waren alle bewässert, und Maus hinter dem UZO hielt eisern die beiden hinteren Gruppen der Kolonnen im Visier. Aber es war mir immer noch zu früh, und die Entfernung erschien zu groß für sichere Schüsse. Wieder versuchte ich, weiter an das Geleit heranzurücken, ohne mich zu nahe vor dem Bug des hinteren Zerstörers aufhalten zu müssen. Nach wenigen Minuten waren wir auf guter Position und auch nahe genug heran. Da meldete der hintere Ausguck, daß der hintere Seiten-Zerstörer direkt auf uns zukam und die Entfernung schnell abnahm. Ich versuchte mir einzureden, daß das schäumende V mich nicht gesehen hat, aber als er bei einer Entfernung von etwa 800 m immer noch Lage 0 hatte, da kam seelenruhig die Frage von August Maus: Frage Feuererlaubnis? Was blieb mir übrig? Wenn wir jetzt nicht schießen und doch tauchen müssen … Also Entschluß: Feuererlaubnis. Sofort fielen alle vier Bugtorpedoschüsse auf die hintere Gruppe mit vier Dampfern in zwei Kolonnen, mit einer Lage von 110° bei etwa 1200 m, was dann eine Schuß-Entfernung ergab von etwa 2200 m. Unmittelbar nach den Schüssen drehten wir nach außen ab. Der Zerstörer folgte uns brav. Es waren kaum noch 400 m Abstand. Ich ließ bereits tauchklar machen, während die Stoppuhr für die Laufzeit der Torpedos lief, ohne daß etwas geschah. Da drehte plötzlich unser Jäger hinter uns ab nach Backbord. Unsere ganze Aufregung war vollkommen umsonst gewesen. Er hatte uns gar nicht gesehen. Nach drei Minuten war Maus zerschmettert. Beide Doppelschüsse gingen fehl, und ich schnaubte vor Wut und Enttäuschung nach der unwahrscheinlichen Situation, die wir gerade eben erlebt hatten. Aber sofort entschlossen wir uns, nach Steuerbord raus zu staffeln, bis nach ganz vorne vorzustoßen und dabei die Bugrohre nachzuladen, dann könnten wir noch gut einmal vor dem Hellwerden zum Schuß kommen. Mit hoher Fahrt hielten wir uns in verläßlicher Sicht des Geleits.

Da plötzlich schrie der wachhabende II. W.O.: »Torpedolaufbahnen an Backbord!« Im gleichen Augenblick sah ich auch die Blasenbahn auf uns zukommen und konnte mit Ruder Backbord 20 gerade eben der ersten und gleich darauf der zweiten so ausweichen, daß die eine Laufbahn an Backbord, die andere an Steuerbord an uns vorbeizischten, keine 50 m Querabstand.

Um Mitternacht aber waren wir wieder klar mit sämtlichen Bugrohren und staffelten ran mit hoher Fahrt, um diesmal vorlich eine günstigere Gegnerlage zu erreichen. Wieder gelang uns der Einbruch gleich hinter der Steuerbord vorderen Sicherung, und dann dampften wir innerhalb der Sicherung noch eine ganze Zeit nach vorne auf, ohne gesehen zu werden, obgleich die Nacht heller geworden war.

Schließlich standen wir kurz nach 2 Uhr auf der günstigstmöglichen Position.

Nach kurzer Verständigung über die Ziele mit Maus fiel der erste Doppelschuß auf einen Frachter mit unverkennbaren Schwerlastladebäumen. Gleich anschließend ließ ich einen Einzelschuß auf die beiden überlappenden Dampfer Nr. 5 und Nr. 6 abfeuern. Dann drehten wir ab auf Südost-Kurs und feuerten beide Heckrohre auf Dampfer Nr. 7. Dann aber brach hinter uns die Hölle auf. Unser erstes Ziel war von zwei Torpedos vor und hinter dem Schornstein getroffen, gleich darauf gab es eine weitere schwere Detonation. Der Dampfer feuerte sinkend eine Torpedofackel ab, bemerkenswerterweise nach Backbord, was soviel heißen soll, daß er von dieser Seite getroffen ist, damit die Escorts wissen, wo der Feind steht. Dann kam die Detonationssäule am Dampfer Nr. 6, und zwar genau mittschiffs hoch. Auch er feuerte eine Torpedofackel ab, offensichtlich auch nach Backbord. Wir konnten noch sehen, daß er Boote und Flöße zu Wasser ließ, mußten uns dann aber um den von einem Hecktorpedo getroffenen Dampfer Nr. 8 kümmern.

Wir mußten nun raus aus dem sich jetzt entwickelnden Hexenkessel. Von allen Seiten hallten die Abschüsse; Leuchtgranaten, Scheinwerfer-Morselampen erhellten die See, und wir mußten uns voll auf die Escorts konzentrieren: Einer scheint mit schnaubender Bugsee auf uns zuzukommen. Der ganze Zirkus hat noch keine fünf Minuten seit dem ersten Doppelschuß gedauert. Wie wir beobachten, daß unser Escort plötzlich stoppt, gehe auch ich sofort auf Stopp und lasse gleich darauf auf E-Maschinen umschalten. Wir sind etwa 800 m voneinander entfernt. Er horcht nach unseren Dieselgeräuschen, die sich markant von allen anderen

Schraubengeräuschen unterscheiden. Wir schleichen uns leise und vorsichtig westlich von ihm nach hinten weg.

Nach knapp 10 Minuten mit Luftanhalten konnten wir wieder auf Diesel übergehen. Dann aber ging es ans Nachladen und auf Geleitzugkurs hinterher. Immer noch wummerten die Wabos voraus, und die besten Augen waren auf der Brücke. Wir diskutierten den möglichen Erfolg und waren uns darüber klar, daß zwei Dampfer versenkt waren, während wir uns über den dritten, die Nr. 8, nicht so ganz klar sein konnten. Nach den Detonationen zu urteilen, mußten wir auch noch einen vierten getroffen haben, einen von der westlich marschierenden Kolonne.

In der Dämmerung wollten wir dann die Schußstelle ansteuern, um eventuell Namen und Größe zu erfahren. Als wir uns gegen 6 Uhr der nachgekoppelten Schußstelle näherten, erkannten wir erst einen, dann noch einen zweiten Escort, die einen mit starker Schlagseite gestoppt liegenden Dampfer, es schien ein Tanker zu sein, wie zwei Wachhunde nahe umkreisten. Bei zunehmender Helligkeit war ein Herankommen auf sichere Schußentfernung unmöglich. Angriff unter Wasser bedeutete, der Abwehr den ganzen Tag zur Ortung zu schenken. Das wäre glatter Selbstmord.

Die beiden Escorts umkreisten den Havaristen immer noch. Jetzt war er ganz deutlich als Tanker auszumachen, von mittlerer Größe, etwa 8000 BRT. Er versuchte das Trefferloch über die Wasserlinie zu lenzen.

Plötzlich ging der Tanker auch mit der Fahrt an, drehte auf Nordkurs, und die beiden Escorts nahmen ihn zwischen sich und liefen hinter dem Geleit her.

An den Mastspitzen des Tankers hielten wir nun eifrig Fehlung. Gegen 11 Uhr am Vormittag kam eine Fühlunghaltermeldung von Heßler. Um 3 Uhr nachmittags hatten wir wieder Fühlung und begannen unser Vorsetzmanöver, um mit der Dämmerung richtig in vorlicher Position am dunklen Osthimmel zu stehen.

Offensichtlich waren noch zwei weitere Boote, *U-103* und *U-67* (Winter und Müller-Stöckheim), herangekommen. Groß konnte eigentlich das Geleit gar nicht mehr sein, wenn unsere Rechnung stimmte.

Der Wettergott schien uns am nächsten Tag nicht so gewogen. Denn im Westen stand eine dunkle Wolkenwand, die nicht nur das Fühlunghalten, sondern auch die Übersicht ganz außerordentlich erschwerte. Schließlich hielten wir nur noch an den Zerstörermasten Fühlung, das Geleit war in der Wolkenwand verschwunden. Beide Steuerbord-Escorts waren gut auszumachen, Wir standen genau in der Mitte zwischen beiden und mußten eigentlich das Geleit jede Sekunde in Sicht bekommen. Die Spannung auf der Brücke war ungeheuer, die Rohre waren geflutet, die Torpedoklappen noch geschlossen. Da kam der achtere Zerstörer plötzlich erheblich auf und zwang mich, ihm etwas Platz nach außen zu machen. Bei der ruhigen See wollte ich es nun doch einmal genau wissen und gab Maus am UZO den Befehl, einen Doppelschuß auf diesen Zerstörer loszumachen, wenn die Lage von mindestens 50° erreicht war. Die Schußentfernung lag meines Erachtens zwischen 1200 und 1500 m. Bei Lage 80 fiel der Schuß mit 2 Etos und einer Tiefeneinstellung 2 und 3 m. Beide liefen gut und waren im leichten Meeresleuchten noch eine ganze Strecke zu verfolgen, trafen aber nicht. Ich schwor mir, nie wieder Torpedos auf Escorts zu verschwenden. Der Tiefenlauf unserer Torpedos war bei flachen Einstellungen unter 4 m einfach nicht in Ordnung.

Nach drei Minuten und 20 Sekunden gab es unmittelbar nacheinander zwei entfernte Torpedodetonationen, anschließend Leuchtgrananten in fast genau West, dann noch weitere Detonationen und dann unzählige Wabos. Unser nun angesetzter Vorstoß nach Nordwest zum Geleit hatte etwas Unheimliches an sich. Das Meer war windstill, eine Kimm gegen den dunklen Wolkenhimmel nicht auszumachen. Nach längerem Marsch, der uns an die Spitze des Geleites hätte bringen müssen, ließ ich die Diesel stoppen und auf E-Maschinen übergehen, gerade zur rechten Zeit, denn plötzlich schoben sich drei schmale Schatten nacheinander in Kiellinie auf knappe 500 m an uns vorbei mit Nordkurs und geringer Fahrt. Wo kamen denn die her? Sie waren offensichtlich zu Hilfe gerufen worden, denn hinter uns stand ja immer noch der Tanker mit seinen beiden Escorts.

Wir hängten uns an die Escorts an, als die beste Methode, das

Geleit zu finden. Als der BdU uns nach der Lage am Geleit fragte, meldeten wir. »Nach fünf Torpedodetonationen nur noch drei Zerstörer«. Ich war so optimistisch anzunehmen, daß wir das Geleit mit vier Booten vernichtet hätten. In dieser gehobenen Stimmung, trotz aller Übermüdung, wir waren praktisch nun seit 50 Stunden im Dauereinsatz, bat ich den BdU um Zusammenführung mit dem von Südamerika heimkehrenden *U-111* (Kleinschmidt), der noch fast seine volle Torpedoausrüstung hatte, zur Torpedoabgabe an uns, damit wir die Unternehmung nach Kapstadt fortsetzen konnten. Ich schlug einen Punkt an der Küste von Portugiesisch-Guinea vor, wo man im Inselgewirr sicherlich stilles Wasser für die Übergabe durch Längsseitgehen finden könnte. Ich war selbst entsetzt über unseren Torpedoverbrauch, hätte aber nicht sagen können, was anders zu machen gewesen wäre.

Natürlich war der Doppelschuß auf den Zerstörer ein ausgesprochener »Lüstling« gewesen. Gespannt warteten wir auf die Antwort. Zunächst aber gaben wir das vergebliche Suchen nach dem Geleit auf und konzentrierten uns auf den hinter uns stehenden Havaristen-Tanker, der bei annähernder Kurshaltung bald zu finden sein mußte.

Nachts um 2 Uhr hatten wir ihn wieder. Aber jetzt hatte sich die Wettersituation vollkommen verändert. Die Wolken waren verschwunden, die Sterne lachten, und der Mond stand schon in etwa 40° im Südosten. Der Angriff über Wasser war nur aus dem nordwestlichen Sektor überhaupt möglich und mußte auf große Entfernung gewagt werden. Die beiden Zerstörer hatten sich noch um einen weiteren vermehrt und sicherten gut vorgeschoben an Backbord voraus zur Kurslinie, das heißt genau an der Stelle, von der aus ich angreifen mußte, wenn ich überhaupt eine Trefferchance haben wollte.

Immerhin ging ich bis auf 1000 m heran im spitzen Winkel mit kleinster Silhouette und einwandfreien Schußunterlagen, ein Schulangriff, wie in der Ostsee. Sicherheitshalber ließ ich 4 m Wassertiefe einstellen, da der Tanker hoch herauslag. Der Schuß fiel im Abdrehen. Anschließend standen wir mit der Stoppuhr in der Hand in atemloser Spannung. Wieder geschah gar nichts, obgleich wir die Etos horchweit verfolgen konnten. Aber auch die Escorts zeigten keinerlei Beunruhigung. Sie hätten bei immer eingeschalteten Horchgeräten die Schraubengeräusche der Torpedos gut hören müssen. Wir standen vor einem Rätsel. Aber ich hatte noch zwei weitere Torpedos unter Deck in den beiden Heckrohren. Sie waren unsere letzte Hoffnung, und wir hatten noch viel Zeit bis zum Hellwerden. Wieder gingen wir auf Parallelkurs und dampften das Ziel peinlich genau nochmals aus, was durch das Kurshalten des Gegners erfreulich erleichtert wurde. Der Verband lief ganz genau 12 Seemeilen Kurs 40° auf Gibraltar zu. Wieder auf Position, ließ ich wegen der Möglichkeit des Unterschossenhabens 3 m Wassertiefe einstellen, und dann fielen um 4 Uhr unsere letzten Unterdecktorpedos bei Lage 90° auf eine Entfernung von nur 700 m ins Wasser. Auch das Luftanhalten nützte nichts. Sie gingen vorbei oder drunter durch oder wollten einfach nicht treffen.

Abgekämpft, wie wir waren, und deprimiert drehten wir ab und gingen auf Südkurs, um bald nach Hellwerden die Torpedos aus den 12 Oberdecksbehältern nach Unterdeck zu transportieren, eine deshalb schwierige Maßnahme, weil man dann stundenweise völlig und längere Zeit nur bedingt tauchklar war.

Uns blieb nun nichts anderes übrig, als dem BdU unseren Mißerfolg und die Fortsetzung unserer Reise mit Südkurs zu melden. Wie zum Hohn erschien kurz vor Hellwerden ein Zerstörer der J- oder K-Klasse, der die Überlebenden der versenkten Dampfer aufgefischt hatte. Mit langsamer Fahrt lief er auf Nordkurs noch keine 400 m uns über den Bug, ohne uns zu sehen und ohne etwas zu veranlassen! Ein Torpedo, selbst als Oberflächenläufer geschossen, hätte das Ziel nicht verfehlen können. Wehrlos ließen wir ihn im Osthorizont und Morgendunst an uns vorbeiziehen und wunderten uns nur, daß er uns nicht gesehen hatte.

Wir hielten auf der Brücke Manöverkritik und waren wohl auch infolge der völligen Übermüdung sehr niedergeschlagen. Wir hatten also mit 15 Torpedos ganze zwei, bestenfalls drei Schiffe versenkt und einen Tanker beschädigt, eine Katastrophe im Ergebnis.

Erst nach dem Kriege erfuhr ich die volle Wahrheit beim Vergleich unserer Logbücher mit den britischen Schiffs-Verlusten. Danach hatten wir bei dem einen geglückten Angriff immerhin drei Dampfer versenkt und den Tanker schwer beschädigt, der dann in der Nacht vom 24. September von Heßler aus dem Restgeleit herausgeschossen wurde.

Am Nachmittag des 23. September schipperten wir mit Sparfahrt auf Südkurs und wollten die Dämmerung abwarten, um die erste Torpedo-Umladung von Oberdeck unter Deck vorzunehmen. See, Dünung und Wind waren günstig, aber wir waren für längere Zeit tauchunklar. Da sichteten wir am Nachmittag um 4 Uhr eine Rauchwolke an Steuerbord voraus bei 150° Peilung und hatten keine Torpedos im Boot. Da half nur Frechheit; wir mußten beim Umladen Fühlung halten. Während die ganze Besatzung ranklotzte, schob ich mich langsam an die Masten heran. Um 6 Uhr konnten wir einen leidlich großen Tanker ausmachen, der allerdings reichlich westlich steuerte. Um 8 Uhr abends mit einsetzender Dämmerung hatten wir wenigstens zwei Atos aus den hintersten Oberdeckstuben unter Deck in den Bugraum gebracht, die schußklar gemacht wurden. Der Tag war heiß und windstill gewesen, es war schon beinahe der erste Tropentag, und wir alle warteten auf das schwindende Licht, um zum Angriff zu kommen. Der Tanker lag hoch raus, also in Ballast, aber wo wollte er wohl auf diesem Kurse hin?

Schließlich um 10 Uhr abends war es so weit, daß seine Abzeichen ausgemacht werden konnten. Ich dampfte an seiner Backbord-Seite auf Schußposition. In spitzer werdender Lage kam ein ganz schwaches farbiges Licht am Heckaufbau in Sicht. Gleich darauf setzte der Tanker Lichter und beleuchtete die Nationalfarben an der Bordwand. Es war also ein Spanier. Unsre ganze Plakkerei erschien umsonst gewesen zu sein. Es könnte aber auch eine U-Bootfalle sein … Warum hatte er wohl so spät Lichter gesetzt, die man doch gewohnheitsmäßig mit Flaggenparade, das heißt mit dem örtlichen Sonnenuntergang, setzt? Ich entschloß mich zur Untersuchung. Aber auf Morsesignal luvte er nicht. So ließ ich die 3,7 cm fertigmachen und schoß ihm gut 200 m vor den Bug. Er stoppte sofort und bekam danach mit der Klappbuchs Befehl, ein

Boot mit den Papieren zu schicken. Es dauerte lange, bis er verstand und ein Boot zu Wasser ließ. Der Erste Offizier kam mit den Papieren zu uns herüber.

Tatsächlich war es ein echter Spanier, der Tankdampfer *Gobeo* aus Bilbao in Ballast von Las Palmas nach Aruba, ganze 3364 BRT. Freundlicherweise schickte mir der Kapitän aus Bilbao eine Flasche Brandy herüber, aber ich hatte den Eindruck, daß er das auch bei einem britischen U-Boot gemacht hätte. Nach einigen Fragen, auch, ob er auf der Reise bisher britische Schiffe oder auch einen Geleitzug gesehen hätte, die er alle achselzuckend verneinte, ließ ich den Spanier wieder in sein Boot steigen und drehte ab in den dunklen Osthorizont.

Natürlich war die Enttäuschung im Boot groß, zumal wir von Heßlers Erfolgen am gleichen Geleit am nächsten Tag im Funk hörten. In der nächsten Nacht wiederholten wir das Manöver des Umladens von Oberdeck und hatten nun vier klare Aale in den Rohren.

In der Nacht vom 25. zum 26. September genehmigte der BdU endlich den erbetenen Treffpunkt mit *U-111* zur Torpedoabgabe an uns. Wir sollten uns in der Tarafal-Bucht der Kapverdeninsel Santo Antão treffen.

Am 27. September mit Hellwerden hatten wir die Insel in Sicht, machten unser Prüfungstauchen und liefen dann *U-111* entgegen, damit wir uns noch außerhalb Sichtweite der Insel besprechen konnten. Genau in der Mittagstellung der Sonne kam Kleinschmidt in Sicht. Wir standen dann in Rufweite zusammen auf und ab, bis wir gegen 4 Uhr nachmittags mit halber Fahrt in Backbord-Staffel in die Bucht einliefen. Der einzige zum Ankern geeignete Platz lag ganz innen in der Bucht auf deren Südseite. Wir vereinbarten, daß wir ankern und dann *U-111* längsseits kommt, damit danach sofort mit der Torpedoübernahme begonnen wird. Es dunkelte schnell, und die kümmerlichen Landmarken aus der Karte waren gerade eben noch auszumachen. Allmählich näherten wir uns dem Ende der Bucht und konnten ein kleines Landhaus und fast recht voraus ein weißes Tor erkennen, aussehend wie ein Friedhofstor. Die Bucht sollte aber doch gemäß BdU unbewohnt sein? Dann waren wir auch schon auf dem Ankerplatz. *U-111* kam sofort längsseits. Aber an Land brannten kreisförmig eine ganze Reihe von Feuern, und da standen viele Menschen, ja sogar eine angetretene Truppe unter Gewehr, eben noch im UZO klar zu erkennen, Entfernung etwa 150 bis 170 m.

Mit großer Freude begrüßte ich meinen Crewkameraden Jochen Heinecke. Er ist als »Konfirmande« bei Kleinschmidt auf dieser Reise. Kleinschmidt kannte ich noch nicht, aber er machte mir einen ruhigen und auch sehr sicheren Eindruck. Es war eine sehr warme, schon fast rein tropische Nacht. Gottlob war es auch sehr dunkel, aber man konnte die Soldaten an den Lagerfeuern eifrig hantieren sehen. Der von Land aus kommende Duft zeigte an, daß die Truppe zum besseren Teil, dem Nachtmahl, mit Braten ihres Pisangs übergegangen war. Leider erfuhr ich erst später, daß bald nachdem wir mit Kleinschmidt und Jochen auf *U-68* unter Deck in die Messe gegangen waren, sich ein winziges Boot von Land genähert hatte, in dem ein weiß Uniformierter saß, der unbedingt einen Brief an einen meiner Männer an Oberdeck loswerden wollte. Da ich aber befohlen hatte, niemanden in die Nähe zu lassen, scheuchten meine bewaffneten Posten das Boot immer wieder weg, wenn es zu nahe kam, bis die Insassen ihren Plan aufgaben. Im nachhinein hätte ich zu gerne gewußt, was in dem Brief stand.

An Oberdeck fiel auf beiden Booten kein Wort, damit unsere Identität notfalls abgeleugnet werden konnte. Die Besatzungen arbeiteten mit Feuereifer. Innerhalb von dreieinhalb Stunden, gegen Mitternacht, hatten wir acht Torpedos übernommen und unter Deck verstaut. Kleinschmidt behielt drei Torpedos, die er verständlicherweise nicht herausrücken wollte. Gegen Mitternacht wurde er auffallend unruhig. Das Ablegen konnte plötzlich nicht schnell genug gehen.

Beim Auslaufen, wir konnten nicht beobachten, ob das von Land aus verfolgt wurde, drückten wir uns gleich an der Südseite der Bucht unter der Küste dem Ausgang der Bucht zu. *U-111* war an der Nordseite der Bucht gegen die himmelhohen Felsen gerade eben noch auszumachen. Wenige Minuten später, wir hatten gerade auf 170° Kurs gedreht, erfolgte eine gewaltige Detonation, der unmittelbar zwei weitere gleicher Stärke folgten. Mich umdrehend, sah ich noch an der hohen Felswand, die jetzt rechts achteraus lag, drei haushohe Sprengsäulen stehen! Von *U-111* war nichts mehr zu sehen. Die Öffnung der Bucht lag vor uns, ein Gegner war nicht zu entdecken. Mit verstärktem Ausguck nach der Nordseite der Bucht glitten wir aus der Bucht heraus. Die absolute Windstille und der mittlere Swell, der hier herrschte, machte es durch das Fehlen jeder Kimm unmöglich, selbst auf nächste Entfernung etwas auszumachen.

Draußen aber, auf reinem Südkurs, setzten wir in aller Ruhe unsere Reise fort. Wir hielten die Detonationen für von Land aus gezündete Minenexplosionen. Als wir bei Hellwerden unser Prüfungstauchen absolvierten, hatten wir die aufregenden Ereignisse der Nacht fast vergessen, als dann kurz vor Mittag plötzlich eine U-Bootwarnung an uns erging und wir Standort melden sollten.

Dann aber kam der Funker mit der Kladde wie ein Blitz auf die Brücke, und wir lasen einen Funkspruch von *U-111*. Er lautete: »An BdU. Nach von Land aus beobachteter Torpedoübernahme durch Merten beim Auslaufen plötzlich U-Boot, ähnlich Type *Clyde* voraus! Getaucht – gleich darauf drei Torpedodetonationen! Von Merten nichts mehr gesehen!«

Das war doch nicht möglich! Wir hatten kein U-Boot gesehen. Aber dann kam gleich darauf ein weiterer Funkspruch, nun von *U-67* mit folgendem Inhalt: »Beim etwas verspäteten Eintreffen in Tarafal-Bucht zur Abgabe des Kranken an *U-111* bei kimmloser See plötzlich U-Boot, ähnlich Type *Clyde* voraus, Rammstoß unvermeidlich, sofort getrennt. Wahrscheinlich gesunken, *U-67* sämtliche Bugrohre unbrauchbar. Kein Wassereinbruch. Fahrklar. Keine Verletzten, keine weiteren Ausfälle! Rückmarsch! Müller-Stöckheim«. Jetzt begann sich für uns das Dunkel der Ereignisse langsam zu lichten. Also hatte tatsächlich ein portugiesisches U-Boot auf uns auslaufende Boote scharf geschossen und war dann selbst von *U-67* über den Haufen gerannt worden. Das war ja ein tolles Ding!

Der BdU rief nun unentwegt uns zur Standortmeldung auf,

und wir kamen hier im Gebiet des Kap-Verden-Nebels mit unseren schwachen Sendern nicht durch. Als das Rufen nicht aufhörte, entschloß ich mich, nach Osten vorzustoßen, um aus dem funkgestörten Gebiet herauszukommen und mich zu melden, zumal mir noch eine gute Idee gekommen war. Da *U-67* mit Sicherheit zurückkehren mußte, mit unbrauchbaren Bugrohren konnte das Unternehmen kaum fortgesetzt werden, wäre es doch das Beste für die weitere Operation, wenn wir auch die überzähligen Torpedos von Müller-Stöckheim übernehmen könnten. Als wir wieder gehört wurden, stimmte der BdU sofort zu.

Aber was war nun wirklich geschehen? Das ist eine lange Geschichte, die mit der Aktion »Ultra« zusammenhängt.

Es war den Engländern gelungen, in den Besitz des Funkschlüssels »M« zu kommen, die Einstellungsunterlagen für eine gewisse Zeitperiode zu beschaffen und dann durch eine große Organisation von Technikern und Wissenschaftlern in Bletchley Park die jeweiligen Schlüsselmittel so schnell herauszufinden, daß mit nur geringer Verzögerung durch die datenmäßigen Veränderungen – Walzeneinstellung und Steckerverbindungen – sämtliche Funksprüche der U-Boote und des BdU mitgelesen werden konnten. Damit begann ein todernstes Spiel mit gezinkten Karten. Die britische Admiralität hatte meine Bitte um Zusammenführung mit *U-111* und den dann vom BdU angegebenen Treffpunkt der Tarafal-Bucht mitgelesen und zu unserer Vernichtung tatsächlich das große und besonders schnelle U-Boot *Clyde* entsandt. Zugleich hatten die Briten die Portugiesen über die geplante »Neutralitätsverletzung« unterrichtet, weshalb wir in der Bucht mit einem so martialischen Schauspiel der Truppe unter Gewehr begrüßt worden waren. Als in den 70er Jahren die Briten das Geheimnis der Aktion »Ultra« zögernd lüfteten, habe ich dann doch bedauert, daß wir den Brief, den das kleine Boot in der Tarafal-Bucht bei uns abgeben wollte, nicht angenommen haben.

Es wird mir immer unbegreiflich bleiben, warum die *Clyde*, die nachweislich wußte, daß mindestens zwei Boote in der Bucht waren, ihre große Chance nicht wahrgenommen hat.

Tragischerweise fand *U-111* schon wenige Tage später ein

schreckliches Ende. Kleinschmidt, der über seinen geringen Erfolg an der Brasil-Küste tief enttäuscht war, ließ sich verführen, südwestlich der Kanarischen Inseln am 4. Oktober die britische U-Bootfalle *Lady Shirley* anzugreifen, die als harmloser Fischdampfer getarnt war. Das Boot wurde versenkt, der Kommandant getötet, allerdings der Großteil der Besatzung gerettet, darunter auch Jochen Heinecke, der dann in Kanada in Gefangenschaft war und am Tage, als ihm im Jahre 1946 seine Entlassung mitgeteilt wurde, einen Herzschlag erlitt und so die Heimat nicht wiedersah.

Am 28. September, spätabends, bekamen wir den neuen Treffpunkt mit *U-67* in der Küstenbucht von Point d'Arguin am 3. Oktober zugewiesen, also an der mauretanischen, sprich französischen Küste. Das war zwar eine ganze Strecke nach Norden, doch konnte ich sicherlich auch mit Brennstoffauffüllung rechnen, da ja *U-67* auf dem Rückmarsch war.

Dennoch erschien mir das Datum doch unnötig spät. So bat ich um Vorverlegung um einen Tag, was dann auch arrangiert werden konnte.

Wir standen am 2. Oktober bei Hellwerden auf dem Treffpunkt unter der Küste, die hier durch eine halbinselartige Dünenbildung der Sände der Bank d'Arguin doch erstaunlich geschützt ist. Einige kleine Fischerfahrzeuge unter Segel mußten ausmanövriert werden, ehe wir auf 60 m auf reinem Sandboden zur Ruhe übergingen. Das Wasser war unglaublich sichtig noch auf dieser Tiefe. Die peinlich genaue Dichtigkeitskontrolle verlief sehr befriedigend. Nach langem Rundblick tauchten wir gegen Mittag auf, um uns noch weiter unter Land auf etwa 18,20 m Wasser zu legen. Wir lagen sehr schön ruhig und machten Mittag. In der Messe gab es beim Durchsprechen aller Ereignisse der letzten Tage plötzlich ein durchdringendes Sägegeräusch, das uns alle hochfahren ließ. In Sekunden war ich im Turm, fuhr das Sehrohr aus und guckte genau in die vor Schreck erstarrenden Augen eines Negers, eines Fischers, der dann ganz schnell seine Angelleine ins Wasser warf und mit aller Kraft dem Lande zuruderte! Es war die über unseren Netzabweiser gezogene Angelleine, die dieses infernalische Geräusch verursacht hatte. Gegen 3 Uhr nachmittags hörten wir zunächst und sahen dann auch bald *U-67* in die Bucht einlaufen. Nach kurzem Auftauchen und knapper Verabredung ließen wir uns beide bis zur Dämmerung in gutem Abstand voneinander auf den Grund fallen, da viel zu viele Segel von Fischern an der Kimm standen. *U-67* sah mit dem Vorsteven gefährlich aus, der ganze untere Teil fehlte. Es war ein Wunder deutscher Schiffbaukunst, daß kein Wassereinbruch erfolgte.

Mit Dunkelwerden, hier schon gegen 7 Uhr, so weit östlich waren wir gekommen, tauchten wir fast gleichzeitig aus der Tiefe auf und setzten uns in Marsch noch weiter in die innere Bucht, bis wir etwa eine Viertelstunde später auf 30 m Wasser und gutem Ankergrund den Pegel wegwarfen. *U-67* kam sofort längsseits, und dann begann gleich die Übernahme alles dessen, was wir ergattern konnten, 3 Etos, 4 Atos, 55 cbm Brennstoff, 1,5 cbm Motorenöl, Destillat und Proviant wurden übernommen und verstaut. Müller-Stöckheim berichtete über sein Erlebnis in der Tarafal-Bucht; er wollte doch noch in der Nacht *U-111* in der Tarafal-Bucht erreichen, um seinen Kranken nach Hause mitzugeben, aber er schaffte es nicht ganz und kam erst nach Mitternacht vor der Bucht an. Es war vollkommen windstill. Im Wasser war gar nichts zu erkennen. Plötzlich erblickte er einen schwarzen, etwas breiteren Strich voraus, der immer stärker wuchs und dann in Silhouette als fremdes U-Boot zu erkennen war. An ein Ausweichen war gar nicht mehr zu denken, dann hielt er lieber vierkant drauf. Gleich hinter dem Turmaufbau ruschte er auf den Gegner, begleitet von einem fürchterlichen Geschrei von der fremden Brücke. Natürlich hatte er nicht genug Fahrt, um ganz raufzukommen, und so rutschte er gleich wieder ab, und drohte mit dem anderen Boot verkeilt sofort quer zum Swell zu schlagen. Da kein einziger Schuß fiel, nicht einmal ein Pistolenschuß, und er immer noch in der Einbildung lebte, daß es sich um ein portugiesisches Boot handelte, ging er ziemlich automatisch mit äußerster Kraft zurück, und wenige Sekunden später war das andere Boot außer Sicht.

Als Müller-Stöckheim das alles so in Ruhe berichtete, war ich auch noch der Ansicht, daß es sich um einen Portugiesen gehandelt haben müßte. Aber wenn das andere Boot immerhin zwei Torpedos in die Bucht gefeuert hatte, dann wollte es entweder Schrekken erregen oder unsere Gebietsverletzung ahnden. Es war doch zu schade, daß ich den Brief nicht hatte, den das Boot von Land vergeblich versucht hatte an uns loszuwerden.

Noch in der Nacht machten wir unser Prüfungstauchen, um das Boot gleich wieder gewichtsmäßig genau in der Hand zu haben. Dann aber setzten wir mit der üblichen Sparfahrt unseren weiteren Südmarsch fort.

Wir näherten uns Freetown, wenn auch mit achtunggebietendem Abstand, denn hier ist eigentlich immer etwas los, so schreiben die Kameraden in ihre KTB.

Prompt ließen wir uns auch am Spätnachmittag des 4. Oktober von einem Walspout narren, auf den wir längere Zeit zugelaufen waren, weil das doch am hellen Himmel wie eine Rauchfahne ausgesehen hatte.

Am frühen Morgen des 5. Oktober war ich schon vor Hellwerden auf der Brücke. Wir waren in den Mallungen, und das Wetter wechselte dauernd mit kaum wahrnehmbarem Wind. Doch von Süden schoben sich fast tiefschwarze Regen- und Gewitterwolken uns auf unserem Südsüdost-Kurs entgegen. Es ist ein so dichter Vorhang, daß ein ganzer Geleitzug dahinter völlig verschwinden könnte. Als gegen 9 Uhr wieder eine so unheimliche schwarze Wand bedrohlich von Südwest heraufkommt, ließ ich vorsorglich tauchen, mit dem ganz sicheren Gefühl, daß uns dahinter eine Überraschung erwarten würde.

Kaum waren wir eingesteuert und auf Sehrohrtiefe, da fiel Wasser vom Himmel, wie es eben nur in den Tropen geschehen kann. Durch das Sehrohr konnte ich keinen Meter weit sehen, so klatschte es aufs Wasser! Dann nach guten 15 Minuten wurde es oben wieder allmählich heller. Es regnete zwar immer noch wie aus Kübeln, aber man merkte, daß die Naturgewalt langsam abnahm. Im Horchgerät waren keinerlei Geräusche wahrzunehmen. Als dann ebenso plötzlich oben die Sonne herauskam, da traute ich meinen Augen nicht. Da klebte ein Flugzeug am Himmel, aber ein Radflugzeug, und noch eines, und dann noch weitere an Steuerbord voraus. Das zuerst Erkannte kam auf unser Sehrohr zugeflogen. Ich mußte das Sehrohr einfahren, denn die Maschine flog in nur 20, 30 m Flughöhe, das Wasser war wie ein Spiegel und unglaublich durchsichtig. Im Westen kurvte jetzt auch ein klobiges Flugboot über etwas herum, das ich noch nicht ausmachen konnte. Ein großes Rechteck schob sich langsam über die Kimm, dahinter folgten Masten, zwei, vier, acht und das Rechteck hatte auch mindestens einen Mast, wenn auch nicht sehr hoch!

Es war ein Flugzeugträger mit Begleitung in leider schon ablaufender Position. Nach Vergleich mit unseren Bildchen im »Weyer« konnte es nur die *Eagle* sein mit zwei Schornsteinen auf der Insel, einer der ältesten britischen Träger. Sosehr ich mich auch bemühte, ich konnte leider nicht ausmachen, was da noch alles in Begleitung schwamm.

Es war überhaupt schwierig, längere Zeit zu beobachten, denn nun waren mindestens sechs bis acht »Bienen« in der Luft, die unentwegt unter Beobachtung gehalten werden mußten, weil sie auf die geringste Störung der Wasseroberfläche herunterstießen, um nachzusehen, was da wohl war. Natürlich hatten wir sofort den Kurs auf 270° geändert in der Hoffnung, daß er doch vielleicht auf einen östlicheren Kurs überging und wir dann möglicherweise auf Schußentfernung kommen könnten. Gegen Mittag glaubte ich schon an ein Wunder, er hatte einen großen Zack nach Osten gemacht und kam – aber nur für eine ganz kurze Zeit – deutlich heraus, dann zeigte er uns das Heck und gleich, nachdem eine ganze Wolke von Maschinen neu gestartet war, setzten die anderen zum Landen an. Ein munterer Betrieb, aber so weit weg, daß ich alle Felle wegschwimmen sah. Wir waren in einer hoffnungslosen Position. Am Nachmittag kam ich auf einen anderen Dreh. Weglaufen, außerhalb der Sichtweite auftauchen, auf Generalkurs des Trägers vorsetzen. Da aber drehte der Träger plötzlich genau auf uns zu, Lage 0, und dann landeten alle Bienen hintereinander. Dann drehte die *Eagle* wieder auf Nordwest-Kurs und bürstete plötzlich mit hoher Fahrt los.

Er war nach knappen 10 Minuten weg von der Kimm. Also rauf und hinterher, mit äußerster Kraft und verstärktem Ausguck. Tö-

Korpskadett
im Königlich-preußischen Kadettenhaus
Köslin, 1918/20

Freiwilliger Matrose bei der 5. Kompanie/2. Schiffsstammdivision der Ostsee; 2. Korporalschaft beim täglichen Gewehrexerzieren; v. l. n. r.: Merten, Mantey, Heinecke, Waffenschmidt, Behrens, Russow, Lass, Mielke, Grundmann. Vor der Front: Obergefr. Schmidt.

Seekadett auf der *Niobe*, Juni bis September 1926. Mitte: Obermaat Hoffmann; v. l. n. r.: Freytag, Schmidt (Kuno), Schulte-Somborn, Neuß, Forstmann, Christian, Zapp, Gersdorf, Rasch, Meißner, Hopmann, Merten, Schmidt.

Schulkreuzer *Emden* in Valparaiso, 29. September bis 10. Oktober 1927.

Die Fähnriche z. S. Hans Pauckstadt und Karl-Friedrich Merten auf der Marineschule Flensburg-Mürwik, April 1928 bis März 1929.

Drei Oberfähnriche z. S. der Crew 26 auf *Königsberg*; v. l. n. r.: Zenker, Merten, Freymadl.

Musterung der Skagerrak-Ehrenwache in Berlin (Standortkaserne Moabit) am 31. Mai 1931 durch Admiral Dr. h. c. Raeder. Leutnant z. S. Merten führt den Ehrenzug der *Königsberg*.

Weltreise 1935/36. Das Offizierskorps der *Karlsruhe*; sitzend v. l. n. r.: Waue, Wesemann, Günther, Jensen, Siemens, Rogge, Kubitzki, Böttcher, Assmann. Stehend v. l. n. r.: Engler, Günter, Forstmann, Merten, Fröhlich, Lehmann-Willenbrock, Merker, Simon, Neuendorf, Bauer, Schlüter, Koppenhagen, Zehme, Jenisch, Heintze, dahinter Negenborn und Schultz.

Der IO der *Karlsruhe*, Korvettenkapitän Bernhard Rogge.

Auslosung der Boote bei den IV. Internationalen Marine-Pokal-Segelwettfahrten, Kiel, Juni 1938. Deutscher Mannschaftsführer Kapitänleutnant Merten.

LZ-127 überfliegt am 3. November 1935 in Santa Cruz die *Karlsruhe*.

Südatlantik, 1. Dezember 1941. *U-68* am Ölschlauch. Im Hintergrund *U-A,* einen Tag verspätet am Treffpunkt.

Zweiter Schlepptag *U-68* mit zehn Rettungsbooten, verantwortlich für die Besatzungen der *Atlantis* und der *Python* (etwa 450 Schiffbrüchige).

»Stehplätze« an Oberdeck von *U-68* am 3. Dezember 1941.

Der Kommandant der *Atlantis*, Kapitän z. S. Bernhard Rogge, an Bord von *U-68*.

Skeptische Beobachtung des Angriffsmanövers von *U-A*; v.l.n.r.: Grezian, Rogge, Merten.

Treffen mit *Tazzoli* am 16. Dezember 1941 westlich Cap Verden, Proviantübernahme.

U-68 läuft mit 72 Überlebenden der *Atlantis* am 24. Dezember 1941 in St. Nazaire ein, nach einer Rettungsfahrt über ca. 5000 Seemeilen (Aufnahme von einem unbekannten französischen Photographen).

»Selbstmord« der Flottille beim Ruderversager *F-8*, Havarie dreier Geleitboote.

Geleitboot *F-7* der 2. Geleitflottille; Kommandant Kapitänleutnant Merten (Oktober 1937 bis März 1939).

Schüsse, die die Welt veränderten. Gefechtsbeobachter im Vormars der *Schleswig-Holstein* am 1. September 1939.

Kadettenoffizier auf der *Schleswig-Holstein*, Juli 1939 bis April 1940 (Crewen 1938 und 1939).

Der Kommandant der *Schleswig-Holstein*, Kapitän z. S. Kleikamp, erläutert Göring die Befestigungen der Westerplatte. Im Hintergrund Kapitänleutnant Merten.

Führer der »Kampfgruppe Nyborg« vom 7. bis 9. April 1940 auf *Claus v. Bevern*, ex *T-190*.

Treffen *U-68* mit der *Atlantis*, 13. bis 15. November 1941.

Kommandanten-Elite der 24. U-Flottille; v. l. n. r.: Erich Krempl, *U-548*, gefallen 30. 4. 45; Ernst Fischer, *U-3006*, versenkt, W'haven; Karlheinz Schroeter, *U-763*, versenkt, Königsberg; Erich Jewinski *U-2539*, versenkt, Kiel; Hermann Dahms, *U-980*, versenkt, Canso 11. 6. 44; Georg Peters, *U-1198*, Op. Deadlight; Karl-Hartwig Siebold, *U-3504*, versenkt, W'haven; Helmut Wicke, *U-1231*, Beute UdSSR; Joachim Guse, *U-1173*, versenkt, Flensburg; Ernst Raabe, *U-246*, gefallen 29. 3. 45; Götz Roth, *U-1232*, Op. Deadlight; Georg von Bitter, tödl. verungl. 13. 1. 45.

Memel. U-Boote und Fangboote, auf Strom Klarmachschiff *Leverkusen*.

Die dichtgedrängt liegende Flottille im Hafen. Vordergrund: *Heinz Horn*; dann *U-28* und *U-34*.

Der Flottillenchef bei seiner Rede anläßlich der Übernahme des Wappens.

Wappen der 24. U-Flottille.

Die Spitzen der Behörden und der Marine.

Der kolumbianische Gaffelschoner *Urias* im Verkehr von Cartagena nach St. Andrews; Karibik, 15. Juni 1942.

Versenkung des britischen Frachters *Trevilley*; Südatlantik, 12. September 1942.

Auszeichnung mit dem Eichenlaub zum Ritterkreuz des Eisernen Kreuzes, Wolfsschanze, 31. Januar 1943; v. l. n. r.: Merten, Lüth, Guggenberger, Tönniges (verdeckt), Hitler, Dönitz, Puttkamer, Krancke.

Ende der Frontzeit als Kommandant *U-68*. Die Besatzung wenige Tage vor der Übergabe an Oberleutnant z. S. Lauzemis (Februar 1943).

Der Stab der 24. U-Flottille bis zur Auflösung in Hamburg, Anfang März 1945.

Fregattenkapitän Merten im Gespräch mit Korvettenkapitän d. R. Kohlmorgen.

v. l. n. r.: Oberleutnant (Ing.) Herm, Oberleutnant z. S. d. R. Gustav Lange, Oberleutnant (MA) Maihold, drei Säulen des Stabes.

Bergungsarbeiten in der Sektion St. Goar. Sorgfältige Taucheruntersuchungen bildeten die Grundlage.

Das Team beobachtet in Gegenwart der französischen Vorgesetzten Pumparbeiten; v. l. n. r.: Merten, van Wienen, »Jummy« Lüders.

Der Neuanfang – das Siedlungshaus in Wiesbaden-Freudenberg.

Verkaufsleiter bei LMG (Lübeck). Stapellauf eines Baggers; v. l. n. r.: Ehepaar Merten und Josef Schime.

König Olaf V. von Norwegen besucht den Stand der LMG auf der Schifffahrtsmesse in Oslo, 1966.

Das Korallen-Unterwassersuchboot für die »Selmar«, Cagliari.

Beerdigung des Großadmirals Dönitz am 6. Januar 1980.

Treffen von Überlebenden *City of Cairo* an Bord HMS *Belfast*, London, 14. September 1984.

richterweise hielt ich mich für verpflichtet, eine Feindmeldung abzugeben.

Eine halbe Stunde später hatte ich ein Flugzeug auf dem Hals und mußte tauchen. Nach dem Auftauchen und immer noch im Versuch, vielleicht doch noch Fühlung zu bekommen, erlebten wir eine sehr häßliche und gefährliche Panne. Das Vorschiff schnitt plötzlich unter. Nur durch sofortiges Stoppen und »Anblasen vorn« kam das Wasser wieder runter vom Vorschiff – es ging um Haaresbreite. Die sofortige Untersuchung ergab keinen Grund, warum plötzlich die vorderen Tauchzellen geflutet hatten.

Als aber nach einer weiteren halben Stunde, jetzt mit nur einer Geschwindigkeit von 9 Seemeilen, wieder die vorderen Tauchzellen fluteten, da gab ich dann doch die Jagd hinter der *Eagle* her auf und kümmerte mich erst einmal um diese höchst gefährliche Erscheinung. Wieder wurden alle Elemente überprüft, nochmals mit Druckluft nachgeblasen, und dann hielt das Kissen endlich in den Tauchzellen.

Heute wissen wir, daß jeder Funkspruch schon damals sofort automatisch von mehreren Stationen eingepeilt wurde und dementsprechend die Warnungen an alle im Gebiet befindlichen Schiffe wenig später herausgingen. So verrieten wir uns unentwegt und wunderten uns dann, wenn wir auf unseren Kursen keine Schiffe antrafen.

Hier aber war noch ein ganz persönliches Moment im Spiel gewesen. Ich hatte die Überraschung hinter der schwarzen Regenwand nicht nur vorausgeahnt, sondern vorausgewußt und mich sofort auch darauf eingestellt, es war dies im Kriege der zweite Fall, nach drei mir rational nicht erklärlichen voraufgegangenen Fällen bereits im Frieden.

Als wir uns am 8. Oktober der nördlichen Passatgrenze näherten, begannen im Boot die Vorbereitungen für die Äquatortaufe, die am nächsten Tage fällig war. Ich tat natürlich so, als wenn ich nichts merkte, traf aber selbst meine notwendigen Vorbereitungen, denn ich mußte natürlich voll mitspielen. Wir waren ohnehin nicht so sehr viele, die bereits getauft waren, der Bootsmann, unser Alex Kurkowski, der I. W.O., der II. W.O., der LI und ich. Sowohl der »Konfirmande«, der Fregattenkapitän Brachmann, wie auch der Ober-Assistenzarzt Dr. Sendler waren noch nicht getauft, keiner von den Oberfeldwebeln, Unteroffizieren und Mannschaften. Einige mußten mitwirken und dennoch auch selbst getauft werden. Es war beinahe friedensmäßig, und man mußte immer wieder daran erinnern, daß die Sicherheit des Bootes doch noch wichtiger war als die Äquatortaufe.

Sie wurde am 10. Oktober vollzogen, nachdem am Vorabend traditionsgemäß bereits der »Admiral Triton« durch das Torpedorohr 5 an Bord gekommen war und die Taufe verkündet hatte.

Der LI machte den Neptun in hervorragender Würde, der II. W.O. Lauzemis den Astronomen und Aktuar, der Schiffskoch Hoffmann verkörperte vollendet die Thetis, der Steuermannsschüler Lüdmann den Kapellmeister. Der I. W.O. hielt sich von allen Festlichkeiten fern und ging die doppelt wichtige Wache. Der Bootsmann Kurkowski übernahm die »Ämter« des Trabantenführers, des Friseurs, des Doktors und des Täufers in einer Person. Alles klappte vorzüglich.

Ohne besondere Ereignisse gingen die nächsten Tage im Südmarsch mit unserer Radfahrer-Geschwindigkeit dahin. Am 14. Oktober kamen wir in Sicht der Insel Ascension, die wir uns ordergemäß genauer ansehen sollten. Um 6 Uhr war es für die Nacht schon zu spät. So tauchten wir bei guter Landsicht und schipperten unter Wasser von Nordost über Ost nach Südwest, um bei Dunkelwerden die innere Clarence-Bucht mit dem winzigen Hafen Georgetown genauer zu inspizieren. Wir standen den ganzen Tag unter Wasser und beobachteten die Insel im ganzen östlichen Halbkreis. Wir konnten einen nach dem Segelhandbuch nur auf dieser Insel lebenden Riesenvogel, den Bootsmannsvogel, den boatswainbird, beobachten, der über dem Ostteil der Insel majestätisch seine Kreise in etwa 200 m Höhe zog, ein phantastischer Anblick. Bei Dunkelwerden standen wir dann, wie vorgesehen, unmittelbar vor der Clarence Bay, gingen beim Näherkommen dann auf E-Maschinen über und ließen uns ganz langsam dem kleinen Bootshafen entgegentrudeln, der an der Nordwest-Seite durch eine kleine Mole geschützt wird. Bei 200 m Entfernung zum Lande konnten wir den winzigen Hafen gut übersehen. Im Wasser lagen weder Schlepper noch Prähme, noch Pontons, hochgezogen an Land einige kleinere Ruder- oder Fischerboote. Auf der Mole ging offenbar ein Posten auf und ab, man sah hin und wieder das Aufleuchten einer Zigarette. Am Fuß der Mole, die nicht länger als 60 m ist, war eine Art beleuchtete Baracke zu erkennen, aus der schreckliches Gegröl über das Wasser ertönte.

Die Insel Ascension gelangte jedoch schon wenige Wochen später erstmalig in ihrer Existenz zu wirklicher Bedeutung, als die Amerikaner dort einen Großflugplatz errichteten, zunächst eine Tankstation für die an die Ägyptenfront zu überführenden Flugzeuge. Nach aller Wahrscheinlichkeit waren zur Zeit unserer Inspektion bereits Vorkommandos dort tätig. Möglicherweise kamen das Gegröl und das Klavierspiel aus der Baracke bereits von einem derartigen Vorkommando.

Ganz große Bedeutung aber hat die Insel, oder besser, der damals angelegte Flugplatz, anläßlich des Falkland-Konfliktes vom April bis Juni 1982 bekommen, denn nur diese Basis, immer noch fast 3000 Seemeilen von den Falklands entfernt, ermöglichte es den Engländern, die Rückeroberung der Inseln durchzuführen.

Nun aber wandten wir uns unserem nächsten vom BdU angegebenen Untersuchungsziel zu, der Insel St. Helena. Ich war als Seekadett mit dem Kreuzer *Emden* im Januar 1927 dort gewesen und erinnerte mich noch an eine der schrecklichsten Kohlenübernahmen, weil die Kohlenprähme undicht und halb voll Wasser gewesen waren, an den Marsch nach Longwood, der einstigen Residenz Napoleons, und an den kümmerlichen Hafen. Wieder einmal mußte ich die Weisheit unserer Kadettenerziehung preisen, die uns verpflichtete, ein fast pedantisches Logbuch über jeden Tag zu schreiben und vor allem die Häfen mit ihren Einrichtungen, Feuern, Wassertiefen, Ankergründen und eventuellen Befestigungen genau zu beschreiben und in Skizzen festzuhalten.

So war mir mit einem Blick auf die Seekarte klar, wie und wann man am günstigsten die Insel beobachten könnte.

Am 21. Oktober war es dann soweit. Wir standen um Mitternacht nordwestlich der Insel und hatten auf dem ganzen Törn vom

Verlassen von Ascension am 14., also in ganzen sechs Tagen, nichts gesehen, obwohl der Kurs im Frieden eine vielbefahrene Dampferroute war.

Bei Morgendämmerung wollte ich unmittelbar vor der Reede von Jamestown stehen, dort dann tauchen und mir Ort und Hafen ganz genau ansehen. Um halb 6 Uhr wurde getaucht, und dann gingen wir mit 90° Kurs unter Wasser langsam an die Insel in Sichtweite heran. Sehr bald mit hellem Osthimmel konnten wir mit angehaltenem Atem tatsächlich auf Reede ein Schiff ausmachen, und gar kein kleines. Wir hielten es nicht für möglich, daß die Engländer so ein Schiff auf offener Reede ungeschützt liegen ließen, und vermuteten sicherlich eine Hafensperre mit Minen. Unter diesem Gesichtspunkt erschien ein nächtlicher Überwasserangriff ratsam. Es handelte sich um einen mittelgroßen Tanker, ausladender Vorsteven, Kreuzerheck, zwei Masten, Brücke nach 1/3 Länge vorn, vor und hinter der Brücke Lademasten, nicht sehr hoher Schornstein genau in Mitte, Rumpf fraglos schwarz, Aufbauten und Masten gelb-braun, Schornstein gelb-braun mit schwarzem Kappenring. Das Handbuch der Handelsflotten der Welt, der »Gröner«, identifizierte ihn als einen der Admiralitätstanker der »… dale« Klasse, ein »Royal-Fleet-Auxiliary« von etwa 8000 BRT. Er lag sicherlich hier, um Flottenverbände zu versorgen. Damit gewann der Funkspruch des BdU an Bedeutung, daß mit britischen Kriegsschiffen zu rechnen sei!

Auf Südkursen liefen wir in etwa 2,5 Seemeilen Abstand an der Insel lang, um uns alle Veränderungen genau einzuprägen.

Der Tanker lag etwa in 800 m Abstand vom Lande und schwojte zur Zeit um 80–130° Kurs. Wenn er nachts auch so lag, dann müßten wir seine Backbord-Seite angreifen. Unmittelbar über seinem Ankerplatz war eine offensichtlich neuangelegte Hafenbatterie in halber Höhe, etwa 20 bis 30 m auf Mundner Point. Den erkennbaren Geschützrohren nach mußte es etwa ein 15-cm-Kaliber sein. Drei bis vier schwer auszumachende Geschützstellungen waren gerade eben erkennbar. An den Batteriestellungen wurde noch gearbeitet. In Jamestown, schon zur Zeit unserer Reise ein Drecknest, das sich eigentlich nur im Tal nach der Straße nach

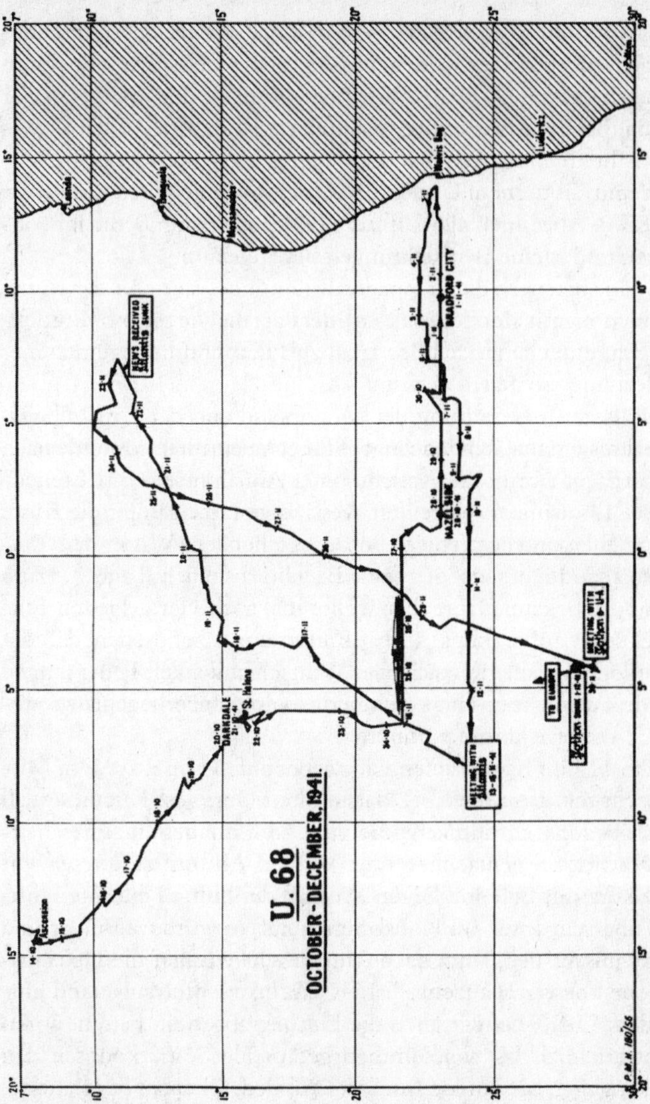

Wegekarte »U-68« aus dem Werk »War in the Southern Oceans«
»Union War Histories – Government of South-Africa 1956«

Longwood entwickelt hatte, waren keine wesentlichen Veränderungen zu entdecken. Fischer- oder andere Motorboote waren nicht zu erkennen. Das Kohlenlager nördlich der »Stadt« an der Felsenhöhle machte keinen vergrößerten Eindruck, Öltanks waren nicht zu entdecken. Ich stand den ganzen Vormittag am Sehrohr und diktierte alle meine Beobachtungen Walter Griese für das KTB. Aber auch alle Offiziere und Brachmann ließ ich beobachten und meine Beobachtungen bestätigen.

Dann aber, nach dieser Paradefahrt unmittelbar unter der Küste, erschien es mir doch besser, um der Gefahr vorzeitiger Entdekkung zu entgehen, nach See zu abzulaufen und in angemessener Entfernung die Nacht abzuwarten.

Nach genauer Prüfung der Mondphase und der Dunkelheitsverhältnisse setzte ich den Angriff für etwa eine halbe Stunde nach Mitternacht an mit der Absicht, unter Annahme einer tiefstehenden U-Bootsminensperre von Westsüdwest mich unter die Küste zu schieben und auf gerade eben ausreichendem Wasser den Tanker so anzusteuern, daß ich seine Backbord-Seite in Lage 90° zum Schuß freibekam. Dann aber wollte ich, nach vier gezielten Einzelschüssen auf maximal 400 m Entfernung, so abdrehen, daß der getroffene Tanker, der nach aller Wahrscheinlichkeit Feuer fangen würde, zwischen uns und die oberhalb des Tankerliegeplatzes stehende Batterie kommen mußte.

Um 11 Uhr nachts liefen wir wieder auf die Insel zu. Um Mitternacht trat dann die Insel klar in ihren Umrissen heraus, so daß durch Peilung der Hulken eine gute, zum mindesten ausreichende, Navigation gemacht werden konnte. Ab und zu loteten wir ganz kurz mit Echolot. Leider aber riß der bisher bedeckte Himmel über der Insel nun vollkommen auf, es wurde sternklar und unerwünscht hell. Kurz nach Mitternacht wurden die Gefechtsstationen besetzt. Lauzemis hatte Gefechtswache, Maus stand hinter dem UZO. Da wir auch die Lüftung abgestellt hatten, waren wir tatsächlich fast vollkommen geräuschlos. Wir konnten den Tanker gegen die dunkle Insel nicht finden. Oben, in der Batterie, wurde offenbar mit Lampen gearbeitet, die uns stark blendeten. Endlich, um 20 Minuten vor 1 Uhr, also über eine Stunde nach

Anlaufbeginn, kam der Tanker in Sicht, aber nicht an Steuerbord, sondern an Backbord und in ganz stumpfer Lage. Wir mußten hinter seinem Heck nach Backbord drehen und erst etwas Abstand gewinnen, da sonst bei der zu geringen Entfernung die Torpedos nicht »scharf« würden, dann nach Steuerbord aufdrehen und schießen. Der Tanker lag jetzt auf 20 bis 50° Kurs und etwa 400, 500 m von Land, das in allen Einzelheiten gut erkennbar war. Zunächst war ich tatsächlich noch zu nahe und mußte nochmals korrigieren. Endlich war ich um zehn Minuten vor 3 Uhr genau auf Schußposition mit Kurs 148°, Tanker Bug links, Lage zwischen 80 bis 90° und etwa 400 m Abstand. Das sollte reichen.

Wir hatten ganze 50 m Wasser und waren von der Batterie etwa 1800 m Luftlinie entfernt, von der leichteren Batterie ganze 2000 m. Jeden Augenblick rechnete ich jetzt mit Sichtung und irgendeiner Form von Alarm. Man mußte uns von oben auf Steinwurfweite sehen können.

Aber dann war ich auch soweit, nie wieder so günstig, und feuerte alle vier Aale hintereinander ab, auf vorderen Mast, auf Mitte, auf achtere Aufbauten und dann noch mal nach Mitte. Im Augenblick der Schüsse lief ein Mann vom Brückenaufbau in der Mitte nach achtern und schrie, eine Laterne schwenkend, »submarine«, daß es gellend laut bis zu uns zu hören war. Da aber zerrissen die Detonationen in knappen Sekundenabständen die nächtliche Stille, bevor der Mann mit seiner Laterne am achteren Aufbau angekommen war. Dann sahen wir nur noch Flammen, Flammen und nochmals Flammen, haushoch lodernd und immer neu aufzukkend in den dunklen Nachthimmel; 20, 30 m hoch loderte es von vorne bis zum Heck, vom Schiff selbst war nichts mehr zu sehen. Das Ganze ein haushohes Flammeninferno, dreimal so breit, wie das Schiff vorher war. Das Wasser brannte mit Windeseile und lief auf uns zu, so daß wir uns gebannt aufraffen mußten, jetzt abzulaufen, und zwar sofort mit aller Kraft. Ganze 30 Sekunden war die Laufzeit der Etos, die fast von den später abgefeuerten Atos überholt wurden.

Jetzt kam allmählich Fahrt ins Boot, nunmehr mit Dieseln und hart Steuerbord-Ruder auf 310°, dem berechneten Fluchtkurs.

Taghell war die ganze sichtbare Küste, der Hafen, waren die Berge, die Batterien, die Kasernen-Anlagen erhellt, und wir selbst, natürlich auch in glutrotes Licht getaucht. Starr und auch zutiefst bewegt standen wir auf der Brücke stumm vor dieser Orgie der Vernichtung. Kein Mensch hatte überleben können, Seeleute wie wir. Als nach guten fünf Minuten auf Ablaufkurs nichts, aber auch gar nichts erfolgte, ließ ich die Besatzung an Deck kommen und das Inferno mit ansehen. Keiner hat gejubelt, alle haben schaudernd dagestanden.

Nach 22 Minuten flammte erst ein, dann flammten zwei Scheinwerfer auf und suchten, glitten einmal, zweimal über uns hinweg, um sich auf das Flammenmeer unter ihnen zu konzentrieren. Es fiel kein einziger Schuß.

Noch bis 4 Uhr morgens leuchtete uns die Fackel der Vernichtung von der Insel hinterher, als wir längst wieder, zur Brennstoffersparnis zurückkehrend, auf Radfahrer-Geschwindigkeit und Südkurs gegangen waren Niemand konnte schlafen, und in der Zentrale war ein nachdenkliches Palaver im Gange. Da die ganze Besatzung an dem gewaltigen Schauspiel hatte teilnehmen können, sonst aus Risikogründen unmöglich, so beherrschte dies Erleben noch wochenlang alle Gespräche.

Wie spiegelte sich nun dieser Überfall auf der Gegnerseite wider? Durch Zufälle ergaben sich später Verbindungen. So schrieb mir am 8. August 1975 ein Engländer, Mr. Eric Reed aus Goodalming, er forsche seit Jahren nach den Ursachen des Todes seines Bruders, Leonhard Reed, Funker auf dem Royal-Fleet-Auxiliary-Tanker *Darkdale.* Er selbst habe wenig von diesem Ereignis gehört, da er in der Armee diente. Jetzt, nach 30 Jahren, seien die Akten des britischen Record Office in London der Allgemeinheit zugänglich gemacht worden. Von dort und vom Imperial War Museum habe er über das Schicksal dieses Schiffes Auskünfte erhalten. Danach wurde das Schiff auf der Reede von St. Helena am 22. Oktober 1941 um 1 Uhr nachts von *U-68* torpediert, das damals unter meinem Kommando gestanden habe.

Die Namen der Besatzung dieses Schiffes, schrieb Eric Reed, stünden heute in dem Merchant-Navy War Memorial in London.

Das war der Anfang einer langen zeitgeschichtlichen Korrespondenz, durch einen Besuch des Ehepaars Reed bei mir im Oktober 1981 intensiviert. Ich bekam durch die Vermittlung von Eric Reed nicht nur eine Kopie meiner KTB-Seiten über dieses Vorkommnis, sondern mir wurden auch andere britische Berichte zugänglich, die dieses Ereignis betrafen.

Danach war die *Darkdale* erst 1941 in Greenock erbaut worden und befand sich auf ihrer ersten Reise. Sie lag seit August als Versorger in St. Helena. Das Schiff war 8145 BRT groß und hatte 3000 ts Fuel (Heizöl), 850 ts Flugbenzin, 500 ts Dieselöl, Schmieröl und Kohle an Bord. Es war bewaffnet mit vier 7-Zoll-Geschützen, einem 12-Pfünder, zwei Schweinetrögen (eine Art Wabos), zwei Hotchkiss, zwei Martin, zwei Lewis, einem Ballon und Anzeigeraketen. Es waren 50 Mann Besatzung an Bord, darunter vier Marine- und zwei Heeres-Artilleristen. Davon werden 41 Mann vermißt.

Der Captain T. H. Card war zum Zeitpunkt der Explosion an Land, ebenso weitere sieben Besatzungsmitglieder. Zwei Mann der Besatzung wurden durch die Explosionen über Bord geschleudert und dann von einem Ruderboot gerettet. Der Heeressergeant Elliot und ein Corporal waren auf Wache auf dem Vorgebirge. Sie liefen beide zu ihrem Scheinwerfer und sahen von dort aus die Silhouette eines U-Bootes im Schein des brennenden Schiffes. Auch ein Eingeborener glaubte ein ähnliches Objekt gesehen zu haben. Um halb 6 Uhr morgens gab es noch eine weitere Explosion. Das Schiff versank dann innerhalb von fünf Minuten. Der Inselkommandant war nicht davon überzeugt, daß es sich um eine Feindaktion handelte. In der am nächsten Tage eingesetzten Untersuchungskommission konnte keine Erklärung für die Explosion gefunden werden. Am 24. Oktober kam das Postschiff von Kapstadt, mit ihm zwei Seeoffiziere, Captain Bell und ein weiterer, die der Untersuchungskommission beitraten. Es blieb bei den Untersuchungen offen, welche Ursachen zur Explosion geführt hatten. Es wurde auch Fahrlässigkeit an Bord in Betracht gezogen. Die Taucheruntersuchung ergab, daß die »Explosion von innen nach außen« erfolgt war. Captain Card blieb jedoch fest bei seiner Meinung, daß das Schiff einer Feindaktion zum Opfer gefallen sei.

Schon im Jahre 1956 hatten mich in Bremen, wo ich damals tätig war, zwei Herren aus Südafrika aufgesucht, der Colonel Agar Hamilton und der Captain Betzler der »Union War Histories Section« des Premierministers von Südafrika. Sie waren damit beschäftigt, für die Regierung von Südafrika den »Krieg zur See« im Südatlantik historisch zu erfassen und niederzulegen. Sie waren schon in Hamburg gewesen und hatten mehrere U-Bootskommandanten und auch Rogge von der *Atlantis* eingehend gesprochen. Zunächst aber hatten sie aus der Nachkriegsliteratur alles zusammengetragen, was überhaupt darüber geschrieben worden war. Unser erstes Wort war verständlicherweise: »Ja – aber unsere Kriegstagebücher sind doch in England. Da können Sie doch viel mehr erfahren, als wir Ihnen aus der Erinnerung berichten können!« Dazu aber schrieb mir dann der sehr gut deutsch sprechende Captain Betzler:

»Kriegstagebücher – das ist ein heikles Thema. Wir haben tausend heilige Eide schwören müssen, ehe die höchst ›security minded‹ hohen Herren der britischen Admiralität mir überhaupt den Zutritt zu ihrem Sanctissimum gestatteten. Da wir einen weiteren ›Burenkrieg‹ vermeiden wollten, zum mindesten aber unseren wichtigsten Quellenbrunnen nicht selber zuschütten durften, ist es uns wirklich nicht möglich, solche Dokumente oder deren Kopien irgend jemandem, schon gar nicht dem ›bösen Feind‹ zu überlassen.«

Das war noch im Jahre 1956/57. In der südafrikanischen Darstellung ist dann die Versenkung der *Darkdale* zutreffend geschildert worden, als erste Versenkung südlich des Äquators.

Auf Anordnung des BdU setzte *U-68* damals seinen Marsch nach Walvis Bay fort. Da kam unerwartet und auch völlig überflüssig am späteren Nachmittag ein Funkspruch vom BdU, daß wir sofort Verkehrslage und Brennstoffbestand melden sollten. Das ärgerte mich gewaltig, und ich war auch voll überzeugt, daß diese uns kompromittierende Anfrage, wenn wir antworteten, nicht im Sinne des BdU wäre. Warum nur den Dornröschenschlaf der Briten im Südatlantik wecken? Wir hatten doch gerade eben gesehen, wie sie hier noch »Frieden« spielen. Aber – Befehl ist Befehl, und bevor wir unentwegt gerufen werden, falls wir uns nicht melden, dann schon lieber selber melden! So ließ ich denn um Mitternacht des 24. Oktober den Funkspruch los, den fast alle U-Bootbücher nach dem Kriege zitieren: »Umkreis und Hafen ›A‹ sowie Weg nach ›B‹ kein Verkehr. Hafen ›B‹ letzte Nacht achttausender Versorgungstanker zerstäubt – 150 cbm – Gehe Südsektor! … Merten.«

Bei der Funkspruch-Wiederholung zur Programmzeit kam ein Fehler in den Funkspruch, aber ich verzichtete auf Berichtigung, damit endlich das Funken aufhörte. Es war doch keine Frage, daß die Torpedo-Übernahme in der Tarafal-Bucht kompromittiert war. Und dann kam tatsächlich in der Nacht noch einmal ein unnötiger Funkspruch, der uns Angriffsverbot für südlicher als 25° Süd erteilte.

Jetzt, beim Gegenanboxen gegen den SO-Passat, merkten wir am Etmal, daß wir ohne Versorgung nicht bis Walvis Bay operieren konnten. Mehr als 100 bis 110 Seemeilen waren zur Zeit nicht zu schaffen, und trotzdem benötigten wir über eine Tonne oder einen Kubikmeter Treibstoff pro Tag.

Am 27. Oktober hatten wir dann endlich am Spätnachmittag einmal wieder Masten in Nordost in Sicht. Sofort begannen wir das Vorsetzmanöver, bis wir den Dampfer in Lage 0 hatten, liefen dann auf Querabstand und ließen den Gegner in die Ziellinie hereinlaufen. Das wollten wir, aber dann entdeckten wir, daß durch den Mond unmöglich nahe genug heranzukommen war, also warteten wir, bis der Mond untergegangen war und trudelten genau recht voraus im Abstande von 5 Seemeilen vor ihm her, wobei uns auffiel, daß er offensichtlich ständig seine Fahrtstufe änderte. Wir mußten uns dauernd mit unserer Fahrtstufe angleichen.

Erst um 3 Uhr früh am 28. Oktober verschwand der Mond langsam hinter Wolken und ging dann unter. Unsere Zeit war jetzt gekommen. Es war ein ziemlich großes Schiff mit ganz modernen Formen. Um Viertel vor 4 Uhr fielen drei gezielte Einzelschüsse und trafen nach nur einer Minute Laufzeit nacheinander alle im

Vorschiff bis zur Brücke. Das Vorschiff verschwand sehr schnell, aber der Rest blieb gestoppt liegen und machte die Boote klar. Der Dampfer schrie funkend durch den Äther: »UUUUU« auf der 36-m-Welle, das war ungewöhnlich. Wir störten sein Funken auf dieser Welle, worauf er wechselte und nun auf der 600-m-Welle »VU VVVV VVVV VU« funkte, was noch ungewöhnlicher war. Ich entschloß mich zum Fangschuß auf das Heck, der aber fehlging, wegen einer falschen Einstellung am Vorhaltrechner. Als der Dampfer nach weiteren 15 Minuten immer noch schwamm und funkte, mußte ich noch einen Torpedo opfern. Er traf nun genau Mitte des schwimmenden Teiles.

Es gab eine Kesselexplosion. Kopfüber ging der Dampfer unter, das Heck um 80° aufgerichtet. Zwei Boote schwammen auf, es hätten eigentlich mehr sein müssen, der Größe nach zu urteilen. Unglücklicherweise lag der Treffer des Fangschusses an der Bootsaussetzungsstelle, und ich fürchtete, es hätte viele Leute der Besatzung getroffen, auch wenn der Fangschuß erst 15 Minuten nach dem Haupttreffer ankam. So wollte ich nicht gerne an die Boote gehen und nach Schiffsnamen und Ladung fragen. Ein Trümmerhaufen trieb an der Untergangstelle. Wir hielten das Schiff für einen Typ »Clan McArthur« von etwa 10 000 ts. Erst nach dem Kriege erfuhr ich den richtigen Namen und die Größe. Es war der britische Dampfer *Hazelside* von 5297 BRT, der von Freetown nach Durban mit 4000 ts Kriegsmaterial und Stückgut unterwegs gewesen war.

Nicht nur im Fall der *Hazelside* war es mir möglich, mein eigenes Verhalten anhand der mehr oder weniger zutreffenden Berichte der Gegenseite nachträglich zu kontrollieren. Die Kapitäne der versenkten Schiffe hatten sich über die Umstände der Versenkung vor der »Shipping casualities section« zu äußern. Die meisten Berichte entsprechen auch in Details meinen KTB-Eintragungen und unseren damaligen Beobachtungen. Anhand der in der Regel sehr sachlichen Darstellungen habe ich uneingeschränkte Hochachtung vor den fachlichen und menschlichen Leistungen dieser Seeleute, gerade der britischen Handelsmarine.

Beim Prüfungstauchen am nächsten Morgen stellten wir zu

unserem größten Mißfallen fest, daß unser GHG unklar war, was außerordentlich unangenehm sein kann. Wir versuchten unser Möglichstes, es wieder klar zu kriegen, und schipperten weiter an der südwestafrikanischen Küste in vorsichtigem Abstand nach Ostsüdost.

Nachdem wir nun schon wieder drei Tage ohne jede Sichtung geblieben waren, sagte ich im Scherz am Abend in der Zentrale beim allabendlichen Palaver zum I. W.O. August Maus, der ja immer die Morgenwache hatte: »Verehrter I. W.O., morgen, am 1. November, hat meine Frau Geburtstag, und ich bitte mir bei Hellwerden einen fetten Geburtstagsdampfer aus!« Wie üblich ging ich erst spät nach Mitternacht für ein paar Stunden auf die Koje und wachte auf von einer plötzlichen Unruhe auf dem Turm, durch das Zentraleschott bei sonstiger Stille im Boot sehr gut zu hören. Und da kam dann auch schon der Ruf: »An Kommandant! Der Geburtstagsdampfer in Sicht!« Nun, so blöd bin ich nun wirklich nicht, um auf meinen eigenen Scherz hereinzufallen, und gebe daher keinen Laut. Dann aber geht es wild oben her. Der I. W.O. gibt Alarm. Die Glocken rasseln durch das Boot, mir kommt die Brückenwache entgegen, und schon wird exerziermäßig geflutet.

Ich kann mich gerade an Maus vorbei durch den Turm nach oben zwängen und einen kurzen Blick auf die Situation werfen, da muß ich auch schon ins Luk springen und mit einem Schwapp Seewasser das Luk schließen. Ich habe wirklich genug gesehen. Der Dampfer war bereits hoch heraus. Sehr aufmerksam kann die Brückenwache wohl nicht gewesen sein ... Im Tauchen werden bereits die Rohre geflutet. Gleich auf eben Sehrohrtiefe angelangt, werden mir die Rohre klar zum Schuß gemeldet. Es geht alles sehr schnell an diesem schönen Südsommermorgen. Um den noch möglichen Schußwinkel zu bekommen, muß ich hart Backbord unter Wasser drehen und die Drehgeschwindigkeit eben etwas abstoppen, um meinen Dreierfächer loszuwerden. Als die Schüsse fallen, hat er auch schon Lage 90°, wenn nicht schon mehr, das Fahrtrisiko muß ich durch die Fächerstreuung ausgleichen. Tatsächlich schneiden wir auch noch kurz vor dem Schuß infolge des groben Swells mit dem Sehrohr unter, und es gibt bereits nach 20 Sekunden eine gewaltige Detonation, Treffer Mitte! Doch der Dampfer dreht nach Backbord, und ich unter Wasser auch. Jetzt kommt es darauf an, wer den kleineren Drehkreis hat. Nach dem erneuten Unterschneiden des Sehrohrs gibt es einen recht kräftigen »Bums«. Wir haben unsere Beute eben gerammt und kommen natürlich durch mein Notkommando: »Äußerste Kraft zurück« sofort an die Oberfläche und liegen eben drei Meter entfernt von der Backbord-Bordwand unserer Beute und sehen in die entsetzten Gesichter der Besatzung, die dabei ist, das Backbord-Boot auszusetzen und das Bootsaussetzen beinahe vergißt. Keiner geht an die zahlreich vorhandenen Kanonen oder die MG. Alle wollen nur so schnell wie möglich in die Boote und weg vom Schiff! Nach einer höllischen Minute sakken wir dann wie ein Stein weg. Erst auf 80 m bekommt der flinke Klaunig das Boot wieder zum Aufrichten. Dann aber tauchen wir in gemessenem Abstand wieder auf und sehen jetzt der weiteren Entwicklung in Ruhe zu. Uns ist nicht viel passiert, die oberste Stevennase mit der Leitöse für den Festmacher ist eingedrückt, die Torpedoklappen sind unbeschädigt, wir haben sehr viel Glück gehabt. Die Boote sind schon weitab vom noch treibenden, aber schwer gekrängt liegenden Dampfer, der nunmehr mittschiffs mit erheblicher Qualmwolke brannte. Dann aber legt er sich plötzlich nach Backbord über und sinkt schnell mit hochgestrecktem Achterschiff in die Tiefe. Wenige Sekunden später gibt es eine brüllende Unterwasserdetonation, und das Meer sprudelt an der Sinkstelle große Mengen von Wrack- und Ladungsteilen an die Oberfläche. Auch eine Unmenge Stahlfässer schwimmen auf der See. Vorsichtig nähere ich mich den Booten, die gut ausgerüstet sind. Die Leute machen einen guten Eindruck, sie geben sofortige und deutliche Antworten auf unsere Fragen.

Es war die *Bradford City*, Ladung angeblich Zucker von Sydney nach Cardiff, 4953 BRT, gebaut 1936, ein schönes, gepflegtes Schiff. Bewaffnung wie üblich, die achteren Kanonen blieben aber während der eigentlichen Kampfhandlungen unter den Bezügen, und so gingen sie auch mit dem Schiff unter. Wir entließen die Boote, die sofort nach Osten davonsegelten, während wir uns die Trümmer erst noch ein wenig ansahen. Wochen später kam eine

Meldung des Nachrichtendienstes für die Bordzeitung bei uns an, daß Boote der *Bradford City* an der Westküste Südafrikas gelandet wären.

Wir setzten unseren Reisemarsch nach Walvis Bay fort und näherten uns zwei Tage später der Zufahrt zur Hafenbucht. Das Studium der Karte und des Segelhandbuches hatte ergeben, daß nur nachts über Wasser eine Chance bestand, in die Einfahrt einzudringen und dann bei Hochwasser auf die an der einzigen langen Pier liegenden Schiffe Oberflächenläufer abzufeuern. Sollten wir vor der Einfahrt auf dem Hin- und Rückweg keinen Verkehr vorfinden, dann war in Anbetracht der Mondphase mit taghellen Nächten ein Hafenangriff nicht möglich. Das aber bedeutete, daß ich mindestens vier, wenn nicht fünf Tage hier in der Nähe warten müßte, und das wahrscheinlich im Nebel, denn mit Annäherung an die Küste geisterten wir schon einen ganzen Tag im Nebel herum. Da nun endgültig Versorgung mit Brennstoff für uns vorgesehen war, reichte auch die Zeit nicht aus. Wenn nämlich nach der geplanten Versorgung am 12./13. November die Boote für Kapstadt immer noch nicht weit genug heran waren, da mit weniger als vier Booten ein Angriff auf diesen wichtigsten Versammlungspunkt viel zu schwach hätte ausfallen müssen, dann hätte ich neben dem geplanten Vorstoß auf die Kongo-Mündung und anschließender Südpatrouille an der Küste entlang bei besserem Wetter und günstigerer Mondphase einen Hafenangriff auf Walvis Bay für später vorgesehen.

Die Fahrerei im Nebel bei außerordentlich hohem Swell ist nicht ganz problemlos. Mehrfach hörten wir Nebelsignale und kamen an einem Fischdampfer als Nebelschatten gerade eben vorbei. Beim Versuch zu prüfen, wie weit die Nebelzone an die Küste heranreichte, gelangten wir so nahe an die Einfahrt in den Kanal nach Walvis Bay heran, daß wir die Nebelsignale deutlich hörten und nach dem Leuchtfeuerverzeichnis identifizieren konnten. Als dann plötzlich von Land aus minutenlang der Vorhang aufriß, konnten wir nur noch auf Westkurs gehen und so schnell wie nur möglich in unserem schützenden Nebelmantel verschwinden. Wir waren uns anschließend nicht ganz darüber klar, ob an den Lagerhäusern in der Bay an letzter Stelle, also am weitesten südlich, ein Schiff gelegen hatte oder nicht.

Am 5. November kamen wir nördlich des Versenkungsortes der *Bradford City* wieder in ein Trümmerfeld und fischten neugierig, wie wir nun einmal waren, ein Faß der Decksladung auf. Es war ein schweres seemännisches Problem, das Stahlfaß an Deck zu bekommen. Der Inhalt entpuppte sich als ganz betäubend starker Alkohol, den wir für Flugzeugbenzin hielten und damit die Gesundheit unserer Besatzung retteten, denn nachdem wir heute wissen, daß es sich um fast reinen Alkohol namens »Rum« gehandelt hat, wäre der Ausgang einer Trinkprobe bei der Besatzung sicherlich mit schweren Ausfällen verbunden gewesen.

Die ganzen nächsten Tage liefen wir nach Westen, um rechtzeitig am Treffpunkt mit dem Versorger zu sein. Am 11. November erhielten wir endlich nähere Angaben über den Versorgungspunkt und unsere Aufgaben nach der Versorgung. Wir waren sehr enttäuscht, denn Kapstadt war aufgegeben. Traurigerweise war das Operationsgebiet nach der Versorgung nach Süden noch weiter begrenzt worden. Für den 13. November war für mittags der Treffpunkt mit *Schiff 16* angegeben, und wir hatten seit Tagen wegen des bedeckten Himmels kein sauberes Besteck.

Wir waren zu diesem Zeitpunkt fast zwei volle Monate in See. Es gab keine Krankheiten oder Verletzungen, die Stimmung der gesamten Besatzung war hervorragend. Bis auf die Sorge um den Brennstoffbestand gab es keine Gründe, die Unternehmung etwa abzubrechen.

II. Teil

Walter Griese, der Obersteuermann, koppelte schon seit Tagen auf Millimeterpapier und studierte Monatskarten und Segelhandbücher des Südatlantiks. Wieder hatten wir in der letzten Nacht keine Sterne zu sehen bekommen. So waren wir hinsichtlich unserer Position reichlich unsicher. Vorsichtshalber beabsichtigten wir daher, schon bei Hellwerden auf dem Treffpunkt zu sein. Aber bereits um zehn Minuten vor 10 Uhr vormittags kamen in Richtung 340° »zwei Masten – ein Schornstein« in gut sechs Seemeilen Abstand in Sicht. Natürlich ist Griese mit Recht stolz auf sein gegißtes Besteck.

Ich freute mich sehr auf dieses Treffen mit Bernhard Rogge, mit dem ich menschlich so übereinstimmte.

Um 12 Uhr mittags setzte die *Atlantis* ein Motorboot zu Wasser, das dann ein Schlauchboot als Fender längsseits nahm, um mich zur Besprechung bei Rogge abzuholen. Nach dem Entern des endlosen Fallreeps kam ich an Deck des Hilfskreuzers mit »Seite-Pfiff«. Da stand das gesamte Offizierskorps angetreten zum Empfang. Es war mir fast zu feierlich, denn im Unterschied zu diesem Schiff hatte ich noch nicht allzuviel an Seekriegsleistung erbracht. Rogge konnte es sich nicht verkneifen, eine kurze Ansprache zu halten, um mich hier im Südatlantik zu begrüßen. Dann stellte er mich seinen Offizieren vor und lud mich ganz förmlich zum Mittagessen ein, aber ich konnte vorher noch ein lange entbehrtes Bad nehmen. Alles war vorbereitet, Seife, Shampoo und phantastische Frottiertücher lagen bereit, wie auf einem Super-Liner. Rogge war ein vortrefflicher Gastgeber. Selbstverständlich aber war ich doch etwas unruhig, mein Boot aus den Augen zu lassen. Aber Rogge beruhigte mich, da er in den Mastspitzen seine Ausguckposten sitzen hatte, die jedes noch so kleine Objekt an der Kimm sofort erkennen und melden würden.

Wir zelebrierten ein vorzügliches Essen mit Wein und allen Schikanen. Rogge erzählte und erzählte. Er hatte ja so unendlich viel erlebt und nutzte die Gelegenheit, sich mit einem anderen Kommandanten aussprechen zu können. Mit Recht bereiteten ihm die vom BdU festgesetzten Versorgungspunkte im Südatlantik erhebliche Sorgen, und er haderte mit seinem eigenen Angebot, noch vor dem Durchbruch zur Heimat zweimal eine U-Bootsversorgung durchzuführen, nach unserer Versorgung noch eine weitere nördlich der Insel Ascension. Nach genauer Musterung der Seekarte hielt ich auch den zweiten Versorgungsort nicht gerade für geeignet. Er lag recht nahe an dem Punkt, auf dem nach Erfahrung anderer U-Bootskommandanten meist die Geleite aus Freetown heraus nach Süden aufgelöst wurden. Mit dem Vordringen der U-Boote bis in den Südatlantik war natürlich auch dieses großräumige Gebiet Kampfzone geworden und damit ein heißes Pflaster für Hilfskreuzer.

Die Proviantergänzung für *U-68* war ebenfalls von typisch Roggescher Voraussicht und Umsicht geprägt. Wir wurden mit allen den herrlichen Dingen beglückt, die der Hilfskreuzer im Handelskrieg seinen Opfern abgenommen hatte, um mit deren unfreiwilliger Hilfe weiter operieren zu können.

Das herrschende Wetter mit Windstärken 6 bis 7 aus Ostsüdost und Seegang 6 bis 7 würde die Versorgung ganz erheblich erschweren. So beschlossen wir, in der Nacht um gute 80 Seemeilen nach Südwesten zu verlegen. Lange haben wir später gerätselt, ob tatsächlich diese Verlegung des Versorgungspunktes uns damals die vorgesehene britische Störung erspart hat. Denn selbstverständlich war der ursprünglich als Versorgungsort vorgesehene Treffpunkt als kompromittiert anzusehen, wie wir heute wissen.

Am 14. November, das Datum gefiel Rogge und auch mir weit besser als der 13., drehte Rogge gegen 7 Uhr sein Schiff quer zur See und stoppte seine Fahrt, während wir vom Heck aus eine lange Schleppleine übernahmen. Mit ihr kam auch eine Telefonleitung, so daß eine Dauerverbindung bestand, die auch gleich als Alarmleitung dienen konnte.

Jetzt meinte es das Wetter nun gleich wieder zu gut, denn es zog ein makelloser, viel zu gutsichtiger Tag herauf. Am Nachmittag gegen 4 Uhr war die Versorgung praktisch beendet. Wir waren in jeder Weise großzügig bedacht worden. Auch die Abschnittsunteroffiziere hatten ihren steten Hunger nach Reserveteilen stillen können. Es gab mehrere besondere »Dotationen«, unter anderem 20 000 Eier, die von einer Prise des Panzerschiffes *Scheer* heruntergeholt und dann an alle Interessenten im Südatlantik verteilt worden waren. So landete der Rest bei uns und schuf bisher unbekannte Probleme, eine so gewaltige Anzahl für nur ganze 64 Besatzungsmitglieder zu verbrauchen.

Eine andere aus Australien gekommene Prise hatte große Mengen erstklassiger Tabake und Zigaretten, einschließlich bester Tabakspfeifen, geliefert. Wir waren nun die Nutznießer dieser seekriegsüblichen Piraterie.

Diese für uns und für die Kriegsverhältnisse üppige Versorgung bildete die Wurzel des Gedankens, doch auch einmal den Versuch zu machen, ein Feindschiff vor der Versenkung auszupacken. Natürlich war das Versenken ein Übel. Es nutzte niemandem. Daraus auch einmal für die Besatzung Nutzen zu ziehen, lag an sich auf der Hand. Allerdings muß ich sagen, daß wir auf den Booten niemals Not oder Entbehrung gelitten haben. Wir haben immer noch echten Bohnenkaffee bekommen, und Wurst, Speck und Butter waren an Bord niemals Mangelware. Zigaretten oder Tabak bekamen wir in so erheblichen Mengen, daß wir sie selten aufbrauchen konnten. Es war auch mehr das Abenteuer, das uns bei diesem Gedanken lockte. Der Stachel dieser Verführung saß fortan tief im Fleisch von *U-68* …

Mit Rogge hatte ich für die Nacht eine kleine Übung zur Schärfung der beiderseitigen Aufmerksamkeit vereinbart. Zur Schulung des Ausgucks der *Atlantis* sollten wir einige nächtliche Angriffsübungen, natürlich über Wasser, ausführen. Das war auch mir ganz besonders recht, denn in bezug auf die Optiken herrschte hier erstmalig Gleichheit.

Trotz der relativ hellen Nacht kamen wir mehrfach bis auf 800 m ungesehen zum markierten Torpedoschuß, wovon Rogge keineswegs begeistert war. Um Mitternacht stoppten wir dann das grausame Katz-und-Maus-Spiel. Anschließend machten wir pflichtgemäß noch unser Prüfungstauchen, um das durch Brennstoff- und Proviantübernahme veränderte Bootsgewicht sorgfältig auszuwiegen. Den Rest der Nacht trieben wir dann in der Nähe der *Atlantis*.

Am frühen Morgen konnte ich eine ganze Kommission der *Atlantis* an Bord nehmen, die die Tarnung des Schiffes genau überprüfen wollte. Der IO, der Artillerieoffizier und der Navigationsoffizier kamen auf unser Boot, um sich die *Atlantis* in ihrer Angleichung an ein bekanntes niederländisches Schiff genau anhand von entsprechenden Schiffsbildern anzusehen und gegebenenfalls noch Änderungen zu veranlassen.

Anschließend sollte uns die *Atlantis* auch einmal ihre scharfen Zähne zeigen. Auf ein Signal fielen die Tarn- und Verkleidungsklappen. Die sechs 15-cm-Kanonen auf jeder Seite waren schon eine bemerkenswerte Feuerkraft, wenn die *Atlantis* auch infolge teilweiser Beschränkung der Erhöhung nicht die volle Reichweite der Geschütze ausnutzen konnte. Zu einem Kampf mit Kriegsschiffen war das Schiff, ohne jede Panzerung, ohnehin nicht gedacht. Es ging darum, den durchweg auch mit Kanonen bewaffneten feindlichen Handelsschiffen Respekt einzuflößen.

Zum Abschluß und auch gewissermaßen zum Dank für alle Hilfe und Unterstützung zeigten wir den Kameraden ein Schnelltauchen, das wir damals schon recht vervollkommnet hatten, wenn wir uns auch später mit dem üblichen Stukatauchen nochmals an Schnelligkeit übertrafen. In ganzen 28 Sekunden waren wir unter Wasser.

Bei allem schuldigen Respekt vor dem dienstälteren Kameraden waren Rogge und ich doch wirkliche Freunde aus langen schönen Friedenszeiten.

Meine Frau, die ihn auch gut kannte, hatte ihn nach dem Selbstmord seiner Frau bei Kriegsbeginn, als sein Hilfskreuzer-Kommando bekannt geworden war, ein wenig an die Hand genommen und sich um ihn gekümmert. Ich war in Danzig und zu dieser Zeit unabkömmlich. So bestand auch über das dienstlich nahe Verhältnis hinaus ein stark gewebtes persönliches Band. Ich sah sein schönes und erfolgreiches Schiff mit großer Sorge an der nördlichen Kimm verschwinden.

In dem langen Gedankenaustausch hatte Rogge immer wieder auf die unbedingte Beschränkung jeden Funkverkehrs hingewiesen und sich über manche unnötigen Fragen des Oberkommandos geärgert. Öfter hatte er einfach keine Antwort gegeben, da er der Ansicht war, daß er sich nur deshalb bisher gehalten habe, weil er nach Möglichkeit die Funkerei vermieden oder nach jedem notwendigen Funkspruch große Kursänderungen vorgenommen hatte.

Wenn wir heute wissen, daß ja schon seit vielen Monaten jeder

Funkspruch vom Gegner nicht nur genau mitgelesen wurde, sondern auch die Kurzwellenpeilung so genau war, daß schon nach wenigen Morsezeichen der Sender genau eingepeilt war, und damit der Schiffsort feststand, dann fragt man sich, warum die Engländer überhaupt eigene Schiffsverluste so lange hinnahmen, ohne dem ganzen Spuk ein Ende zu machen.

Am Nachmittag kam die *Atlantis* langsam im Nordwesten außer Sicht. Erst um Mitternacht meldete ich, wie mit Rogge vereinbart, die durchgeführte Versorgung.

Wir nahmen Kurs nach Lobito, um alle Nord-Süd-Wege zum Kap möglichst kleinwinklig zu schneiden, denn schließlich mußte der Verkehr hier laufen. Trotz guter Sichtverhältnisse vergingen ganze sechs ereignislose Tage.

Nachdem der Angriff auf Kapstadt aus mir unbekannten Gründen zunächst aufgegeben war, plante ich, bis zum Kongo vorzustoßen, um dann anschließend die Häfen der inneren Guinea-Bucht, insbesondere Lagos und Takoradi, zu kontrollieren. Von dort aus würde es dann auch an der Zeit sein, an den langen Rückmarsch zu denken.

Am 22. November feierten wir gleich zwei Geburtstage. Der LI, unser vorzüglicher Bernhard Klaunig, hatte das 26. Lebensjahr vollendet und mit ihm das Boot *U-68* sein erstes Dienstjahr. Wir malten einen Obermatrosenwinkel unter das Turmabzeichen. Dafür aber kam dann auch prompt am nächsten Tage, dem 23. November, der große Hammer in Gestalt der erschütternden und schwer vorstellbaren Funkmeldung, daß die *Atlantis* bei der Versorgung von *U-126* (Bauer) von einem schweren Kreuzer der London-Klasse versenkt worden war. Das U-Boot habe die Besatzung in Rettungsbooten im Schlepp. Über Verluste enthielt die Nachricht keine Angaben.

Wir waren schrecklich deprimiert. Rogges Mißtrauen hatte sich bestätigt. Nun stand es fest, der Versorgungspunkt mußte kompromittiert gewesen sein, aber wie und durch welche Funksprüche oder durch welchen Verrat? Hier war einfach etwas nicht in Ordnung. Wir mußten jedenfalls auch sofort handeln. Denn *U-126* konnte unmöglich allein die Besatzung der *Atlantis* nach Hause bringen. Sofort gingen wir auf Nordwest-Kurs, um bei Anforderung zu einem Treffpunkt mit *U-126* schnell dort zu sein. Dann hörten wir, daß bereits drei weitere Boote zur Hilfeleistung aus dem mittleren Atlantik beordert waren, die Boote *U-124* (Mohr), *U-129* (Clausen) und *U-A* (Eckermann). Sofort lebte auch der Gedanke an eine Blockade von Kapstadt wieder auf, wenn schon so viele Boote nach dem Südatlantik in Marsch gesetzt worden sind. Wie das aber mit der Hilfeleistung für die *Atlantis*-Besatzung kombiniert werden könnte, das zu entscheiden war Sache des BdU. Wir wurden nur ganz lakonisch gefragt, ob wir bei vorgesehener Brennstoff- und Torpedo-Versorgung die geplante Gruppe verstärken könnten. Das bedurfte keines Nachdenkens, und wir versprachen uns sehr viel von diesem noch so jungfräulichen Seekriegsgebiet. Aber mit unserer frohen Zusage nahm das Schicksal im Südatlantik seinen noch tragischeren Verlauf.

Nach dem vielen organisatorischen Funkgeschrei im Südatlantik kam es wie eine Erlösung über uns, daß am Abend des 25. November für alle Boote der Gruppe endlich absolute Funkstille befohlen wurde. Wie der Besatzung der *Atlantis* jedoch geholfen werden sollte, war zu diesem Zeitpunkt immer noch offen, was uns doch zunächst sehr beunruhigte.

Dann aber kam des Rätsels Lösung, daß der Versorger *Python* mit *U-126* zusammengeführt werden sollte, um die Besatzung der *Atlantis* zu übernehmen. Gezwungenermaßen würde dann die gerettete *Atlantis*-Besatzung das Abenteuer fortsetzen und erst mit zur Versorgung nach Süden kommen, bevor an eine Heimreise gedacht werden konnte. Armer Rogge, arme *Atlantis*-Seeleute – wir werden euch alle wiedersehen!

U-126 war nach Abgabe der Schiffbrüchigen an die *Python* entlassen und strebte allein der Basis in Westfrankreich zu. Immerhin hatte Bauer schon einige Tonnen des ihm zugedachten Brennstoffs übernommen, als der schwere Kreuzer *Devonshire*, ganz zufällig natürlich, das Versorgungsgebiet abpatrouillierte. Wir waren sofort nach der Feststellung, daß wir zur Hilfe nicht benötigt wurden, wieder auf Südwest-Kurs gegangen in der Hoffnung, noch vor der angekündigten Versorgung Beute zu finden.

Wir schnitten jetzt die Freetown-Kap Route so spitzwinklig mit geringer Fahrt, daß nach menschlichem Ermessen Verkehr angetroffen werden mußte. Doch welch eitle Hoffnung. Das Meer war öde und leer.

U-A (Eckermann) war für den 30. November zum Versorgungspunkt bestellt, 780 Seemeilen südlich von St. Helena, wir für den 1. Dezember. Wir waren aber schon derartig nahe heran, daß wir beschlossen, sicherheitshalber auch schon am 30. November auf dem Treffpunkt zu sein.

Um 10 Uhr standen wir genau auf dem Versorgungspunkt. Keine *Python*, kein bestelltes *U-A*! Griese zweifelte bereits an seinem heute erstklassigen Besteck. Am Nachmittag begannen wir, Suchkurse um den Treffpunkt herumzusteuern.

Aus einer dichten Regenflaage kam um 8 Uhr abends endlich ein Schatten heraus, der sich zu unserer Erleichterung als die *Python* herausstellte. Schon zwei Stunden lagen wir am Brennstoff-Schlauch, leider aber ohne Telefon.

Natürlich muß ich rüber zu Rogge, um mit ihm zu sprechen. Ich ahnte schon, wie ihm nach dem Verlust seines erfolgreichen Schiffes zumute sein würde. Bis Mitternacht blieb ich bei ihm, der überraschend lebendiger war als von mir erwartet, zusammen mit Kapitän »Jimmy« Lüders der *Python*. Rogge war noch voll in Aktion, in Sorge um seine Besatzung und daher auch noch nicht so zur Besinnung gekommen, daß er den Verlust seines Schiffes als unendliche Leere empfand. Natürlich war er jetzt restlos überzeugt, daß der Gegner unsere Funksprüche mitlesen konnte. Wie anders war das Erscheinen des Kreuzers pünktlichst auf dem Treffpunkt zu erklären?

Meine eigene Tarafal-Erfahrung gab ihm recht. So ging ich ohne jede Verzögerung gleich zur lebenswichtigen Brennstoffübernahme, zumal ja *U-A* nicht gekommen war. Rund um die Uhr lief das Gasöl in unsere Bunker. Mit erwachendem Morgen hatten wir 100 Kubikmeter übernommen, so daß wir gleich an eine Bugleine zur Torpedo-Übernahme gehen konnten.

Kaum hatten wir von der Heck- an die Bugleine verholt, kam plötzlich auch *U-A* in Sicht, und gegen 9 Uhr begann auch dort die Brennstoffübernahme. Auf meine etwas leicht mokante Frage, ob er vielleicht durch Versenkungen verzögert heute erst in Erscheinung träte, kam prompt zurück, daß er erst für den 1. Dezember bestellt worden wäre, was einfach nicht den Tatsachen entsprach. Gerade aber diese Verzögerung war ursächlich für die rasch folgenden Ereignisse.

Ein herrlicher, fast windstiller südlicher Sommertag zog herauf mit unglaublich schnell zunehmender Sichtigkeit, die fast bedrükkend wirkte. Ich war seit Sonnenaufgang auf der Brücke und von einer kaum zu beherrschenden Unruhe erfüllt. So lehnte ich auch die gutgemeinte Einladung von Rogge zum Mittagessen auf der *Python* ab. Wo ich nur konnte, trieb ich meine Männer zur Eile bei der Torpedoübernahme an, obwohl sie reibungslos ablief. Gleichzeitig lief auch noch die Proviantübernahme, wozu mir die *Python* noch zehn Seeleute zur Hilfeleistung herübergeschickt hatte, die ich zwar nicht gebrauchen konnte, aber wegen des damit gezeigten guten Willens nicht zurückschicken mochte. Bei der Enge unter Deck konnte immer erst Proviant heruntergereicht werden, wenn der Koch unten im Boot mit dem Stauen fertig war. So stapelte sich der Proviant mit jedem ankommenden Schlauchboot vor dem Kombüsenluk, ohne daß die Helfer etwas bewirken oder beschleunigen konnten.

Dafür aber waren vom Boot einige Abschnittsunteroffiziere, der Funkmaat, der E-Maat und auch einer der beiden Zentralemaaten wegen benötigter Reserveteile und auch wohl aus Neugier drüben auf der *Python*, was ich aber zu dieser Zeit gar nicht wußte, da sie sich beim LI abgemeldet hatten. Mit jedem an Deck oder bereits unter Deck verbrachten Torpedo veränderte sich das nach der erfolgten Brennstoff-Übernahme ohnehin noch nicht wieder durch Prüfungstauchen kontrollierte Gewicht des Bootes. Das sollte sich verhängnisvoll auswirken.

Die Sonne brannte unwahrscheinlich auf unsere Köpfe, und wir trugen erstmals unsere neueste Errungenschaft, die wir dem Zusammentreffen mit der *Atlantis* verdankten. Rogge hatte an Stelle der weißen, für den Tropendienst an Bord unpraktischen Mützen weiße Schiffchen mit Kokarde eingeführt, die wir gerne übernommen haben als sehr brauchbare Änderung der Marine-Bekleidungsvorschrift für die Dauer des Krieges.

Der Vormittag verging, die glastige Mittagzeit war vorbei, und schon wich mein Pessimismus langsam, da ertönte der Schrei von den Masten der *Python* herüber: »Alarm – Alarm! In 160 Grad zwei Masten, drei Schornsteine!« Jeder wußte, was das bedeutete. Für mich war es nur eine Bestätigung meiner Befürchtungen. Es war nur noch interessant, wie sich nun alles abspielen würde. Damit kehrten auch Ruhe und Gleichmut bei mir ein.

Die *Python,* die trotz Rogges Rat keine Ausgucks in den Mastspitzen installiert hatte, sondern nur in den Eselshäuptern, etwa fünf Meter tiefer, warf sofort die Leinen vom Bug zu uns und vom Heck zu *U-A* ins Wasser und drehte mit aufheulenden Motoren auf Fluchtkurs, die Merkzeichen des Gegners achteraus nehmend. Leider aber waren trotz der herrschenden Hitze die Motoren nicht genügend vorgewärmt und sandten daher beim Anspringen mit hoher Tourenzahl einen Sekunden anhaltenden Rauchring in die klare hellblaue Tropenluft.

Waren bisher die Masten noch weit offen, dann drehten jetzt die Masten langsam in eine Linie, in der dann auch schon die Kappe des ersten Schornsteins gut von unserer geringen Augenhöhe des U-Bootsturms sichtbar wurde. Kein Zweifel, die *Python* war erkannt und wurde bereits verfolgt.

Am leichtesten hatte es *U-A*, da mit der Brennstoffübernahme ohnehin fast fertig, ohne weitere Behinderungen jetzt in aller Ruhe ein Prüfungstauchen zu zelebrieren, um sich dann dem aufkommenden Feind zu widmen. Daß da noch ein Schlauchboot mit vier Mann und die nicht mehr eingesetzte Pinnasse mit drei Mann schwabberten, wir mit offenen Luken und einem Torpedo im Luk und dem aufgerichteten Torpedo-Übernahmegeschirr und einem Haufen Proviant noch an Deck tauchunklar dalagen, hat den Kommandanten dieses Bootes sicherlich nicht beunruhigt. Dafür aber hatte er wirklich einmalige Angriffschancen, denn der Gegner kam mit hoher Fahrt genau auf *U-A* zu. Das Boot mußte ohne Schwierigkeiten zum Schuß kommen, auch wenn sich daran bei mir gelinde Zweifel regten.

Bei uns herrschten vorbildliche Ruhe und Besonnenheit. Der im Luk hängende Torpedo glitt im Zeitlupentempo ins Luk, das dann sofort geschlossen wurde, damit ich mit der Fahrt angehen konnte, um die unglücklichen Männer im Schlauchboot aufzupicken.

Der Gegner war bereits mit dem ganzen vollen Querschnitt von der Wasserlinie bis zum Flaggenknopf heraus, als wir endlich tauchklar waren. Eigentlich hatte ich jeden Augenblick auf die erste Salve des Turms Anton gewartet, denn selbstverständlich mußte man *U-68* erkannt haben. Nichts dergleichen geschah. Noch im Tauchen aber machte der Gegner eine Kursänderung um etwa 40° nach Steuerbord, so daß ich doch möglicherweise noch zum Schuß kommen könnte, wenn wir nur schnell auf Sehrohrtiefe kommen würden.

Wir aber versackten wie ein Stein ohne jeden Halt, bis ich in 120 m Tiefe schnell weiter fallend anblasen lassen mußte, um nicht ins Bodenlose zu stürzen. Nun entwickelte sich genau das, was mich schon öfters im Traum gepeinigt hatte. Wir fuhren Fahrstuhl zwischen Herausbrechen aus der Oberfläche bis zum Tiefpunkt von zunächst 120 m und dann langsam milder werdend auf 100 m, dann auf 80 m und dann endlich auf Sehrohrtiefe, mich nur mit hoher Fahrt eben so haltend, so daß ich infolge der auftretenden Sehrohrschwingungen kaum etwas an der Oberfläche erkennen konnte. Torpedowerte konnten so nicht bestimmt werden.

Dazu das Wissen, daß jede Sekunde zählte, wenn man die drohende Katastrophe der Vernichtung unseres Versorgers verhindern wollte, was ja unser Daseinszweck war!

Nur Bruchteile von Sekunden hatte ich einen ungefähren Einblick in die Lage an der Oberfläche. So konnte ich mit dem eben rausgekommenen Sehrohr gerade noch erfassen, daß der Turm Anton des schweren Kreuzers eine Vollsalve in Richtung der ablaufenden *Python* feuerte. Ich erkannte, daß der Kreuzer gut und gerne seine 25 bis 30 Knoten marschierte. Wir hatten keinerlei Chance, dem bösen Feind etwas anzutun, wenn nicht *U-A* endlich handelte. Völlig sinnlos wäre es aber gewesen, noch dem Schiff hinterherzuschießen. Die schon sehr gedämpfte Hoffnung auf

U-A wurde aber von Sekunde zu Sekunde geringer, auch als dann plötzlich eine schwere Detonation durch den Ozean hallte. Da war uns klar, daß das entweder eine Explosion auf der *Python*, einen schweren Treffer oder eine Selbstversenkung des Schiffes bedeutete.

Als wir dann endlich das Boot wieder voll in der Hand hatten und auf verläßlicher Sehrohrtiefe steuerten, hatte der schwere Kreuzer bereits auf Südost-Kurs abgedreht. Von der *Python* stand nur noch eine Rauchwolke am Himmel. Wir hatten keine Zeit, deprimiert zu sein. Das einmalige Bild zuvor des Höchstfahrt laufenden Kreuzers mit dem »White Ensign« im Topp und beiden vorderen Geschützturmen mit großer Rohrerhöhung in Richtung auf die davoneilende *Python* gerichtet, wird mich mein Leben lang nicht verlassen.

Wir mußten jetzt mit allen Mitteln verhindern, daß die beiden Besatzungen vom britischen Kreuzer aufgefischt und gefangengenommen wurden. Also: auftauchen, sich deutlich sehen lassen und damit eine Annäherung des Briten an die Rettungsboote der *Python* verhindern.

Turmluk auf. Da lag der Kreuzer in Lage 180 gut sichtbar. Eine Rauchfackel zeigte uns das Ende der *Python* deutlich an. Von *U-A* war nichts zu sehen. Also: Fla-Waffen besetzen und Kurs auf die Untergangsstelle mit großer Fahrt! Der Gegner wird zusehends kleiner. Er hat also doch Respekt vor uns und hofft sicherlich, daß wir mit dem Problem der Bergung der Besatzungen nicht fertig werden. Mir wird bewußt, daß mit dieser Katastrophe der erhoffte Angriff auf Cape Town aufgegeben werden muß. Unsere Aufgabe ist jetzt allein die Bergung der mindestens 450 Kameraden aus der Not. Kaum aber waren wir knapp 15 Minuten mit hoher Fahrt über Wasser marschiert, da kommt das Bordflugzeug des Kreuzers direkt auf uns zu. Nur eine Sekunde schwanke ich, ob ich das langsame Walrus-Flugboot mit meiner guten Flak bekämpfen soll mit dem Risiko, meinerseits von dem Flugzeug angegriffen zu werden und der erheblichen Gefährdung des Rettungsunternehmens. Nein. Jetzt nichts riskieren. Also »Alarmtauchen«, sobald der Pilot uns mit Sicherheit gesehen hat. Er weiß nur, daß U-Boote in der

Nähe sind, und das sollte er auch wissen. Es kommt keine Bombe, als wir auf Tiefe sind, nicht einmal eine Schreckbombe, die er uns ja mindestens schuldig gewesen wäre.

Wir tauchen gleich wieder auf und laufen auf die Untergangsstelle zu. In der kurzen Tauchzeit haben wir deutliche Sinkgeräusche hören können, das Brechen der Schotten. Kein Zweifel, die *Python* ist nicht mehr.

Es war schon dunkel, als wir an der Stelle der Katastrophe eintrafen. Fast ein Dutzend Rettungsboote und eine große Anzahl von Rettungsflößen und Schlauchbooten trieben gut zusammengehalten im schwachen Swell. Seegang hatten wir zu diesem Zeitpunkt gottlob nicht. Gleich stieg Rogge von einem Rettungsboot zu mir über und nahm sofort die Organisation in die Hand, die erst in dem Moment schwierig wurde, als endlich mit unsinniger hoher Fahrt auch *U-A* auftauchte, so daß alle Fahrzeuge Mühe hatten zusammenzubleiben und unnötig dümpelten.

Mit kurzen Worten hatten Rogge und ich uns verständigt, daß wir drei Gruppen für jedes schleppende Boot bilden wollten, für jedes U-Boot zunächst fünf Rettungsboote im Schlepp, dann eine Gruppe mit ausreichend Schlauchbooten an Deck, die beim etwa notwendig werdenden Tauchen damit aufschwimmen sollten und eine weitere Gruppe, die jedes U-Boot ins Boot hineinnehmen sollte, die dann auch beim Tauchen im Boot bleiben sollte, wenn dies notwendig werden würde. Während Rogge mit absoluter Autorität die Zuteilung der Schiffbrüchigen ordnete und mit dem Megaphon die Befehle gab, erlebten wir eine erste Kostprobe unsinniger Anmaßung und schlechter Kameradschaft in dieser Lage. Der Kommandant von *U-A*, der 25er Korvettenkapitän Eckermann, verlangte das sofortige Übersteigen von Kapitän z. S. Rogge, da er jetzt der »Älteste Seebefehlshaber« im Südatlantik sei. Angesichts der Situation, die ja an Ernst und böser Aussicht für alle Anwesenden keinen Zweifel übrigließ, war das eine Groteske!

Natürlich lehnte Rogge dieses Ansinnen ganz eindeutig ab und ließ in der immer noch höflichen Antwort deutlich erkennen, für wie lächerlich er dieses Herausspielen des um ein Dienstjahr älteren Kommandanten erachtete. Immerhin sollte die schwierige Rückführung mit den auftretenden Problemen von dieser Stunde an bis zum späteren Einlaufen in St. Nazaire am 24. Dezember vom andauernden Fehlverhalten dieses unerfreulichen Kameraden beeinflußt werden.

In dem nach dem Kriege von Rogge und Wolfgang Frank geschriebenen Buch »Schiff 16« wurde darüber nur andeutungsweise berichtet.

Nachdem innerhalb einer guten Stunde, es war schon volle Dunkelheit, die Verteilung der 414 Überlebenden der *Atlantis* und der *Python* durchgeführt war, die Besatzung der *Python* kam geschlossen auf *U-A*, die Rettungsboote verteilt und im Schlepp waren, da kam plötzlich mit – Töff-Töff-Töff – die Motorpinnasse der *Python* aus der Dunkelheit zum sich langsam formierenden Schleppzug. Das war geradezu ein Geschenk des Himmels, der Unverzagtheit und Tüchtigkeit des Bootssteurers zu verdanken. Er hatte unverdrossen und ohne sich vom Bordflugzeug des Kreuzers beeindrucken zu lassen, auf die Untergangsstelle der *Python* zugehalten. Das war eine großartige Leistung, denn das Vorhandensein der Motorpinnasse ermöglichte überhaupt erst die reibungslose Versorgung der Schleppboote und das Austauschen der Besatzungsgruppen, ohne durch Aufstoppen und Längsseitkommen wertvolle Zeit auf dem Reisemarsch zu verlieren. Die beiden Bootsinsassen wurden mit großem Jubel begrüßt. Es war der weisen Voraussicht von Rogge zu verdanken, daß ausreichend Rettungsbootsraum zur Verfügung stand. Er hatte beim Übersteigen auf die *Python* darauf gedrungen, daß alle erstklassig ausgerüsteten Boote der *Atlantis* mit von der *Python* übernommen wurden. Sie waren größer und mit neuen Schleppleinen ausgerüstet.

Täglich sollten die drei Gruppen jedes U-Boots ausgewechselt werden. Im Alarmfall sollten die Schleppleinen gekappt werden, zu welchem Zweck ein Posten mit der Axt tagsüber am Heck der U-Boote postiert wurde. Die Oberdecksbesatzung sollte sich in die Schlauchboote begeben, beim Tauchen aufschwimmen und aufpassen, daß sie nicht mit Netzabweiser oder Turm kollidierten und dann bei den Rettungsbooten bleiben. Die Unterdeckgruppe mußte aus den Kinken treten, um das Manöver der Besatzung nicht zu behindern.

Wir hatten aber das große Glück, daß uns der Ernstfall erspart blieb. So begann um Mitternacht die denkwürdigste Rettungsexpedition über die größte Distanz der Seekriegsgeschichte. Beide Schleppzüge marschierten in 400 m Abstand nordwärts. Ohne jede Überlegung hatte der Kommandant *U-A* gleich nach seinem Auftauchen schon kurz nach 8 Uhr abends einen Funkspruch an den BdU losgelassen:

»*Python* auf Versorgungsplatz durch schweren Kreuzer versenkt. Eckermann.«

Mit dieser Meldung konnte der BdU gar nichts anfangen, außer, daß er sich Sorgen machen mußte. Dieser sinnlose Funkspruch vermittelte kein Lagebild.

Wir meldeten dann zur Zeit der besten Funkdurchdringung nachts um halb 4 Uhr die Lage vollständig:

»*Python* auf Treffpunkt versenkt. Geheimsachen vernichtet. Alle gerettet. Zwei Schleppzüge Kurs 330°, 5 Seemeilen. Standort 2.12.Qu.GF-9367 0015 Uhr. *U-A* und *U-68* beide Brennstoff bis Heimat. Merten-Rogge.«

Danach konnte der BdU noch in der Nacht seine Entscheidungen treffen.

Um halb 6 Uhr wurden *U-124* (Mohr) und *U-129* (Nico Clausen) um Standort und Meldung ihres Brennstoffbestands gebeten.

Rogge und ich blieben die ganze Nacht über auf dem Turm und berieten die Lage, die zur Zeit von Wetter und Natur begünstigt war. Was aber, wenn es anders kommen sollte?

Das Vorgehen des schweren britischen Kreuzers war einwandfrei identisch mit dem der *Devonshire* bei der Versenkung der *Atlantis* nordöstlich der Insel Ascension am 22. November. Hier war Verrat im Spiel. Oder konnte der Gegner unsere Funksprüche lesen? Wahrscheinlich hatten wir es nur der nächtlichen Versegelung zu verdanken, daß wir nicht schon beim ersten Treffen am 13. November überrascht worden sind.

War es am 22. November die *Devonshire*, so war es diesmal ausgerechnet die *Dorsetshire* gewesen, dieses Schiff, das ich von allen britischen Kriegsschiffen am häufigsten in der ganzen Welt angetroffen hatte und auf dem wir viele nette freundschaftliche Stunden mit den Offizieren verlebt, ja zeitweise richtige Freunde gehabt hatten. Wie oft hatten wir miteinander die Becher kreisen lassen und uns in vorgerückter Stunde gegenseitig gelobt, daß ein Kampf gegeneinander für alle Zukunft nicht wieder in Frage kam! Jetzt brachte mich ausgerechnet dieses Schiff in diese verteufelte Lage.

Nicht der anmaßende Eckermann war unser Thema, wenn wir auch beide weitere Schwierigkeiten mit ihm erwarteten. Rogge war am Ende seiner Nerven und noch unschlüssig, ob es sich lohnen würde, nach Hause zurückzukehren. Nach Hause zurück ohne sein Schiff, dieser Gedanke war es, der immer wieder in der Nacht bei ihm durchbrach. Man mußte ihn reden lassen, so kam er wahrscheinlich am schnellsten wieder in seine gewohnte klare Form. Selbstverständlich hatte ich ihm meine Koje abgetreten. Aber in dieser Nacht benötigte er sie nicht.

Es war hell, als wir uns trennten. Ein herrlicher Morgen vertrieb ein wenig unsere schweren Gedanken.

In einem Briefwechsel von Juli 1976 bis ins Jahr 1979 erfuhr ich vom damaligen I. Artillerieoffizier von H.M.S. *Dorsetshire,* Commander Michael Craig-Waller, wie sich die Selbstvernichtung der *Python* aus britischer Sicht zugetragen hatte. Im Zuge der Aktion »Ultra« und der Aufrollung der atlantischen Versorgung, die sich daraus selbstverständlich ergab, waren alle Versorgungsgebiete im Atlantik von der Dänemarkstraße bis zum Kap Hoorn kompromittiert. Es war also leicht, aus den U-Bootsfunksprüchen die genauen Versorgungsdaten herauszulesen und dann zuzugreifen. Noch einmal wurde auch hier klar, daß wir bereits am ersten Versorgungstag durch die *Atlantis* geschnappt worden wären, wenn wir nicht in der Nacht vorher das Gebiet um 80 Seemeilen verlegt hätten. Jedenfalls schrieb Craig-Waller, das »Ultra«-Geheimnis noch umschreibend, daß die *Dorsetshire*, von Freetown ausgesandt, die mutmaßlichen Versorgungsplätze der U-Boote abpatrouillieren sollte. Der Atlantik ist groß, und der Südatlantik ist ganz besonders groß. Es müssen schon klare und unmißverständliche Anweisungen hinsichtlich der Treffpunkte ergangen sein.

Nach den Mitteilungen Craig-Wallers an mich lag die *Dorsetshire* bei der Sichtung auf etwa 80° rw Kurs und drehte nach Erkennen der *Python* auf 27° rw zur Verfolgung, erkannte dann etwa 20 Minuten später, daß U-Boote bei der *Python* gelegen hatten (was bereits vorher bekannt und erwartet war), drehte dann weitere 15 Minuten später um 30° weiter nach Steuerbord, um dem Tauchplatz der U-Boote weit genug zu entgehen und nicht in deren Schußentfernung zu geraten, und feuerte dann drei Minuten nach der Kursänderung die Warnsalve aus dem Turm A auf die *Python*, die mit Höchstfahrt auf 301° rw Kurs zu entkommen hoffte. Die Entfernung betrug etwa 80, 90 Hektometer. Nach Einschlag der Warnsalve, die Fla-Bewaffnung war außer Reichweite, stoppte die *Python* und bereitete die Versenkung durch Selbstsprengung vor, immer noch in der Hoffnung, daß eines von den beiden Booten doch noch zum Schuß und Erfolg kommen könnte. Als nichts weiter geschah, erfolgte die Selbstversenkung, über 30 Minuten nach der Warnsalve. Man muß es in diesem Falle den Briten hoch anrechnen, daß sie keine weiteren Salven auf das gestoppte Schiff abgefeuert haben. Es hätte sonst schwere Verluste gegeben. Nach Feststellung der Selbstversenkung und der Beobachtung der Armada von Rettungsbooten und dem Hineilen von *U-68* zur Versenkungsstelle, *U-A* war immer noch unter Wasser, kehrte das Bordflugzeug zur *Dorsetshire* zurück, und der Kreuzer zog sich auf Südkursen vom Schauplatz zurück.

Eine gewisse Schuld fiel aber auch auf mich als Kommandant. Entgegen allen Regeln und gegen meine eigene Gewohnheit hatte ich am frühen Morgen nach der beendigten Brennstoffübernahme wegen der Unruhe, die mich infolge der unglaublich guten Sichtigkeit erfaßt hatte, auf das Prüfungstauchen verzichtet. Selbst wenn anschließend noch die Torpedos übernommen wurden, wir hatten immerhin neun Torpedos nach Unterdeck und drei in die Oberdecksbehälter verstaut, wären vielleicht die Gewichtsverhältnisse doch einfacher und schneller zu übersehen gewesen und hätten uns dann doch noch einen Bug-Viererfächer auf etwa 3000 m

Entfernung ermöglicht. So aber war das Tauchen allein ein Kampf mit der Tiefe und der Oberfläche. Der Proviant und die zusätzlichen zehn Mann im Boot hätten sicher auch Schwankungen ergeben, aber nicht die Zeit erfordert, die wir benötigt hatten, um das Boot auch nur einigermaßen in Trimm zu bekommen.

Was aber war nun mit *U-A* geschehen, das nur wenige Minuten nach der Sichtung der *Dorsetshire* hatte tauchen können? Dem KTB von *U-A* zufolge, das mir Craig-Waller aus den damals noch streng behüteten deutschen KTB zur Verfügung gestellt hat, konnte *U-A* schon 20 Minuten nach der Sichtung tauchen und wenig später auf Angriffskurs 140° gehen. Eckermann erfaßte auch ganz richtig die Kursänderung der *Dorsetshire* um 25° nach Steuerbord, so daß er damit schon früh in Schußentfernung kam, beim Abdrehen 3000 m, machte dann aber den unverständlichen Fehler, eine Fahrtverminderung feststellen zu wollen, obwohl das Gegenteil der Fall war. 20 Minuten nach dem Tauchen konnte der Dreierfächer fallen, Entfernung 3000 m. Tatsächlich hatte die *Dorsetshire* sofort nach der Sichtung 25 Knoten hochgefahren und erreichte bei der Kursänderung um 25° nach Steuerbord gerade 30 Knoten! Damit ist alles weitere voll geklärt, auch der dann sinnloserweise noch hinterhergefeuerte Fächer aus den Heckrohren, von denen einer zunächst im Rohr blieb, der andere aber auch auf 12 Seemeilen Gegnerfahrt eingestellt war und auch bei Lage 90° und nun sogar geringerer Entfernung von 2500 m geschossen wurde. Auch von dem angeblich beobachteten Zudrehen des Gegners, der den Heckschuß dann ermöglichte, konnte ja gar keine Rede sein. Es ist kein Zweifel, daß die Angriffposition von *U-A* absolut günstig gewesen ist, nach Lage und Entfernung, um einen Treffer zu erzielen. Es ist wirklich unvorstellbar, daß diesem so erfahrenen Friedenskommandanten, der schon vor Kriegsbeginn Chef und Ausbilder einer Flottille war, derartige Fehlbeobachtungen unterlaufen konnten.

Unsere Rettungsexpedition startete kurz vor Mitternacht am 1. Dezember 1941 von der Untergangsstelle über eine Distanz von 5000 Seemeilen. Ich war kurz vor dem Abmarsch noch um des lieben Friedens willen auf *U-A* gewesen, um in Grundzügen die notwendigen Vereinbarungen zu treffen und den Zorn des Kommandanten zu besänftigen, daß Rogge nicht zu ihm an Bord steigen wollte.

In Dwarslinie mit etwa 100 m Querabstand marschierten wir mit 330° rw. Kurs los mit etwa 7 Seemeilen zunächst, da das Wetter und der Seegang besonders günstig waren. Die Motorpinnasse marschierte mit eigener Kraft nebenher und diente dem Ausfahren von Proviant und heißem Kaffee vom U-Boot zu den Rettungsbooten. Sie war einfach unentbehrlich! Auch diese Nacht ging vorbei, immer noch in der Befürchtung, daß nun gegen die beiden Schleppzüge irgendeine Feindhandlung erfolgen würde. Ich konnte mir nicht denken, daß man uns ungeschoren heimfahren lassen würde. So blieb ich die ganze Nacht oben. Meine Koje hatte ich ohnehin Rogge zur Verfügung gestellt. Gottlob war diese erste Nacht noch warm, auch noch die beiden nächsten, denn natürlich hatten wir nicht genügend warmes Zeug mit, das hätte verteilt werden können.

Und dann trat am Morgen nach der Katastrophe die große Versuchung an uns heran. In unserem abendlichen Gespräch waren Eckermann und ich übereingekommen, daß jetzt jede Kampfhandlung unterbleiben müsse, solange wir mit den Schleppzügen unterwegs waren.

Da kam an Backbord von achtern gegen 6 Uhr morgens ein schöner großer Tanker auf, Bug links, Lage 80° und schätzungsweise 10, 12 Seemeilen Fahrt, ein Leckerbissen für jeden U-Bootskommandanten. Es entspann sich der nachfolgende Winkspruchverkehr zwischen den beiden U-Booten: Von *U-A*: K an K. Was halten Sie von dem schönen Tanker? Antwort *U-68*: Wir müssen notgedrungen auf Angriff verzichten. Heimführung steht jetzt an erster Stelle! *U-A*: K an K. Sie haben recht, aber wir dürfen uns auch nicht sehen lassen!

Wir drehten 20° nach Steuerbord, und der Tanker kam bald außer Sicht. Dennoch hatte ich mich über den unnötigen Winkspruchverkehr geärgert, denn das gerade hatten wir ja bereits am Vorabend miteinander besprochen. Am Abend machten wir einen großen Ringtausch. Die gerösteten Männer aus den Booten kamen zu uns ins Boot, die Unterdeckbesatzung kam an Oberdeck, die Oberdecksbesatzung kam für 24 Stunden in die Boote. Das Wetter war uns gnädig, und wir machten trotz der Schlepperei ein ganz leidliches Etmal. August Maus machte mit der Unterdecksbesatzung Unterricht über das Verhalten bei Alarm, und das V-Boot fuhr den ganzen Tag Proviant und warme Getränke aus.

Wir hatten auch weitgehende Funkstille vereinbart. Dennoch konnte *U-A* es nicht lassen, am Nachmittag schon wieder auf die Taste zu hauen und die beiden vom BdU entsandten Boote *U-124* und *U-129* um Standorte zu bitten, was ihn einen »feuchten Lehm« anging. Nach dem, was wir heute über die Entzifferung unserer Funksprüche wissen, ist es wirklich ein Wunder, daß wir unbehelligt blieben, so rauschte der Äther von Hin-und-her-Funksprüchen. Trotz allem erreichten wir am 2. Dezember ein Etmal von gut 105 Seemeilen. Allmählich lief sich der ganze Betrieb ein. Am Nachmittag ließ ich mich mit der Motorpinnasse noch einmal zu *U-A* übersetzen, um mehrere Einzelheiten mit Eckermann zu regeln.

Entgegen allen selbstverständlichen Gepflogenheiten ließ mich Eckermann an Oberdeck warten und mir durch den Wachhabenden bedeuten, der Kommandant wolle nicht, daß ich auf den Turm käme. Ein merkwürdiges und maßlos arrogantes Verhalten für einen nur wirklich wenig älteren Kameraden. Er ließ mich mindestens vier, fünf Minuten an Oberdeck warten, bis er vom Turm heruntestieg und mich anrotzte, was ich von ihm wolle. Dann: »Zunächst verlange ich nochmal, daß der Kapitän Rogge sofort zu mir übersteigt.« Als ich ihm entgegnete, daß darüber doch nun schon seit dem ersten Abend Klarheit herrsche, sagte er, daß sich herausgestellt habe, daß es so nicht ginge und daß er laufend mit Rogge beraten müßte. Ich sagte ihm, daß ich seine Auffassung Rogge melden und der allein darüber entscheiden werde, wo er bleibe! Brüsk drehte sich Eckermann um und stieg wieder auf den Turm, ohne mich eines weiteren Wortes zu würdigen. Das war unter den obwaltenden Verhältnissen eine außergewöhnliche Behandlung. Nach meiner Rückkehr ließ Rogge ihm durch Winkspruch mitteilen, daß er auf *U-68* bleiben werde.

Wieder verging eine ruhige Nacht bei leidlichem Vorwärtskommen.

Dann aber kam erneut eine große Versuchung. Um Mittag dampfte von Backbord achtern ein Dampfer auf. Natürlich wurde er auch von dem jetzt an meiner Backbord-Seite stehenden *U-A* gesichtet, der mich freundlicherweise darauf aufmerksam machte, obwohl wir ihn schon seit mehreren Minuten in Sicht hatten.

Wieder begann der Winkspruchverkehr, der dann aber plötzlich von *U-A* abgebrochen wurde. Dann geschah es. Einige Dutzend Männer aus dem Turm stürzten an Oberdeck, die Leinen der Schleppboote wurden losgeworfen, die Schlauchboote zu Wasser gebracht, und dann kam der folgende unvergeßliche Winkspruch: »K. an K. Ich greife an, nehmen Sie die Boote und Floßsäcke wahr, und lassen Sie sich unter keinen Umständen sehen!« Sprach's, lief einige hundert Meter in Vorhalte-Richtung, und dann tauchte *U-A*, offensichtlich zum Angriff, aber von diesem Tauchpunkt aus? Wie konnte er je damit rechnen, in Reichweite zu gelangen? Wir waren starr vor Staunen und Verwirrung!

Mit großer Mühe nahm ich die weiteren fünf Rettungsboote auf der anderen Schleppseite auf den Schlepp-Poller, bekam mit Hilfe der Motorpinnasse auch die Floßsäcke alle an Deck mit den Männern und hatte nun vorn und achtern ein wahres Gebirge von Schlauchbooten übereinander. Dann versuchte ich nach liebenswürdiger Weisung durch ein Ablaufen um 50° nach Steuerbord außer Sicht des schon weit heraus sichtbaren Dampfers zu gelangen. Was ich nicht geglaubt hatte, es gelang. Offensichtlich hat er uns nicht gesehen, sonst hätte er das mit Sicherheit gemeldet. Ich aber war mit einem einzigen U-Boot und 414 geretteten Kameraden alleine im Südatlantik. Die Zahl stimmte nicht ganz, denn Eckermann hatte den schwerverletzten IO der *Atlantis*, den Korvettenkapitän Kühn, »Vater Kühn« der *Niobe*-Zeit, nicht in die Boote gejagt. Er durfte in seiner Koje bleiben und den Eckermannschen Glanzangriff aus nächster Nähe miterleben. Am Nachmittag, bald nach 3 Uhr, fingen wir dann auf der 600-Meter-Welle den nachfolgenden Funkspruch auf. »SSS- SSS- SSS- Clan Mc-Benn. Two torpedoes missed astern«, folgte die Position. Er hatte auch noch vorbeigeschossen. Wir nahmen an, daß er ihn nun in der Nacht umpusten und dann morgen wieder hier eintreffen würde. Dann aber gab es am Spätnachmittag doch noch eine Freude. Um 6 Uhr kam im Nordwesten ein U-Bootturm in Sicht; es war *U-129* (Nico Clausen), der mir nun die vollzählige Besatzung der *Python* mit Kapitän Lüders abnimmt. Danach wurden zwei nun nicht mehr benötigte Rettungsboote ausgeschlachtet und hier versenkt. Bei Dunkelwerden, wir trauten unseren Augen nicht, kam plötzlich *U-A* wieder angetrabt und tat so, als sei auch gar nichts geschehen, übernahm die Leine mit den nur noch zwei Booten und die dazugehörigen Schlauchboote, ohne Entschuldigung und ohne Kommentar. Wir begriffen nicht, daß er nach seinem Vorbeischuß den höchstens 12 Seemeilen laufenden Dampfer nicht bis zur Dämmerung verfolgt und dann bei Dunkelheit auf nächste Entfernung umgeblasen hatte.

Die Reise ging weiter. Da Clausen Brennstoff für die Heimreise brauchte, war ich dran, ihm die nötige Menge zu geben. Diese Nacht marschierten wir zu drei Booten in Dwarslinie. Bei leider nicht mehr so günstiger See machten wir nur noch knapp 3 Seemeilen Fahrt. Durch den ständigen Gebrauch der Kaffeemühle war sie defekt geworden, so daß lächerlicherweise auf *U-68* keine Bohnen mehr gemahlen werden konnten. Also schickte ich den Smut, unseren unverwüstlichen Hoffmann, mit einem Kanister Kaffeebohnen mit der Pinnasse rüber zu *U-A*, um dort den Kaffee mahlen zu lassen. Er kam unverrichteter Dinge wieder zurück, weil der Kommandant *U-A* das Durchmahlen des Kaffees »für ein fremdes Boot« verboten hatte. Das war dann die Krone der Unkameradschaftlichkeit; aber unser geschickter Dieselobermaschinist Alfred Schmelzle nahm sich der Sache an und drehte auf der Drehbank ein neues Stirnrad für die Kaffeemühle. Noch in der Nacht war der Kummer vergessen, und wir konnten unseren Kameraden in den Booten wieder heißen Bohnenkaffee liefern.

Natürlich war unsere Situation durch den mißglückten Torpedoangriff nicht besser geworden. Immer noch hatte *U-68* fünf, *U-A* und *U-129* je zwei Rettungsboote im Schlepp, und *U-124* ließ auf sich warten. Nach angegebener Position hätte Mohr am

Morgen des 4. Dezembers aufkreuzen müssen. Schließlich mußten wir auch noch auf Anforderung fast die ganze Nacht vom 4. zum 5. Dezember Peilzeichen senden. Mich wundert noch heute, daß wir uns nicht eine riesige Feindmahallah auf den Hals lockten.

Als Mohr auch am 5. Dezember vormittags nicht erschien, hatten wir schon ernste Befürchtungen. Da, endlich, am späten Abend, schon nach Einbruch der Dunkelheit, kam *U-124* in Rufweite. Die restlichen Rettungsboote wurden längsseits genommen, dienten als Fender, und die Schiffbrüchigen, genau 101 Mann, stiegen über zu Mohr. Danach begann sofort die Brennstoffabgabe an *U-124*, das überhaupt nur noch 90 cbm hatte, zu wenig, um nach Westfrankreich zu kommen. Ich muß 50 cbm abgeben sowie 1 Tonne Schmieröl. *U-A* hatte sich geweigert, auch nur einen Liter Dieselöl abzugeben, obwohl das Boot immer noch fast 200 cbm Bestand haben mußte. Um Mitternacht marschierten dann *U-A* und *U-129* ab nach Hause.

Morgens um halb 6 Uhr war die Brennstoffabgabe beendet, und Mohr verließ uns mit Heimatkurs. Dann meldeten wir kurz die Lage: »Rückmarsch. Je Boot 104 Gerettete. Brennstoffbestände: *U-A* 200 cbm, *U-124* 145 cbm, *U-129* 135 cbm, selbst 140 cbm. Merten.«

Das Oberdeck mußte jetzt tauchklar gemacht werden. Der zunehmende Seegang ließ den Aufenthalt an Deck ohnehin nicht mehr zu. Wir mußten uns mit unseren 104 Gästen unter Deck einrichten, bis eventuell noch andere Boote uns entgegengeführt wurden.

Schon am Nachmittag erhielten wir vom BdU die Nachricht, daß wir mit einem italienischen U-Boot zusammentreffen und die Hälfte der Geretteten an dieses abgeben sollen. Außerdem soll der Italiener uns dringend benötigten Proviant mitbringen, wir waren mittlerweile fast »leergefressen«, mit jetzt 160 Menschen an Bord. Rogge war schrecklich unruhig und wollte auf dem schnellsten Weg nach Hause. Er betrachtete die weitere Verteilung auf italienische Boote nur als Zeitverlust und meinte, daß wir auch mit halber Ration auskommen könnten. Ich teilte seine Ansicht nicht, aber auf seinen Wunsch machte ich den Vorschlag an den BdU, der ihn prompt ablehnte. Ich war recht erleichtert, daß der BdU auf dem Treffen mit dem Italiener bestand.

Am 8. Dezember kam gegen Morgen die Nachricht, daß seit dem Vortage Kriegszustand zwischen Japan und den USA bestand. Uns konnte das nur recht sein, denn praktisch herrschte ja bereits ein verdeckter Kriegszustand zwischen den USA und uns, denn ihre Hilfe für die Engländer hatte mit Neutralität nichts mehr zu tun.

Fortan herrschten klare Verhältnisse. Aber wenn wir nun diesen Industriekomplex im Transportschiffbau gegen uns haben würden, dann mußten unsere Versenkungszahlen noch viel höher werden, um den Mangel auf den britischen Inseln zu erzeugen, der notwendig gewesen wäre, um England zum Einlenken zu bewegen. In den nächtlichen Gesprächen auf dem Turm mit Rogge beschäftigte uns dieses Thema immer wieder. Hinzu kamen selbstverständlich die traurigen Gedanken Rogges, daß er ohne sein Schiff zurückkehrte, das er so geliebt hatte und mit dem er so einzigartige Erfolge erkämpfen konnte, die höchsten, die je ein Hilfskreuzer erreichte. Auch sein persönliches Dilemma, daß er allein in ein leeres Haus zurückkehrte, deprimierte ihn tief. Der tägliche Dienst, die große Aufgabe, die minutiöse Fürsorge für seine Besatzung, das alles hatte die persönlichen Kümmernisse nicht an die Oberfläche kommen lassen, sie waren verdrängt worden. Jetzt plötzlich gewannen sie alle Gestalt und Gewicht. Stunden über Stunden haben wir nachts auf dem Bänkchen im sogenannten Wintergarten gesessen und miteinander gerungen, um seine Verzweiflung und die Gedanken an Selbsttötung zu verdrängen.

Wir hatten auch seinen Adjutanten mit an Bord, den Oberleutnant z. S. d. R. Dr. Ulrich Mohr, der später dann mit einem Briten zusammen ein Buch über die *Atlantis* schrieb. Ferner hatten wir einen der vielseitigsten und unermüdlichsten jungen Offiziere Rogges zur Gesellschaft, den Oberleutnant z. S. Jürgen Fehler.

Er machte sich selbst auf dem U-Boot bis zur letzten Minute unentbehrlich, er übernahm die Motorpinnasse und dampfte mit eigener Kraft nebenher, bis der Seegang diese Begleitung nicht mehr gestattete. Dann wurde schweren Herzens diese Motorpinnasse, die eine großartige technische Dauerleistung erbracht hatte, auf den Grund des Meeres geschickt, aber erst, nachdem sie nach Mangelmaterialien, Kupfer, Messing und Blei sorgfältig durchkämmt worden war. Fehler wurde später selbst ein erfolgreicher U-Bootskommandant, war nach dem Kriege eine Zeitlang Lotse am Suezkanal und hat überhaupt ein abenteuerliches Leben geführt.

Natürlich war es für die unfreiwilligen Passagiere kein Zuckerlecken an Bord, denn sie mußten immer die Zeiten zum Liegen und Schlafen ausnutzen, in der die Besatzung dienstlich eingespannt war, und dann den ganzen Rummel des notwendigen Exerzierens der Manöver mit auf sich nehmen. Große Hilfe hatten wir an den hervorragenden Funkern von der *Atlantis*. Sie verfügten über eine unheimliche Praxis im Lesen fremder offener Funksprüche und bei der Beobachtung aller Funkstationen. Neben dem deutschen Nachrichtendienst hörten sie auch den Feindnachrichtendienst mit ab und bereicherten damit unseren Nachrichtenzettel.

Am 11. Dezember überquerten wir wieder den Äquator nordwärts und kamen damit der Heimat rein gefühlsmäßig wieder näher. Täglich kontrollierten wir peinlich genau unseren Treibstoffverbrauch.

Entsprechend setzten der LI und ich jeden Abend die genauen Umdrehungszahlen fest für den nächsten Tag, um das Bestmögliche aus den beiden Dieseln herauszuholen. Unsere bewährte Duscheinrichtung, hinter dem Turm an den Netzabweisern aufgehängt, erfreute sich auch bei unseren Gästen einer besonderen Beliebtheit. Sie erfrischte das ganze Boot jeden Abend und hielt alle gesund.

Am 13. Dezember teilte uns der BdU den Treffpunkt mit den italienischen U-Booten für den 16. Dezember morgens mit. Ganz offenbar hat dieses eine Mal die britische Entzifferung nicht gut funktioniert, denn tatsächlich blieben wir am Treffpunkt alle unbehelligt, obwohl doch gerade das Übersetzen von einem U-Boot zum anderen eine erhebliche Zeit der Immobilisierung beider Boote bedeutete.

Am 14. Dezember morgens um 8 Uhr kamen plötzlich erst

eine schwache Rauchwolke und dann zwei Masten mit Lage 0 auf uns zu. In dieser Situation konnte ich einfach nicht ausweichen. Also liefen wir, vollbeladen mit unseren *Atlantis*-Kameraden, auf Tiefe und ließen den Dampfer mit klaren Torpedorohren auf uns zukommen. Als er allmählich auf Schußentfernung herankam, war die rot-gelb-rote spanische Flagge auf der Bordwand klar zu erkennen. Die Enttäuschung war groß, denn insgeheim war schon hinter mir die Rede von Inbesitznahme eines Schiffes und Heimfahrt der *Atlantis*-Besatzung auf eigenem Untersatz. Ich sollte es nur nicht so hart treffen, sondern nur eben so ein wenig anpuffen, damit es schwimmfähig blieb.

Natürlich hatte ich Rogge auch ans Sehrohr gelassen. Er war, wie alle unsere Passagiere, recht beeindruckt von so einem Anblick. In der Mehrzahl meinten sie natürlich, daß es eben auf ihrem schönen großen Schiff, immer an der frischen Luft, doch sehr viel angenehmer gewesen wäre. Die Masse Mensch hatte sich bereits in dieser kurzen Zeit des Tauchens auf den Luftverbrauch erheblich ausgewirkt.

Am nächsten Tage, dem 16. Dezember, schon nördlich der Kapverden, trafen wir um 9 Uhr unseren Italiener, das U-Boot *Tazzoli*. Es war schon auf 9 Seemeilen Entfernung gut auszumachen mit seinem gewaltigen Turmaufbau. Der Erkennungs-Signalaustausch klappte, und wir gingen in Rufweite. Wir verabredeten, daß er sich gestoppt quer zur See legen sollte und wir viel Manövrierfähigeren dann gegen die See hielten, wodurch sich eine kleine Leebildung ergab, die sich auch ganz leidlich halten ließ. So setzten dann erst einmal nicht sehr enthusiastisch 50 *Atlantis*-Männer unter Mohrs Führung auf die *Tazzoli* mit dem letzten 9-Meter-Schlauchboot über. Dann begann die Proviantübernahme. Fehler ging mit rüber, um dem Kommandanten meine besonderen Grüße zu bringen und unseren Dank für die Hilfe zu sagen. Es war damals einer der erfolgreichsten italienischen U-Bootskommandanten, Carlo Fecia di Cossato, Capitano di Fregata. Er hatte zu der Zeit etwa 20 000 BRT versenkt, später 12 weitere Schiffe, so daß er mit etwa 80 000 BRT das Ritterkreuz bekam. Er brachte seine *Atlantis*-Leute heil und gesund am 25. Dezember, nur einen

Tag nach uns, nach St. Nazaire. Kisten und Kasten, Dosen und Säkke kamen mit dem pendelnden Schlauchboot an Deck und wurden verstaut.

Dann kam der Smut zu mir mit einem langen Gesicht, das ich an ihm überhaupt nicht kannte.

»Was soll ich nur machen, Herr Kapitän, das ist ja dreierlei Proviant, den kann ich ja gar nicht verwerten, das reicht nicht hinten und nicht vorne!« Er hatte es erst gemerkt, als der Proviantunteroffizier seine Unterschrift haben wollte. Es war schwer, ihn zu beruhigen. Als ich ihn fragte, ob alles eßbar wäre, da atmete er allmählich wieder auf, denn ich hatte hinzugefügt: »Sie müssen eben alles in einen Pott hauen und einen Dauereintopf herstellen!« Und so geschah es dann in den nächsten Tagen, daß er Offizier-, Unteroffizier- und Mannschaftsproviant zusammenkochte. Wir wurden dennoch satt, wenn manche Gerichte auch etwas abenteuerlich schmeckten. Aber drei getrennte Kombüsen auf einem U-Boot, das wollte uns gar nicht in den Kopf.

Am späten Nachmittag trennten wir uns wieder von *Tazzel*, wie das Boot sofort von meiner Besatzung getauft wurde, und machten ein peinlich genaues Prüfungstauchen, denn die Abgabe von insgesamt 60 Mann wirkte sich gewichtsmäßig doch sehr erheblich aus. Uns kam nun unser Boot beinahe leer vor. Wieder begannen Klaunig und ich an der Karte mit Griese zusammen zu rechnen. Beide Maschinen halbe Fahrt, also 12 Knoten, glaubten wir uns leisten zu können. Wir hatten keine Ahnung, wo nun die anderen Boote, *U-124* und *U-129* und letztlich auch *U-A* stünden. Schon machte sich der Run nach Hause bemerkbar, der Ehrgeiz, als erster einzulaufen. Es war schwer, dem entgegenzuwirken, denn nach der alten Regel: »Keiner ist zu Hause, bevor er angekommen ist«, mochte ich dies gar nicht. Wir standen doch gerade erst bei den Kanaren.

Am 19. Dezember konnten wir zum letzten Male nach Einbruch der Dunkelheit die Dusche benutzen. Das Wasser war doch schon recht kühl, gemessen an den Tagen vorher. Noch in der Nacht wurde die Duschvorrichtung abmontiert und verstaut. Wir hatten das Leuchtfeuer von Madeira an Steuerbord in Sicht.

Jetzt wurde es für unsere »Badegäste« noch unangenehmer. Denn von jetzt an konnte ich nur zwei Mann mehr als die Wache auf den Turm lassen. Wir mußten jetzt wieder zum Schnelltauchen bereit sein. Schon am nächsten Tage kam die Anordnung vom BdU, auf die Schaltung »Irland« zu gehen. Wir wurden vor einem Geleitzug in Richtung Gibraltar ausgehend gewarnt, das erste und einzige Mal, daß wir ausdrücklich den Befehl bekamen, nicht auf einen bekannterweise besonders schwer geschützten Geleitzug zu operieren. Wir hätten es auch unter den jetzt gegebenen Verhältnissen nicht gerade gerne getan.

Es kam jetzt darauf an, sich an allen Hindernissen geschickt vorbeizumogeln, und so drückten wir uns schon mächtig nach Osten an die portugiesische Küste heran. Am Abend des 21. Dezember erhielten wir dann schon den Befehl, unser mutmaßliches Eintreffdatum in St. Nazaire zu melden, wir, *U-68*, und auch *U-A*, von dem wir alle angenommen hatten, daß er uns um viele Tage voraus hätte sein müssen. Nach erneutem haargenauem Koppeln errechneten wir, Unvorhergesehenes ausgeklammert, den 24. Dezember gegen Mittag zur Ansteuerung von St. Nazaire.

Am Abend des 22. Dezember rundeten wir in gleicher Manier wie beim Auslaufen die nordwestspanische Ecke und standen um Mitternacht 36 Stunden vor dem Einlaufhafen. Das Wetter war mit uns, Seegang, kurze hohe Dünung und nur mittlere Sicht. Wenn wir uns heute überlegen, in welch vollendeter Genauigkeit und wie oft wir unsere Position verraten haben, dann wundert es uns immer nur noch, daß wir überhaupt nach Hause gekommen sind.

Im frühen Mondschein am 24. Dezember liefen wir mit großer Fahrt auf Zickzackkursen auf den Punkt »Tanne« zu, den Aufnahmepunkt durch das Minengeleit, und kamen natürlich reichlich früh. Das Geleit mit einem riesigen Sperrbrecher ließ etwas auf sich warten, kam dann aber gegen halb 10 Uhr in Sicht. Als wir uns gerade hinter den Sperrbrecher setzen wollten, da tauchte *U-A* aus den Fluten und verlangte mit Winkspruch den Platz hinter dem Sperrbrecher, den ich natürlich nicht räumte. Mit welchem Recht verlangte der unkameradschaftlichste U-Bootskommandant, den ich je irgendwo erlebt habe, zuerst einzulaufen?

Auch Rogge war wütend und gab einen Winkspruch an Eckermann, den er sich hinter den Spiegel stecken konnte. Wir hielten unseren Platz und liefen die winterliche, an den Ufern leicht verschneite Loire hoch. Noch ein drittes Boot, eines vom Typ VII, Kapitänleutnant Pfeifer, *U-581*, lief mit uns zusammen ein. Ich kannte ihn vom U-Bootskursus in Pillau, und so tauschten wir muntere Winksprüche miteinander aus, über den hinter uns stehenden Eckermann hinweg.

Natürlich ließen wir es uns nicht nehmen, an unserem Sehrohr sechs Versenkungswimpel zu hissen. So liefen wir als erste in die große Seeschleuse, wo dann auch gleich eine große Zeremonie für die *Schiff 16*-Leute ablief. Der »Begrüßungsadmiral«, Nordeck, versprach sich nicht unerheblich bei seiner Rede und bezeichnete die Tätigkeit der *Atlantis* als zum »Nutzen unserer Feinde«. Aber das störte im Grunde niemanden, denn hinhören taten doch die Leute nicht so sehr. Sie waren alle erfüllt von dem Gedanken, nun endlich wohlbehalten nach Hause gekommen zu sein.

Auch mein Crewkamerad Kuno Schmidt, der als Admiralstabsoffizier der SKL die Hilfskreuzer betreute und auch deren Einsatz leitete, war mit noch einem anderen SKL-Mann zur Begrüßung erschienen. Er brachte Rogge gleich vollends in Harnisch, als die zu häufigen Funksprüche und Aufforderungen zur Positionsmeldung zur Sprache kamen. Noch in der Schleuse ließ dann Rogge seine Leute von *U-A* und *U-68* auf unserem Achterdeck antreten und meldete sie als Rückkehrer dem Admiral. Dann aber nahmen unsere Gäste ihre paar Habseligkeiten auf und verließen uns noch in der Schleuse zu einem Omnibus, der sie nun in ein ruhiges Quartier fuhr zur Erholung von ihrer großen Reise.

Auch Rogges Bruder war gekommen, der bei der Luftwaffe die Seenotdienststaffeln und Rettungskreuzer von Brest aus kommandierte, und Rogge ging noch in der Schleuse von Bord und sagte mit einem Händedruck mehr, als wenn er eine lange Dankesrede gehalten hätte. So sehe ich ihn zum letzten Male in ein graues U-Bootspäckchen gekleidet und werde ihn erst ganz zum Ende des Krieges als Kampfgruppen-Chef und Admiral in Gotenhafen wiedersehen.

Erst legte *U-A* ab, um bis zum Nachmittag im Innenhafen zu bleiben. Als wir ablegen wollten, um das gleiche zu tun, kam Klaunig auf die Brücke und meldete, daß wir nicht mehr genügend Brennstoff hätten, um mit eigener Kraft aus der Schleuse zu fahren. Wir waren leergefahren bis zum allerletzten Tropfen im Tagestank. Der kleine, schon klarliegende Versorgungstanker mußte längsseit kommen und schleppte uns unter gleichzeitiger Brennstoffübergabe aus der Schleuse ins innere Hafenbecken, keine 200 m entfernt. Auch wir gingen zur Ruhe über, nachdem wir noch ein langes Palaver mit den Kameraden der 7. U-Flottille, die hier ihre Basis hatten, bei uns in der Messe gehabt hatten. Wir sollten noch in der gleichen Nacht zu unserer Flottille nach Lorient.

Die 7. U-Flottille stattete uns großzügig mit einer Ladung von Weihnachtspaketen und Festproviant aus und, als Allerwichtigstes, mit einem echten Tannenbaum für den Abend, den heiligen Abend des Jahres 1941, an dem wir noch glauben mochten, daß wir den Krieg doch noch gewinnen könnten.

Herzlich verabschiedet vom Flottillen-Chef, dem 27er Sohler, einem alten U-Bootfahrer mit großer Kriegserfahrung, gingen wir, *U-A* und *U-68*, um 6 Uhr abends aus der Schleuse und setzten uns hinter den Sperrbrecher, wobei wir jetzt ausdrücklich *U-A* den Vortritt ließen. Irgendwie war uns allen etwas wehmütig zumute, wie wir nun so jetzt in der Christnacht mit hoher Fahrt nach Nordwesten liefen. Eine halbe Stunde vor Mitternacht standen wir dann dicht unter der Ile de Croix. Wir entschlossen uns, gegen das Verbot, doch hier zu tauchen und uns auf Grund zu legen, damit wir wenigstens für alle in Ruhe eine kleine interne Weihnachtsfeier halten konnten. Ohne von der Inselwache bemerkt zu sein, legten wir uns mit mehreren Tonnen Untertrieb auf den felsigen Meeresboden. Dann hieß es durch alle Räume: »Klar bei Hühnchen – klar bei Weihnachten«. Der Koch, unser tüchtiger Hoffmann, hatte einmal mehr Wunder vollbracht und vom Proviantamt ganz ausnahmsweise sogar für jeden Mann eine halbe Flasche Rotwein bekommen in der Hoffnung auf mein weihnachtliches Verständnis, daß ich sie nachträglich auch genehmigen würde. Er hatte sich diesmal nicht getäuscht.

Selbstverständlich kamen wir in dieser Nacht nicht zum Schlafen, auch wenn wir uns trotz des Untertriebs leise knirschend auf dem Grunde hin und her wiegten. Zu frisch waren die Erinnerungen! Jedem war auch klar, daß wir keineswegs zu Hause waren. Mir war obendrein bewußt, daß ich viele meiner besten und bewährtesten Kameraden für neue Boote würde abgeben müssen. Es sollte noch schlimmer kommen, als ich erwartet hatte.

Um halb 8 Uhr am 25. Dezember 1941 tauchten wir im grauenden Morgen auf, lagen etwa 800 m von der Ile de Croix entfernt und konnten ganz in der Ferne das Herauskommen des Geleites erkennen.

Es war milchig und nur geringe Sicht. Der »morgendliche Brite« hatte offensichtlich an diesem ersten Weihnachtsfeiertag auch keine Lust zu seinem nutzlosen Bombenwurf. Es blieb ruhig. Wir setzten den Tannenbaum auf das 10,5-cm-Geschütz und die Versenkungswimpel am Sehrohr, gaben bereitwillig Auskunft an den Kommandanten des Sperrbrechers und näherten uns dem Punkt, wo der Sperrbrecher ausschor. Trotz der frühen Morgenstunde und des hohen Feiertags standen einige Leute des BdU-Stabes in Kernével und winkten. In fahlem Morgenlicht passierten wir die alte Festung St. Louis, und ganz plötzlich versuchte *U-A* uns in der Innenkurve zu überholen, um sich vor uns zu setzen und als erster an der Isère festzumachen. Das ging mir dann doch zu weit. Angesichts des doch recht engen Fahrwassers war das nicht nur unseemännisch, sondern bei der Möglichkeit einer Havarie geradezu kriminell und hätte an sich vor ein Kriegsgericht gehört. Natürlich mußte ich nur gerade noch die Fahrt erhöhen, da war Eckermanns Traum vom Festmachen als erster auch schon ausgeträumt. Dabei aber hatte er noch Glück, daß er nicht auf dem flachen Wasser auflief, obwohl die Hecksee bereits beachtlich hochlief. Von den auf der Isère wartenden Kameraden der Flottille hatten es wohl einige beobachtet, jedoch nicht der Flottillen-Chef, ein Jahrgangskamerad von Eckermann. Trotz der unglaublichen Herausforderung und der maßlosen Unkameradschaftlichkeit im Südatlantik habe ich geschwiegen.

Die Begrüßung an der Isère war ganz besonders feierlich.

Schon am nächsten Vormittag für 10 Uhr waren Eckermann und ich zur Berichterstattung zum BdU nach Kernével befohlen. Der Flottillen-Chef durfte daran teilnehmen.

Zunächst kam ich also dran, mit dem ganzen Hergang der Reise. Dönitz wollte alles, aber auch alles ganz genau wissen. Bei Dingen, die ich für nebensächlich ansah und daher nicht berichtete, kam sofort auch seine Ermahnung, auch nicht die geringste Begebenheit auszulassen. Ich war am Ende fast drei Stunden im Kreuzverhör, das aber in amüsanter und auch humorvoller Stimmung stattfand. Zum Schluß ließ er ganz unvermittelt eine Flasche Sekt kommen, der dann noch mehrere folgten, denn es war ja schließlich der erste Weihnachtstag. Auch Eckermann wurde hereingerufen und bekam seinen Sekt. Um 4 Uhr nachmittags wollte Dönitz die Besatzungen sprechen. Als erstes nach der Begrüßung hatte er mich gefragt, ob ich schon mit meiner Frau telefoniert hätte, was ich wahrheitsgemäß verneinte. Dönitz selbst ging an seinen Apparat und bestellte das Gespräch nach Wiesbaden, das er auf einen Apparat im Nebenzimmer legen ließ. So konnte ich am Weihnachtstag mit Ruth sprechen. Allerdings hatte Friedeburg Ruth noch am heiligen Abend angerufen und ihr unsere Rückkehr berichtet.

Bei einer Begrüßung durch den BdU am Nachmittag bekam *U-68* für seinen Erfolg allein acht EK I und etwa zwei Dutzend EK II und, worauf die Seeleute ganz besonderen Wert legten, in der Gesamtheit jetzt das U-Bootskriegsabzeichen, denn bisher hatten nur wenige bereits zwei Reisen hinter sich. Auch ich erhielt das EK I. Erstaunlicherweise bekam auch Eckermann das EK I, obwohl er bisher nicht ein einziges Feindschiff versenkt hatte.

Meine Soldaten waren nicht ohne Berechtigung empört, denn sie hatten ja alle das Verhalten dieses Mannes im Südatlantik miterlebt. Es blieb mir verborgen, aus welchen Gründen Dönitz mit ihm so milde verfuhr. Nach allem Erlebten konnte ich ihm nicht mehr die Hand geben, und er verließ dann auch sehr bald die Front, für die er nicht geeignet war.

Dann aber folgte das nunmehr Übliche: die Abkommandierungen. Ich verlor meinen überragenden LI Bernhard Klaunig, der auf ein noch größeres Boot ging. Auch der Verlust von August Maus bewegte mich sehr. Alles in allem sind damals fast 20 Prozent der Besatzung ausgetauscht worden.

Natürlich stieg auch der »Konfirmande« aus, Fregattenkapitän Brachmann. Ich, wesentlich jünger, hatte nun die verantwortungsvolle Aufgabe, zu beurteilen, ob dieser sonst so ordentliche und disziplinierte Offizier das Zeug und die Befähigung hatte, ein U-Boot unter Kriegsbedingungen zu führen. Das war nicht ganz einfach.

Natürlich hatte ich öfter sowohl mit August Maus als auch mit dem hervorragenden II. W.O., Albert Lauzemis, und Klaunig über ihn gesprochen. Das hatte ein etwas schattiges Bild gegeben, da natürlich diese jungen Offiziere eine stärkere Persönlichkeit erwarteten und irritiert waren, weil er sich bei der Mannschaft in nicht erfreulicher Weise angebiedert hatte. In meiner an den II. Admiral, Friedeburg, zu richtenden Beurteilung konnte ich nach Abwägung des Für und Wider Brachmann die Befähigung zum Front-U-Bootskommandanten nicht geben.

Wieder wurde die Besatzung in drei Törns eingeteilt und je mit einem Drittel in den mehr als verdienten Urlaub geschickt.

Ich erprobte erneut die mir von Admiral Wever gebotene Fluggelegenheit von Paris nach Wiesbaden-Erbenheim mit der Kuriermaschine der WAKO. Diesmal landete ich wegen Nebels und Vereisungsgefahr statt in Wiesbaden in Bonn, von dort ging es dann mit dem Zug nach Wiesbaden. Ich traf dennoch früher dort ein als mit dem Fronturlauberzug. Im ganzen verlief dieser Urlaub bei meiner Familie und den Schwiegereltern noch recht glücklich. Noch standen alle Zeichen auf Hoffnung und Sieg. Immer noch waren ich und die Mehrheit meiner Kameraden der Ansicht, daß außer der U-Bootwaffe der Führer noch weit größere Mittel hätte oder diese Kampfmittel in Aussicht stünden, um den Krieg zu gewinnen.

3. Unternehmung

Ausgelaufen in Lorient am 11. Febr. 1942
Eingelaufen in Lorient am 13. April 1942
Dauer 60 Tage

Westafrika
10 995 Seemeilen über Wasser
237 Seemeilen unter Wasser

Erfolge im Handelskrieg:
Die britischen Einzelfahrer

Helenus	7366 BRT
Baluchistan	6992 BRT
Baron Newlands	3386 BRT
Ile de Batz	5755 BRT
Scottish Prince	4917 BRT
Allende	5081 BRT

Der britische Hilfskreuzer

Muncaster-Castle	5853 BRT

Schon am 20. Januar 1942 flog ich zurück nach Paris und reiste am darauffolgenden Tage weiter nach Lorient. Hier begannen sogleich die Vorbereitungen für den nächsten Einsatz. Ich führte auch Gespräche mit Frontkameraden über die Entwicklungen draußen und ihre neuesten lebenswichtigen Erfahrungen, las die neuesten BdU-Befehle und Anordnungen und die KTB der Kameraden. Dies Auf-dem-laufenden-Bleiben war das A und O der Kommandanten, angesichts der sich ständig verändernden Kampfbedingungen im Atlantik. Natürlich stand man zur Begrüßung und zur Verabschiedung der ein- und auslaufenden Boote auf der Isère und nahm an allen kleinen und auch größeren Feiern teil. Der Kreis hatte sich durch die höhere Anzahl der Boote der Flottille erheblich vergrößert.

Mein Crewkamerad Wolfgang Frank war nach wie vor der

»maître de plaisir« und veranlaßte alle Feste bei »Melanie« oder in der Moulin de Rosmadeque. Victor Schütze, bisher Kommandant von *U-103*, hatte meinen alten Kadettenkameraden Heinz Fischer als Flottillen-Chef abgelöst und führte ein etwas strafferes Regiment.

Wie hatte sich nun aber mein Offizierskorps verändert? Das war mir vor allem anderen wichtig. Es war klar und entsprach auch meinem Wunsch, daß Albert Lauzemis zum I. W.O. aufrückte. Ein 37er ersetzte einen 34er, das war durchaus normal. Als II. W.O. meldete sich dann ein Oberleutnant z. S. Happe, der nach einer Seefliegerausbildung das Glück gehabt hatte, wieder zur Marine zurückzugelangen, für mich ein völlig unbeschriebenes Blatt. Der neue Leitende kam erst in der letzten Januarwoche. Es war der 32er Kapitänleutnant (Ing.) Jürgen Frhr. v. Engelhardt-Bergshof, ein Jahrgang älter als sein Vorgänger Klaunig. Wir sind dann drei lange und abenteuerliche Reisen zusammen gefahren und haben uns hervorragend verstanden. Er war in jeder Weise ein echter Balte und hatte eine große Ähnlichkeit mit meinem Crewkameraden Roderich Frhr. v. Freytag-Loringhoven.

Die neu an Bord gekommenen Unteroffiziere und Soldaten machten einen guten und für die Waffe begeisterten Eindruck. Zum Teil hatten wir sie aus der Personalreserve der Flottille genommen, wo sie sich beim I. W.O. schon nach unserer Rückkehr im Dezember um eine freiwerdende Stelle an Bord beworben hatten.

Am 6. Februar begann dann die Klarmachroutine zur nächsten Feindfahrt. Am 11. Februar 1942 legten wir zusammen mit *U-505* (Korvettenkapitän Axel-Olaf Loewe, einem 28er) von der Isère ab. Wir hatten als Operationsgebiet die westafrikanische Küste bei Freetown zugewiesen erhalten, Loewe das Gebiet nördlich davon, wir das Gebiet südlich dieses vom BdU als sehr wichtig angesehenen Convoy-Sammelpunktes. Mein Crewkamerad v. Stockhausen, der 27er Hessler und noch einige andere hatten hier gute Jagdgründe vorgefunden. Aber die Zeit war inzwischen fortgeschritten, und die Engländer hatten sich besser organisiert. Jedenfalls mußte man mit allen Gags und Tricks des Gegners rechnen, da er ja genau wußte, daß der BdU dieses Gebiet ständig besetzt hielt …

Nach unseren guten Tropenerfahrungen waren wir recht angetan über diese uns zugewiesene Position. Am Endpunkt des Sperrbrechergeleits trennten wir uns von Loewe, machten unser sorgfältiges Prüfungstauchen und setzten dann unseren erprobten Weg nach der nordwestspanischen Küstenecke fort. Die Zeiten, als man mit gutem Ausguck auch noch am Tage aufgetaucht durch die Biskaya rauschen konnte, waren bereits vorbei, und so standen wir den kurzen Tag dieser Jahreszeit unter Wasser mit 250° Kurs. Mittags tauchten wir kurz auf, lüfteten das Boot gut durch und verschwanden dann wieder bis zur Abenddämmerung. Am Tage drauf begannen wir dann mit dem notwendigen, wenn auch unbeliebten Exerzieren, Alarmtauchübungen, Tiefensteuerübungen, Flieger-Alarmen usw., wobei uns der Gegner die Zieldarstellung kostenlos überließ. Dreimal am Nachmittag des 13. Februar bekamen wir Besuch von feindlichen Flugzeugen, nachdem wir am frühen Morgen die Passiermeldung 12 West an den BdU gegeben hatten. Wir stellten fest, daß die immer schon heikle Biskaya noch unruhiger geworden war. Es krachte fast dauernd, meist in großer Entfernung, soweit feststellbar. Mein II. W.O. jedoch meinte, daß das in der Mehrzahl Fliegerbomben (Fliebos) wären, da kein Flugzeug mit seiner Bombenlast landen würde, sondern sie regelmäßig vor Erreichen der Küste abwerfen müßte.

Querab von Lissabon kam der obligate Portugiese, den wir, wie üblich, zur Zieldarstellung benutzten. Sonst aber machte ich mich schrecklich unbeliebt bei meinen Leuten, weil ich regelmäßig einen halben Tag, entweder vor- oder nachmittags, »Rollenschwof« ansetzte, bis wir wieder unsere volle Sicherheit in der Beherrschung des Boots erreicht hatten. Aus der Erfahrung anderer Boote übten wir auch erstmalig das sogenannte Stukatauchen, das in nicht unerheblichem Gegensatz zur amtlichen Tauchvorschrift und zu den Ständigen Befehlen stattfand. Bei Alarm wurden nicht sofort die Diesel abgestellt und die E-Maschine mit hohen Umdrehungen geschaltet, sondern die beiden Diesel gingen automatisch auf höchstmögliche Tourenzahl, die vorderen Entlüftungen wurden aufgerissen, die vorderen Tiefenruder wurden auf »Hart unten«, die hinteren aber »Hart oben« gelegt und damit das Boot hart angekippt bei immer noch geschlossenen Entlüftungen achtern. Erst im Augenblick des Schließens des Turmluks wurden die Diesel abgestellt, die E-Maschinen eingekuppelt und die achteren Tauchzellen geöffnet. Dann hatte das Boot meist eine Vorlastigkeit von etwa 20 bis 25° erreicht und schoß förmlich in die Tiefe, wobei das Ausdrücken der Untertriebszellen erst (verbotenerweise) auf 20 m erfolgte. Da das breite Oberdeck des Typ IX C-Bootes wie ein Scheerbrett wirkte, konnte in der Mehrzahl der Fälle das Boot erst auf 140 bis 160 m Tiefe auf ebenen Kiel gebracht werden. Damit erreichten wir dann immerhin ein Tauchmanöver von 22 Sekunden nach Auslösen des Alarms. Das war für Boote unseres Typs eine kaum vorstellbare Tauchzeit. Allerdings mußte jeder Mann der Besatzung seine Handgriffe im Schlaf und auch in voller Dunkelheit beherrschen, da man ja mit eventuellen Ausfällen zu rechnen hatte. Das war nur mit harter Arbeit und in sekundenschneller Reaktionszeit möglich.

Am 23. Februar, schon östlich der Kapverden, stellten wir eine höchst unerfreuliche Ölspur fest. Nach tagelangen Experimenten und immer neuen Schaltungen kamen wir hinter den Defekt, daß ein Tauchbunker undicht und ein abgeplatzter Nietkopf die Ursache war. Wir mußten aber das Schweißen verschieben, bis das Boot höher herauslag. Etwas östlich von Freetown mit Kurs auf Cap Palmas passierte am 2. März eine so unglaubliche Geschichte, daß man sich fast schämen muß, sie zu erzählen.

Eine halbe Stunde vor Mitternacht bei mondheller Nacht kamen in 145° rw. zwei schmale lange Schatten in Sicht, wenig später identifiziert als ein großer Kreuzer und in Dwarslinie ein kleiner Kreuzer. Wir setzten uns vor zum Unterwasserangriff, der bei dieser Helligkeit gut möglich sein mußte. Wir standen auch genau zwischen den beiden Kurslinien, beständig gut 5000 m vor ihnen herlaufend. Kurse stimmten, die Gegnerfahrt stimmte. Während wir klar zum Tauchen machten, wurde es in ganz kurzer Zeit stockdunkel wegen einer totalen Mondfinsternis. Griese war außer sich, daß er das nicht vorher festgestellt, sondern sich genauso hatte überraschen lassen wie wir alle. Schnell versuchten wir jetzt auf das größere Ziel an Backbord beim Entgegenlaufen zu manövrieren, aber wir sichteten nichts, die beiden Schiffe waren spurlos verschwunden. Wir tauchten zur Horchpeilung und hörten nicht das geringste Schraubengeräusch, das bei Kriegsfahrzeugen und 15 Knoten unvermeidlich ist. Nach der Mondfinsternis lag das tropische Meer im gleißenden Mondschein. So weit das Auge reichte und unsere erstklassigen 7 × 50 Gläser, es war aber kein Fahrzeug weit und breit mehr zu sehen. Anscheinend hatten wir mit britischen Kriegsfahrzeugen kein Glück.

Im Morgengrauen nach dieser nächtlichen Enttäuschung kam um 8 Uhr ein Schiff, zwei Masten, ein Schornstein, über die Kimm. Es steuerte 310° und setzte Zickzackkurse ab, wir setzten uns vor. Ein ungewöhnlich hoher Schornstein und zwei Masten kamen nun aber auch in rw. 33° mit Bug links und Lage 60° in Sicht. Ich entschloß mich, dieses näher stehende Ziel anzugreifen, weil dann immer noch eine schwache Chance bestand, auch das fernere Schiff angreifen zu können. Und im Vorsetzmanöver erschien dann noch plötzlich in 305° rw. ein kleiner Handelsdampfer mit gut sichtbarer Decksladung. Wir waren ja nicht dagegen, nur nicht alle auf einmal, denn das kann ja nicht gutgehen. Es wurde dann aber doch etwa 4 Uhr nachmittags, als ich zum Tauchen und zum Angriff auf den zweiten gesichteten Dampfer kam. Etwa zwanzig Minuten nach 5 Uhr kamen wir endlich gut zu Schuß. Der Dampfer sank sofort und war bald darauf verschwunden, meinte Griese. Nach allen Merkmalen, besonders nach dem auffällig hohen Schornstein, ist es ein *Blue-Funnel,* Type *Prometeus*, die *Helenus* gewesen. Vier volle Rettungsboote trieben auf. Ich hatte aber keine Zeit, zu den Booten zu gehen, da ich noch hoffte, auf den zuerst gesichteten Dampfer zum Schluß zu kommen. Der zuletzt aufgekommene kleine Dampfer mit Decksladung lief jetzt mit hoher Fahrt in Richtung Monrovia. Aufgetaucht operierten wir mit hoher Fahrt auf den zuallererst gesichteten Gegner und tauchten zum Unterwasserangriff. Zwei Minuten vor 7 Uhr fiel der Schuß aus beiden Heckrohren. Ich war sicher, daß ich gar nicht vorbeischießen konnte, aber es geschah nichts. Zwar machte der Dampfer klar erkennbar eine harte Kursänderung nach Steuerbord und ging wohl auch mit der Fahrt herunter. Da gab es plötzlich zwei Detonationen in ganz kurzem Abstand, also wohl Enddetonierer. Vielleicht waren die Torpedos nicht in Ordnung, so tröstete ich mich zunächst.

Der Dampfer zeigte uns jetzt das Heck und machte offensichtlich nur geringe Fahrt. Als wir auftauchten, kurz nach 8 Uhr abends, war der Dampfer noch gut zu erkennen. Wir staffelten vorsichtig heran, irgend etwas war mit ihm nicht ganz geheuer. Der Mond kam raus, und es wurde wieder taghell, wie in der letzten Nacht. Unser Dampfer lag in der Mondlichtbahn als schmaler Schatten. Beim Vorsetzen kam plötzlich an Backbord kurzzeitig ein roter Blitzschein in Sicht, wenig später die gleiche Erscheinung, und dann passierten wir nacheinander zwei deutlich sich abzeichnende Blasenbahnen mit nur geringem Streuwinkel. Wir rätselten an diesen Erscheinungen herum, ohne eine vernünftige Erklärung finden zu können. Und dann dröhnte plötzlich die Luft. Ein Riesenflugboot kam von Steuerbord zunächst parallel, dann aber in einer steilen Kurve mit dem Mond auf uns direkt zudrehend. Wir rauschten im Stukatauchen unbehelligt in die Tiefe. Kaum wieder aufgetaucht, versuchte ich endlich näher an den Dampfer heranzukommen, der immer noch etwa 6000 m weglag und uns das Heck zeigte. Doch dann entdeckten wir daneben zwei ganz kleine flache Schatten, die sich recht schnell bewegten. Waren das Schnellboote und das Schiff eine U-Falle? Vorsicht war unter allen Umständen angebracht. Auch das Flugboot umkreiste noch in weiten Bogen das fast gestoppt liegende Schiff. Wegen des ständig kreisenden Flugbootes und wechselnder, für uns gefährlicher Sichtverhältnisse gelang es uns nicht, weder unter Wasser, geschweige denn über Wasser, an den Dampfer heranzukommen, den wir gestoppt in Sicht hatten.

Die Versenkung der *Helenus*, die wir zuerst bekämpft hatten, wurde von deren Kapitän so geschildert wie von uns erlebt. Die Verluste bei der Besatzung waren gering, 70 Mann einschließlich der Offiziere und des Kapitäns konnten bald gerettet werden und gelangten an Bord der *Beaconsfield*, das war das Schiff, das wir dann zunächst fehlten und später nicht mehr erreichen konnten trotz aller Anstrengungen. Aus dem Bericht des Kapitäns der *Helenus* ergab sich, daß das Schiff zwar vor U-Booten gewarnt war, nur daß es diese Warnung nicht nutzen konnte, weil sie mit einem Schlüssel codiert war, den der Kapitän nicht entziffern konnte. Offensichtlich hatte die *Beaconsfield* durch Erkennen der Versenkung der *Helenus* so rechtzeitig Gefechtsstationen besetzt, daß unsere beiden Torpedos ausmanövriert werden konnten.

Was an Signalen und Leuchtzeichen zwischen Flugboot und Rettungsbooten und endlich der *Beaconsfield* benutzt wurde, führte bei der Beobachtung durch uns zu falschen Schlußfolgerungen. Die flachen, sich bewegenden Schatten waren zweifelsohne die Rettungsboote der *Helenus.* Tatsächlich kurrten sie zeitweise unter ihren Bootsmotoren in der Nähe der *Beaconsfield* herum.

Als wir am 5. März gegen Mittag etwa wieder auf der Position des »Massenandrangs« vom 2. März waren, war es keine Überraschung, als wir auch wieder in 60° rw. eine Rauchfahne feststellen konnten, auf die wir sofort manövrierten. Beim Vorsetzen zum Unterwasserangriff fiel die Kühlwasserpumpe am Steuerbord-Diesel aus, und wir mußten etwas verfrüht tauchen. Vorsichtig liefen wir ihm auf Sehrohrtiefe entgegen und kamen dann ein paar Minuten vor 8 Uhr abends zum Schuß auf einen kleinen Küstentanker. Wieder keine Detonation.

Eine Stunde später waren wir wieder an der Oberfläche und tobten hinter unserem »Lütten« hinterher. Auf der Verfolgungsfahrt fielen aber nacheinander beide Diesel aus. Nach Auskunft des Leitenden, der etwas zerknirscht auf der Brücke erschien, wurde etwa ein Zeitraum von fünf, sechs Stunden zur Reparatur benötigt. Wir gaben also wieder einmal auf und hielten uns mit ganz geringem E-Motoren-Gebrauch auf der Stelle.

Um 8 Uhr morgens, es begann schon hell zu werden, kam ein Schatten voraus in Sicht. Aber es war schon zu hell zum Vorsetzen und ohne Diesel gar nicht zu machen, dennoch versuchten wir es und mußten dann entdecken, daß es sich um einen kleinen Küstenpassagierdampfer handelte, etwa 2000 BRT, Nationalflagge an der Gaffel, also mit großer Wahrscheinlichkeit ein Neutraler. Ich blieb zwar noch hinter ihm, aber dann hatten wir schon wieder einen Dampfer in Sicht. Er erschien uns aussichtsreicher, auch größer, aber auch schneller.

Genau mittags begannen wir endlich wieder mit beiden Dieseln ein Vorsetzmanöver in laufenden Regenschauern. Nach etwa sechs Stunden fiel aber schon wieder der Backbord-Diesel aus, wegen Überhitzung eines Zylinders. Engelhardt tobte, Schmelzle, der Dieselmaschinist, war gar nicht anzusprechen, er wütete im Dieselraum. Endlich, um 8 Uhr abends, beide Diesel waren wieder klar, konnten wir aufdrehen und standen um kurz vor 9 Uhr vorlich vom Gegner. Ein langer Blick zum Dampfer, der plötzlich Lichter setzte, vorne, oben, unten und an der Seite. Wir ließen ihn dann auf 300 m an uns vorbeilaufen, die Bordwand war mit der spanischen Flagge aufgemalt und hell beleuchtet. Kein Wort fiel mehr auf der Brücke. Als wir unsere Torpedobilanz zogen, waren wir noch mehr deprimiert. Verbrauch bisher: sechs Torpedos, zwei Treffer, ein Dampfer, vier Fehlschüsse.

Am nächsten Morgen, dem 8. März 1942, kam wieder ein Dampfer in Sicht mit nordwestlichen Kursen. Er »zackte« sehr stark. Das zeigte an, daß es sicher kein Neutraler war. Nach einer guten Stunde Vorsetzmanöver tauchten wir auf seinem Generalkurs von 320° zum Unterwasserangriff und kamen nach einer Stunde zum Schuß.

Nach einer Laufzeit von 102 Sekunden registrierten wir Treffer Achterkante Brücke und unter achterem Mast. Der Dampfer stoppte sofort und setzte die Boote aus. Als wir aber nach über 30 Minuten immer noch kein Sinken wahrnahmen und die vier großen Rettungsboote sich immer weiter entfernten, wünschte ich ja doch, daß er bald verschwinden und nicht als Warnobjekt für andere oder Flugzeuge hier weiterschwimmen würde. Ich traf nochmals Achterkante Brücke auf knappe 100 m Entfernung. Der Dampfer dachte immer noch nicht daran, die Oberfläche zu verlassen. Wir tauchten auf und liefen hinter den auf die nahe Küste zulaufenden Booten hinterher, um Namen und Einzelheiten zu erfragen. So hörten wir, daß es der moderne Dampfer *Baluchistan,* 6992 BRT war, auf der Fahrt von Kapstadt nach Freetown mit gemischter Ladung. Die Boote hatten es verdammt eilig, an Land zu kommen, was ich verstehen konnte. Wir ließen sie dann auch sofort laufen. Dabei war das Land bereits auch voll in Sicht gekommen, und wir kamen noch näher, als wir vermuteten. Tatsächlich führte diese Neugier nach dem Namen unseres Opfers zu politischen Konsequenzen. Der Freistaat Liberia beschwerte sich bei der Reichsregierung über die Verletzung seines Hoheitsgebietes durch ein deutsches U-Boot, ich wurde nach Rückkehr zu dieser Frage vom BdU vernommen.

Der Captain Farrar der S.S. *Baluchistan* gab vor seiner Behörde in London am 17. April 1942 einen reichlich phantasievollen Bericht ab. Es konnte keine Rede davon sein, daß beim beinahe panikartigen Verlassen – so der Kapitän – des Schiffes das Achterschiff bereits von der See überspült gewesen sei, denn das Schiff war lange nicht gesunken, so daß ich noch einen Torpedo opfern mußte.

Ich hatte dann noch, auch zur Übung für die Besatzung, die Artillerie klarmachen und auf 1000 m Entfernung, jeder Schuß ein Treffer, 21 Sprenggranaten und 14 Brandgranaten in die Wasserlinie feuern lassen. Erst gegen halb 5 Uhr, nachdem wir abgesetzt das Schiff unter Beobachtung gehalten hatten, ging es endlich mit einer großen hellen Rauchwolke unter. Es war ein schönes, modernes Schiff, und es tat uns leid, es zu versenken. Leider war genau das jedoch unsere Aufgabe.

Am Abend erreichte uns ein FT vom BdU: »An Merten und Loewe: Sobald Anwesenheit bemerkt, Lage melden!«

Das mochten wir nun gar nicht, hatten wir doch längst das deutliche Empfinden, daß irgend etwas mit der Funkerei nicht ganz in Ordnung war. So beschloß ich, noch zwei Tage zu schweigen. In der Nacht luden wir dann Torpedos aus den Oberdecksbehältern nach dem Bugraum um. In knapp zwei Stunden hatten wir sechs Atos im Boot, fühlten uns aber doch recht unwohl wegen des Torpedoverbrauchs. Die Bilanz lag nun noch schlechter. Mit zehn Torpedos hatten wir nur zwei Dampfer versenkt.

Am 10. März meldete ich – nach der Meldung von *U-505* – die Lage, die beiden versenkten Schiffe und meine Absicht, die belebte Position auch weiter unter Kontrolle zu behalten. Es war fast peinlich, auch den Torpedo-Bestand mit nur noch sieben Atos und drei Etos anzugeben. Erstaunlicherweise kam weder eine Nachfrage noch der erwartete Rüffel.

Aber meine Tätigkeit hier hatte nun wohl doch genügend Staub aufgewirbelt, und so erstarb plötzlich der Verkehr vollkommen. Auch Neutrale waren nicht mehr zu sehen. So vergingen fünf ereignislose Tage bei schärfster Aufmerksamkeit, bis wir am 15. März etwas westlich von Cap Palmas vier Schiffe mit einem Bewacher erkannten. Es war jedoch ein uns durch Funk angekündigter Vichy-Französischer Geleitzug auf Westkurs.

Am folgenden Tage kam gleich bei Hellwerden der erste Dampfer, so daß wir gerade noch alarmtauchen konnten. Und dann schossen wir auch noch vorbei, auf 800 m Entfernung und bei guten Schußunterlagen, das konnte eigentlich nicht mit rechten Dingen zugehen. Wir folgten dem Dampfer in dezentem Abstand, wartend auf die Dunkelheit. Ab halb 9 Uhr abends staffelten wir heran. Der Dampfer aber verschwand ab und zu immer wieder in tropischen Regenböen. Nur durch die hellen sekundenlangen Blitze im Tropengewitter fanden wir ihn immer wieder. Eine Dreiviertelstunde vor Mitternacht standen wir gut vorlich und ließen ihn auf 800 m in die Ziellinie einlaufen. Nach 55 Sekunden registrierten wir Treffer Vorkante Brücke. Dann geschah etwas fürchterlich und grauenhaft Anzusehendes. Der Dampfer sank im Nu mit fast unverminderter Fahrt über den Vorsteven, so, wie ein U-Boot taucht, geht es uns durch den Sinn! Fockmast, Brücke und Schornstein werden einfach nach hinten weggerissen und mit unter Wasser gezogen. Das Schiff mußte wohl Erz geladen haben. Ich halte es für unmöglich, daß es noch Boote zu Wasser bekommen hat. Wir alle auf der Brücke, die das beobachteten, sind sehr still geworden. Überlebende kann es unter diesen Umständen kaum gegeben haben.

Wie ich nach dem Kriege erfuhr, sind tatsächlich doch einige Besatzungsmitglieder mit dem Leben davongekommen. Dem Bericht des Kapitäns Ewing der S.S. *Baron Newlands* (3386 BRT) zufolge handelte es sich tatsächlich um einen Erztransport. Eigentümlich ist, daß der Kapitän – er befand sich zum Zeitpunkt des Treffers in seiner Kabine – sich über die Art der Versenkung irrte.

Er äußerte in seinem Bericht am 14. Mai in London die Überzeugung, das Schiff sei über das Heck gesunken. Das rasche Sinken über den Vorsteven hatte wohl auch die hohen Menschenverluste zur Folge, wie wir schon bei der Beobachtung des Untergangs vermuteten.

Schon am Morgen nach der Versenkung des Erzdampfers, die uns alle sehr bewegt hatte, kam noch vor Hellwerden gegen 6 Uhr bereits wieder ein Schatten auf uns zu. Er lief auf gleichem Kurs wie sein unglücklicher Vorgänger. Wir begannen routinemäßig unser Vorsetzmanöver mit hoher Fahrt, um noch vor Hellwerden zum Schuß zu kommen. Schon nach kurzer Verfolgung standen wir auf Angriffsposition für den Überwasserangriff. Zwanzig Minuten vor 7 Uhr fiel der Einzelschuß bei etwa 1000 m Entfernung. Wieder konnten wir die Blasenbahn des Torpedos bis zum Auftreffen auf die Bordwand deutlich verfolgen. Wir sahen einen Blitz und registrierten Treffer Mitte. Die Boote gingen gut zu Wasser. Bei Hellwerden lief ich zu den Booten und ließ mir Namen, Tonnage sowie Herkunfts- und Bestimmungsort sagen. Die Auskunft kam auch laut und schnell, S.S. *Ile De Batz* – 5755 BRT mit Stückgut von Rangoon nach Freetown zum Convoy-Sammelpunkt. Ich entließ die Boote nach der Küste und teilte ihnen mit, daß es nur ganze 25 Seemeilen bis nach Cap Palmas waren. Der Dampfer schwamm nach gut einer Stunde immer noch. Ich wollte und konnte aber keinen Torpedo mehr opfern. So ließ ich die Artillerie klarmachen. Nach 33 Schuß 10,5-cm-Granaten zeigte das Schiff Schlagseite nach Steuerbord, kenterte dann, richtete sich mit dem Vorsteven hoch und versank über den Achtersteven. In der Zwischenzeit war es taghell geworden. Wir liefen nach Südwesten ab, um außer Sicht der Boote zu kommen.

Der Kapitän Watts hatte mir auf meine Fragen klar und deutlich Antwort gegeben. Was ihn allerdings bei seinem Bericht in London am 14. April dazu bewogen hat zu erzählen, ich hätte ihn an Bord von *U-68* befohlen und der Wachoffizier habe ihn mit »Heil Hitler« begrüßt, das ahne ich nicht. Es ist blühende Phantasie.

Kaum war die *Ile De Batz*, genannt nach einer normannischen Insel an der nordbretonischen Küste, von der Meeresoberfläche verschwunden, als wir um 11 Uhr in 75° rw erneut einen Dampfer in Sicht bekamen und sofort mit dem Vorsetzmanöver begannen. Kurz nach 12 Uhr war es dann so weit, daß wir ihn geradezu schulmäßig in die Ziellinie einlaufen lassen konnten bei nur knapp 500 m Entfernung. Wir erzielten einen Treffer Mitte mit einem Zweierfächer. Das ganz moderne Schiff stoppte sofort. Ein Boot wurde zu Wasser gelassen, legte sofort hastig vom Schiff ab und pullte dem nahen Land zu. Aber der Dampfer sank nicht. Ganz langsam und vorsichtig gingen wir dann dicht an ihn heran. Der Name war nur schlecht übermalt und gut zu erkennen: *Scottish-Prince*, nach dem Gröner hat er 4917 BRT.

Als er nach einer guten weiteren halben Stunde immer noch nicht versank, ließ ich wieder die Artillerie klarmachen und ein gutes Dutzend 10,5-cm-Granaten erst mittschiffs, dann in die Wasserlinie auf der Höhe der achteren Laderäume schießen. Er begann zu brennen und sandte gelbbraunen Rauch fast senkrecht in den Himmel. Schließlich, gegen 3 Uhr nachmittags, sank er über den Achtersteven und richtete sein Vorschiff hoch anklagend aus dem Wasser! Wir sahen das mit gemischten Gefühlen, denn ein wirklicher Seemann hat auch Empfinden für Schiffe und ihre zeitlose Schönheit. Wie oft sagten wir uns, wenn man doch bloß ein so schönes Schiff in irgendeiner Bucht einer fernen Insel zu Anker legen könnte, um es sich dann nach dem Kriege zu holen, anstatt es zu versenken.

Wie konnte das auch anders sein, nun überwog der Triumph über den wachsenden Erfolg. Wir waren nun gerade einen Monat auf Reise und konnten tatsächlich mit einiger Tonnage aufwarten. Um so mißtrauischer und aufmerksamer hieß es jetzt zu sein. In diesem Sinne mußte man auch unentwegt mit den Ausguckposten reden und sie zu noch gewissenhafterer Beobachtung ihrer Sektoren veranlassen, erst die Kimm Millimeter für Millimeter, dann die zwanzig Grad darüber, dann bis zum Zenit den Himmel und dann das Wasservorfeld bis zu 50 m Abstand, und dann wieder von neuem, und so die ganzen zwei Stunden der Wache.

Offensichtlich hatten wir aber eine sogenannte Goldader gefunden, das heißt einen Schiffahrtsweg, der den auf Freetown zusteuernden, vom Süden kommenden Einzelfahrern von der Leitstelle in Sierra Leone nach Erreichen eines weit entfernten Ansteuerungspunktes zugewiesen wurde und der sich nach den jeweiligen erkannten U-Bootspositionen richtete.

Hier war jetzt aber ganz offenkundig von britischer Seite ein schwerer Irrtum passiert. Man hatte mir die Schiffe fast haargenau zugeleitet. Denn sie kamen alle auf den gleichen Kursen unter der Küste auf Cap Palmas zu. Seit der *Helenus* und dem Theater mit der *Beaconsfield* mußte unsere Anwesenheit bekannt sein. Gleichwohl hielt unsere Erfolgsserie an. Fast unmittelbar nach dem Auftauchen nach zweimaligem Fliegeralarm stand schon wieder in rw. 55° eine Rauchfahne an der Kimm. Da es in tropischen Breiten sehr schnell dunkelt, konnte das Vorsetzmanöver abgekürzt werden. Wenige Minuten nach 9 Uhr fiel der Schuß auf 1000 m, wobei wir den Torpedo bis zum Ziel nach 83 Sekunden beim Auftreffen im Auge behalten konnten. Es handelte sich um den Dampfer *Allende*, 5081 BRT mit Stückgut von Kalkutta (Heimathafen Cardiff) nach Großbritannien. Zwei Boote, ein großes und ein wesentlich kleineres mit insgesamt 35 bis 40 Personen entfernten sich von dem Wrack. Wir fragten nach eventuellen Verwundungen und etwaigen Bedürfnissen. Dann gab ich dem Kapitän den Kurs nach Kap Palmas, aber er schien das besser zu wissen als ich, dankte und verschwand mit seinem Boot in der Dunkelheit. Als nach einer guten Stunde das Schiff immer noch schwamm, kämpfte ich erheblich mit mir, ehe ich mich entschloß, noch einen weiteren Torpedo zu opfern. Nach dem Fangschuß auf 700 m Entfernung sank die *Allende* über den Achtersteven in die Tiefe.

Wie sich aus dem Bericht des Kapitäns Williamson am 25. August 1942 nach seiner Rückkehr nach England ergibt, war für ihn – abgesehen vom Verlust seines Schiffes – der folgende Aufenthalt an Land wesentlich unerfreulicher als die gut anderthalb Tage in den Rettungsbooten auf See. Die Schiffbrüchigen gerieten nämlich in die französische Kolonie Elfenbeinküste, wo ihnen als Briten eine wenig angenehme Behandlung zuteil wurde, die den Vergleich mit Kriegsgefangenschaft nicht scheuen mußte. Man brachte sie tief ins Landesinnere, bis nach Timbuktu!

Am Tage nach der Versenkung der *Allende* erreichte uns die Nachricht, daß für das Quadrat, in dem wir uns aufhielten, von britischer Seite die U-Bootswarnung ergangen war. Nun war hier sicher nicht mehr viel zu erwarten.

Am 19. März wurden wir aufgefordert, unsere Lage- und Erfolgsmeldung abzugeben. So blieb mir gar nichts anderes übrig, als unseren Erfolg am 17. März, die Versenkung von vier Schiffen, zu melden, zugleich auch, daß unser Brennstoffbestand noch 120 cbm betrug, wir aber nur noch ganze drei Torpedos hatten. Da aber unsere Position ohnehin kompromittiert war, hatte es keinen Sinn mehr, hier zu bleiben. Besonders stolz waren wir über unseren Brennstoffbestand, der unserer fast ununterbrochenen »Sparfahrt« zu verdanken war und der Tatsache, daß uns bisher kostspielige Verfolgungen erspart geblieben waren.

Wie bekannt unsere Position nun war, merkten wir an zwei Flugzeugsichtungen noch am gleichen Tage, nachdem ich meinen Funkspruch losgeworden war. Beide Male kamen wir dank vortrefflichen Ausgucks gut ungesehen auf Tiefe. Am Abend kam ein ganz seltener Funkspruch: »An Merten: Gut gemacht! BdU.«

Das freute uns sehr, und die Besatzung war begeistert. Aber eigentlich hatten wir diesen Erfolg, wie wir heute wissen, einem Versehen im englischen Trackingroom zu verdanken, der uns diese vier Schiffe regelrecht zugeleitet hatte, wie mir auch die Berichte der Kapitäne der versenkten Schiffe bestätigen.

Noch weiter in die Guinea-Bucht hineinzugehen, hielt ich auch für zwecklos. In erster Linie war es doch interessant, den Verkehr Freetown–Kapstadt und umgekehrt zu suchen und zu stören. Der Verkehr in das Innere der Guinea-Bucht konnte nicht sehr bedeutend sein. Dennoch wollte ich noch einmal nach Takoradi an der britischen Goldküste schauen, das wir auch als Sammelhafen vermuteten.

Auf dem langsamen Marsch nach Osten geschah in den nächsten Tagen, bis auf mehrfache Flugzeuganflüge, nichts Besonderes. Leider überraschte ich aber an einem Morgen einen Ausguck beim Schlafen.

Das war sehr fatal, und ich konnte es nicht als ungeschehen hinnehmen, zumal die anderen Kameraden der Wache Zeuge waren. Der sonst bewährte und gute Obergefreite Kroll hatte sich als Backbord achterer Ausguck an den Sehrohrbock angelehnt, beide Augen geschlossen! Natürlich war das ein Fall für das Kriegsgericht, doch so weit wollte und mochte ich nicht gehen. Ohnehin erschien mir eine Abkommandierung die treffendste Strafe zu sein. Mich nahm der Vorfall doch sehr mit.

Am 25. März standen wir vor dem Kap »Three Point« und bekamen gegen 10 Uhr vormittags im Süden Rauchwolken in Sicht. Wir entdeckten einen Geleitzug, der aus fünf kleinen Dampfern und drei Bewachern bestand, das erste Mal, daß hier ein Geleitzug beobachtet wurde. Offensichtlich wollte das Geleit nach Takoradi einlaufen. Um Mittag tauchten wir zum Unterwasserangriff. Kaum waren wir auf Sehrrohrtiefe, gab es plötzlich eine schwache Detonation in der Nähe des Bootes. Beim Rundblick entdeckte ich in unserem Kielwasser in knapp 200 m Entfernung eine Rauchbombe, die einen gelbweißlichen starken Qualm verursachte, und ein in niedriger Höhe stehendes Flugzeug. Der Geleitzug »zackte« nach Südost weg, und zwei der Bewacher kamen jetzt auf unsere Position zu. Wir waren wohl auf Sehrohrtiefe erkannt und rechneten jetzt mit einem »Segen«. Wir warteten auf die erste Serie Wasserbomben, die aber nicht kam, auch nicht nach stundenlangem gegenseitigen Belauern.

Ich meldete dieses eigenartige Erlebnis in der Nacht an den BdU, der mir aber auch nicht sagen konnte, ob es vielleicht ein französisches Geleit war, denn dann hätte es angemeldet sein müssen. Am 27. März beschloß ich den Rückmarsch mit noch 96 cbm Brennstoff. In den nächsten beiden Tagen geschah gar nichts.

Am 30. März, kurz nach Hellwerden, kamen im Norden dann sehr schnell ein Haufen Masten heraus. Acht Fahrzeuge waren auszumachen, ein Geleitzug in zwei Kolonnen, dem Kurs nach von Freetown nach Süden auslaufend. Die Zahl der Bewacher war nicht festzustellen, es wuselten aber viele Einzelmasten überall herum, an der Spitze entweder ein größeres Kanonenboot oder eine große Yacht.

Nachdem ich einigermaßen Umfang und Stärke des Geleits

überblickte, gab ich Fühlunghaltermeldungen an *U-505*, unseren im Norden stehenden Kameraden. Ich beabsichtigte am Spätnachmittag unter Wasser anzugreifen. Bald nach Mittag zogen sich die Escorts nach Westen heraus, und der ganze Rummel löste sich auf, nach allen südlichen Richtungen. Zunächst erschien es, als ob es zwei Gruppen geben würde, eine nach Südosten und eine nach Südwesten. Da ich zur Südwestgruppe günstiger stand, ging ich mit dieser Gruppe mit und meldete den Vorfall an den BdU und an Loewe, von dem ich sicher annahm, daß er auf den Geleitzug mitoperierte.

Die Dampfer zerstreuten sich jedoch so schnell, daß ich mich für einen bestimmten entscheiden mußte, um überhaupt eine Chance zu haben.

Ich hängte mich also an einen Dampfer mit drei Masten, der besonders auffällig schien und auch für mich am günstigsten stand. Aber er manövrierte geschickt und kam in den leichteren Tropenregenböen immer wieder außer Sicht, so daß allein das Fühlunghalten schon angewandte Kunst war und das Vorsetzen schon fast Hohe Schule.

Das Dranbleiben beim Dunkelwerden und fast gleichzeitig aufgehendem Mond mit großer Helligkeit schuf weitere Probleme. Einen Fehlschuß durfte ich mir mit den drei noch vorhandenen Torpedos schon gar nicht leisten. Erst eine Stunde vor Mitternacht kam ich nach einem vergeblichen Versuch in eine günstige Angriffsposition. Ich befahl einen Zweierfächer, und die Schüsse fielen ganz genau. Nach einer Minute stieg die Spannung im Boot, nach 100 Sekunden begann der Zweifel, nach zwei Minuten holte ich tief Luft, und dann, nach zwei Minuten und 14 Sekunden bellten plötzlich zwei Detonationen durchs Wasser, Treffer vorne und Treffer ganz kurz vor der Mitte. Als wir aus dem Wasser brachen, und ich auf dem Turm stand, sah ich, daß das Schiff schon mit der Back und dem Vorschiff tief im Wasser lag. Der Dampfer funkte, und wir gingen dazwischen mit Störungen auf der gleichen Welle. Eine Rakete nach der anderen ging hoch, und dann leuchtete von einem der achteren Masten ein richtiger Scheinwerfer von einem erhöhten Podest. Es schwammen viele Boote im Wasser, Flöße und ganz eigenartige Behälter. Der Dampfer lag nun schon bis zur Brücke im Wasser und bewegte sich nicht mehr. Die Boote suchten offensichtlich die vielen Flöße ab, die überall herumtrieben. Es schienen ungewöhnlich viele Menschen an Bord gewesen zu sein. Der Funker war bewunderswert, er funkte immer noch. Als sich nach gut zwanzig Minuten die Lage immer noch nicht verändert hatte, beschloß ich, auch noch den letzten Torpedo zu opfern. Er traf hinter dem Aufbau, so daß das Schiff jetzt schnell sank. Das Heck hob sich noch einmal aus dem Meer, dann versank das Schiff und brachte auch noch zwei in der Nähe befindliche Boote zum Kentern.

Wir hatten das Schiff auf etwa 7000 ts geschätzt und waren erstaunt, als wir von den Bootsinsassen erfuhren, daß es sich um die *Muncaster Castle* von nur 5835 BRT handelte, schwer bewaffnet mit drei 12-cm-Kanonen und Royal Navy-Besatzung, wie wir in den Booten erkennen konnten, also offensichtlich eine Art Hilfskreuzer. Die Auskünfte waren schwer zu verstehen, da immer mehrere zugleich Auskunft geben wollten. Wie bisher, gab ich den Leuten den Kurs zum nächsten Land.

Um Mitternacht gingen wir ohne einen einzigen Torpedo auf Heimatkurs und meldeten noch in der Nacht unseren Erfolg und den Rückmarsch. Nach aller Rechnerei hatten wir es nicht ganz geschafft, die 40 000-BRT-Marke zu erreichen. Mit dem Unsicherheitsfaktor des Erzschiffes waren es eben immer nur 39 500 BRT, mit dem Aufwand von zwanzig Torpedos keine übertrieben gute Quote. Dennoch waren wir zufrieden. Wie ich nach dem Kriege erfuhr, stimmte unsere Rechnung tatsächlich nicht, denn der Erzdampfer hatte nur 3500 BRT, womit wir noch um 1500 BRT niedriger als angenommen lagen. Ganze vierzig Schuß 10,5-cm-Munition brachten wir mit nach Hause. Damit allein war im Atlantik keine Trophäe mehr zu erringen.

Was aber war nun mit der *Muncaster Castle* los gewesen? Zunächst hatten wir nach Erkennen der Dreimastenaufstellung sofort alle Schiffe mit diesem Kennzeichen im »Gröner« nachgesehen, waren aber wegen Verkennung der Größe nicht auf dieses Schiff gekommen. Nach dem Bericht des Captain Harper vom

8. Mai 1942 war nun gerade dieses Schiff als reiner Kriegsmaterialtransporter ein ganz besonderer Erfolg. Aus diesem mir natürlich nachträglich bekannt gewordenen Bericht entnahm ich auch, warum die Besatzung personell so stark war. Zu der normalen Besatzung von 85 Mann, eingeschlossen neun Schiffsartilleristen der Royal Navy und zwei Heeresartilleristen, kamen 265 Passagiere: 71 Mann Marine-Personal, 95 Soldaten des Heeres und 99 Soldaten der Royal Air Force. Ihr Leben verloren danach der Funkoffizier, dessen Pflichtauffassung auf dem sinkenden Schiff uns höchste Anerkennung abnötigte, vier Besatzungsangehörige, zwei Marine-Soldaten, sechs Soldaten der Royal Air Force und elf der Heeressoldaten.

Der Kapitän muß ein sehr kaltblütiger Mann gewesen sein, ausgezeichnet durch Mut und Gottvertrauen. Denn auf dem Weg zur Küste konnte er 239 Mann der Besatzung und der Passagiere an einen griechischen Dampfer abgeben, blieb aber selbst mit dem Rest der Überlebenden in den Booten, um auf die Rettung durch die Royal Navy zu warten, damit diese nicht etwa fälschlich annahm, es hätte keine Überlebenden gegeben. Seinem Bericht zufolge erschien dann tatsächlich am 2. April früh am Morgen die Korvette *Aubretia*, die alle an Bord nahm.

Gerade hier, in der Zone der häufigen Versenkungen vor Freetown, schwammen fast immer Ladungsreste, Wrackteile und vollgelaufene Boote im Atlantik. So trudelte auch einmal ein großer, schon mit grünlichen Algen bewachsener Sack an der Bordwand lang. Griese und ich sahen ihn gleichzeitig und hatten auch denselben Gedanken. Wenn der Sack an der Oberfläche schwamm, mußte der Inhalt leichter sein als Wasser. Also mußte Luft eingeschlossen sein, wenn es Mehl war, was wir der ziemlich ausgeblichenen Aufschrift entnehmen konnten.

Schließlich brachten der Bootsmann Alex Kurkowski und zwei Mann es mit zwei Tampen fertig, den Sack an Deck zu wälzen. Tatsächlich fand sich nach Entfernen einer drei, vier Zentimeter dicken verpappten Außenschicht in der Mitte das beste, sauberste und vor allem trockene Weizenmehl. Das hatte sich schon ziemlich zu Anfang der Unternehmung abgespielt. Der Konditor Payer konnte seitdem für jeden Sonntag Kuchen, Brötchenbäcker Grezian jeden Tag Brötchen backen. Jeder Angehörige der Besatzung erhielt zweimal in der Woche zwei frische Brötchen, was natürlich große Freude und Begeisterung auslöste. Wir fischten in diesen Tagen noch drei Säcke mit Mehl westlich von Freetown aus dem Meere und hatten unsere Brötchen bis zur Rückkehr in den Nordatlantik, wo man nachts den Backofen nicht mehr benutzen konnte, weil man sonst den Tag über unter Deck die Wärme nicht mehr losgeworden wäre.

Auf dem Heimmarsch verging ein Tag nach dem anderen in einem unglaublichen Gleichmaß. In der Nacht vom 7. zum 8. April meldete der Wehrmachtbericht:

»Wie durch Sondermeldung bekanntgegeben, versenkten deutsche U-Boote im Atlantik 16 feindliche Handelsschiffe mit zusammen 104 000 Bruttoregistertonnen, davon 13 vor der amerikanischen und drei Schiffe vor der afrikanischen Küste. Bei den Erfolgen deutscher U-Boote im Atlantik zeichnete sich das U-Boot unter dem Kommando des Korvettenkapitäns Merten besonders aus.«

Da wir noch in See waren, fanden wir, daß man damit besser bis zu unserem Einlaufen in Lorient hätte warten können. Uns klang dies nach einer Herausforderung des Schicksals.

Mit unserer Viererserie hatten wir großes Glück gehabt. Aber wie viele Tage waren wir auch ohne jedes Ereignis in härtester Nervenanspannung, während an der US-Küste die Boote gar nicht so schnell schießen konnten, wie die rasch, teilweise mit Lichtern laufenden US-Dampfer herankamen. Wir hatten etwas neiderfüllt gehört, wie sich Flottillenkameraden mit zwei Reisen so ihre 100 000 BRT ohne größere Schwierigkeiten hatten »beschaffen« können. Nun, die Hauptsache war es ja schließlich, daß die alliierten Tonnageverluste wieder zunahmen und damit die Möglichkeit stieg, daß die Zufuhr für Großbritannien so gedrosselt würde, daß man vielleicht doch noch zu einem erträglichen Frieden kommen könnte.

Am 11. April 1942 rundeten wir mit hoher Fahrt in dunkler Nacht auf unserem »Privatweg« die spanische Nordwestecke. Wieder waren die spanischen Sardinenfischer draußen und boten uns durch ihre Anwesenheit einen gewissen Schutz.

Wir trieben es etwas frecher als sonst und blieben bis fast zur Mittagsstunde über Wasser. Den Rest des Tages blieben wir sorgsam unter Wasser und hörten von Ferne dauernd Wabos und Fliebos. Dann gaben wir in der Nacht unsere Einlaufmeldung für 7 Uhr am 13. April. Man teilte uns bei der Quittierung unserer Meldung das Auslaufen von zwei Booten mit, *U-594* und *U-69*, damit wir uns nicht gegenseitig beschossen.

Ohne Zwischenfälle erreichten wir schon früh, bald nach 9 Uhr unseren Liegeplatz an der Isère. Der BdU begrüßte persönlich unser Boot. Wieder durfte ich gleich mit meiner Frau telefonieren, die darauf alle Frauen der Besatzungsangehörigen anrief und ihnen unsere glückliche Heimkehr mitteilte. Bei der dann fälligen Besprechung beim BdU bekam ich ein großes Lob und erhielt für meine tüchtige Besatzung eine erfreulich große Anzahl Eiserner Kreuze. Dann folgte die Stützpunkt-Routine.

4. Unternehmung

Ausgelaufen in Lorient am 14. Mai 1942
Eingelaufen in Lorient am 10. Juli 1942
Dauer 56 Tage

11 495 Seemeilen über Wasser
190 Seemeilen unter Wasser

Erfolge im Handelskrieg:
Einzelfahrer

der amerikanische Tanker *L. J. Drake*	6 693 BRT
der panamaische Tanker	
C. O. Stillman	13 006 BRT
die britischen Frachter *Surrey*	8 581 BRT
Ardenvohr	5 025 BRT

Port Montreal	5 882 BRT
der französische Tanker *Frimaire*	9 242 BRT
der amerikanische Tanker *Arriage*	2 345 BRT
Gesamterfolge: 7 Schiffe mit	50 774 BRT

Ritterkreuz am 13. Juni 1942 (Nr. 112)

Mit dem Umzug des BdU von Kernével nach Paris, nach dem verwegenen Raid der Briten gegen die Hauptschleuse des U-Bootstützpunkts St. Nazaire, war alles etwas umständlicher geworden. Dönitz mußte seine erfreuliche Frontnähe und Allgegenwärtigkeit in Lorient aufgeben. Der ganze Stab zog im März 1942 nach Paris in die Avenue Maréchal Maunoury in der Nähe des Arc de Triomphe um. Für uns Kommandanten bedeutete das nach jeder Reise die Berichterstattung in Paris und häufig auch vor der nächsten Reise die Einweisung dort, vor allem für die Fernboote. Dabei fielen fast immer zwei, drei Tage zusätzlich für Paris ab. Die Stadt war selbst unter den obwaltenden Kriegsbedingungen immer noch eine Reise wert.

Probleme gab es genug zu besprechen. So war es eine Tatsache, auch immer wieder von anderen Frontkommandanten bestätigt, daß unsere Torpedos besonders im Tiefenlauf große Mängel hatten, die sich bei härtestem Seegang mit größerer Wellenhöhe am Ziel unkontrollierbar auswirkten. Längst hatten wir das Schießen mit der MZ aufgegeben und verwendeten nur noch die Aufschlagzündung. Damit erwies sich eine der hoffnungsvollsten Erfindungen der Vorkriegszeit als unbrauchbar. Auch die Präzision der Torpedo-Laufgeschwindigkeit gab zu Zweifeln Anlaß.

Dennoch waren wir zu dieser Zeit noch zuversichtlich, daß wir U-Boote die Zufuhr für Großbritannien erheblich einschränken könnten. Allerdings hofften wir dabei auch auf ein Erstarken der Luftwaffe, damit die Tonnage, die wir uns draußen mühsam suchen mußten, auch in den Verdichtungsräumen, Häfen und Flußmündungen, noch viel wirkungsvoller angegriffen werden konnte.

Die Erfolge an der USA-Küste waren aussichtsreich. Die dortige Verteidigung kam erst sehr langsam und unbeholfen in Gang. Das war eigentlich besonders unverständlich, wenn man heute weiß, daß die ersten US-Marinekommissionen bereits in den Jahren 1940/41, also lange vor dem offiziellen Kriegseintritt Amerikas, zur Belehrung über das britische Abwehrsystem in England waren. Natürlich aber ahnten wir, daß der methodische Serienschiffbau in den USA »auf der grünen Wiese« mit Tonnagemengen aufwarten würde, die schnell unsere U-Bootsversenkungen wettmachen könnten. Wie oft mußte ich an mein vertrauliches Gespräch mit meinem Crewkameraden Christian im Befehlszug von Hermann Göring auf dem Danziger Hauptbahnhof im September 1939 denken! Jetzt fehlte uns die Luftwaffe hinten und vorn, und obendrein fehlte uns U-Booten das Auge.

Als ich am 20. April vom Urlaub mit der WAKO-Maschine zur Unterweisung für die nächste Unternehmung nach Paris kam, nahm ich mit Staunen den Operationsbefehl zur Kenntnis. Mit zwei anderen Booten zusammen sollten wir in der Karibik mit Schwerpunkt Panamakanal-Verkehr wirksam werden, von wo ein ständiger, ungestörter Strom von Waffen und Munition aus den USA nach Ägypten, Australien und Neuseeland floß. Die antipodischen Länder sollten in den Stand versetzt werden, sich gegen die inselstürmenden Japaner zur Wehr zu setzen, die dabei waren, nach und nach die ganze ozeanische Inselwelt zu erobern. Wie bei allen Operationen waren von unserer Seite bedauerlicherweise keinerlei Absprachen mit den Japanern getroffen worden.

Im karibischen Meer rechnete der BdU noch nicht mit Geleitzügen, dafür aber mit verstärktem Tanker-Verkehr von Venezuela und den holländischen Inseln Curaçao und Aruba nach den Ostküstenhäfen der USA, aber auch nach den Golfhäfen. Ich war sehr angetan von dieser Fernkampfaufgabe.

In Lorient hatte inzwischen mein I. W.O., Albert Lauzemis, noch gut für unser Boot gesorgt. Mit meinem Eintreffen in Lorient reiste er sehr ungern nach Pillau zum Kommandantenlehrgang ab. Zu gerne hätte er die bevorstehende Reise auf die andere Seite der nördlichen Erdhalbkugel mitgemacht.

Auch mir fiel der Abschied von diesem so zuverlässigen und

hervorragenden Offizier nicht leicht, der mir von der Indienststellung an vertraut wurde. Wir verstanden uns ohne Worte. Ich mußte ihn ziehen lassen, weil jeder gefahrene Wachoffizier jetzt Kommandant werden sollte. Er hatte schließlich drei ereignisreiche Unternehmungen mit mir gefahren und verfügte über einen Schatz an Erfahrungen wie nur wenige in seinem Alter.

Jetzt rückte der bisherige II. W.O., der Oberleutnant z. S. Happe, zum I. W.O. auf, und an Bord kam neu als II. W.O. der Oberleutnant z. S. Klaus Hänert, der Sohn unseres beliebten Mathematiklehrers an der Marineschule Mürwik. Er war ein Seeoffizier wie aus dem Bilderbuch, der sich sehr bald voll bewähren sollte. Auch die sonstigen Wechsel in der Besatzung hielten sich in Grenzen. So konnte ich den kommenden Ereignissen beruhigt entgegensehen. Sehr erfreulich waren auch die beiden sehr prächtigen und zuverlässigen Fähnriche z. S. Heinrich Hesse und Ernst Stobbe der Crew 41.

Noch während der Vorbereitungen auf die nächste Unternehmung bekamen wir hohen Besuch. Großadmiral Raeder besuchte den Stützpunkt. Ganz offensichtlich wollte er »an der Seele des Volkes« lauschen, wie man das bei uns nannte, wenn allzu hohe Besichtigungen angesagt wurden. Bei strahlendem Wetter standen die im Augenblick gerade in Lorient anwesenden etwa acht Bootsbesatzungen in bestem Blauzeug vor dem ehrwürdigen Großadmiral, der zusammen mit Admiral Dönitz und den beiden Flottillen-Chefs die Front abschritt. Als besonderes Ereignis konnte Raeder auch eine Besatzung begrüßen, die gerade am frühen Morgen eingelaufen und noch im Lederpäckchen und Fronthabitus war, *U-505* unter seinem Kommandanten Axel Loewe, der mit mir zusammen nach Westafrika ausgelaufen und über einen Monat später als wir von Westafrika zurückgekehrt war.

Heute, nachträglich, erscheint es mir so, daß unser fast 66 Jahre alter Großadmiral eine gewisse lethargische Haltung einnahm und in mehreren Gesprächen eigentlich mehr von uns wissen wollte, wie es weitergehen sollte, als daß wir darüber von ihm Näheres erfahren konnten.

So saßen wir am Nachmittag auf der neuerbauten Kaffeeterrasse auf der Gartenseite des Speisesaals mit ihm zusammen, dem sonst so gestrengen und unnahbaren Herrn, der nun von jedem von uns genau wissen wollte, was wir über den möglichen Erfolg unserer Anstrengungen dachten.

Zufällig waren gerade eine ganze Anzahl erfahrener und erfolgreicher Kommandanten in Lorient anwesend, Topp, Witte, Schulz (Wilhelm), Schütze und Hardegen. Raeder fragte viel und sehr präzise nach den Front- und Abwehrverhältnissen, vor allem auch nach der Fliegergefahr und der gerade laufenden gegnerischen »Ortungsoffensive«, so mußte man die verbesserte Radaranwendung wohl nennen. Doch unsere Fragen nach politischen Erkenntnissen und Aussichten blieben ohne jedes Echo und machten ihn doch recht einsilbig. Dennoch lernten wir ihn, unseren Großadmiral, erstmalig so viel innerlich bewegter, teilnahmsvoller und damit auch menschlicher kennen als jemals vorher.

Genau am 14. Mai abends liefen wir unter dem üblichen Abschiedszeremoniell aus. Um Mitternacht standen wir auf Punkt »Bogen« und absolvierten besonders sorgfältig das Prüfungstauchen. Bis zum Hellwerden liefen wir danach mit großer Fahrt nach unserer spanischen Ecke, bis wir zum Tagesmarsch wieder in der Tiefe der Biskaya verschwanden. Wieder wummerte es den ganzen Tag unter Wasser in diesem Seegebiet. Eine Unterscheidung, ob britische oder gar deutsche Bombenfliegeraktivität, war natürlich unmöglich. Aber wir glaubten unterscheiden zu können zwischen Fliebos – normaler Krach – und Wabos – langanhaltender, nachhallender Krach, der doch wesentlich seltener war.

Wir hatten aber plötzlich ganz andere Sorgen, als wir am frühen Morgen des 16. Mai das Leuchtfeuer von Cabo Ortegal in Sicht bekamen. Beim Tauchen vor dem ersten Morgen-Flugzeug hatten wir erhebliche Schwierigkeiten mit den Abgasklappen. Sie hielten nicht dicht, der Wassereinbruch wurde trotz aller Einschleifversuche jedesmal stärker. Dann hatten wir entdeckt, daß das Wasser durch das Eckventil der Ausblaseleitung eindrang. Wir mußten damit rechnen, daß auch das Hauptausblase-Ventil undicht war, eine böse Entdeckung. Ich studierte die Seekarte der nordspanischen Ecke, um eine Bucht, eine »Ria«, zu finden, in der man ungesehen in maximal zwei, drei Nachtstunden den Schaden beheben könnte. In diesem Zustand waren wir einfach nicht gefechtsfähig. Wir könnten in der kommenden Nacht in die Ria de Betanzos einlaufen, dort ankern und nach ausgeführter Reparatur sofort auslaufen, fand ich mit Walter Grieses Unterstützung schließlich heraus, in der Überzeugung, daß die Spanier nicht übermäßig aufmerksam waren.

So lange fuhren wir mit geschlossenen Notverschlußklappen, was natürlich beim Tauchen eine waghalsige Gefährdung des Bootes bedeutete. Ein Alarmtauchen konnte zu leicht in eine Katastrophe führen. Die Verschlechterung unserer Situation von Stunde zu Stunde zwang mich dann doch, den BdU zu unterrichten. Ich erhielt die Weisung, sofort den Marsch nach Mar.Qu. 7965 anzutreten, Weiteres folge.

Da hatten wir es. Also nach Ferrol. Das kannte ich ja so gut aus der Spanienzeit mit häufigem nächtlichen Einlaufen mit der *Karlsruhe* und der *Leipzig*. Sicherlich lag die gleiche Minensperre immer noch in gleicher Form an gleicher Stelle. Wir trafen schon um 10 Uhr abends an der Sperre ein und liefen langsam in die lange Bucht von El Ferrol del Caudillo ein. Als dann kurz vor dem Hafen ein weiterer FT kam, wir sollten erst 7 bis 8 Uhr vor der Sperre stehen, da peilten wir nach dem Tanker *Max Albrecht*, um längsseits mit dessen Werkstatt gleich mit der Reparatur zu beginnen. Natürlich wollte ich auch die Chance wahrnehmen, den verfahrenen Brennstoff wieder aufzufüllen.

Kaum festgemacht, begannen die Männer unter dem guten Engelhardt, dem LI, mit dem Aufnehmen der undichten Ventile. Die Bucht war still wie ein großer Teich. Der Kapitän und die zwei Offiziere der *Max Albrecht* begrüßten uns voll großer Herzlichkeit und wollten nun von uns soviel wie möglich aus der Heimat wissen. Seit September 1939 lagen sie nun hier zur Versorgung von U-Booten mit Brennstoff und Schmieröl. Außer den offiziellen deutschen und spanischen Radio-Nachrichtensendungen hörten sie vom Kriege nichts und freuten sich, wenn sie endlich auch einmal helfen konnten. Nur ein einziges Mal im Jahre 1940 waren sie bisher hier von einem unserer Boote benötigt worden.

Schon gegen 6 Uhr in der Frühe waren wir sowohl mit unseren Reparaturen als auch mit unserer sofort begonnenen Brennstoffübernahme fertig. Ganz leise schlichen wir uns von unserem freundlichen Versorger weg und legten uns an eine der großen Mooring-Tonnen im Außenhafen, um das Hellwerden abzuwarten. Immerhin hatten wir so ganz nebenbei 13 cbm Treiböl übernommen, was uns weitere zehn Tage im Operationsgebiet schenken konnte.

Schon kurz nach 5 Uhr hatten wir das Lotsenboot auslaufen sehen, das uns ja draußen in Empfang nehmen sollte. Nur hatten wir uns nicht gemuckst, um nicht den Versorger zu kompromittieren. So lagen wir jetzt ganz friedlich an der Boje und gaben vor, das Lotsenboot beim Auslaufen gar nicht gesehen zu haben. Jetzt um 7 Uhr lag es dann bei uns längsseits mit dem spanischen Marine-Lotsen, dem deutschen Vertrauensmann, Herrn Brendel, und dem spanischen Chef des Stabes der Marine-Werft Ferrol. Sie hatten uns schon für überfällig gehalten. Besonders freundlich war das Entgegenkommen der Marine-Werft, uns sofort eindocken zu wollen, um unsere Reparatur durchzuführen. Man merkte direkt die große Enttäuschung, als ich dann doch recht stolz sagte, daß wir die Reparatur bereits mit Bordmitteln bewältigt hätten. Mein durchaus ernstgemeinter Vorschlag, mir nur einen Platz im Außenhafen anweisen zu wollen, wo wir uns auf Grund legen könnten, um nicht vom täglichen britischen Aufklärer erfaßt zu werden, wurde voller Entrüstung abgelehnt. Ganz im Gegenteil wurde ich gebeten, aus Sicherheitsgründen möglichst gleich in den Innenhafen des Marine-Arsenals einzulaufen und mich dann sofort beim Direktor des Marine-Arsenals, einem Vizeadmiral, zur Besprechung zu melden. Da nun ganz offensichtlich der Marine-Attaché der Deutschen Botschaft in Madrid das besondere Entgegenkommen veranlaßt hatte und die ganze Grundstimmung derartig freundschaftlich war, konnte ich schlecht diese Bitten einfach übergehen und lief unter Anweisung des Lotsen von der Festmacher-Tonne im Außenhafen feierlich langsam in den Marinehafen ein.

Es war buchstäblich eine unerwartete Triumphfahrt entlang der vollständig versammelten spanischen Atlantik-Flotte, die mich mit Frontmachen und Hornsignal noch vor der Zeit der offiziellen Flaggenparade feierlich begrüßte! Natürlich ließ ich die Besatzung, soweit wachfrei, mit an Oberdeck antreten.

Genau um halb 8 Uhr lagen wir im Arsenal-Innenhafen fest. Der Pierplatz war weiträumig von Marinesoldaten abgesperrt. Um halb 9 Uhr erwartete mich der Werftdirektor. Zusammen mit dem Chef des Stabes und Brendel begab ich mich mit meinem recht schäbigen Bordjackett und grauer Lederhose zum Hauptgebäude des alten ehrwürdigen Arsenals, das noch aus den Glanzzeiten der Armada stammen mochte. Fast feierlich wurde ich zum großen Sitzungssaal geleitet, wo ich nicht etwa nur vom Oberwerftdirektor, sondern von seinem gesamten Stabe, Offizieren und Baubeamten empfangen wurde. Lauthals verkündete der Chef des Stabes meinen Namen und Dienstgrad, was sämtliche Anwesende mit lautem Beifall quittierten. Mir kam es reichlich unmilitärisch vor. Auch hier große Enttäuschung, daß wir keine Hilfe mehr benötigten und auch das vorsorglich geflutete Dock nicht benutzen wollten. Mit Hilfe von Brendel konnte ich meine Dankbarkeit, die meiner Besatzung und der ganzen deutschen Kriegsmarine zum Ausdruck bringen und die Genehmigung erwirken, das Prüfungstauchen im Hafen durchzuführen, mich an einer geeigneten Stelle im Hafen auf Grund zu legen und ohne jedes weitere Aufsehen ohne Lotsen bei Dunkelheit auszulaufen.

Anhand einer Hafenkarte fand dann der Admiral mit mir zusammen einen ungestörten Grund-Liegeplatz, den zwei Motorboote mit blauer Flagge absichern sollten. Nach endlosem Händeschütteln und einem ganzen Korb voll guter Wünsche – man hatte das Gefühl, daß sie auch vom Herzen kamen – wurde ich vom Chef des Stabes zurück an Bord geleitet. Sofort legten wir ab und führten, von sämtlichen spanischen Marine-Augen beobachtet, unser Prüfungstauchen durch und ließen uns dann auf Grund sakken, wohlbehütet von den beiden Sicherheitsbooten. Wir konnten uns von der schlaflosen Nacht bis zum Abend gut erholen, bevor wir aus dem dreckigen Hafenwasser aufstiegen und die kalte, spanische Nachtluft genossen. Es war kurz nach 8 Uhr abends, als sich uns ein Offizierboot näherte und bat, längsseits kommen zu dürfen. Zwei junge Offiziere brachten uns eine überwältigende Menge von Orangen, Bananen, Zitronen und Tomaten, ein Fäßchen Rotwein und eine Flasche spanischen Brandy, die wir als Geschenk der Marineoffiziere, nicht etwa der Marine, in Empfang nehmen sollten. Die zahlreichen beigefügten schriftlichen Grüße und Erfolgswünsche ließen keinen Zweifel, auf welcher Seite damals ihre Sympathie lag. Da ich ja die Ausfahrt gut kannte, liefen wir ohne Lotsen den langen Schlauch der Einfahrt dem Meer entgegen und erreichten um halb 10 Uhr abends die offene See.

Viele Jahre nach dem Kriege untersuchte ein amerikanischer Historiker die spanische Hilfestellung zur Versorgung unserer U-Boote im Kriege. Ich hatte keine Bedenken, ihm auch meine Erfahrung jener Tage zur Verfügung zu stellen. Tatsächlich gelang ihm eine sehr interessante Dokumentation. Im Vorwort schrieb der Rear Admiral R. Crace White, früherer Marine-Attaché der US-Navy in Madrid 1942/43: »Wir waren nicht in der Lage, auch nur in einem einzigen Falle nachzuweisen, daß ein U-Boot von einem der Versorgungsschiffe Brennstoff ergänzte oder sonst versorgt worden ist.« Sein Vorgänger in diesem Amt, der Captain (USN) Byron S. Anderson, bestätigte dies auch für die Jahre 1941/42.

Als sich die Waagschale des Sieges zugunsten der Alliierten senkte, mochten auch die Spanier nicht mehr die politische Klugheit auf dem Altar der Freundschaft und der Dankbarkeit für Deutschland opfern. So ist unsere »Moro-Versorgung« am 22. Mai 1942 in El Ferrol die vorletzte aller spanischen Hilfeleistungen gewesen.

In einer herrlichen dunklen Nacht liefen wir unseren üblichen Ausfahrtskurs aus der Biskaya so eng an die Küste angelehnt, daß zwischen uns und der Küste kein britisches U-Boot hätte stehen können. Vier Stunden nach Mitternacht standen wir eben westlich von Finisterre. Der offene Atlantik lag vor uns, womit sofort das Neu-Einexerzieren der gewechselten Besatzung beginnen mußte. Es war den Erfahrenen ein Greuel, aber jeder wußte, daß dies lebensnotwendig war.

Das Gleichmaß der Tage ohne jede Feindsichtung wurde jäh durch eine »Alfa-Alfa«-Meldung von *U-159* (Witte) unterbrochen. Doch bekamen wir sofort Befehl vom BdU, unseren Marsch ins Operationsgebiet fortzusetzen. Prompt hatten wir am nächsten Tag einen Dampfer in Sicht und gingen rein handwerksmäßig zum Angriff über, nachdem wir ihn zünftig genau ausgedampft hatten. Endlich eine Übung mit Zieldarstellung, wie wir sie gebrauchen konnten! Allerdings stellte sich heraus, daß es überdies noch ein Portugiese war.

Unsere Einsamkeit, weit westlich der Azoren, teilten wir täglich um die Mittagszeit auf der oft spiegelglatten Oberfläche des Meeres mit großen Meeresschildkröten, die sich genüßlich von der Sonne erwärmen ließen. Nur ungern tauchten sie weg, wenn wir gar zu nahe herankamen, und lange war ihr Weg nach unten in die Tiefe zu verfolgen.

Am 29. Mai kamen wir an den Rand der Sargassosee und erinnerten uns an alle die alten Seemannsgarne von den Verstrickungen der Segelschiffe mit den Krautinseln und dem grausamen Verhungern und Verdursten der Besatzungen, weil es ihnen nicht gelang, sich bei absoluter Windstille aus der tödlichen Umklammerung zu befreien. Natürlich mußte ich alles, was ich darüber wußte und früher einmal gelesen hatte, den Männern auf der Brücke oder in der Zentrale erzählen. Ihr Interesse war groß, die uralten Geschichten über diese Seegebiete zu erfahren, so auch über die Karibik mit Seeräubern und Flibustieren, über einsame Schatzinseln, auf denen noch heute die Seekisten mit der Beute der großen Piraten verborgen liegen sollen.

Am Vormittag des 5. Juni näherten wir uns der wichtigen Verbindungslinie zwischen den venezolanischen Erdölhäfen und der »Mona-Passage«, der Durchfahrt zwischen den Inseln Puerto Rico und Haiti, wo der hauptsächliche Tanker-Verkehr nach den USA stattfand. Wir waren äußerst gespannt. Als mittags immer noch nichts in Sicht war, sank bereits die Stimmung an Bord. Gegen 4 Uhr nachmittags kam allerdings eine kräftige Rauchwolke voraus, als wir dann auf der Kurslinie standen, und etwas weiter im Norden noch eine weitere Rauchwolke. Wenn es gelingen würde, den zunächst gesichteten Tanker schnell und unauffällig zu versenken, dann könnte vielleicht eine Doublette gelingen. Diese große Chance galt es zu nutzen. Außerdem sahen Handelsschiffe immer nur nach voraus und nur ganz selten nach achteraus. So beschloß ich, den erstgesichteten, südlich stehenden Dampfer zuerst anzugreifen. Abends um 7 Uhr konnten wir zum Angriff tauchen. Nur 24 Minuten später fiel der verengte Dreierfächer. Nach 45 Sekunden, also bei einer Entfernung von gerade 800 m, trafen mit nicht mehr wahrnehmbarem Zeitabstand alle drei Torpedos. Der Tanker explodierte mit einer himmelhohen Stichflamme. Dann war nur noch ein einziges Flammenmeer zu sehen, vom Schiff in diesem Inferno nichts mehr. Das ganze Meer brannte, wieder ein unvergeßliches Bild. Soweit das Auge reichte nur Flammen, einige hundert Meter hoch, rotgelb sich schnell auf unser Sehrohr zuwälzend. Wir mußten hart nach Westen unter Wasser ablaufen, um nicht auch in das Flammenmeer zu geraten. Kein Mensch konnte das überlebt haben, so plötzlich, so elementar, so grausig kam dieses Ende, einer Naturkatastrophe ähnlich.

Die Größe des Schiffes schätzte ich auf etwa 6000 bis 8000 BRT. Wir alle waren stumm geworden. Ich hatte die Wachoffiziere und Fähnriche noch durch das Sehrohr sehen lassen. Nach dem Auftauchen in ausreichender Entfernung ließ ich auch die ganze Besatzung nacheinander auf den Turm kommen, ungeachtet der Luftgefahr. Ich sah es als wichtig an, daß sie einen Eindruck von diesem Ereignis erhielten. Immer noch wälzte sich eine kilometerhohe Feuer- und Qualmsäule in den blaßblauen Himmel.

Heute wissen wir, daß es der US-Tanker *L. J. Drake* von rund 7000 BRT mit einer Ladung Vergasertreibstoff von der Insel Aruba nach San Juan de Porto Rico war. Niemand von der 36köpfigen Besatzung überlebte.

Um halb 9 Uhr abends schließlich waren wir frei vom Flammenmeer und konnten es wagen aufzutauchen. Allerdings konnte die Hoffnung, zu dem vorderen Tanker noch vor Dunkelheit Fühlung zu gewinnen, in Anbetracht der weithin hochlodernden Flammen nicht mehr allzugroß sein. Eigentlich nur, um uns selbst zu beruhigen, daß wir keine Chance ausgelassen hatten, stießen wir mit Höchstfahrt auf dem Kurs nach der Mona-Passage nach.

Tatsächlich hatten wir ihn eine halbe Stunde vor Mitternacht als langen tiefliegenden Schatten wieder in Sicht und begannen sofort mit dem Vorsetzen, um ihn dann mit etwas Querabstand getaucht in die Ziellinie einlaufen zu lassen. Jetzt mußte Happe zeigen, daß er auch sehen und schießen kann. Wie nun alles richtig schulmäßig auf Position war, machte der Tanker plötzlich Kursänderung um fast 90°, was uns natürlich weit achteraus sacken ließ. Erst 3 Uhr nachts standen wir wieder in Sichtung und kamen auf knapp 1000 m zum Schuß mit einem verengten Dreierfächer. Nach 57 Sekunden beobachtete ich zwei Treffer unmittelbar hintereinander, Brücke und Mitte. Der Tanker brannte sofort, aber explodierte nicht. Wir schätzten seine Größe auf etwa 12 000 BRT, es war das bisher größte der von uns angegriffenen Schiffe. Die Geschütze und MG-Stände waren erkennbar unbesetzt. Das Schiff »schwabberte« weiter, ohne jedoch zu sinken, quer zur See. Eine Riesenfackel loderte empor zum Himmel, die alles in Rot tauchte und uns ohne Zweifel die Abwehr auf den Hals holen würde.

Aus dem Kapitänsbericht des Tankers *C. O. Stillman* der Standard-Oil (13 000 BRT) ist lediglich interessant, daß man annahm, wir hätten unter Wasser in dunkler Nacht angegriffen, und daß man uns beim Auftauchen beobachtet hätte. Von 57 Mann Besatzung und drei Passagieren wurden nur fünf Mann vermißt, alle anderen gelangten mit Rettungsbooten und in von der US-Coast Guard aufgenommenen Flößen am 8. Juni in Häfen der Dominikanischen Republik und Puerto Ricos. Das Schiff hatte 1 320 000 Barrel Heizöl gebunkert.

Wir warteten an Ort und Stelle auf das Verschwinden des brennenden Schiffes, es wurde aber noch ein Fangschuß auf 800 Meter Entfernung in den Maschinenraum achtern nötig. Danach sank der Dampfer sehr schnell.

Noch in der Nacht wollte der BdU unsere Lagebeurteilung haben, und so meldeten wir auch unsere Erfolge, obwohl wir in der Karibik vorläufig viel lieber ohne jeden Funkverkehr geblieben wären. Leider brachte uns das Stehen auf der Tankerkurslinie keine weiteren Sichtungen, denn auch *U-159* (Witte) hatte hier gerade erfolgreich gewirkt.

Am Freitag, 9. Juni, konnten wir gerade noch vor einem Riesenflugboot verschwinden, das erst in letzter Sekunde aus dem Dunst zu erkennen war. Wir mußten hier mit starkem Luftverkehr rechnen und sehr vorsichtig sein, was auf die Dauer viel Nervenkraft kostete.

Tags darauf, am Sonnabend, freute ich mich nach dem abendlichen Duschbad auf unsere Wochenend-Delikatesse, eine schön gekühlte Flasche Bier! Vor mir, auf der Turmbrüstung, stand dieser Genuß voller Verlockung nach einem heißen Unterwasser-Tag. Gerade nahm ich den ersten Schluck, da kamen von Steuerbord mit großer Geschwindigkeit zwei leuchtende große »V« mit hellen Schaumkronen der Bugseen auf uns zugelaufen. Glas und Bier gingen ungetrunken mit einer Handbewegung außenbords. Da war auch keine Zeit mehr zum Ausdampfen und zu langem Vorsetzmanöver. Es mußte sehr schnell gehen, denn zwei Frachter kamen direkt auf mich zu. Ich mußte sehen, daß sie mich nicht überkarrten.

Ich ließ einen Dreierfächer auf die beiden jetzt überlappenden Dampferziele auf etwa 200 m Entfernung feuern. Erst nach fast qualvollen drei Minuten und zehn Sekunden registrierten wir zwei Treffer auf dem hinteren, etwas weiter entfernt zurückstehenden Dampfer, der dann auch sofort liegenblieb. Der vordere, nähere Dampfer hatte aber nicht aufgepaßt und glaubte wohl, da der hintere getroffen ist, daß der Angriff überhaupt von dessen Steuerbord-Seite gekommen sei und er jetzt durch eine glatte 90°-Drehung nach Backbord dem Unheil entrinnen könnte. So lief er mir genau vor die Bugrohre. Ich opferte nur einen Torpedo, der dann auch nach einer Minute und neun Sekunden im Achterschiff traf. Er sackte achtern schnell weg, während der zuerst Getroffene unverändert lag und sehr zu meinem Ärger mittschiffs lodernd brannte. Also kümmerten wir uns erst einmal um den zuletzt torpedierten Frachter, dem es gerade noch geglückt war, seine Boote auszusetzen. Es war der britische Frachter *Ardenvohr* von 5025 BRT, mit Kriegsmaterial von New York nach Australien.

Sehr vorsichtig näherte ich mich ihm. Der Brand mittschiffs loderte immer wieder plötzlich auf und erhellte die sonst dunkle Nacht weitum. Dann leuchtete vor uns im Wasser ganz kurz ein winziges Licht, mal rötlich, mal blauviolett. Der II. W.O. und der Bootsmann, die ich auf die Back geschickt hatte, erkannten, daß da ein Mann in einer Schwimmweste um sein Leben schwamm. Mit einer Leine holten wir ihn auf die Höhe des Turms, um ihm dort leichter aus dem Wasser zu helfen. Es war ein alter Mann, der als »donkeyman« auf dem zuerst torpedierten Schiff, der britischen *Surrey*, unter Deck gearbeitet hatte und sich nach der Detonation nur mit großer Mühe aus dem zerstörten Heizraum nach dem Oberdeck hatte durcharbeiten können. Er berichtete uns, er habe versucht, eines der Boote durch Schwimmen zu erreichen, trotz der hier herrschenden Hai-Gefahr. Er schlotterte vor Kälte und begreiflicher Erregung. Erst nach zwei großen Kognaks aus der Medizin-Buddel begann er sich zu beruhigen, so daß man ihn auch etwas fragen konnte.

Er gab ohne Scheu zu, daß beide Schiffe voller Kriegsmaterial nach Australien bestimmt waren und daß sie erst am Nachmittag des vorigen Tages in der Yucatan-Straße aus einem US-Geleit entlassen worden wären. Das war eine wesentliche Erkenntnis, denn dann mußten ja nach aller Wahrscheinlichkeit noch weitere Schiffe aus diesem Geleit auf gleichem Kurse herankommen. Natürlich hatten wir dem Mann eine wärmende Decke umgehängt, ihm eine Zigarette gegeben und dann noch einmal das Wasserglas mit dem Belebungsmittel aufgefüllt.

Längst hatte ich mich zum Fangschuß entschlossen, denn der brennende Frachter war als Warnzeichen ein weithin sichtbares Nachtsignal. Leider benötigte ich auf diese kurze Entfernung zwei Torpedos, was mein Zutrauen in die Fähigkeit zum Tiefenlauf dieser Geschosse nicht gerade festigte.

Wir drehten dann langsam weg, um eines der Rettungsboote zu suchen, um den armen »donkeyman« abzusetzen. Wir waren noch keine 2000 m von der Untergangsstelle fort, als plötzlich eine gewaltige Detonation das ganze Meer erschütterte. Ich wurde vom Sehrohrbock, wo ich noch mit dem »donkeyman« stand, hochgeschleudert und landete mit dem Alten gerade noch eben an der

Kante des Wintergartens an Deck. Mein erster Eindruck: Wir selbst wurden torpediert, und gleich werden wir wegsinken! Dann aber veränderte sich an der Bootslage gar nichts. Plötzlich sagte der Alte noch stöhnend: »O yes, Sir, five thousand tons of dynamite!« Blitzschnell stand vor meinen Augen, was wohl passiert wäre, wenn der erste Fangschuß den achteren Laderaum, wo das Dynamit lagerte, getroffen hätte. Dennoch waren auch jetzt noch die Folgen erheblich. Unser gerade eben wiederhergestellte Kreiselkompaß hatte seinen Geist völlig aufgegeben, beide Tiefenrudermotoren, Ruder und Ruderlagenanzeigen, ein halbes Dutzend Batteriezellen waren ausgefallen, das Standsehrohr klemmte, und die Torpedofeuerleitanlage war erledigt. Gottlob hatte die Besatzung im Boot außer dem Schock keine ernsthaften Verwundungen erlitten, lediglich einige Platzwunden an den Köpfen durch das Hochschleudern und zahllose blaue Flecke an allen Körperteilen.

Wir waren immer noch etwas benommen, als wir endlich ein Boot fanden und unseren unfreiwilligen Passagier mit unseren besten Wünschen hineinsetzten, auch wenn es nicht ein Rettungsboot der *Surrey,* sondern der *Ardenvohr* war. Dann aber besannen wir uns auf die Erkenntnisse aus der Vernehmung des »donkeyman«, daß mit großer Wahrscheinlichkeit mit weiteren Frachtern auf gleichem Kurs nach Panama oder nach Christobal zu rechnen war. Nur mußten wir außer den notwendigen Reparaturen der Schäden noch in dieser Nacht den Rest der Oberdecktorpedos nach dem Bugraum bringen, damit wir überhaupt in der Lage waren anzugreifen.

Während des Umladens, ein Torpedo war bereits im Boot, ein zweiter lag auf dem Transportwagen vor dem Bugraumluk, kam an Backbord querab ein spitz zuliegender Schatten in Sicht. Ich mußte so manövrieren, daß er hinter mir passieren konnte, ohne uns zu sehen, denn ich hatte ja keine Waffe klar, um ihn auch bekämpfen zu können. Fieberhaft wurde auf der Back und im Bugraum gearbeitet, denn jeder wußte, daß ich nicht mit der Fahrt angehen konnte, bevor das Luk geschlossen war. Endlich war es geschafft, und ich konnte langsam mit den Umdrehungen hochgehen, um den nur noch als schwachen Schatten erkennbaren

Dampfer voraus einzuholen. Es wurde um Minuten gehen, denn im Osten begann bereits der neue Tag.

Immer noch nicht hatte der Ato seine notwendige Füllung an Preßluft. Endlich kam die Meldung, daß der Aal schußklar war, aber die Lage war mit 120 bis 130 alles andere als günstig. Es wurde ein klarer »Achterstich«, für den ich auf der Torpedoschule vom Lehrgang geworfen worden wäre. Ich kam auf 2000 m heran und mußte den Schuß wagen. Nach der Laufzeit von ganzen zwei Minuten und 48 Sekunden traf ich ihn ganz genau ins Heck. Im Boot brach erstmalig Jubel aus, denn die ganze Besatzung hatte in allen Einzelheiten mitgehört und mitgebangt um den Erfolg. Als wir zur Untergangsstelle kamen, war der Dampfer schon gesunken. Auf gewaltigen Flugzeugkisten war die eine Hälfte der Besatzung verteilt, die andere Hälfte befand sich in den Rettungsbooten und bemühte sich, ihre Kameraden von den Kisten in die Boote zu holen. Bereitwillig erteilten sie Auskunft. Es war der britische Dampfer *Port Montreal* von 5822 BRT mit Kriegsmaterial von New York nach Australien.

Nach dem Kriege ist durch Veröffentlichungen in der britischen Zeitung »Sunday Express« auch die Geschichte der Rettung des »donkeyman« der *Surrey* namens William Goff, wie ich bei dieser Gelegenheit erfuhr, einer breiten Öffentlichkeit bekannt geworden, alles in sehr fairer Weise.

Im März 1972 nahm ein Kanadier, Edward Hughes, mit mir brieflich Verbindung auf. Er war, 19 Jahre alt zum Zeitpunkt der Versenkung, Kanonier an Bord der *Surrey*, der mir nicht nur meine Version des Ablaufs der Geschehnisse bestätigte, sondern auch noch einmal die Gefährlichkeit der Ladung der *Surrey* in Erinnerung brachte (»five thousand tons of dynamite …«). Er hatte auch eine ungute Erinnerung an die tagelange Fahrt in den Rettungsbooten, bis sie am 8. Juli von einem Dampfer der Grace-Linie, S.S. *Potomac*, aufgenommen wurden. Die Explosion, schrieb er, ließ das ganze Meer aufleuchten, als wenn ein gigantisches grünes Licht unter der Wasseroberfläche angezündet wäre. Sie packte das Boot und schleuderte es weit über 20 Fuß hoch aus dem Wasser. Hughes: »Ich war furchtsam, denn ich war damals nur ein Knabe.«

Als das Tageslicht kam, gab es Probleme mit Haien, die dem Boot folgten. Der Kapitän hatte dann entschieden, daß er alle Deckseeleute in seinem Boot versammeln wollte, damit er an Land gerudert werden könnte, um Hilfe zu holen. Hughes mußte in ein größeres Boot mit 17 anderen Besatzungsmitgliedern umsteigen, der Kapitän segelte davon und kam vier Tage später in Panama an, doch kam keine Hilfe für die Zurückgebliebenen.

Hughes bestätigte auch, daß die *Port Montreal* 18 Flugzeuge als Deckladung hatte, und bezeichnete die Nacht vom 10. zum 11. Juni 1942 als eine der schwärzesten Nächte für Winston Churchill, da insgesamt 13 Schiffe von U-Booten versenkt wurden.

Der Bericht des Captain Lewis der *Port Montreal* ist für die damalige Lage auch an der US-Ostküste sehr informativ. Demnach hatte das Schiff seine Waffenladung bereits in Halifax übernommen und von dort seinen Weg nach New York genommen, vorzugsweise dicht unter Land und in den Kanälen und erstaunlicherweise im Konvoi mit ganz erheblicher Sicherung von zwei Zerstörern, zwei Korvetten und noch zwei Trawlern bei nur 15 Schiffen. Von New York aus ging es dann am 26. Mai in einem Konvoi von ungefähr 50 Schiffen, zahlreichen Geleitfahrzeugen, Begleitflugzeug-Sicherung und einer Anzahl von Coast-Guard-Schiffen sowie »Blimps« wiederum möglichst durch die Küsten-Kanäle nach Hampton Roads. Von dort ging es am 1. Juni unter Ausnutzung aller Küsten-Kanäle bis zum Entlassungspunkt nach Passieren des Campichi-Kanals, von wo aus dann seit dem 8. Juni selbständig navigiert wurde. Das Schiff hielt sich dann dicht unter der Yucatan-Küste und steuerte dann die Swan-Inseln eben südlich an. Die Tatsache, daß deutsche U-Boote in diesem Gebiet operierten, war den Kapitänen bekannt.

Es war mir interessant festzustellen, daß durchweg alle Kapitäne annahmen, daß die Torpedo-Angriffe getaucht durchgeführt wurden, und dann immer davon sprechen, daß sie das U-Boot haben auftauchen sehen. Meist soll damit aber das Nichterkennen, die häufige Unaufmerksamkeit entschuldigt und verdeckt werden, denn Nachtangriffe unter Wasser setzten außergewöhnliche Helligkeit voraus, wie sie nur bei klarem tropischen Mondschein vorkamen. Tatsächlich hatten wir das Boot für den Kampf in der Karibik hellsilbergrau streichen lassen, um der sehr starken Helligkeit des Wassers und des Tageslichts weniger Kontrast zu bieten. Dieser Anstrich hatte sich auch bewährt.

So hart wir auch allein in dieser Nacht heranmußten, so stolz waren wir dennoch auf diese Serie von drei Schiffen in dieser kurzen Folge, ganz besonders aber auch auf den Erfolg unserer Hartnäckigkeit nach den schweren Detonationsschäden im Boot. Der Verzweiflungsschuß auf die *Port Montreal* mit dem gerade erst klargemachten Ato aus einer unmöglichen Lage erschien uns geradezu als Belohnung unseres Wagemutes.

In der Hoffnung, vielleicht doch noch weitere Schiffe aus diesem aufgelösten Geleit anzutreffen, liefen wir mit Nordkurs ab und begannen sofort mit dem Umladen der letzten Torpedos vom Oberdeck nach dem Bugraum. Das riskante Manöver ging schnell und ohne Störung über die Bühne. Jetzt ging es um die Beseitigung der erheblichen Schäden, um die volle Gefechtsbereitschaft wiederherzustellen. Nach unserer sorgfältigen Funkbeobachtung war keiner der Dampfer mehr in der Lage gewesen, einen Notruf auszusenden. Dennoch mußten wir bei Helligkeit mit gegnerischer Luftaufklärung rechnen, was prompt in Gestalt zweier Flugboote eintrat.

Sehr ungünstig wirkte sich der Ausfall des elektrischen Ruderlage-Anzeigers aus, so daß aus dem Heckraum mit Notruder gesteuert werden mußte, während der Magnetkompaß sich in der Zentrale befand und dort abzulesen war. Sehr unerfreulich war die Feststellung, daß wir eine beachtliche Ölspur in der glasklaren Badewanne der Karibik hinterließen, ohne daß wir die Herkunft dieser verräterischen Spur feststellen konnten.

In dieser Verfassung hielt ich das Boot für nicht voll einsatzklar unmittelbar vor Cristóbal, wo mit längeren Horch- und Asdic-Verfolgungen gerechnet werden mußte. Daher meldete ich in der Nacht die Erfolge mit der bisher erfreulichen Summe von rund 40 000 BRT sowie den Schäden und dem Brennstoffbestand von erstaunlichen 150 cbm, bei allerdings nur noch sechs Atos und zwei Etos, mit der Bitte um »Freies Manöver«!

Am 14. Juni erreichte uns in der Nacht der folgende Funkspruch: »An *U-68.* Zur Verleihung des Ritterkreuzes an Kommandant herzlichen Glückwunsch mit Dank und Anerkennung für hervorragende Leistung an gesamte Besatzung. Ob. d. M.« und nur wenig später FT. 1607/14/296: »Merten. Herzlichen Glückwunsch zur Verleihung des Ritterkreuzes. Befehlshaber!« Meine Besatzung hatte schon vorgekoppelt und in der E-Maschine ein Bord-Ritterkreuz gebastelt, wozu dann der Bootsmann das Band kunstvoll aus Flaggentuch genäht hatte. Man überreichte mir das Kunstwerk in der Zentrale, und ich mußte es natürlich umlegen. Zur Feier gab es in der kommenden Nacht dann eine Extra-Bierrunde.

Im Boot herrschte natürlich eine ausgesprochene Hochstimmung, die mit nicht unerheblichem Aufwand an Ermahnungen im Zaum gehalten werden mußte, um der steten Bereitschaft willen.

Am Spätnachmittag trafen wir einen der hier beheimateten wunderschönen Frachtensegler, die, begünstigt durch die jahrein, jahraus wehenden Passatwinde, den billigsten Frachtverkehr zwischen dem Festland und den Inseln ermöglichten. Dieser alte, schöne Dreimastgaffelschoner unter kolumbianischer Flagge unterwegs nach St. Andrews mit Lebensmitteln war ein herrlicher Anblick. Natürlich hätten wir ihn versenken können, denn seit dem 17. Mai hatten alle mittel- und südamerikanischen Staaten, mit Ausnahme von Chile und Argentinien, dem politischen und wirtschaftlichen Druck der USA nachgeben müssen und waren in das Lager der Feindmächte übergegangen. Dennoch ließ mein altes Seglerherz einen derartigen Frevel einfach nicht zu. Was konnte schon dem Reich an der Versenkung eines rein örtlich eingesetzten alten Windjammers mit lächerlich geringer Tonnage und der Proviantfracht für ein paar Dutzend Eingeborene der Insel St. Andrew liegen? Dennoch ließ ich den Kapitän mit einer erbarmungswürdigen geflickten Nußschale von Beiboot kommen. Die als Schiffspapiere vorgezeigten schmutzigen Lappen in kaum leserlichem Spanisch gaben auch nicht den geringsten Anlaß zum Mißtrauen. Ein Negerjunge und eine verängstigte Mulattin waren die einzigen Besatzungsangehörigen, die abwechselnd durch die scheibenlosen Fenster des Kajütaufbaus herauslugten, bis der Master erleichtert wieder zu seinem Segler zurückkehrte. »Tank-Ju, Tank-Ju, muchissimas gracias grande Capitano«, murmelte der farbige Kapitän Dutzende von Malen, während er mit wirklich seemännischem Geschick von Bord des unheimlichen Stahlfischs wieder in sein Beiboot stieg. Er war mit dem Schrecken davongekommen. Leider konnten wir nicht ermitteln, was er wohl wenige Tage später in seiner gewohnten Hafenkneipe in Baranquilla an haarsträubendem Seemannslatein berichtet haben wird. Es war der Schoner *Urias* aus Carthagena von ganzen 108 BRT.

Am 15. Juni hatten wir dann in voller Friedensbeleuchtung die große kolumbianische Hafenstadt Carthagena vor uns und versuchten vergebens, einen größeren Schiffsschatten im Lichtschein zu erspähen. Das friedensmäßige Bild hat uns sehr beeindruckt. Auf Ostkurs an der Küste entlang, sahen wir beim morgendlichen Prüfungstauchen, gerade noch in der Dämmerung, vor den von aufgehender Sonne hellrosa beleuchteten Schneegipfeln der Sierra Martha einen Condor kreisen. Durch das Luftzielsehrohr mit größter Vergrößerung erfreuten wir uns alle nacheinander dieses Naturschauspiels. Es war einer der eindrucksvollsten friedlichen Augenblicke dieser besonders vielseitigen Reise.

Die nächste und besonders folgenreiche Überraschung dieser Reise kam schon wenige Stunden später um die Mittagszeit über die Kimm im Osten. Was machte ein Tanker auf diesem Kurs? Offensichtlich »zackte« er in einem großen Schlag nach Steuerbord. Das wäre dann der genaue Kurs auf Colon, das heißt auf den Panamakanal. Das konnte nur ein Feindschiff sein. Also Angriff. Es war ein schöner, großer Tanker, offensichtlich in Ballast. Recht unüblich waren seine hohen, weißen Stengen auf den Masten. Wir erkannten auch Neutralitätsabzeichen auf der Bordwand. Was uns zunächst als ein Portugiese erschien, stellte sich als ein Franzose auf Panama-Kurs heraus, was eigentlich nicht sein konnte. Ich fragte den Funkraum: »Haben wir eine Neutralenmeldung mit Position der letzten Tage?« Antwort: »Nein, keine Ankündigungen!« Aber vielleicht war es doch nur ein Mexikaner, die Farben könnten, beschattet, auch etwas täuschen? Da kam ganz deutlich zwischen den beiden Flaggen auf der Bordwand auch der Schiffsname zum Vorschein, und ich konnte gut entziffern: *Frimaire*, unverwechselbar, also doch ein Franzose. Was hatte ein Vichy-Franzose hier zu tun? Wie mußte der gekennzeichnet sein nach den gültigen Bestimmungen? Der I. W.O. las aus dem Heft mit den Ständigen Befehlen des BdU mit deutlicher Betonung genau vor: »Flagge auf der Bordwand.« Hatte er! »Muß dicke gelbe, deutlich erkennbare Umrandung tragen!« Hatte er nicht! »Gelber Wimpel über der Nationalflagge am Stock als Heckflagge!« Hatte er auch nicht! Schnell wurde im Turm rekapituliert. Jeder Neutrale mit deutschem Navicert wurde uns regelmäßig gemeldet, damit kein Unheil passierte, besonders nachts, so die uns sattsam bekannten Schwedenschiffe, auch die großen Schweizer Seefahrer, immer mit Positionen und Bestimmungshäfen. Aber hier erschien plötzlich unangemeldet ein Vichy-Tanker in Ballast nach Panama, also nach unbezweifelbarem Feindgebiet! Hatte nicht *U-156* (Hartenstein) vor Martinique den Befehl, den Hafen laufend zu überwachen, damit die dort aufliegenden Tanker nicht in Feindeshand überwechselten? Auslaufende waren zu versenken. Wir mußten demnach annehmen, daß es ein Seitenwechsler war. Hartenstein hatte ja nicht weniger als fünf Tanker im Hafen von Port-au-Prince festgestellt. Griese, Hänert, Stobbe und ich vergewisserten uns noch einmal genau. An der fehlerhaften Kennzeichnung und Kurs Panama war kein Zweifel möglich. Ja, dann half es nichts, dann mußte er dran glauben: Lage 80, Gegnerfahrt 14 Knoten, Tiefe 3 m, Entfernung 2000 m, Dreierfächer-Rohre los!

Nach genau 61 Sekunden beobachteten wir zwei Treffer Mitte und achtern. Der Tanker begann sofort zu sinken. Zwei Rettungsboote gingen zu Wasser, achtern am Aufbau gut zu erkennen. Der Tanker schien nach Steuerbord kentern zu wollen, kenterte dann ganz schnell, lag dann noch einige Minuten auf der Seite, ging dann aber ganz plötzlich über den Achtersteven sich noch etwas aufrichtend auf Tiefe. Zwei Boote blieben treibend auf der See. Die Küste war gut erkennbar, selbst durch das Sehrohr bei 10, 12 Seemeilen Abstand. Die See war ruhig, kein Schwell, kein Seegang.

Wegen der Küstennähe und befürchteter Luftüberwachung blieben wir unter Wasser. Den Namen des Schiffes kannten wir ja schon aus dem »Gröner«: Tanker *Frimaire*, 9242 BRT, gebaut 1929 bei Deutsche Werke, Kiel, als Reparation des Ersten Weltkrieges, Heimathafen Rouen, Eigner: Compagnie National de Navigation, Paris.

Wir liefen ab unter Wasser auf Nordkurs. Als wir nach Dunkelwerden auftauchten, war von den Booten und auch von der Küste nichts mehr zu sehen. Diese Versenkung sollte sechs Jahre später noch ein für mich gefährliches Nachspiel haben.

Als wir am 17. Juni zur Lagemeldung aufgefordert wurden, zusammen mit *U-128* (Heyse) und *U-157* (Henne), gaben wir unter anderen Angaben auch die Meldung ab: »Versenkt 15. Juni *Frimaire* in EC 8445 Kurs Panama! 3 Atos, 2 Etos, 125 cbm, Kreiselumformer behelfsmäßig wieder klar!«

Schon in der folgenden Nacht kam dann die Aufforderung: »An Merten. Sofort melden, ob *Frimaire* nicht vorschriftsmäßig mit franz. Abzeichen gekennzeichnet war, bzw. weswegen Versenkung erfolgt ist. BdU.« Worauf ich sofort antwortete, FT 2237/191240: »*Frimaire* ohne gelbe Vichy-Abzeichen Kurs Panama. Da von Vichy-Verkehr innere Karibik nichts bekannt, mußte annehmen im Feinddienst unter Tarnung! – Merten.«

Und dann kam noch in der gleichen Nacht der Funkspruch, den der ganze Atlantik mithörte und mich vernichtete. »An Merten: Die Versenkung *Frimaire* erfolgte durch krampfhafte Anklammerung an einzige Möglichkeit, das Schiff zu versenken! Ich mißbillige die Handlung des Kommandanten! – Befehlshaber.« Das war hart und bitter und entsprach vor allem nicht den wirklichen Gegebenheiten, schon gar nicht den an Hartenstein am 18. Mai gegebenen eindeutigen Befehlen, die wir natürlich ja auch ebenso auf uns selbst bezogen hatten. Mir blieb jedoch vollkommen unerfindlich, warum wir keinerlei Positionsmeldung der *Frimaire* mitten im Kampfgebiet bekommen hatten, wenn das Schiff mit deutscher Genehmigung unterwegs gewesen wäre. Selbstverständlich verzichtete ich auf eine Funkdiskussion des Falles mit dem BdU. Dennoch fühlte nicht nur ich, sondern das ganze Boot sich ungerecht behandelt mit dieser offenen Rüge in dieser schneidenden Schärfe im Funkverkehr.

Verständlicherweise waren wir nun etwas kopfscheu. Was sollten wir nur von diesem ungerechtfertigten Tadel halten, gegen den wir uns in See nicht wehren konnten. Für eine unterlassene Neutralen-Meldung konnten wir schließlich nicht verantwortlich gemacht werden.

Etwas mißmutig schipperten wir nach diesem Ereignis vorbei an Cap Beata und Alta Vela an der nordkolumbianischen Küste nach Nordosten, um noch einmal den Petroleumweg vom Lake Maracaibo nach den Raffinerien auf Curaçao und Aruba zu kreuzen und dort vielleicht auch besseres Angriffswetter vorzufinden.

Am 23. Juni kam eben nördlich der Bucht von Maracaibo ganz plötzlich ein kleiner Tanker aus dem Dunst mit einem Generalkurs von 110° rw. Nach einer guten Stunde standen wir vor ihm und gingen zum Angriff auf Tauchstation. Das Schiff lag hoch heraus, so daß ich mich zu einem Dreierfächer entschloß. Drei Minuten nach halb 8 Uhr abends Bordzeit rauschten drei Torpedos aus den Rohren. Nach nur 31 Sekunden, ich hatte ganz offensichtlich die Entfernung erheblich überschätzt, dröhnten zwei Treffer, einer im Heck, der andere im achteren Drittel, durch das Wasser der Karibik. Der dritte wurde Kreisläufer, aber gottlob weit von uns weg brauste er durchs Wasser mit schäumender Bugsee. Der Tanker blieb nach den Detonationen sofort liegen und brachte die Boote zu Wasser, so daß ich keine Hemmungen hatte aufzutauchen. Kaum war ich mit dem Kopf über der Turmkante, da wummerten auch schon die ersten Granaten über das Boot hinweg und schlugen gar nicht so weit hinter uns in die hellblaue See. Es war das erste Mal, daß wir von der Bordkanone des Gegners direkt Feuer bekamen. So ging ich sofort wieder auf Tiefe, während Schuß auf Schuß in unserer Nähe einschlug und auch im Tauchen noch zu hören war. Auch der Fangschuß vom Heck aus wurde, wie verhext, ein Oberflächenläufer und drehte links am Tanker vorbei, der aber jetzt das Schießen eingestellt hatte und seine Leute in die Boote schickte. Dann richtete sich der Tanker plötzlich noch einmal auf, das Vorschiff brach ab und blieb, Steven himmelwärts, 10 m aus dem Wasser ragend schwimmend, während das Achterschiff mit lautem Brechen der Schotten in die Tiefe ging.

Wir kamen schnell wieder an die Oberfläche und liefen zu den Booten. Die Burschen waren schneidig. Mit ihrem Schiff konnten sie zwar nichts mehr anfangen, aber sich dennoch zu wehren, verdiente unsere Anerkennung, selbst wenn diese Schießerei reichlich unsinnig war. Es war die *Arriaga* unter Panama-Flagge, die auch der Standard-Oil of New Jersey gehörte und mit 2345 BRT das kleinste Schiff geblieben ist, das wir je versenkt haben. Sie kam in Ballast von Baltimore nach Aruba, wie mir der Kapitän berichtete.

Wir gingen an die Boote, holten die Leute mit den Ölgesichtern, die hatten schwimmen müssen, zur Behandlung ihrer angegriffenen Augen an Deck, gaben ihnen Salbe und andere Kleidung, anstatt der rohölgetränkten, und teilten ihnen den nächsten Kurs zum Land mit. Ganz offensichtlich waren sie froh, daß ihre Schießerei kein Unheil angerichtet hatte. Der selbstbewußte Kapitän war sehr überrascht, daß wir uns um seine etwas lädierten Leute kümmerten. Für uns war das eine Selbstverständlichkeit, vor allem, wenn es Verwundete gegeben hatte. Beim Ablegen mit seinem Boot war er dann auch wesentlich kleinlauter und bedankte sich mehrfach. Unsere Hilfeleistung für seine vom Rohöl verätzten Besatzungsmitglieder hat er aber in seinem Kapitänsbericht später in den USA mit keinem Wort erwähnt.

In der Nacht meldete ich dann diese letzte Versenkung und erbat die Genehmigung zum Rückmarsch, da mit einem einzigen Eto kein großer Schlag mehr zu machen war. Dagegen aber hatte mein tüchtiger LI Engelhardt als vorsorgender Hausvater immer noch einen erfreulichen Bestand von 109 cbm, wenn auch die starke Ölspur uns Sorgen bereitete. Ich hätte eigentlich sogar Brennstoff an andere Boote abgeben können. Das Resultat mit sieben versenkten Schiffen und etwa 54 700 BRT war das beste bisher erreichte Ergebnis. Da war aber die unerfreuliche, ungeklärte *Frimaire*-Angelegenheit, die mich tief gekränkt hatte. Natürlich erhielt ich die Rückmarsch-Erlaubnis.

Als wir eben südlich der Mona-Passage standen, bekamen wir tagsüber fast Dauerbesuch von Flugbooten, so daß wir unter Wasser stehen mußten und kaum vorwärts kamen. Heute wissen wir, daß man natürlich unsere Position genau kannte. So wollte man uns nicht aus einer der Passagen entkommen lassen. So ging es auch am folgenden Tag, dem 26. Juni, und wir kamen nur sprungweise voran der Anegada-Straße zu. Am Abend stand ich vor einer schweren Entscheidung. Wir hatten fast Vollmond, und ich mußte stundenlang fast genau dwars zum Mond über Wasser marschieren, wenn ich endlich rauswollte. Das Risiko war mir vollkommen klar, und ich sagte es auch der ganzen Besatzung. Aber ein Tagmarsch über Wasser war nach den Erfahrungen der letzten zwei Tage aussichtslos, nur geeignet, uns eine Vernichtungsgruppe auf den Hals zu holen.

So ging es denn mit voller Bereitschaft und fast angehaltenem Atem immerhin noch ganz gut, bis die volle Mondscheibe hochkam. Bis auf eine Leuchtbombe ziemlich weit weg geschah nichts. Sicherheitshalber hatte ich das 2-cm-Geschütz mit angesetztem Magazin besetzt, so daß nur noch »Feuer« befohlen zu werden brauchte. Die besten Augen waren auf der Brücke, die Zentrale stand klar zum sofortigen Stukatauchen, und wir liefen mit Großer Fahrt. Vom abendlichen Auftauchen an stand ich auf der Brükke, denn ich wußte, daß etwas passieren würde. Leider machte sich meine Stauchung bei der Unterwasserdetonation der *Surrey* von Tag zu Tag schmerzhafter bemerkbar. Das Stehen auf der Stelle wurde immer schwieriger. Stunde um Stunde verging, und der Mond stand jetzt schon mindestens in einer Höhe von 50 bis 60° an Steuerbord querab. Je höher er stieg, desto heller wurde es zwar, aber unsere Mondschattenabzeichnung in der Mondbahn wurde dann auch von Grad zu Grad schwächer.

Da plötzlich, erwartet, und doch unerwartet in dieser Sekunde, kam von der Backbord-Seite, von Mondlee, ein ungeheurer, riesiger schwarzer Schatten nur wenige Meter über der Wasseroberfläche in atemberaubender Geschwindigkeit auf uns zugerast, erkennbar nur die blauen Auspuff-Flammen der Sternmotoren. Und dann war er über uns. Als ich die offenen Bombenschächte erkennen konnte, wußte ich, daß wir einmal mehr Glück gehabt hatten. Da purzelten schon die Bomben aus den Schächten und flogen in ihrer Flugbahnparabel über das Boot hinweg. Während wir schon im Stukatauchen begriffen waren, fielen sie in 10, 20, 30 m Abstand an der Steuerbord-Seite und detonierten nutzlos im Wasser neben unserer Tauchstelle. Bis das Riesenflugboot kehrtgemacht hatte und erneut von Mondlee unsere Tauchstelle anflog, waren wir schon mit 40°-Kursänderung auf 160 m Tiefe und hörten die Detonationen der nächsten Serie weit an Steuerbord achteraus.

Wie gut, daß ich mich im letzten Augenblick bezwungen hatte, kein Feuerkommando an das 2-cm-Geschütz zu geben. Die Feuergarbe hätte den Piloten zum früheren Abwurf veranlaßt. Der Obermatrose Max Schmidtke am Geschütz war zwar nicht einverstanden mit mir, aber hatte genug eiserne Disziplin, nicht ohne meinen Befehl zu feuern. Es wäre das Ende des Bootes gewesen. Aber es war klar, man wußte in der Basis St. Thomas, wo wir waren. So mußten wir uns auf weitere Überraschungen einstellen.

Im KTB habe ich das ganze Ereignis seinerzeit bagatellisiert und vereinfacht, um meinen Entschluß, trotz Vollmond über Wasser zu marschieren, nicht zu heftiger Kritik auszusetzen.

Den folgenden Tag stand den ganzen Vormittag über uns ein »Blimp«. Jedesmal, wenn wir auf Sehrohrtiefe aufstiegen, dauerte es keine zehn Minuten, und er stand senkrecht über uns in etwa 200, 400 m Höhe. Das gefiel uns gar nicht, denn offensichtlich hatte er eine hervorragende Wasserdurchsicht. Natürlich änderten wir jedesmal sofort stark den Kurs, wenn er uns auf Sehrohrtiefe erwischt hatte, aber jedesmal, bei drei Versuchen, hatte er uns innerhalb von zehn Minuten wieder genau unter sich. Erst am Nachmittag blieb er bei fallender Sonne weit achteraus.

Als wir in der Dämmerung auftauchten, hatten wir unser Ziel »Sombrero« Leuchtfeuer in rw. 60° und nach einer Stunde hoher Fahrt den Atlantik wieder erreicht. Das freie große Meer war vor uns. Zum Abschied schickte uns dann die Luftbasis St. Thomas der Virgin Islands noch einmal ein Flugboot hinterher, das uns aber selbst aufgetaucht nicht fand.

Um uns vor der endlosen Überquerung des Atlantik herauszufordern, bekamen wir plötzlich in der Nacht des 28. Juni bei durch Passatwolken gedämpftem Mondschein einen sehr schnellen modernen Frachter mit 110° Generalkurs vor den Bug. Aber nach mühseligem Angriffsmanöver ging der letzte Aal vorbei.

Mit durchschnittlichen Etmalen von 290, 250 Seemeilen marschierten wir dann ohne besondere Ereignisse nach Osten, natürlich mit verschärfterer Aufmerksamkeit, wenn überhaupt noch möglich.

Für den 11. Juli um 6 Uhr wurde für *U-68* und *U-107* das Geleit bei *L-2* bereitgestellt. Da wir infolge schlechter Sicht und dauernd bedecktem Himmel kein Besteck machen konnten, mußten wir uns sogar noch den Peilsender erbitten, der uns dann auch gut bis zum Punkt »Kern« am 12. Juli um 7 Uhr geleitete.

Mit Stolz auch über einen ganz überraschenden Glückwunsch meines einstigen Kadettenkorporals »Phylax« Hoffmann, jetzt Kommandant eines der Sperrbrecher, trug ich mein bordgefertigtes, kupfernes Ritterkreuz, stellvertretend für alle meine Besatzungsangehörigen. Mit dieser Reise gehörten wir, jüngstes »Ritterkreuzboot«, zu den ganz wenigen Booten, die mit einer einzigen Reise mehr als 50 000 BRT versenkte Tonnage mit heimgebracht hatten.

Um 1 Uhr mittags lagen wir glücklich an der Isère fest. Dort begrüßte uns feierlich der Flottillen-Chef, Victor Schütze, der mir aber erst einmal ein richtiges Ritterkreuz leihweise umhängte, bis ich eines aus den Händen des BdU in Empfang nahm. Fast 12 000 Seemeilen hatten wir zurückgelegt, noch nie waren wir mit einem derartig hohen Brennstoffbestand wieder eingelaufen, aber unser aller Nerven waren auch erstmalig überbelastet worden, wozu der als ungerecht empfundene Tadel besonders beigetragen hatte.

Außer meinen andauernden Rückenschmerzen, infolge der Stauchung bei der Detonation der *Surrey*, hatte sich bei mir ein nervöses Augenzucken eingestellt, das mich zeitweise stark behinderte und das auch sofort dem BdU auffiel. Im ruhigen, verdienten Urlaub sollte ich den Admiral benachrichtigen, ob ich noch weiter an der Front bleiben könnte. Natürlich »konnte« ich, nachdem mir für die nächste Unternehmung eine ganz besonders interessante Rolle zufallen sollte.

Schon zwei Tage nach dem Einlaufen war ich nach Paris zum Vortrag beim Befehlshaber befohlen. Noch vor Beginn der Berichterstattung kam ich sogleich auf den Tadel nach der Versenkung der *Frimaire* zu sprechen. Offensichtlich hatte Dönitz in der Zwischenzeit sämtliche Umstände dieses Falles überprüft, denn er ließ mich gar nicht erst zu Wort kommen, sondern drückte mir vor dem versammelten Stabe sein Bedauern aus. Er erkenne nun die Berechtigung dieser Versenkung an. Die Tonnage werde mir zugerechnet. Er ließ Sekt kommen, ich konnte mit meiner Frau telefonieren, und dann überreichte er mir feierlich das Etui mit dem Ritterkreuz.

Erst danach begann die Berichterstattung, die seinen besonderen Beifall fand. Meinen Entscheidungen stimmte er vorbehaltlos zu. Der Fehler im Falle des Vichy-Schiffes lag bei der ausbleibenden Übermittlung durch das Auswärtige Amt an die Kriegsmarine. So war weder dem Oberkommando der Kriegsmarine noch dem BdU etwas über diese genehmigte Reise bekannt. Tatsächlich war auch ein Navicert nicht ausgestellt worden. Ich war voll gerechtfertigt. Nur erfolgte kein Funkspruch »an alle«, um diese schwere Rüge zu widerrufen. Das sollte dann Jahre später ganz schlicht lebensgefährlich für mich werden.

In der Beurteilung der Unternehmung durch den BdU stand jetzt: »Gut durchgeführte Unternehmung. Der Kommandant hat die gebotenen Erfolgschancen geschickt und überlegt ausgenutzt und einen sehr schönen Erfolg erzielt!«

Am nächsten Mittag nahm ich in Lorient mit der gesamten Besatzung die übliche Ehrung durch die Flottille entgegen. Nach Abschreiten der Front der Ehrenkompanie und der eigenen Besatzung folgte die Verleihung der Orden und Auszeichnungen an die Besatzungsmitglieder. Soweit mir noch erinnerlich, bekamen alle seit der Indienststellung an Bord verbliebenen Soldaten das besonders begehrte EK I, darunter der Koch Walter Hoffmann, der sich besonders verdient gemacht hatte, der Obergefreite Feilscher, der Gefechtsrudergänger Ernst Geest, der Maschinengefreite Kurt Neu, der Obermaat Pastofski, die seemännische Nr. 1, der den »Seeräuber« Kurkowski abgelöst hatte, der Bootsmaat Buthge, der vorzügliche und bewährte Ausguck, die Maschinistenmaate oder Obermaate Georg Schuler und Konstantin Herrmann als Zentralemaate. Das EK II erhielten alle Soldaten, die nun schon zwei Unternehmungen an Bord waren. Beide Fähnriche bekamen das U-Bootabzeichen, dazu der Fähnrich Ernst Stobbe das EK II, das der andere Fähnrich Otto Hesse (beide Crew 41) bereits aus einer Seekadettenzeit hatte. Stobbe überlebte den Krieg, Hesse fiel im August 1944 als W.O. auf *U-198*, einem Fernkampfboot, bei den Seychellen. Alle waren stolz auf unser Boot und freuten sich über den gemeinsamen Erfolg.

Was uns alle aber dann vordringlich interessierte, war der Fertigstellungstermin unseres Bootes nach gründlicher Überholung. In langer Termin-Konferenz mit der Werft wurde ein Zeitraum von sechs Wochen errechnet, was es mir erlaubte, meine Besatzung in drei Törns zu je 14 Tagen vor der nächsten Fernunternehmung – das war immerhin schon durchgesickert – auf Heimaturlaub zu schicken. Damit konnte ich für gute 20 Tage nach der Heimat gehen.

Natürlich wurde ich nun auch in Wiesbaden mit großer Begeisterung empfangen, mußte dem Oberbürgermeister der Stadt einen feierlichen Besuch machen, mich in das Goldene Buch der Stadt eintragen und an mehreren Veranstaltungen des Admirals Wever im Nassauer Hof teilnehmen. Von überallher kamen die Glückwünsche zum Ritterkreuz, zum Teil von Menschen, von denen ich seit meiner Jugend nichts mehr gehört hatte. Ganz besonders freute ich mich über den schriftlichen Glückwunsch meines alten, verehrten Lehrers und Erziehers, des Studienrats Kurt Böning aus meiner Stabila-Lehrzeit. Auch eine Reihe früherer Vorgesetzter gratulierten und bekundeten, daß sie es immer schon gewußt hätten, was in mir stecken würde, so auch mein alter Kadettenoffizier von der *Emden*, der jetzige Kapitän z. S. Ruhfus, mit dem ich seinerzeit die Englandreise und den Reval-Besuch gemacht hatte.

Daß ich fortan im Rampenlicht stand, hat mich hoffentlich nicht übermütig gemacht. Ich faßte dies eher als Verpflichtung für mein Handeln auf, der ich auch nach dem Kriege stets eingedenk blieb.

Am Ende der Karibik-Unternehmung und im Urlaub kamen

mir manche Gedanken über den Fortgang des Krieges. Sinn und Zweck unserer U-Boot-Einsätze war die Tonnage-Vernichtung, um damit einen Druck auf England auszuüben und zu verstärken. Wir U-Bootfahrer waren uns allerdings schon im Jahre 1942, dem Jahr der größten Versenkungserfolge, darüber im klaren, daß mit dem technischen Standard unserer Boote eine kriegsentscheidende Wirkung nicht zu erreichen sein würde. Wir waren davon überzeugt, daß namentlich die amerikanische Schiffbau-Kapazität unsere Versenkungen sehr bald ausgleichen würde. Eine bedrohliche Mangellage in Großbritannien konnte nach unserer Ansicht nur durch die Konzentration aller Kriegsanstrengungen erreicht werden. Vor allem die Häfen als Konzentrationspunkte der Tonnage hätten unausgesetzt von der Luftwaffe angegriffen werden müssen, bei gleichzeitiger Verminung der Zufahrtswege als zusätzlicher wirkungsvoller Maßnahme.

Natürlich vermittelten uns die umlaufenden Gerüchte über die neuen, in der Entwicklung befindlichen U-Boote manche Hoffnungen.

Aber uns beunruhigte zunehmend die Qualität der feindlichen Aufklärung; es war offenbar, daß unsere Positionen fortlaufend erkannt wurden. Da mußte etwas uns Unbekanntes im Spiele sein, möglicherweise sogar Verrat. Daß es funktechnische Aufklärungsmittel waren, kam uns zwar in den Sinn, ohne daß wir freilich den Umfang und die Genauigkeit von »Ultra« ahnen konnten.

5. Unternehmung U-68

Ausgelaufen in Lorient am 20. August 1942
Eingelaufen in Lorient am 6. Dezember 1942
Dauer 108 Tage

Südafrika–Indischer Ozean
17 245 Seemeilen über Wasser
553 Seemeilen unter Wasser

Erfolge im Handelskrieg:
Einzelfahrer

Trevilley (britisch)	5296 BRT
Breedijk (holländisch)	6861 BRT
Koumoundouros (griechisch)	3598 BRT
Gaasterkerk (holländisch)	8679 BRT
Swiftsure (amerikanischer Tanker)	8206 BRT
Sarthe (britisch)	5271 BRT
Examelia (amerikanisch)	4981 BRT
Belgium Fighter (belgisch)	5403 BRT
City of Cairo (britisches Passagierschiff)	8034 BRT

Eichenlaub zum Ritterkreuz am 16. November 1942
(Nr. 147 Wehrmacht, Nr. 20 Kriegsmarine)

Besondere Ereignisse:
Sabotage Sehrohre
City of Cairo-Versenkung

Zunächst aber wurde ich noch in Lorient der Propaganda überlassen und mußte für das »Hafenkonzert« von Herrn Esmarch, den ich von vielen Kieler Wochen her kannte, eine längere Reportage machen. Ich faßte dafür einige der Erlebnisse von draußen zusammen und schilderte unter anderem auch die Detonation der *Surrey* lange nach ihrem Versinken im Meer.

Natürlich wollten mich auch meine Eltern in Kiel sehen. So mußten wir unseren Urlaub teilen, zunächst in Wiesbaden bei meinen Schwiegereltern, dann bei meinen Eltern in Kiel. Es fügte sich glücklich, daß mein jüngster Bruder Klaus, Unteroffizier in einer Pionierkompanie im Osten, auch gerade auf erstem Heimaturlaub war. So konnten wir uns noch einmal sehen, denn schon im Spätherbst fiel er in der Nähe von Stalingrad. Er war guten Mutes und sah die deutsche Situation an sich viel rosiger und hoffnungsvoller als ich. Selbstverständlich besuchte ich in Kiel auch Admiral v. Friedeburg, dem ich einen ganzen Nachmittag von der Front berichten mußte.

Er hatte aus guter Freundschaft immer, wenn ich mich von draußen gemeldet hatte, Ruth entweder ein paar unverfängliche Zeilen geschrieben oder auch angerufen, um ihr zu sagen, daß alles in Ordnung sei. Ruth benachrichtigte dann alle Frauen der Besatzungsangehörigen und trug damit in vielen Familien zur Linderung der Spannung bei. Noch heute lebt bei meiner ehemaligen Besatzung die Erinnerung an diese damalige Fürsorge.

Es war noch verhältnismäßig ruhig in Kiel. Die schweren Luftangriffe hatten noch nicht eingesetzt. Ganz allgemein war man noch recht optimistisch in bezug auf den Kriegsausgang, wenn ich auch nicht den Eindruck hatte, als ob Friedeburg je mit einem »brüllenden« Sieg rechnete. Eher glaubte er wohl noch an eine Verständigung auf der »Status-Quo«-Basis.

In Wiesbaden aber mußte ich erst einmal zum alten Sanitätsrat Dr. Lugenbühl, seit Jahrzehnten der Hausarzt der Familie meiner Frau, wegen meines bei der Detonation der *Surrey* schwer gestauchten Rückens. Ich hatte Tag und Nacht erhebliche Schmerzen. Bedenklich wiegte der Alte sein weißhaariges Haupt, als er meine Story anhörte, und machte mir dann eine einzige Einspritzung, die mich zwar in plötzliche Ohnmacht beförderte, dafür aber phantastisch wirkte. Ein halbes Dutzend Massagen dazu im Kaiser-Friedrich-Bad, und der Rücken war zunächst wieder in Ordnung, so daß ich dem BdU selbst mitteilen konnte, daß ich auf *U-68* bleiben wollte.

Als ich am 10. August nach Lorient zurückkehrte, nachdem ich zusammen mit dem Kommandanten von *U-127*, Emmermann, beim BdU auf unser neue Aufgabe vorbereitet worden war, stellte es sich auf der Probefahrt heraus, daß sich die Werftliegezeit nochmals verlängern würde. Vor dem 19. August war an ein Auslaufen gar nicht zu denken. Das war nicht so schlimm, weil die vier zur »Gruppe Eisbär« zusammengefaßten Boote ohnehin noch nicht alle wieder frontklar waren. So verlebte ich meinen 37. Geburtstag in Lorient. Die vielen Kameraden taten alles, um mit mir ein wirklich großes Fest zu feiern.

Noch immer konnte man zu jeder Tageszeit allein und unbewaffnet durch Lorient gehen. Nur sah man oft die Männer sich in die Seitenstraßen verkrümeln, wenn sie bei der Annäherung noch in kleinen Gruppen beieinandergestanden hatten. Auch in den Kneipen war man nicht mehr so gerne gesehen wie am Anfang. Oft räumten die Bretonen dann lieber das ganze Lokal, um nicht mit uns zusammensitzen zu müssen. Das war neu! Es gab einige wenige Franzosen, die ja auch bei uns arbeiteten und mit denen man gelegentlich auch ein paar Worte wechseln konnte. Sie meinten ganz unbefangen, daß wir doch mit Sicherheit dieses Land behalten wollten, denn sonst würden wir doch nicht derartige Bauten, wie U-Bootsbunker am Scorf und vor allem den »U-Bootsbahnhof« in Keroman für ein halbes Hundert U-Boote bauen. Von »Résistance« spürte man nichts. Viele Arbeiten auf den U-Booten wurden durch französische Werftarbeiter erledigt. Oft war der aufsichtführende deutsche Spezialist infolge Überlastung gar nicht in der Lage, die Arbeiten auch genauestens zu kontrollieren. Die Zusammenarbeit der deutschen mit den französischen Werftarbeitern hatte sich nach meinen Beobachtungen ganz unproblematisch entwickelt.

Die deutschen Besatzungsbehörden hielten fast drakonische Disziplin. Ihre Strenge machte auch nicht vor den jungen lebensfrohen U-Bootfahrern halt, die natürlich nach langer und schwerer Feindfahrt, eben mit dem Leben davongekommen, nicht selten erheblich über die Stränge schlugen.

Eines Nachts wurde ich geweckt. Wir waren gerade am Abend in den Bunker vor der Präfektur umgezogen, weil wir innerhalb der nächsten drei bis vier Tage auslaufklar sein sollten. Die »Kettenhunde«, die Feldgendarmerie, hatten einen meiner Soldaten eingesperrt, der schon seit mindestens drei Reisen bei mir an Bord war. Er sollte gleich morgens bei Dienstbeginn dem Festungskommandanten zur Bestrafung vorgeführt werden.

Mein tüchtiger Seemann hatte im alten Hafenviertel in einer recht eindeutigen Kneipe etwas zu tief in das Rotweinfaß geschaut und war im Laufe des Abends zur Hochform aufgelaufen. Er hatte der Kellnerin unzüchtig unter den Rock gefaßt. Auf deren Hilfegeschrei konnte er zwei anstürmende Franzosen mit einer Rotweinflasche zunächst abwehren. Dann hatte er aber diese als Wurfgeschoß mißbraucht, wobei der große Spiegel über der Theke in Einzelteile zerlegt worden war. Nach diesem dadurch ausgelösten Krach waren weitere Franzosen zur Hilfestellung für den Wirt erschienen, und der Seemann hatte um sein Leben kämpfen müssen. Beherzte Franzosen hatten klugerweise die Feldgendarmerie alarmiert. Der Festungskommandant behielt sich vor, meine Strafe aufzuheben und die Bestrafung selbst durchzuführen, falls meine Strafe für dieses, das Ansehen der deutschen Wehrmacht schädigende Vergehen zu gering ausfallen würde. Ich bestrafte den wackeren Heizer mit 14 Tagen Bordarrest und vier Wochen Urlaubsentziehung, gerechnet vom Tage des Auslaufens. Außerdem gelang es mir zu verhindern, daß die Strafe ins Führungsbuch eingetragen wurde. Der Festungskommandant hat nie wieder nachgefragt.

Als endlich unser Boot aus der Werft kam, lief der übliche Klarmach-Film, von der Torpedo- bis zur Frischproviantübernahme.

Als wir am 20. August endlich zur Fernunternehmung ausliefen, waren wir das erste Boot der »Eisbär-Gruppe«, dem dann die anderen für das Unternehmen vorgesehenen Boote, *U-156* (Hartenstein), *U-504* (Poske), *U-172* (Emmermann) folgten. Als Reserve war zusätzlich ein Boot nach Westafrika beordert, das dann tatsächlich später für Hartenstein einspringen mußte, *U-159* (Witte).

Schon auf der letzten Unternehmung hatten wir das sogenannte Biskaya-Kreuz als Antenne für das Ortungsanzeigegerät Metox bekommen. Das war sehr umständlich gewesen, denn das Kabelbündel zur Antenne führte durch das offene Turmluk und behinderte das Tauchmanöver, oder aber die Konstruktion litt beim Herunterwerfen in die Zentrale beim Alarm und funktionierte dann beim nächsten Male überhaupt nicht mehr. Jetzt aber hatten wir in der Werft eine sehr viel kleinere Sonderantenne bekommen, die mit dem Funkpeiler ausgefahren werden konnte. Das war schon besser, aber wir waren uns der Wirksamkeit dieses Gerätes nicht so unbedingt sicher.

Auch diesmal war wieder ein recht großer Wechsel bei der Besatzung vorgenommen worden. Von den Offizieren war der Oberleutnant z. S. Happe zum Kommandantenlehrgang abkommandiert. Er stellte am 16. November 1942 sein neues Boot *U-192* in Dienst. Aber bereits am 5. Mai 1943 ging das Boot im Nordatlantik auf seiner ersten Unternehmung mit der gesamten Besatzung verloren. Der II. W.O., Klaus Hänert, war zum I. W.O. aufgerückt. II. W.O. wurde Walter Meyer, ein 37er (Oktober), der von der Sperrwaffe kam. Außerdem hatten wir noch einen weiteren Wachoffizier dazu kommandiert bekommen, den Leutnant z. S. Sylvester Peters, als Fähnriche die beiden 41er Günther Wex und Egon Anter. Zur späteren Ablösung nach der Reise war bereits ein neuer LI-Schüler an Bord, Franz Volmari, für Jürgen v. Engelhardt-Bergshof. Die beiden hervorragenden Obermaschinisten Schmelzle und Werner Wiemer waren mir erhalten geblieben, vor allem auch mein erfahrener, unvergleichlicher Obersteuermann Walter Griese. Wir vier und die beiden tüchtigen technischen Unteroffiziere Schuler und Schubert waren die einzigen, die seit der Indienststellung an Bord geblieben waren.

In der Biskaya jetzt die notwendige Gefechts- und Alarm-Ausbildung voranzutreiben ging aufgrund der Ortungsverhältnisse nicht mehr. Die Tauchzeiten wurden immer länger, und die kurzen Zeiten zum Aufladen der Batterie wurden immer seltener. Am Nachmittag des 22. August, mitten in der Biskaya, zählten wir einmal die von uns als Wabo-Detonationen identifizierten weit entfernten Explosionen. Wir kamen in knapp fünf Stunden auf 50 Detonationen. Um Mitternacht vom 22. zum 23. August hatten wir es geschafft. Wir hatten die nordwestspanische Küste erreicht, und das Boot lief fast allein seinen bekannten und bewährten Weg an der Grenze der völkerrechtlichen Legalität. Bei Hellwerden standen wir bei Finisterre und blieben bis zum späten Nachmittag unter Wasser. Als wir spätabends auftauchten, fehlten uns eine ganze Reihe Funksprüche, und wir mußten um Wiederholung bitten. Dann aber widmeten wir uns dem Einexerzieren der Besatzung, bis wir eine etwas beängstigende Entdeckung machten. Das Standsehrohr wurde schwergängig. Das Ausfahren ging immer mehr nur ruckweise, das Schwenken fiel immer schwerer, und am zweiten Tage ließ sich das Hauptsehrohr nicht mehr bewegen. Das war schrecklich. Zunächst dachten wir, daß wir uns wahrscheinlich mit dem Luftzielsehrohr begnügen könnten, denn kehrtmachen wollten wir natürlich auch nicht. Zunehmend aber begann auch das Luftzielsehrohr zu bocken und schwergängiger zu werden.

Wegen der Sehrohre eine Unternehmung abzubrechen, auf diese Unternehmung zu verzichten, die bereits vor einem ganzen Jahr geplant und dann durch die Versenkung der *Python* unmöglich geworden war, das war ein unerträglicher Gedanke!

Bei der sorgfältigen Untersuchung zeigten sich auf dem Mantelrohr starke Schleifspuren und tiefe Riefen, die sich in den Stahl des Mantelrohrs eingegraben hatten. Da wir aber nicht in der Lage waren, das Mantelrohr zu bewegen, konnte der festgefahrene Teil im Rahmen des Fahrstuhles gar nicht untersucht werden. Die etwa ein Meter lange Sehrohrbuchse aus Messing, die in den Sehrohrbock eingeschrumpft und mit dem Ende des Kopfteiles im Sehrohrbock fest verschraubt war, mußte durch irgendwelche Hilfsmittel gezogen, sauber ausgearbeitet und nach Bearbeitung des Mantelrohres wieder in den Sehrohrbock versenkt und so gesichert werden, daß kein Wassereinbruch möglich wurde.

Die Dichtung zwischen Mantelrohr und Sehrohrbuchse wurde durch einige U-Manschetten aus Leder hergestellt, in deren offenen U-Teil Fett gepreßt war. Zur Herstellung des dazu erforderlichen Fettdruckes diente eine Fettpresse mit einem sehr feinen Gewinde der Spindel, die unter gewaltigem Druck das konsistente Fett in den offenen U-Teil der Manschetten preßte. Beim Aufnehmen der Fettpresse stellte sich heraus, daß sich im Fett zahlreiche winzige Eisenfeilspäne befanden, die nun durch den Fettdruck zwischen die Manschetten und von dort auf das Mantelsehrohr aus V2A-Stahl gekommen waren und sich im Messingkörper der Sehrohrbuchse festgefressen hatten.

Das war der Befund für das Standsehrohr. Es war zu erwarten, daß der Befund am Luftzielsehrohr der gleiche sein würde. Da es sehr präzise Vorschriften für das Überholen der Sehrohrabdichtung und der Beschickung der Fettpressen mit Spezialfett gab, konnte es sich nur um einen wohlvorbereiteten Sabotage-Akt handeln. Die ganze Unternehmung ohne funktionierende Sehrohre zu fahren war unverantwortlich in bezug auf die Sicherheit des Bootes und der Besatzung. Kehrtmachen, Sabotage schreien, den Stützpunkt und die Werft verantwortlich machen, das hätte uns selbstverständlich um diese sehr begehrte Fernunternehmung gebracht. Die Biskaya ohne jedes Sehrohr zu passieren war auch unverantwortlich. Als letzte Lösung blieb nach langer Beratung mit dem Leitenden und den beiden Obermaschinisten der Versuch, das Übel mit Bordmitteln selbst zu beheben. Das aber bedeutete, daß wir zeitweise nach Ziehung der Sehrohrbuchse überhaupt tauchunklar sein würden und auch beim Wiedereindrücken der Buchse tiefenmäßig nur sehr begrenzt tauchklar sein konnten. Dazu aber mußten wir noch zusätzlich in Kauf nehmen, daß die Feuerleiteinrichtung vom Standsehrohr nach Wiedereinfahren der Buchse nicht mehr justiert sein würde. Wir machten uns einen genauen Plan mit dem Ziel, in kürzester Zeit der Tauch-Unklarheit die entstandenen tiefen Rillen und Unebenheiten des Sehrohrmantelrohres und der Messingführungsbuchse im Sehrohrbock sauber zu glätten, eine sorgfältige Reinigung der Sehrohrfettpresse durchzuführen und danach mit dem Tauchdruck auf 160 m Tauchtiefe die Messingführungsbuchse weitgehend »plan« in den Sehrohrbock hineinzupressen.

Jede Reparatur kostete uns fast 16 Stunden Tauch-Unklarheit, die mit geschärfter Ausgucksorgfalt in stündlicher Ablösung abgesichert wurde. Wir aber haben bis zur Rückkehr nach Lorient schön den Mund gehalten und im KTB die Dinge erheblich bagatellisiert, frei nach unserem Grundsatz: »Das KTB ist ein Tatsachenbericht und kein Heldenepos der Besatzung.«

Auf der Höhe etwa von Freetown wurden wir weiter in der Harke nach Osten abgedreht, um eventuellen Verkehr Kapstadt-Freetown mit zu erfassen. Tatsächlich sollte sich das auch auszahlen. Wir marschierten weiter mit dem befohlenen Etmal nach Süden und bekamen dann südlich Freetown jeder für sich »freies Manöver«.

Am 5. September traf ich zufällig mit *U-156* (Hartenstein) zusammen. Wir sprachen kurz miteinander. Er wollte noch viel weiter in die Guinea-Bucht hinein, jeder nach seinem Geschmack und seinem Riecher!

Am 12. September, mitten in der Nacht, erkannte der tüchtige Bootsmaat Buthge einen vor uns herdampfenden Frachter, und wir konnten nach den bewährten Rezepten mit dem sorgfältigen Ausdampfen des Gegners beginnen. Wir stellten eine Gegnerfahrt von 10,5 Seemeilen fest und nahmen uns vor, diesmal mit den Torpedos sehr sparsam umzugehen. So riskierten wir auch nur einen Einzelschuß und trafen genau Mitte Schiff. Der Dampfer stoppte. Nach längerer Zeit kamen dann auch endlich die Boote zu Wasser. Wir hatten seit unserer Karibik-Reise den Ständigen Befehl, die Kapitäne und Leitenden Ingenieure aus den Booten herauszuholen und gefangenzunehmen. Da wir in den nächsten Wochen den Versorger treffen sollten, um uns vor dem Angriff auf Kapstadt noch einmal »vollzuschlauchen«, konnte ich es riskieren, die beiden Gefangenen an Bord zu nehmen, aus einem Boot den Captain Harvey, aus einem anderen den LI Smedley. Der Dampfer war der britische Frachter *Trevilley*, 5296 BRT, auf dem Wege von England nach Kapstadt mit Armeenachschub.

Nun trat ebenjener Umstand ein, den meine Besatzung seit Jahr und Tag ersehnt hatte. Etwas leichtsinnig hatte ich aber auch bei Eintritt der häufig erörterten Voraussetzungen zugebilligt, einmal den Versuch zu wagen, »Beute« zu machen. Weit entfernt von irgendwelchen bedrohlichen Feind-Basen, fernab aller Geleitzug-Wege, in einem Seebereich mit relativer Wetterbeständigkeit und zur Zeit auch ziemlich ruhiger See sprach nun alles dafür, das Schiff zu kontrollieren und alles für uns Brauchbare an Bord zu nehmen.

Das Schiff machte trotz kleinerer Brände mittschiffs keine Anstalten zu sinken. Begründen ließ sich der Versuch, an Bord zu gehen, noch zusätzlich damit, daß man hoffen konnte, unter den Borddokumenten auch navigatorische Unterlagen zu finden, die gerade für die kommende geplante Unternehmung von Wichtigkeit sein konnten.

Während sich das eine Rettungsboot unter Segel davongemacht hatte, blieb das andere ganz in der Nähe und versuchte ganz offensichtlich, wieder Leute an Bord abzusetzen. So mußte ich dann eben mit der 3,7-cm-Kanone ein paar Schuß über das Schiff hinwegfetzen, damit sich das Boot wieder entfernte, was es dann unter Segelsetzen auch tat. Ich beschloß, für unsere Inspektion, ein etwas gewagtes Experiment, doch lieber die Tageshelligkeit abzuwarten. So ließ ich *U-68* in unmittelbarer Nähe unserer treibenden Beute driften. Der Dampfer war erst am Vorabend um 6 Uhr aus einem Geleit entlassen worden, erklärte der Kapitän. Das stimmte mich bedenklich. Wenn die Briten jetzt ihre Geleite aus Freetown so weit nach Süden noch unter Geleitschutz brachten, dann konnte es gar nicht mehr lange dauern, daß die Geleite bis Kapstadt selbst durchgeführt wurden, womit unsere Aufgabe, Schiffe zu finden, in der Zukunft noch schwieriger würde. Mit 10½ Knoten war die *Trevilley* sicherlich einer der langsamsten Teilnehmer des Geleits gewesen. Daher war nun auch nicht mehr mit weiteren südgehenden Nachfolgern zu rechnen. Auf meine Frage nach der Art der Ladung gab der Captain nicht mehr als »general cargo« und »military stores« zu. Dafür hatte ich auch Verständnis.

Als es langsam dämmerte, hatte sehr zu meiner Besorgnis der Wind zugenommen und leichte Katzenpfötchen auf die glitzernde Meeresoberfläche gezaubert. Zur Beruhigung der Besatzung, die vor Abenteuerlust brannte, ging ich erst einmal nach Luv zu der quer zum Winde treibenden *Trevilley*, dann mit dem Bug bis zu etwa 50 m heran, um das Schlauchboot zu Wasser zu bringen und dann auf das Schiff zutreiben zu lassen. So weit kam es gar nicht. Kaum war das winzige Zwei-Mann-Schlauchboot zu Wasser, als es auch schon von einer mittleren See umgeschlagen wurde. Ich ließ es beschleunigt einholen, um das Risiko nicht einzugehen, etwa meinen Obersteuermann und einen meiner besten Soldaten zu verlieren. So ging es also leider nicht. Wir entschlossen uns, das Schiff leck zu schießen, dabei aber auch mit Punktfeuer die hohen Lukensülle zu durchlöchern und damit die hölzernen Lukendekkel hochzujagen, damit beim Sinken des Schiffs die Ladung – soweit schwimmfähig – aufschwamm. Dann konnte es ja leicht sein, die Ladungsteile zu fischen und an Bord zu nehmen. Das gelang auch einigermaßen.

Auch dieses Schiff starb langsam und wehrte sich gegen den Untergang, Ich hatte Kapitän und Chief nicht auf die Brücke gelassen, weil ich ihnen den Anblick des traurigen Endkampfs ihres schönen Schiffes ersparen wollte.

Wie erwartet, schwammen wenige Minuten nach dem Untergang viele Kisten, Kasten und Wrackstücke aller Art herum. Immer wieder schoß plötzlich aus der Tiefe noch wieder eine Spiere oder auch eine Kiste empor zum Licht des Tages. Unter erheblichen Schwierigkeiten, die unsere seemännischen Fertigkeiten wirklich auf die äußerste Probe stellten, gelang es uns nach und nach, insgesamt vier Kisten erheblicher Größe an Bord zu nehmen. Unsere Enttäuschung wich bald großer Heiterkeit, als sich herausstellte, daß sie entweder »Ölhüte« in der sogenannten Südwesterform oder – allerdings sehr zweckmäßige – Ölhosen enthielten, in Mengen, die nicht nur für die Flottille, sondern für die ganze U-Waffe ausgereicht hätten.

Das war das ganze Ergebnis unserer »Piraterie«. Nicht verschwiegen sei indes, daß wir noch eine beträchtliche Menge Schläuche für Kraftfahrzeuge erbeuteten. Aus einem der zahlreichen Rettungsflöße holten wir uns auch den Notproviant zur Untersuchung, worunter naturgemäß die Schokolade begeisterten Beifall fand.

Unsere unfreiwilligen Passagiere ließ ich nach Verlassen des Wrackfeldes auf den Turm kommen. Verständlicherweise waren sie zunächst recht verstört. Aber im Laufe der Unterhaltung, in der ich ihnen die notwendigste Bordetikette erläuterte und ihnen gestattete, mit uns in der winzigen Messe zu essen und zu leben, schienen sie beide von einem Albdruck befreit. Fortan waren sie in allgemeinen Dingen durchaus mitteilsam. Der I. W.O. wies ihnen ihre Plätze zum Schlafen an, wobei sie sich natürlich einen Schlafplatz teilen mußten. Sie konnten sich frei bewegen, doch in die Zentrale durften sie nur auf dem Wege zum Turm, wo sie zu gegebenen Zeiten auch rauchen konnten. Im Alarmfalle hatten sie sich still auf die Messekoje nebeneinander zu setzen. Sie hielten sich musterhaft an alle Anordnungen und waren in ihrer Bescheidenheit und Unauffälligkeit tatsächlich keine Belastung für das Boot. Abends saß ich auch öfter mit ihnen zusammen. Natürlich kamen wir dabei auch auf die Themen Krieg und Sieg zu sprechen. Beide betonten, daß sie den Krieg für beide Nationen für grausam und unnötig hielten, gaben aber immer wieder ihrer Überzeugung Ausdruck, daß England zu guter Letzt doch den Krieg gewinnen werde. Ohne im geringsten unfreundlich zu werden, waren sie beide offensichtlich ehrlich überzeugt, daß die anglo-amerikanische Übermacht so erdrückend sein werde, daß wir trotz aller Siege, wo auch immer, am Schluß doch vernichtet sein würden. Ich hatte nicht den Eindruck daß sie da irgendwelche britische Propaganda nachplapperten. Sowohl Captain Harvey (Schätzung Ende 50 Jahre alt) als auch der etwas jüngere (vielleicht Mitte 40 Jahre alt) Chief Smedley waren fest von der Richtigkeit ihrer Auffassung überzeugt. Beide hatten noch das erste Schiff unter den Füßen gehabt, das sie 1940 in Glasgow von der Werft geholt hatten, konnten aber von ihnen bekannten Kapitänen berichten, die schon das zweite, dritte oder sogar vierte Schiff verloren hatten. Da die *Trevilley* ein Motorschiff mit Dieselantrieb gewesen war, interessierte sich der Chief natürlich auch sehr für unsere Diesel, und ich hatte auch keine Bedenken, daß unser Dieselchef Schmelzle ihm unsere beiden, »Max und Moritz« genannt, zeigte und erläuterte. Einmal kam ich gerade zu einer Unterhaltung der beiden im Dieselraum dazu und konnte nur staunen, wie schnell sie sich in einer »gemischten« Sprache verständigen konnten. Das Stukatauchen mochten unsere »Badegäste« gar nicht. Sie brachten häufig zum Ausdruck, daß ihnen jedes Überwasserfahrzeug besser gefallen würde als ausgerechnet ein »submarine«.

Am 12. September mittags, nachdem das große Beutemachen beendet war und mehrere Tausend Ölhüte in den Bilgen schlummerten, setzten wir unsere Reise nach Süden fort. Um Mitternacht des 13. September kamen dann die Funksprüche von *U-156*, unserem ganz besonders beliebten und erfolgreichen Flottillenkameraden Hartenstein, mit dem wir schon auf der letzten Reise in der Karibik dauernd indirekt in Kontakt gestanden hatten. Er hatte das Pech gehabt, oder man kann auch sagen das nur bedingte Glück, den großen britischen Passagierdampfer *Laconia* anzutreffen und zu versenken, gar nicht so weit weg von uns. Jetzt aber saß er da mit Dutzenden von Rettungsbooten mit insgesamt fast 3000

Passagieren, darunter nicht weniger als 1500 italienische Kriegsgefangene und ihre polnischen Bewachungsmannschaften. Unter den Passagieren war eine bis dahin unbekannte Zahl Frauen und Kinder, auch von den britischen Fronten beurlaubte Offiziere.

Es war eine einzige menschliche Katastrophe, der man einfach nicht tatenlos zusehen konnte. Als Hartenstein erkannte, welches Ausmaß an Opfern die Versenkung dieses 19 695 BRT großen Passagierdampfers erreichen könnte, entschloß er sich zu einem außerordentlich gewagten Vorgehen, um die Überlebenden zu retten. Er neutralisierte die Untergangsstelle, indem er in einem offenen Funkspruch in englischer Sprache seine Position genau angab und zusicherte, daß er kein Schiff angreifen würde, das zur Rettung der Menschen den Versenkungsort ansteuerte. Dann meldete er den Vorgang dem BdU und erbat Befehle. Auch der BdU erkannte sofort den Ernst der Lage. Er schickte zunächst die nächststehenden Boote meiner Crew-Kameraden *U-507* (Harro Schacht) und *U-506* (Kapitänleutnant Würdemann) und das italienische U-Boot *Capellini* (Kapitänleutnant Revedin) zu Hilfe. Er forderte von der Vichy-Regierung die sofortige Entsendung französischer Kriegsschiffe von Westafrika zur Hilfeleistung. Unsere »Gruppe Eisbär« wurde neben dem Versorger *U-459* zum Versenkungsort zurückbefohlen, um das Menschenmöglichste zur Rettung zu tun. Hartenstein hatte es zunächst allein mit insgesamt 2789 Menschen zu tun. Aber schon genau zwölf Stunden später befahl der BdU uns, den nach Norden brausenden U-Booten, sofort unsere Reise fortzusetzen. Es mußten sich also wesentliche Änderungen in der Position von *U-156* ergeben haben.

Der »Fall *Laconia*« ist ein Roman für sich, der in seiner Tragik bis zum Nürnberger Kriegsverbrecherprozeß reicht. Er ist in den wichtigsten Einzelheiten auch heute noch nicht in den USA und England bekannt, leider aber immer wieder Gegenstand polemisch-propagandistischer Entstellungen.

Die von Hartenstein angestrebte Neutralisierung des Untergangsortes durch Bekanntgabe der Position und seine Zusicherung, jedes zu Hilfe kommende Schiff unbehelligt zu lassen, war vom BdU zwar mit großer Skepsis, aber dennoch zustimmend aufgenommen worden. Also nahmen Hartenstein und der bald darauf erscheinende Harro Schacht zunächst Frauen und Kinder aus den Rettungsbooten an Bord der U-Boote und versorgten sie, so gut es ging. Die Rettungsboote und zahllosen Flöße wurden, auch so gut es eben ging, zusammengehalten und wenigstens mit Kaffee und Wasser versehen. Verwundete kamen unter Deck und wurden von den Bordärzten versorgt. Tatsächlich vertrauten die Engländer Hartensteins Meldung und entsandten selbst zwei Schiffe von Takoradi, den Hilfskreuzer *Corinthian* und das Frachtschiff *Empire-Haven*. Und nun passierte der verhängnisvolle Fehler. Die Engländer glaubten aus unerfindlichen Gründen, sie könnten ihre Schiffe nicht ohne Luftsicherung zur Untergangsstelle gehen lassen. Was zum Himmel aber sollte denn die Luftsicherung in diesem in der dritten Dimension restlos von den Anglo-Amerikanern beherrschten Seeraum? War es nicht klar, daß die dort wartenden U-Boote mit ihrer Menschenfracht gerade durch die erscheinende »Luftsicherung« verunsichert werden mußten? Sicherheitshalber mußten sie ja doch vor den unerwarteten Flugzeugen tauchen. Was aber sollte dann mit den Passagieren, den Überlebenden auf den U-Booten geschehen?

Die Engländer wandten sich an die Amerikaner, die seit November 1941 auf der Insel Ascension die US 1st Composite Air-Squadron unterhielten, um die Zusicherung der Luftsicherung zu erhalten. Offensichtlich, obwohl bisher nicht bewiesen, hatte diese Air-Squadron den offenen »Hilfefunkspruch« von Hartenstein nicht voll leserlich erhalten und war somit nicht voll unterrichtet. Da aber sichtete ein zufällig bei einem Überführungsflug nach Afrika befindlicher »Liberator«-Bomber der USAAF, 343 rd Bombardement Squadron (Oberleutnant Harden), in Ascension zur Schiffsicherung abgeteilt, die deutschen U-Boote mit den Rettungsbooten im Schlepp zum Treffpunkt mit den französischen Vichy-Kriegsschiffen steuernd. Er meldete die Sichtung an den Commander der 1st Composite Squadron, Richardson, der daraufhin den Angriffsbefehl an die Liberator erteilte. Der Flugzeugführer sagte später aus, daß er die »Rote-Kreuz-Flaggen« eindeutig erkannt hat. Die Bomben aber trafen nicht die U-Boote selbst, dafür aber einen Pulk von Rettungsbooten und verursachten erhebliche Verluste unter den Überlebenden der *Laconia.*

Natürlich blieb den U-Booten nichts anderes übrig, als alle Überlebenden von Bord zu geben und in die Rettungsboote zu setzen. Die selbstverständliche Folge war der sogleich mit Funk übermittelte grundsätzliche Befehl des BdU, der zukünftig jede Rettungsaktion untersagte.

Hiernach widersprach die Rettung Schiffbrüchiger den primitivsten Forderungen der Kriegsführung nach Vernichtung feindlicher Schiffe und Besatzungen. Sie sollten fortan nur gerettet werden, wenn ihre Aussagen für das Boot von Wichtigkeit sein könnten. Die Befehle über »Mitbringung Kapitäne und Chefingenieur« blieben bestehen. Der Befehl schloß mit einer Aufforderung zur Härte. Die Kommandanten sollten daran denken, daß der Feind bei seinen Bombenangriffen auf deutsche Städte, auf Frauen und Kinder, keine Rücksichten kenne.

Dieser Befehl als Folge der geradezu verbrecherischen Handlungsweise des US-Airforce-Commander Richardson, der zum Zweck der Vernichtung der U-Boote bereit war, schiffbrüchige verbündete Soldaten, Zivilisten, Frauen, Kinder, italienische Kriegsgefangene und polnische Bewachungssoldaten zu opfern, ist natürlich ganz besonders deutlich formuliert worden, um künftig kein U-Boot durch irgendwelche, noch so selbstverständliche Rettungsaktionen zu verlieren. Wir haben den Befehl »nach Vorgang« gewertet und, wo dennoch möglich, das Bestmögliche getan. Standen wir doch entgegen diesem Befehl auf dem Standpunkt, daß Engländer in den Rettungsbooten keine Feinde mehr waren. Nie ist mir auch nur entfernt der Gedanke gekommen, in irgendeiner Form gegen Überlebende vorzugehen.

Ich erspare mir Betrachtungen über das Verhalten der Gegenseite, obwohl der Commander Richardson, später noch in verantwortlicher Stellung in der NATO verwendet, wiederholt seine Handlungsweise gerechtfertigt hat. Auch die unterlassene Hilfeleistung der Briten im Falle der Schiffbrüchigen der *Bismarck* und, neuerdings, nach der Versenkung des argentinischen schweren Kreuzers *General Belgrano* im Falklandkrieg 1982 spricht für sich.

Keines der am »*Laconia*-Fall« beteiligten deutschen U-Boote hat den Krieg überlebt. Alle drei Boote wurden Opfer von Fliegerbomben. Die Bilanz der *Laconia* sah so aus: von 811 Briten wurden 800 gerettet, von 1800 Italienern nur 450. Von 160 Polen, ehemaligen Kriegsgefangenen der Sowjets, überlebten 142.

Beim Kampf um die Boote hatten die Polen aus Angst vor Rache in die andrängenden Italiener gefeuert, nachdem bereits vorher die unter den Gefangenenräumen explodierten Torpedos einen hohen Blutzoll gefordert hatten. Zu den Geretteten zählten noch 80 Frauen und Kinder.

Für uns änderte sich jetzt die Einteilung. Anstelle von Hartenstein und meinem Boot sollte ich jetzt mit Emmermann die Vorerkundung der Tafelbucht übernehmen, Witte sprang mit *U-159* als viertes Boot in die »Gruppe Eisbär« ein. Als wir immer noch über unser »Ölhüte-Pech« lachten, kam schon am 14. September, gerade eben noch im gesperrten Blockadebrecherstreifen, ein abgeblendeter, bewaffneter Dampfer mit Kohlefeuerung in Sicht, dem wir in gemessenem Abstand folgten. Sicherheitshalber fragte ich daher beim BdU an. Zu oft sind da Irrtümer passiert! Eine knappe Stunde später erhielt ich Angriffserlaubnis, da es sich nicht um ein eigenes Schiff handeln konnte.

Eine Stunde nach Mitternacht am 15. September hatte ich den niederländischen Dampfer *Breedijk* mit Stückgut von Indien nach New York (6861 BRT) vor den Rohren und opferte nur einen Torpedo, der dann auch besonders günstig etwa 15 m vor dem Heck traf. Wir hatten schon vor Westafrika festgestellt, daß keineswegs der Treffer »Mitte« das ideale Ziel war. Wenn die Laderäume unbeschädigt waren, dann liefen zwar Maschinen- und Heizräume voll, doch boten dann die Laderäume meist genug Auftrieb, um ein schnelles Sinken zu verhindern. Traf aber der Torpedo einen der achteren Laderäume, die oft besonders groß waren, dann lief meistens auch der Wellentunnel schnell voll und setzte dann zusätzlich den Maschinenraum mit unter Wasser, so daß das achtere Übergewicht zu groß wurde und der Dampfer dann über das Heck absoff. So auch hier. Nach knapp 15 Minuten ging das Schiff über das Heck in die Tiefe. Vier Boote schwammen auf, davon zwei schwere Motorboote, die unentwegt herumkurvten. Es war daher schwer festzustellen, welches der vier Boote man schon nach Kapitän und Chief kontrolliert hatte.

Aber die Holländer waren gut unterrichtet, daß Gefahr bestand, daß Kapitän und Chief gefangengenommen würden, und es erwies sich als unmöglich, die beiden herauszufinden.

Nachdem ich den Booten eine genaue Kursangabe nach Westafrika gegeben hatte, setzten sie Segel und waren bald in der Dunkelheit verschwunden.

Wir setzten unseren Südmarsch fort und hatten nun keine Angriffserlaubnis mehr. Heute wissen wir, daß die Gegenseite über unsere Planung voll unterrichtet war. In London wurden unsere Fähnchen mit Namen genau mitgekoppelt und täglich auf der großen Seekarte des Südatlantik etwas weiter südlich weitergeschoben. Schon am 22. August hatte die britische Admiralität die Südatlantik-Station in Simonstown unterrichtet, daß eine U-Bootflottille mit einem Versorgungsboot gegen Ende September vor Kapstadt operieren würde.

Im Besitz dieser klaren Erkenntnis, die durch die sich nach Süden ausdehnenden Versenkungen der *Laconia*, der *Trevilley* und schließlich der *Breedijk* noch untermauert wurden, kann man sich heute ernstlich fragen, warum sich Kapstadt nicht ernsthafter auf den zu erwartenden Überfall vorbereitet hat. Vielleicht war es sogar eine absichtliche Nachlässigkeit, um die Erkenntnisse der Aktion »Ultra« nicht offenbar werden zu lassen!?

Verständlicherweise konnte ich es nicht unterlassen, am 19. September auch noch der Insel St. Helena eine vorsichtige Sichtkontrolle aus der Ferne angedeihen zu lassen. Aber eine neue *Darkdale* lag nicht wieder auf der Reede.

Am nächsten Tag hatten wir dann plötzlich unvermuteten Ärger. Die Verkleidungsklappe von Rohr II, mit einem Gelenkarm mit der Mündungsklappe verbunden, war beschädigt, ein Teil weggebrochen. Der nun geöffnet stehende Restteil drückte durch den Fahrtstrom die Mündungsklappe auf, so daß diese sich öffnete und das Rohr bewässerte.

So mußten wir den im Rohr befindlichen Eto ziehen und

konnten das Rohr II nicht mehr benutzen. Das Quietschen des Verkleidungsklappenteils bildete fortan eine unerträgliche Gefahrenquelle bei jeder möglichen Horchverfolgung. Der Restteil mußte verschwinden, das bei den verschiedenen Fahrtstufen unterschiedlich laute Geräusch mußte vor dem Angriff auf Kapstadt beseitigt sein. Abbrennversuche mit einem selbstgefertigten Druckluft-Schutz-Kegel-Zerstäuber waren erfolglos. Der bedauernswerte Schweißer wurde trotz größtmöglicher Trimmung des Hecks derartig vom Seegang hin und her geworfen, daß an ein Abbrennen des Edelstahlbolzens gar nicht gedacht werden konnte. Auch der Versuch mit einer Stahlsäge blieb ohne Erfolg, da immer noch über ein Meter seegangbewegtes Wasser darüber stand. Der Seegang gefährdete die Taucher derartig, daß ich den letzten nach knapp einer Stunde halb erstarrt vor Kälte wieder an Deck holen ließ. Auch der naheliegende Versuch, mit Höchstfahrt die Klappe am Gelenk abzubrechen, gelang nicht. Sobald wir nach jedem Versuch hoffnungsfroh tauchten, ertönte unser gefährliches Warngeräusch: »Hier kommen wir.« Die im Zentrale-Palaver erwogene »Absprengung« mußte verworfen werden, da allein die sprenggerechte Anbringung der Ladung gar nicht erreicht werden konnte. Wir waren sehr betroffen. Jede Meldung an den BdU hätte uns von unserer Hauptaufgabe des Eindringens in die Table-Bay sofort ausgeschlossen, möglicherweise von der ganzen »Eisbär-Unternehmung« überhaupt.

Am 22. September gegen Mittag trafen wir dann auf dem vereinbarten Treffpunkt unseren Versorger, *U-459*, Kommandant Korvettenkapitän d. R. v. Wilamowitz-Möllendorf (»der wilde Moritz«). Nachdem er lange Zeit in Pillau bei der ULD Schulbootskommandant gewesen war, hatte ihm Dönitz auf sein ständiges Drängen dieses besonders wichtige Versorgungs-U-Boot zugewiesen. Die ausschließlich für diesen Zweck gebauten Boote hatten sehr zum Ärger der Besatzungen keine Torpedo-Rohre und nur eine Fla-Bewaffnung, damit sie sich notfalls beim Ein- und Auslaufen gegen Flugzeuge wehren konnten.

Nur wenig später kam auch *U-172* in Sicht. Großzügig überließen wir ihm den Treibölschlauch zuerst, da wir immer noch mit unserem schrecklichen Verkleidungsklappenproblem beschäftigt waren. Der nächste Versuch mit schon fast gefährlicher Hecktrimmung ergab immer noch einen 40-cm-Wasserstand über dem Übeltäter, dem Gelenkbolzen aus V2A-Stahl. Ein Erfolg fast zweistündiger Bemühungen stellte sich nicht ein. In der Hoffnung, doch Fortschritte gemacht zu haben, erneuerten wir am Nachmittag den Versuch des Abbrechens mit Höchstfahrt. Es gab keinen hörbaren Erfolg, und wir blieben in tiefstem Pessimismus bei der Treibstoffübernahme.

Daneben lief die willkommene Proviantübernahme, die von der Fürsorge und den bekannten Gaumenfreuden des Versorgerkommandanten Zeugnis ablegte. Die ausgiebige Mahlzeit mit bretonischem Hummer, die Wilamowitz höchstselbst in Lorient zu beschaffen pflegte, stärkte denn auch trotz unseres Kummers unser Selbstgefühl. Nach dem schon auf der ersten Südatlantik-Unternehmung von uns erfundenen Mayonnaise-Herstellungspatent (mit Bohrmaschine im Heckraum) konnten wir uns erneut unter die ersten Gastronomie-Unternehmer einreihen.

Mit anbrechender Dunkelheit kam dann Emmermann zu uns an Bord, um mit mir die genaue Planung der Kapstadt-Unternehmung zu besprechen. Wenn abwehrmäßig einigermaßen möglich, was erst an Ort und Stelle festzustellen war, dann wollten wir versuchen, in die Tafelbucht zwischen Sea Point und Robben Island einzudringen. Selbstverständlich war Voraussetzung, daß es sich lohnte und genügend Schiffe auf Reede lagen. Während *U-172* von West bis Nordwest auf Mitte Einfahrt manövrieren sollte, war der Anlaufkurs für uns von Südwest bis West vorgesehen, damit wir uns unter keinen Umständen gegenseitig in die Quere kommen konnten. Natürlich nahmen wir damals beide an, daß die Abwehr nicht mit uns rechnete. Außerdem, meinten wir, würden die Engländer nicht glauben, daß wir die Frechheit haben würden, bis in die Tafelbucht einzudringen. Naiverweise hielten wir zu dieser Zeit unsere Schlüsselmittel immer noch für absolut sicher. Unsere Abneigung gegen jede Funkerei gründete sich mehr auf die Möglichkeit, angepeilt zu werden.

Wir beide kamen überein:

1. Termin ist die Mittwoch-Nacht vom 7. zum 8. Oktober 1942
2. Angriffszeit eine halbe Stunde nach Mitternacht
3. Kurz-Signal »Nein« falls:
   a) Ortung von Land feststellbar
   b) Hafensperre
   c) mehr als ein Vorpostenboot als Sicherung in der Linie Robben Island – Fort Wynard
   d) vorher gesichtet oder verfolgt!
4. Zeitzeichen 2 Uhr in der Nacht vom 6. zum 7. ist maßgebend
5. Falls K-Signal notwendig, am 7. Oktober um 9 Uhr abends wiederholen
6. Grundsätzlich ab 300 Seemeilen Entfernung vom Hafen tags getaucht, gilt für alle vier Boote
7. Sollte dennoch eines der anderen Boote gesichtet werden, so wird sofort von ihnen das K-Signal abgegeben: »Bin vom Feinde bemerkt«.

In unserer Einfalt gingen wir tatsächlich davon aus, daß wir den Überraschungseffekt für uns haben würden.

Auch am folgenden Tage, dem 23. September, blieben wir noch mit *U-459* zusammen, machten dann unser Prüfungstauchen, ließen uns von *U-172* abhorchen, ärgerten uns über unsere unterseeische Geräuscherzeugung und verließen dann unsere brave Seekuh *U-459*, nachdem wir unsere beiden unfreiwilligen Passagiere mit allen guten Wünschen in die Obhut des »wilden Moritz« übergeben hatten.

Beide haben auch die spätere Gefangenschaft in Ostfriesland lebend und gesund hinter sich gebracht. Ihr Versprechen, nach Kriegsende wieder von sich hören zu lassen, haben sie nicht erfüllt. Dafür hörte ich aber über ihre Reederei von beiden in den späten 50er Jahren, in denen auch ich in der Seeschiffahrt tätig war. Harvey war bereits pensioniert und saß an Land, der Chief Smedley aber fuhr immer noch bei der gleichen Reederei zur See. Die Reederei zeigte keinerlei Interesse an der Übermittlung einer

Nachricht. Es war wohl auch etwas zuviel von ihr verlangt, nachdem ich ihr schönes Schiff versenkt hatte.

Mit *U-172* im Kielwasser machten wir uns auf den dreitägigen Marsch ins Operationsgebiet. Am 27. September verabredeten wir einen gemeinsamen Rückmarsch, um in weiter Dwarslinie ein großes Seegebiet zu kontrollieren und uns den langen Rückmarsch auf diese Weise abwechslungsreicher zu gestalten. Dann aber mußten wir uns trennen, um unsere Positionen für den Angriff einzunehmen. Und ich klingelte immer noch mit Verkleidungsklappe durch den Südatlantik!

Das Quietschen ließ mir einfach keine Ruhe mehr. Tag und Nacht grübelte ich über eine erfolgreiche Lösung. Eine einzige zufällige Verfolgungsfahrt unter Wasser könnte unser Ende bedeuten. Wir mußten noch einmal das Äußerste versuchen. Am 29. September versuchten wir abermals das Durchsägen des Bolzens. Die Männer arbeiteten mit Tauchrettern bis zur völligen Erschöpfung, bis einer nach oben kam. Er hatte den Bolzenoberteil in der Hand, die obere Hälfte war weg. Aber diese hartnäckige Klappe war einfach nicht dazu zu bewegen, nun endlich aus dem unteren Bolzenteil herauszubrechen und im Meer zu versinken. Wieder versuchten wir es mit hoher Fahrt. Allen unseren Bemühungen zum Trotz fiel aber die Verkleidungsklappe nicht ab.

Total verblüfft sahen wir uns aber am nächsten Tage, dem 30. September morgens, beim Prüfungstauchen an. Der Ton war weg, das Gequietsche hatte aufgehört – die Klappe war über Nacht abgefallen! Wie, das weiß natürlich keiner. Aber wir waren wieder voll einsatzfähig und gefechtsklar. Auch das Rohr II konnte wieder voll benutzt werden, denn die äußere Mündungsklappe machte nun auch kein Wasser mehr, und so konnten wir das Rohr auch wieder nachladen, sehr zur Freude der Bugraumbewohner, die damit endlich auch wieder etwas mehr Bewegungsfreiheit erhielten. Ein tiefes Aufatmen ging durch das ganze Boot.

Gegen Morgen am 2. Oktober erreichten wir die festgelegte 300-Seemeilen-Grenze, von der an wir beim Vormarsch auf Kapstadt tagsüber getaucht stehen mußten. Leider hatte mit der Annäherung an die Küste der Schwell ganz erheblich zugenommen. Es war jetzt schon eine sehr gute Vorübung für den Leitenden, das Boot auf Sehrohrtiefe zu halten, was wir jetzt jeden Tag auch ausgiebig übten, denn wir wollten ja auch den ein- und auslaufenden Kapstadt-Verkehr in seiner Häufigkeit genau studieren. Trotz stundenlanger Beobachtung auf Sehrohrtiefe in den nächsten beiden Tagen konnten wir zwar an der Kimm gelegentlich Masten und mitunter auch Schornsteine wandern sehen. Aber ein klarer Überblick war nicht zu gewinnen.

Am 4. Oktober abends konnten wir das Feuer von Green Point gut ausmachen, aber alle anderen Feuer schienen gelöscht zu sein. Gegen Mitternacht kam es dann ganz klar und deutlich heraus. Darunter stand ein sehr starker Scheinwerfer mit einem etwa 30°-Sektor. Auch über dem Reedegebiet beobachteten wir mehrfach starke Scheinwerfer. Als wir bei Hellwerden für den Tag über verschwanden, lag vor uns der einmalig schöne Tafelberg, links davon Lions Head und Lions Rump. Der Tafelberg »ohne Tischtuch« von der ostaufgehenden Sonne in seinen Konturen herrlich beleuchtet – ein wundervolles Bild! Am Abend marschierten wir nach dem Ausgangspunkt für die ganze Operation.

Um 6 Uhr früh tauchten wir dann dort zur Beobachtung und sahen fast den ganzen Tag ein- und auslaufenden Verkehr. Manche Dampfer waren gut zu sehen, aber horchmäßig kaum zu peilen. Andere Dampfer hatten eine »brüllende« Horchpeilung und standen so weit ab, daß sie nur gerade eben die Mastspitzen über die Kimm streckten. Eben mit Dunkelwerden tauchten wir auf zum Marsch zwischen Kap und »potentiellem« Minengebiet nach der Außenreede zwischen Green Point und Robben Island, wo wir, wenn es überhaupt möglich ist, durchbrechen wollten, um an die auf der hinteren Reede zu Anker vermuteten, auf die Konvoi-Zusammenstellung wartenden Schiffe heranzukommen. Das Feuer Green Point brannte friedensmäßig. Immerhin standen wir um Mitternacht nur wenige Seemeilen von der Enge Green Point – Robben Island ab und konnten beobachten, wie jedes ein- oder auslaufende Fahrzeug längere Zeit vom Scheinwerfer festgehalten wurde.

Ab und zu wurden auch wir grell beleuchtet und kamen

mehrfach in erhebliche Schwierigkeiten, nicht vom Verkehr entweder überrannt oder gesehen zu werden. Soviel aber ließ sich jetzt einwandfrei feststellen, ein nächtliches Durchbrechen zwischen Robben Island und Green Point war aufgetaucht nicht möglich. Ein Angriff auf Reede erschien nur bei Nebel möglich, und keineswegs gleichzeitig aufgetaucht mit zwei Booten wie beabsichtigt.

Um Mitternacht kamen wir stark ins Gedränge mit zwei gleichzeitig einlaufenden Dampfern. Um 1 Uhr funkte Emmermann: »Reede leer – Frage freier Angriff?« Aber der BdU glaubte noch an eine spätere Ansammlung von Konvoi-Schiffen auf Kapstadt Reede und wollte gerne den Angriff auf den 10. Oktober verschieben. Das aber hielt ich für falsch, nachdem ich die Dichte des ein- und auslaufenden Verkehrs gerade eben festgestellt hatte. Jeder weitere Tag Abwarten erhöhte die latente Gefahr, daß der Angriff erkannt wurde.

So gab auch ich meine Beurteilung der Lage an den BdU mit: »Lichtsperre, Erfolg Reede fraglich, starker Durchgang! Vorschlage Angriff frei 8 Uhr.« Schon zwei Stunden später kam der Befehl: »Angriff frei für alle Boote ab 8.10 Uhr.«

Wir machten kehrt, um in der kommenden Nacht um Mitternacht wieder an gleicher Stelle stehen zu können, wo wir dem Verkehr kaum hatten ausweichen können.

Heute aber wissen wir, daß auf Capetown Roads schon seit zwei Wochen keine Schiffe mehr lagen, die Konvoi-Zusammenstellungen in der nördlich gelegenen Saldanha Bay erfolgten und der ein- und auslaufende Verkehr nur dicht hinter den Hafen-Molen abgewickelt wurde.

Zwei Stunden vor festgesetztem Angriffsbeginn standen wir nun voller Erwartung und Spannung in unserem Angriffsgebiet. Sofort kamen auch die Seitenlichter eines auslaufenden Dampfers in Sicht. Er drehte dann aber auf die andere Ausfahrt und mußte also Witte in die Arme laufen, wenn der gut aufpaßte. So blieben wir auf Nordkurs vor dem Durchfahrtsloch nach Südwesten stehen und hatten noch vor Mitternacht den nächsten Dampfer auslaufend nach Südwesten in Sicht. Dann aber war es gerade Mitternacht, und die erste Detonation kam weit von Backbord, also von Wittes Loch; er hatte ihn also!

Unser Ziel kam nur recht zögernd mit Kurs 210°. Wir mußten erst noch unsere Position verbessern, bis wir ihn etwa eine Stunde nach Angriffserlaubnis gut vor den Rohren hatten, aber leider in scheußlicher Grundsee.

Der erste Einzelschuß auf knappe 800 m wurde zum Fehlschuß. Endlich tat es der dritte Aal. Der Dampfer stoppte, setzte Boote aus – Treffer eben hinter der Mitte. Dann lagen wir und warteten, daß er gerade hier verschwand, wo wir noch mehr erwarten konnten. Als er nach mehr als einer halben Stunde immer noch schwamm, die Boote waren schon weit weg nach Land zu, mußte ich mich entschließen, auch noch einen Fangschuß an dieses kleine Schiff zu verschwenden. Damit ging es dann aber endgültig über den Achtersteven in die Tiefe, und wir konnten uns dem von Süden auflaufenden Schatten zuwenden, der offensichtlich nach Kapstadt einlaufen wollte. Zwanzig Minuten vor 4 Uhr kamen wir zum Schuß. Ich mußte sicherheitshalber einen Zweierfächer vorsehen. Mit schon leicht über der Kap-Halbinsel sich hebendem Tagesgrauen trafen wir das große tiefliegende Schiff etwa 20 m hinter der Mitte, dem idealen Treffpunkt. Dennoch sank es allzu langsam. Beide Dampfer haben erstaunlicherweise nicht gefunkt. Der zweite sah sich ja auch bereits sicher im Hafen. Vier Boote kamen zu Wasser, blieben aber immer noch in der Nähe. Da es jetzt unangenehm hell wurde, mußte ich auch für dieses Schiff noch einen Torpedo opfern. Die Gefahr, daß das Schiff schwimmen blieb und dann bei Tage in den Hafen geschleppt wurde, war zu groß. Nach einem Torpedo-Treffer im Heck gab es einen Feuerzauber. Die Wabos und die Munition am Heckgeschütz gingen in die Luft, die Sprengstücke regneten bis zu uns, durchschlugen die Holzgräting an Oberdeck, eines verwundete einen Mann in der Zentrale am Ohr. Steil über das Heck aufgerichtet, ging das Schiff in die Tiefe. Gleich darauf aber mußten wir auch verschwinden. Der Tag war angebrochen. Der abnormal hohe Torpedoverbrauch und die Fehlschüsse in der steilen hohen Swell machten uns Sorge.

Nach dem dokumentarischen Bericht der südafrikanischen Regierung »Der Krieg in den südlichen Ozeanen« war das erste Opfer der Grieche *Koumoundouros* von nur 3598 BRT, das zweite Schiff der Holländer *Gaasterkerk* (8679 BRT), von dessen Besatzung der australische Zerstörer *Nizam* aber nur ein Rettungsboot um die Mittagszeit etwa 11 Seemeilen von Cape Point auffischte.

U-172 hatte den BdU-Funkspruch in verstümmelter Form aufgenommen und nur herausgelesen, daß der Angriff freigegeben sei. So hatte Emmermann bereits am 7. Oktober den Kampf aufgenommen. Während wir nur Beobachtungen anstellten, hatte er bereits den Amerikaner *Chickasaw City* (6196 BRT) und den Panamesen *Firethorn* (4700 BRT) versenkt. So waren bereits die ersten Rettungsboote an Land, bevor wir den Kampf aufgenommen hatten. Aber das wußten wir damals noch nicht, sondern hörten es erst nach unserem Vortrag bei BdU. Wenn es aber so war und damit auch dem Befehlshaber Südatlantik in Simonstown bekannt gewesen ist, daß der erwartete Eisbär-Einsatz begonnen hatte, dann bleibt es unverständlich, daß die Handelsschiffe mit gesetzten Seitenlaternen ein- und ausliefen, wie noch in der Nacht vom 7. zum 8. Oktober.

Witte hatte richtigerweise den in seinen Kanal einlaufenden, von uns mit den brennenden Seitenlaternen erkannten Dampfer ruhig schon wenige Minuten vor Mitternacht torpediert, die britische *Boringgia* (5821 BRT), um dann am 8. Oktober die britische *Clan Mactavish* (7631 BRT) seiner Liste zuzufügen.

Das Horchwetter war sehr gut, zu unseren Gunsten. So konnten wir rechtzeitig auf jede Horchpeilung reagieren, auf Sehrohrtiefe gehen und versuchen, auf Schußposition zu kommen. Beim ersten Male waren wir zu weit ab, und ich wollte den Schuß nicht riskieren. Beim zweiten Male hatten wir gleich zwei eng zusammenliegende Peilungen, so daß ich mich entschloß, auf gleichem Kurs mitzulaufen. Noch bei Dämmerung kam ich an die Oberfläche und hatte einen Tanker mittlerer Größe voraus einlaufend, dahinter einen noch nicht genau auszumachenden, offensichtlich aber in Ballast liegenden zweiten Frachter. Kurz vor 9 Uhr abends, gerade eben dunkel genug, fiel der Einzelschuß auf den Tanker,

Treffer etwa 30 m hinter der Schiffsmitte, dann aber gleich darauf eine zweite gewaltige Detonation etwa 20 m weiter achtern mit hoher Stichflamme. Der Tanker brannte und sackte langsam über das weggebrochene Achterschiff. Aber er schrie mit seiner FT ohne Unterlaß, so daß wir auch gleich seinen Namen mitbekamen, der US-Tanker *Swiftsure* (8207 BRT).

Ich konnte mich dann sofort der zweiten guten Horchpeilung zuwenden. Von den wirklich heroischen Bergungsversuchen der *Swiftsure* erfuhr ich erst lange nach dem Kriege durch den amtlichen Bericht des Kapitäns.

Danach hatte ich sicherlich recht gehabt, einen Fangschuß in diesem Falle zu sparen. Der Schatten, auf dessen Horchpeilung ich dann manövrierte, lag nach einer knappen Stunde vor uns und tauchte so plötzlich im leichten Dunst auf, daß ich sofort schießen mußte, um eine langwierige Verfolgung zu vermeiden. Ich gab Hänert sofortige Feuererlaubnis für einen Einzelschuß, der nach ganz kurzer Laufzeit zum Treffer »Mitte« wurde. Beinahe routinemäßig gingen die Boote zu Wasser. Als das Wrack nach einer halben Stunde Wartezeit immer noch nicht gesunken war, entschloß ich mich dann doch zu einem Fangschuß, weil ich noch in dieser Nacht Torpedos von Oberdeck nach dem Bugraum umladen wollte. Dunkelheit und erstaunlich stilles Wasser schufen vorzügliche Bedingungen hierfür. Der Fangschuß mit dem Treffpunkt Vorkante Brücke riß den Dampfer in zwei Teile. Ich schätzte ihn auf rund 6000 BRT. Später stellte es sich heraus, daß es sich um den britischen Dampfer *Sarthe* (5271 BRT) gehandelt hatte.

Aus dem Bericht des Kapitäns ist besonders interessant, daß das Schiff durch die Versenkung der *City of Athens* am 8. Oktober durch *U-179* (Korvettenkapitän Thilo) vorgewarnt war, erneut alarmiert durch die auf seiner Kurslinie erfolgte und von ihm beobachtete Torpedierung der *Swiftsure*. Dennoch konnte er uns nicht ausweichen. Die Zeit, die *Sarthe* zum Aufnehmen des Bugschutzgerätes brauchte, war etwa die gleiche Zeit, die *U-68* zum Vorsetzen zum Angriff benötigt hatte.

Genau um Mitternacht hatten wir mit dem Umladen beginnen können und waren feste dabei. Einen Torpedo hatten wir unter Deck, den zweiten gerade im offenen Bugraum-Luk hängend, als plötzlich erneut ein Dampferschatten sichtbar wurde.

In der Annahme, daß uns auf der Brücke dieses Phänomen entgangen war, meldete Hänert, der I. W.O., vom Vorschiff aus durch Zuruf: »Ist es der Brücke bekannt, daß voraus sich ein abgeblendeter Dampfer befindet?« Wir beruhigten ihn und ermahnten nur zur Beeilung des Wegfierens, damit das Luk geschlossen werden konnte. Das Gerät sollte ebenso schnell – behelfsmäßig – verstaut werden. Das alles geschah in wirklich stockdunkler Nacht. Es war eine wirkliche Höchstleistung der Besatzung, besonders auch der Torpedomechaniker, die sich sofort neben der Übernahme vom Oberdeck darangemacht hatten, den ersten übernommenen Ato schußklar zu machen, was immerhin einen erheblichen Zeitbedarf erforderte. Tatsächlich hatten wir nach noch nicht 40 Minuten nach Insichtkommen des Schattens den zweiten Torpedo unter Deck, das Gerät provisorisch verstaut, den ersten Aal schußklar und standen in guter Angriffsposition mit jederzeit tauchklarem Boot. Das war der Lohn eines hervorragenden Ausbildungsstandes und erstklassigen Zusammenspiels aller Kräfte. So konnte dann bereits eine Viertelstunde vor 4 Uhr morgens ein Einzelschuß aus Rohr II aus kürzester Entfernung auf unseren Schatten erfolgen, Treffer Achterkante Schornstein.

Erschütternd schnell kenterte das Schiff und versank. Diesmal aber wollten wir es doch genau wissen und gingen an die Boote. Es war der US-Dampfer *Examelia* (4981 BRT), mit Stückgut von Indien nach Kapstadt.

Der amtlichen Untersuchung zufolge versank das Schiff nach dem Mittschiffstreffer zwischen Heiz- und Maschinenraum nach genau sieben Minuten. Deswegen gab es leider erhebliche Verluste unter Besatzungsangehörigen, denn nur 43 Mann von 54 gelang es, rechtzeitig in die Boote zu kommen. Elf Mann einschließlich des Kapitäns blieben bei diesem Untergang.

Inzwischen aber war es 4 Uhr morgens geworden. Wir waren nach der Versenkung der *Examelia* intensiv damit beschäftigt, das nur provisorisch gezurrte Übernahme-Geschirr richtig in alle Halterungen zu bringen und festzuzurren. Es war auch zu spät geworden, um noch weitere Torpedos vom Oberdeck nach dem Bugraum zu verbringen. Aber die tüchtigen Torpedomixer waren jetzt dabei, den zweiten vom Oberdeck übernommenen Ato im Bugraum klarzumachen. Es war einfach nicht zu glauben, daß tatsächlich trotz des ganzen Versenkungsrummels noch ein Aspirant angedampft kam, sogar mit brennenden Dampferlaternen nur eben 400 m von uns entfernt. Der zweite, gerade erst vom Oberdeck nach unten gebrachte Ato traf genau Achterkante Schornstein das der Linienform nach alte unmoderne Schiff, das sofort gestoppt liegenblieb. Der Torpedotreffer hatte eine in doppelte Masthöhe aufsteigende rostig braune Dunstwolke ausgelöst, die sich nur langsam entfernte. Das Schiff, als es wieder sichtbar wurde, lag mit dem Heck bereits auf die Wasserlinie abgesackt und brannte lichterloh mittschiffs. Das mißfiel mir sehr, denn es konnte in jeder Sekunde die sicherlich vorhandene Abwehr jetzt noch anlocken. Schließlich blieb mir mit Hellwerden keine andere Wahl, als noch einen weiteren Torpedo zu opfern, wenn ich nicht riskieren wollte, daß eine »salvage party« aus dem nahen Simonstown das Wrack im Laufe des Vormittags auf den Haken nehmen würde. Zwanzig Minuten nach 5 Uhr traf dann der Eto aus dem Heckraum und brachte das Schiff in nur knapp zwei Minuten unter Wasser, zwei Boote segelten dem Lande zu. Wir hatten ein Erzschiff vermutet, den belgischen Frachter *Belgian Fighter*, geschätzt auf etwa 6000 BRT. Tatsächlich hatte er jedoch nur 5403 BRT, eine Ladung von Manganerz und Stückgut von Marmagoa nach Kapstadt. Die Seefunkstation »Slangkop-Radio« hatte dem Schiff nach den Versenkungen der Nacht verboten, nach Kapstadt einzulaufen, doch nach einmaliger Zurückweisung war der Captain gerade dabei, es nun ein zweites Mal zu versuchen.

Als das Schiff verschwunden war, die Rettungsboote bereits weit nach Land zu, war es bei fast schon Tageshelligkeit höchste Zeit, nun endlich hier zu verschwinden, nach der Versenkung von nicht weniger als sechs Schiffen innerhalb von 24 Stunden. Hier war nun mit Sicherheit auch in den nächsten Stunden, gleichgültig ob bei Tage oder Nacht, nichts mehr zu erwarten. So war es nur logisch, daß wir uns mit großer Fahrt nach Südsüdost absetzten, um dann am späten Nachmittag auch über Wasser noch in der gleichen Richtung Raum zu gewinnen. Mit nur noch einem einzigen Ato im Boot waren wir tatsächlich nur noch begrenzt kampffähig. Ich mußte, sobald es das Wetter erlaubte, die restlichen sieben Torpedos nach Unterdeck umladen.

Unter den gegebenen Umständen mit einem nun aufs höchste alarmierten Feind war diese Operation, die mehrere Stunden beanspruchen würde, ein außerordentlich schwer kalkulierbares Risiko. Ich konnte es nur eingehen, wenn wir unsere Vorsicht und Umsicht verdoppelten. So ließ ich alle W.O.s und auch die Oberfähnriche an Oberdeck mitwirken, aber auch zusätzlich den Ausguck verstärken. Der Seegang mit Schwell 2 bis 3 war alles andere als günstig. Als es etwa zwanzig Minuten vor 8 Uhr gerade eben dunkel genug war, ließ ich auftauchen und mit »Alle-Mann-Manöver« die restlichen sechs Atos vom Oberdeck nach dem Bugraum umladen. Als noch etwas Regen zur ohnehin nur mittleren Sicht dazukam, stiegen unsere Chancen, den Kraftakt zu bestehen. Genau eine Stunde vor Mitternacht wurde das Bugraum-Torpedoluk hinter dem letzten, dem sechsten Ato, wieder geschlossen. Nur eine Stunde später hatten wir bereits Seegang 3 bis 4 und Windstärke 4, beides zunehmend.

Auf Anfrage des BdU meldeten wir kurz nach Mitternacht unsere Erfolge, den Torpedobestand und unseren Brennstoff mit 185 cbm. Mit den beiden bereits auf dem Hinmarsch versenkten Schiffen hatten wir acht Versenkungen geschafft. Die Stimmung im Boot war erstklassig. Das Kampfmittel U-Boot hatte mit dieser Besatzung in jeder Hinsicht das Optimum erreicht, wobei natürlich auch eine ganze Mütze voll Glück dabeigewesen war, wie ich in den abendlichen Palavern in der Zentrale auch immer betonte.

Daß der Feind nicht nur bellen, sondern auch böse beißen konnte, hörten wir aus den Funksprüchen der anderen Boote. Sowohl Poske *(U-504)* als auch Witte *(U-159)* und ganz besonders *U-172* (Emmermann) hatten ganz erhebliche Mengen an Wasserbomben und auch Flugzeug-Überraschungen erleben müssen.

Am Abend des 11. Oktober bekamen alle »Eisbär-Boote« ein besonderes Lob für unsere Anfangserfolge vor Kapstadt, hatten wir doch bisher rund 150 000 BRT versenkt. Dennoch war dieses Lob des Oberbefehlshabers in See außergewöhnlich, zeigte es doch, daß den U-Boot-Erfolgen auch nach unserem Urteil ein zu großes Gewicht beigemessen wurde. Aber waren diese Versenkungen kriegsentscheidend? Damals freuten wir uns lediglich, ohne weittragende Gedanken zu verschwenden.

Wir standen nun bereits leicht südöstlich der Agulhas-Bank. Was wir bisher zu unserem größten Erstaunen noch nicht erlebt hatten, nicht einmal viel näher unter der Küste, das schien sich jetzt hier gleich in erhöhter Frequenz abzuspielen, eine »Luftüberwachung« in recht unterschiedlicher Dichte. Sowohl Landmaschinen als auch mehrmotorige, uns unbekannte Typen überflogen uns. Aber es schien, daß sie nicht auf Seeziele trainiert waren. Mehrfach konnten wir oben bleiben, sie flogen an uns vorbei, ohne uns zu sehen. Zunächst tauchten wir natürlich bei jedem Flugzeug. Dann wurden wir dreister, und schließlich tauchten wir nur noch, wenn wir ganz offensichtlich angeflogen wurden.

Am 13. Oktober, vielleicht hing es mit dem Datum zusammen, standen wir nun östlich der Agulhas-Bank und konnten damit den Verkehr nach und von Fort Elizabeth und East London nach Kapstadt kontrollieren, aber anstatt ruhigerer See im Schutze der Agulhas-Bank herrschte hier eine derartige Grundsee und hoher Schwell, daß an Unterwasserangriffe mit Aussicht auf Erfolg gar nicht zu denken war.

Wegen der leider anhaltenden Schlechtwetterlage, gar nicht so weit nördlich der »roaring forties«, und wegen der erstaunlich regen Luftüberwachung beschloß ich am Abend des 15. Oktober, wieder nach Westen zu marschieren. Auf dem zweitägigen Westmarsch ereignete sich nichts, außer gelegentlichen Flugzeugsichtungen. Keine einzige Mastspitze kam in Sicht. Dieses plötzliche Nichts nach intensivem Kampfeinsatz ist eine große Gefahr. Die Spannung geht bis auf »Null« zurück, die Aufmerksamkeit läßt nach, und die so wichtige Stimmung sinkt bis zur Gleichgültigkeit ab, wenn man den eintönigen Routinebetrieb nicht erfindungsreich belebt. Es gelang uns, durch alle möglichen Wettbewerbe den gewissen toten Punkt zu überwinden.

Am 19. Oktober südwestlich Kapstadt, bei schon schwächerem Seegang, aber noch hoher Schwell, kam dann endlich wieder einmal ein Dampfer mit östlichem Kurs in Sicht. Er wollte offensichtlich nach Kapstadt, machte aber sehr unregelmäßige Zacks. Wir tauchten zum Tagesunterwasserangriff. Es war ein moderner Dampfer, wahrscheinlich schon ein amerikanischer Kriegsbau, etwa 5000 BRT, mit einer Decksladung militärischer LKW und mit Rotem Kreuz gekennzeichneten Transportwagen. Durch unerwartetes Zu-Zacken standen wir plötzlich sehr nahe, zu nahe am Gegner, 300, 400 m, ich konnte an Deck und auf der Brücke jede Einzelheit erkennen. Beim – fehlgehenden – Zweierfächer kam das Boot bei mitlaufendem Schwell plötzlich zu hoch heraus, wurde vom Schiff sofort erkannt und erstaunlicherweise auch sogleich beschossen. Natürlich zeigte der Dampfer sofort das Heck und dampfte auf. Bug- und Heckgeschütz hielten das Sehrohr unter Feuer, lagen aber ungefährlich schlecht am Ziel. Das war das zweite Mal, daß tatsächlich Gegenwehr erfolgte. Auch sein Ausguck muß gut funktioniert haben, denn so hoch war das Sehrohr auch nicht heraus, daß es hätte gesehen werden müssen. Heute weiß ich, daß es der US-Dampfer *Stephen A. Douglas* war, ein Liberty-Frachter, der entkam, nachdem ihm die Zerstörer *Nizam* und *Foxhound* auf sein Funkgeschrei mit Höchstfahrt entgegengesandt worden waren. Als dann am Spätnachmittag noch Fliegeralarm vor einer Viermotorigen uns unter Wasser zwang, habe ich die Verfolgung mit einem unbestimmten Gefühl drohenden Unheils aufgegeben.

Der nächste Tag brachte einen Hinweis vom BdU auf den vermutlichen Kapstadt-Trinidad-Weg der Alliierten. Es erschien mir sehr zweckmäßig, wenigstens den südlichsten Teil für den nun tatsächlich demnächst anzutretenden Heimmarsch zu benutzen und den Verkehr auf ihm zu testen.

Aber auch das Angriffsgebiet Kapstadt wurde erheblich erweitert und reichte jetzt bis zur Südspitze Madagaskars. Das war natürlich jetzt für uns zu spät, da wir brennstoffmäßig den langen Marsch nicht noch einmal riskieren und auch mit den restlichen fünf Torpedos nicht mehr viel ausrichten konnten.

Unsere Überprüfung hat dann aber bis zum 22. Oktober keinen Verkehr ergeben, wenigstens haben wir keinen gefunden. Ich beneidete die IX D-2 Boote, die an Bord eine »Bachstelze« hatten, ein kleines, vom U-Boot geschlepptes Drachen-Flugzeug mit nur sehr schwachem Antrieb, mit Hilfe dessen immerhin eine Augeshöhe von 20, 30 m erzielt wurde. Das hätte in dieser Situation wirklich von hervorragendem Nutzen sein können. Wir versuchten, unsere Augeshöhe durch die ausgefahrenen Sehrohre zu verbessern. Nur durfte man das leider auch nur zu bestimmten Tageszeiten tun, da man ja auch gleichzeitig unter gewissen Beleuchtungsverhältnissen sich selbst verriet.

Am 24. Oktober gab ich die Überprüfung des Weges auf und gedachte, nochmals in den nordwestlichen Sektor des Haupt-Angriffsgebietes zu gehen, in der allerdings irrigen Annahme, daß dort keine oder nur sehr geringe Erfolge erzielt worden wären.

Die am 26. Oktober von allen abgegebenen Lagemeldungen auf Anforderung, womit wir wieder einmal dem Gegner beste und genaueste Schiffsorte der U-Boote lieferten, zeigten, daß alle »Eisbär-Boote« nun weitab vom Schwerpunkt Kapstadt operierten.

Da für uns Versorgung nicht noch einmal vorgesehen war und wir weitere Tage ohne jede Sichtung hin und her kreuzend hinter uns gebracht hatten, beschloß ich am 30. Oktober, nachts den Rückmarsch nach Norden anzutreten. Langsam bewegten wir uns an der Westgrenze des Operationsgebietes nach Norden. Nach ganzen fünf Tagen erreichten wir die äußerste Nordwestgrenze des Operationsgebietes und hatten dann tatsächlich doch noch einmal Erfolg, auch wenn wir dessen nicht froh werden sollten, nachdem wir so lange Zeit mit täglich neu entfachtem Eifer den Horizont, die Wolken, das Wasser sorgfältigst, aber vergeblich beobachtet hatten.

Es war die meist ereignisreichste Zeit der Abenddämmerung. Der Westhimmel trug schon die ersten Passatwolken. Wie meist um diese Zeit hatten wir beide Sehrohre ausgefahren und besetzt. Ich war gerade wieder auf der Brücke, nachdem ich selbst mindestens 20 Minuten die Sehrohrwache am Luftzielsehrohr gegangen war, als am noch hellen Westhimmel eine etwas dunklere, sehr feine Rauchfahne sehr kurz sichtbar wurde, die auch sofort unser bester »Fernaugeninhaber« meldete, Obermaat Buthge. Wir standen zu viert auf der Brücke, Buthge, Walter Griese, Klaus Hänert und ich, und starrten genau in die Richtung von 288°, wo zunächst auch nicht das geringste Anzeichen einer Beleuchtungsanomalie am noch hellen Streifen des Westhimmels zu entdecken war. Und dann, wir sahen es alle gleichzeitig, kam ein Faden nur geringfügig dunkleren Rauchs eben aus der Kimm aufgestiegen, der aber fast sofort auch wieder verflog. Nun, was konnte es schon ausmachen, nachdem wir vier das gleiche Phänomen gesehen hatten, wenn wir eben mal eine Stunde auf möglichem Kollisionskurs mit hoher Fahrt abliefen. Den Brennstoffaufwand konnten wir uns schon noch leisten. Mit Großer Fahrt liefen wir auf die Verdachtstelle zu. Jetzt wurde es schnell dunkel. Nach einer knappen Dreiviertelstunde erblickten wir einen langen, schmalen Schatten, ein Schiff auf Nordnordwest-Kurs, vollkommen abgeblendet, nicht sehr schnell. Schon nach 25 Minuten standen wir viel günstiger bei Lage 70, 80°. Das Schiff erschien auffallend lang, aber uns fiel nichts Besonderes auf.

Zehn Minuten vor 10 Uhr abends lagen wir gestoppt aufgedreht und ließen das Schiff in unsere Ziellinie einlaufen. Alles lief mit gewohnter Routine, kein Wort zuviel fiel auf der Brücke oder im Turm. Die Werte waren so klar und einwandfrei, daß ich auch nur einen einzigen Torpedo einsetzte, der gut im Meeresleuchten zu beobachten war. Unter dem Achtermast blitzte es dann an der Bordwand auf, und sogleich ertönte die Detonation nach ganzen 29 Sekunden. Also waren wir noch näher als angenommen. Kaum war die Sprengsäule am achteren Mast zusammengefallen, gingen an Deck überall Lichter an. Vom Funkraum kam die Meldung: »Der Dampfer funkt.« Automatisch meldete sich Oberfunkmaat Helmig mit dem Rufnamen von Walvis Bay und ließ die Meldung des Gegners kommen. Dann hatten wir es auch: *City of Cairo*, Frauen und Kinder unter 125 Passagieren! In der Zwischenzeit hatten wir auch auf der Brücke gemerkt, daß hier doch etwas Besonderes los war. So viele Boote hatte kein Frachter, wie jetzt hier schwammen oder zu Wasser gingen. Das Schiff lag achtern tiefer, machte aber keine Anstalten zum Sinken. Wir warteten ab, viel Geschrei im Wasser, das Licht an Deck war lange wieder ausgegangen. Der II. W.O. hat den »Gröner« aufgeblättert und liest vor: *City of Cairo*, 8034 BRT, Reederei: Ellermann-Lines/Liverpool, gebaut 1915 in Hull – ein Passagierfrachter. Blitzschnell dachte ich an die Parallele zur *Laconia*.

Erst nach 25 Minuten ließ ich den Fangschuß abgeben, um den Untergang des Schiffes zu beschleunigen. Nach Treffer mittschiffs sank das Schiff um 22 Uhr. Sehr vorsichtig ging ich mit E-Maschinen zu den Booten und damit näher an die Untergangsstelle. Unendlich viele Menschen waren noch im Wasser, um Hilfe schreiend. Das erste Boot, das wir ansteuerten, war halbleer. Die Menschen saßen apathisch auf den Duchten und kümmerten sich um kein Hilfegeschrei.

Ich konnte ja nichts machen. Der Kapitän mußte die Sache in die Hand nehmen. Auch das zweite Boot war noch nicht einmal zur Hälfte besetzt. Die Riemen lagen noch mittschiffs. Keiner dachte daran, zu den überfüllten Flößen zu gehen, an die sich Schwimmende klammerten. Selbst am Boot hingen an den Sorgleinen Menschen. Keiner half ihnen, ins Boot zu kommen. Ich schrie nach dem »Captain«, aber niemand meldete sich. Ich ging zum dritten Boot. In ihm schienen mehr Weiße zu sein, sogar vier Riemen waren klargenommen. Wieder fragte ich nach dem »Captain«, erhielt jedoch wieder keine Antwort. Ich fragte nach Ausgangshafen und Bestimmung. »Kapstadt nach Pernambuco«, erfuhr ich. Dann begann ich zu brüllen, damit sie sich um die noch Schwimmenden kümmerten, unendlich langsam pullten sie dann zu einem großen Haufen, wo Wrackteile und Flöße trieben. Vorsichtig ging ich hinterher und kam zu einem offensichtlich kleineren Boot, auch nur mit wenigen Menschen darin, die aber dabei waren, andere aufzufischen. Dann gab ich dem am Ruder Sitzenden den Versenkungsort bekannt, 500 Seemeilen bis nach St. Helena, 1600 Seemeilen bis nach Westafrika, 2200 Seemeilen bis nach Südamerika. Ich sah den Haufen Unglück, den wir hinterließen, und dann entfuhr es mir zu dem Bootssteurer: »Sorry to sink You. Good Night!« Vorsichtig ließen wir den Trümmerhaufen hinter uns und fanden keine Worte für das Erlebte. Jeder behielt seine Gedanken für sich.

Niemand von uns konnte verstehen, warum der Marine-Chef in Simonstown dieses alte, gerade eben 10 Knoten »schnelle« Schiff mit so vielen Passagieren, Frauen und Kindern, noch während der U-Bootblockade hatte auslaufen lassen. Als wir abends wie üblich unser Palaver in der Zentrale hatten, war die Stimmung sehr gedämpft. Der reine Tonnageerfolg konnte uns nicht freuen. Die *City of Cairo* blieb unser einziges Schiff mit einer nennenswerten Anzahl von Passagieren. Die Zusammenhänge mit der *Muncaster-Castle* kannten wir damals noch nicht.

500 Seemeilen südlich von St. Helena: Welche reelle Chance hatten wohl die Überlebenden? Bei der Versenkung und vorher bei der Torpedierung konnten nicht viele Menschen zu Tode gekommen sein. Beim ersten Treffer unter dem achteren Mast waren Verluste nicht anzunehmen, der zweite mittschiffs hatte schon eher Schaden angerichtet, aber da mußte doch das Schiff lange schon geräumt gewesen sein. Tatsächlich stimmte das nicht ganz, wie sich später ergab. Daß der Kapitän sich nicht gemeldet hatte, sprach nicht für eine günstige Chance für das Überleben der Schiffbrüchigen. Nur einem ausgekochten Seemann war es in dieser Situation möglich, St. Helena zu finden – und zu erreichen. Das einzige, was die Überlebenden in den acht Booten machen konnten, war zusammenzubleiben in eiserner Disziplin, um mit allen, wahrscheinlich in den Booten bereitgehaltenen Hilfsmitteln, Kompaß, Seekarten, Sextanten und Uhren sorgfältig zu navigieren, in der Hoffnung, daß erfahrene Nautiker zu den Überlebenden gehörten. Dennoch gab ich den Schiffbrüchigen nur geringe Chancen.

Erst im Jahre 1960 erfuhr ich mehr über das Schicksal der Überlebenden, durch ein Heftchen: »Seefahrt in aller Welt«, Nr. 10 im Moewig Verlag München, »Dampfer *City of Cairo.* Fünf Wochen in Todesnot!« Das war allerdings, wie sich dann herausstellte, eine sehr blumenreich ausgeschmückte Beschreibung dieser Katastrophe. Erst eine amtliche Veröffentlichung der südafrikanischen Regierung im Jahre 1981 brachte mir mehr Klarheit. Danach hatte es tatsächlich eine dramatische Odyssee der Überlebenden, aber auch 129 Gerettete gegeben. Das Schiff und sein Schicksal aber hat mich seit dem 6. November 1942 nicht wieder zur Ruhe kommen lassen.

Wir setzten mit ganzen drei Atos unseren Rückmarsch fort. Verständlicherweise hatten wir auch die Erfolge der Kameraden hier im Südabschnitt immer mit besonderer Sorgfalt mitverfolgt.

Als wir am 8. November zur Standortmeldung aufgefordert wurden, meldeten wir unseren letzten Erfolg und fragten nach der Freigabe des Weges »A«, denn ich war schon lange davon überzeugt, daß dieser für unsere Blockadebrecher gedachte Rückkehrweg vom Gegner vorzugsweise benutzt wurde, der mittlerweile wohl wußte, daß er dort nicht mit U-Bootangriffen zu rechnen brauchte.

Der Weg wurde nicht sofort freigegeben. Emmermann und wir sollten die eingeleitete Überprüfung abwarten. So setzten wir unseren Rückmarsch mit einem mittleren Etmal von etwa 180 Seemeilen fort. Die Wachsamkeit durfte auf diesem unendlich langen Törn nicht eine Sekunde nachlassen.

So machten wir auch täglich unsere Übungen und unser Tauchexerzieren, nicht immer zum Spaß der Besatzung. Am 13. November standen wir dann schon westlich der Insel Ascension und kamen somit für einige Zeit in den Weg »A«, und richtig, es erschien am frühen Morgen des 14. November ein von achtern aufkommender Dampfer. Wir dampften ihn routinemäßig aus und setzten uns vor.

In der gleichen Zeit zirkelten Griese und ich an der Karte, ob und wann wir den Gegner wieder außerhalb des Weges haben könnten, wenn wir eben notfalls zwei oder drei Tage hinterherliefen. Aber so genau wir auch rechneten, er würde erst nach 1100 Seemeilen wieder ins Operationsgebiet geraten. Das aber war mit unserem Brennstoffvorrat nicht mehr zu schaffen. In jedem Falle tauchten wir jetzt vor dem Schiff, das mit schnaubender Bugsee auf geradem Kurs auf uns zukam. Wir lagen mit geöffneten Mündungsklappen klar zum jederzeitigen Schuß auf der Lauer und ließen ihn auf 600 m Entfernung an uns vorbeirauschen. Natürlich sah er ungemein verdächtig nach einem Blockadebrecher aus, die extrem tief gekappten Masten, das Fahren auf geradem Kurs, die Geschütze vorn wie achtern beide noch unter den Bezügen, gute 12 Knoten Fahrt, kein Mann an Deck zu sehen, aber das Ganze in der Morgensonne – das Bild eines echten Trampschiffes von etwa 6000 bis 8000 BRT. Immer noch hoffte ich beim Näherkommen, daß ich irgend etwas entdeckte, was mich doch das Feindschiff erkennen ließ. Aber je näher er kam und mir die Entscheidung aufzwang, desto weniger fand ich den geringsten Grund, an eine Feindlist zu glauben. Ich hielt ihn ganz sicher für einen Heimkehrer. Wir ließen schweren Herzens das prächtige Schiff mit schnaubender Bugsee davonrauschen.

In der Nacht zum 17. November kam dieser Funkspruch: »In dankbarer Würdigung Ihres heldenhaften Einsatzes für die Zukunft unseres Volkes verleihe ich Ihnen als 147. Soldaten der deutschen Wehrmacht das Eichenlaub zum Ritterkreuz des Eisernen Kreuzes! Adolf Hitler.«

Wir hatten nicht damit gerechnet, denn von 200 000 BRT waren wir noch reichlich weit entfernt. Aber jetzt freuten wir uns natürlich doch, und sofort fingen meine Künstler in der E-Maschine an, ein »kupfernes Eichenlaub« für mich zu bauen.

Ich genehmigte eine zusätzliche Bierration, die am Abend jedoch erst vom Oberdeck in den Kühlraum gebracht wurde, um uns dann am nächsten Abend zu erfreuen. Die Stimmung an Bord war begreiflicherweise hervorragend.

Dann schenkte uns diese Reise auf dem Rückmarsch noch ein ganz besonderes Erlebnis. Am frühen Vormittag des 18. November kamen nach und nach drei Mastspitzen langsam über die Kimm, fast genau in Kursrichtung. Wir mußten tauchen. Dann kam ein Segelschiff über den Horizont, das gerade dabei war, nach und nach alle seine Segel zu setzen. Es war in den Mallungen, die See war von der Nacht noch ganz ruhig und still. Die ersten leisen Luftzüge gingen über das Wasser. Von richtiger Brise konnte man noch gar nicht sprechen, aber die Segel standen gerade voll, und es schien, als wenn das Schiff über das stille Wasser fliegen würde. Es konnte nur ein Neutraler sein. Beim Näherkommen konnten wir auch sofort die portugiesische Nationalflagge auf der Bordwand erkennen, und das berühmte Kreuz Heinrichs des Seefahrers schmückte das Besansegel. Alle Schratsegel standen. Wir tauchten in etwa 400 m Abstand auf, setzten die Flagge am Stock im hinteren Rund des Wintergartens, und ich ließ die Brückenwache mit Front nach Backbord antreten.

In wenigen Minuten standen drüben die Wachen an den Masten mit Front nach Backbord zum Passieren. Ein Hornsignal wehte herüber, auf der Hütte standen die Offiziere aufgereiht in blütenweißem Zeug und grüßten. Das blitzsaubere Schiff und die Feierlichkeit des Augenblicks nahm uns gefangen und versetzte uns in eine schönere, eine bessere, eine vergangene Zeit, die wir auch einmal gekannt haben. Hier standen wir im verschwitzten Päckchen, ölig, stinkig und seit Wochen im rauhen Handwerk des Krieges ohne Unterlaß beschäftigt, und drüben rauschte mit leichter Brise die buchstäbliche Schönheit der Seefahrt fast geräuschlos an uns mit unseren röhrenden Dieseln vorbei.

Diese Begegnung war dann tagelang unser gefühlsbeladenes Thema in der Messe. Sicher, die Portugiesen waren Neutrale, aber das nur von Englands Gnaden, und sie wußten, daß sie den britischen Sieg denken und wünschen mußten. Dennoch erschien uns in der unverhofften Ehrung mit Hornsignal und Frontmachen beim Passieren eine Art stille Anerkennung für uns zu liegen. Ich ließ auf alle Fälle den Funkverkehr genau beobachten, aber wir konnten nicht feststellen, daß er uns weitermeldete. Erst viele Stunden später meldete mir der Funkmaat, daß das Schiff jetzt funke. Für eine Standortangabe war es sicherlich zu spät.

Aus dem Funkverkehr entnahmen wir, daß *U-505*, mit dem wir damals im Frühjahr vor Westafrika waren, jetzt vor Freetown arg zerzaust worden war und ihm ein Versorgungsboot geschickt wurde, das *U-505* bei der Reparatur der schweren Schäden helfen sollte, damit es mit eigener Kraft zur Basis Lorient zurückkehren konnte. Da wir selbst dringend »Jumbo«-Ersatzteile benötigten und den zweiten Verdichter für den Biskaya-Marsch gerne wieder klarhaben wollten, wollten wir zum gleichen Treffpunkt westlich der Kapverden gehen. Auch Motorenöl mußten wir dringend haben. Tatsächlich trafen wir uns am nächsten Vormittag mit *U-332* (Liebe), *U-505* (Zschech), der böse aussah, und dem Versorger *U-462* (Vowe). Ganz schön frech, so viele Boote hier auf dem Haufen! Wir fanden das dann auch gar nicht spaßig und gingen in Rufweite zunächst von *U-462* wegen der Jumbo-Ersatzteile und des Schmieröls. Unnötigerweise kam der Bordarzt des Versorgers herüber zu uns, aber wir konnten ihm keinen Patienten ausliefern, bei uns war alles trotz der langen Reise kerngesund.

Ersatzteile für uns waren aber nicht vorhanden, und es war wenig hilfreich, daß Vowe mich darauf hinwies, daß wir diese Ersatzteile lange vorher hätten bestellen müssen ... Zwischen Vowe und dem »wilden Moritz« als Versorger bestanden erhebliche Unterschiede, ersterer erschien mir eher als Versager-, denn als Versorgungskapitän. Das schien auch Zschech zu empfinden, der wirklich arm dran war und auch nur sehr begrenzte Unterstützung erfuhr.

Daher aber galt unsere ganze Hilfe und Unterstützung dem armen *U-505*, das gerade noch, den Schäden nach, der Vernichtung entronnen war. Das ganze Oberdeck lag bloß, und man konnte sich wirklich nur wundern, daß das Boot derartige Beschädigungen ertragen hatte.

Nachdem wir weitestmöglich geholfen hatten und weitere Unterstützung unsererseits nicht mehr notwendig war, verließen wir am Spätnachmittag Vowe und Zschech, um unseren Rückmarsch fortzusetzen.

Zschech erreichte tatsächlich Lorient ohne weitere Verfolgungen. Aber auf einer der nächsten Reisen kam er erneut in harte Verfolgung, verlor die Nerven und erschoß sich noch auf der Reise. Auch sein Nachfolger wurde ein Opfer seiner Nerven. Das Boot wurde am 4. Juni 1944 in der Nähe der Kapverden regelrecht gekapert und nach Bermuda eingeschleppt. Heute steht es als Denkmal vor dem Museum für Wissenschaft und Technik in Chicago, Beweis einer wirklich außerordentlich kühnen und überlegten Handlung der US-Gruppe »Guadalcanal«, der am 12. April 1944 auch mein gutes Boot *U-68* unter meinem so tüchtigen und umsichtigen Nachfolger, Albert Lauzeinis, zum Opfer fiel.

Wir nutzten jetzt die Zeit zu einer ganzen Reihe von Arbeiten an Oberdeck. Mehrere Scharniere von Oberdecksklappen waren durchgerostet. Der Fahrtstrom unter Wasser ließ sie dann vibrieren oder aufklappen und quietschen. So nutzten wir die noch vor uns liegende Marschzeit, um uns auf die immer dichter vom Gegner kontrollierte Biskaya vorzubereiten. Dann aber bekamen wir eben südlich der Azoren den Befehl, sofort den Standort zu melden. Man hatte uns noch eine Aufgabe zugedacht. Unmittelbar nach unserer Meldung wurde sie uns bekannt: »Merten und Rüggeberg treffen sich zur Abgabe Ersatzbrennstoffpumpen und Düsen am 30.11. um 12 Uhr in Mar.Quadrat NY-4555. BdU.«

Offensichtlich war an *U-513* (mein Jahrgangskamerad Rolf Rüggeberg) ein Sabotageakt verübt worden und schweres Heizöl in kleineren Mengen in die Bunker gepumpt worden, das nun die Düsen verstopfte und die Brennstoffpumpen festkleben ließ. Eine derartige gemeine Störung ist sehr schwer zu beseitigen, da kleine Mengen genügen, um empfindliche Dieselausfälle zu verursachen, und das Umpumpen von Bunker zu Bunker nicht unbedingt alle Restbestände an Heizöl erfaßt. Natürlich wollten wir alles abgeben, was wir irgend entbehren konnten. Nach Vereinbarung von Treffort und Zeit hätte man nach heutigen Erkenntnissen auch mit einem Erscheinen des Gegners rechnen müssen, denn gerade zu dieser Zeit las der feindliche B-Dienst alle unsere Funksprüche im Klartext mit. Hier mußten infolge schlechter navigatorischer Bedingungen für *U-513* auch noch von uns über mehrere Stunden »Peilzeichen« gesendet werden, damit *U-513* uns überhaupt fand.

Am Ende klappte es sogar. Wir gingen in Rufweite, konnten Wurfleinen-Verbindung herstellen, den Postbeutel hin- und herjonglieren und alle entbehrlichen Teile übergeben. *U-513* kam gerade erst aus Lorient, froh, heil durch die Biskaya gekommen zu sein, und sollte nun erst richtig loslegen. Leider aber wurde trotz unserer Hilfestellung diese Reise für *U-513* nicht zum Erfolg, es mußte nach Lorient zurückkehren.

Und wieder bekamen wir am 3. Dezember Befehl vom BdU, das »Wetter« zu melden, was im wesentlichen aber dem Zweck diente, unseren neuesten Standort zu erfahren. Wie leicht aber haben wir es dem Gegner gemacht! Und so antwortete ich auch in voller Unschuld am gleichen Nachmittag, daß wir in 48 Stunden vor dem Treffpunkt mit Geleit stehen würden. Wie immer benutzten wir unseren besonderen Weg unmittelbar unter der Küste der spanischen Nordwestecke, brausten bei Nacht in voller Dunkelheit haarscharf an den spanischen Hoheitsgewässern entlang von den Feuern von Cap Finisterre nach Cap Villano, nach Cap Sisargas, nach dem »Torre de Hercules« bis zum Feuer der Punta Estaca. Tagsüber blieben wir tief unter Wasser stehen, ohne auch nur einmal unnötig auf Sehrohrtiefe zu gehen. Zweimal vermeinten wir, Schraubengeräusche anderer U-Boote zu hören, und verhielten uns nur um so leiser und vorsichtiger. Das übliche Detonationskonzert der Biskaya wich den ganzen Tag nicht.

So verbrachten wir auch den ganzen 5. Dezember in der Biskaya unter Wasser, ohne uns von dem andauernden Wummern beirren zu lassen. Als wir dann am Spätnachmittag für kurze Zeit auf Sehrohrtiefe gingen, stellten wir fest, daß oben kaum mehr als 100 m Sicht herrschten. Deswegen mußten wir beim Auftauchen nach Dunkelwerden auch den Peilsender I von Lorient anfordern, um das verdammte Loch der Einfahrt auch ohne Besteck zu finden.

Ungestört liefen wir dann ohne jeden Radaralarm durch das FUMB (Funkmeßbeobachtungsgerät) die ganze Nacht über Wasser auf unseren Geleitpunkt »Laterne« zu, den wir, wie üblich viel zu früh, bereits um 1 Uhr morgens erreichten und dann auf und ab stehen mußten, was besonders gefährlich war, wobei wir dann allerdings mit Flakschutz der Insel Croix rechneten. Keiner wollte mehr schlafen. Trotz der feuchten Kälte ließ ich alle Bordwaffen besetzen und alle Wachfreien an Deck kommen. Punkt 8 Uhr erschien der Sperrbrecher, wir hängten uns sofort hinter ihn und nahmen lässig die Glückwünsche entgegen, die mit Winkspruch kamen, nachdem wir mit neun Wimpeln am Sehrohr berechtigtes Aufsehen erregt hatten.

Natürlich war diesmal der Empfang in Lorient ganz »groß«. Alles, was Beine hatte, war auf der Isère versammelt. Schütze, unser

Flottillen-Chef, machte es besonders feierlich. Schon am nächsten Tage gingen wir in den Bunker nach Keroman, wo dann ausgepackt wurde und der Hafentörn begann. Wir hatten schließlich doch eine ganze Reihe von Reparaturen, die erhebliche Zeit beanspruchen würden, allein an den beiden Sehrohren. Grob gerechnet, sollten wir wohl frühestens mit Anfang Februar für die nächste Ausreise rechnen können.

Ich fürchtete nach dieser Reise einen grundlegenden Personalaustausch, so etwas wie einen Totalausverkauf, und beschloß auf alle Fälle, wenn ich auch nach Kiel zu den Eltern wollte, während des Weihnachtsurlaubs zu Friedeburg zu gehen und darum zu bitten, daß ich auch dazu gehört würde.

Zunächst aber winkte der Urlaub, und dann mußte ich ja wohl zur Aushändigung des Eichenlaubs irgendwann zum Führerhauptquartier befohlen werden.

Im Stützpunkt fand ich eine ungewöhnliche Menge Post für mich vor. Wieder hatte die Verleihung des Eichenlaubs Menschen angeregt, an mich zu schreiben, die mir zu einem großen Teil vollkommen aus der Erinnerung verschwunden waren.

Ich konnte es so einrichten, daß ich auf der Reise zum Urlaub in Paris beim BdU mein Sprüchlein aufsagte. Ganz großes Lob erntete ich für unsere Sehrohr-Reparatur in See unter Inkaufnahme zeitweiliger Tauchunfähigkeit. Als ich zum Ende meines Vortrages kam, Dönitz hatte mich – entgegen sonstigen Gewohnheiten – nicht ein einziges Mal unterbrochen, kam dann auch noch zu meinem größten Ärger das Untersuchungsergebnis zur Sprache, daß es tatsächlich ein Feindschiff und kein Blockadebrecher gewesen war, den ich im Wege »A« angetroffen und dann hatte laufenlassen müssen.

Dennoch, führte der BdU aus, gehörte ich zu den ganz wenigen U-Bootskommandanten, die auf zwei Reisen mehr als je 50 000 BRT mit nach Hause gebracht hatten. Nun, das freute mich gerade für meine Männer. Dementsprechend ging auch ein erfreulicher Ordenssegen auf uns nieder, was meine Besatzung noch stolzer machte, als sie ohnehin schon war. Die Bilanz der Reise durch den BdU sah dann folgendermaßen aus: »Das überraschende Auftreten vor Kapstadt bot eine Fülle von Erfolgschancen, die zeitweilig durch Wetterlage beschränkt wurde. Abwehrverhältnisse müssen als leicht angesehen werden. Der Kommandant hat überlegt und mit Geschick operiert und einen schönen Erfolg davongetragen.«

Nach allen Festlichkeiten im Stützpunkt mit Besatzung, Offizieren, dem Stab und den gerade anwesenden Kommandanten der Flottille flog ich von Paris nach Wiesbaden. Am 15. Dezember war ich bei Ruth und den Kindern. Ich ahnte zu diesem Zeitpunkt nicht, daß für mich ein ganz wesentlicher Abschnitt meines Lebens, meine Zeit als U-Bootskommandant, beendet war.

Die Vernichtung Lorients und das Ende der Frontzeit

Das war nun das vierte Kriegsweihnachten. Obwohl ich mit meiner Familie Anlaß hatte, stolz und zufrieden zu sein, so war doch die ganze Stimmung in der Heimat ernster und wohl auch etwas skeptischer in bezug auf die Ostfront, die Dauer des Krieges und auch, was den Erfolg des U-Bootkrieges anging. Man fragte sich, ob unsere Einsätze gegen die jetzt richtig in Schwung gekommene anglo-amerikanische Schiffsproduktion noch genügend wirkungsvoll sein konnten. Wenn die deutsche Presse die Produktion der *Liberty-Schiffe*, später der *Victory-Schiffe*, absichtlich herabsetzte, den Gebrauchswert bestritt, die Anfälligkeit hervorhob, so hatte das ausschließlich propagandistische Gründe. Die Tatsachen haben bewiesen, daß diese Einheitsschiffe vorzügliche und billige Transportbehälter waren, die noch über 20 Jahre nach dem Kriege unter allen Flaggen der Welt ihren Bauwert hundertfach verdient haben.

Obwohl die Zahl der zum Kampf auf allen Meeren zur Front kommenden Boote sehr zugenommen hatte, so war andererseits die Tonnage des Gegners trotz des Kampfes im Atlantik und im Pazifik ganz erheblich gestiegen und überstieg jetzt bereits die Versenkungen, trotz der Rekordziffern des Jahres 1942, die unsere U-Boote erreicht hatten.

Hatte ich schon im Jahre 1940/41 im grausigen stürmischen Atlantik-Winter als »Konfirmande« den Eindruck erhalten, daß wir sehr schnell vom Jäger in die Rolle des Gejagten wechseln konnten, so hatte sich dieser Eindruck im Laufe des Jahres 1942 noch erheblich verstärkt. Man durfte sich nicht täuschen lassen, wenn in den jungfräulichen Seegebieten der Fernboote die Erfolge bei weitem noch die Zahl der eigenen Verluste überwogen. Im Atlantik, ja selbst vor unserer Haustür in der Biskaya, hatte es durch die verstärkte Flugüberwachung mit Radarortung bei Tage und bei Nacht, durch die laufende Peilung und damit verbundene Koppelung jeden Bootes bei der Abgabe von Funksprüchen, ja sogar von Kurzsignalen, schwere Verluste auf unserer Seite gegeben. Daß es nicht nur die »Greenhorns« auf ihrer ersten Reise waren, konnte an den Namen der hervorragenden Kameraden abgelesen werden, alles erfahrene Kommandanten mit langer intensiver Friedensausbildungszeit.

Wie gut, daß man es gar nicht wußte, daß man im »tracking room« der britischen Admiralität mit Namen und allen Einzelheiten vom Tage des Auslaufens an mit nur ganz geringen und unbedeutenden Fehlern mitgekoppelt wurde und jederzeit genau geortet werden konnte. Mit welcher Geschicklichkeit die Briten dieses Geheimnis gewahrt haben, daß sie uns bei vielen Gelegenheiten ins offene Messer laufen ließen, wie sie selbst absichtlich Fehler machten, um den Einbruch nicht offenbar werden zu lassen, das ist in der Kriegsgeschichte wirklich einmalig.

War es denn wirklich nicht möglich gewesen, bei unserer doch vor dem Kriege vorhandenen technischen Kapazität sowohl ein ebenbürtiges Radar wie gleichfalls ein perfektes Kurzwellenpeilgerät zu entwickeln? Hätte man nicht auch einen »brain trust« schon lange vor dem Kriege zusammentrommeln können, der auf alle diese dann im zweiten Kriegsjahre auftretenden technischen Kampfmittel des Gegners vorab Antworten gewußt hätte? Mußten wirklich hochqualifizierte und bewährte Hochfrequenztechniker als einfache Soldaten in Rußlands Steppen fallen, anstatt ihre Kenntnisse und Fähigkeiten zur Lösung dieser Probleme zu nutzen?

Am 8. November waren die Alliierten in Marokko zwischen Safi und Mehedia gelandet. Im Rahmen des Möglichen hatte sich besonders die französische Marine gewehrt und fast 500 Tote zu beklagen. Die Erfolge unserer sofort gegen die Landungsflotte angesetzten U-Boote waren trotz zahlenmäßigem großem Einsatz und gutem Ergebnis nicht annähernd ausreichend, um die schnelle Verstärkung der Invasionsmacht zu unterbinden oder wesentlich zu schwächen.

Noch bedenklicher aber war die Lage an der Ostfront geworden. Dort sah es keineswegs nach einer Auflösung des organisierten russischen Verteidigungswillens aus. Ganz im Gegenteil war im November die 6. Armee unter dem Generaloberst Paulus mit 220 000 Mann in Stalingrad eingeschlossen worden. Eine ganz schwere eindeutige Niederlage zeichnete sich zum Jahresende ab. Was aber vielleicht noch schwerer wog als diese vorhersehbare Niederlage, war der dann gewiß eintretende Vertrauensverlust in das Genie Adolf Hitler, der ganz persönlich angefangen hatte, die Aufgabe der gelernten Generalstabsoffiziere zu übernehmen. Nun, wir konnten das alles im Zusammenhang nicht beurteilen, aber es wuchsen Zweifel in unseren bisher gläubigen Herzen. Auch mein Bruder Klaus war im Rahmen der Vorbereitungen des Vormarsches auf Stalingrad als Feldwebel in einem Pionierbataillon schwer verwundet worden und am 3. Dezember im Lazarett seinen Verletzungen erlegen. So herrschte auch zu Hause in Kiel in der Tirpitzstraße tiefe Niedergeschlagenheit.

Trotz meiner hohen Auszeichnungen und der Ehrungen, die mir erwiesen wurden, war dieser Weihnachtsurlaub mit manchen Sorgen belastet, die man mit einem etwas krampfhaften Zweckoptimismus zu kompensieren versuchte. Nach den Weihnachtstagen in Wiesbaden konnten Ruth und ich für gute 10 Tage nach Mittenwald zur Erholung gehen, was uns beide die unklare Situation des jetzt beginnenden vierten Kriegsjahres vergessen ließ. Eine mir übermittelte Einladung für uns auf den Platterhof für eine Woche im Namen der Reichskanzlei hatte ich abgesagt. Später erfuhr ich von Kameraden, die diese gleiche Vergünstigung angenommen hatten, daß neben der Verwöhnung die anderen dort weilenden Gäste ein interessantes und buntes Gemisch der damaligen Parteiprominenz darstellten und damit ein tiefer Einblick in das ganze damalige, doch sehr unterschiedliche Führungsniveau möglich war.

Admiral Wever, den ich, wie jedesmal, in Wiesbaden aufsuchte, hatte jeden bisher gepflegten Optimismus aufgegeben und fühlte sich als ehrlicher Verfechter einer deutsch-französischen Annäherung immer mehr fehl an seinem Platze. Vorsorglich machte er mich auf seine bevorstehende Ablösung aufmerksam, versprach mir aber auch für die Zukunft, meinen Sonderplatz in der WAKO-Maschine zu sichern. Ich habe diesen von mir verehrten, fast väterlichen, guten Freund nicht mehr wiedergesehen. Er starb auf seinem letzten Kommando als Admiral der französischen Südküste am 11. August 1944.

Entgegen der Erwartung, zur Übergabe des Eichenlaubs in das Führerhauptquartier berufen zu werden, kam infolge der Stalingradsorgen kein Termin, so daß ich am 11. Januar wieder nach Paris flog. Dort erhielt ich aber zu meiner Überraschung keine Weisung für eine nächste Unternehmung. Ich kam gerade zurecht, um die Vernichtung der Stadt Lorient in den Nächten vom 12. bis zum 15. Januar 1943 mitzuerleben. Alles, was wir überirdisch an praktischen und auch geschmackvollen Bauten und Verbesserungen geschaffen hatten, Ausbau der Kasernen, Soldatenheime, Offizierheime usw. wurde ein Raub der Flammen, hervorgerufen durch die tonnenweise Verwendung von Brandbomben, erstmalig angewandten Phosphorkannen und auch napalmähnlichen Brandölkanistern.

Über die Zerstörung der alten, so schön gammeligen Stadt Lorient waren wir alle traurig. Sie war für uns gleichsam ein unerklärtes Stück Heimat geworden. Soweit wir das beobachten und feststellen konnten, richteten sich damals der Zorn und die Empörung der Einwohner gegen die Engländer und keineswegs gegen uns als Besatzungsmacht. Die Engländer hofften allerdings vergeblich, daß sich die Bretonen gegen uns zum Aufstand reizen lassen würden. Gottlob war ein großer Teil der Bewohner von Lorient evakuiert worden, so daß die Zahl der Opfer unter der

Zivilbevölkerung nicht allzugroß wurde. Die U-Bootsbasis hatte keine nennenswerten Verluste erlitten, kein U-Boot wurde getroffen oder auch nur beschädigt.

Nach der dritten Angriffsnacht gingen wir alle raus nach dem Lager Lemp, um mal wieder eine Nacht einigermaßen zu schlafen. Für mich allerdings wurde nichts daraus. Noch vor Mitternacht kam ein Funkspruch vom BdU, daß ich mich sofort in Marsch setzen müsse, um in Pillau die 26. U-Flottille zu übernehmen. Der bisherige Flottillen-Chef, mein Crewkamerad Hans-Gerrit v. Stockhausen, Kommandant von *U-65* aus dem Jahre 1941 und Ritterkreuzträger mit rund 100 000 BRT war bei einer Dienstreise nach Berlin bei einem Kraftfahrzeugunfall zu Tode gekommen. Da die Flottille in der Hauptaufgabe die Endausbildung der frontreifen U-Boote hatte, war die sofortige Besetzung des Postens in Pillau dringlich. Außer dem Fernschreiben bekam ich in der Nacht noch den Anruf vom BdU, daß auch eine Übergabe an meinen Nachfolger als Kommandanten, Albert Lauzemis, nicht abgewartet werden könnte. Lauzemis war sehr zu seinem Ärger in Pillau als Schulbootskommandant festgehalten worden und nun natürlich selig, das ihm so bekannte und vertraute Boot zu übernehmen. Ich hatte seinerzeit bei Friedeburg auf Befragen freimütig geäußert, daß ich im noch als theoretisch angesehenen Falle meiner Ablösung es sehr gerne sehen würde, wenn mein erster II. W.O., späterer I. W.O., das Boot von mir übernehmen würde.

Nicht einmal verabschieden konnte ich mich von meiner treuen Besatzung. Allerdings war hier ein großer, beinahe vollständiger Wechsel eingetreten. Wie groß er tatsächlich war, erfuhr ich erst durch einen Brief von Lauzemis, den er mir noch vor dem Auslaufen nach Pillau schrieb.

Ich befand mich in einem nicht unerheblichen Zwiespalt. Einerseits war ich voll auf eine nächste Unternehmung vorbereitet und innerlich eingerichtet. Bis auf die körperlichen Schwierigkeiten im Stehen durch den geprellten Rücken fehlte mir nichts. Ich war nervlich besser ausgestattet als nach der harten Belastung der Karibik-Reise. Andererseits hatte ich mit *U-68* einen gewissen Abschluß erreicht und war zu der Zeit wohl mit Abstand der älteste Kommandant der 2. U-Flottille. Sicherlich bestand kein Zweifel, daß die neue Aufgabe sehr wichtig war. Nur erschien mir die mögliche Einwirkung auf die Kommandanten und Offiziere während knapper zehn bis vierzehn Tage in der Flottille als viel zu kurz. Ein einflußreicher »Feinschliff« der an die Front gehenden Boote erschien mir unter diesen Umständen nicht möglich. Das sagte ich auch Friedeburg ganz offen, als ich nach Dienstantritt in Pillau einen endgültigen Überblick gewonnen hatte. Worauf mir mein alter verehrter Admiral ganz nüchtern die Gegenfrage stellte: »Woher wissen Sie denn so genau, daß Sie dort bleiben sollen?«

In den letzten Januartagen wurde ich aus Pillau plötzlich nach Berlin gerufen und flog am 31. Januar von Berlin-Tempelhof mit Admiral Dönitz und den Kameraden Lüth, Guggenberger, Tönniges und einigen Offizieren des BdU-Stabes nach Rastenburg, wo wir auf dem Flugplatz von Admiral v. Puttkamer abgeholt wurden. Schon auf dem Hinflug hatte Dönitz laut nachgedacht und sich mehrfach zu meiner größten Verwunderung für eine Außerdienststellung der großen Schiffe ausgesprochen. Ich muß sagen, daß mich diese Unterhaltung sehr beeindruckte. Wir eben aus der Front Gekommenen hatten bis dahin die Situation zwar nicht gerade als rosig, aber doch keineswegs als so kritisch angesehen, daß sie eine Außerdienststellung der Überwasserstreitkräfte erforderte. Jedoch schien es nun blutiger Ernst zu sein. Was ging es schließlich Dönitz an? Daß er gerade das Amt des Oberbefehlshabers der Marine übernehmen sollte, ahnten wir nicht. Raeder erschien uns allen als ein so festgefügter und für die Ewigkeit errichteter Monolith, daß der Gedanke einer Ablösung jetzt im Kriege einfach unglaublich war. Daß diese Stunden einen geschichtlichen Wendepunkt bedeuteten, haben wir erst später gemerkt.

Ohne jede Kontrolle passierten wir die beiden Sperrkreise zum Zentrum des Führerhauptquartiers und warteten dann in der Offiziersmesse, bis wir an der Reihe waren. So um die Mittagszeit, ich meine, es war etwa 1 Uhr, wurden wir von Puttkamer zum Führerhaus geleitet, wo wir im Hauptwohnraum der Größe nach Aufstellung nahmen: Merten, Lüth, Guggenberger, Tönniges. Dann erschien auch schon Adolf Hitler zusammen mit Admiral

Dönitz und dem Admiral Krancke, dem Vertreter des OKM beim Führer. Hitler ging gemessenen Schrittes die »Front« ab, gab jedem die Hand, während jeder von uns Namen, Dienstgrad und bisheriges Kommando nennen mußte. Also: »Merten, Korvettenkapitän, Kommandant *U-68*!« Dann überreichte Hitler jedem von uns das kleine Kästchen mit dem Eichenlaub, das ihm Puttkamer zureichte, und drückte jedem nochmals die Hand. Er sagte lediglich, daß er sich freue, uns für unsere Leistungen für unser Vaterland auszeichnen zu können, ganz kurz und bündig. Gerade diese lapidare Kürze und Phrasenlosigkeit machte auf uns Eindruck. Dann bat er uns, am Tisch Platz zu nehmen, und stellte eine kurze Frage an Lüth über die Dauer von dessen Unternehmung, der nun gerade von einer außergewöhnlich langen Reise zurückgekommen war. Ohne die Antwort von Lüth abzuwarten, begann dann aber Hitler einen Monolog über die Wirksamkeit von Waffen, wobei er besonders einen Vorschlag von Göring hervorhob, daß man Bomben bauen solle von derartiger Sprengkraft, daß Schiffe einfach kentern (»rollieren«) würden, wenn man überhaupt nur in einen gewissen Umkreis treffen würde. Göring hätte ihm stark zugeredet, derartige Bomben in Auftrag zu geben.

Nach etwa 20 Minuten hob Hitler die Sitzung auf, dankte uns noch einmal und verließ zusammen mit Dönitz und Krancke den Raum, während Puttkamer uns zurück zur Messe geleitete, wo bereits ein sehr einfaches Mittagessen im Gange war. Keitel saß schon da. Gleich darauf erschienen auch Jodl, Dietrich, der Reichspressechef, mein Crewkamerad Christian, als General der Luftwaffe, und schließlich kam noch ein etwas ungepflegtes Individuum in einer uniformähnlichen fleckigen Verpackung, der Leibarzt Hitlers, Dr. Morell. Große Unterhaltungen fanden nicht statt, nachdem uns Puttkamer vorgestellt hatte. Jeder aß für sich und verließ den Tisch, unmittelbar nachdem er seinen Teller geleert hatte. Es waren die letzten Tage des Widerstandes in Stalingrad, und die Depression war ganz allgemein. Keiner mochte den anderen ansehen. Bei der Tasse Kaffee gab uns daher Christian einige Erklärungen. Ein paar jüngere Waffen-SS-Leute saßen am unteren Ende des Tisches und gaben sich als einzige unbeeindruckt. Nach dem Essen wurden wir dann der Reihe nach vom Fotografen Hoffmann für die offiziellen Aufnahmen geholt. Wir waren froh, als bereits um 4 Uhr unsere Wagen vorfuhren zur Rückfahrt zum Flugplatz.

Unsere Maschine hob auch sofort ab, nachdem wir gerade eben drin waren. Dann berichtete Dönitz, daß er soeben zum Nachfolger von Raeder und zum Großadmiral ernannt worden war. Er machte zwar einen entschlossenen, aber keineswegs sehr glücklichen Eindruck. Ihm graute ganz offensichtlich vor den vielen jetzt erst in Umrissen zu erkennenden Problemen. So äußerte er sich auch schon sehr viel vorsichtiger und abwägender zur Frage der von Hitler angeregten Außerdienststellung der großen Schiffe, über den Ausbau von deren schwerer Artillerie und deren Aufstellung an der Kanalküste zur Verhinderung einer Invasion. Immer wieder fand er selbst plötzlich Gegengründe zu Hitlers Gedankengängen und meinte auch, daß bei einer Außerdienststellung der Schiffe gewaltige gegnerische Kräfte für den Angriff auf Deutschland frei werden würden. Jedenfalls schien sich die Waage immer mehr zugunsten der Indiensthaltung der Schiffe zu senken. Nach der unausweichlichen Katastrophe Stalingrad wagten wir nicht zu fragen. Es herrschte auch hier eine beklommene Stimmung.

Für den nächsten Tag waren Ruth und ich von Großadmiral Raeder zum Mittagessen im Kaiserhof eingeladen, wo wir auch für die Nacht untergebracht worden waren. Am Vormittag folgten wir einer Einladung des ehemaligen Korvettenkapitäns Alwin-Broder Albrecht, jetzt als NSKK-Obergruppenführer einer der persönlichen Adjutanten Hitlers. Er wollte uns die Neue Reichskanzlei zeigen. Albrecht, »unser« einstiger Leutnant auf dem Kreuzer *Emden*, konnte sich in seiner hohen Meinung von unserem Jahrgang 1926 nun ehrlich über meine Erfolge mitfreuen. Er wollte es natürlich schon auf der *Emden* gewußt haben, was für ein Mann in mir steckte! Er war rührend bemüht, uns alles zu zeigen und zu erklären. Wir waren sehr beeindruckt und empfanden den Besuch als ein Erlebnis. Der großzügige Rahmen, die Gediegenheit der verwendeten Materialien, die geschmackliche Abstimmung waren einfach perfekt. Das einzige, was mich unangenehm berührte und mich aus mir unerklärlichen Gründen fast abstieß, war das »A-H« in Stein gemeißelt und mit Gold belegt über Hitlers Arbeitszimmer.

Meine bisherigen Begegnungen mit Hitler hatten mir keinen besonderen Eindruck gemacht. Jetzt hatte ich ihn nun von Angesicht zu Angesicht im kleinen Kreise gesehen und war beeindruckt von der Schnelligkeit des Intellekts, der exakten Nutzbarmachung aufgespeicherten technischen Wissens, der blitzschnellen Erfassung des Wesentlichen. Es gab keinen Zweifel, daß Hitler ein in jeder Weise »ungewöhnlicher« Mann war, der in keines unserer Schemata paßte. Seine Augen hielten seinen Gesprächspartner unverwandt fest, suggerierten fast zwangsweise Zustimmung. Dennoch kann man nicht sagen, daß es der Nimbus der Macht oder der Gewalt war, der ihn umgab. Jeder mußte den Eindruck empfinden, daß er wohl in der Lage war, jederzeit Macht auszuüben, und daß diese Erkenntnis auch Angst einzuflößen vermochte. Daß ich damals richtig gesehen und auch empfunden habe, hat sich wenig später in der Endphase des Krieges bestätigt. Mag sein, daß die traurige Stalingradstimmung damals lockere und auch heitere Eindrücke nicht erlaubte. Wir waren beeindruckt, aber mehr furchtsam als zuversichtlich. Ich habe damals mit keinem der Kameraden gesprochen über deren Eindrücke, möglicherweisee, weil ich so viel älter war, so daß ein Meinungsaustausch als unangebracht erschien. Auch Ruth habe ich nach ihren verständlichen Fragen nur sehr vage über meine damaligen Eindrücke berichtet. Dennoch, wenn ich mich heute frage, ob ich damals auf Grund meiner Eindrücke bei dieser persönlichen Begegnung geglaubt hätte, daß dieser Mann Kenntnis von den unglaublichsten Verbrechen haben mußte, ja, sie gar befohlen hatte, dann hätte ich das einfach nicht für möglich gehalten. Sein ganzes Auftreten und Benehmen erschienen ganz normal und geradezu bürgerlich. Eine andere Erkenntnis zu jener Zeit hätte ich weit von mir gewiesen. Auch seine Sprache zu Dönitz und Puttkamer war natürlich, ungekünstelt, weder herrisch noch barsch, sondern ganz normal höflich.

Ganz unerwartet war die Einladung im Hotel Kaiserhof. Großadmiral Raeder war bei dieser Gelegenheit besonders nett und persönlich. Meine Frau umgab er mit geradezu ritterlicher Verehrung. Ich habe ihn damals zum ersten Male wirklich »menschlich« erlebt, ohne Nervosität und Großadmiralsattitüde. Er überreichte mir das U-Bootsabzeichen mit Diamanten, wohl eine der seltensten Auszeichnungen überhaupt.

Die intensive Tätigkeit bei Übernahme der 26. U-Flottille in Pillau ließ zunächst keinen Raum für eine engere kameradschaftliche Fühlungnahme mit den anderen in Pillau stationierten U-Bootsausbildungsverbänden, noch viel weniger mit der dortigen Zivilbevölkerung. So konnte man auch nicht prüfen, wie schwer und nachhaltig die Wirkung der ersten wirklich großen Niederlage des Reiches in Stalingrad in das Bewußtsein des Volkes drang. Ich kann mich noch erinnern, daß auf Befehl an einem Märztage eine Musterung der gesamten U-Verbände in Pillau stattfand, wobei ich auf ausdrücklichen Befehl des Admirals der U-Boote die Ansprache zu halten hatte, obwohl ältere Kommandeure zur Verfügung standen. Erstmalig erlebte ich, daß der Tenor vorgeschrieben war. Es war mit dem Satz zu enden: »Wir werden siegen, weil uns Adolf Hitler führt!« Ich muß gestehen, daß mich diese, sagen wir es milde, Sprachregelung außerordentlich unangenehm berührte.

Gerade Hitlers unverständliche Durchhalte-Entscheidung hatte bekanntermaßen das schreckliche Ereignis Stalingrad verursacht, das den Nimbus der Unbesiegbarkeit des deutschen Soldaten vernichtet hatte. So war der jetzt zu verkündende byzantinische Führungs- und Siegesspruch eine unverständliche Blasphemie. Ich konnte mich dem klaren Befehl nicht entziehen, und schließlich gab auch dieser Befehl letztlich wieder der großen Hoffnung Raum, daß eben die Führung des Reiches noch derartige Trümpfe in der Hand hielt, daß man über den Endausgang nicht in Sorge zu sein brauchte. So verstärkte sich dennoch, trotz dieser grausamen Niederlage, bei uns das Gefühl, wenn nur jeder seine Pflicht bis zum Äußersten tut, dann wird es auch einen Sieg oder zum mindesten einen erträglichen Ausgang dieses gewaltigen Ringens geben.

Ich war nicht traurig, als mich Mitte März die Nachricht ereilte, daß ich die Flottille an den Korvettenkapitän d. R. Brümmer-Patzig, einen Weltkriegs-U-Bootsmann, abgeben sollte und selbst die wesentlich bedeutendere, umfangreichere und entscheidendere Aufgabe des Flottillen-Chefs der 24. U-Bootflottille in Memel zu übernehmen hatte. Dieser in Memel stationierte Verband hatte die Aufgabe, den zukünftigen U-Bootskommandanten das Torpedoschießen beizubringen und sie im taktischen Angriff zu schulen. Das war eine mir als altem B.I.-Mann und Kadettenoffizier zweier Jahrgänge maßgerecht geschneiderte Aufgabe. Sie büßte nur dadurch etwas an Reiz ein, daß gleichzeitig eine Zwischeninstanz, der BdU-Ausbildung, geschaffen wurde. Vorher war diese Flottille direkt dem II. Admiral U-Boote, dem Admiral v. Friedeburg, unterstellt gewesen. FdU-Ausbildung aber war mein einstiger Flottillen-Chef der 2. U-Flottille Lorient, der jetzt außerplanmäßig zum Kapitän z. S. beförderte 25er Victor Schütze, geworden. Die Einrichtung des FdU-Ausbildung war zweifellos eine Maßnahme, die der Entlastung des Stabes von Friedeburg dienen sollte. Ich hielt den ganzen Klimbim für unnötig und nur für eine stellenverschlingende Verzögerungsinstanz. Wenn ich auch Victor Schütze gut kannte und auch in der Flottillenzeit mit ihm immer vorzüglich harmoniert hatte, so war mir das nun beginnende direkte Unterstellungsverhältnis doch nicht sehr angenehm.

Der Wechsel nach Memel kam mir aber sehr gelegen, denn so konnte ich trotz des Krieges wieder so etwas wie ein Familienleben beginnen. Es sollten entscheidende Jahre werden.

Der dienstliche Wechsel »an Land« war Anlaß zu einer Bilanz über meine aktive U-Bootszeit. Ich dachte nach, gerade auch über Fehler und Versäumnisse.

Ganz allgemein ist ein U-Boot das einmalige Resultat einer auf Gedeih und Verderb zusammengefaßten Bootsgemeinschaft. Jedes Glied in der Kette vom Kommandanten bis zum jüngsten Ausguck, bis zum jüngsten am GHG sitzenden Horcher, vom für die Navigation verantwortlichen Obersteuermann bis zum eben an Bord kommandierten Dieselheizer, dem das sorgfältige Einschleifen der Abgasklappen und damit beim nächsten Tauchen die Dichtigkeit der Abgasventile obliegt, vom E-Obermaschinisten bis zum jüngsten Torpedomechanikersgasten, dem die für den Erfolg wichtige und unentbehrliche sorgfältige Wartung der Torpedos mit anvertraut ist, alle diese Männer mit ihren unterschiedlichen Temperamenten, ihren Charaktereigenschaften, ihren Stärken und Schwächen bilden das »Kriegsgerät U-Boot«. Die Kräfte aller und ihren Willen zusammenzufassen, das ist die Aufgabe des Kommandanten, die ihn daher auch über die Gesamtheit der Besatzung heraushebt. In seiner Person verkörpert sich der Gesamterfolg oder das Scheitern der Bootsgemeinschaft.

Im Rückblick auf meine Kommandantenzeit erscheint mir noch erwähnenswert, daß wir jung waren, »national«, nicht nationalsozialistisch begeistert. Wir hatten lange Ausbildungsjahre hinter uns. Das »Heldische« hatte für uns eine hohe moralische und geistige Bedeutung. Der Einsatz des Lebens für das Vaterland war eine Selbstverständlichkeit. Schill, Lützow, Theodor Körner waren unsere geistigen Vorbilder schon im Elternhaus, denen dann Graf Spee, Weddiggen, Admiral v. Reuter in der Schulzeit folgten.

Wir hatten die Welt gesehen und erkannt, daß Macht allein die Welt regierte und das Schicksal der Völker bestimmte und daß Ohnmacht Elend und Erniedrigung bedeutete. Der Impuls, der uns trieb und unser gesamtes dienstliches und privates Leben bestimmte, war die Macht und Größe unseres Vaterlandes. Es ging nicht um eine Beherrschung anderer Völker, es ging uns allein um das Reich aller Deutschen, Großdeutschland.

Durch unsere lange seemännische und waffentechnische Ausbildung hatten wir ein festgegründetes Selbstbewußtsein erworben und waren stolz auf unser Können. Bei Waffengleichheit fühlten wir uns jedem Gegner gewachsen oder sogar überlegen. Wir hatten ein ganz eindeutiges Elite-Bewußtsein und empfanden die davon untrennbare Verpflichtung.

Unter diesen grundlegenden Maximen sahen wir unseren Dienst am Vaterland, und so sah auch ich meine Frontbewährung in einer Waffe, für die ich in der Friedenszeit als bereits zu alt angesehen worden war. Auch heute noch empfinde ich Stolz über diesen Lebensabschnitt, auch wenn ich mich sowohl den erfreulichen wie erst recht den unerfreulichen und tragischen Folgen und Nachwirkungen stellen mußte. Den »Fall *Frimaire*« vergesse ich so wenig wie die Folgen der Versenkungen der *Darkdale* und der *City of Cairo.*

Chef der 24. U-Flottille: Memel – Gotenhafen – Hamburg

Memel

Mit der Wiederangliederung des Memellandes an das Reich am 22. März 1939 war Memel als Hafenstadt verständlicherweise Marinegarnison geworden. Im August 1939 wurde zunächst die Festungskommandantur unter dem Kapitän z. S. v. Bredow (Hermann) eingerichtet. Er war zugleich Kommandeur der im April 1939 aufgestellten Marine-Artillerieabteilung, der auch die Marineflakabteilung 217 unterstand.

Mit ihrer Verlegung im Juni 1940 nach Memel eroberte sich die 24. U-Flottille rasch die Herzen der Memeler. Mein Vorgänger Weingaertner (Crew 28), ein U-Bootfahrer der ersten Stunde, hatte sich als Flottillenchef größte Achtung erworben und seine große Flottille von ca. 2500 Mann mit straffer Disziplin geführt.

Es liefen gleichzeitig stets je zwei Kommandantenlehrgänge zu je zehn bis zwölf Kommandanten-Schülern mit vierwöchiger Dauer, beginnend am 1. und 15. jeden Monats überlappend. Die verantwortlichen Schießlehrer, der Kapitänleutnant Collmann und der Oberleutnant z. S. Remus (Gerhard), waren erfahrene Frontkommandanten mit ausgesprochener Lehrbefähigung. Um die möglichst praxisnahe Ausbildung rankte sich der ganze gewaltige Aufwand. 2500 bis 3000 Soldaten aller Dienstgrade und Fachausbildung erforderten einen psychologisch geschulten, erfahrenen und gewissenhaften Personalfachmann, in Gestalt des Oberleutnant z. S. d. R. Gustav Lange. Er war U-Bootfahrer im Ersten Weltkrieg gewesen. Natürlich befanden sich unter den älteren Unteroffizieren und vor allem bei den Feldwebeln, die für eine Frontverwendung in Frage kamen (Obersteuerleute, Dieselmaschinisten und E-Maschinisten), meist ältere und verheiratete Männer, auch einige, die nach meist kurzer Frontzeit glaubten, sich für den Rest des Krieges nun mit einem ruhigen Landkommando begnügen zu können. Neben tatsächlich schwer nervengeschädigten Soldaten, deren erneuter Einsatz eher eine Gefahr darstellte, gab es ohne Zweifel auch Drückeberger. Die Wölfe von den Schafen zu trennen war eine außerordentliche delikate Aufgabe, die Lange hervorragend bewältigte.

Kurzzeitig wurde meiner Flottille auch noch die Ortungsschule zugeteilt, die mit vier Fischdampfern mit eingebauten Sonargeräten eine intensive Ausbildung der Spezialisten betrieb. Da sie beim Schießbetrieb unentwegt getauchte Ziele bei Tage zur Verfügung hatten, war diese Zuteilung zur Flottille zweckmäßig.

Auch die notwendige Instandhaltung sämtlicher zur Flottille gehöriger Fahrzeuge war eine gewaltige Aufgabe. Sie lag in den Händen des Flottillen-Ingenieurs, des Kapitänleutnants (Ing.) Schmidt, der selbst als LI gefahren war, und des Oberleutnants Herrn für sämtliche Überwasser-Fahrzeuge. Sehr wesentlich war auch die Stellung des Flottillenarztes, des Stabsarztes Dr. Werlhoff, der im Zusammenwirken mit dem Personalfachmann bei der Beurteilung der Fronttauglichkeit eine ausschlaggebende Rolle spielte. Hierher gehört auch die zeitweilige Zukommandierung des Marinepfarrers Schmidt, aus dem Saargebiet stammend. Er wurde hoch geschätzt und verkörperte das Raedersche Bestreben, die Seelsorge bei der Marine entgegen allen NS-Bestrebungen fest zu verankern. Er war namentlich unter den jungen Schulbootskommandanten und den Lehrgangsoffizieren sehr geachtet. Auch die Soldaten hatten viel Vertrauen zu ihm. Auch er wurde in Zweifelsfällen von Frontverwendungsfähigkeit beratend herangezogen und verblüffte dann stets durch seine treffsichere Beurteilung der Personen.

Die Seele des Ganzen war der Chef des Stabes. Diese Position besetzte, ein außergewöhnlicher Fall, ein Verwaltungsoffizier, der Korvettenkapitän Walter Zander. Er hatte sich schon unter meinem Vorgänger bewährt, und ich sah keinen Grund, das zu ändern. Als er im September 1943 zur 3. ULD abkommandiert wurde, folgte ihm zunächst der 32er Korvettenkapitän Franzius, der Kommandant *U-538* gewesen war, später dann der Kapitänleutnant d. R. Kohlmorgen, ein ehemaliger Handelsschiffsoffizier. Unser Verhältnis gestaltete sich schwierig.

Das große Offizierskorps der 24. U-Flottille war im Gegensatz zu allen früheren Kommandos, die ich schon innegehabt hatte, derartig inhomogen in bezug auf Vorbildung und Laufbahn, daß es ganz besonderer Anstrengungen bedurfte, um die dienstlich gestellten Aufgaben zu erfüllen und das Gesamtbild des Offizierskorps in der Memeler Öffentlichkeit als vorbildlich erscheinen zu lassen. Eine besondere Stütze waren mir die Beobachtungsoffiziere, die auf den Zielschiffen mit einem kleinen militärischen Beobachtungstrupp die Schießübungen draußen im Schießgebiet der U-Bootsquadrate mitleiteten, wenn die Schießlehrer auf einem der U-Boote mitfahren.

Es waren dies der Kapitänleutnant d. R. Busetti v. Moltini, Besitzer einer kleinen chemischen Fabrik, ein ehemaliger k. u. k. Seeoffizier, ein vorzüglicher, temperamentvoller Lehrer. Obwohl damals schon etwa 60 Jahre alt, tat er seinen aufreibenden Dienst mit großer Hingabe und gleichbleibender Begeisterung, ohne ein nationalsozialistisch geprägter Enthusiast zu sein. Der Gedanke des großdeutschen Reiches war jedoch auch für ihn der Inbegriff der Erfüllung alter Sehnsüchte. Hochgebildet und vielseitig interessiert, war er bei den Lehrgangsteilnehmern, Offizieren unterschiedlicher Dienstgrade und bei den jungen Schulbootskommandanten ganz besonders beliebt und meist der Mittelpunkt sehr fröhlicher Runden in den seltenen Stunden der Ruhe an Sonn- und Feiertagen. Der zweite Beobachtungsoffizier war der Kapitänleutnant Hänig, ein ehemaliger Obersteuermann, der mit ruhiger Überlegenheit seiner langen Kommandantenzeit auf einem Schul- und Versuchsboot seinen Dienst hervorragend und vorbildlich versah. Er wurde später durch den 35er Kapitänleutnant Heinz Walkerling ersetzt, der nach seiner Kommandantenzeit auf U-91 zur Flottille kam. Als Adjutant übernahm ich den Oberleutnant z. S. Zimmermann von Weingaertner. An seine Stelle trat aber bald der Oberleutnant (MA) Meinhold, ein Berliner Bankbeamter mit viel Witz und Schlagfertigkeit.

Die Kommandanten der Torpedo-Klarmach-Schiffe waren Obersteuerleute, die ihren schweren Tag- und Nachtdienst sehr gut machten und auch ihre Leute fest und sicher führten. Die auf den Klarmachschiffen erfolgende praktische Ausbildung der U-Bootstorpedo-Mechaniker und deren Beurteilung legte ihnen eine für das Ganze sehr erhebliche Verantwortung auf. Ich stützte sie sehr, auch gegen die etwas harte Haltung der Fangbootskommandanten, die alle Offiziere waren. Genau wie alle zum Verband gehörigen Handelsschiffsoffiziere wurden diese Obersteuerleute grundsätzlich zu allen Offizierssitzungen herangezogen, was sie auch sichtlich genossen. Dies schon zahlenmäßig große Offizierskorps mußte nun durch die sich allmählich auftürmenden Schatten der Kriegsentwicklung durchgesteuert werden. Hierzu gehörte eine festgefügte Routine bei täglich unbegrenztem zeitlichen Einsatz, der Gedanken an ein »Etappendasein« und eine entsprechende Mentalität gar nicht aufkommen lassen konnte.

Die Schul-U-Boote liefen jeden Werktag um 7 Uhr morgens mit den Zielschiffen und Fangbooten in die Schießquadrate eben südlich der Memelmündung entlang an der Kurischen Nehrung aus, und hatten meist bis zum Nachmittag gegen 15 Uhr ihr Tagespensum erledigt. Dann kamen sie in den Hafen, gingen sofort längsseits der auf Strom liegenden Klarmachschiffe und übernahmen die Torpedos für das Nachtschießen, während die Fangboote die wieder aufgefischten Torpedos an der anderen Seite längsseits der Klarmachschiffe zur Wiederklarmachung abgaben. Mit der Dämmerung lief dann der ganze Schießverband wieder aus und kehrte nach Erledigung des Nachtschießens gegen Mitternacht bis 1 Uhr morgens wieder zurück, so daß nach dem Torpedowechsel und Verholen die Nachtruhe recht spät einsetzen konnte.

An den Sonnabenden wurde nicht geschossen. Jeden Sonnabendmittag hielt ich dann eine große »Alle-Mann«-Flottillenmusterung ab, je nach Lage und Notwendigkeit an den Sonntagen vormittags eine Offizierssitzung. Diese betraf dann nicht nur die Flottillenangelegenheiten, sondern auch grundsätzliche dem Ernst der Lage entsprechende auch historische Themen.

Bei den an den Offizierssitzungen teilnehmenden Handelsschiffsoffizieren freute mich zunächst deren Interesse, das allerdings mit zunehmend kritischer werdender Lage des Reiches immer distanzierter wurde. Zwar äußerten sie selten eine abweichende Meinung, aber man merkte ihnen ihre deutliche Reserve an. Sie gründete sich weniger auf Zurückhaltung dem Nationalsozialismus gegenüber, als auf eine grundsätzlich der Kriegsmarine gegenüber von Minderwertigkeitskomplexen diktierte Abwehrstellung. So sehr, wie sie es genossen, gleichwertig – wenn nicht aus Altersgründen auch ehrfurchtsvoll – beachtet zu werden, so wenig zeigten sie von sich aus ein Bestreben, auch nur das geringste über die Routine hinaus zum Ausbildungserfolg beizutragen. Da sie ja alle in zweiter Unterstellung ihren Reedereien zugehörig waren, abgesehen von ihrer Unterstellung unter den Flottillenchef, war es eine besondere Erfahrung zu sehen, in welcher servilen Weise die großen Hochseekapitäne vor ihren dann und wann zur Besichtigung (sprich zum Abstauben zusätzlich gehorteter Lebensmittel und Alkoholika) nach Memel kommenden Inspektoren krochen und um ihre Positionen im Luftschutzkeller des Reiches zitterten.

Sie zeigten sich auch mir gegenüber recht servil. Sie präsentierten sich damit unter ihrem persönlichen Wert, denn ich hatte ein begreifliches Interesse daran, daß die jungen U-Bootsoffiziere allein vom Alter und ihrer nautischen Erfahrung her diese alten Kapitäne selbstverständlich fachlich respektierten. Eine rühmliche Ausnahme machte allerdings der Kapitän des letzten neuen Flottillenschiffes, der *Oranjefontein*, Kapitän Bundesen, der sich in jeder Weise vorbildlich und bewußt in das Flottillenleben eingliederte und bis zum Ende der Flottille loyal meinen Anweisungen folgte. Besonders schwierig zeigten sich jedoch meist die Kapitäne der nur zeitweise der Flottille unterstellten Zielschiffe, die verschiedentlich einen Dünkel zeigten, der oft bis an die Grenze der Insubordination ging.

Ganz Memel war beherrscht von der Stellung und Bedeutung der 24. U-Flottille. Die sonstigen Truppenteile der Marine spielten im öffentlichen Bewußtsein nur eine nachgeordnete Rolle. Da war zwar der Festungskommandant, der 13er Kapitän z. S. Ruhfus (Emil), der den hervorragenden Bredow abgelöst hatte. Er war jedoch wohl nach dem Ersten Weltkrieg zu lange Zivilist gewesen, um zu erkennen, welche unabdingbaren Qualitäten ein Standortältester in der »Etappe« tagtäglich beispielhaft zu demonstrieren hatte. Er war der Weiblichkeit sehr zugetan, so daß die über ihn umlaufenden Geschichten ihn nicht gerade als Vorbild erscheinen ließen. Ihm direkt unterstellt war die Marineflakabteilung unter einem Korvettenkapitän d. R. Ruthenberg, der sich durch Ruhe, später durch Entschlossenheit auszeichnete. Mit ihm herrschte jederzeit ein gutes Einvernehmen. Der Hafenkommandant Meinert hatte praktisch keine Aufgaben, denn der ganze Hafenbetrieb lief ausschließlich über die Flottille. Heeresdienststellen gab es in Memel nicht, dafür aber einen Heeresadjutanten beim Festungskommandanten, meist ein nicht mehr frontverwendungsfähiger jüngerer oder ein Reserve-Offizier. Was wir alle nicht wußten, war, daß es im Vorort Schmelz ein Riesenlager des Marinearsenals Kiel gab, das für alle unter Dampf angetriebenen Fahrzeuge der Kriegsmarine Präzision-Kesselrohre auf Lager hatte, um jederzeit für Reparaturen zuzuliefern. Das sollte später noch zu größeren Komplikationen führen.

Nach dem Festungskommandanten, der mich von der überragenden Wichtigkeit seiner dortigen Stellung überzeugen wollte und für meinen Geschmack zuviel redete, erschien es mir bei meinen Antrittsbesuchen von erheblicher Bedeutung, mit der Stadt und den Behörden in ein erstklassiges Einvernehmen zu kommen. Ich suchte daher umgehend den Oberbürgermeister auf, Dr. jur. Wilhelm Brindlinger, der mich mit viel Sympathie und menschlicher Wärme begrüßte. Brindlinger kannte meinen Vater als langjährigen Oberbürgermeister der Stadt Elbing dem Namen nach. Das schuf eine zusätzliche stabile Brücke für zukünftige Zusammenarbeit. Sehr bald konnte ich auch in seinem schönen Haus in der Moltkestraße Besuch machen und verstand mich auch mit seiner Frau auf den ersten Blick. Damit begann eine lebenslange Freundschaft.

Ich hatte Ruth nach Memel kommen lassen, nachdem ich den Eindruck hatte, unter tätiger Mithilfe der Stadt mit einer angemessenen Wohnung rechnen zu können. Brindlinger fand auch den Stein der Weisen, als er entdeckte, daß das Haus des zwangsweise in Berlin angesiedelten einstigen litauischen Ministerpräsidenten Galvanauskas in Memel immer noch leer stand, während er aus Sicherheitsgründen mit seiner deutschen Freundin in Berlin unter Polizeiaufsicht lebte. Dieses Haus wurde mir gegen eine vernünftige Miete zur Verfügung gestellt.

Genau gegenüber wohnten Brindlingers, ein Ehepaar von hoher Kultur, vielseitigen Interessen und großen musischen Ansprüchen. Er ein begeisterter Korpsstudent, früherer Rechtsanwalt in Heydekrug, der auch in der Litauerzeit im Gefängnis gesessen hatte und schweren Schikanen unterworfen gewesen war. Besonders gut war auch mein Verhältnis zum Stadtdirektor Gerber, der sich in allen Angelegenheiten, die die Soldaten der Flottille betrafen, immer hilfsbereit erwies.

Gleich in den ersten Tagen nach meinem Dienstantritt bekam ich vom Marine-Verbindungsoffizier zum Wehrkreiskommando in Königsberg, dem Kapitän (Ing.) Elmerich die Nachricht, daß der Gauleiter Erich Koch mich zu begrüßen wünsche. Auch mein alter Flottillen-Kamerad der 2. U-Flottille und Mitkämpfer bei der Blockade von Kapstadt, Fritz Poske, damals Kommandant U-504 und jetzt Kommandeur der 1. ULD in Pillau, der seinen Dienst dort gleichzeitig mit mir angetreten hatte, war zum gleichen Termin auf die historische Burg in Königsberg befohlen, dem Amtssitz des Gauleiters. Feierlich, getrennt in zwei Autos, wurden wir im Hotel abgeholt und zur Burg gebracht, wo der Allgewaltige uns im kleinen Kreis seiner Schranzen empfing.

Selbstverständlich machten wir im Dienstanzug mit Orden unsere Meldung, die dem nur mittelgroßen, rothaarigen und ungepflegt wirkenden Gauleiter nicht einmal sehr angenehm zu sein schien. Denn schnell lenkte er von diesem militärischen Brauch ab und bat uns, in dem gemütlich ausgebauten Erker Platz zu nehmen. Dann aber wollte er von uns beiden wissen, wie wir die Front im Atlantik beurteilten! Unsere Antwort, daß derzeit mit überragenden Erfolgen nicht mehr zu rechnen sei, nachdem der zweite Monat mit schweren Verlusten, nach einem Erfolgsgipfel im März des Jahres vorüber sei, hörte er offensichtlich nicht sehr gerne und schien uns beinahe als Defaitisten einstufen zu wollen. Umsonst verwiesen wir auf die geplanten Neubauten, von denen auch wir überzeugt waren daß sie wieder große Erfolge erzielen könnten. Er meinte, es müsse von seiten der Marine viel mehr gegen England geschehen, und zwar jetzt. Eine Weile meckerte er auch an den großen Personalzahlen unserer beider Verbände herum, von denen, nach seiner Ansicht, mehr Soldaten an die Front gehörten. Wir gaben uns Mühe, ihm die großen Aufgaben unserer Verbände zu erläutern.

Dann aber schloß er ganz plötzlich den »dienstlichen« Teil ab und verlangte, daß wir mit ihm Kognak tränken. Im Nu schlug seine Stimmung um. Er wurde sogleich vertraulich und begann uns in peinlicher Weise zu duzen.

Plötzlich kam, wie aus der Pistole geschossen, die Frage an mich, ob ich ein Sohn des früheren Bürgermeisters von Elbing sei. Ich erwiderte, daß ich der älteste Sohn der Familie wäre. Frage: »Was macht der Vater jetzt? Guter Mann gewesen!« – Er wartete meine Antwort nicht einmal ab und fügte gleich hinzu: »Aber ein Starrkopf«, worauf ich sagte: »Gauleiter – das sind wir alle!« Damit schien das Gespräch über die Familie zunächst beendet. Dann aber nahm die Besäufnis ihren unaufhaltsamen Fortgang, wobei mir auffiel, daß die beiden Adjutanten sich stets bemühten, das, was der Gauleiter sagte, sofort geflissentlich zu unterstreichen. Schließlich aber kam Koch zum Ende: »Nun sagt mal, was kann ich für euch tun, verheiratet seid ihr ja wohl alle beide. Wollt ihr eine Hausmagd? Ich beschaffe euch eine aus der Ukraine mit solchen Titten«, wobei er ein verdeutlichende Geste mit beiden Armen machte. Es war widerlich. Gleich darauf rief er: »Dargel! Schreib mal gleich auf, daß wir das nicht vergessen!«

Dann wurden wir aufgefordert, mit ihm und seinen zahlreichen Parteimännern, von denen nach den kärglichen Auszeichnungen zu urteilen nur eine Minderzahl an der Front gewesen zu sein schien, das Mittagessen im unteren Stockwerk einzunehmen, das aber keineswegs aufwendig war oder von der im Krieg üblichen Norm abwich. Nur die Sauferei wurde fortgesetzt. Als wir uns nach dem Essen verabschiedeten, schlug der Gauleiter uns beiden mit seiner Pranke auf die Schulter und sagte: »Nun schlagt mal die Engländer recht bald.« Zu mir hatte er die Stirn zu sagen: »Grüß mal den Vater.« – Das also war ein Gauleiter, ein nahezu unumschränkter Herrscher in seinem »Gau«, zugleich dieser schönen Provinz. Poske und ich waren erschüttert über die Stillosigkeit, Würdelosigkeit und die unangenehme Anbiederungssucht. Das also war der Mann, der meinen Vater aus dem Amt gezwungen hatte, weil er sich weigerte, der Partei beizutreten, der dann auch versucht hatte, ihn durch eine Verdächtigung der Vorteilsannahme zu Fall zu bringen. Dieser untersetzte, ungepflegt wirkende Sergeanten-Typ, das also war der Kaiser von Ostpreußen! Dieser Mann, der einem nicht gerade ins Auge blicken konnte, war eine gefährliche Figur für alle, die seinen Unwillen, aus welchem Grunde auch immer, hervorriefen. Ich ahnte nicht, wie bald sein Zorn mich treffen sollte.

Erich Koch hatte im Zuge der sogenannten »Arisierung« sämtliche Vermögenswerte der Juden in Ostpreußen in eine sogenannte »Erich-Koch-Stiftung« eingebracht, eine Staatsholding, die er allein kontrollierte. Was daraus bezahlt und wie die Mittel verwendet wurden, habe ich nie erfahren. Auch in Memel waren einige wirtschaftliche Komplexe, so z. B. eine Textilfabrik mit allem Zubehör, nach der Eingliederung des Memellandes in diese ominöse Stiftung eingebracht worden. Zu der in der Stadt gelegenen Textilfabrik gehörte auch die frühere Strandvilla des jüdischen Besitzers auf der Nehrungsseite Sandkrug. Da sie längere Zeit leergestanden hatte und günstig unterteilt war, war es meinem Vorgänger Weingaertner gelungen, mit dem Verwalter der Stiftung eine Vereinbarung zu treffen, nach der das Haus mit allem Inventar der Flottille zur Verfügung gestellt wurde. Weingaertner hatte daraus ein Heim gemacht, in dem die Ehefrauen der meist jungverheirateten Lehrgangsteilnehmer in der Kursuszeit wohnen konnten. Das Heim erfreute sich außerordentlicher Beliebtheit und wurde zum gesellschaftlichen Mittelpunkt während jeder Lehrgangszeit. Für allzu viele war es das einzige und letzte Zusammensein einer Ehe. Eine Hausdame sorgte für Stil und Ordnung. Ich kann mich an keinen Fall erinnern, daß diese Fürsorge mißbraucht worden wäre. Als später im Jahre 1944 immer mehr Bombenangriffe das Reich heimsuchten, auch das Ruhrgebiet, aus dem der Gauleiter stammte, sollte ich das Heim in kürzester Zeit räumen, damit Koch dort Verwandte unterbringen konnte. Da der Gauleiter von der Verwendung des Hauses natürlich informiert war, nahm ich seine Entscheidung nicht hin und wandte mich schriftlich an ihn mit der Bitte, an der bisherigen Nutzung nichts zu ändern. Natürlich bekam ich keine Antwort. So versuchte ich es mit einem Telefongespräch, das aber restlos fehlschlug. Koch ließ mich einfach nicht zu Wort kommen, nachdem ich den Zweck meines Anrufes erläutert hatte. Meinen Brief allerdings konnte er sich hinter den Spiegel stecken. Das meinte auch der Verwalter der hehren »Erich-Koch-Stiftung«, mit dem ich lange und auch interessante Gespräche führte, wobei ich mich immer nur wunderte, wie dieser intelligente Mann diesen Gauleiter verteidigen konnte. Alle Anstrengungen halfen mir nicht weiter. Das »Wohl« der Koch-Verwandten hatte staatspolitischen Vorrang vor den jungen U-Bootskommandanten. Von da an war mein Verhältnis zur Gauleitung in Königsberg sehr gespannt.

Wären nicht die Monate April/Mai des Jahres 1943 die Zeit der größten Verluste des U-Bootkrieges geworden, dann hätte diese Zeit in Memel eine der schönsten meiner ganzen Marinezeit sein müssen. Meine Familie fühlte sich unglaublich wohl. Der echt ostpreußische Sommer war gleichbleibend warm und trocken. Wir hatten einen herrlichen Garten zum Spielen für die Kinder. Das Haus war unseren Bedürfnissen angepaßt. Dazu ein Badestrand, wie man ihn sich breiter, feinsandiger und weißer gar nicht vorstellen konnte, eine kristallklare Ostsee und, besonders erfreulich, die liebenswerte Bevölkerung, schufen bis heute nachwirkende Erinnerungen.

Die Memeler hatten uns sehr freundlich aufgenommen. Wir fanden uns rasch in einem ausgedehnten Bekanntenkreis. Natürlich wurde ich Mitglied des berühmten »Memeler-Segel-Vereins«, nachdem es sich herumgesprochen hatte, daß ich vor dem Kriege ein bekannter Kieler Segler gewesen war. Es gab aber auch noch witzige und ungewöhnlich Eigenarten in Memel. So wurde ich zu einem Gänse-Essen eingeladen und nahm es als selbstverständlich an, daß auch meine Frau eingeladen war. Wir kamen zusammen zum Gastgeber und stellten dort fest, daß die Frauen der anderen Gäste in der Küche mithalfen und auch getrennt von uns dort aßen.

Alle hatten ihre »Beziehungen« zum flachen Land, und so lebten auch alle weit besser als im Reich. Aber die guten Memeler dachten auch mitunter an uns.

Wer aber beschreibt unser ungläubiges Staunen, als eines Tages meine Frau die Benachrichtigung erhielt, daß sie bei der Parteistelle ein polnisch-ukrainisches Dienstmädchen abholen sollte, das für uns bestimmt worden wäre. So kam Nina ins Haus, die meiner Frau sehr viel Arbeit abnahm und die uns trotz einiger Eigenheiten länger ein guter Hauskamerad war.

Leider aber machte sich mein gestauchter Rücken immer übler bemerkbar. Das Stehen vor der Front wurde mir immer schwerer. Die Schmerzen behinderten mich außerordentlich. Mein Flottillenarzt riet zu einer längeren intensiven Kur, aber dazu hatte ich einfach keine Zeit. Der Admiral v. Friedeburg, mein besonderer Gönner, besichtigte die 24. U-Flottille, zusammen mit dem neugeschaffenen FdU-Ausbildung, Kapitän Schütze. Der Admiral war offensichtlich von der Ausbildung der jungen Kommandanten sehr angetan. Was ihm weniger gefiel, war mein Gesundheitszustand. Nach einer Besprechung mit seinen ärztlichen Ratgebern wurde ich in die Universitätsklinik nach Königsberg zu dem damals sehr bekannten Prof. Dr. Mauz »zwangsweise« überwiesen. Die dortige Behandlung zeitigte nicht den mindesten Erfolg. Einen guten Rat aber hatte mir Prof. Dr. Mauz doch geben können. Ich sollte sehen, ob ich nicht Gelegenheit finden könnte, täglich eine Stunde zu reiten.

Das traf sich nun in Memel besonders günstig. Die Festung hatte eine Fahrbereitschaft, die den obligaten Krümperwagen stellte, der alle namhaften Gäste von der Bahn abholte oder auch hinbrachte. Dazu war sie Erholungsstation für Front-Pferde.

Von Stund an stand jeden Morgen um 7 Uhr ein Pferdehalter vor der Haustür. Ich stieg aufs Pferd und ritt in Richtung Försterei über das wundervolle Reitgelände der »Palve«, meist weit nach Norden, bis es Zeit zur Umkehr war. Es war ein traumhaftes Birken- und Heidegelände von eindrucksvoller Stille und Einsamkeit.

Um 9 Uhr ging ich dann auf kürzestem Weg zum Flottillengelände im Hafen, ganze 15 Minuten. Dann begann der Dienst-Tag, der meist erst um 10 Uhr abends oder, bei Teilnahme am Nachtschießen, erst nach Mitternacht endete.

Wenn man auch von den kommenden Entwicklungen der Kriegslage noch keine auch nur annähernde Vorstellung haben konnte, so spürte man doch, daß der so herbeigewünschte Sieg in unendlich weiter Ferne lag. Ich mußte trotz eigener Zweifel in den Offizierssitzungen stärkere Siegeszuversicht verbreiten und mich an die Hoffnung klammern, daß noch mächtige Trümpfe in unserer Hand waren. In Memel gab es auch eine Schiffswerft, die von Paul Lindenau, Sohn eines Sattlermeisters in Wehlau in Ostpreußen und ehemaligem Mitarbeiter von Ferdinand Schichau in Elbing, meiner Heimatstadt, 1911 in Memel gegründet worden war. Mit den dreißiger Jahren hatte für diese Werft eine goldene Zeit begonnen. Sie hatte für namhafte Reedereien, wie die HAPAG, Schiffe gebaut. Diese Werft hatte, als ich nach Memel kam, eine Belegschaft von etwa 900 bis 1000 Köpfen und war, vorwiegend mit dem Bau von modernen Minensuchbooten, voll ausgelastet. Der alte Paul Lindenau, ein ostpreußisches Original von großem Selbstbewußtsein und beruflichem Stolz, hätte mit meinem Vorgänger Weingaertner kein besonders harmonisches Verhältnis herstellen können.

Weingaertner schilderte mir den alten Lindenau als eine so eigenwillige Person, daß ein Auskommen mit ihm gar nicht möglich sei. Da das Gelände der 24. U-Flottille und das der Werft unmittelbar aneinander grenzten, hatte es auch überflüssigerweise noch eine Unmenge Reibereien gegeben. Ich gedachte, hier unbedingt eine Änderung der bisherigen Atmosphäre herbeizuführen. Denn der Vorteil lag auf der Hand. Alle die vielen kleinen anfallenden Reparaturen konnten doch gleich nebenan gemacht werden, anstatt wie bisher alle Fahrzeuge über See nach der ohnehin stets überfüllten Schichau-Werft in Königsberg zu schicken. Es galt also, mit dem knorrigen Lindenau ein zum mindesten vernünftiges Verhältnis herzustellen. Ich zögerte daher auch nicht lange nach meiner Dienstübernahme, um in voller Kriegsbemalung einen ganz offiziellen Besuch bei meinem Nachbarn zu machen. Es war eine erstaunliche Begegnung. Denn nachdem er begriffen hatte, daß ich der Sohn eines ostpreußischen Bürgermeisters war und fast ebensogut wie er die ostpreußische Muttersprache beherrschte, schlug das anfängliche Mißtrauen gegen die Marine-Offiziere sehr bald in das Gegenteil um. Nachdem wir an seiner Kellerbar mehrere sehr gute Pullen besten Mosels gelenzt hatten, entstand eine auf gegenseitige Hochachtung gegründete Sympathie. Nach anfänglichen Schwierigkeiten mit der Rüstungsinspektion in Königsberg, der die Werft- und Arbeitszuteilung oblag, wurde die Werft Lindenau mehr und mehr zur »Privatwerft« der 24. U-Flottille.

Wenig erfreulich entwickelte sich indes das Verhältnis zum Standortältesten und Festungskommandanten, der in meinen Augen seine Pflichten vernachlässigte, dafür aber einen ungewöhnlichen Lebensstil pflegte. »Milo« Ruhfus, wie er sich gerne nennen ließ, ritt gerne, segelte gerne und pflegte seine Zuneigung zum weiblichen Geschlecht. Auch an ganz normalen Wochentagen stach er mit der dem Standort gehörenden Segelyacht am Nachmittag in See. Er blieb dann in der Flaute meist nicht fern der Ansteuerungstonne am Spätnachmittag hängen und hatte deswegen das weiße Chefboot des Standortes an den Molenkopf befohlen, um das Boot einschleppen zu lassen. Beim Einschleppen begegnete dieser etwas auffällige Schleppzug mit nackten jungen Mädchen an Deck dann oft meinen zum Nachtschießen auslaufenden U-Booten und Fangbooten, die zwar die Mädchen und jungen

Frauen gerne sahen und beobachteten, aber natürlich auch Vergleiche zu ihrer dienstlichen Beanspruchung anstellten.

Natürlich berichteten mir das sehr bald die engagierten U-Bootskommandanten und die, die es werden wollten. Sie glossierten diese eindeutigen Etappenzustände. Als ich dann selbst an einem Sonnabend mit einem Fangboot auslief, weil wir ein wegen schlechten Wetters ausgefallenes Schießen nachholen mußten, sahen wir beim Auslaufen einen kühnen Reiter im Galopp an der Nordseite der Ausfahrt in Richtung Mole reiten, bis zu einem Platz, wo die Stationsyacht klar zum Segelsetzen lag. Auf dem Achterdeck ließen zwei braungebrannte junge Damen das Grammophon spielen und erwarteten den Schimmelreiter. Es war gerade die Zeit, in der die U-Waffe die höchsten Verluste im Kampf im Atlantik hinnehmen mußte. Dementsprechend gedrückt war die Stimmung bei allen zur U-Waffe gehörigen Marinesoldaten. Als dann auch noch der Pferdepfleger hoch zu Roß auftauchte, um dem Herrn Festungskommandanten das Pferd abzunehmen, damit dieser die Segelyacht besteigen konnte, beschloß ich, diesem Etappenspuk ein Ende zu bereiten. Noch am Abend telefonierte ich mit Admiral v. Friedeburg, der mir versprach, für einen etwas disziplinierteren Festungskommandanten zu sorgen.

Innerhalb weniger Tage war »Milo« sehr zur Enttäuschung gewisser Memeler Damen abkommandiert, und es erschien der Kapitän z. S. Otto Loycke, eine außerordentlich sympathische, gewandte und vielseitig interessierte Persönlichkeit als neuer Kommandant. Leider aber war der famose Loycke, der sich bald hohen Ansehens erfreute, nur ein kurzes Intermezzo, denn schon im Herbst des gleichen Jahres wurde er Seekommandant Albanien, wo er dann später von den Titopartisanen auf grauenhafte Weise umgebracht worden ist.

Seit Wochen, ungeachtet meiner recht zeitaufwendigen Tätigkeit, lag mir der Marine-Verbindungsoffizier im Wehrkreis I, der Kapitän (Ing.) Elmerich in Königsberg in den Ohren, daß die Marine und auch der Wehrkreis von mir erwarte, daß ich mich als Eichenlaubträger auch für eine »Werbereise« zu ostpreußischen

Schulen und in den Städten zur Verfügung stellen sollte. Das lag mir eigentlich gar nicht. Ich hatte auch eine ähnliche Bitte meiner alten Stabila Köslin, nun eine Napola, abgelehnt. Aber auf Dauer konnte ich mich Elmerichs Drängen nicht mehr entziehen.

Im späten Frühjahr 1943 war es soweit. Die Vortragsreise ging über Insterburg, wo ich im Gymnasium eine fast zweistündige Rede hielt, über Allenstein, Preußisch-Holland und Mohrungen nach meiner Heimatstadt Elbing, wo ich in einer großen Maschinenhalle der Schichau-Werft über meine Erlebnisse an der Front vortrug. Waren alle Veranstaltungen gut bis sehr gut besucht, so war leider und zu meiner Ernüchterung die Schichau-Maschinenhalle nur relativ schwach besetzt. Viele meiner Elbinger Bekannten, die ich sicher erwartet hatte, waren nicht gekommen. Dennoch war der unverhoffte Besuch in Elbing eine Art Rückkehr zur Jugend. Es war das letzte Wiedersehen mit meiner engeren Heimat. Leider mußte ich im Interesse meines Vaterlandes auch viel sagen, was ich persönlich nicht mehr unbedingt und nur mit inneren Zweifeln vertreten konnte. Ich mußte selbstverständlich auf einen totalen Sieg des Reiches hoffen und das auch voll zum Ausdruck bringen; jedes erkennbare Schwanken hätte nicht nur nichts genützt, sondern bereits zu dieser Zeit die notwendigen Anstrengungen gelähmt.

In Elbing hatte ich zwei Tage Zeit, um mich mit den vielen Freunden und Freundinnen aus versunkenen Tagen zusammenzufinden. Verständlich, daß mich auf allen Vorträgen eine begeisterte Jugend feierte und mich die Partei besonders hofierte. Zuhörer meiner Altersstufe, mit Ausnahme meiner Jugendfreunde, behandelten mich mit einer leicht spürbaren Zurückhaltung bei betonter Freundlichkeit. Die Presse sparte nicht mit übertriebenen Kommentaren und Berichten. Sie übertönte damit den groben Ernst, der bei allem zur Schau getragenen Optimismus meine Ansprachen unverkennbar durchzog.

In Memel aber wetteiferten die Bürger, uns, soweit wie möglich, Gutes zu tun und das Einleben zu erleichtern. So erfreulich das alles war und sosehr wir uns wohl fühlten, ich begann mehr und mehr bei den vielen schweren Nachrichten vom U-Bootkrieg und seinen schweren Verlusten zu spüren, daß das Unbeteiligtsein am Kriegsgeschehen nicht nur eine harte Geduldsprobe, sondern auch eine bedrückende, fast deklassierende Belastung darstellte. Das Wissen von den geplanten neuen U-Bootstypen, über die nur verschwindend geringe Einzelheiten durchsickerten, ließ verständlicherweise den Wunsch weiter an Raum gewinnen, möglichst bald auch wieder an die Front zurückzugelangen. Dazu aber mußte ich voll gesundheitlich wiederhergestellt sein, und das beschäftigte mich ganz besonders.

Die Schulbootskommandanten waren grundsätzlich erfolgreich gefahrene Frontwachoffiziere, die meist noch ein wenig zu jung waren, um schon Frontboote vor dem Feind zu fahren. So war auch mein Nachfolger auf *U-68* erst noch – sehr zu seinem Mißfallen – als Schulbootskommandant bei der Schulflottille in Pinau gefahren, bevor er mich ablösen konnte. Infolge der Ausfälle drehte sich nun aber das Personal-Karussell bereits so schnell, daß ich jetzt schon die ersten Schulbootskommandanten aus dem Jahrgang erlebte, den ich als Kadettenoffizier auf der *Schleswig-Holstein* bei Kriegsbeginn und bis zum Mai 1940 als Offiziersanwärter gehabt hatte. Wenn man die Kindergesichter sah und wußte, was sie bereits alles an Erlebnissen hinter sich hatten, war man erschüttert. Als vorzügliche Offiziere, ernst und gereift in ihren Dienststellungen, standen sie mir begreiflicherweise ganz besonders nahe. Aber jede Abkommandierung auf ein Frontboot, die sie alle so heiß ersehnten, beschäftigte mich tagelang.

Viele von ihnen wurden noch 1944/45 Frontbootskommandanten und gingen in den letzten Tagen des Krieges verloren. Andere hatten die elende Aufgabe, ihre eigenen Boote zu versenken oder gar sie zur Operation »Deadlight« nach England zu überführen. Nur einer geringen Zahl dieser jungen Offiziere gelang es, nach dem Kriege noch ein Studium aufzunehmen. Dennoch sind auch die nicht Studierten durchweg tüchtige Bürger, erfolgreiche Kaufleute und zum Teil dann auch später Offiziere der Bundesmarine geworden.

Auch der tüchtigen und unermüdlichen Fangbootskommandanten ist zu gedenken. In der Mehrzahl kamen sie aus der Steuermannslaufbahn und hatten alle eine längere, erfolgreiche Frontzeit hinter sich, zum Teil auf U-Booten, aber auch auf M- und Torpedobooten. Sie hatten sich, in der Mehrzahl Oberleutnante z. S., verdientermaßen zu Offizieren entwickelt.

Zu meiner besonderen Freude meldete sich eines Tages der Oberleutnant z. S. Walter Griese zur 24. U-Flottille kommandiert bei mir. Er traf auf seinen Kameraden Anaschuß, der früher Obersteuermann von *U-A* an der Front gewesen war. Sie kannten sich gut. Ein anderer alter Bekannter war der Oberleutnant z. S. Hartog, der seinerzeit als Matrosengefreiter auf der *Emden* mit unserer Crew die Weltreise mitgemacht hatte. Ihn kannte ich schon aus gemeinsamer Kadettenzeit in Köslin aus dem Jahre 1918/19. Die weiteren Kommandanten Bongards, Pampuch, Piotrowski und Scheil bildeten eine erstklassige Gemeinschaft, die wie Pech und Schwefel zusammenhielt und auf die ich mich unbedingt verlassen konnte.

Sie fuhren ihre so hervorragend manövrierfähigen alten T- und S-Boote, markierten die Escorts bei den Geleitzug-Übungen so frontnah wie nur möglich, ahmten Wabo-Angriffe nach mit Echoloten, wenn sie ein U-Boot bei Angriff vor dem Schuß entdeckten, und fingen dann mit hohem seemännischen Geschick bei jedem Wetter die Übungstorpedos am Ende der Laufstrecke wieder ein, um sie dann im Hafen wieder an die Torpedo-Klarmach-Schiffe abzugeben.

Sehr bald erschien dann auch mit beginnendem Sommer der FdU-Ausbilder, Victor Schütze. Er wirkte sich wirklich, wie von mir befürchtet, in erster Linie nur als verzögernde Zwischeninstanz auf den Dienstbetrieb aus. Als er dann, um seinen Machtbereich zu vergrößern, unbedingt noch eine weitere Torpedo-Schießausbildungs-Flottille einrichten wollte, gerieten wir beide ernsthaft gegeneinander. So eine Flottille, wie die 24. U-Flottille, bedeutete schon einen derartigen Aufwand an Schiffen, Menschen und Gerät, daß eine weitere Flottille mit gleicher Zweckbestimmung eine nicht mehr zu verantwortende Übertreibung darstellen würde. Wir bildeten zu der Zeit jeden Monat etwa 18 bis 20 U-Bootskommandanten aus, und es würde lange dauern, bis diese

Zahlen von den Indienststellungen eingeholt werden konnten. Um mehr Ausbildungsplätze zu schaffen, war ich der Ansicht, unter geringfügiger Verstärkung der Schulboote, U-Boote natürlich, hätten wir mit dem vorhandenen Schiffspark aller notwendigen Zweckbestimmungen die monatlichen Ausbildungsquote notfalls auch auf 25 bis 30 Kommandanten steigern können. Nach Rücksprache mit meinen Offizieren ergab es sich, daß alle bereit waren, noch mehr zu leisten, wenn es sich als kriegsentscheidend herausstellte. Ich trug also, nach vergeblichen Versuchen, Schütze umzustimmen, meine Ansicht Admiral v. Friedeburg vor und fiel prompt hinten herunter.

Es war die Zeit der schrecklichen Verluste. Ich kann mir heute diese sonst unfaßbare Entscheidung Friedeburgs hier nur so erklären, daß er in der Erkenntnis, daß der U-Bootkrieg verloren war, jetzt noch so viele hervorragende Offiziere, die nun zusätzlich als Lehrer, Beobachtungsoffiziere usw. in der Heimat eingesetzt werden sollten, vor einer aussichtslosen Frontverwendung bewahren wollte.

Aber auch meine Offiziere – U-Boots- und Fangboots-Kommandanten, Beobachtungsoffiziere, Schießlehrer usw. – konnten Friedeburgs Entscheidung nicht verstehen. So begann dann das große Rupfen der 24. Flottille mit der Abgabe eines Teils meiner Schiffe für die neu zusammentretende 23. U-Flottille unter dem tüchtigen 30er Otto v. Bülow in Danzig. Wir aber blieben bei gleichen Ausbildungszahlen.

Aber das war eben zu dieser Zeit des Krieges keineswegs die einzige Erweiterung des Ausbildungsdienstes in der Etappe. Da jetzt keine richtige Kadetten- und Fähnrichsausbildung für die dringend benötigten jüngsten Jahrgänge für die Verwendung als Wachoffiziere der U-Boote stattfinden konnte, gab es laufend alle nur möglichen Havarien, weil die jungen Offiziere eben nie gelernt hatten, mit Schraubenfahrzeugen umzugehen. So half es gar nichts, sie mußten es nun konzentriert lernen. Für diesen Zweck schuf man weitere Ausbildungsmöglichkeiten, so z. B. im Juni 1943 die 20. U-Flottille in Pillau unter dem vorzüglichen 33er Mengersen, der sich mit seinen Lehrern abmühte, den jungen Wachoffizieren die Ruder- und Schraubenwirkungen und den Unterschied zwischen Backbord und Steuerbord beizubringen. Als sich jedoch diese Bemühungen nicht als ausreichend herausstellten, mußte noch eine weitere, die 19. U-Bootflottille, im Oktober 1943 unter dem 32er Jobst Metzler (»Die lachende Kuh«) in Pillau aufgestellt werden, die sich mit der Kommandanten-Vorschulung, Ausguckschulung und Hafengrundausbildung der U-Bootskommandanten abmühte.

Schließlich reichte die Kapazität der Endausbildung der Frontboote im Torpedoschießen der 26. U-Flottille in Pillau auch nicht mehr aus. So gab es dann noch eine weitere Torpedoschieß-Flottille für Frontboote unter dem superforschen 31er Robert Gysae in Libau seit Dezember 1943. Welch ein gewaltiger Aufwand; offenbar hoffte man allein auf die U-Waffe als Möglichkeit einer positiven Kriegsentscheidung. Wir älteren Offiziere aber »rechneten« mit den Wunderwaffen und Erfindungen, die man angeblich in der Hinterhand hatte.

In meiner Memeler Zeit fiel mir bald die langsame, zunächst kaum merkliche Veränderung der Zusammensetzung der einzelnen Kommandanten-Schießlehrgänge auf. Das Gästebuch beginnt im März 1943 mit dem 42. KSL, an dem noch ausschließlich aktive Seeoffiziere der Jahrgänge 37 bis allenfalls 39 teilnahmen.

Schon mit dem 50. KSL beginnen die Leutnante zu überwiegen, mit dem 54. KSL sind schon einige Leutnante der Reserve dabei. Der 55. Lehrgang weicht von allen bisherigen ab, denn er erfaßt plötzlich noch zwei Kapitäne z. S., Dobratz und Mühlendahl, sowie den Fregattenkapitän Freiwald von unserer Vorcrew und sonst bereits ältere Reserve-Offizierjahrgänge. Der 72. KSL besteht fast nur noch aus Reservisten, was keinesfalls ein Werturteil darstellt, sondern nur den Verschleiß beweist. Der 78. KSL ist dann ausschließlich von umgeschulten Marine-Artillerieoffizieren besetzt. Mit dem 80. KSL hört dann praktisch der Ausbildungsbetrieb der 24. U-Flottille auf.

Es war eine nette Geste unserer Frontflottille in Lorient, deren Kommando inzwischen der 24er Ernst Kals übernommen hatte, erfolgreicher Kommandant von *U-130* der 2. U-Flottille, uns in der entfernten Etappe nicht »verdursten« zu lassen. So kamen zweimal erfreuliche Kisten aus Frankreich bei mir in Memel an. Das ermöglichte uns auch eine bescheidene, der Kriegslage angepaßte Repräsentation zu erfüllen.

Als besonderes Band der Zusammengehörigkeit erwies sich das auf meine Veranlassung hin geschaffene Wappen der Flottille. Ich hatte den Entwurf eines Funkgefreiten ausgewählt, der mir freilich später wegen eines damals selbstverständlichen Hakenkreuzes unter Türmen und Tor der Stadt Memel den Ruf eines scharfen NS-Protagonisten eintrug.

Das Wappen, von einem ortsansässigen Holzschnitzer in Großausführung hergestellt, ließ ich an einem herrlichen Junitage bei einer Feierstunde, zu der die Stadt mit allen Würden- und Amtsträgern und alle militärischen Dienststellen eingeladen waren, an der Eingangspforte zum Flottillengelände anbringen.

Natürlich fand die Feier an einem Sonntag statt, weil wir es uns nicht leisten konnten, wichtige Ausbildungsstunden ausfallen zu lassen. Zum Dank für die demonstrativ gezeigte Zugehörigkeit zu unserem Hafen und dem Standort Memel, was wir nicht nur durch das Wappen, sondern auch mit dem Zusatz zum Flottillen-Namen, »24. U-Flottille Memel« zum Ausdruck gebracht hatten, überreichte uns einige Monate später der Oberbürgermeister der Stadt eine sehr hübsche, in weißer Birke geschnitzte Plastik eines springenden Delphins mit einer herzlichen Widmung im Sockel. Diese Plastik fand in der Messe, zunächst auf der *Daressalam*, später dann auf der *Oranjefontein* einen würdigen Platz. Das zeitlos schöne Kunstwerk ist in den letzten Kriegswirren verlorengegangen.

Die Verluste der Monate April/Mai hatten dazu geführt, daß der Befehlshaber sich gezwungen sah, den Geleitzugkampf im Nordatlantik vorübergehend einzustellen. Nur allmählich sprach sich dies bis zu uns nach Memel herum. Ich habe damals diese Unterrichtung vermißt, unser Vertrauen in die Führung hätte es verdient. So aber waren wir mehr oder weniger auf Gerüchte angewiesen, und das war nicht gut. Die KTB der Frontboote, aus denen bei uns auch die Lehren für die Ausbildung der jungen Kommandanten gezogen werden mußten, waren oft zu alt, um noch die aktuelle Situation darzustellen. So hinkte unsere so wichtige, sich keineswegs nur auf das Torpedoschießen beschränkende Lehrtätigkeit immer Wochen hinter der Wirklichkeit her.

Diese Tatsache veranlaßte mich, in Vorträgen vor den Lehrgangsoffizieren immer stärker auf die Eigenverantwortlichkeit der Kommandanten hinzuweisen. Ihnen fiele es zu, die allgemeinen Befehle der jeweiligen taktischen Lage entsprechend zu interpretieren.

Im Juni hatte mich mein Nachfolger-Kommandant, der treue Albert Lauzemis, in Memel besucht. Ich war unendlich gerührt über diese Treue und menschliche Anhänglichkeit. Das Boot war bei seiner ersten Feindfahrt in der Karibik gewesen und hatte immerhin zwei Schiffe mit ca. 11 000 BRT versenkt, womit nun endlich die von mir angestrebten 200 000 BRT erreicht worden waren. Dennoch war er mit sich noch nicht zufrieden und berichtete von den aktuellen Verhältnissen. Er war der Meinung, daß der Gegner unsere Funksprüche ablesen konnte. Ich war froh, daß er selbst und das Boot heil nach Hause gekommen waren, und vertröstete ihn auf bessere Zeiten.

Schon im Juni wurde er auf der Ausfahrt zur nächsten Unternehmung in der Biskaya von einer »Mosquito« überrascht und dabei selbst durch Bordwaffenfeuer verwundet. Der I. W.O. brachte das Boot zurück nach Lorient. Nach Ausheilung der Verwundung, das Kinn war durch ein Geschoß zersplittert, war er in Tilsit bei seiner Mutter. Wieder besuchte er mich, bevor er am 1. August wieder auslief. Er war jetzt sehr viel stiller und auch weniger optimistisch, aber, wie er mir sagte, er vertraute auf das glückhafte Boot und seine hervorragende Besatzung. Was er mir aber über unsere Verluste berichtete, erschütterte mich. So viele erstklassige, mir vertraute Namen waren darunter! Unser guter Kamerad Hartenstein *(U-156)* war nicht wiedergekehrt. Auch mein Crew-Kamerad Harro Schacht war mit *U-507* draußen geblieben. Vom Kern der 2. Flottille aus meiner Zeit waren nur noch ganz wenige übrig. Was mich aber zunehmend erschütterte, war die Tatsache, daß die Mehrzahl der neuen Boote bereits auf der ersten Reise verlorenging. Nun war das an sich keine Neuigkeit, denn schon zu jeder

Zeit war die erste Reise das »Haupt- und Staatskriterium« gewesen. Aber was sich jetzt abspielte, das war bisher noch nicht annähernd vorgekommen.

Hier wirkte sich ohne Zweifel bereits die erdrückende Überlegenheit der gegnerischen Abwehrkräfte aus, insbesondere der Luftwaffe. Das britische handliche Radargerät in jedem Flugzeug und die von jedem Sicherungsfahrzeug sorgfältig durchgeführte Kurzwellenpeilung der U-Bootssender bei jedem Funkspruch forderten tatsächlich schon beim An- und Abmarsch zum Kampfgebiet eine derartige Anzahl von Opfern, daß der BdU erst einmal den Nordatlantik dem Feind ungestört überlassen mußte. Dabei lag die Möglichkeit des Mitlesens der Funksprüche ganz außerhalb der Betrachtung des BdU. Dabei bestand zeitweise völlige Ungleichheit der operativen Bedingungen.

Sehr zu meinem und auch dem Kummer der Stadt Memel wurde im Sommer der Festungskommandant Loycke abgelöst. Seine Nachfolge trat der Kapitän z. S. d. R. Götz an, ein hypernervöses Männchen. Erfreulicherweise hielt er sich stark zurück und trat kaum in Erscheinung. Alle in der Garnison unvermeidlichen Vorkommnisse wurden künftig ohne ihn, mit Hilfe des Adjutanten, Hauptmann Sperber, von meinem Chef des Stabes auf dem sogenannten »kleinen Dienstweg« beigebügelt. So gab es zunächst keine Schwierigkeiten.

Es nahte mein 38. Geburtstag am 15. August 1943. Ich war überwältigt von der Anteilnahme der ganzen Stadt. Das Datum hatte sich offensichtlich herumgesprochen, und so nahmen die Glückwünsche, die Besuche und die Feiern auch in der Flottille kein Ende. Mein Haus in der Moltkestraße 6 konnte die Mengen der Blumen kaum fassen. Es war, als wenn die Bevölkerung in meiner Person so etwas wie einen Garanten des Sieges sah. Das machte mich zwar stolz, aber es belud mich auch mit einer fast körperlich spürbaren Verantwortung. Ganz besonders stolz aber machte mich ein Brief des Admirals v. Friedeburg. Er beleuchtete nicht nur unser herzliches, persönliches Verhältnis, sondern erwähnte auch lobend meine dienstlichen Erfolge in der Erziehung des Kommandantennachwuchses.

Im September kam er dann zur Besichtigung der Flottille. Wieder konnte ich im vertrauten Gespräch feststellen, daß wir in jeder Weise der gleichen Meinung waren. Wir konnten uns über alles freimütig unterhalten, auch über die bedrohlich verschlechterte Kriegslage. Auch er sah damals nur in den neuen U-Booten noch eine ernsthafte Möglichkeit, das Kriegsglück vielleicht zu wenden. Über andere Möglichkeiten, etwa neue Flugzeuge, Raketen und sonstige geheime Kampfmittel, gar »Wunderwaffen«, gab er vor, nichts zu wissen.

Ich trug ihm bei dieser Gelegenheit nochmals meine Bedenken gegen die unnötige Neuaufstellung einer zweiten »Schieß-Flottille« vor und versicherte ihm, daß wir im Notfalle auch das Doppelte an Ausbildungsleistung schaffen würden. Ich benötigte zusätzlich lediglich zwei hervorragende Schießlehrer aus der Front. Das einzige, was ich erreichen konnte, war, daß er zusagte, die Sache nochmals überprüfen zu wollen – für mich heute ein verstärktes Indiz dafür, daß er damals bereits Offiziere und Besatzungen nicht mehr erfolglos aufopfern wollte.

Um auch eine gewisse geistige Anregung über den täglichen Dienst hinaus zu schaffen, konnten wir sowohl von der Universität Königsberg als auch von der Parteizentrale in Danzig Redner anfordern. Sie hielten dann, meist am Sonnabend, vor dem gesamten Offizierskorps Vorträge, zu denen ich auch alle Offiziere des Standortes einlud. In der ersten Zeit waren es mehr historische und auch kunsthistorische Vorträge sowie auch philosophische Themen. Diese Vorträge fanden bei allen Offizieren großen Anklang und minderten auch das Gefühl der Isolierung vom fernen Reich.

Allmählich traten aber politische Themen in den Vordergrund, weil sich nun auch die Partei für »Durchhaltevorträge« stark engagierte. Es war gar nicht möglich, die sich meldenden Parteileute einfach abzuwimmeln oder abzulehnen. So erinnere ich mich heute noch an einen mitreißenden Vortrag eines Parteiredners aus Danzig, der mit forensischer Beredsamkeit das Erscheinen haushoch überlegener Waffen an den Fronten in allerkürzester Zeit ankündigte und damit den Sieg bereits in greifbarer Nähe erscheinen ließ. Löbsack hieß dieser Goebbels-Schüler, der jede Ideologie außen vor ließ und sich allein auf waffentechnische Demagogie verlegte und die preußischen Tugenden pries. Natürlich glaubten wir allzu gerne das, was wir erhofften.

Leider waren alle Versuche vergeblich, meine Rücken- und Ischiasschmerzen zu lindern oder gar zu heilen. Sie beeinträchtigten meine Dienstfähigkeit schließlich so, daß ich mich auch nicht widersetzte, als ich plötzlich von Friedeburg die Nachricht erhielt, daß ich für eine Moor- und Badekur in Pystian in der Slowakei für vier Wochen ab Mitte November des Jahres vorgesehen sei.

Nach einer mir endlos erscheinenden Reise mit dem Zug über Dresden – Prag erreichte ich das aus der alten österreichischen Zeit weltbekannte Bad. Das renommierte Kurhaus hatte eine Wehrmachtabteilung unter einem Oberstabsarzt Morin, der sich sofort meiner ganz besonders annahm. Alle Welt sprach deutsch, auch der behandelnde slowakische Arzt. Auch in der herrlichen Konditorei und auf den umliegenden Schlössern hörte man nur diese Sprache. Der Vormittag war ausschließlich der Kur gewidmet, Baderei im großen, heißen Schlammpool und anschließende Schlammpackung. Nach dem vorzüglichen Essen, vom Kriege oder Versorgungsschwierigkeiten merkte man in dieser Hinsicht nicht das geringste, fiel man automatisch in Tiefschlaf. Danach traf man sich dann zum Kaffee – tatsächlich echtem Bohnenkaffee – in der Konditorei bei herrlichem Gebäck. Hier trafen wir dann auch mit den vielen deutschen »zivilen« Kurgästen zusammen, mit denen sehr bald nette Freundschaften entstanden. Da ich der einzige Ritterkreuzträger war, erregte ich verständlicherweise einiges Aufsehen und wurde bald gebeten, einmal über den U-Bootkrieg zu sprechen, was ich nicht abschlug.

Bei aller Kur, munterer Geselligkeit und spürbarer Erholung, wenn auch nicht von den anhaltenden Beschwerden geheilt, blieb doch damals eine Art schlechtes Gewissen. Wenn man im Radio die Nachrichten hörte, dachte ich mehr an meine Aufgabe als an die Wiedergewinnung der Gesundheit.

Ich war nicht böse, daß noch vor Weihnachten meine Kur beendet war. Mit vermehrtem Eifer ging ich in der Tagesarbeit für die Flottille und ihre Schüler auf.

Die »rote Flut«

Das Jahr 1944 wurde zum Schicksalsjahr für alle, für unsere zur Heimatstadt gewordene Garnison Memel, für unser Ostpreußen und für das Reich. Es erfüllte sich das Schicksal der Marine, namentlich der U-Waffe und das Schicksal meiner Flottille.

Am 30. Januar hörten wir Goebbels im Berliner Sportpalast mit seiner Suggestivfrage: »Wollt ihr den totalen Krieg?« Die fast hysterische tausendfache Zustimmung habe ich noch heute im Ohr. Die emotional aufgeputschte Zuhörerschaft war außer Rand und Band. Sie und das ganze deutsche Volk sollten für dieses »Ja« später die Rechnung der Sieger präsentiert bekommen. Wer Ohren hatte zu hören, der wußte es nun sicher, daß es jetzt wirklich ernst war und daß es von Stund an auf jeden einzelnen ankommen würde. Wir hörten zu, konnten das Gehörte kaum erfassen und hätten im Falle unserer Anwesenheit im Sportpalast in Berlin mit aller Wahrscheinlichkeit genauso laut und ekstatisch begeistert mitgeschrien.

Wir hatten, alle Offiziere zusammen, in der Messe die Rede angehört. Als ich mich umsah, sah ich nur leuchtende, vor Begeisterung glühende Augen auf mich gerichtet. Auch meine Frau und enge Freunde von uns, Nicht-Nationalsozialisten, waren von der Goebbelsrede tief beeindruckt.

Was zogen wir in der Etappe nun als Lehre aus diesem Aufruf zum totalen Kriegseinsatz? Lange erwog ich verschiedene Gedanken und ging dann zu meinem guten Freunde Paul Lindenau, der nun schon längere Zeit keine Neubauten mehr auf der Helling hatte. Der Schwerpunkt seiner Arbeit lag bei Zulieferungen für die Panzerproduktion. Wir vereinbarten für seinen Betrieb, der bisher nur in zwei Schichten arbeitete, eine »dritte Schicht«, die die 24. U-Flottille stellen würde. Nachdem wir in großen Zügen einig waren, setzte ich mich mit meinem Personaloffizier Gustav Lange hin. Wir rechneten aus, wie viele Angehörige der Flottille wie oft eingesetzt werden konnten. Binnen kurzem hatten wir die dritte Schicht zusammen, und als ich vor die Flottille trat und meine Gedanken bekanntgab, fand mein Vorschlag begeisterte Zustimmung.

Alle nicht zur See fahrenden Flottillenangehörigen mit Ausnahme der überanstrengten Klarmachschiffe und des Küchenpersonals der Flottille arbeiteten künftig zweimal in der Woche sechs Stunden auf der Werft. Der Einsatz wurde vorgenommen nach den persönlichen Fähigkeiten. So blieb z. B. für mich für eine ganze Weile nur immer das Saubermachen von Gußstücken übrig, das Abstemmen der Füllansätze und die Bearbeitung der Ränder in der Gießerei. Es war erstaunlich, daß auch die Handelsschiff-Seeleute mitmachten, mit Ausnahme der Kapitäne. Ich hatte zweimal in der Woche die Schicht von Mitternacht bis 6 Uhr morgens. Nie hörte ich in dieser Zeit eine unerfreuliche Bemerkung oder ein Schimpfen.

Diese dritte Schicht der Flottille fand statt bis zur zivilen Räumung von Memel. Im Juli 1944 hatten wir dann keine Zeit mehr für die schon legendär gewordene Panzerschicht und mußten noch dringendere, sehr traurige und belastende Aufgaben übernehmen.

Natürlich wurde diese Maßnahme überall bekannt und trug mir den Ruf eines »Supernazis« ein. Diese zusätzliche Leistung entsprach aber allein der Überlegung, daß die mögliche Niederlage unter keinen Umständen auf unsere Untätigkeit oder zu geringe Leistung für das Vaterland in der Etappe zurückgeführt werden dürfte. An uns in Memel und an der 24. U-Flottille, vorerst noch fern vom Bombenterror, sollte es nicht liegen.

So arbeiteten wir und hofften auf eine Wende im Kriegsglück und auf das, was uns die Goebbelsschen Zeitungen versprachen, die Wunderwaffen.

So schrieb am 5. Dezember 1943 der bekannte Publizist Hans Schwarz van Berk in der Zeitschrift »Das Reich«:

»Uns geht es bei der Vergeltung nicht um einen Waffentriumph, auch nicht um ein Strafgericht, nach dem heute unser ganzes Volk verlangt, uns geht es darum, der Zügellosigkeit des Massenmordes durch einen äußersten, sehr drastischen Schlag Einhalt zu gebieten. Die Menschheit ist dem Punkte nicht mehr fern, wo sie die halbe Erde in die Luft fliegen lassen kann.«

War es ein Wunder, wenn wir alle aus derartigen Äußerungen Mut und Kraft zogen für die Tagesarbeit?

Dennoch, wenn man an die schrecklichen Verluste dachte, von denen wir mit steigender Nachdenklichkeit hörten, dann war es schon mehr ein Selbstschutz, wenn man sich betont optimistisch äußerte. So war schon im Mai 1943 mein guter tüchtiger erster LI, der Kapitänleutnant (Ing.) Bernhard Klaunig, der auf ein großes Fernkampfboot vom Typ IXD2, *U-182* gekommen war, unter so einem bewährten Kommandanten wie Nico Clausen, draußen geblieben. Mein vorzüglicher I. W.O. und I. SKO der *Sx*-Zeit, der Kapitänleutnant August Maus, Kommandant *U-185*, war dann an der US-Küste zum Auftauchen gezwungen worden und am 24. August in Gefangenschaft geraten. Auch mein I. W.O. auf der Karibik-Reise, der Oberleutnant z. S. Werner Happe, Kommandant von *U-192*, war bereits am 5. Mai im Nordatlantik mit seinem Boot untergegangen. Wie würde es den anderen gehen, die mit uns draußen gewesen waren und die wir alle in ihren persönlichen Eigenschaften schätzen- und anerkennen gelernt hatten?

Nach einem zweiten Kuraufenthalt in Pystian wurde ich als »FdU-Mitte« nach Kiel befohlen und bekam zwölf U-Boote unterstellt, die in den norwegischen Stützpunkten lagen, um im Falle einer Landung in Norwegen taktisch eingreifen zu können. Bis zum eintretenden Alarm-Fall unterstanden jedoch die Boote weiter dem FdU-Nord, dem zum Korvettenkapitän beförderten Reinhold Suhren, der mit der *Grille* als Stationsschiff im Narvikfjord lag.

Allerdings ließ es Friedeburg keine Ruhe, daß ich trotz nun zweimaliger Kur mit meinem Rücken immer noch nicht wieder in Ordnung war. Er sorgte für einen weiteren, allerdings auch vergeblichen Heilungsversuch, diesmal mit angesetzten Blutegeln, im Kieler Lazarett.

Die Verwendung als FdU-Mitte in Kiel endete zu meiner Freude schon nach einigen Wochen, und ich konnte meine viel wichtigere U-Bootskommandantenausbildung in Memel fortsetzen.

Wie ein Lauffeuer sprach es sich nicht nur in der Flottille, sondern in ganz Memel herum, als mein Vorgänger, der 28er Hannes Weingaertner, gleich auf der ersten Reise, fast genau nach einem Jahr, seit ich ihn abgelöst hatte, im März 1944 mit *U-851* wahrscheinlich im Nordatlantik verlorenging. Er hatte sich mit großer Sorgfalt seine Besatzung aus den besten Leuten der 24. U-Flottille rekrutiert, aber jetzt folgte tiefe Trauer und Erschütterung, weil ja die Familien meist noch in Memel wohnten. Als dann im April Friedeburg mich plötzlich anrief, um zu sagen, daß auch mein prächtiger Lauzemis mit *U-68* und der ganzen Besatzung im Mittelatlantik geblieben war, da war ich endgültig verzweifelt.

Memel war immer noch der Luftschutzkeller des Reiches, und wir waren uns auch dieses Vorzuges voll bewußt, bis zu einem herrlichen Juli-Sonntag. Am Spätnachmittag, meine Eltern waren aus Kiel bei uns zu Besuch, auch eine alte Freundin aus Berlin erholte sich von Berliner Bombennächten, hörten wir erstmalig in der Stille der Nehrung das ferne Grollen der Front aus dem Osten. So nahe war also doch schon der Kanonendonner der Ostfront zu hören.

Aber nicht wir allein hatten das Donnern gehört, die Bevölkerung war natürlich beunruhigt. Sofort klingelten meine Telefone bei der Flottille und auch privat in der Moltkestraße 6 fast unentwegt mit verschiedensten Anfragen, wie die Dinge ständen. Auch ich war besorgt, aber nach den aus Königsberg erhaltenen Auskünften bestand keinerlei Anlaß zur Sorge. Als das Grollen in den folgenden Tagen, möglicherweise infolge veränderter Windrichtung nicht mehr zu hören war, legte sich zunächst auch wieder die allgemeine Nervosität.

Dann kam, ich werde es nie vergessen, die Nacht vom 20. zum 21. Juli 1944. Mitten in der Nacht klingelte das Telefon bei mir Sturm. Ich wurde sofort auf die Festungskommandantur gerufen. Gehorsam und ahnungslos eilte ich die paar hundert Meter dorthin und traf bereits auf sämtliche Dienststellenleiter und Kommandeure. Alles tuschelte, aber keiner wußte etwas Genaues. Es war die Rede von einem schimpflichen Attentat. Dann erschien ein fast zitternder Festungskommandant, der tatsächlich von einem

Attentat auf Hitler und dessen Mißlingen berichtete. Allgemeine Unruhe! Dann aber kam das in dieser Situation wohl Unmöglichste. Sämtliche Kommandeure hätten sich zu ihren Truppen zu begeben, er als Festungskommandant begebe sich auf seinen Gefechtsstand nach Götzhöfen: »Guten Abend, meine Herren, seien Sie wachsam!« Auf meine Frage oder Mahnung, daß es jetzt doch notwendig sein müsse, ruhig Blut zu bewahren, und er doch gerade jederzeit hier in der Festungskommandantur erreichbar bleiben müsse, kam dann fast bittend der Ausspruch: »Aber ich muß doch die Übersicht behalten!« Der Festungskommandant zeigte sich der Lage in keiner Weise gewachsen, wo es um beispielhafte Ruhe und Gelassenheit ging. Er ließ sich nicht bewegen, auf seinem jetzt als oberste Autorität geforderten Posten in der Festungskommandantur zu bleiben, fuhr los und war für Stunden nicht erreichbar, wie ich aus den jetzt an mich gelangenden Anrufen aus Königsberg und Berlin, vom OKM entnehmen mußte.

Nun muß noch zur Erklärung zugefügt werden, daß das Memelgebiet natürlich »hitlertreu« bis in die Knochen war. Es bestand nicht der geringste Anlaß, irgendwelche Unruhen zu befürchten. Ganz im Gegenteil, alles war empört über das Attentat. Vor uns Frontoffizieren tat sich mit dieser Tat ein Abgrund auf. Nie an irgendeiner Stelle hatte ich bisher im Kriege auch nur andeutungsweise gehört, daß sich gegen Hitler Widerstand regte oder gar echte Feindschaft gegen ihn bestand. Wer von uns dachte denn aber überhaupt daran, den Krieg für Hitler oder gar für die Partei zu führen? Das war jedenfalls nicht meine innere Einstellung. Mit Widerwillen entsann ich mich der Sprachregelung, nach der wir im Jahre 1943 bei der Hitler-Geburtstagsfeier am Schluß der Rede enden sollten mit dem Ruf »Wir werden siegen, weil uns Adolf Hitler führt!« Das war mir nicht nur widerlich byzantinisch, sondern beinahe albern vorgekommen, nachdem wir alle wußten, daß das Stalingraddebakel durch Hitlers törichte Festhaltetheorie verschuldet war.

Natürlich wissen wir heute sehr viel mehr als damals, und es wird keinen aufrechten alten Offizier geben, der nicht allen Glauben und alles Vertrauen, das wir in unsere politische und militärische Führung setzten, aufs schwerste und häßlichste getäuscht ansehen muß.

Das Nächstliegende für meinen Zuständigkeitsbereich nach dem 20. Juli waren Ruhe und Ordnung. Der durchgedrehte Festungskommandant, der Kapitän z. S. Götze aber erschien für die jetzt aus dem Osten heraufziehende Gefahr nicht mehr tragbar. Nachdem ich den Küstenbefehlshaber Ost in Danzig, den mir gut bekannten Admiral Plath angerufen hatte, verschwand er nach wenigen Tagen, ohne eine Lücke zu hinterlassen. Sein Nachfolger, der Kapitän z. S. Johannes Möller, hatte dann ein anderes Format.

Aber jetzt kam wirklich auch für das Memelgebiet die Schicksalsstunde. Der nächtliche Kanonendonner und die dann auf meine Anfragen erfolgenden »Beruhigungspillen« aus Königsberg weckten mein erhebliches Mißtrauen, so daß ich mich entschloß, selbst etwas zur sofortigen Feindaufklärung zu tun.

Seit Wochen tobte in den Zeitungen die NS-Propaganda für den »Erich-Koch-Wall«, der Ostpreußen vor dem Feinde schützen sollte. Alle nur entbehrlichen Menschen, die noch einen Spaten halten konnten, waren aufgerufen, sich freiwillig zum Schanzen zu melden. Mehrere tausend Hitlerjungen waren bereits von den Königsberger Schulen seit Wochen an die Grenze entsandt, um das nach dem Gauleiter genannte Werk fertigzustellen; Koch war nach dem Verlust der Ukraine wieder ganz nach Königsberg zurückgekommen. Er war nun, wie alle Gauleiter, auch Reichsverteidigungskommissar mit großen Vollmachten. Ob nun dieser ehemalige Feldwebel aus dem Ersten Weltkriege der geeignete Mann war, um eine Gewaltanstrengung der gesamten Bevölkerung anzuleiten und verantwortlich zu führen, das erschien mir nach der persönlichen Bekanntschaft mehr als fraglich. Es war mir klar, daß, wenn die Rote Armee an der Grenze stand, sie bei einem Durchbruch in wenigen Stunden in Memel sein konnte. Aller Wahrscheinlichkeit nach wäre dann kaum noch genug Zeit, um alle Fahrzeuge rechtzeitig aus dem Hafen zu bringen, von den zu erwartenden Leiden der Zivilbevölkerung vollkommen abgesehen.

Ich beschloß, den Frontverlauf selbst zu erkunden, setzte mich in meinen Dienstwagen und fuhr mit meinem Fahrer zum Erich-Koch-Wall. Wir waren gerade an der früheren deutsch-litauischen Grenze am Verlauf des kleinen Flüßchens Minge angekommen, als wir schon auf die wirklich sehr eifrigen Hitlerjungen stießen, die dort ohne Wachen und Posten friedlich mit Gesang und Begeisterung schufteten. Ich wurde mit großem Freudengeheul empfangen. Ein verwundeter Pionierhauptmann, der die Arbeiten wohl fachlich leitete, konnte mir jedoch keine Auskunft geben, wie weit nun eigentlich noch die Front entfernt wäre. Auch von feindwärts eingesetzten Truppenteilen wußte er nichts. Das wunderte mich außerordentlich. Er meinte nur, der Russe sei ruhig, und sie hätten seit den drei Wochen ihrer Tätigkeit hier noch kein Granatfeuer bekommen. Da es später Nachmittag geworden war, fuhr ich nur etwa fünf Kilometer weiter nach der Front zu.

Wir kamen durch ein vollkommen niedergebranntes Dorf und fanden auch dort noch keinen Hinweis auf irgendeine Anwesenheit deutscher Kampfverbände oder auch nur von Vorposten. Mir wurde die Lage unheimlich. Als dann ein größeres Stück freien Feldes kam, beschloß ich, kehrtzumachen. Für den nächsten Tag aber sah ich vor, einen Erkundungstrupp mit Funkgerät loszuschicken, um mich über den Frontverlauf genau zu unterrichten. Obwohl wir ca. vier Kilometer vor der Grenze einen nördlicheren Weg wählten, trafen wir ebenfalls nur auf eine andere Abteilung der Hitlerjugend, ohne deutsche Soldaten oder auch nur Spuren irgendwelcher Kampftruppen zu finden.

So schickte ich denn gleich am nächsten Morgen den Oberleutnant (MA) Willy Meyer mit zwei von der Festung entliehenen Kübelwagen los, ausgerüstet mit Funkgerät und Maschinenpistolen. Meyer sollte versuchen, mit dem einen Wagen auf dem am Vortage von mir befahrenen Weg bis zur Front vorzudringen, der zweite Wagen sollte etwas südlicher aufklären.

Als ich nach zwei Stunden keinerlei Nachricht hatte, begann ich mir über meine Eigenmächtigkeit Sorgen zu machen. Nach gut drei Stunden empfing ich nur den vereinbarten Funkspruch, daß meine Erkundungsabteilung zurückkäme und genau Meldung erstatten werde. Abermals zwei Stunden später war ich klüger. Der nördliche Trupp mit Meyer war etwa noch zwei Kilometer über das offene Feldstück gekommen und hatte dann direkt am Straßengraben einen deutschen Vorposten angetroffen, etwa 15 Mann mit nur Handwaffen und etwa acht Panzerfäusten. Sie lagen in Schützenlöchern und hatten sich einen kleinen Erdbunker gebaut, in dem ein Feldwebel als Führer der Einheit hauste. Mit Feldtelefon waren sie mit einer weiteren etwa gleich starken Einheit verbunden, die etwas nördlich außerhalb der Sichtweite ihren Gefechtsstand hatte. Dort sollte sich auch der Vorgesetzte dieser Panzergrenadiere, ein Oberleutnant, als Kompaniechef befinden. Noch während sich Meyer mit dem Feldwebel unterhielt, orgelten plötzlich zwei Artilleriegeschosse an, die ganz in der Nähe der Straße einschlugen. Der Feldwebel erklärte ihm dann noch, daß er hier tatsächlich die »Front« darstelle und zwischen seiner kleinen Gruppe und dem Russen keine weiteren deutschen Verbände existierten. Ein Divisionsstab sei auch noch in der Nähe, aber wo genau, konnte der Feldwebel nicht sagen. Im allgemeinen verhielten sich die Russen recht friedlich, denn hier lägen sie nun schon beinahe eine ganze Woche, ohne daß Angriffe stattfänden. Nur auf die Straße dürfe man nicht gehen, dann gäbe es, wie eben, sofort ein paar Granaten, bemerkte der Feldwebel. Meyer sprach dann mit dem weiter südlich in das litauische Gebiet vorgedrungenen Kübelwagen, der etwas weiter vorne plötzlich MG-Feuer erhalten hatte, ohne auch nur einen einzigen deutschen Soldaten angetroffen zu haben. Darauf blies Meyer zum sofortigen Rückzug, sagte klugerweise, bei den Hitlerjungen vorbeikommend, kein Wort über seine Erkenntnisse und kam atemlos und völlig verwirrt bei mir auf der *Heinz Horn* an, derzeit Flottillen»arche«. Ich wußte jetzt, was sofort zu veranlassen war.

Wieder bekam ich vom Herrn Reichsverteidigungskommissar nur ungläubiges Staunen zu hören und eine Mahnung, keine »defaitistischen« Berichte zu verbreiten. Darauf rief ich den Großadmiral an. Ich schilderte ihm die Feststellungen Meyers. Er hörte sehr aufmerksam zu, stellte einige kurze Fragen und sagte dann, er werde mich im Laufe der nächsten Stunden anrufen.

Tatsächlich erreichte mich bereits nach einer knappen Stunde der Anruf des Großadmirals. Ich erhielt Vollmacht, nach bestem Wissen und Gewissen zu handeln. Er befahl mir, alle Maßnahmen, die ich treffen würde, ihm zu melden. Auf meine Frage, ob das auch die Möglichkeit der Rettung der dort eingesetzten Hitlerjugend einschlösse, bekam ich den Befehl, die Jungen sofort von der Grenze zu holen. Schiffe zum Abtransport würden bereitgestellt. Daraufhin richtete ich ein Fernschreiben an den Reichsverteidigungskommissar, daß Feststellungen ergeben hätten, daß die 6000 schanzenden Hitlerjungen ohne jede militärische Bedeckung in nur knapp vier Kilometer Abstand von der sowjetischen Front stünden, daß mit einer Besetzung und Verteidigung der begonnenen, keineswegs fertigen, Befestigungsanlage vorläufig nicht gerechnet werden könnte und es daher verantwortungslos wäre, die Hitlerjungen dem sowjetischen Zugriff auszusetzen. Ich würde daher im Einvernehmen mit der Festung Memel den sofortigen Abtransport und die Überführung nach Königsberg über See veranlassen sowie mit der Räumung von Stadt und Landkreis beginnen.

Das war am späten Nachmittag, nachdem ich sogleich auch eine Sitzung beim Festungskommandanten anberaumt hatte, bei der ich die Situation anhand von Karten und Skizzen genau beschrieb. Anwesend waren der Festungskommandant (noch Götz) und alle Kommandeure der militärischen Truppenteile und Dienststellen, der Oberbürgermeister, unser Freund Dr. Brindlinger, der Stadtdirektor Gerber, der Landrat Dr. Kohlhoff, der Kreisbauernführer, der Amtsleiter der NSDAP Reuter, der Polizeioberrat Schröder und einige andere Amtsvertreter. Sämtliche Anwesenden fielen aus allen Wolken. Denn bisher hatten alle den Auskünften und Angaben des Königsberger Generalkommandos voll vertraut, daß keinerlei Gefahr für das Memelland bestehe. Allein nach der geographischen Lage aber lag es auf der Hand, daß eine angreifende Armee mit allen Mitteln versuchen würde, die noch im Baltikum stehenden deutschen Truppenteile durch einen Vorstoß an die Ostsee vom übrigen Reichsgebiet, zum mindesten von Ostpreußen zu trennen. Wenn das in den vergangenen Tagen noch nicht geschehen wäre, dann müsse man aber nun unmittelbar damit rechnen. Was wir jetzt erlebten, wäre allein das Atemholen für den großen Angriff, sagte ich in aller Deutlichkeit. Schlimmer hätten die Nachrichten und meine Beurteilung der Lage gar nicht ausfallen können. Es herrschte nach der ersten Aufregung atemlose Stille, aber auch eine schreckliche Ratlosigkeit. Als Sofortmaßnahme wurde dann beschlossen, daß sämtliche verfügbaren LKWs der Truppenteile, der Stadt und aller Firmen noch in der Nacht mobilisiert werden sollten, um dann am kommenden Morgen sofort die Hitlerjungen nach Memel zu bringen. Dann aber trat sofort ein Räumungsstab zusammen, der unter meiner Leitung die personelle und materielle Räumung der Stadt vorbereitete. Dem Landrat und dem Kreisbauernführer empfahl ich, die sofortige Räumung des Landkreises in die Wege zu leiten. Die Flottille würde ihren Dienst unverändert weiter von Memel aus durchführen. Um der Stadt die Möglichkeit zu geben, ihre Versorgungseinrichtungen in Betrieb zu halten, erklärte ich mich bereit, ca. 3000 Menschen, die dazu benötigt wurden, im Ernstfalle auf den Schiffen der 24. U-Flottille aufzunehmen und mit über See zu nehmen.

Ich war nach dieser aufregenden Sitzung kaum zu Hause angelangt, als der Gauleiter mich zu sprechen wünschte. Sogleich ging eine Schimpfkanonade gegen mich los, zu der ich zunächst nur schweigen konnte, da ich ohnehin nicht zu Worte kam. »Kriegsgericht, Erschießung, Defaitismus, Verräter, Saboteur« waren noch die schmeichelhafteren Ausdrücke. Als ich ihm dann aber von meinen Erkundungen und den Befehlen des Großadmirals berichtete, schien Koch – wirklich nur sehr langsam – die Situation zu verstehen, oder besser, er gab vor, die Situation zu verstehen. Das Gebrüll wurde etwas leiser. Koch blieb aber dabei, daß er sofort einen Bevollmächtigten hersenden werde, der an Ort und Stelle meine Angaben nachprüfen sollte und er, wenn diese nicht zuträfen, mich sofort erschießen lassen werde. Das denkwürdige Gespräch war um Mitternacht vom 28. zum 29. Juli 1944.

Als ich nach dieser turbulenten Nacht frühmorgens zur Flottille kam, lag bereits ein Fernschreiben vor, daß schon am Nachmittag zwei Transporter, die *Weilheim* und die *Messina*, in Memel zum Abtransport der Hitlerjungen einlaufen würden. Das war eine glänzende Leistung des Seetransportchefs in Gotenhafen! Zugleich aber war es auch ein stilles Eingeständnis, daß mit einer militärischen Besetzung des Erich-Koch-Walles und damit einer militärischen Sicherung des Memelgebietes zum mindesten vorläufig nicht zu rechnen sei. Diese Erkenntnis stimmte doch äußerst bedenklich. Wann, wenn nicht jetzt, würden denn die »neuen Wunderwaffen« eingesetzt werden? Die dringenden Aufgaben im Räumungsstab, der zunächst in Permanenz mit mir auf der *Heinz Horn* tagte, lenkten mich vorerst von diesen etwas verzweifelten Gedanken ab.

Schon seit Wochen waren durch die Stadt Memel vom Osten und vom Nordosten kommend versprengte Truppenteile, oft nur Gruppen von fünf, sechs Mann, meist mit LKWs, aber auch in Kübelwagen und mit Bauernfuhrwerken auf dem Wege nach dem Reich bei uns durchgefahren, meist mit unendlich viel Gepäck in Ballen und Kisten. Was mich zutiefst aufregte, war, daß diese versprengten Soldaten von Frauen und Mädchen aller Altersstufen begleitet waren. Oft pöbelten sie, offensichtlich betrunken, die Passanten an und verlangten flegelhaft nach Treibstoff. Es war ein tief deprimierender Eindruck. Auch die Bevölkerung empfand es so.

Auf mein Verlangen wurde dann endlich eine militärische Kommandantur in Memel eingerichtet, die sich damit befassen sollte, die zum Teil flüchtigen Heeressoldaten einzufangen und wieder der kämpfenden Truppe zuzuführen, wenngleich zu befürchten war, daß mit diesen uniformierten Flüchtlingen kein Staat mehr zu machen sei. Es waren keine Soldaten mehr, es war eine »Soldateska«, die da vom Osten kam. Ich schämte mich, mittags von der Flottille nach Hause zu gehen und dann diese Bilder mitansehen zu müssen. In den letzten Julitagen verebbte der Strom etwas. Aber es kamen jetzt auch schon ganze Einheiten mit Waffen und Gerät. Eine richtige Front gab es immer noch nicht, sondern allenfalls einen Schleier von Vorposten-Gruppen an der Grenze. Der erste Akt endete am Spätnachmittag des 29. Juli. Die etwa 6000 Königsberger Hitlerjungen marschierten in vorbildlicher Disziplin, laut singend, braungebrannt, am Rathaus vorbei zum Hafen. Die beiden Transporter liefen noch am Abend aus.

Wir nahmen den Vorbeimarsch ab, und ich konnte mich der innersten Ergriffenheit nicht erwehren. Es war der letzte Vorbeimarsch, den ich erlebte, und keiner vorher hatte mich je derart ergriffen. Es war das damalige junge Deutschland voller Glauben und Begeisterung, voller Manneszucht und Aufopferungsfähigkeit, gesund und voller Tatkraft, stolz und aufrecht, ohne Arg und Tükke. Ich habe mich zusammen mit Dr. Brindlinger, dem Oberbürgermeister, abwenden müssen, zu stark überwältigte uns dieses Erlebnis.

Der angekündigte Abgesandte des Gauleiters Koch erschien nicht am nächsten Tage, auch nicht im Laufe der Woche. Er kam erst sehr viel später und konnte nichts anderes tun, als die Richtigkeit meiner Informationen zu bestätigen. Großadmiral Dönitz hat den Gauleiter nach meinem Zusammenstoß mit ihm angerufen und ihm nachdrücklich bestätigt, daß er mir alle Vollmachten gegeben habe, was nicht ohne Wirkung auf den wilden Koch geblieben war. Mit Dönitz wollte er sich nun doch nicht anlegen, wurde mir später vertraulich berichtet.

Wir aber wandten uns nun der riesigen Aufgabe der Räumung zu, die wir als vorübergehende Maßnahme ansahen. Im Luftschutzkeller des Reiches hatten sich unglaubliche Mengen an Vorräten angesammelt, die nun unter allen Umständen für die Bevölkerung des ganzen Deutschland gerettet werden mußten. So war das ganze Kühlhaus bis an den Rand voll mit Butter, Speck und Fleisch. Alles dies sollte als erstes mit der Zivilbevölkerung abtransportiert werden. Dazu aber hatten wir ja in der Flottille unsere zwei Kühlschiffe, die *Goya* und die *Angelburg*. *Lech* und *Nordland* übernahmen allein die Zielschiffaufgaben, die unvermindert weiterliefen. Wenn ich mich recht erinnere, dann mußten beide Kühlschiffe zwei Reisen machen, um allein das Kühlhaus zu räumen.

Neben der materiellen Räumung aber lief die personelle Evakuierung auf vollen Touren. Sie wurde zwar von der Gauleitung nicht gefördert, aber auch nicht behindert. Mit der Eisenbahn, die Extrazüge bis weit ins Reich bereitstellte, mit dem Schiffchen *Kurisches Haff* und zum Teil auch auf den beiden Kühlschiffen, räumte die bisher so geschonte Memeler Bevölkerung mit Trauer, aber ohne Widerspruch, ihr einmalig schönes Land, natürlich in der festen Erwartung, in Kürze wieder zurückkehren zu können.

Die Landbevölkerung folgte in Trecks mit Pferd und Wagen. Etwa Mitte August, es war verdächtig ruhig geblieben, war der Auszug der memelländischen Bevölkerung beendet, bis auf 3000 Zivilisten, die auf ihren Namen lautende Fahrscheine für Schiffe der 24. U-Flottille hatten.

Natürlich hatten wir auch einen Beitrag zur Selbstverteidigung zu leisten. So wurde aus der Flottille, der Personal-Reserve und sonstigen im Notfalle entbehrlichen Funktionspersonal eine Abwehrkompanie gebildet, die im äußersten Falle mit zur Verteidigung des Hafengeländes herangezogen werden sollte, um die Einschiffung der restlichen 3000 Zivilisten zu decken. Die Führung dieser Kompanie vertraute ich meinem zuverlässigsten, erfahrenen und gerade frei gewordenen bisherigen Fangbootskommandanten und ehemaligen Obersteuermann von *U-68* an, Walter Griese.

Sehr viel schlechter als mit der Evakuierung der Zivilbevölkerung ging es mit der materiellen Räumung der Stadt voran. Zuviel war an Waren in Memel aufgestockt, obwohl auch die Reichsbahn kräftig mithalf.

Zu allen diesen Arbeiten stellte die Flottille auch die Leute, denn andere Arbeitskräfte gab es nicht mehr. Ich kann heute nicht mehr sagen, wie wir alle diese Aufgaben bewältigten unter Beibehaltung des vollen Schießbetriebes und während der Ausbildung einer Infanteriekompanie. Aber wir schafften es mit Hilfe des fachmännischen Räumungsstabes der Stadt Memel. Auch mit der Werft Lindenau mußte einiges geschehen. Alle nicht mehr zur laufenden Produktion benötigten Werkzeugmaschinen und Rohstoffe wurden auf ein nicht mehr fertiggestelltes Handelsschiff gebracht und dort verstaut. Da dieser Hulk natürlich auch noch der Antrieb fehlte, mußte entsprechende Schleppkraft vorgesehen werden. Auch das Schwimmdock wurde klar zum Abschleppen gemacht.

Scharfe Bestimmungen gegen Plünderungen waren angeordnet, aber es waren auch keine Leute mehr da, die noch hätten plündern können. Es gab jetzt praktisch alles, Fett, viel Fleisch von den

Höfen, und unbeschränkt auch Brot von einer im Betrieb belassenen Bäckerei. Die Schulen hatten ohnehin Sommerferien, aber es gab auch keine Schulkinder mehr. Meine Familie hatte ich noch in Memel zurückbehalten, auch sie hatte Fahrkarten.

Nur selten war nachts Kanonendonner zu hören. Mitunter ertappte ich mich bei dem Gedanken, daß ich möglicherweise verfrüht gehandelt hatte.

Nachdem es so aussah, daß wir auch die materielle Räumung schafften, gab es plötzlich eine ganz schreckliche Aufregung, als ein Mann auftauchte, der sich als Verwalter des Marine-Arsenals vorstellte. Er teilte mir ganz trocken mit, daß in einem größeren Lagerkomplex im Vorort Schmelz »nur« 8000 t Präzisionskesselrohre für sämtliche dampfangetriebenen Kriegsschiffe der Kriegsmarine lagerten.

Ich konnte das gar nicht glauben, setzte mich aber sofort in meinen Wagen und sah mir die Bescherung an. Der Mann hatte nicht zuviel gesagt. Was da lag, war unwahrscheinlich an Menge und Wert. Ich war fassungslos. Wie aber sollten wir diese ungeheuren Mengen allein von diesem Lager mit Bahnanschluß abbefördern? Auch der Räumungsstab war sprachlos. Zurückgekehrt zur Flottille, rief ich Friedeburg an und berichtete. Er war völlig perplex, was für ihn selten war. Nach zwei Stunden rief er zurück mit der Weisung: »Bergen um jeden Preis«.

Sofort begannen Verhandlungen mit der Reichsbahn um Waggongestellung. Aber woher die Menschen nehmen, um die Rohre zu verladen? Da gab es ein Stalag bei Heydekrug, wie man mir erzählte. Nach endlosen Versuchen bekamen wir sogar eine Verbindung dorthin. Wir benötigten täglich bis auf weiteres 200 Mann zum Verladen und bekamen sie sogar pünktlichst am nächsten Morgen gestellt, mit zwei uralten Landsern als Bewachung. Wenn es in den ersten Tagen auch haperte, nach drei Tagen hatte sich auch diese Aktion eingelaufen. Wir bekamen genügend Waggons gestellt, nur konnte sie die Reichsbahn nicht nach dem Westen abnehmen, so daß wir auch noch zusätzlich an Schiffsverladung denken mußten. Wir bekamen sogar vom Seetransportchef auch noch zusätzlichen Schiffsraum zum Abtransport vom Hafen.

Dazu aber fehlten uns einfach die Leute. Folglich wurden eben für drei Tage die beiden laufenden Kommandanten-Schießlehrgänge, der 74. und 75., zur Schiffsverladung herangezogen.

Am Abend nach der Entdeckung der Rohre wollte mich der Gauleiter und Reichsverteidigungskommissar sofort am Telefon sprechen. Schon ging es los: »Was ist das denn nun schon wieder für eine neue Schweinerei, Merten, daß bei Ihnen 8000 t Geschützrohre gefunden worden sind?« Wie immer, ließ er mich gar nicht zu Worte kommen, sondern tönte unbeirrbar weiter: »Das ist doch Sabotage! – Was haben Sie denn damit zu tun? – Wozu brauchen Sie denn so viele Geschützrohre? – Die gehören an die Front! – Ich habe das eben vom Führerhauptquartier erfahren, was schon wieder bei Ihnen geschehen ist!« Erst nachdem das minutenlang so weitergegangen war, gelang es mir, ihn zu unterbrechen und ihn zu belehren, daß es sich ausschließlich um Kesselrohre und nicht um Geschützrohre handelte. Die Hysterie, die damals um sich griff, war einzigartig. Immer noch räsonierend legte er schließlich auf.

Ich unterrichtete noch in der Nacht den Großadmiral und Friedeburg, welch letzterer sich vor Lachen ausschütten wollte. Ich verbuchte, daß Koch mich während dieses Gesprächs abermals mit Erschießen bedroht hatte.

Durch die anhaltende Zeit trügerischer Ruhe, nur unterbrochen durch einen plötzlichen ersten Fliegerangriff auf Stadt und Hafen Memel, begannen die Einwohner Memels verständlicherweise wieder einzusickern, vor allem aber die Landbevölkerung, die ihre Ernte reifen wußte. Obwohl ich mehrfach bei der Gauleitung dagegen protestieren und auf die unabsehbaren Folgen im Falle der Gefahr hinweisen ließ, konnte die Rückwanderung nicht nur nicht unterbunden, sondern mußte sogar geduldet werden, so daß ich immer mehr in Schwierigkeiten zu kommen drohte. Als ich dann Erntekommandos der Flottille auf die Güter und Höfe entsandte, gab es sogar mit den heimgekehrten Eigentümern Streit.

Dann aber wurde plötzlich der Stab der 3. Panzerarmee unter dem Generaloberst Raus östlich von Memel an die Front entsandt.

Damit glaubte alle Welt, jegliche Gefahr wäre beseitigt, und die Landbevölkerung war bald vollzählig wieder da. Die Stadtbevölkerung aber, die ja nur mit dem Allernötigsten auf die Flucht gegangen war, war gottlob vernünftig und argwöhnisch genug, nachdem sie sich weiteres Eigentum aus Memel geholt hatte, auch wieder abzureisen und in ihre Evakuierungsgebiete zurückzukehren.

Der dann an einem Sonntagnachmittag stattfindende russische Bombenangriff in ganz geringer Höhe brachte den Einwohnern klar zum Bewußtsein, daß wir unmittelbar an der Front lagen. Der Angriff richtete keine nennenswerten Schäden an und forderte vor allem auch keine Opfer unter der zahlenmäßig verringerten Bevölkerung. Die eingesetzte Flak hatte gegen diese Niedrigflieger keinen Erfolg zu verzeichnen. Meine Flottille kam nicht mehr zu einem geregelten Abwehrfeuer.

Es gab aber noch ein anderes Indiz, daß die ruhigen Memeler Tage beendet waren und auch dieses arme Land nun in den Frontbereich gerückt war. In den ersten Septemberwochen setzten die ersten nächtlichen Fliegerangriffe vom Westen in das abgelegene Ostpreußen nach Danzig und nach Königsberg ein. Oft standen wir bei Alarm bis fast zum Morgengrauen auf dem Gefechtsstand, der oberen Brücke und harrten der Ereignisse, die da kommen sollten, um dann zu hören, daß die Engländer entweder bereits wieder abgedreht hatten oder sich auf Danzig oder schließlich auch auf das fast unverteidigte Königsberg gestürzt hatten.

In diese Zeit fiel auch die Nachricht, daß meine lieben Eltern in Kiel vollkommen ausgebombt waren und nun in der Nähe von Glücksburg auf dem Lande in sehr unerfreulichen Umständen leben mußten.

Natürlich hatte ich sofort mit dem Stab der Panzerarmee Kontakt aufgenommen und auch den Oberbefehlshaber besucht, der aber keinerlei Zusicherungen geben konnte. Er deutete mir an, daß er bisher immer nur als Feuerwehr benutzt worden wäre und er damit rechnete, in Kürze wieder ganz woanders eingesetzt zu werden. Er sagte das ganz offen und riet mir zum Schluß, mich und die Flottille auf alle Möglichkeiten vorzubereiten.

Noch einmal kam zu Ende August Friedeburg zu Besuch nach Memel. Er wohnte bei uns und war von üblicher Lebhaftigkeit und menschlicher Wärme, aber mit einem unüberhörbaren Unterton von Lethargie und Schicksalsergebenheit bereit, allen schweren unabwendbaren Ereignissen ins Auge zu sehen. Wir saßen die halbe Nacht mit ihm bei uns zu Hause in der Moltkestraße und merkten ihm an, daß er bereits innerlich am Ende war. So sagte er schließlich: »Vielleicht muß tatsächlich unser armes tapferes Volk erst einmal durch den ganzen fürchterlichen Kommunismus und das ganze damit verbundene Elend durch, bis nach Generationen möglicherweise wieder ein richtiges Leben möglich sein wird, sofern das von der wertvollen Substanz des Volkes durchgehalten werden kann!« Das war eigentlich nicht der von uns erwartete positive Blick in die Zukunft. Als wir uns am nächsten Tage auf dem Flughafen verabschiedeten, konnte er fast nicht sprechen und drückte mir nur noch einmal ganz fest die Hand. Auch ich war völlig aufgelöst, hatte ich doch diesen menschlich so warmherzigen und aufrechten Mann noch nie in einer derartigen Verfassung gesehen. Sehr nachdenklich fuhr ich zurück nach Memel.

Schon wenige Tage später meldeten mir meine Späher, daß offenbar der Abzug des Armeestabes bevorstünde. Ich unterrichtete sogleich den Oberbürgermeister und den Landrat. Noch in der gleichen Nacht hörten wir zum ersten Mal nach langer Zeit wieder den Geschützdonner, jetzt von Norden, aber näher und eindringlicher als jemals zuvor. Wieder entsandte ich einen Funktrupp.

Nach den dann mittags eingehenden Nachrichten war es dann tatsächlich soweit. Die Russen griffen an. Im Einvernehmen mit Kapitän Miller von der seit Frühjahr in Memel befindlichen 3. ULD wurden dessen Alarmkompanie und meine Verteidigungskompanie alarmiert und auf ca. 20 Kilometer von Memel entfernten Vorpostenstellungen zur unmittelbaren Sicherung gegen Überraschungen postiert. Am Nachmittag fand beim Festungskommandanten auf meine Anordnung hin eine denkwürdige Sitzung statt, auf der ich das Ergebnis der Erkundung und die letzten gerade eben eingetroffenen Nachrichten meines Funktrupps bekanntgab. Mit aller Beredsamkeit und Energie versuchte ich den Kreisbauernführer dafür zu gewinnen, daß noch am gleichen Tage den Landwirten angeraten wurde, sofort und unverzüglich loszutrecken. Für die Stadtbevölkerung sollte die endgültige Entscheidung am nächsten Morgen fallen. Ganz besonders kam es jetzt auf die um Memel postierten Flakbatterien des Korvettenkapitäns Ruthenberg an, die zur Rundum-Verteidigung eingerichtet waren. Er war der Mann der Stunde. Auf ihn konnte man sich verlassen, daß er die Sowjets zum mindesten so lange aufhalten könnte, bis das letzte meiner Schiffe den Hafen verlassen haben würde.

Draußen auf der Ostsee war die wirklich ruhige Zeit auch endgültig vorbei, nachdem die Finnen aus dem Krieg ausgeschieden waren und die Russen die Abschlußsperren des Finnenbusens beseitigt hatten. So hatten die unverständlicherweise bei der Belagerung Leningrads nicht erledigten russischen U-Boote jetzt freie Fahrt in die ganze Ostsee, die bis dahin ein vollkommen friedliches Binnenmeer und Übungsfeld der Kriegsmarine gewesen war, insbesondere der U-Waffe.

Schon am 20. September hatte es eine berechtigte Aufregung gegeben, als zweifelsfrei ein sowjetisches U-Boot bei unserem Übungsschießen »scharf« mitgeschossen hatte! Es hatte zwar nicht getroffen, aber der entstandene Zustand war geradezu hysterisch zu nennen, denn keines der Fangboote hatte Wasserbomben an Bord, und so konnte der Gegner freundlich lächelnd entkommen.

Für den Räumungsstab erwies es sich als Glück, daß gerade ein Kommandanten-Schießlehrgang lief, an dem auch Handelsschiffsoffiziere teilnahmen, die nun aktiven Dienst taten. Zu meiner großen Freude und zum bedeutsamen Nutzen der Arbeit des Räumungsstabes zählte dazu der ehemalige Kapitän der *Python*, der jetzige Oberleutnant z. S. d. R. Lüders, der sofort in den Stab der Flottille übernommen wurde, weil er sich als unersetzlich erwies. »Jimmy«, wie er von allen sehr bald genannt wurde, war die Zentralfigur im Räumungsstab und wußte sich überall durchzusetzen. Er war Tag und Nacht am Telefon. Sämtliche Meldungen ziviler und militärischer Stellen gingen über ihn, und er verteilte sie an die in Frage kommenden Instanzen. So behielt er den vollen Überblick und konnte mich ständig genau über den Fortgang der personellen und materiellen Räumung unterrichten. Jetzt hielt er noch zusätzlich den laufenden Kontakt mit den wenigen militärischen Stellen an der Front, mit unserer Einsatztruppe unter Griese, mit der Kompanie von Miller und der Festung. Ruthenberg, der Flak-Löwe, hatte auch zusätzlich noch Erkundungskommandos an die Front geschickt.

In der Nacht vom 30. September zum 1. Oktober 1944 schien es fast so, als wenn die Russen wesentlich weiter südlich durchbrechen wollten. Wir begannen schon wieder leicht aufzuatmen. Dann aber brach mit Hellwerden eine Artilleriekanonade los, die nicht nur gut bis Memel hörbar war, sondern die auch keinen Zweifel daran ließ, daß die Stadt und der Hafen Memel das operative Ziel der roten Verbände waren. Der Reichsverteidigungskommissar in Königsberg hatte immer noch keine Ahnung vom wirklichen Ernst der Lage, wie ein Telefongespräch ergab.

Am 1. Oktober mittags gab ich Alarm. Die größeren Schiffe der Flottille nahmen ihre Passagiere auf, die ohne Panik ihren zugewiesenen Einschiffungsplätzen zustrebten. Ich selbst blieb mit einem Torpedofangboot *TF-9* im Hafen allein zurück, nachdem auch die Klarmachschiffe in See gegangen waren. Lüders blieb bei mir.

Auf der *Heinz Horn* waren auch meine Kinder mit Ruth und allen Familienangehörigen der Flottille nach Danzig-Gotenhafen unterwegs. In Memel blieb niemand zurück. Meine Vorposten meldeten auch in der Nacht noch keine Feindberührung. Was aber würde mit der Landbevölkerung geschehen, die ja erst am kommenden Morgen auf den Treck gehen sollte, was gegen meinen Willen und dringende Bitten vom Kreisbauernführer so spät angeordnet worden war? An den Ruß- und Memelbrücken vor Tilsit wurden dann die Memeltrecks von den Russen abgeschnitten und fürchterlich zugerichtet, »dank« der zwölf Stunden Verzögerung durch den unverständigen Bauernführer, der die Situation falsch beurteilt hatte.

Als am Nachmittag die letzten Schiffe den Hafen verlassen hatten, ging ich noch einmal zurück in die Moltkestraße 6 in das Haus, in dem wir so glücklich gewesen waren. Alles war unberührt, wie Ruth und die Kinder das Haus verlassen hatten. Der Tisch im Eßzimmer war bereits gedeckt, und in der Küche stand ein großer Topf mit einer Ochsenzunge noch auf dem Herd. Ohne auch nur ein Stück mitzunehmen oder gar zu überlegen, was ich an wichtigen und unersetzbaren Erinnerungen vielleicht noch abholen könnte, schloß ich die Türe wieder. Wie hätte es ausgesehen, wenn ich als einziger aller Einwohner der Stadt mit Koffern beladen das Haus verlassen hätte?

Der Weg durch die leblose Stadt war gespenstisch, und ich war froh, als ich wieder im Hafen angelangt war. Fahrer und Dienstwagen hatte ich noch zur Verfügung. So gelangte ich schnell zur Stellung meiner Kompanie östlich von Memel. Sie rechnete jede Minute mit der russischen Vorhut. Es war fast unnatürlich ruhig an diesem Spätnachmittag hier an der Front, nur in östlicher Richtung sah man schwarze Rauchsäulen der brennenden Gehöfte. Auf dem Rückweg fuhr ich bei Ruthenberg vorbei, der durchaus guten Mutes war, den Russen den Zugang nach Memel zunächst zu verwehren. Dann aber besuchte ich den Kampfkommandanten, den General der Inf. Gollnick, Eichenlaubträger, der sich im Keller des Lituckis-Speichers mit seiner Befehlsstelle eingerichtet hatte. Dort befand sich auch der arme Oberbürgermeister Dr. Brindlinger, der völlig unnütz dort geblieben war, denn er hatte ja keine Zivilbevölkerung mehr zu betreuen. Nun, er meinte, er bliebe, bis Memel wiedererobert werde. Gollnick rechnete mit erheblichen Verstärkungen in den nächsten Tagen, wenn nur unsere Alarmkompanien den ersten Ansturm aufhalten könnten.

Natürlich fehlten uns alle schweren Waffen, die eben durch die Flak ersetzt werden mußten. Die 4. ULD war miserabel bewaffnet mit alten belgischen Gewehren, für die kaum Munition vorhanden war. Als ich nach Dunkelheit zu meinem *TF-9* zurückkehrte, stand der ganze östliche Himmel vom Norden bis zum Süden in leuchtenden roten Flammen!

Am nächsten Tage gelang es noch, die Hulk *Tolima* der Lindenau-Werft, mit allen abmontierten Werkzeugmaschinen der Werft und allen beweglichen Stahlvorräten voll beladen, mit einem der zurückbehaltenen Schlepper aus dem Hafen zu bringen und nach dem Westen in Marsch zu setzen. Gerade dieses Vorratsschiff erlaubte der Firma Lindenau später zusammen mit dem Schwimmdock den Wiederaufbau einer Werft im Westen.

Als ich am nächsten Morgen wieder zum Befehlsstand im Lituckis-Speicher kam, war gerade für mich der Sprengbefehl für den Hafen und die gesamten Einrichtungen der 24. Flottille vom »Herrn Reichsverteidigungskommissar Erich Koch« eingetroffen. Nach kurzer Rücksprache mit Gollnick kamen wir überein, daß unter keinen Umständen gesprengt werden sollte, denn das hätte auch für die Verteidiger erhebliche Nachteile bedeutet. Ich ließ antworten, daß eine Sprengung jede Wiederverwendung des Hafens, die ja nach der Anweisung schon in Kürze wieder zu erwarten sei, ausschließen würde und die 24. U-Flottille nur darauf warte, den Betrieb in Memel wiederaufzunehmen. Hierauf bekam ich keine Antwort mehr. In der Zwischenzeit hatte ich mit Danzig telefoniert und erhielt die beruhigende Gewißheit, daß alle meine Fahrzeuge ohne jeden Schaden in Gotenhafen eingelaufen waren.

Am Spätnachmittag des 9. Oktober lief dann der Dampfer Kanonier mit zwei Bataillonen und dem Stab der berühmten Division »Großdeutschland« ein. Die Truppe machte einen vorzüglichen Eindruck und ließ das Bild vergessen, das ich durch die rückflutenden Truppenteile in den letzten Wochen gewonnen hatte. Sie marschierten auch sofort in die Stellungen, die bisher von Millers Soldaten der ULD und »meiner« Kompanie Griese weit vor dem Stadtrand besetzt waren. Diese erfahrene Truppe mit ihren im Rußlandfeldzug bewährten Offizieren hielt aber unsere Stellungen für ungeeignet und hatte im Nu neue Stellungen noch weiter feindwärts vorgeschoben. Leider aber führte die »GD«, wie sie immer nur genannt wurde, auch keinerlei schwere Waffen mit. Auch waren zwei Bataillone selbst für einen engen Stadtverteidigungsring gegenüber der angreifenden starken russischen Truppenkonzentration bei weitem zu schwach. Es war also illusorisch, meine Flottille zurückkehren zu lassen, um hier den Betrieb wiederaufzunehmen. Das mußte ich leider auch am Abend dem Admiral v. Friedeburg sagen, als er meinte, daß nun durch die »GD« die Memeler Situation wieder geklärt und hergestellt sei.

Noch einen weiteren Tag warteten wir auf den kommenden Russen-Angriff auf die Stadt und den Hafen, der am 11. Oktober am frühen Morgen begann; fast zwei Stunden tobte der Geschützdonner vom Norden, vom Osten und vom Süden. Noch am Nachmittag kam die 4. ULD von der Front zurück und wurde am Abend auf die *Messina* zum Abtransport nach Westen verladen. Miller, den ich kurz sprach, zeigte sich recht niedergeschmettert. Seine Truppe war in ein längeres Feuer durch die bekannten »Stalin-Orgeln« geraten. Das hatte diese völlig unerfahrene Truppe nervlich stark beansprucht. Dabei hatten sie den Feind nicht einmal gesehen, aber so demoralisierend hatte dieses Raketenfeuer auf die jungen Seeleute gewirkt. Ich ärgerte mich, daß nun meine Kompanie die einzige sein mußte, die von der ursprünglichen Garnison zurückbleiben sollte, zumal auch meine Männer vom Landkrieg bestimmt nicht mehr Ahnung hatten als die von der 4. ULD.

Immerhin kam im Laufe des Nachmittags der Frontlärm jetzt bedeutend näher und erstarb erst nach Dunkelheit. Um Mitternacht begann die Beschießung von Stadt und Hafen erneut. Das unregelmäßige Artilleriefeuer mit etwa 12,5- bis 15-cm-Granaten lag vollkommen streuend. Irgendein genaues Ziel war nicht zu erkennen. Mehrere Aufschläge lagen auf unserer Höhe im Strom, aber in der Mehrzahl weit am anderen Ufer an der Nehrung. Ich ging herüber zum Lituckis-Speicher. Die dort befindlichen Soldaten des Heeres waren in keiner Weise beunruhigt.

Ich wollte gerade wieder gehen, als ein Fernschreiben für mich eintraf mit dem Befehl, am kommenden Tage erst nach Pillau zum FdU-Ausbildung, dann aber anschließend nach Gotenhafen zu dampfen, um den Schieß- und Ausbildungsbetrieb der 24. U-Flottille wieder fest in die Hand zu nehmen. Ich erhielt ferner die ausdrückliche Weisung, die Sturmkompanie der 24. U-Flottille in Memel zur Verfügung des Kampfkommandanten zu belassen, jedoch die truppendienstliche Betreuung in der Hand zu behalten. Wie ich weiter diese truppendienstliche Betreuung von Gotenhafen aus bewerkstelligen sollte, blieb meiner Erfindungsgabe überlassen. Am frühen Morgen, noch vor Sonnenaufgang, war ich bei Griese, um ihn zu unterrichten. Dann meldete ich mich bei Gollnick und Möller sowie bei Dr. Brindlinger ab und dampfte mit *TF-9* gegen 8 Uhr aus dem Hafen von Memel nach Pillau. Ich verließ das Land, dem wie keinem anderen meine Liebe und Fürsorge gegolten hatte und das ich seitdem nicht wiedergesehen habe.

Der Bericht vor dem BdU-Ausbildungskommando und dem U-Bootsoffizierskorps in Pillau

In Pillau merkte man noch gar nichts vom nahenden Unheil. Der dort konzentrierte U-Bootsausbildungsbetrieb lief nach wie vor auf hohen Touren. Ich meldete mich befehlsgemäß sogleich auf dem Dampfer *Neiße*. In der Messe empfingen mich Schütze und die U-Flottillen-Chefs, Korvettenkapitän Metzler (19. Flottille), Korvettenkapitän Mengersen (20.), Fregattenkapitän d. R. Brümmer-Patzig (26.), der mich seinerzeit dort abgelöst hatte, Korvettenkapitän Schuhart von der 1. ULD und der von der II. Abteilung, Korvettenkapitän Michel, sowie der gesamte Stab des FdU-Ausbildung.

Ich hielt es nicht für angebracht, irgend etwas zu beschönigen. Ich berichtete von der Soldateska, die sich schon monatelang vorher durch die Straßen südwärts gewälzt hätte. Ich berichtete von den Schwierigkeiten, aus diesen Leuten wieder eine Truppe zu formen, weil der größte Teil der wieder eingefangenen Soldaten dann in den Nächten wieder geflohen war. Ich erzählte vom Zusammenbruch der Manneszucht, den Saufereien, und von der vor den Sowjets fliehenden lettischen, estnischen und litauischen Landbevölkerung. Ich berichtete von meinem Krach mit dem Gauleiter und von der Tatsache, daß ich es allein dem Großadmiral zu verdanken hätte, daß ich nicht füsiliert worden war. Befragt, ob ich glaube, ob nun auch Pillau in Gefahr sein würde, bejahte ich dies nach meiner Kenntnis der Dinge. Es könne sich nur noch um Wochen handeln.

Das machte alle sehr bedenklich. Schließlich griff Schütze ein, um mein düsteres Bild etwas freundlicher zu übermalen. Um die Situation etwas aufzulockern, erzählte ich wahrheitsgemäß, wie der Russenfront vorweg eine ganze Armee von Flöhen vorangegangen wäre, die etwa schon vor drei Monaten in derartigen Massen plötzlich in der Stadt aufgetreten wären, daß man, wo man stand und ging, sofort mehrere Flöhe einsammeln konnte.

Neben dem allgemeinen dann einsetzenden Palaver nahm mich Schütze ernst beiseite, um mich vor dem damals leicht erhobenen Vorwurf des Defaitismus zu warnen. Ich wäre mit meinen Äußerungen an den Rand dessen gegangen, was man bei der bewährten Großzügigkeit in der Marine gerade noch vertreten könne. Ich warnte davor, auf die Auskünfte der Gauleitung zu vertrauen, sondern regte an, nach meinem Beispiel eigene Aufklärungstrupps weit nach dem Samland vorzuschieben, um nicht plötzlich über Nacht überrascht zu werden.

Gotenhafen–Hamburg

Am nächsten Tage machte ich mich nach Gotenhafen auf den Weg, und zum letzten Male, wie sich erwies, lief ich mit dem Boot bei spätherbstlichem Wetter unmittelbar an der heimatlichen Küste entlang nach Westen. Es war ein bewußter Abschied von der Jugend und der unvergeßlichen Heimat.

In Gotenhafen lief der Dienstbetrieb meiner Flottille schon auf vollen Touren. Wir hatten in dem riesigen Hafen ganz hinten ein fast abgeschlossenes Hafenbecken für uns. Am Fußende der Stichpieren standen etwa acht bis zehn Baracken, in denen wir unterkamen. Unmittelbar dahinter erhob sich ein etwa 50 m hoher Sandberg. Da nun jederzeit auch mit Luftangriffen zu rechnen war, hatte man damit begonnen, Stollen in den Berg zu treiben und sie fachmännisch auszubauen. Sonst aber lagen die Schiffe der 24. U-Flottille Memel so gut beieinander, daß der Dienstbetrieb reibungslos funktionieren konnte. Nach eingehender Besichtigung war ich recht angetan und auch beruhigt, wenn auch die Zusammendrängung vieler und großer Schiffe auf engem Raum nicht gerade ideal genannt werden konnte.

Meine Familie war bei Schützes in Zoppot. Wir waren uns darüber im klaren, daß sie so bald als möglich nach Zapel in Mecklenburg weiterreisen sollte. Schon einige Tage später fanden sie dort bei einer Cousine Ruths Aufnahme. Ich hatte damit den Rücken frei und konnte mich ausschließlich um den Ausbildungs- und Lehrgangsbetrieb kümmern. So verging der November ohne besondere Vorkommnisse, auch ohne den erwarteten Generalangriff auf Memel, das die Russen einfach ausgespart hatten. Sie stießen mit allen Kräften weiter nach Westen vor. Erstaunlicherweise funktionierte noch das Telefon nach Memel, sogar bis hin zu Griese. Die Lage in und um Memel konnte man als einigermaßen stabil bezeichnen. Flüchtlinge berichteten indes von den bestialischen Grausamkeiten, die die Russen an den abgeschnittenen Trecks verübt hatten.

Durch die Massierung der U-Bootsausbildungskommandos in Danzig und Gotenhafen waren natürlich die U-Bootsübungsquadrate weit nach Norden der Danziger Bucht ausgedehnt worden, was den ganzen Schießbetrieb erheblich verzögerte. Dennoch gingen die Kommandantenschießlehrgänge automatisch weiter. Da in der Zwischenzeit nun auch bereits die neuen U-Boote Typ XXI anliefen, so daß die neugebackenen Kommandanten in der Mehrzahl damit rechnen konnten, diese modernsten Boote zu besetzen, war die Stimmung trotz der schlimmen Lage im Atlantik und in der Heimat erfreulich gut und zuversichtlich. Nach der Besichtigung eines solchen Bootes ließ ich bei einem Telefongespräch meinen Gönner Friedeburg wissen, daß ich trotz meines üblen Rückenleidens auf ein XXIer Boot als Kommandant reflektierte. Er versprach, meine Bitte prüfen zu wollen.

Gelegentlich wurden in unserem Kreise Vermutungen laut, daß

sich gewiß politisch etwas bewegen werde, denn so ging es ja nun wirklich nicht weiter. Ich muß allerdings gestehen, daß ich nicht daran glaubte, weil Hitler allzu bestimmt jede Verhandlungsmöglichkeit weit von sich gewiesen hatte und deswegen an der von den Alliierten bereits in Casablanca formulierten »bedingungslosen Kapitulation« nicht mehr vorbeizukommen war.

In Memel griffen ab und zu die noch fahrbereiten Teile der Flotte mit Erfolg in die Kämpfe ein, aber es schien nicht so, daß die Russen mit aller Gewalt auf die Festung drückten.

Mehrfach im Laufe des November und Dezember konnte ich mit Marine-Fährprähmen über das Haff meine Kompanie mit allen notwendigen Dingen versorgen. Meine Leute hatten inzwischen begonnen, für alle möglichen Einwohner von Memel diese oder jene Gegenstände auf dem Rückwege mit herauszubringen. Schließlich hatte im Dezember dann auch eine Fuhre auf dem rückwärtigen Leerweg einen kleinen, aber wesentlichen Teil meiner Möbel mitgebracht, darunter unsere Betten. Natürlich war ich darüber sehr glücklich, wenn ich mir auch im Vergleich zu den Tausenden Einwohnern der Stadt doch auch recht egoistisch vorkam, daß ich einen Teil meiner Möbel gerettet hatte.

Unbekümmert und der Folgen nicht achtend, sondern auch um ein Beispiel an Gelassenheit zu geben, mietete ich von der Standortverwaltung das Haus Torgauer Weg 54, eine recht moderne Villa im dichten Kiefernwald in der Nähe des Hafens. Ruth, die ein Kind erwartete, sollte zu Weihnachten kommen, und dann wollten wir das Haus bewohnbar machen. Was wir an Möbeln aus Memel hatten retten können, wurde dort aufgestellt. Aber es sollte alles anders kommen.

Allmählich hatten sich in Danzig und Gotenhafen noch weitere Flottillen herangefunden, auch alle möglichen Dienststellen der Marine aus Kiel und W'haven mit Ausweichstellen, um dem täglichen Bombenhagel dort zu entgehen. So war auch unser Crewkamerad, der »Dicke«, Heinz Roderich Frhr. v. Freytag-Loringhoven, eingesetzt bei der Torpedo-Versuchsanstalt Eckernförde (TVA), hier bei einer Zweigstelle beschäftigt. Natürlich kam er sehr bald zu einem gewaltigen Begrüßungstrunk zu mir. Mit Verbitterung erzählte er mir aber auch bald seine Geschichte. Ich erfuhr mit großer Anteilnahme, daß er als Zerstörerkommandant *Erich Steinbrink* mit seinem Flottillen-Chef, dem Fregattenkapitän Schemmel, vollkommen »unklar« gefahren war, des Kommandos enthoben wurde und von der Beförderung zum Fregattenkapitän ausgeschlossen worden war. Dazu hatte er dann dieses für einen Frontoffizier geradezu deklassierende Kommando als Referent bei der TVA bekommen. Das war für den ehrgeizigen und selbstbewußten »Conde«, sein Spitzname in der Crew, zuviel der Demütigung. Er tat mir schrecklich leid, und doch konnte man ihm nicht helfen. Ich kannte ihn andererseits aber auch zu gut, um zu ahnen, daß er sich wenigstens einen Teil dieser außergewöhnlich harten Maßnahmen selbst zuzuschreiben gehabt hatte. Dennoch, wie konnte man einen hervorragenden Offizier, der sich bereits in Narvik durch besondere Kaltblütigkeit und Tapferkeit ausgezeichnet hatte, derartig disqualifizieren?

Freytags Elend war groß. In den vielen Unterhaltungen miteinander trug er sich auch mit Gedanken an die Beseitigung des herrschenden Systems. Die allgemeine Situation war ja auch verzweifelt genug, um solche Gedanken zu hegen. Nur konnte man zu der Zeit keinerlei Nutzen oder gar Verbesserung der politischen Gesamtlage mehr erwarten. Es war schwer, mit ihm in seinem zutiefst gekränkten Selbstbewußtsein darüber zu diskutieren, weil seine Argumente rein gefühlsbedingt waren und jede Rationalität vermissen ließen.

Als dann auch Hans Pauckstadt eines Tages zu uns fand, waren wir immerhin drei sich sehr nahestehende Jahrgangskameraden, die nun dem Ende des Krieges mit sehr unterschiedlichen Gefühlen entgegensahen.

Der »Dicke« hatte in Zoppot einen Pferdestall aufgetrieben und ritt mehrmals in der Woche in den herrlichen Kiefernwäldern der Umgebung. Das stimmte ihn dann wieder etwas versöhnlicher. So vereinbarten wir am letzten Tage des Jahres 1944 nachmittags einen Ausritt zu dreien in den winterlichen Wald. Es war herrlich, obwohl jeder von uns wußte, daß es das nie wieder geben würde: drei Jahrgangskameraden der Crew 26 hoch zu Roß in den Wäldern um Zoppot. Als wir uns nach Dunkelwerden trennten, blieb die Frage unbeantwortet, ob wir uns je wiedersehen würden.

Tatsächlich ging jeder einem völlig anders gearteten Schicksal entgegen. Der stolze Korvettenkapitän Heinz Roderich Frhr. v. Freytag-Loringhoven erschoß sich in der Nacht vom 9./10. Mai 1945 und hinterließ einen Zettel: »Wir Balten machen diese Schweinerei nicht mehr mit!« Erst Monate später erreichte mich diese Nachricht. Neben aller Trauer überkam mich die Gewißheit, daß sein Stolz und seine Unbeugsamkeit die mannigfachen Demütigungen der ersten Jahre nach dem Kriege durch unsere Gegner, aber auch durch unsere eigenen Volksgenossen nicht hätte ertragen können. Nie hätte er in eine »dienende« und »abhängige« Stellung hineingefunden.

Zu Weihnachten kam dann auch endlich meine Kompanie aus Memel zurück, und die teilweise gewagte Versorgung über das Haff mit Fährprähmen konnte eingestellt werden. Auch der Oberbürgermeister, Bill Brindlinger, konnte herausgeschafft werden. Das lange, obendrein für ihn ganz sinnlose Bunkerleben im Keller des Lituckis-Speichers hatte ihn schwer mitgenommen.

Am 18. Dezember griffen nachts starke britische Kampfverbände Gotenhafen in mehreren Wellen an. Es regnete förmlich Bomben aller Kaliber. Wir hatten erst vor wenigen Tagen unseren Luftschutzstollen weit und tief genug in den Sandberg getrieben und ausgebaut. Trotz des schweren Bombensegens kamen Menschen nicht zu Schaden. Dafür aber waren immerhin fünf wertvolle Schiffe zum Teil vernichtend getroffen worden.

Eine Reise nach Süddeutschland in diesen Wochen war fürchterlich. Sie gab mir einen tiefen Einblick in die tatsächliche Gegenwart, wie wir sie im fernen Memel und dem nur wenig näheren Gotenhafen gar nicht erfassen konnten. Neben unendlichen Aufenthalten auf freien Strecken während gerade gemeldeten Luftangriffen, Jabo-Beschuß bei der Annäherung an Würzburg, völlig überfüllten Abteilen, fast stündlichen Kontrollen der Soldbücher und Marschbefehle durch Feldgendarmerie waren die Unterhaltungen der Mitreisenden, fast ausnahmslos Frontoffiziere, tief pessimistisch, ja zum Teil auch verzweifelt. Das war besonders auf der Rückfahrt der Fall, wo fast alle an die Front gegen die Russen bestimmt waren. Ich sperrte Mund und Nase auf, um alle Erzählungen in ihrer Tragweite zu erfassen, und ich spürte, daß wir innerhalb der Marine bisher immer noch auf einer einsamen Insel gelebt hatten. Hier sprach aber die Front eine unmißverständliche Sprache, eine Sprache gegen die Partei, insbesondere gegen die »Goldfasanen«, denen sie den Vorwurf wohl zu Recht machten, schuld zu sein an dem Partisanenunwesen, das hinter der Front durch falsche Behandlung der Bevölkerung entstanden sei und jetzt nicht mehr einzudämmen war. Grausige Geschichten über deren Kampfmethoden wurden erzählt, noch grausigere über die notwendigen Vergeltungsschläge hinter allen Fronten im Osten vom Baltikum bis nach Griechenland und Bulgarien. Diese Eisenbahnfahrt im Dezember war für mich eine außerordentliche Erfahrung.

Ruth kam zu Weihnachten, und wir versuchten, so etwas wie ein Normalleben aufzubauen. Die Erfahrungen dieser Reise konnte und wollte ich ihr nicht mitteilen, um ihr in ihrem Zustand das Herz für die Zukunft nicht noch schwerer zu machen. Wie sollte das nur enden? Über Weihnachten und Neujahr blieb es an der Front relativ ruhig, und ganz allgemein regte sich etwas mehr Hoffnung, daß doch eine gewisse Konsolidierung der Front begonnen hätte.

Dann aber trat in den Tagen vom 12./14. Januar 1945 die gesamte sowjetische Ostfront zum letzten Angriff auf das Reich an. Es war ein sehr kalter und schneereicher Winter geworden. Gleich mit dem ersten Angriffskeil sollte bei meiner Vaterstadt Elbing Ostpreußen abgeschnitten werden. Alles sprach dafür, daß es so kommen würde, trotz teilweise heldenhafter Gegenwehr.

Als immer ernstere Nachrichten aus dem Radio kamen, drang ich darauf, daß Ruth so schnell wie nur möglich wieder nach Mecklenburg zurückkehren sollte. Tatsächlich gelang es ihr auch in einer abenteuerlichen Reise, nach Hagenow zu den Kindern zu kommen. Tapfer und tatkräftig hat sie diese große Strapaze trotz ihres fortgeschrittenen Zustandes bewältigt, mehr oder weniger in der letzten Minute.

An weitere Ausbildungstätigkeit war gar nicht mehr zu denken. Als erste Maßnahme nahm man mir verständlicherweise die Fangboote weg, die zur Sicherung der jetzt zu bildenden Flüchtlings-Geleite nach dem Westen benötigt wurden. Sowjetische U-Boote hatten sich jetzt bereits häufiger im Memeler Seegebiet und auch im belagerten Pillauer Raum bemerkbar gemacht. Einen Teil meiner U-Boote, die neuer und besser ausgerüstet waren, hatte ich sofort nach Hamburg und Kiel in Marsch zu setzen, weil sie nach Schnorcheleinbau doch plötzlich noch an die Front geworfen werden sollten.

Damit begann langsam und folgerichtig die Auflösung der 24. U-Flottille. Noch etwa Mitte Januar hatte Großadmiral Dönitz in Zoppot alle in diesem Raum befindlichen Offiziere und Fähnriche der U-Bootswaffe zu einer Aussprache zusammengetrommelt, die alle Anwesenden nicht vergessen werden. Er hatte vom unbedingten Durchhaltewillen gesprochen, Defaitismus und Kleinmütigkeit gebrandmarkt und sich in einer kaum verständlichen Weise auch für den Führer und die unbeirrbare schicksalhafte enge Verbundenheit mit ihm ausgesprochen. Er hatte das in seiner oft leicht jungenhaft wirkenden Art und in legerer und eruptiver Manier in das große Auditorium gestreut, so daß ihm Jahrzehnte später gerade aus dieser »Durchhalterede« schwerste Vorwürfe als Hitlerdiener und Byzantiner erwuchsen.

So sagte er unter anderem, daß er, wenn er zum Führer gerufen werde, immer und immer wieder sich nach der Unterredung als ganz »kleines Würstchen« vorkäme, so gewaltig wäre er stets von neuem von diesem Manne beeindruckt. Wir »Alten«, die den »großen Löwen« gut kannten aus vielen und peinlich genauen Kampf- und Reiseberichten, die wir nach jeder Feindfahrt zu erstatten hatten, wir wußten auch derartige Äußerungen des Großadmirals richtig zu beurteilen. Die Mehrzahl aber der »Jungen«, die Fähnriche oder Leutnante sahen ihn wohl zum ersten Male und waren verständlicherweise von der Tonart geschockt, die sie von ihrem Großadmiral nicht erwartet hatten. Jeder andere anstelle des Großadmirals hätte ähnlich sprechen müssen, auch wenn er sich vielleicht anderer weniger legerer Formen des Ausdrucks bedient hätte. Worauf es ankam, und wie alle Älteren diese Rede auch verstanden haben, war, daß jeder bis zur letzten Minute seine Pflicht für Deutschland, für sein Vaterland zu tun habe. Seine starke Festlegung auf Hitler war ohne Zweifel ein Muß gegenüber dem anwesenden, überwiegend aus der Hitlerjugend hervorgegangenen Nachwuchs.

In den älteren Jahrgängen der Marine gab es zweifelsohne einen Zwiespalt zwischen der selbstverständlichen Pflichttreue zum Vaterland und der skeptischen Einstellung zu der NSDAP, wobei die Person Hitler mehr zum Sektor Vaterland als zur Partei gerechnet wurde, gerade weil man ihn als nicht verantwortlich – welch ein fürchterlicher Irrtum – für die Auswüchse der Partei gehalten hat. Nach wie vor ging das Wort um: »Wenn das der Führer wüßte«, was ihn in den Augen sehr vieler guter und patriotischer Deutscher von allem Übel freisprach.

Ich habe damals, am Tage nach dieser Rede, ich glaube zum letzten Mal überhaupt, zu meinen noch zur Flottille gehörigen Offizieren gesprochen. Es war die Wiederholung einer Rede, die ich nach dem 20. Juli 1944 in Memel gehalten hatte, natürlich nicht wörtlich, doch dem Sinne nach. Ich betonte die Eigenverantwortlichkeit vor dem Gewissen nach dem Kantschen »moralischen Imperativ« – den gestirnten Himmel über mir und das moralische Gesetz in mir – als alleinige Richtschnur des Handelns, was immer kommen mochte. Ich bin auch heute noch überzeugt, daß mich alle verstanden haben und dann später im wesentlichen auch danach handelten.

In Danzig und Gotenhafen sammelten sich schnell wachsende Mengen von Flüchtlingen an, die, von Ost- und Westpreußen kommend, hier über Land nicht weiterkonnten und nun auf die Mitnahme durch Schiffe der Kriegsmarine angewiesen waren. Meine Zielschiffe *Angelburg* und *Goya* hatte ich schon um den 15. Januar an den Seetransportchef, meinen alten AOa-Lehrer im Jahre 1939 bei der SAS, jetzt den Konteradmiral Conrad Engelhardt, abgeben müssen, der nun im besonderen Auftrag von Dönitz alle verfügbaren Schiffskiele an sich zog.

Wenige Tage später ließ ich das übervoll mit Flüchtlingen belegte Klarmachschiff *Memel* nach Westen auslaufen. Einen Tag nach der *Gustloff*-Katastrophe am 31. Januar geriet das Schiff vor Kolberg auf eine Mine und ging mit der größten Zahl seiner Flüchtlinge in Sicht der nahen Küste unter. Der notdürftig reparierte Tender *Leverkusen* konnte einige Überlebende aufnehmen. Der Oberleutnant z. S. Magnus, Kommandant der *Leverkusen,* tat sein Bestes. Der Kommandant der *Memel,* Oberleutnant z. S. Scheurer, ging mit zwei seiner Kinder im Eis der Ostsee unter. Frau Scheurer und ihre beiden anderen Kinder wurden von der *Uerdingen*, einem anderen Schiff aus dem Konvoi, gerettet. Von über 900 Menschen der total überladenen *Memel* konnten nur knapp 300 gerettet werden. Ich erfuhr das Unglück nur nach und nach bruchstückweise.

Am 3. Februar meldete ich die Flottille beim FdU-Ausbildung ab. Ich ließ meine restlichen fünf U-Bootskommandanten kommen und gab ihnen die Genehmigung, soweit es die Tauchklarheit zuließe, Flüchtlinge mit an Bord zu nehmen und am Abend des gleichen Tages nach Hela-Reede aufzuschließen, um die Sicherung der Flottillen»arche«, der *Oranjefontein*, bei der nächtlichen Fahrt nach Westen in der mittleren Sicherung von 1200 m Abstand aufzunehmen. Ich würde das Kommando übernehmen und die gemeinsame Unternehmung von der Brücke der *Oranjefontein* aus leiten. Es ergab sich von alleine, daß ich mit dem prächtigen Zivilkapitän des Schiffes, dem Kapitän Bundesen, nicht in einen Kompetenzstreit geriet. Der Arme lag bereits seit mehreren Tagen mit einer Lungenentzündung in seiner Kammer, gut betreut durch unseren Flottillenarzt.

Das Schiff wurde voll von der Kriegsmarine gefahren. Die Brückenwache stellten meine besten von Gustav Lange ausgesuchten Seeleute mit einschlägiger Borderfahrung. Ich hatte das schon seit mehreren Tagen üben lassen. Die Brückenwache gingen Remus, der Schießlehrer, der vorzügliche Busetti, der Beobachtungsoffizier und Gustav Lange. Selbstverständlich blieb ich die ganze Nacht auf der Brücke.

Wir hatten am frühen Vormittag alle Angehörigen der 24. U-Flottille, die noch in Gotenhafen geblieben waren, an Bord genommen, dazu noch etwa 50 Flüchtlinge, die mit Flottillenangehörigen an Bord gekommen waren. Ich konnte jedoch das Schiff nicht allgemein für die noch zu Tausenden auf der Pier stehenden Flüchtlinge freigeben, weil ich zuerst noch in Hela etwa 200 bis 250 Verwundete an Bord nehmen sollte und danach die restliche Kapazität in Hela mit den dort wartenden Flüchtlingen auffüllen wollte. Bei relativ klarem Wetter verlegte ich gegen Mittag nach Hela-Reede und übernahm, von Flugzeugen ungestört, rund 200 Verwundete. Zusätzlich konnten noch etwa 150 Flüchtlinge an Bord genommen werden.

Bei Dunkelwerden erschienen meine U-Boote, und nach kurzen Morsemeldungen der Vollzähligkeit und der Anzahl der mitgeführten Flüchtlinge, etwa 20 pro Boot, meist Frauen und Kinder, gingen wir mit Großer Fahrt in See auf dem äußeren Zwangsweg. Zunächst war die See sehr ruhig, so daß wir 15 Knoten gut durchhalten konnten. Später, bei etwas mehr aufkommender See, mußten wir in der Marschgeschwindigkeit etwas zurückgehen. Ein U-Boot lief als Feger vorneweg, so daß wir gerade sein Kielwasser noch mit dem Glas erkennen konnten. Dann folgten auf jeder Seite zwei Seitensicherungen. Es klappte vorzüglich, als wenn meine U-Boote nie etwas anderes getan hätten, als Sicherung für ein Geleit zu fahren. Natürlich hatte ich eine große Anzahl von Ausguckposten und die vollen Fla-Bedienungen an den Geschützen aufziehen lassen. Wir waren voll kampfbereit. Gegen Morgen begann sogar die Bäckerei zu arbeiten, um dann Brötchen in großen Mengen für alle die Mitreisenden fertigzustellen, was erheblichen Jubel auslöste. Etwa auf der Höhe von Kolberg ließ der Seegang erheblich nach, und der Verband ging wieder auf 16 Knoten. In der allmählichen Morgendämmerung dieses Wintertages, der klar zu werden versprach, was ich gar nicht so gerne sah wegen der dann eintretenden Gefahr, aus der Luft erkannt zu werden, liefen wir in mustergültiger Formation auf die Tonne »Adlergrund« zu. Hier entließ ich die U-Boote nach Kiel, um sie der nun einsetzenden Gefährdung zu entziehen. Einzelbootsweise waren sie bei weitem nicht so der nun ab etwa Arkona einsetzenden anglo-amerikanischen Luftüberwachung ausgesetzt.

Vor uns kam dann plötzlich aus dem Morgendunst das Riesenheck eines Ozeandampfers in Sicht auf gleichem Kurs. Bei den ersten morgendlichen Sonnenstrahlen standen wir Steuerbord querab von dem Hapag-Schiff *Deutschland* auf etwa 1000 m Abstand. Das Wohnschiff der 8. U-Flottille in Danzig einer Frontvorbereitungsflottille unter meinem Jugendfreund Hans Pauckstadt war ebenso mit Flüchtlingen überfüllt auf dem Wege nach dem rettenden Westen. Nach längerem Winkspruchwechsel mit Hans gingen wir mit Höchstfahrt voran, um keine Zielmassierung für Luftangriffe darzustellen. Mittags standen wir dann bei Fehmarn und bekamen für den Rest der Strecke nach Kiel sogar Minen- und Fla-Geleit. Ohne Zwischenfälle trotz mehrfacher Luftwarnung erreichten wir am Spätnachmittag Kiel und hatten das seltene Glück, gleich in die Schleuse einlaufen zu dürfen, um unsere Verwundeten und Flüchtlinge ausschiffen zu können. Wir hatten es geschafft.

Auch von meinen U-Booten lagen die Einlaufmeldungen in Kiel ohne besondere Vorkommnisse vor. Ich hatte nicht das Herz, die Angehörigen der Flottille in Kiel von Bord zu schicken. Sie blieben bis Hamburg unsere Gäste, und mir blieb die Verantwortung für sie auch für den letzten Rest des langen Weges.

In Hamburg meldete ich dem Admiral der dortigen Kriegsmarinedienststelle meine Flottille. Konteradmiral Hannes Bütow, unser alter Kompaniechef der zweiten Hälfte der Fähnrichszeit in Mürwik, war der Dienststellenleiter. Wir hatten uns seit meiner Fähnrichszeit nicht mehr gesehen. Trotz mittäglichem Fliegeralarm begann ein großes Erzählen. Es wurde trotz seiner großen dienstlichen Belastung ein sehr netter Nachmittag. Auf dem Heimweg mußte ich in einem öffentlichen Spitzbunker in der Nähe der Überseebrücke einen recht eindrucksvollen Bombenangriff abwarten. Ich staunte über die Ruhe, Gefaßtheit und Selbstdisziplin der Bevölkerung, die das ja in den letzten Wochen fast täglich, häufig mehrmals am Tage und in der Nacht durchmachen mußte. Die Treffer in der Nähe und auch im Wasser in einem gewissen Umkreis ließen den zuckerhutartigen Bunker tolle Schwingungen und Bewegungen ausführen. Alle fühlten sich dem Schicksal ausgeliefert, und ich bekam Gelegenheit, diese Bombenangriffe mit den Wasserbomben-Angriffen im Atlantik zu vergleichen. Die hier erzwungene Untätigkeit war ungleich belastender als auf dem U-Boot. Das besonnene Verhalten der Bevölkerung fand meine uneingeschränkte Hochachtung.

Im großen U-Bootsbunker am Vulkan-Hafen fand nun die Auflösung der Flottille statt. Jeder wartete auf sein neues Kommando. Ich hatte bereits mehrfach mit Admiral v. Friedeburg telefoniert und meine Bitte um ein neues großes Boot vom Typ XXI wiederholt, ohne eine Zu- oder auch Absage bekommen zu haben. Schließlich aber bekam ich Friedeburgs Befehl übermittelt, mich beim Generalarzt Dr. Prinz im Eppendorfer Krankenhaus zu melden, um eine Tauglichkeitsuntersuchung durchführen zu lassen. Nach dreistündiger Untersuchung und kurzer Plauderei mit diesem hervorragenden Arzt wurde ich, ohne das Resultat erfahren zu können, wieder nach Hause geschickt. Am nächsten Tage bekam ich die Mitteilung vom Admiral der U-Boote, daß mein Antrag auf Kommando eines U-Bootes Typ XXI wegen U-Bootsuntauglichkeit bedauerlicherweise hätte abgelehnt werden müssen. Ich war empört. Daß eine erneute U-Bootstauglichkeitsprüfung in drei bis vier Monaten vorgesehen sei, war nichts anderes als ein billiger Trost. Ich bin heute überzeugt, daß Friedeburg mit Absicht meine erneute U-Bootskommandierung verhindert hat, um mich vor einem ungewissen Schicksal zu bewahren. Ich war damals ratlos. Schließlich rief ich den Personalmann im Stabe Friedeburg an, den Korvettenkapitän Jeppener. Dieser teilte mir in aller Seelenruhe mit, daß die U-Waffe mich der OKM-Personalabteilung zur Verfügung gestellt hätte. Ich würde von dort mein nächstes Kommando erfahren. »Vertraulich« meinte er, daß er etwas von einem Kommando für eines der Segelschulschiffe gehört hätte. Unter Friedensgesichtspunkten wäre ein solches Kommando die höchste Erfüllung meines seemännischen Ehrgeizes gewesen. Aber jetzt? Wie und wo? Ich hörte, daß sich zwei der Segelschulschiffe in Stralsund befanden. Wie aber sollte dort noch eine Ausbildung und für letztlich welchen Zweck stattfinden? Ich wartete weiter. Verständlicherweise verstärkte sich meine Ungeduld, nachdem Tag für Tag weitere Mitglieder meines Stabes abkommandiert wurden.

Am 7. März war die Brücke von Remagen fast unversehrt in US-Hand gefallen. Im Ruhrgebiet war eine ganze Heeresgruppe unter dem bekannten Feldmarschall Model eingeschlossen. Am 26. Februar hatten die Russen Kolberg eingeschlossen. Es war eine verzweifelte Lage, und man hörte immer noch nichts von den angekündigten vernichtenden Wunderwaffen. Wo sollte das nur hinführen? Tausend Fragen und keine Antworten. Man versuchte, einfach nicht mehr nachzudenken. Wenn ich auch mit Ruth telefonieren konnte, so ersetzten doch die Telefongespräche nicht den unmittelbaren Meinungsaustausch. Am 12. März kam verfrüht unsere Tochter Birte im Krankenhaus in Hagenow auf die Welt.

Am gleichen Tage traf ein Geheim-Fernschreiben an mich ein, daß ich mich am 19. März in Berlin im Führerhauptquartier zu melden hätte. Was sollte das nun bedeuten? Ich konnte natürlich niemanden fragen. So beantragte ich eine Reisegenehmigung von Hamburg über Hagenow nach Berlin vom 14. bis 19. März.

In der Nacht vom 10. zum 11. und dann am ganzen 11. März fand wieder einmal einer der anglo-amerikanischen Vernichtungsangriffe gegen die deutsche Zivilbevölkerung des schon schwergeprüften Hamburg statt. Da zwischen den einzelnen Alarmen nur ganz kurze Pausen waren, konnte man auch zum Löschen und zur Hilfeleistung aus dem Bunker gar nicht mehr hinaus. Drei oder vier nicht unter Bunkerschutz befindliche U-Boote waren vernichtet worden und an der Pier gesunken. Die Werft lag voller Toter und Schwerverletzter. So weit das Auge reichte, war vor Feuer und Qualm von der Stadt und der nächsten Hafenumgebung nichts mehr zu erkennen. Wie durch ein Wunder hatte die *Oranjefontein* nicht einen einzigen Treffer erhalten und hatte nicht eine Schramme. Ich nahm Abschied vom Rest des Offizierskorps der Flottille.

Am 14. März fuhr ich mit der Bahn nach Hagenow-Land. Ruths zu frühe Entbindung hatte zu einer vereiterten Rippenfellentzündung geführt. Es ging ihr gar nicht gut, auch wenn sie im

Krankenhaus in allerbester Obhut war. Das Kleine war winzig, aber eben doch sehr schwach, und es war fraglich, ob es auf dieser traurigen Erde bleiben würde. So war mein Besuch, bei dem ich Hoffnungen auf eine bessere Zukunft auch nicht vermitteln konnte, keine große Hilfe oder Erleichterung für Ruth. Mein Kommando nach Berlin, über das ich nichts in Erfahrung bringen konnte, war auch nicht dazu angetan, ihre Sorgen zu vermindern. Mit meiner Abreise von Hagenow nach Berlin am 19. März war eine in jeder Hinsicht wichtige Etappe in meinem Berufsleben abgeschlossen. Harte, aber auch begeisternde Dienstjahre lagen hinter mir. Sie hatten mir zunehmend große Verantwortung auferlegt. Meine Mühen waren auch anerkannt worden, meine Tätigkeit in Memel erfuhr nicht nur beim FdU-Ausbildung und bei Admiral v. Friedeburg Anerkennung. Auch der Großadmiral hatte mich mehrfach sein Einverständnis mit meiner Handlungsweise erkennen lassen und sich in meinem Kampf mit dem Gauleiter Koch entschieden für mich eingesetzt.

Am 21. Oktober 1944 hatte ich demonstrativ von Friedeburg im Auftrag des Großadmirals das Kriegsverdienstkreuz 1. Klasse erhalten für die »verlustlose Räumung der Stadt und des Landkreises Memel«. Dönitz hatte mich als einzigen kurz vor seiner Rede in Zoppot, der später berühmt gewordenen »Würstchenrede«, zur Berichterstattung kommen lassen, um Einzelheiten über meine Eindrücke bei und vor der Räumung Memels zu hören. Er hatte mir sehr eingehende und sehr scharf umrissene Fragen über meinen Eindruck der wirklichen Kampfbereitschaft des Heeres gestellt, zu meinen Antworten jedoch geschwiegen.

Meine jetzige Kommandierung in das Führerhauptquartier brachte ich in Zusammenhang mit meinen Antworten auf seine Fragen.

Die letzte Forderung und das Ende

Man kann es heute kaum noch glauben, trotz aller Zerstörungen durch Bombenangriffe verkehrten die Züge beinahe noch planmäßig. Zweimal hielt der Zug auf offener Strecke, und englische Jabos griffen an, und wir mußten in den Gräben oder hinter den Bahndämmen Deckung suchen.

In Neustadt an der Dosse folgte eine übergenaue Kontrolle der Papiere, denn nur mit ganz besonderer Genehmigung durfte man nach Berlin einreisen. Eine ganze Anzahl Soldaten, dabei auch Offiziere, wurden von der Feldgendarmerie aus dem Zug geholt und mitgenommen. Erst mit dem Kontrollvermerk auf dem Urlaubs- oder Kommandierungsschein konnte man wieder in den Zug einsteigen. Das sei leider nötig, belehrte man mich, weil sich schon seit Monaten in Berlin Haufen von Drückebergern verborgen hielten. Erstmalig bekam ich einen Eindruck von den wirklichen Zuständen in der Reichshauptstadt.

Ich hatte das Angebot von Geheimrat Oldenburg, des Bruders meines gefallenen Schwiegervaters, angenommen, in meiner Berliner Zeit in seinem Hause in Neubabelsberg zu wohnen. Das war sehr liebenswürdig gedacht. Schon um den nächtlichen Bombenangriffen zu entgehen, war das Wohnen in dem entfernten, aber mit der S-Bahn gut erreichbaren Babelsberg ein ganz großer Vorzug. Onkel Gustav freute sich, jemanden zu haben, mit dem er allabendlich eine gute Flasche Mosel knacken konnte. Ich bekam in dem sehr gemütlichen Holzhaus ein herrliches Zimmer und fand zunächst diese ungewisse Kommandierung unter diesen Wohnumständen recht erträglich und auch erfreulich.

Das neue Kommando: »Führerhauptquartier«

Ich hatte den Befehl, mich im Führerhauptquartier beim General Burgdorf zu melden. So machte ich mich am Tage nach meiner Ankunft in Neubabelsberg nach der Reichskanzlei auf, in deren Bunker es sich befand. Ich gelangte ohne jede Schwierigkeiten in die ausgedehnte unterirdische Bunkeranlage und wurde von einem SS-Posten zu einer Stelle des Heeres-Personalamtes in einem Flügel des Bunkers geleitet. Ein großer, vierschrötiger General mit offener Uniformjacke erwies sich als der Gesuchte. Er nahm mit etwas mokantem Lächeln meine Meldung entgegen. Aber auch er enthüllte nun nicht etwa mein Kommando, sondern wies mich nur an einen Büroraum eines Hauses in der Wilhelmstraße, von der fast nur noch Ruinen standen, zu einem General Hübner, dem ich zugeteilt wäre. Nach längerem Suchen fand ich dann auch diese Dienststelle.

Aus dem Haus kam ein höherer SS-Führer, der mich sehr herzlich begrüßte, weil auch er zur »Gruppe Hübner« gehörte. Auf meine Frage, was das denn nun für eine Dienststelle sei, zierte er sich nicht lange und verkündete mir, daß es sich um das »Ständige Standgericht des Führers« handele. Ich erbleichte, denn das war nun wirklich nicht meine Kragenweite. Er merkte wohl sofort, wie völlig verstört ich reagierte, und beruhigte mich mit der billigen Versicherung, daß es bei weitem nicht so schlimm sei, wie es sich nun mal anhöre. Ich traf dann auf einen Oberstleutnant, der sich mit dem Namen Bauernfeind recht lässig vorstellte und mich bei General Hübner anmeldete. Ich wurde sofort vorgelassen. Der General, nur mittelgroß, mit gut geschnittener Uniform, Reithose und hohen Stiefeln, Ritterkreuz, bat mich, Platz zu nehmen. Er stellte erst einmal ein Verhör mit mir an über meine bisherige Kriegstätigkeit, das offensichtlich zu seiner Zufriedenheit ausfiel. Dann aber legte er los und sprach über seine Auffassung von Treue und Pflichterfüllung bis zum Äußersten, von gewissenlosen Machenschaften von Defaitisten und Verrätern, die den Endsieg vereiteln wollten und dem Feinde in die Hände arbeiten würden. Der ganz große Schlag käme noch, und bis dahin hätten wir für Ordnung, Pflichterfüllung und Moral zu sorgen. Dazu wäre er vom Führer direkt berufen unter Zuweisung eines hochdekorierten Offiziers im Oberstenrang aus jedem Wehrmachtteil und der Waffen-SS. Ich verträte also dann die Marine. Ich kam aus dem Staunen nicht mehr heraus.

Dann berichtete er vom Fall Remagen, wo er zur Erledigung des Standgerichtsverfahrens vom Führer entsandt worden wäre und die Schuldigen an der Schlamperei hätte erschießen lassen. Zu diesem Zweck hätte er einen Zug Soldaten der Division »Großdeutschland« unter sich, die ihm mit einem Omnibus bei seinen Frontbesuchen zu folgen hätten.

Die Marine hätte ihn bereits auf mein Kommen aufmerksam gemacht und zugleich gebeten, mich vorläufig bis auf Abruf beim Admiral Mathies (Wilhelm), Wehrgeistiger Führungsstab OKM, abzustellen. Das beruhigte mich doch sehr, denn im Rahmen eines Marinekommandos konnte ich doch mit gesundem Menschenverstand rechnen, während ich hier nach meinem Gefühl und nach den Ausführungen des Generals doch wohl nicht so ganz hinpaßte. Außerdem, bemerkte Hühner noch, hätte ihn der General Burgdorf gerade eben angerufen, um ihm mitzuteilen, daß ich in den nächsten Tagen zur Meldung bei Großadmiral Dönitz nach »Koralle« zu kommen hätte, seine Befehlsstelle in einem Waldlager in der Nähe von Bernau.

Dann begab sich Hübner stolz zu einem einfachen Spind, neben dem Schreibtisch das einzige Möbelstück außer den beiden Stühlen im Raum, und übergab mir mit feierlicher Miene ein kleines rotes Heftchen in Notizbuchformat mit einem Goldaufdruck: »W.H.« – »Offiziere des Führers!« Ich nahm es ehrfurchtsvoll in Empfang. Damit schloß meine Meldung bei meinem neuen unmittelbaren Vorgesetzten, und ich war froh, aus dieser etwas unnatürlichen Atmosphäre hinauszukommen.

Draußen fragte mich dann der Oberstleutnant Bauernfeind naiv und taktlos nach meinem Eindruck, eine Frage, die ich überhörte. Er fügte hinzu, ob ich wüßte, wann der Fliegeroberst als vierter und letzter zum Kommando kommen würde, was ich mit Bestimmtheit verneinen konnte. Vertreter der Waffen-SS sei ein

Obersturmbann- oder Standartenführer Richter. Er müsse nämlich dauernd Dienst beim General machen und wollte dann auch einmal abgelöst werden. Ich verzichtete auf jede weitere Unterhaltung mit ihm und machte mich auf den Weg nach Charlottenburg, wo in einem größeren Bürohaus der Wehrgeistige Führungsstab des OKM unter dem beliebten Admiral Wilhelm Mathies untergebracht war.

Er lud mich sofort zum einfachen Kantinenessen ein. Dann hatten wir viel, viel Zeit, um uns über Gott und die Welt zu unterhalten. Nach wenigen Minuten erwies er sich eindeutig nicht als ein Fanatiker und NS-Superpropagandist. Er war wohl an diese Stelle nur gesetzt worden, um andere fanatische und wildgewordene NS-Vorkämpfer fernzuhalten. Er verstand es in dieser vertrauensvollen Unterhaltung nun in würdiger Weise, die immer schon gültigen Tugenden des Soldaten, Mut, Entschlossenheit, Treue zum Vaterland, Gehorsam und Disziplin als unabänderliche Werte des preußisch-deutschen Soldatentums glaubhaft zu vertreten, und hat dies auch sonst in Wort und Schrift in seiner nicht beneidenswerten Verwendung so gehalten.

Befehlsgemäß hatte Admiral Mathies auch »NS-Führungsoffizier-Kurse« einrichten müssen, die in Wannsee stattfanden. Ich, voller Skeptizismus, war sehr interessiert, mir selbst ein Bild davon zu machen und die dort von namhaften Professoren und hohen Offizieren gehaltenen Vorträge anzuhören, ob die aufgewendete Mühe noch lohne.

Wir kamen natürlich auch auf die Kriegslage, die doch einfach als verheerend angesehen werden mußte. Auch hier stimmten Mathies und ich in der Beurteilung vollkommen überein, daß einem anständigen Soldaten gar nichts anderes übrigbliebe, als zu kämpfen, bis eben »Halt« geblasen würde. Daß am Ausgang des Krieges noch etwas zu ändern sei, hielt auch er für ausgeschlossen. Wir verstanden uns ohne viele Worte. Noch am Nachmittag wurde ich benachrichtigt, daß meine Meldung beim Großadmiral auf ein noch ungewisses Datum verschoben werden müsse. Mir war das verständlicherweise gar nicht recht, denn ich hoffte immer noch, in einem persönlichen Gespräch eine Änderung der Kommandierung erreichen zu können. Bei aller Selbstprüfung war nicht klar, weshalb gerade ich einen derartig prekären Posten einnehmen sollte. Sicherlich war ich kein »Anti-Hitler«-Mann. Aber ich hatte schließlich in der ganzen Zeit in Memel in allen meinen Offizierssitzungen und bei meinen Vorträgen immer das Prinzip der Selbstverantwortlichkeit gegenüber dem eigenen Gewissen herausgestellt und jedes Nachbeten der NS-Phraseologie abgelehnt. Soviel aber hatte ich schon von Admiral Mathies erfahren, daß man ihn weder gefragt hatte, noch er um eine Äußerung zu dieser Kommandierung gebeten worden sei.

Zunächst allerdings blieb ich noch im Wehrgeistigen Führungsstab des OKM und erhielt Einblick in dessen Arbeitsweise. An manchen Tagen wurde unsere Arbeit bis zu dreimal täglich durch Fliegeralarm unterbrochen, den wir in einem öffentlichen Luftschutzkeller in einem gegenüberliegenden Gebäude überstehen mußten.

Hier kam ich nun zum erstenmal unmittelbar mit der Berliner Bevölkerung zusammen und kann mich auch heute noch nicht des Lobes darüber enthalten, mit welcher unglaublichen Ruhe, Gefaßtheit und Disziplin die oft sehr unterschiedliche Belegschaft des Luftschutzkellers diese schwere seelische und auch körperliche Strapaze hinnahm. Als Ventil wurde selbstverständlich auf die Engländer und Amerikaner wegen dieses Krieges gegen die Zivilbevölkerung mit Recht geschimpft und auch geflucht, mit recht derben Witzen und scharfen Äußerungen. Aber ich kann mich nicht erinnern, daß sich die verständliche Wut auch nur andeutungsweise gegen Hitler, die Partei oder gar die Wehrmacht gerichtet hätte. Ich glaube nicht, wie es nach dem Kriege allerdings immer wieder behauptet worden ist, daß Parteibonzen zur Überwachung der Volksmeinung im Luftschutzkeller anwesend waren. Schlecht sahen die Menschen aus, elend, unausgeschlafen, sie waren nur sehr mäßig ernährt, aber sie schienen keineswegs verzweifelt zu sein. Das mag sicher nicht überall in allen Berliner Luftschutzkellern so gewesen sein. Aber in denen, die ich während der Arbeitszeit und oder bei den An- und Abfahrten zur Dienststelle erlebte, war das nun so. Dies hat mich nachhaltig beeindruckt. Die

1a

Wehrmacht-Fahrschein № Mb

II. Klasse

● 1. (Ausfüllen bei freien U-Reisen und D-Reisen. Nicht ausgefüllte Zeilen unbrauchbar machen.)

● 2. für 1 Person(en), darunter 1 mit Reisegepäck[1]), zur einmaligen freien Fahrt auf der Eisenbahn

● 3. 1. von Bhf. Kiel nach Bhf. Hagenow-Land
2. von Bhf. Hagenow-Land nach Bhf. Berlin

● 4. 3. von Bhf. ... nach Bhf. ...
4. von Bhf. ... nach Bhf. ...

Eine / Zwei Wehrmachtfahrkarte(n) darf / dürfen gelöst werden[1])

(Ausfüllen bei U-Reisen auf eigene Kosten nur für Personen, die nach dem „Wehrmachtreiseverkehr" berechtigt sind, auf Wehrmachtfahrkarten zu fahren. Nichtausgefüllte Zeilen unbrauchbar machen.)

von Bhf. ... nach Bhf. ...
von Bhf. ... nach Bhf. ...
von Bhf. ... nach Bhf. ...
von Bhf. ... nach Bhf. ...

Zur Beachtung! Ohne D- und E-Zuggenehmigung nur gültig für Züge und Zugteile des Wehrmachtreiseverkehrs (SF-, SFR-, DmW-, EmW-, PmW-) und P-Züge. Bis zu 100 Bahnkm sind nur PmW- und P-Züge zu benutzen.

Stempel: Kriegsmarine – Dienststelle Feldpostnummer m...

Unterschrift: [Unterschrift]
Kor. Kpt. u. Stabschef beim Kdr.
(Unterschrift, Dienstgrad, -stellung)

Ausgefertigt am 13. März 1945

Nur Dienststempel. Keine Unterschrift.

Stempel: Kriegsmarine – Dienststelle Feldpostnummer m 03184

Die Dienststelle hat den oberen Teil vor Aushändigung hier abzutrennen und bei Nichtbenutzung der Eisenbahn unbrauchbar zu machen!

~~Urlaubsschein~~ - Dienstreiseschein[1]) № Mb 536403 *

Gültig nur in Verbindung mit Soldbuch, ~~Truppenausweis, Pers.-Ausweis W, Ausländer-Ausweis W.~~[1]) Nr. ...

Kennwort:[U]) ——— , Frontleitstelle: ———

Grund und Verfügung:[D]) Vortragsreise gem. O.K.M. MPA. II/1169 Gkdos v. 10. III. 45

Fregattenkapitän Karl Friedrich Merten[1])
(Dienstgrad, Vor- und Zuname des Reisenden)

von Dienststelle M 03184, Urlaub vom ——— bis ———
(Truppenteil bzw. Feldpostnummer) (Datum und Uhrzeit)

Dienstliche Reise vom 14. 3. 45 bis 19. 3. 45 Rückreise am[D]) ———

Zwischenaufenthalt in[D]) ... genehmigt

Alle Reiseziele bzw. Urlaubsorte:[1]) Hagenow-Land, Berlin.

Vermerke und Bescheinigungen der Einheit

...abfunden mit:

Wehrsold (Gr......)	bis einschl.	31. 3. 45	Tabakwaren:		
Frontzulage	„ „		als Portion	bis einschl.	10. 3. 45
Bekl.-Entschädigung	„ „	/	als Market.-Ware	„ „	
Verpflegungsgeld	„ „		Rauchermarke	„ „	
Feinseife	„ „	10. 3. 45	Raucher-Kontr.-Karte	„ „	/
Rasierseife	„ „	20. 6. 45	Raucherkarte	„ „	
			Sonst. Market.-Ware	„ „	

4. Besondere Vermerke:

Einreise nach Berlin
genehmigt 19. 3. 45
O.K.W. Chef Wehrm. Str. D

~~1~~
~~2~~
3
~~4~~
~~5~~
~~6~~
~~7~~
~~8~~
~~9~~
~~10~~
~~11~~
~~12~~

2. Verpflegungsnachweis: Heimatverpflegungszulage für Fronturlauber[1]) Verpflegungszulage für Beurlaubte, Verwundete oder Kranke[1]).

Monat: März									+	Monat:									1
~~2~~	~~3~~	~~4~~	~~5~~	~~6~~	~~7~~	~~8~~	~~9~~	~~10~~	~~11~~	2	3	4	5	6	7	8	9	10	11
~~12~~	~~13~~	14	15	16	17	18	19	20	21	12	13	14	15	16	17	18	19	20	21
22	23	24	25	26	27	28	29	30	31	22	23	24	25	26	27	28	29	30	31

Bei Abgabe von Truppen- oder Marschverpflegung oder Lebensmittelkarten sind entsprechende Tagesabschnitte durch die abgebenden Stellen — auch Kartenstellen — mit Tinte oder Tintenstift unbrauchbar zu machen.
Bescheinigung der Lebensmittelkartenstelle: Rückseite.

3. Mitgeführte Geldbeträge:

Reisekosten ...
Gebührnisse ...
Sonstige Geldmittel ...
Geldumtauschvermerke: Rückseite

Stempel: Kriegsmarine – Dienststempel – Dienststelle Feldpostnummer m 03184

Dienststelle
A... Feldpost-Nr. M 03184 ... 1945
(Truppenteil bzw. Feldpost-Nr.)

[Unterschrift]
(Unterschrift)

Kor. Kpt. u. Stabschef beim Kdr.
(Dienstgrad, Dienststellung)

1) Nichtzutreffendes deutlich durchstreichen.
2) Bei mehreren: Name des Transportführers und .... (Anzahl) Mann
U) Nur für Urlaubsschein ausfüllen.
D) Nur für Dienstreiseschein ausfüllen.

Dienstlich gedruckt.
Nachdruck wird nach den Kriegsgesetzen bestraft.

Abende bei Onkel Gustav und Tante Helene in Babelsberg gestalteten sich sehr nett, trotz fast regelmäßiger nächtlicher Unterbrechung durch Fliegeralarm, den wir dann trotz der kalten Jahreszeit, natürlich dick angezogen und vermummt, im selbstgefertigten Splitterunterstand im Garten des Hauses verbrachten. Dabei beobachteten wir die Angriffstaktik der Bomberverbände und hörten das verzweifelte und gegen die Masse der einfliegenden Bomber vergebliche Abwehrfeuer der Flak. Wir sahen, wie die Zielmarkierungen durch sogenannte »Tannenbäume« über der gemarterten Stadt niedersanken und schließlich die Bombenexplosionen herübergellten. Kam man dann am folgenden Morgen durch einen der so grausam getroffenen Bezirke, dann war man gleichermaßen erschüttert wie erstaunt, daß trotz noch meist rauchender Trümmer die Straßen bereits freigeräumt und passierbar waren. Das waren stumme Heldentaten der Zivilbevölkerung, die allem nachträglichen Geschwätz zum Trotz gar nicht hoch genug bewertet und hervorgehoben werden können.

Ich war schon etwa eine Woche bei Mathies, als er mich eines Morgens kommen ließ, um mich nach Oslo zu schicken. Es war auf Hintertreppenwegen eine Meldung eines NS-Fanatikers eingegangen, daß beim Marineoberbefehlshaber Norwegen unglaubliche Etappenzustände herrschten. Von Lebensmittelschiebungen, Sektgelagen und dergleichen unwürdigen Zuständen war die Rede, die dringend abgestellt werden müßten. Ich war vom Großadmiral beauftragt, an Ort und Stelle diese Anklage zu untersuchen und dem Oberbefehlshaber der Marine einen Bericht zu erstatten. Das also sollte meine Aufgabe sein? Mieser und widerwärtiger ging es also wirklich nicht, ohne daß ich überhaupt mit ihm hätte sprechen können. Andererseits erkannte ich den Vorteil, der Gruppe Hübner für ein paar Tage zu entkommen. Die Dienststelle Mathies ging mit großem Eifer daran, diese Reise zu organisieren. Es müssen etwa die letzten Märztage gewesen sein, als ich mit dem Flugzeug von Tempelhof aus nach Norwegen fliegen sollte. Fast täglich ging diese Kuriermaschine immer noch von Berlin nach Oslo. Schon der Hinflug wurde zum Abenteuer. Mehrfach mußte wegen Bombenangriffen der Abflug verschoben werden, und wir starteten schließlich mit stundenlanger Verspätung statt ab Tempelhof vom Fliegerhorst Schönwalde nordwestlich von Berlin. Oslo, unser Ziel, erreichten wir keineswegs im direkten Flug, sondern mit großen Ausweichbewegungen nach Osten und, sobald die Jägergefahr vorüber war, zurück weit nach Westen. Der Flugmeldedienst funktionierte selbst noch zu diesem Zeitpunkt des Krieges ganz hervorragend. Als wir uns dann endlich dem Oslofjord näherten, hüllte uns völliger Nebel zwar in einen schützenden Mantel vor feindlichen Jägern, aber dafür kam unser Pilot ins Schwitzen, wie er nun den ohnehin schwierigen Flughafen Oslo-Fornebu finden sollte. Irgendwie bekam er die Rollbahn zu fassen, keine Lichter – keine Signale – ein gewaltiges Bremsen, so daß die Maschine fast kopfüberging. Dann stand sie ebenso plötzlich fest auf der Erde. Als wir uns noch vollkommen benommen über eine primitive Leiter, die von außen angestellt wurde, langsam herabfierten, stand noch keine 50 m entfernt von uns eine ganz großer schwarzer Schatten, eine senkrechte etwa 15 m hohe massive Felswand. Wie wir gerade noch feststellen konnten, stand die Maschine schon weit über das Ende der Rollbahn hinaus.

Der Kapitänleutnant v. Bargen, ein Mathies-Jünger in Oslo, holte mich mit einem Holzgaser ab, der sogar funktionierte. Ich bekam in seiner Dienststelle ein Bett. Bei einer Flasche Rotspon berichtete ich von meiner so unerfreulichen Reise. Diese Osloreise lief dann auch noch aus wie das berühmte Hornberger Schießen. Denn bei allen Untersuchungen und Befragungen ergaben sich keinerlei Anhaltspunkte für einen Wahrheitsgehalt der Denunziation. Nach den ersten Vernehmungen konnte ich schon sagen, daß hier ein recht hinterhältiges Spiel versucht worden war, das ich vereiteln konnte. Dennoch war es außerordentlich interessant, sich informieren zu lassen über das naheliegende Thema, den norwegischen Widerstand und das Verhalten der Besatzungsmacht. Natürlich sanken mit den immer schlechter werdenden deutschen Kriegsaussichten auch die Sympathien der im großen und ganzen bisher recht friedlichen Norweger. Je mehr sich die Waage zu unseren Ungunsten neigte, um so mehr sahen sich alle bisher auf unserer Seite befindlichen Norweger aus Gründen der Selbsterhaltung gezwungen, sich nun in letzter Minute für die Gegenseite zu profilieren. So gab es ganz offensichtlich unter den gebildeten Norwegern bis in die höchsten Kreise jetzt neuerdings eine ganz scharfe und sogar militante Widerstandsbewegung.

Mitten im Hafen lag ein deutsches Torpedoboot, ein erbeutetes norwegisches Boot, bestimmt meist zum Geleitdienst von Oslo nach Deutschland, das mein Crewkamerad Helmut Neuß befehligte. Natürlich besuchte ich ihn und war nur erstaunt, daß den ganzen Tag im Hafen unentwegt von allen Seiten Gewehrschüsse, ab und zu auch das kurze Hämmern von Maschinenpistolen zu hören waren. Auch auf dem Boot von Neuß standen Soldaten mit Schießeisen aller Art, um alles, was sich im Wasser bewegte, sei es auch nur ein Flaschenhals, sofort unter Feuer zu nehmen, bevor es in die Nähe der Bordwand geraten konnte. Neuß erzählte mir, daß tatsächlich ständig Treibminen aller Größen auf deutsche im Hafen liegende Schiffe losgelassen würden und es schon zu sehr beachtlichen Beschädigungen der so wenigen und besonders wichtigen deutschen Versorgungsschiffe gekommen wäre. Wir stimmten darin überein, daß wir uns wohl kaum in diesem Kriege wiedersehen würden.

Am Tage vor meinem vorgesehenen Rückflug war ich dann beim Marineoberbefehlshaber Norwegen, dem mir seit meinen Leutnantsjahren auf der *Königsberg* bekannten Admiral Otto Ciliax, der damals Chef des Stabes des BdA gewesen war. Seit der Zeit hatte ich ihn nicht wiedergesehen. Er war das Ziel der Denunziation gewesen, die ich zu untersuchen hatte. Es wunderte mich eigentlich nicht, weil er immer schon ein Autokrat gewesen war und sicherlich diesem oder jenem im Etappenbetrieb auf die Füße getreten hatte. Sehr zu meiner Verblüffung erkannte er mich sofort wieder und war die Liebenswürdigkeit in Person. Ciliax nahm mich freundlich auf und stellte mich seinem Stab vor, indem er die heitere Geschichte unserer Bekanntschaft auf der *Königsberg* im Jahre 1931 aufwärmte. Er hatte eine sehr erfolgreiche Laufbahn im Kriege als Kommandant der *Scharnhorst* und später als Befehlshaber der Schlachtschiffe hinter sich, war mit dem Ritterkreuz ausgezeichnet und nun ein mit großer Machtvollkommenheit und Verantwortung beladener Oberbefehlshaber in einem jetzt zum Aufruhr neigenden Land. Wir haben dann ganz offen über die anhängige »blackmailing«-Angelegenheit gesprochen, und ich konnte nur erfreut sein, wie ruhig und vernünftig er diese unangenehme Sache betrachtete. Wir schieden im besten Einvernehmen voneinander.

Natürlich war auch der Rückflug problematisch. Wegen erhöhter Luftgefahr mußten wir in Aalborg landen und dort bis zum späten Nachmittag warten, bis die Jabo-Gefahr aller Voraussicht nach gebannt war. In Dänemark lebte es sich zu der Zeit noch ganz hervorragend. Auf dem Flugplatz konnte man phantastischen Kuchen und Torten mit echtem Kaffee genießen, an der Theke des Fliegerhorstes hingen Würste und Speckseiten zum Mitnehmen. So konnte ich doch dem guten Onkel Gustav und der rührend besorgten Tante Helene einen kleinen Festtagsschmaus bereiten und mich für die erwiesene Gastfreundlichkeit auch etwas revanchieren.

Bei meiner Rückkehr nach Babelsberg erwartete mich eine Hiobsbotschaft. Onkel Gustav hatte mit Zapel telefoniert und gehört, daß es Ruth im Krankenhaus immer noch nicht besserging, im Gegenteil, daß eine Rippenresektion hatte durchgeführt werden müssen. Auch das Durchkommen der zu früh geborenen kleinen Birke galt als sehr zweifelhaft.

Als ich am nächsten Morgen wieder bei Mathies aufkreuzte und Bericht über Norwegen erstattete, wurde ich vom Großadmiral für den nächsten Tag, den 6. oder 7. April, nach »Koralle« zur Meldung befohlen. Das war viel schwieriger zu verwirklichen, als anzunehmen war. Man mußte mit der Straßenbahn bis zur Endstation im Vorort Bernau fahren und dann von dort noch ungefähr vier Kilometer zu Fuß laufen. Es war ein herrlicher Vorfrühlingstag, wolkenlos, die Natur schon weitgehend grün, die Sonne schien, und die Vögel wetteiferten mit ihrem Gesang. So machte es beinahe Freude, die Strecke zu Fuß zurückzulegen. Die Befehlsstelle des Oberkommandos der Kriegsmarine bestand aus einem sehr geschickt in den Wald gebauten großen Barackenlager. Nach sehr sorgfältiger Kontrolle an der Pforte wurde ich zum Stabsgebäude gewiesen und gelangte bis zum Adjutanten des Großadmirals, dem Korvettenkapitän Lüdde-Neurath, der mir nur dem Namen nach bekannt war. Der Großadmiral verwies mich aber zunächst zum Marine-Personalamt, zur Meldung beim Chef, Admiral Baltzer. Wir kannten uns recht gut aus der Kieler Zeit. Ich konnte daher auch gleich meine Beschwerde, die ich auch beim Großadmiral persönlich loswerden wollte, bei Baltzer anbringen. Warum man ausgerechnet mich zu so einem Kommando bestimmt hatte? Ich wäre schließlich ein reiner Frontmann und für eine derartig stark politisch belastete Aufgabe ungeeignet und unerfahren.

Baltzer ließ mich ruhig reden, ohne mich in meiner verständlichen Erregung zu beruhigen oder mich zu unterbrechen. Als ich meinen Bauch voll Zorn losgeworden war, konnte er mir nur sagen, daß der Großadmiral selbst die Auswahl unter drei anderen getroffen habe, die er, Baltzer, vorgeschlagen hätte. Er, Baltzer, nehme an, daß Dönitz mir das »höchstselbst« sagen wollte, denn sonst hätte er mit Sicherheit mich nicht noch einmal extra herkommen lassen.

Baltzer war ganz besonders nett und persönlich liebenswürdig zu mir, hörte mit Interesse zu, was ich auf Befragen von meiner Familie zu sagen hatte, und stellte mir auch noch zwei Urlaubstage in Aussicht, um meine kranke Frau in Hagenow zu besuchen. Dann wurde ich zum Großadmiral gerufen.

Dönitz ließ mich gar nicht erst zu Wort kommen, sondern eröffnete die recht einseitige Unterhaltung gleich mit etwa folgendem: »Ich weiß, daß Sie über das Kommando und über mich bestimmt wütend sind. Aber ich habe jemanden aussuchen müssen, der mein volles Vertrauen hat. Sie haben sich bei der Räumung Memels gegen alle Widerstände, vor allem gegen die Partei und den Gauleiter, durchzusetzen verstanden. Genau das ist der Grund, daß ich Sie für diesen Posten ausgesucht habe. Auf Drängen von Bormann hat der Führer zur Aufrechterhaltung der Disziplin das ›Fliegende Standgericht‹ eingerichtet, zu dem von jedem der vier Wehrmachtteile je ein Offizier im Oberstenrang mit höchsten Kriegsauszeichnungen als Beisitzer zu kommandieren war. Ich habe Sie dafür bestimmt! Sie haben überhaupt nur dann tätig zu werden, wenn das vorher mit mir allein abgesprochen worden ist. Bei Ihnen weiß ich, daß ich mich auf Sie verlassen kann. Lassen Sie sich von eventuell überforschen Heeresleuten nicht vereinnahmen, sondern bleiben Sie vollkommen außen vor, solange die Marine nicht berührt ist. Erst dann haben wir beide zu sehen, ob und was zu machen ist!«

Meinen nur noch schwachen Versuch der Gegenwehr schnitt er ganz kurz damit ab, daß er gleich veranlassen wollte, daß meine Beförderung zum Kapitän ausgesprochen werden sollte, damit ich unter den Beisitzern den gleichen auch vom Führer geforderten Dienstgrad hätte und somit nicht in einen Untergebenenkonflikt kommen könne. Damit war die Unterredung beendet.

Ich bekam einen vertraulichen Schlag auf die Schulter und durfte dann in der Messe mitessen, wobei er mir einen Platz sich gegenüber anwies. Das sehr einfache Essen wurde ständig von Telefonanrufen unterbrochen. Dönitz war mehr abwesend vom Messeraum als anwesend. Dennoch lud er mich für den späten Nachmittag noch zum Tee in seine Privatbaracke ein. Davidson, damals Chef des persönlichen Stabes Dönitz', bat mich dann anschließend an das Mittagessen zum Kaffee in seine Baracke. Es war gerade eben wieder ein großer Einbruch in die Front an der Oder erfolgt, und wir standen noch unter dem Eindruck dieser Nachricht. Vor der Baracke, in der Davidson hauste, hatte er einen großen Greifvogel angepflockt, der sich einen Flügel gebrochen hatte. Während wir dem havarierten Vogel zusahen, sagte Davidson plötzlich: »Ja, wie die Nazis das wieder ausbügeln wollen, da bin ich doch sehr gespannt.« Ich weiß nur noch, daß ich ihn fassungslos anstarrte, betroffen über dies bereits vollkommene »Absetzen« und »Distanzieren«. Er hatte ja recht, aber es verblüffte mich doch, daß er das so offen und unmißverständlich aussprach.

Zum Tee bei unserem Großadmiral war dann noch Günter Heßler anwesend, der mir spontan zur Beförderung gratulierte. Ich hatte immer ein sehr gutes Verhältnis zu ihm gehabt. Schließlich waren wir fast zur gleichen Zeit an der Front gefahren und hatten auch gemeinsam erfolgreich einen Geleitzug bekämpft.

Frau Dönitz verstand es, trotz der beklemmenden Kriegslage, eine warmherzige und gepflegte Atmosphäre zu schaffen. Auch Dönitz taute durch Abwerfen des Tagesballastes zusehends auf. Gegen 6 Uhr abends machte ich mich dann auf den langen Heimweg.

Am Tage darauf kam dann abends die Nachricht aus Zapel, daß unsere kleine Birke gestorben war. So machte ich mich am folgenden Nachmittag auf die abenteuerliche, bedrückende Reise nach Hagenow mit einem Volkswagen der Berliner Kommandantur, den mir der Admiral Mathies besorgt hatte. Tatsächlich kam ich noch am späten Abend in Hagenow an und fuhr gleich zu Ruth, die ich in bedenklichem Zustand vorfand. Am 10. April fand dann die kleine traurige Beerdigung statt, ohne daß die arme, schwerkranke Mutter dabeisein konnte.

Ich war am Tage darauf wieder in Wannsee als Zuhörer beim laufenden NSFO-Lehrgang, als ich plötzlich dringend vom FHQ angerufen wurde, mich sofort bei Hübner zu melden. Man schickte mir sogar einen PKW, der mich direkt über Babelsberg zum Kofferholen nach der Wilhelmstraße brachte, wobei ich auf dem langen Wege den ganzen Umfang der Zerstörungen genau studieren konnte. Als ich in der Wilhelmstraße bei der Dienststelle ankam, standen bereits zwei Wagen klar, in die wir nur noch einsteigen konnten. Sogleich setzte sich der Konvoi in Bewegung. Das paßte mir schon gar nicht, denn ich hatte ja keine Ahnung, was los war und wohin es gehen sollte. Nun hatte mich General Hübner zu sich in den Wagen gebeten und unterrichtete mich über Sinn und Zweck dieser Hals-über-Kopf-Abreise. Es lag ein Fall im Stabe des Marschalls Kesselring vor, zur Zeit Oberbefehlshaber West. Sein Hauptquartier hatte er in einem Befehlszug in einem Tunnel im Harz, wohin wir nun eilends reisten.

Anläßlich einer Lagebesprechung, an der auch der örtliche Vertreter des Gauleiters, ein gewisser Herr Keitel teilnahm, hatte ebendieser nach der Lage den diensttuenden Generalstabsoffizier, einen Major v. Platen, drängend gefragt, was denn nun in Anbetracht der sich anbahnenden Katastrophe noch geschehen könne? Dieser vertrauensselige Generalstabsoffizier sagte daraufhin: »Na ja, da ist nun militärisch nichts mehr zu machen!« Worauf der Parteibonze die Frage stellte, was denn dann geschehen könnte? Und prompt tappte der arme Major i. G. in die gestellte Falle und sagte, jetzt müßte eben eine »politische Lösung« gefunden werden. Schon aber war der Major des Defaitismus schuldig, und über den Gauleiter und Herrn Bormann wurde sofort der »zuständige« General alarmiert.

Als Hübner mir den Fall im Auto erzählte, begann ich zu lachen und sagte ganz ungeniert: »Der Major hat doch recht. Das ist doch kein Fall für das Standgericht, das ist doch eine hinterhältige Intrige«, was er mir dann zögernd nach längerer Diskussion auch zugab. Aber er meinte, daß zur Beruhigung von Hitler und Bormann »irgend etwas« geschehen müsse und er nun mit Kesselring überlegen wolle, wie die Sache beigelegt werden könnte, ohne größeren Schaden anzurichten. Ich aber wies ihn auf des Großadmirals Befehl hin, daß ich nur in Funktion zu treten hätte, wenn die Kriegsmarine berührt sei. Das aber wollte er zunächst nicht gelten lassen, so daß es im Wagen zu einer erregten Auseinandersetzung unter vier Augen kam. Oberst v. Below, der Luftwaffen-Adjutant Hitlers, der als Beisitzer der Luftwaffe gemeldet war, hatte auch jetzt seinen Dienst bei Hübner noch nicht aufgenommen. Bis zum Schluß kam er nicht zur Dienststelle, sondern blieb im Führerhauptquartier. Hübner hatte nicht den Mut, ihn nun auch zur Dienststelle zu zwingen. So blieben wir ein Torso.

Nachdem Hübner und ich uns nicht hatten einigen können, herrschte in unserem Wagen das große Schweigen. Während wir auf der Autobahn in Richtung Harz fuhren, hing jeder seinen eigenen Gedanken nach. Hübner erschien mir als ein Gefangener seiner eigenen Propaganda. Sein Büchlein: »Offiziere des Führers« kam mir immer wieder in den Sinn mit den schrecklich banalisierten Parolen. Was tun, wenn es nichts mehr zu verteidigen gibt? Was war denn noch in diesen Tagen zu verteidigen?

Es war nach Mitternacht, als wir in einem kleinen Dorf bei Braunlage haltmachten. Wir konnten nicht mehr weit von der Front entfernt sein, denn der ganze Himmel zuckte voller Blitze der Abschüsse der gegnerischen Artillerie. Das ständige Grollen war längst zum regelrechten Kanonendonner angeschwollen. Das

Dorf war bereits weitgehend von der Bevölkerung geräumt, um so mehr Heeresdienststellen waren eingezogen, und die ganze Nacht hörte das An- und Abfahren schwerbeladener LKWs nicht auf. Man konnte sich wirklich nur wundern, daß die Verproviantierung und Munitionierung, der Transport von Truppen und Verwundeten immer noch klappte. Es war eine erstaunliche Leistung der Organisation der Armee, bezeichnend aber, daß der Verkehrslärm gegen Hellwerden völlig erstarb. Gegen 9 Uhr fuhren wir zum Feldmarschall Kesselring. Auf allen möglichen Schleichwegen kamen wir tatsächlich durch den Wald ganz in die Nähe seines Befehlszuges, der nur mit einem Teil in einem Tunnel stand, während die andere Hälfte ganz gut mit Sträuchern und Ästen auf den Dächern getarnt freistand. Während sich Hübner gleich beim OB melden ließ, sah ich mir erst einmal den ganzen laufenden Betrieb an. Überall waren 3,7cm- und 2cm-Fla-Waffen auf flachen Waggons des Zuges postiert. Aber auch am gebirgigen Boden zwischen den mittelhohen Bäumen und auf Felsgruppen standen gut getarnte Fla-Waffen in Menge. Als ein feindlicher Aufklärer durch die Bäume ganz in der Nähe schimmerte, wurde er nicht beschossen. Unbegreiflicherweise hat er den Zug nicht entdeckt.

Hübner und Bauernfeind waren und blieben verschwunden. Ich saß zusammen mit Richter, dem Beisitzer von der Waffen-SS, in einem Eisenbahnabteil und unterhielt mich mit einigen Heeresoffizieren, die wohl absichtlich zu unserer Beschattung eingeteilt waren.

Zum Essen wurden wir in einen Speisewagen gebeten. Dort saß plötzlich ein Offizier vor mir, den ich gut kannte, mein alter Kadettenkamerad und Co-Abiturient aus Köslin, Gerhard Metschieß, geboren in Labiau, weshalb er im Korps den Spitznamen »Labiau« gehabt hatte. Er war Oberstleutnant und Pionieroffizier beim OB der Westfront, wenn das dort noch als Front bezeichnet werden konnte. Nun, natürlich gab es ein großes Hallo. Das unvermutete Wiedersehen wurde sogar mit einer noch im Speisewagen aufgetriebenen Flasche Wein begossen. So saßen wir noch gute zwei Stunden und hatten uns viel zu erzählen, wobei das

Einst das Jetzt überwog. Er war eigentlich weitgehend unverändert seit unserer gemeinsamen Zeit in Köslin und noch genau so eckig und pedantisch. Um 5 Uhr nachmittags etwa ließ mich dann Hübner kommen. Wir wurden gar nicht mehr gefragt, sondern nur zusammengerufen, um entgegenzunehmen, was Hübner und Bauernfeind mit dem OB und dem Chef des Stabes, dem wir dann noch schnell vorgestellt wurden, beschlossen hatten. Der Major i. G. v. Platen wurde zum Panzergrenadier degradiert und noch am gleichen Abend in die kämpfende Truppe eingegliedert wegen »Defaitismus«.

Nun, das war das tollste Stück, das man uns bieten konnte. Richter und ich protestierten gegen diesen ohne unsere Hinzuziehung erlassenen Spruch. Jetzt aber drehte Hübner den Spieß um und sagte, wie ja hinreichend diskutiert, hätte ich ja die Ansicht vertreten, daß ich nur in Marine-Angelegenheiten beteiligt sein würde. Dann hätte ich auch jetzt kein Einspruchsrecht bei dieser Sache, die allein das Heer anginge. Damit hatte er unvermutet meinen Standpunkt akzeptiert. Das war mir dann doch mehr wert als jetzt eine neue ergebnislose Debatte über das Ausmaß der »Unkameradschaftlichkeit« und der »Hinterlist« durch die Parteiorgane.

Weder Richter noch ich unterschrieben also das Urteil, und Hübner drängte auch nicht weiter, denn er wollte jetzt auch möglichst schnell zurück nach Berlin. Richter und ich waren schließlich auch mit der Lösung zufrieden und nickten uns gegenseitig verständnisvoll zu. Nun, daß Hübner und der arrogante Bauernfeind jetzt zusammen für diese widerliche Angelegenheit verantwortlich waren, konnte für zukünftige Fälle von fundamentaler Bedeutung werden.

Bevor wir wieder durch den dichten Wald zu dem Platz gingen, wo wir unseren PKW mit dem Fahrer von Hübner abgestellt hatten, sahen wir noch unseren General im Gespräch mit dem armseligen Delinquenten, der bereits in Mannschaftsuniform eingekleidet war und zur Front in Marsch gesetzt werden sollte. Wir rätselten, was er wohl mit dem armen Kerl noch zu sprechen hatte, der schließlich wohl unter Umständen als Panzergrenadier eine bessere Überlebenschance hatte wie als Major i. G. im Stabe des OB der Westfront, bei dem den Generalstabsoffizieren zugedachten ungewissen Schicksal. Sehr einsilbig fuhren wir nach diesem bedrückenden Erlebnis zurück durch die Dunkelheit nach Berlin.

Viele Jahre später wurde ich aufmerksam auf ein unter Pseudonym erschienenes Buch eines Bundeswehrgenerals (Kalmuth, Der innere Befehl, 1962, S. 250 ff.), in dem die Ereignisse dieses Tages beim OB West höchst phantasievoll, aber wahrheitswidrig beschrieben werden. Jener Kalmuth war überhaupt nicht angeklagt – es ging allein um den Major v. Platen. Und unser Tribunal ist gar nicht zusammengetreten. Die Szene, wie »Kalmuth« von Hübner vernommen und von mir angeblich unterstützt wird, ist frei erfunden.

Als wir in Berlin zurück waren, ließ mich Hübner wissen, daß von nun an die Dienststelle zusammenbleiben und ich meinen Wohnsitz in Babelsberg aufgeben müsse. Wir würden alle zunächst nach Jüterbog in das Lager Maybach II ziehen. Nach kurzer Zurückmeldung im Führerhauptquartier, während der wir im Auto vor der bereits weitgehend zerstörten Reichskanzlei warteten, ging es dann auch gleich ab nach Jüterbog durch den ebenfalls schwer zerstörten Süden Berlins. In Maybach II wurde uns eine guterhaltene Baracke angewiesen. Dort fiel ich in einen Tiefschlaf, so daß mich selbst ein Fliegeralarm nicht aufweckte.

Als ich am Spätnachmittag langsam durch das Gelände schlich, um mir einen Überblick zu verschaffen, traf ich auch auf eine Marinegruppe unter dem mir so gut bekannten und hochgeschätzten Kapitän z. S. Heinz Assmann, mit dem ich schon in Stralsund und dann auf der Weltreise der *Karlsruhe* 1935/36 gute Freundschaft geschlossen hatte. Er war am 20. Juli in der Wolfsschanze schwer verwundet worden und gerade erst einigermaßen wiederhergestellt. Nun, dennoch war das eine große Freude, und wir konnten uns »ausquatschen«, ohne ein Blatt vor den Mund nehmen zu müssen. Trotz seiner hohen Stellung hatte auch er keine Ahnung, wie es denn nun eigentlich weitergehen sollte. Er beneidete mich nicht und riet mir zur äußersten Vorsicht gerade

Hübner gegenüber, den er zwar nicht persönlich, aber dem Namen und seinem Ruf nach kannte.

Zwei Tage später wurden wir in den Bunker der Reichskanzlei befohlen. Offensichtlich bahnte sich eine Entscheidung an. Der Tag ist mir dadurch in Erinnerung geblieben, daß zugleich eine kurze militärische Zeremonie anläßlich der Ernennung des Generalobersten Schörner zum Generalfeldmarschall stattfand. Als ich, mit meinem Köfferchen bewaffnet, die Treppen zum Bunker herabstieg, führte mich der Zufall dem persönlichen Adjutanten Hitlers, NSKK-Obergruppenführer Alwin-Broder Albrecht, dem ehemaligen Marineoffizier, in die Arme, der mir in seiner marinekameradschaftlichen Art anbot, in seinem Bunkerraum zu nächtigen. Natürlich nahm ich mit Freuden an. Es war ein großartiges Quartier, zwar weitgehend vollgestellt mit Möbeln und ganzen Säulen von flachen rechteckigen Kartons, aber ich hatte ein vorzügliches Bett, sogar weiß bezogen. Gleich daneben gab es eine Dusche mit WC und Waschbecken, alles abseits vom ewigen Kommen und Gehen, nur wenige Schritte von Hitlers Privaträumen entfernt. Albrecht entschuldigte sich dann aber für den Abend mit besonderen Arbeiten und versprach, mich am nächsten Morgen um etwa 8 Uhr zum Kaffee abzuholen. Er schlug mir noch vor, am Abend zum Kino zu gehen, das in einem großen Saal der Reichskanzlei stattfand, der aber keine Decke mehr hatte und in den der Himmel und die Sterne hineinsahen. Er würde dem Major Weiß sagen, daß er mich abholen solle. Weiß war ein Sachbearbeiter im Heeres-Personalamt und hatte sich schon bei meiner ersten Meldung, als ich von Hamburg kam, sehr nett und kameradschaftlich um mich gekümmert. Dieser junge Major schien anzunehmen, daß ich mehr als er über die militärische Lage und die weitere Entwicklung wüßte, und war schon recht enttäuscht, als ich ihm schonungslos bekennen mußte, daß ich auch nicht die geringste Ahnung hätte.

Dann saßen wir nach Dunkelwerden in dem großen Saal der Reichskanzlei und warteten auf den Film. Es war eine gespenstische Szenerie, ganz gering beleuchtet von wenigen sehr schwachen Glühbirnen. Man konnte niemanden erkennen, und doch war der lange große Raum voller Menschen, alle in Mänteln. Schließlich verlöschten auch die letzten Birnen, und der Vorspann des Films gab mehr Licht als zuvor. Plötzlich aber huschten drei in lange Pelze gekleidete Damen an uns vorbei weit nach vorn, auf offensichtlich reservierte Plätze. Ich war vollkommen verdutzt, denn ich hätte alles andere erwartet, nur nicht die Existenz von Damen in dieser makabren Unterwelt. Natürlich ließ mich meine Neugier den Major Weiß fragen, wer denn diese Feen in der rauhen Männerwelt wohl sein könnten. Aber bei aller bisherigen kameradschaftlichen Haltung gab mir Weiß mit dem Zeigefinger auf dem Mund zu verstehen, daß er darüber keinerlei Auskunft geben werde. Als er dann mein noch mehr verdutztes Gesicht gesehen hatte, sagte er dann in mein linkes Ohr flüsternd: »Hofgeheimnis«, was naturgemäß meine Wißbegierde noch weiter steigerte. Tatsächlich habe ich es nie erfahren, aber später von meinem Crewkameraden Christian gehört, daß es eine recht beträchtliche Anzahl von weiblichen Hilfskräften auch noch zu dieser Zeit im Betrieb des Führerhauptquartiers gab. Den Film sahen wir auch kaum bis zur Hälfte, als der bereits lange erwartete Fliegeralarm kam. Alles strebte sehr diszipliniert, aber in vollkommener Dunkelheit den wenigen Ausgängen auf den Hof und den Bunker zu. Dank dem rührenden Major Weiß kam ich sogar auch zu meinem Bett in des guten Alwin-Broder Albrechts Bunkerraum. Ohne mich sonst noch viel um meine fremde Umgebung zu kümmern, schlüpfte ich in die Koje und schlief infolge der vielen neuen Eindrücke des Tages auch sehr bald ein.

Dank meines superleichten »U-Bootschlafes« stellte ich nach langer Nacht plötzlich die Gegenwart eines weiteren Menschen im Raume fest. Ein Mann saß am Schreibtisch rechts von mir mit einer nur seinen Schreibplatz beleuchtenden ziemlich hellen Lampe, eine ganze Säule dieser mir bereits beim ersten Eintreten in diesen Raum aufgefallenen schmalen rechteckigen Kartons neben sich. Aus denen nahm er mit großer Sorgfalt ebenso rechteckige große dünne Hefte, die er nach geraumer Zeit wieder zurücklegte und sorgsam auf einer weiteren Säule gleichartiger Kartons wieder deponierte. Er muß wohl auch mein Aufrichten im Bett entweder gehört oder auch suggestiv empfunden haben, denn plötzlich drehte er sich zu mir um und machte mit dem Finger auf dem Mund hörbar »Pssst ...!« Natürlich nickte ich zustimmend und nahm es als selbstverständlich, daß im Bunkerraum eines persönlichen Adjutanten des Führers auch geheime Arbeiten irgendwelcher Art auszuführen waren.

Als ich aber aus dem Waschraum nebenan frisch rasiert, gescheuert und auch angezogen zurückkam, hielt es der kleine Mann doch für angezeigt, mir einen Hinweis auf seine geheime Tätigkeit zu geben. Er stellte sich als Kalligraph der Reichsdruckerei vor, der die Aufgabe habe, Hitlers Unterschrift unter alle Ernennungs- und Ordensurkunden zu setzen. Ich war völlig perplex, gelangte dann aber zu der natürlichen Einsicht, daß Hitler unmöglich seine Zeit mit der Unterschrift seines Namens unter Tausende von Urkunden vertrödeln könne. Dennoch war ich ernüchtert.

Als er mein Erstaunen gewahrte und obendrein feststellte, daß ich das Ritterkreuz trug, stellte er die Frage an mich, ob ich meine »Großen Urkunden« der Ritterkreuz- und Eichenlaub-Verleihung bereits erhalten hätte. Wenn ich sie noch nicht hätte, dann wären sie mit größter Sicherheit unter einer der vielen Säulen, die vom Boden bis unter die Decke reichten. Währenddessen kam Albrecht in den Bunkerraum, um mich zum Frühstück abzuholen. Dann aber meinte er, uns im Gespräch sehend, daß, falls ich meine Urkunden noch nicht hätte, wir sie schnell heraussuchen könnten. Sie müßten unter den hier seit Jahren lagernden Papieren sein. Sie sollten eigentlich erst nach dem Endsieg in einem großen Festakt auf Hitlers Wunsch feierlich übergeben werden. Zielsicher steuerte er eine der Säulen an, auf der obenauf ein Zettel »Marine« lag, und hatte in wenigen Sekunden meine beiden »Großen Urkunden« gefunden, die er mir dann ohne jede Förmlichkeit übergab. Natürlich freute ich mich, denn ich hatte mit diesen Erinnerungsstücken nicht mehr gerechnet. Nur fragte ich mich sehr schnell, wohin ich mit diesen großen Kartons sollte, wenn wir bis zum letzten Kampf hier ausharren würden? Es erschien mir doch damals sehr unwahrscheinlich, daß wir aus diesem Bunker je wieder lebendig herauskommen sollten, außer zum Endkampf, der nur ein einziges Ende haben konnte. Dennoch nahm ich sie sehr gerne in Empfang und hatte das Glück, daß beide Kartons übereinander genau in meinen zweiten Koffer hineinpaßten, den ich neben meinem Sturmkoffer mit Wasch- und Rasier- sowie Nachtzeug mitführte. Ich habe diese tatsächlich durch alle Fährnisse und späteren Filzungen hindurchgerettet und besitze sie heute noch.

Albrecht und ich hatten dann ein langes und vertrauliches Gespräch. Dessen Quintessenz war, daß er bis zum letzten Augenblick bei Hitler ausharren würde, gleichgültig, ob Hitler nun in Berlin in der Reichskanzlei bleiben oder den Plan der Weiterführung des Krieges von der »Festung Alpen« aus verfolgen wollte, worüber er eine baldige Entscheidung Hitlers erwartete. Er vertraute mir dann sein Jahre zurückliegendes Zerwürfnis mit Raeder wegen seiner Eheschließung an, das mir in großen Zügen bekannt war, und betonte dann mehrfach, daß er Hitler durch dessen dabei gezeigtes menschliches Verständnis und persönliches Interesse schicksalsmäßig derartig verpflichtet sei, daß er nur dessen Entscheidung teilen könne.

Erst gegen 2 Uhr nachmittags war die Lagebesprechung angesetzt, zu der auch mein Crewkamerad, der Generalmajor der Luftwaffe Hans Eckart Christian, erschien und mich herzlich begrüßte. Auch der Admiral Voß, der Vertreter des Großadmirals beim Führer, mein IO auf der *Niobe* und später mein Lehrgangsleiter auf einem Fla-Lehrgang in Wangerooge im Jahre 1932, war besonders nett zu mir und verwickelte mich in ein längeres Gespräch. Hitler selbst erschien nicht. Gegen 5 Uhr kam General Hübner sehr erregt zu uns, die wir uns beim Heeres-Personalamt aufhielten. Hitler wünsche uns sofort zu sprechen. So, wie wir gerade waren, gingen wir ohne angehalten zu werden, oder unsere Sonderausweise vorzeigen zu müssen, in den abgesonderten »Führerteil« des Bunkers, der von einer vier Mann starken SS-Wache bewacht wurde. Wir wurden dann zu dreien, angeführt von Hübner, der Luftwaffen-Vertreter, Oberst v. Below, erschien auch bei dieser Audienz nicht, in den auch nur sehr schmalen Führerbunker hineingeleitet. Hier stand ein kaum wieder zu erkennender Hitler mit zitterndem Arm, den er sich unter Aufbietung aller Kraft mit dem linken Arm festzuhalten bemühte. Das war nicht mehr Hitler, das war nur ein Schatten seiner selbst. Ohne Begrüßung hielt er uns etwa folgende, stockende und ungewohnt unkonzentrierte Rede: »Ich habe Sie zu mir kommen lassen, Oberste mit den höchsten Kriegsauszeichnungen, damit Sie mit allen Mitteln und mit meinen persönlichen Vollmachten versehen, dafür sorgen, daß pflichtvergessene Offiziere, gleich welchen Dienstgrades, die Strafe finden, die sie verdienen, weil sie die Anstrengungen des ganzen deutschen Volkes in verräterischer Absicht zunichte machen. Es sind Verbrecher, die nur noch den Tod verdienen. Ich verlasse mich auf Sie, daß Sie Ihre Pflicht bis zum endgültigen Siege für Deutschland tun werden!«

Ohne uns weiter zu beachten, wandte er sich daraufhin ab, sprach noch ein paar unverständliche Worte mit Hübner und dem anwesenden Bormann, während wir uns aus dem Bunkerraum herausquetschten. Das Zucken der ganzen rechten Gesichtshälfte, die Verkrümmung des Körpers und das Zittern des rechten Armes, das sich bis zur Hand fortsetzte, zeigte, daß dieser Mann schwer krank sein mußte, obwohl seine Ansprache von seinem Standpunkt aus durchaus noch als für ihn normal bezeichnet werden mußte. Bloß, was für ein Gedankengang mit einer Ausrichtung auf den »endgültigen Sieg« jetzt hier in dieser Lage, in der die Eroberung von Berlin nur noch eine Frage von bestenfalls Tagen, möglicherweise aber auch nur von Stunden, sein konnte? Wir hatten ja gerade kurz vorher an der »Lagebesprechung« teilgenommen und gehört, daß die Russen bereits am Ostrand von Berlin standen. Draußen war fast ohne Unterbrechung Geschützdonner zu hören. Etwas bestürzt und ratlos sahen Richter und ich uns an, den gerade eben erst zum Oberst beförderten Bauernfeind schien das Ganze weniger zu beeindrucken.

General Hübner aber kam unmittelbar hinter uns her und versammelte uns nochmals kurz vor dem Ausgang zum Garten: »Der Führer hat befohlen, daß wir uns sofort nach der Festung Alpen in Marsch setzen, von wo aus er den weiteren Kampf zu führen gedenkt. Ich werde die Wagen kommen lassen. In 30 Minuten treffen wir uns am Ausgang Wilhelmstraße!«

Ich war so verblüfft, daß ich kein Wort herausbringen konnte. Erst ganz allmählich kam mir zum Bewußtsein, daß dies eine Schicksalswende bedeuten konnte. Aber, wie nun hier mit Autos herauskommen, nachdem wir in der Lage gehört hatten, daß es nur noch zwei Wege nach Nordwesten als passierbar gab? Von einer Möglichkeit nach Westen oder gar Südwesten war nichts erwähnt worden.

Im Nu stand ich mit meinem geringen Gepäck am vereinbarten Treffpunkt und traf auch Richter schon an, mit dem ich dann doch schnell über diese erstaunliche Wendung der Dinge noch ein paar Worte wechselte, als auch schon Hübner und Bauernfeind erschienen. Zwei Wagen hatten wir zur Verfügung. Während Hübner mit Fahrer und Bauernfeind den ersten bestiegen und sogleich ablegten, setzten Richter und ich uns in den zweiten, offenen Wagen, der sich eng hinter dem ersten halten sollte. Wenn ich mich recht erinnere, dann kamen wir nur qualvoll langsam vorwärts, denn immer nur eine schmale Mitte jeder Straße war vom Trümmerschutt geräumt, und das mehrfach nötige Ausweichen vor entgegenkommenden Fahrzeugen war außergewöhnlich schwierig, auch wenn das Vorzeigen unserer Sondervollmacht uns ohnehin bevorrechtigte.

Als wir, es mag gerade 9 Uhr abends gewesen sein, am Endpunkt der Avus eintrafen, war der Führungswagen mit Hübner nicht da. Es verging eine weitere kostbare halbe Stunde, ehe der Wagen endlich erschien. Es herrschte bereits volle Dunkelheit, und doch war der Himmel fast in allen Richtungen immer wieder von Blitzen der Abschüsse erhellt. Die dann anhebende Debatte über den günstigsten Weg machte ich bescheidenerweise nicht mit, um den großen Heeresstrategen nicht ins Handwerk zu pfuschen. Nur schien mir der schließlich vereinbarte Weg nach Südwesten immer noch nicht westlich genug. Im Falle einer Gefangennahme dachte ich es mir ratsamer, eher in die Hände der Amerikaner zu gelangen als in die der Sowjets, für die wir mit unserem spezifischen Auftrag sicher eine ganz besonders willkommene Beute darstellen würden. Schließlich entschied sich Hübner für die Straße über Beelitz-Treuenbrietzen-Wittenberg. Bei einer etwaigen

Feindberührung, befahl Hübner, sollten wir unser Leben so teuer wie nur möglich verkaufen. Außer unseren Pistolen hatten die beiden Fahrer noch jeder eine Maschinenpistole im Wagen, nicht gerade eine Lebensversicherung.

Wir waren beim Passieren des nachtdunkeln und wenig zerstörten Beelitz schon der Hoffnung, daß wir die unmittelbare Gefahr überwunden hätten, als etwa eine halbe Stunde später, gleich nach Passieren von Treuenbrietzen an einem Wegekreuz von links kommend eine Reihe dunkler, ebenfalls völlig abgeblendeter Fahrzeuge dem Kreuz zustrebten. Am unterschiedlichen Tempo war zu erkennen, daß, wenn wir unsere Fahrt geringfügig erhöhten, wir die Chance haben konnten, eben vor den von links kommenden Schatten noch zu passieren. Und so kam es auch, unmittelbar vor den ersten von etwa einem guten Dutzend mit sowjetischen Soldaten überladenen LKWs passierten wir die Kreuzung, an der uns ein Doppelposten aufhalten wollte. Die beiden Soldaten sprangen im letzten Augenblick beiseite, merkend, daß wir sie sonst überfahren hätten.

Beide Russen waren derartig verblüfft und unsicher, so daß kein Schuß fiel und wir auf der schnurgeraden Chaussee schnell entkommen konnten. Erst kurz vor Wittenberg hielten wir in einem Dorf, um aus Kanistern nachzutanken und den weiteren Weg festzulegen. Auf keinen Fall wollten wir hier über die Elbe, weil nach der letzten Lage die US-Army bereits die Elbe erreicht haben sollte. So wollten wir dann versuchen, dieseits der Elbe nach Südsüdost Raum zu gewinnen, und bestimmten Elsterwerda als nächsten Treff- und Haltepunkt, den wir dann auch etwas nach Mitternacht erreichten. Dresden wollten wir auch unter allen Umständen umgehen. So krebsten wir uns über Landstraßen zweiter Ordnung über den allzu bekannten Truppenübungsplatz Königsbrück an Dresden vorbei – durch russische Linien hindurch, wie wir später erfuhren –, bis nach Bad Schandau, wo es gerade hell zu werden begann. Wir stießen auf deutsche Truppen, die uns wegen der bereits eingeleiteten Sprengung der Brücke über die Elbe nicht mehr herüberlassen wollten. Die Pioniere ließen uns nach Vorzeigen unserer Vollmachten doch noch passieren, so daß wir dann vom Westufer das Hochgehen der Brücke gerade noch beobachten konnten.

Es schien, daß wir es geschafft hatten, wir waren zunächst einmal hinter unseren eigenen Linien. Kaum glaubhaft, aber es war wirklich Tatsache, und die Information, die uns der Stab einer Division mitteilte, bei der wir zur Orientierung – Waschen und Frühstück eingeschlossen – einfielen, daß das Gebiet um Königsbrück schon seit mehreren Tagen in russischer Hand wäre, wovon wir auch nicht das geringste gemerkt hatten, ließ uns noch tiefer durchatmen als ohne diese Kenntnis.

Unser General meinte, auf dem schnellsten Wege über Prag–Pilsen–Furth im Wald – Cham–Passau–Salzburg nach Berchtesgaden zu gelangen. Dort sollten wir uns schließlich melden, denn bis dahin wäre Hitler auch wohl selbst längst dort. Niemand zweifelte an Hitlers Plan, von dort aus weiterzukämpfen, wenn man das noch überhaupt mit »kämpfen« bezeichnen konnte. Mittags waren wir dann tatsächlich in Prag, obwohl uns die Jabos wohl an die Dutzend Mal in den Graben gejagt hatten. Wir fuhren sofort zur Burg, aber nur Hübner ging hinein zu Frank, dem Reichsprotektor, während wir erleichtert auf ihn auf dem Burghof in der ersten Frühlingssonne warteten. Nach meiner Erinnerung war es der 23. April. Noch herrschte Ruhe in Prag, was sich ja nur zu bald entsetzlich ändern sollte. Allerdings sah man auffällig viele SS-Posten, wie man sie in dieser Vielzahl, überall verteilt, bisher nirgends gesehen hatte.

Hübner kam zurück und hatte wohl von Frank recht optimistische Äußerungen gehört, denn er schien weniger verkrampft zu sein. Wir setzten sofort unseren Reiseweg weiter fort, jetzt nach Südwesten, und übernachteten in einem kleinen Ort hinter Pilsen unter sehr primitiven Umständen. Eigentlich hatten wir noch über die frühere Reichsgrenze gewollt, waren aber durch das gute Jabo-Wetter zu so langen Fahrtunterbrechungen genötigt, daß es nur ein kümmerliches Vorwärtskommen war. Was sich auf der Landstraße, deren begrenzende Bäume noch nicht voll belaubt waren, auch nur bewegte, das wurde sofort angegriffen. Auto- und LKW-Wracks säumten überall die Straßen, aber auch zusammengeschossene bäuerliche Pferdefuhrwerke als Opfer der Jabos.

Noch bei Dunkelheit passierten wir die Reichsgrenze bei Furth im Walde. Als wir in einem dörflichen Gasthaus in der Nähe von Cham zu einem recht kargen Frühstück hielten, kam plötzlich der Ortsgruppenleiter der Partei und meldete den Volkssturm des Ortes angetreten. Sogleich hielt Hübner eine Durchhalte-Ansprache und betonte, daß der Führer vom Alpenmassiv aus den Endkampf bis zum Siege weiterführen würde und daß er sich eben jetzt auf den Volkssturm fest verlassen müsse. Dann schritt er die »Front« ab, meist nur mit Jagdgewehren und Panzerfäusten bewaffnete alte Männer in recht phantasievollen Uniformen, und stellte dann und wann eine mehr oder weniger belanglose Frage. Der Ernst und die offensichtliche Kampfentschlossenheit dieser alten Männer hatte wirklich etwas Rührendes und Ergreifendes an sich, und ich habe das Bild bis heute nicht vergessen können, ein beeindrukkender Gegensatz zu Hübners Ansprache voller zum Teil unerträglicher Gemeinplätze.

Das Ende in der »Alpenfestung«

Unter schwierigen Umständen erreichten wir am Spätnachmittag bereits Salzburg, ein Hexenkessel voller Soldaten aller Waffengattungen, darunter auch Angehörige der Wlassow-Armee, die einen guten Eindruck machten. Nur, warum wurden diese Massen an Soldaten nirgends eingesetzt? Wien war ja längst von den Russen besetzt, und hier schien eine ganze Armee in Untätigkeit zu verharren. Sollten das etwa alles Truppen zur Verteidigung der »Alpenfestung« sein?

Hübner drängte zum schnellen Aufbruch. Jetzt erst erfuhr ich, ich kann nicht sagen, ob es die anderen gewußt hatten, daß seine Frau mit den Kindern in Schellenberg kurz vor Berchtesgaden einquartiert war, wie es hieß, »auf Anweisung des Führers«. Nun hatte also dieser Idealismus, sich hierher unter allen Umständen durchzuschlagen, auch einen persönlichen Anstrich. Das versöhnte mich mit vielen Worten und Redensarten, die er so von sich gegeben hatte und die einzig und allein als »gehacktes Blei« zu werten gewesen waren. Wir kamen sogar in Schellenberg unter, und er entschwand unseren Blicken. Am 25. April war der gewaltige, fast eine volle Stunde währende Luftangriff der Engländer und Amerikaner auf den Obersalzberg. Durch den Widerhall an den Bergwänden war es ein gewaltiges Getöse, und wir konnten froh sein, daß wir gerade eben außerhalb der Abwurfquadrate blieben. Wir standen draußen auf einer kleinen Berghöhe und sahen uns das nur wenige Kilometer entfernte grausige Schauspiel an. Es war sehr beeindruckend und durch den Lärm auch furchterregend, nur konnten wir am Spätnachmittag in Berchtesgaden feststellen, daß der tatsächliche Schaden und die erwartete Verwüstung bei weitem nicht den akustischen und auch z. T. optischen Eindrükken entsprach.

Wir fuhren mit Hübner, der unbedingt über die Lage in Berlin und das Kommen von Hitler Genaueres wissen wollte, auf den Obersalzberg, der mit Sicherheit durch Fernschreiber mit Berlin in Verbindung stehen würde. Wir kamen auch glatt bis zur Vorwache, die in den Fels gesprengt war, und Hübner konnte mit Berlin in Verbindung treten.

Die Schäden durch den Bombenangriff waren im Verhältnis zur aufgewandten Bombenmenge tatsächlich relativ gering, allerdings waren sechs Tote zu beklagen. Einige Häuser der Potentaten waren flachgelegt. Aber der Gesamtschaden stand in gar keinem Verhältnis zu dem Spektakel, dessen Zeugen wir geworden waren.

Als Hübner von der Befehlsstelle zurückkam, war er zunächst recht einsilbig und meinte, daß immer noch gewisse Möglichkeiten bestünden, Berlin vom Westen zu entsetzen. Der Führer hätte noch keine Entscheidung getroffen, ob er dort bliebe oder sich hierher zur Verteidigung der »Festung Alpen« begeben wolle. Die durch Roosevelts Tod entfachte Euphorie für eine Wende des Kriegsglücks mußte innerhalb der nächsten Tage sich entweder bewahrheiten oder als Chimäre erweisen, wenn die Sowjets mit den US-Truppen zusammenstoßen würden. Praktisch blieb für uns alles in der Schwebe.

Gottlob hatten wir keine weiteren Anweisungen von Berlin erhalten. Ich erhielt die Weisung von Hübner, mir in Salzburg einen weiteren PKW zu besorgen, damit wir uns notfalls in mehrere Gruppen auflösen könnten. Nun, ich sah dies zwar im Augenblick nicht ganz ein, aber mir war jeder Anlaß recht, mich von dieser Kohorte zu lösen. So begab ich mich zum Standortältesten nach Salzburg, zeigte meine Sondervollmacht, und erstaunlicherweise machte das Ansinnen überhaupt keinerlei Schwierigkeiten. Ein Unteroffizier des Heeres der dortigen Standortverwaltung fuhr mit uns zu einem großen Depot eben außerhalb von Salzburg, wo in langen Wellblechhallen Hunderte von beschlagnahmten PKWs aufgereiht standen, aus denen ich meine Wahl treffen konnte. Ich suchte mir schließlich einen Opel Kapitän mit einer recht geringen bisherigen Kilometer-Leistung aus. Als Kabrio erfüllte er die hauptsächliche Bedingung, den Himmel stets unter Beobachtung halten zu können.

Auf dem Rückwege nach Salzburg erlebten wir einen schweren Tagesangriff auf den kleinen Eisenbahnkreuzungspunkt Freilassing. Mit drei Wellen von je etwa 50 Flugzeugen griffen die Amerikaner in nur etwa 4000 m Höhe den Ort an. Vollkommen ungestört von Flak oder unseren Jägern, kam Welle auf Welle heran und lud ihre tödliche Last mit lächerlicher Präzision auf das umfangreiche Bahnhofsgelände ab.

Als ich am Nachmittag den Wagen im Depot abholte, fuhr ich mit dem mir zugeteilten Fahrer Hertel von der Division »Großdeutschland« nach Freilassing, und es war kaum zu glauben, daß die tatsächlichen Schäden gar nicht so erheblich gewesen waren und vor allem, daß ein erheblicher Teil der Störungen des Verschiebebahnhofes bereits wieder beseitigt waren.

Auf dem Rückweg nach Schellenberg suchte ich zusammen mit Richter das Schlößchen auf, das dem Großadmiral Dönitz zugewiesen worden war. Ich hoffte, dort endlich die Bestätigung meiner Beförderung zum Kapitän z. S. vorzufinden. Tatsächlich trafen wir auch den Konteradmiral v. Puttkamer an, der von Hitler in den Südraum geschickt worden war. Er hatte keinerlei Verbindung mit Dönitz, der Bernau angeblich schon seit Tagen verlassen hatte und sich irgendwo im Nordraum bei Plön oder Eutin befinden sollte. Er wußte von meiner Beförderung, hatte jedoch noch keine von Hitler unterschriebene Verfügung zu sehen bekommen. Er meinte, ich sollte mich ruhig als befördert betrachten.

Schließlich aber bat uns Puttkamer noch, daß wir uns soviel wie möglich Alkohol aus dem Dönitz-Keller holen sollten, denn er fürchtete, daß bei einer zu erwartenden Besetzung durch die US-Truppen üble Folgen im Suff entstehen könnten. In dieser Beziehung wären zwischen den US-Truppen und den Sowjets bisher keine erheblichen Unterschiede festzustellen gewesen. So deckten wir uns beide reichlich ein und brachten auch für die anderen Kameraden recht beachtliche Vorräte mit.

Als wir am Abend in Schellenberg eintrafen, erwartete uns bereits ein ungeduldiger General, der sofort mit uns an die südliche Ostfront im Raume Wien–St. Pölten aufbrechen wollte. Nein, es läge keine befehlsmäßige Entsendung vor, aber er wollte sich über die Lage dort selbst unterrichten. Im übrigen glaube er nicht mehr an Hitlers Kommen, solange die sagenhafte 12. Armee unter dem General Wenck zum Entsatz von Berlin noch nicht voll im Einsatz sei. Die Russen hätten sich bei St. Pölten offensichtlich eingegraben. Er wolle mit Generaloberst Rendulic Fühlung aufnehmen, der dann ja voraussichtlich auch hier das Oberkommando übernehmen werde.

Tatsächlich setzten wir uns noch in der Nacht nach Osten mit vier Wagen in Bewegung und erreichten bei Hellwerden in der Nähe von Amstetten das Hauptquartier Rendulics. Während Hübner mit dem OB in einer langen Besprechung war, unterhielten wir uns mit den Offizieren des Stabes, die zuerst sehr vorsichtig, dann aber doch recht offen einer Verteidigung der sogenannten »Alpenfestung« keinerlei Chancen einräumten. Sie meinten aber, daß die Zeit des Abwartens der Russen vorbei sei, und rechneten schon für den nächsten Tag mit erheblichen Angriffen westlich von St. Pölten, denen die Heeresgruppe keinen ernstlichen Widerstand entgegenzusetzen hätte.

Auf der Rückfahrt trafen wir auf elende Marschkolonnen in eigenartigen gestreiften Anzügen, die einen wirklich bedauernswerten Eindruck machten. Es waren KZ-Insassen auf dem Marsch nach Westen, und ich merkte, wie auch mein Fahrer plötzlich sehr bedrückt erschien. Wir hatten im Vorbeifahren nicht den Eindruck, daß harte Gewalt angewendet wurde. Die etwa ein Kilometer lange Marschkolonne hatte weder eine feste Formation, noch sah man Zurückbleibende, noch hatte die begleitende, nicht sehr zahlreiche SS-Mannschaft ihre Maschinenpistolen im Anschlag.

Ich sah mich zum ersten Mal im Kriege dieser Wirklichkeit der Zeit gegenüber. Die Menschen sahen schlecht aus, darüber war kein Zweifel, sie blickten auch nicht auf, als wir vorbeifuhren. Grausame Mißhandlungen oder körperliche Gewalt beobachteten wir nicht. Allein die kümmerliche Kleidung und die dürren Gestalten erweckten ohne Zweifel Mitgefühl. Irgendwie gehörten wir ja mit zu den indirekten Machthabern über diese Menschen. Ich befand mich in einem Zwiespalt der Gefühle.

Als wir am späten Abend endlich wieder in Schellenberg eintrafen, fuhr Hübner noch nach Berchtesgaden, um mit Berlin zu sprechen und eventuelle Order einzuholen. Er kam dann spät noch einmal zu uns und war wieder sehr optimistisch, daß die Armee Wenck es doch wohl schaffen werde, bis Berlin durchzudringen. Auf mein Befragen, wozu wir hier nun überflüssig und auch ein wenig widersinnig herumsäßen, konnte oder wollte er mir auch keine Antwort geben. Wir kamen uns immer nutzloser vor, und ich hoffte Gelegenheit zu finden, zu Admiral v. Puttkamer zu kommen, ob er nicht etwas erfinden könne, um mich aus diesem überflüssigen Haufen herauszulösen. »Marinefälle« konnten hier unten ohnehin kaum passieren, die mein Eingreifen nach der Aufgabenstellung durch den Großadmiral erzwungen hätten. Hübner wollte noch einmal nach Süden, um aufzuklären und zu sehen, wie weit dort die Fronten herangekommen waren. So setzten wir uns am nächsten Morgen, es muß etwa der 28. April gewesen sein, über Hallein-Golling nach Radstatt in Marsch. Das war einfacher gesagt, als durchgeführt. Bereits bei Hallein begann in zunehmendem Maße ein Gegenstrom an Fahrzeugen und Truppenverbänden, der schon in Golling das Weitervordringen nach Süden immer schwieriger, ab Werfen sehr mühselig und kurz vor Radstatt unmöglich machte. Eine geschlagene Armee wälzte sich unendlich langsam, aber stetig nach Norden. Woher die Fahrzeuge alle noch genügend Sprit hatten, wohin sie strebten oder welche Befehle sie hatten, war gar nicht feststellbar. Hübner, der zunächst oft angehalten, sich die Einheitsführer hatte kommen lassen und sie dann nach dem Woher und Wohin gefragt hatte, gab es langsam auf, sich unkontrollierbare Angaben machen zu lassen. Ich kannte das aus Memel im September 1944, nur daß hier kaum Frauen oder Wehrmachthelferinnen dabei waren. Dafür erschien die Unordnung um so größer. Kurz vor Radstatt riß uns der Strom der nordwärts wandernden Lawine einfach mit sich. Nur mit Mühe konnten wir in einem kleinen Dorf mit dem Strom kehrtmachen und waren nun darauf angewiesen, mit dem Strom zu schwimmen. Welch ein Glück, daß tiefhängende Wolken offenbar keine Feindaufklärung zuließen. Es hätte mit wenigen Bomben ein schreckliches Massaker werden können, ohne die Möglichkeit einer Gegenwehr.

Am späten Abend gelang es uns, in einem kleinen Ort in eine nach dem Norden führende Seitenstraße einzubiegen, die Salzburger Dolomitenstraße, in Richtung St. Martin–Annaberg, die weit weniger befahren war. In Abtenau machten wir dann Quartier und fanden sogar eine erträgliche Unterkunft und freundliche Quartiersleute.

Als erstes hörten wir dann von Hübner, der fast ununterbrochen telefonierte, daß die Offensive zum Entsatz der Reichshauptstadt zusammengebrochen war und der Führer beschlossen hatte, die Verteidigung von Berlin in die eigenen Hände zu nehmen. Göring mache von einem Schloß in Tirol aus den Versuch, mit den Alliierten ins Gespräch zu kommen, sei aber von Hitler bereits geächtet, und irgendein Kommando habe Befehl bekommen, Göring festzusetzen. Aber auch eine Fülle von Gerüchten flutete über uns hinweg, deren Wahrheitsgehalt unkontrollierbar war. Hübner schien nicht schlecht Lust zu haben, sich in die Jagd nach Hermann Göring einzuschalten, aber wir zeigten so gar keinen Enthusiasmus, und dann blieb er schließlich auch still.

Einen Tag später, es war der 30. April, hörten wir, daß der Führer in Berlin bei der Verteidigung der Reichshauptstadt »gefallen« sei. Dönitz, kein anderer, war zu seinem Nachfolger eingesetzt. Das war die eigentlich noch größere Überraschung der gleichen Stunde. Dann folgte der Aufruf des Großadmirals, anständig, würdig und doch auch schon geprägt von der Einsicht, daß dem sinnlosen Kampf ein Ende gemacht werden müsse. Was aber würde jetzt folgen? Es war bemerkenswert, daß ich keinen in unserer Gruppe gesehen habe, auch nicht den General Hübner, der nun über den Tod des Führers in Tränen oder abgrundtiefe Trauer ausgebrochen wäre. Man begann tatsächlich wieder über den allernächsten Tag hinauszudenken.

Nun, es war klar, daß das Ende furchtbar werden würde, daß wir von keiner Seite Milde oder gar Verständnis erwarten konnten. Schon längst hatte der Krieg der Alliierten nicht nur das Ziel, Hitler und den Nazismus zu vernichten. Es ging darum, das Reich zu zerschlagen, den angeblichen Störenfried Europas. Keiner von uns wird je diesen Abend des 30. April vergessen, in einem von uns beschlagnahmten Gasthof in Abtenau. Keiner hatte Lust, sich nun zu äußern, jeder hing nur seinen eigenen Gedanken nach. Dönitz saß im Norden, wir waren durch einen Riesenkeil von besetztem Land von der Staatsautorität getrennt.

Auch Hübner war nun mit den Nerven fertig. Wir trennten uns sehr früh. Wir, die wir Hitler vor unserer Abfahrt aus Berlin noch gesehen hatten, machten uns nichts vor, daß dieser Mann, oder das, was von ihm derzeit noch übriggeblieben war, mit seinem Endkampf keine Heldenfigur hingestellt hatte, der dermaleinst eine deutsche Jugend in Verehrung gedenken würde. Kein Leonidas – kein Dietrich von Bern – kein Hermann der Cherusker – kein Großer Kurfürst – kein Friedrich der Große und kein Bismarck. Es paßte keine der Schablonen für ihn. Und doch vermochte ich ihn damals noch nicht zu verdammen, denn den grausigen Hintergrund hielt uns das Schicksal noch verborgen. Mir stand auch sein Erfolg vor Augen, wie ich ihn sah, die Schaffung der Volksgemeinschaft, die dem Klassenhaß endgültig abgeschworen zu haben schien. Sehr bald sollten wir anders denken, als wir wenige Monate später erfuhren, was im Namen unseres Vaterlandes wirklich geschehen war. Zunächst überwog ein Gefühl der Erleichterung, denn mit Hitler war auch das letzte Hindernis für eine zwar sehr bittere, aber unabwendbare Kapitulation verschwunden. Dönitz erschien mir überdies als einziger für die Alliierten annehmbarer Verhandlungspartner.

In den ersten Maitagen fuhren wir von Abtenau nochmals zurück nach Schellenberg, was gar nicht so einfach war, denn die US-Army drückte bereits mit großer Stärke vom Main nach Süden und wurde bald in Salzburg erwartet. Es war die 3. US-Army unter dem General Patton, mit der wir wohl oder übel in Kampfkontakt kommen würden, denn solange kein »Halt« kommen würde, solange hatten wir selbstverständlich weiterzukämpfen.

Hübner aber ließ sich den Gedanken nicht ausreden, doch eventuell noch von den Bergen aus weiterzukämpfen, wenn auch die Talwege dann bereits in der Hand der Amerikaner sein sollten. So holten wir dann in Berchtesgaden von der Gebirgsjäger-Kaserne zwei Haflingerpferde und für jeden von uns ein Gewehr mit Zielfernrohr. Hübner hatte sich zunächst das »Arthur-Haus« auf dem Hochkönig als Basis ausersehen, das aber zu einem großen Teil von Flüchtlingen belegt war. Aber nicht weit davon entfernt befand sich eine primitive Almhütte, groß genug, um unsere ganze Mannschaft aufzunehmen. Etwa am 5. Mai fuhr ich nach Mühlbach und hörte dort, daß am Lueg-Pass bereits gegen von Norden andrängende Amerikaner gekämpft wurde. Ich beschloß daraufhin zu erkunden, wie weit sie bereits vorgedrungen waren, um rechtzeitig das Signal zum Abmarsch nach der Hütte geben zu können.

Schon beim Näherkommen zum Salzachtal begann der Kampflärm hochzudringen. In Bischofshofen konnte ich keine klare Auskunft mehr bekommen. Nur hörte ich sehr zutreffend, daß die Amerikaner mit Schlachtflugzeugen in sehr schneidiger Form in dem engen Paßtal jeden einzelnen Mann unter Feuer nehmen würden. Ich war noch nicht ganz auf der Paßhöhe, als ich auch schon aus der Luft angegriffen wurde. Selten bin ich so schnell aus einem Auto ausgestiegen und habe mich hinter einem Felsbrokken verkrochen. Mit großem Schneid fuhr mein Fahrer Hertel den Wagen ein Stück zurück, wo er hinter einem kleinen bewaldeten Felsvorsprung Deckung fand. Sprungweise arbeitete ich mich, immer wenn das Flugzeug auf Nordkurs war, von Felsbrokken zu Felsbrocken bis zur »Hauptkampflinie« durch. Ich traf dort einen Oberst und mehrere SS-Führer höherer Dienstgrade, die mich als willkommene Verstärkung betrachteten und mir dann erzählten, daß es mit den Amis nicht so toll wäre. Wirklich unangenehm wären eben nur die Flugzeuge, die sich fast pausenlos ablösten. Die in den Pausen der Luftangriffe immer wieder vorgeschickten Panzer wären mit der Panzerfaust relativ leichte Beute, da sie sich an den einzigen Talweg halten müßten.

Mit Dunkelwerden hörte jede Feindtätigkeit auf, auch wir konnten uns dann ungestört im Gelände bewegen. Ein sehr gemischter Haufen kam dann zum Vorschein, in der Mehrzahl Offiziere und SS-Dienstgrade. In einem rückwärtigen Bergwäldchen stand eine gut versteckte Feldküche. Einen richtigen Oberbefehl schien es gar nicht zu geben, aber irgendwie herrschte doch eine klare Ordnung. Warum wir eigentlich überhaupt noch kämpften, danach fragte keiner, obwohl wir sehr bald damit rechnen mußten, daß der Feind auch von Süden kommen könnte.

Am Nachmittag des zweiten Tages kam von Bischofshofen eine Wagenkolonne mit einer weißen Fahne. Es war der General der Inf. Hermann Foertsch, der hier zu Verhandlungen mit den Amerikanern nach Salzburg durchgelassen werden sollte. Drei Wagen passierten nach kurzem Stopp an unserer Linie nach Norden und konnten ungehindert die Stelle passieren, die wir als gegnerische Stellung ausgemacht und angenommen hatten.

Bei Dunkelwerden kam die deutsche Kolonne zurück, und der General versammelte unseren Haufen rundherum. Er hielt eine kurze Ansprache, daß ab Mitternacht Waffenstillstand herrsche. Er gebe uns den Rat, uns nach allen Seiten zu zerstreuen, denn die nicht unbeachtlichen Verluste, die wir durch die Verteidigung dieses Passes den Amis beigebracht hätten, wären bei den Verhandlungen ausdrücklich erwähnt worden. Auch was der General sonst sagte, hatte Maß und Vernunft, war würdig und angemessen. Der Krieg war zu Ende! Wir hätten ihn verloren, wie in den letzten tausend Jahren nie vorher ein Volk einen Krieg verloren hatte. Darauf müßten wir uns einstellen. Was folgen sollte, könnten wir auch noch nicht entfernt ahnen. Wir hätten als Soldaten gekämpft und keinen Anteil an den Dingen, die sich nun bald enthüllten.

Als der General Foertsch uns verlassen hatte, schauten wir Zurückbleibenden uns verblüfft und verlegen an. Dann aber trat die Frage an uns heran, was tun und wohin verkrümeln. Mit unserem Opel-Kapitän fuhren wir langsam gen Bischofshofen, wo wir uns in die lange Schlange vor dem Proviantlager einreihten, dann aber durch Vorzeigen meines Sonderausweises bevorzugt abgefertigt wurden. So konnten wir neben den besonders wichtigen Zigaretten vor allem Kaffee und Fleischkonserven in erheblichen Mengen vereinnahmen und im Wagen verstauen, um die nächsten Tage, notfalls Wochen, überleben zu können. Alles ging sehr ruhig und in mustergültiger Ordnung vor sich.

Dann setzten wir uns nach Mühlbach mit dem Ziel Hochkönig in Bewegung. Nach halsbrecherischer Fahrt in der Dunkelheit kamen wir dort an und verbrachten den Rest der Nacht in unserem Wagen. Nachdem wir uns in einem Gasthof gewaschen, rasiert und wieder menschlich gemacht hatten, begab ich mich zum Ortskommandanten, einem Reserve-Oberstleutnant, der Sprache nach unverkennbar ein Österreicher, und verlangte Sprit. Natürlich lehnte er zunächst erst einmal ab mit der Behauptung, keine Vorräte mehr zu haben. Erst als ich ihm meinen Sonderausweis unter die Nase hielt, wurde er ansprechbar. Dann kam als erstes Argument, obwohl der Waffenstillstand seit Mitternacht noch nicht bekannt sein konnte, den geringen Vorrat benötige er für »seine Landsleute«. Er sei in erster Linie »Österreicher« und dann erst »deutscher Offizier«. Da war aber bei mir der Ofen aus. Ich habe den Kerl angeschrien, wie ich nie einen Rekruten angebrüllt habe. Natürlich hatte er, wie sich rasch zeigte, einen ganz schönen Spritvorrat von mehreren tausend Litern, und wir füllten in aller Ruhe unseren Tank und die vorhandenen Kanister. Ich war von diesem ersten Durchbruch umgeschalteter Empfindungen schokkiert und begann zu ahnen, wie etwa sich die Zukunft entwickeln würde. Allerdings erwartete ich zu der Zeit noch nicht, daß man Österreich wieder gewaltsam vom Reich trennen würde. Schließlich hatte das ganze österreichische Volk sich 1938 entschieden, zum Deutschen Reich zurückzukehren, wohin es ja historisch, kulturell und sprachlich auch gehörte.

Danach setzten wir uns dann in Bewegung nach dem Arthur-Haus, wo wir uns mit der Gruppe Hübner wiedervereinigten und ich sogar auch noch meine Koffer vorfand. Erfreulicherweise hatte Hübner inzwischen seine Absicht aufgegeben, als »Werwolf« weiterzukämpfen. Dann gab es ein langes Gespräch mit Hübner, der außerordentlich bedrückt war und nun gerne unser bisheriges Kommando verschleiern wollte. Natürlich hatte ich Verständnis dafür. Denn er war ja schon seit Remagen der Vorsitzende des Standgerichts des Führers gewesen und in mehreren Fällen tätig geworden, die ich alle gar nicht kannte und mich auch nie bemüht hatte, kennenzulernen. Er fühlte sich besonders von seinem Fahrer bedroht, der ihn ja seit Monaten bei allen Fällen begleitet hatte. Ich fand das doch sehr eigenartig. Schließlich stimmten wir alle miteinander ab, in Zukunft als »Kommando des Generals der Ordnungstruppen Süd« bezeichnet zu werden. Ganz besonders negativ benahm sich der höchst unerfreuliche »Kamerad« Bauernfeind, der sich stets bemüht hatte, mir gegenüber eine Art Vorgesetzten herauszukehren. Keiner hatte mit ihm Kontakt gewinnen können, er war und blieb ein Sonderling. Später, nach vielen Jahren, hörte ich, daß er im bayrischen Penzberg ein gutes Dutzend Bürger hatte an die Laternen hängen lassen, weil sie sich den Amerikanern mit weißen Fahnen ergeben hätten. Davon hatte ich in der ganzen Zeit des gemeinsamen Kommandos nichts erfahren.

Als ich jedoch später durch Mittelsmänner angegangen wurde, als Zeuge in einem Prozeß gegen Hübner aufzutreten, und zwar zugunsten des forschen Generals, mußte ich bedauern, nicht verfügbar zu sein, weil schließlich meine eventuelle Aussage nicht zu seinen Gunsten hätte lauten können.

Zunächst also warteten wir ab, wie und was sich nun weiter entwickeln würde. Wir verhielten uns so ruhig wie nur möglich. Allerdings visitierte eines Nachmittags ein Trupp französischer Soldaten, dabei auch eine gut aussehende, aber rabiate Soldatin, das Arthur-Haus und nahm nach gründlicher Kontrolle unserer Papiere den armen SS-Führer Richter mit. Sie hatten offensichtlich den SS-Führer Skorzeny gesucht und waren recht enttäuscht, ihn hier nicht gefunden zu haben. Ich log fromm und gottesfürchtig, auf dem Wege nach Imst zum Marine-Oberkommando (MOK)-West gewesen zu sein, und sei hier vom Waffenstillstand überrascht worden. Ich hatte den Eindruck, daß man mir sogar glaubte.

Weit nach Mitternacht zischte MG-Feuer durch die Balken der Holzhütte, in der ich bei unserem »Gefolge« übernachtete. Dann gab es eine Detonation, die die Tür und den ganzen Eingang fortriß und uns halb betäubt in den Holzkojen zusammenstauchte. Dann ertönte wildes Gebrüll, und ein Haufen weiße und schwarze Amis stürmte durch den Pulverdampf auf uns zu, riß uns aus den Holzkojen und, mit dem Druck der MP im Rücken, jagte uns raus in den Schnee. Im Pyjama und barfuß standen wir, Arme über dem Kopf, am Rand eines steilen Felsabfalls, wo es etwa 20 m in die Tiefe ging. Alles vollzog sich unter anhaltendem schrecklichem Gebrüll. So standen wir wohl eine gute Viertelstunde mit eisigen Füßen, bald vor Kälte schlotternd, bis eine weitere Gruppe unsere Habseligkeiten in der Hütte haargenau gefilzt hatte. Da ich keine weiteren Sachen außer meiner Kleidung dort hatte, kam ich relativ gut weg.

Während wir uns anzogen, machten sie sich über den Alkohol her, den sie im Gepäck unserer Leute entdeckt hatten. Dann zogen sie ab, fast so schnell, wie sie gekommen waren. Unsere Zielfernrohrgewehre in dem Heustadel knapp 300 m entfernt hatten sie nicht entdeckt, ebensowenig wie unseren auch dort befindlichen Vorrat an Handgranaten, Sprengmunition und Patronen.

Im Arthur-Haus war alles sehr viel ruhiger und anständiger abgelaufen. Nur war der General verpflichtet worden, noch im Laufe des Vormittags mit allen Wehrmachtangehörigen zu Tal nach Mühlbach zu kommen. Unsere PKWs hatten sie keines Blickes gewürdigt. Aus meinem Gepäck hatten sie einzig und allein die Flasche »Philippe Segundo« mitgehen lassen, die aus den Vorräten des Großadmirals stammte. Obwohl sie alles in meinem Hauptkoffer durchwühlt hatten, waren ihnen meine beiden großen Ordens-Urkunden nicht in die Hände gefallen. So setzten wir gegen

Mittag unseren Abmarsch an, der den anderen Gästen im Arthur-Haus verständlicherweise nicht unangenehm war.

Für eine Nacht kamen wir in der Schule von Mühlbach unter, da wir am nächsten Tage durch einen Korpsbefehl nach einem Sammelpunkt bei Zell am See beordert waren. Es ging auch hier nichts über das deutsche Organisationsvermögen, das von den Amerikanern voll genutzt wurde.

Bei herrlichstem sonnigen Frühlingswetter verließen wir Mühlbach und rollten durch das Mühlbachtal nach Bischofshofen. Am frühen Nachmittag waren wir dann in Zell am See, wo wir in einem langen Bürozug das OKH und auch Teile des Wehrmachtführungsstabes antrafen. Sie sollten nach dem Willen der Amerikaner noch am Ort verbleiben. Auf einer riesigen Wiese fuhren wir dann unter amerikanischer Bewachung in endlosen geordneten Reihen auf und verbrachten dort die Nacht in den PKW, um am nächsten Morgen über Kitzbühel–Wörgl in einem langsamen Trauerzug nahe bei Kufstein erneut auf ein riesiges Feld geleitet zu werden. Irgendwoher hatte sich auch die Familie des Generals zu uns gesellt, aber wir waren eigentlich nicht mehr als zusammengehöriges Kommando zu erkennen.

Am nächsten Morgen marschierten wir dann im gemäßigten Mot-Marsch über Kiefersfelden nach Bayern. In der Nähe von Bad Aibling bei Bruckmühl bekamen wir Anweisung, mit unseren PKW wieder auf ein großes leeres Feld zu fahren, das sich dann im Handumdrehen mit Truppen aller Waffen bis auf Marine-Angehörige füllte.

Was man so von den Entlassungsmaßnahmen der Amerikaner in Bad Aibling hörte, war nicht gerade sehr erhebend. Zum ersten Male kamen Gerüchte auf über von Deutschen begangene Greueltaten, über grauenhafte Funde in den Konzentrationslagern, aber auch Einzelheiten über das unglaublich rüde Verhalten der Sieger gegenüber den wehrlosen Besiegten, sogar über Erschießungen wehrloser Kriegsgefangener wurde berichtet.

In Bruckmühl beschloß ich, mich unter allen Umständen von diesem Kommando zu trennen. Wie und wann, das konnte ich jedoch noch nicht übersehen. So vergingen drei Tage auf dem offenen Feld mit primitiven Wasch- und Rasiermöglichkeiten in einem recht armseligen Gasthof.

Da bekamen wir plötzlich einen neuen Korpsbefehl von dem Befehlshaber dieser »Concentration Aerea«, daß sich alle Einheitsführer mit der Kopfzahl der zu ihrem Befehlsbereich gehörenden Soldaten in den nächsten Tagen im Hauptquartier des Befehlshabers in Wasserburg zu melden hätten, damit die Verpflegung und Versorgung organisiert werden könnte. Hübner glaubte allen Grund zu haben, nicht selbst dort zu erscheinen. Er bat mich, die von ihm selbst verfaßte Meldung des »Generals der Ordnungstruppen« zu überbringen, und machte mir allen Ernstes den Vorschlag, ich sollte seinen ihm mißliebig gewordenen Fahrer liquidieren. Ich sah ihn voller Verachtung an und schwieg.

Schon am frühen Morgen machte ich mich mit meinem Fahrer Hertel auf zur Fahrt nach Wasserburg. Bei Bad Aibling kamen wir an einem eingezäunten und von Amis stark bewachten riesigen Feldkomplex vorbei, in dem Tausende und Abertausende deutscher Soldaten zusammengefaßt waren. Da würden wir also wohl auch zur genaueren Kontrolle und Filzung nach und nach eingeschleust werden. Hertel und ich sahen uns nur einen kurzen Augenblick an und hatten uns schon verständigt. Das würden wir unter keinen Umständen mitmachen. Ohne kontrolliert zu werden, waren wir von Bruckmühl nach Wasserburg gelangt, wo in einem alten Schloß ein General mit seinem vollen Stabe in Gnade der Amerikaner noch, oder schon wieder, residierte. Ich meldete mich beim Adjutanten und übergab die Meldung Hübners.

Ich machte aber sofort darauf aufmerksam, daß ich nicht zu dieser Einheit gehöre und nur entgegenkommenderweise diese Meldung mitgenommen hätte, weil ich mich nach einer hier befindlichen Marinedienststelle erkundigen wollte. Ich selbst wäre zum MOK-West kommandiert gewesen und auf dem Wege dahin von den Ereignissen überrascht worden. Ich trug noch immer mein Ritterkreuz mit Eichenlaub, meine üblichen Abzeichen und die Ordensschnalle. Der Adjutant, ein Hauptmann, auch mit dem Ritterkreuz ausgezeichnet, war außerordentlich nett und freundlich zu mir und wälzte eine größere Akte, aus der er mir fast auf Anhieb mitteilen konnte, daß sich das MOK-West zur Zeit in Egling unweit von Wolfratshausen ebenfalls in einem Sperrgebiet befände. Er sehe aber leider keine Möglichkeit, mich in einen anderen Befehlsbereich fahren zu lassen. Die Amerikaner hätten derartige »transfers« ausdrücklich verboten. Während ich mir aber auf der riesigen Wandkarte noch die Lage genau einprägte, wurde der Hauptmann zu seinem Chef gerufen. Ich aber sah zu meinem grenzenlosen Entzücken auf seinem vollbeladenen Schreibtisch ein Bündel von Fahrerlaubnisscheinen, die bereits mit der Blanko-Unterschrift irgendeines hohen Ami-Befehlshabers versehen waren. In Sekunden hatte ich zwei Blankos in meiner Westentasche, wartete in Ruhe die Rückkehr des Hauptmanns von seinem Chef ab, und ohne eine »transfer«-Forderung zu stellen, verabschiedete ich mich von diesem sehr freundlichen Manne. Er begleitete mich sogar noch bis zur Tür. Ich hatte, was ich brauchte.

Kaum aus der Tür, konnte ich meinen Jubel kaum unterdrükken. Hertel fragte mich auch sofort, worüber ich mich wohl freue. Als ich ihm die ganze Begebenheit genau berichtete und meine Absicht offenbarte, mich davonzuschleichen, wurde er plötzlich sehr einsilbig und fragte dann ganz deprimiert: »Was aber wird dann aus mir, Herr Kapitän?« Ohne auch nur eine Sekunde zu zögern, sagte ich ihm dann: »Ich nehme Sie natürlich mit!« Da aber war auch Hertel eitel Wonne und voll Lust am Abenteuer.

Nach der Rückkehr nach Bruckmühl begab ich mich zu Hübner, der mit seiner Familie in einem kleinen Haus untergekommen war. Erstaunlicherweise nahm er meine Pläne ohne jede Mißbilligung zur Kenntnis. Er war sogar bereit, mir von seinem Brennstoffvorrat noch einen Kanister abzugeben. Dann trennten wir uns. Ich habe ihn nicht wiedergesehen.

Um nicht allzusehr aufzufallen, konnte ich leider kaum vor 7 Uhr losrollen in Richtung Westen. Schon in der Nähe von Feldkirchen hatten wir die erste Straßenkontrolle der US-Army, wobei es gleich um einen anderen Befehlsbereich ging, also um einen entscheidenden Wechsel. Der Wachhabende hatte sich aus einem der Häuser in der Nähe einen alten Ledersessel auf die Straße gestellt und an einem langen Stock auch einen Regenschirm befestigt. Gelangweilt nahm er meinen Fahrerlaubnisschein in Empfang und gab ihn mir ungelesen wieder zurück. Blaß erwartete ich eine Zurückweisung, als er plötzlich völlig teilnahmslos »go ahead« sagte, was ich zunächst kaum richtig verstand. Hertel gab aber bereits Gas, und wir entfernten uns mit absichtlich langsamster Fahrt. Die erste entscheidende Hürde war genommen. Als wir dann in Dietramszell zum zweiten Male auf der leeren Landstraße von einem Jeep gestoppt wurden, waren wir dann schon etwas ruhiger und auch pampiger, als der Kontrollposten nicht lesen konnte und fragte, wohin wir wollten. Auf meine Antwort: »As mentioned in the paper« ließ er etwas verdattert ob dieser gelinden Zurechtweisung dann sein »Okay« knarrend ertönen. So kamen wir zu guter Zeit etwa um 11 Uhr, wie sich das gehört, beim MOK-West im Dorfe Egling an. Da ich alle Offiziere mit Namen kannte, wurde ich auch sofort beim Oberbefehlshaber, Generaladmiral Marschall, vorgelassen. Zwar hatte ich in meiner ganzen Marinezeit nie mit ihm zu tun gehabt. Aber er genoß immer schon allseitige Verehrung im ganzen Marineoffizierskorps.

Marschall war bereits im Jahre 1943 z. V. gestellt, jedoch von Dönitz erneut zur Übernahme des MOK-West gebeten worden. Er war ein sehr erfolgreicher U-Bootskommandant im Ersten Weltkrieg gewesen und Ritter des »Pour le mérite«. Ich konnte also ganz offen mit ihm reden und bat um Aufnahme in seinen Stab. Über eine Stunde saßen wir zusammen und verstanden uns sofort perfekt. Natürlich nahm er mich sofort unter seine Fittiche. Ich bekam nominell die Stellung eines II. Asto für die Versorgung der eingeschlossenen U-Bootsstützpunkte Brest und Lorient, um notfalls die Anwesenheit eines U-Bootsmannes in seinem Stab nach außen zu rechtfertigen. Er war wirklich großartig. Der Chef des Stabes, Kapitän z. S. Hain, erhielt sofort die Anweisung, den Obergefreiten der Division »Großdeutschland«, Wilhelm Hertel, als Obermatrosengefreiten in den Unterstab zu übernehmen. Der Adjutant bekam den Befehl, sofort beim Bürgermeister des Dorfes für mich für eine annehmbare Unterbringung zu sorgen. Alles klappte, wie ich es nicht besser hatte erhoffen können. Nach all den Wirren war ich wieder im Schoße meiner Marine. Auch mein getreuer Hertel strahlte über seine schnelle Eingliederung in die Kriegsmarine!

Natürlich hatte Marschall praktisch keine weiteren Aufgaben mehr, als mit uns zusammen abzuwarten, wie sich die Dinge entwickeln würden. Aber er hatte auch seine Stellung noch gegenüber dem Heer, und hier nun gegenüber dem OB der Heeresgruppe Süd, dem General Westphal, zu vertreten, der auf Weisung der 7. US-Army über alle in diesem Raum versammelten Wehrmachtteile die Befehlsgewalt hatte. Der saß nun hier ganz in der Nähe und traf sich öfter mit Marschall, der ja der weitaus Dienstältere war.

Meist fingen wir am späteren Nachmittag an mit Bridgespielen und ließen uns nur durch die Nachrichten im Radio stören. Wir aßen alle zusammen in einem beschlagnahmten Gasthof. Erstaunlicherweise war die Ernährung noch ausgezeichnet. Der Admiral spielte gerne und ausgezeichnet, aber ohne jeden Fanatismus. Es gab immer mal ein nettes und offenes Schwätzchen, verbunden mit der ernsteren Erörterung der traurigen Lage. Auch Marschall hatte noch keine Nachrichten von seiner Familie, die irgendwo am Nord-Ostsee-Kanal auf einem Hof lebte, nachdem auch er in Kiel ausgebombt worden war. Er rechnete damals mit einer längeren Gefangenschaft bei den Franzosen, weil er ja lange Zeit in Paris residiert hatte. Tatsächlich ist er erst Mitte 1947 entlassen worden.

Natürlich war eine meiner ersten Fragen an Marschall, ob auf irgendeinem ominösen, aber zuverlässigen Weg die von Dönitz veranlaßte Beförderung zum Kapitän z. S. durchgekommen wäre. Marschall mußte das verneinen. Aber nachdem ich ihm den Vorgang geschildert hatte, verfügte er sofort, daß ich mit dem neuen Dienstgrad festzusetzen sei und meine Uniformen von den Schneidern in der Stabskompanie entsprechend zu ändern seien. Er ließ auch sofort die Eintragung in mein Soldbuch vornehmen und unterschrieb sie.

Später, bei der Entlassung, gelang es mir, vor Abgabe des Soldbuches, was peinlichst von den Amerikanern überwacht wurde, die betreffende Seite vorher herauszureißen und im letzten Augenblick an mich zu nehmen. So habe ich auch heute noch das von Generaladmiral Marschall unterschriebene Original.

Inzwischen war es etwa letztes Drittel Mai geworden. Auf Umwegen hatten wir öfters die Soldatenzeitung der US-Army »Stars and Stripes« in die Hände bekommen, obwohl wir sonst keinerlei Kontakt mit unseren »Gefangenenwärtern« hatten. Es war erschütternd, was wir an Bildern aus den Konzentrationslagern in dieser Zeitung sahen. Keiner von uns, auch nicht der Admiral, mochte glauben, was dort abgebildet war. Es war einfach für uns nicht glaubhaft, und daher ärgerten und wunderten wir uns, in welch unglaublich verächtlichem Tone von uns Deutschen und gerade von uns Soldaten gesprochen wurde. Wir ahnten nach der Lektüre und den allmählich durchsickernden Behandlungsgrundsätzen der Alliierten für uns Gefangene nichts Gutes.

Zunächst hatten wir nichts zu tun und gingen viel spazieren. Wir sammelten Erdbeeren in den vielen kleinen Wäldern, die die Berghügel des Alpenvorlandes bedeckten. Da wir natürlich kein Zivil hatten, gingen wir in Uniform und trugen selbstverständlich unsere Kriegsauszeichnungen. Es war ein warmer Frühling mit viel Sonne und herrlichem gleichbleibenden Wetter. So wanderten wir mit geschnitzten Haselstrauchstöcken und in weißen Jacketts auf den Wegen zwischen den vielen kleinen Dörfern der Umgebung. Ab und zu sah man mal einen Jeep der Amerikaner, die sich aber im allgemeinen nicht um uns kümmerten. Allerdings begann sich langsam die Einstellung der Bevölkerung zu uns zu wandeln, von ursprünglichem Desinteresse hin zu unverhohlener Feindseligkeit.

Plötzlich – es muß Mitte Juni gewesen sein – mußten wir nochmals umziehen, diesmal in westlicher Richtung.

Ein Vorkommando machte in einem kleinen Ort in der Nähe von Klosterlechfeld für uns Quartier. Er lag an der Straße von Landsberg nach Augsburg. In einem an der Straße liegenden Gasthof war unsere Messe eingerichtet, wo dank der Tüchtigkeit des Stabsintendanten eine immer noch recht ordentliche Verpflegung verabreicht wurde. Hier in der Nähe aber war wohl auch ein Arbeitslager gewesen, und es herrschten noch schlimme Zustände.

Alle Augenblicke gab es Überfälle auf Frauen, nachts wurden Gehöfte beraubt, die Rechtlosigkeit war an der Tagesordnung. So wurden wir dauernd gebeten, Schutz zu gewähren. Wir konnten aber kaum helfen.

Ganz in der Nähe lag das Gut, auf dem mein guter Crewkamerad Egloff v. Schnurbein, mit dem ich auf der *Leipzig* und auf dem AO-b-Lehrgang zusammengewesen war, aufgewachsen war und wo jetzt seine Witwe mit den Kindern wohnte, nachdem er auf seiner »Konfirmandenreise« mit Günther Prien auf *U-47* am 8. März 1941 im Atlantik geblieben war. Ich wurde sehr herzlich von Jutta v. Schnurbein in Hurlach empfangen und hatte daher noch eine zusätzliche Abwechslung.

Öfter bekamen wir von Soldaten der Waffen-SS »Besuch«, die sich verborgen hielten, da sie von der Feindseite als Angehörige einer »verbrecherischen Organisation« eingestuft waren. Sie berichteten von irregulären Erschießungen ihrer Kameraden, deren die US-Army habhaft wurde. Wir gaben ihnen, soweit nur irgendwie möglich, Proviant und auch Kleidung, denn sie waren im mittelalterlichen Sinne einfach vogelfrei.

Am 27. Juni schlug dann unerwartet unsere Stunde. Als ich gerade von einem Besuch in Hurlach zurückkam, erfuhr ich, daß wir uns am kommenden Morgen mit sämtlichen Kraftfahrzeugen nach Biessenhofen zu begeben hätten, in ein Entlassungslager. Noch am Nachmittag wurden der vorhandene Proviant, Eßbestecke und Kochgeschirre verteilt. Auf einem riesigen Scheiterhaufen wurden die Akten des MOK-West verbrannt. Die dadurch entbehrlichen großen und stabilen Kisten, die ja alle bisherigen Umzüge mitgemacht hatten, standen zur Verfügung. Eine davon nahm ich an mich. Damit konnte ich alle meine mir zugeteilten Konserven transportieren und auch einen weiteren Teil meiner Sachen, die ich jetzt im kommenden Sommer nicht mehr unbedingt benötigte, wie zum Beispiel meinen dicken und gefütterten Uniform-Mantel und etliches mehr. Die Kiste war sogar abschließbar. Das brachte mich auf eine Idee. Ich transportierte sie noch am Abend mit genauer Eigentumsbezeichnung zu einer jungen Frau in Kosterlechfeld, die mir schon vorher versprochen hatte, Sachen für mich aufzubewahren, die ich nicht mit ins Lager nehmen wollte.

Am Abend zeigte unsere Stabskompanie erstmalig Zeichen der Auflösung. Die Soldaten betranken sich und sangen Lieder, die nicht gerade deutsche Soldatenlieder waren. Hain fürchtete, daß noch am letzten Abend Komplikationen entstehen würden, und bat mich, doch mit den Männern zu sprechen. Auf meine Einwände hin meinte er, daß ich als reiner Frontoffizier mit den Soldaten anders sprechen könnte als er, der er ja fast den ganzen Krieg nur in der französischen Etappe gewesen wäre. Als schließlich Marschall selbst gehen wollte, hielt ich es dann doch für besser, daß ich mein Talent erprobte. Mit einer Flasche Kognak bewaffnet, ging ich zu den Soldaten. Als ich in der großen Scheune erschien, war zunächst ein ganz großes Hallo. Als ich sagte, daß ich mich von ihnen allen verabschieden wollte, denn am kommenden Tag würde wohl voraussichtlich keine Gelegenheit mehr sein, kamen plötzlich überall die kleinen Marine-Tönnchen zum Vorschein, die ich dann sorgsam füllte. Plötzlich war ohne einen erkennbaren Anlaß das Eis gebrochen. Wir saßen alle in der Runde auf frischen Heubündeln, und ein allgemeines Palaver fand statt. Dann kamen aber immer mehr Kognak-Flaschen zum Vorschein, und ich mußte leider feststellen, daß ebendiese Soldaten von der Stabskompanie viel zu oft und viel zu lange sich selbst überlassen gewesen waren. Wir trennten uns erst weit nach Mitternacht, und ich ging mit ziemlich dickem Kopf zur Koje.

Am nächsten Tag, um 10 Uhr, kamen wir am Lager in Biessenhofen an, wo wir auf einem freien Feld davor unsere Wagen fein säuberlich ausgerichtet auffahren mußten. Mit unserem Gepäck führte man uns durch ein Seitentor auf eine blanke ausgetretene Wiese, wo bereits fast ein Dutzend Generale und Hunderte von Offizieren versammelt waren. Unsere Soldaten waren von uns getrennt und mußten durch ein anderes Tor in das Lager marschieren. Alle Offiziere trugen noch ihre Orden und Ehrenzeichen und ihre vollständigen Dienstgradabzeichen. Als Marschall gemessenen Schrittes auf den Kreis der Generale zuging, grüßten sie ehrfurchtsvoll und stellten sich einzeln vor. Dann begann das große

Warten. Dennoch herrschte trotz der Spannung eine fast muntere Atmosphäre und eine Art Fatalismus mit Hinsicht auf das zu Erwartende. Dann kamen etwa nach einer Stunde des Wartens zwei US-Soldaten, kaugummikauend, mit Maschinenpistolen bewaffnet und führten uns im Gänsemarsch zu einer Baracke, wo die »dislousing« stattfand, indem uns in sämtliche Körperöffnungen nach Entfernung der Oberbekleidung und Herablassen der Hose mit ziemlichem Pressluftdruck ein stark stinkendes Puder gestäubt wurde. Ein Plakat war in der Baracke unübersehbar angebracht, das die Haager Landkriegs-Ordnung für deutsche Soldaten als nicht »applicable« zu betrachten sei.

Dann erst kamen wir immer schön einer nach dem anderen zu einem Vernehmungsoffizier, der lapidar einem Schreiber ein paar Sätze diktierte. Zum Schluß mußten wir unseren Daumenabdruck auf den Papieren hinterlassen. Danach durften wir wieder auf dem gleichen Wiesenviereck warten, warten und warten. Die Entlassungspapiere hatte man uns nicht in die Hand gegeben. So hatte es keinen Sinn, sich unauffällig zu verhüsen, was durchaus im Bereich der Möglichkeiten gelegen hätte. Wir ahnten, was später Gewißheit wurde, daß man ohne amtlichen Entlassungsschein einfach nicht mehr existierte, weil man keinerlei Lebensmittelmarken erhielt, weder den Zug noch sonst ein Transportmittel benutzen konnte und auch kein Quartier bei noch so mitleidigen Menschen haben durfte, weil dann sofort die US-Militärpolizei nach einem greifen würde, Bis man sich dann aber wieder aus den entsprechenden Lagern oder Gefängnissen herausgewunden hatte, konnte es Monate dauern.

Keiner von uns wußte nun eigentlich wirklich, ob wir nun entlassen würden oder ob man uns noch länger hier auf der offenen Wiese zurückhalten würde. Wir hatten alle nach Aufforderung durch den Vernehmungsoffizier unsere Orden und Ehrenzeichen abgenommen und trennten jetzt in der Sonne auf der Wiese unsere Rangabzeichen ab, nachdem uns der US-Offizier gesagt hätte, daß man nur als »Ex-Officer« entlassen würde.

Am Spätnachmittag wurden unser verehrter Generaladmiral und mehrere weitere Generäle des Heeres namentlich von einem

US-Sergeant aufgerufen, natürlich ohne Dienstgrad, und dann zum Lagerausgang geführt, wo mehrere PKWs auf sie warteten. Übrig blieben jetzt neben den Hauptleuten – die Leutnants und Oberleutnants hatten sie gleich am Morgen von uns getrennt – noch die Stabsoffiziere vom Major bis zum Oberst. Es begann bereits zu dunkeln, als wieder ein Sergeant erschien und nacheinander den größten Teil der Anwesenden aufrief. Die Aufgerufenen erhielten tatsächlich ihre Entlassungsscheine. Dann wurde bekanntgegeben, daß in etwa einer Stunde eine »lorry« nach Norddeutschland fahren würde, wo alle dorthin Entlassenen mitsamt ihrem Gepäck mitfahren könnten.

Erstaunlicherweise waren unsere Koffer nur sehr oberflächlich gefilzt worden. Ich beobachtete auch nicht, daß einem der Kameraden etwas weggenommen wurde. Das kontrollierte Gepäck wurde mit einem Kreidestrich versehen, der beim Verstauen auf dem LKW einem GI vorgezeigt werden mußte. Etwa um 10 Uhr abends ging dann die Reise unseres LKW's mit zwei deutschen Fahrern ab nach Norden. Es gelang mir, einen der Fahrer, der zum MOK-West gehört hatte, zu beschwatzen, am Hause der jungen Frau in Klosterlechfeld zu halten. Mit großem Hallo wurde meine schwere Kiste mit Dutzenden Dosen Wurst, Schmalzfleisch und Rinderfleisch auf den LKW gehievt und dann der »Nordmarsch« die ganze Nacht über mit nur kurzen Halten fortgesetzt. Ich saß mit unserem Kriegsrichter, dem sehr kameradschaftlichen Hagemann, der, glaube ich, nach Flensburg wollte, zusammen auf meiner Kiste. Wir lehnten die Rücken aneinander, um etwas Halt zum Schlafen zu finden. Der eine unserer Fahrer stammte aus Rendsburg. Er erzählte mir, daß er gar nicht daran dächte, den LKW wieder nach Bayern zu bringen. Er hatte vor, nach Absetzen der letzten Kameraden am nördlichsten Punkt, nach Rendsburg zu gehen und ein Fuhrgeschäft aufzumachen. Natürlich werde er über Wiesbaden fahren, was ohnehin für ihn am Wege liege.

Frankfurt und die Straße nach Wiesbaden glichen einer Stadt und einer Straße in den USA. Wir trafen ausschließlich US-Army-Fahrzeuge und wurden mindestens viermal auf der kurzen Strekke kontrolliert und eine ganze Strecke lang auch von einem Jeep eskortiert, was mir höchst verdächtig vorkam. Richtig. In einem der kleineren Dörfer gab einer der Jeep-Insassen unserem Fahrer ein Zeichen, er solle von der Straße nach rechts abbiegen! Nur auf unser Zureden hin blieb unser Fahrer stur auf der Straße, ohne sich um den heftig gestikulierenden Fahrer zu kümmern. Wir hatten großes Glück, denn nur wenige 100 m weiter kam uns ein MP-Jeep entgegen, worauf der unheimliche Escort-Jeep sehr schnell in einer anderen Straße verschwand, der es wohl auf einen privaten Raubzug abgesehen hatte, wie es hier üblich sein sollte. Wiesbaden, kaum zerstört, war zu einer US-Army-Stadt geworden. Ich wußte, daß meine Schwiegereltern ausgebombt und in der Wohnung meiner Schwägerin untergekommen waren, deren Mann in der Kurlandarmee gewesen war und mit dessen Rückkehr, wenn überhaupt je, so doch vorläufig nicht zu rechnen war. Genau an der Ecke des Häuserblockes setzte mich der LKW mit meiner Riesenkiste und mit meinen Koffern ab. Noch ein Händedruck mit Hagemann, eine »gute Heimkehr« an alle anderen, und dann rollte der LKW schon weiter. Es war der 30. Juni 1945, das Ende meines Lebens als begeisterter Seeoffizier.

Wiesbaden 1945

Ein auf der Straße stehender Soldat, nur noch an den goldenen Knöpfen der Jacke als einstiger Angehöriger der Kriegsmarine zu erkennen, war zu dieser Zeit und unter diesem Himmel keine seltene Erscheinung. Er schien unschlüssig zu sein, wohin er sich wenden sollte.

Es war der letzte Junitag des Schicksalsjahres 1945.

Eine ältere Dame ging eiligen Schrittes dem Eingang des Wohnblocks zu, nicht ohne den Mann auf seiner Kiste eingehend zu mustern. Nur wenige Minuten später kam eine überschlanke ältere Dame aus dem gleichen Eingang, ging auf den Wartenden zu, stutzte und sank dann in die ausgebreiteten Arme des Soldaten. Es war eine rührende Begrüßung voll überströmender Herzlichkeit. Dann folgte, was ich mich zu fragen gescheut hatte: »Von Ruth und den Kindern haben wir keinerlei Nachricht – wir wissen nichts, und Post gibt's überhaupt nicht mehr! Nein, aber, daß du wieder da bist, welch ein Wunder und Glück – ich kann es noch gar nicht glauben!«

Es war meine liebe, verehrte, herzensgute Schwiegermutter, die, von einer Nachbarin alarmiert, sich mal eben um den armen, offensichtlich gerade entlassenen Kriegsgefangenen kümmern wollte, ohne zu ahnen, daß ich es war. Jetzt konnte es ihr nicht schnell genug gehen, den verschollen geglaubten und nun unversehrt vor ihr stehenden Schwiegersohn unter ihre Fittiche zu nehmen. Ich erfuhr nach und nach, wie meine Schwiegereltern durch die Endphase des Krieges gekommen waren. Nach der ersten Wiedersehensfreude ging es dann um ganz simple, praktische Pläne, die

Meinen zu suchen und zu finden. Es gab keinerlei Verbindung im Lande und keine zu den anderen Zonen. Die einzigen spärlichen Informationen kamen durch das Radio. War Ruth noch in Zapel, wo ich sie in bedrückendem Zustande zurücklassen mußte? Hatte sie mit den Kindern noch fliehen können, wie wir es im Falle der russischen Besetzung besprochen hatten? Alles blieb offen. Auf – und Suchen blieb die einzige Möglichkeit, zur Gewißheit zu gelangen. Ich konzentrierte mich auf diese nächstliegende Aufgabe. Natürlich aber bekümmerte mich auch die Frage, wo sollte man dann bleiben, und was sollte man anfangen, um Geld zu verdienen? Nach allen Gerüchten war klar, daß die US-Zone noch die »erträglichste« und auch die noch am leidlichsten »versorgte« war. Besonders fraglich war, wie sich gerade die Engländer uns U-Bootfahrern gegenüber verhalten würden.

Ich tobte schon am zweiten Tage zu den Ämtern, denn wenn ich auch für einige Zeit kostbaren Dauerproviant mitgebracht hatte, so konnte man ja keineswegs, schon gar nicht aus falschem Stolz, auf die kümmerlichen Lebensmittelmarken verzichten. Nach endlosem Schlangestehen erhielt ich auf Grund meines Entlassungsscheines die Registrierung als Einwohner Wiesbadens. Erst nach dieser Registrierung konnte ich zum Polizeirevier wandern und mich anmelden, um nach erneutem Schlangestehen an einer anderen Stelle die ein dürftiges Weiterleben verheißenden kümmerlichen Lebensmittelmarken zu empfangen. In der polizeilichen Anmeldung mußte übrigens angegeben werden, ob man Mitglied der NSDAP gewesen war, eine fortan ewig wiederkehrende Frage.

Eines Morgens platzte ein Ereignis über uns in der Klopstockstraße herein. Plötzlich war der ganze Wohnblock von polnischen Hilfstruppen der Amerikaner umstellt. Ein Dolmetscher gab bekannt, daß bis 6 Uhr abends sämtliche Wohnungen zu räumen wären, da sie für die Zwecke der US-Army gebraucht würden. Nach kurzer Beratung fand mein Schwiegervater für sich und Ruths Mutter ein Unterkommen, meiner tatkräftigen Schwiegermutter gelang es wenig später, für mich ein Zimmer bei der Familie Douteil zu finden. Sie und ich beschlossen, mit allen Mitteln der Täuschung wenigstens die Matratzen und das Bettzeug zu retten. Bei einem in der Nähe wohnenden Schreiner, der sofort zur Mithilfe bereit war, wurde ein kleiner Kastenwagen geliehen und in die Hofeinfahrt des Wohnblocks gefahren, ohne daß die Bewacher der Eingänge davon etwas merkten. Dann wurden an einer Wäscheleine nach und nach alle Matratzen aus der Wohnung abgefiert in den Hof und auf dem Wagen verstaut, dazu noch einige Koffer mit Wäsche und Mänteln. Gottlob war es mir auch geglückt, meine Proviantkiste in Sicherheit zu bringen, weil davon in hohem Maße die Versorgung auf meiner beabsichtigten Reise abhing. Mit einer Dose Schmalzfleisch war ich mindestens für eine gute Woche reiseklar, wenn ich sonst nur die Brotmarken benutzen mußte. Nach allen spärlichen Informationen und Vermutungen konnte ich nicht ausschließen, daß Ruth mit den Kindern irgendwo in einem der vielen Flüchtlingslager zwischen Flensburg und Hannover war. Also beschloß ich, zunächst die damals unwahrscheinlich weite Strecke bis nach Flensburg zurückzulegen, vor allem auch in der Hoffnung, bei meinen Eltern in dem kleinen Ort Moos bei Glücksburg eine Nachricht von Ruth vorzufinden.

Die Reise nach Flensburg und Glücksburg

Tatsächlich gelang es mir bereits am 4. Juli, einen Passierschein für eine Reise bis nach Flensburg und zurück zu erhalten. Damit begann ein für die damalige Zeit nicht ungewöhnliches, heute nahezu unglaubliches Reiseabenteuer. Ich rüstete mich aus wie zu einer Expedition mit »Leben im Felde«.

Am 11. Juli bekam ich erstaunlicherweise einen herrlichen Bummelzug von Frankfurt bis nach Kassel. Ich hatte sogar einen Sitzplatz, den ich aber mit mindestens zwei anderen Passagieren teilte. Wir wechselten freiwillig so etwa alle Stunde. Die mitreisenden Männer waren fast alle Soldaten gewesen oder sogar zum Teil noch in irgendeiner Einheit, die irgendwelche Arbeiten für die

Amerikaner auszuführen hatte. Die mitreisenden Frauen, zum überwiegenden Anteil Flüchtlingsfrauen, waren ebenso auf gegenseitige Hilfe und Unterstützung eingestellt. Jeder war eigentlich zu jedem freundlich und hilfsbereit.

Im Bahnhof Kassel gab es spätabends natürlich keinen Anschlußzug nach Norden. So blieb man in der halbzerstörten Bahnhofshalle, machte sich an irgendeiner Mauerecke sein Halblager auf der Zeltbahn mit dem Rücken gegen die Mauer und kaute auf einem Knust Brot, bis man in einen Halbschlaf fiel. Am nächsten Tag kam ich nur bis zum Werratal bei Hannoversch-Münden. Dort war die Brücke gesprengt. Jetzt mußte man mit seinem Gepäck den langen steilen Hang herunter, um dann auf der anderen Seite der Werra, einen provisorischen Steg nutzend, wieder hochzuklettern. Dort konnte man dann einen weiter nach Norden führenden Zug besteigen. Hier aber waren die Engländer Besatzungsmacht, und die Kontrolle wurde schärfer und schikanöser. In jedem Falle aber war es falsch, Antworten auf Englisch zu geben. Am besten kam man weg, wenn man zu allen Fragen immer ganz stur »No« sagte – dann galt man quasi als Analphabet, dem keine weitere Beachtung geschenkt wurde. Die Fahrt in den überfüllten Waggons war eine einzige Nachrichtenbörse, Dichtung und Wahrheit bunt gemischt. Am nächsten Morgen war ich in Harburg. Alle mußten hier aussteigen. Zum Passieren der großen Elbebrücke bedurfte man einer besonderen Genehmigung. Erstaunlicherweise hatte sich sogar eine Rote-Kreuz-Station unmittelbar an der Sperre eingerichtet. Hier gab es Kaffee und Wasser. Die Brücke war schon seit Tagen gesperrt, und es wäre vollkommen ungewiß, wann und ob sie wieder geöffnet würde, hörten wir. Unter den etwa 500 versammelten ehemaligen Soldaten herrschte eine große Empörung, weil manche bereits seit zwei Tagen auf die Erlaubnis warteten, über die Brücke nach Hamburg zu gehen. Es ließ sich auch bei der englischen Absperr-Mannschaft kein einziger Offizier sehen. Es war ein warmer Tag, die Sonne brannte unbarmherzig. Mittags erschien plötzlich ein Kommandowagen der britischen Truppen. Ein älterer Offizier kontrollierte jeden von uns an einer schnell errichteten Sperre und ließ uns dann über die

Brücke zu Fuß nach Hamburg herüber. Der Zufall half mir dann noch am gleichen Nachmittag nach Flensburg, als ein Marine-LKW einen ganzen Haufen entlassener Marinesoldaten am Hamburger Hauptbahnhof ablud. Ich fragte den Fahrer, wohin er fahren würde. Auf seine Antwort, zurück nach Flensburg, gab ich mich zu erkennen. Der Unteroffizier nahm mich sogar mit in das Fahrerhaus. In Flensburg marschierte ich zum Hafen, denn zu damaliger Zeit war ein kleiner Fördedampfer die einzige Verbindung nach Glücksburg, wo ich mich zu den Eltern durchfragen wollte.

Ich staunte nicht schlecht, als ich an der Anlegestelle im Hafen ein halbes Dutzend Marineverkehrsboote antraf. Offensichtlich bestand noch eine Marine! Eine beachtliche Menschenmenge stand am Anlegeplatz herum, darunter auch die bekannte Testpilotin Hanna Reitsch. Erstaunlicherweise kam ein junger Oberleutnant auf mich zu, der mich offenbar erkannt hatte, und fragte, ob er mir helfen könne. Er meinte, daß vor morgen früh kein Fördedampfer mehr abgehen würde. Er könne mich aber mit an Bord von *S-23* nehmen, dessen Kommandant mir wahrscheinlich bekannt sein dürfte. Der Kommandant von *S-23* war der Kapitänleutnant Brasack, ein U-Bootskommandant mit Ritterkreuz, den ich natürlich vom Namen her kannte. Er nahm mich in echter Marinekameradschaft auf sein Boot und beherbergte mich. Es wurde eine kurze Nacht in der ausgiebigen Unterhaltung mit dem 37er.

Auch er machte sich, wie wir alle, natürlich Sorgen über einen künftigen Beruf und das weitere Leben. Immerhin erhielt ich von ihm einige sehr wertvolle Hinweise. In der ehemaligen Marineschule in Glücksburg befand sich eine voll arbeitsfähige Organisation der Marine mit Admiral Kraus an der Spitze, die in Verbindung zu den Engländern Minensuchaufgaben zunächst in der westlichen Ostsee ausführte. Chef des Stabes war der 25er Gerlach, von meiner Crew waren auch einige dabei, unter anderen Mantey, Gohrband und Banditt. Der uns allen bekannte Max-Eckart Wolff, ein 23er, war Chef der Marinepersonalabteilung und stellte auch auf Antrag Marinedienstleistungszeugnisse aus, was für spätere zivile Zwecke sicherlich sehr wichtig war. In großen Umrissen bekam ich die Geschichte von der erniedrigenden Verhaftung der letzten Reichsregierung unter dem Großadmiral zu hören. Das Verhalten der Engländer beim Einmarsch schilderte mir Brasack als sehr unterschiedlich. Das »nonfraternisation«-Gebot werde allgemein sehr scharf eingehalten. Brasack zeigte mir auch eine britische Soldatenzeitung mit Abbildungen aus dem Konzentrationslager Bergen-Belsen, in dem grauenhafte Zustände geherrscht haben mußten. Es war das zweite Mal, daß mich derartige Bilder bis zur inneren Erschütterung quälten. Die ersten Bilder in der Soldatenzeitung »Stars and Stripes«, die wir in der Concentration Aerea südlich München gesehen hatten, hatte ich noch für Fälschungen der US-Propaganda gehalten. Brasack war mit anderen Offizieren zu einer Filmvorführung in der Marineschule kommandiert worden, wo über eine Stunde lang derartige Bilder gezeigt wurden, wie sie keiner von uns je für möglich gehalten hatte. Es war also an dem Wahrheitsgehalt nicht mehr zu zweifeln. Aber wie konnte es möglich gewesen sein, daß wir in den Kriegsjahren davon auch nicht die leiseste Ahnung gehabt hatten und gerade auf Grund unserer Erfahrungen in Frankreich davon überzeugt gewesen sind, daß wir eine anständige und humane Besatzungsmacht waren?

Wichtig und interessant war es für mich zu hören, daß auch der ehemalige FdU-Ausbildung, der Kapitän z. S. Schütze, nun als Marinebereichskommandant noch im Amt war. Ihn beschloß ich als ersten aufzusuchen. Natürlich wollte ich die Kameraden besuchen und mir auch in Glücksburg ein Dienstleistungszeugnis ausstellen lassen. Nach einem guten und reichlichen Frühstück an Bord, dem letzten im Kreise der alten Marine, ließ mich der Kommandant von seiner Barkasse am 17. Juli, dem Tage des Beginns der Potsdamer Konferenz, in Mürwik absetzen. Großzügigerweise hatte das Verkehrsboot den Auftrag zu warten und mich anschließend nach Glücksburg zu bringen, wo ich meine Eltern aufsuchen wollte.

Schütze empfing mich in gewollt jovialer Manier und zeigte ganz offen auch sein Erstaunen, daß ich bereits von den Amerikanern ordnungsgemäß entlassen war. Er berichtete, daß die Engländer alle Offiziere vom Kapitän z. S. einschließlich an aufwärts in ein Lager nach Ostende gebracht hätten. Nach den vorliegenden Nachrichten ginge es dort sehr übel zu. Er hoffte noch längere Zeit im Amt zu bleiben, um diesem Schicksal zu entgehen. In dem über einstündigen Gespräch konnte ich so beiläufig erfahren, wem ich eigentlich mein letztes Kommando in diesem Kriege zu verdanken hatte. Er gab unumwunden zu, daß er auf Befragen von Dönitz mich als »besonders geeignet« für diese Aufgabe genannt hatte. Als Beweis für meine NS-Affinität galt die von mir in Memel eingeführte »Panzerschicht« der 24. U-Flottille. Obwohl er wissen mußte, daß ich aus ganz anderen Motiven, wir hatten mehrfach darüber gesprochen, diese Kriegsnotmaßnahmen eingeführt hatte, war das von ihm auch in meiner Führung als Begeisterung für den Nationalsozialismus ausgelegt worden. So konnte ich das auch an einem der nächsten Tage beim Admiral Wolff in Glücksburg lesen. Er mußte wissen, daß das nicht die Wahrheit war. Ich habe daraufhin die Verbindung zu ihm abgebrochen. Aber ich bin überzeugt, daß diese Klassifizierung Schützes in späteren Jahren bei der negativ erledigten Frage meiner Wiederverwendung in der Bundesmarine eine mitentscheidende Rolle gespielt hat.

Mit recht gemischten Gefühlen verabschiedete ich mich und kam mit der Barkasse nach Glücksburg, wo ich mich nach dem kleinen Vorort Moos durchfragen konnte. Dort fand ich die Eltern in recht erschütternden Verhältnissen. Ein Lebenszeichen von Ruth, wenn auch vom 18. Juni, weckte Hoffnung und Besorgnis in gleichem Maße. Mein Erscheinen löste herzlichen, großen Jubel aus und war eine tiefe Freude nach dem grauenhaften Kriegsende. Meine Eltern hatten mich tot geglaubt. Immer und immer wieder hielt ich meine Mutter in meinen Armen, und auch mein Vater, den ich nie zuvor jemals hatte weinen sehen, konnte vor innerer Bewegung kein Wort mehr herausbringen. Während meine Mutter sofort an Ruth und die Kinder dachte, wie man sie wiederfinden oder auch benachrichtigen könnte, war mein Vater schon in seinen Gedanken bei der Suche nach einem neuen Beruf für mich und wen er in meinem Interesse ansprechen könnte. Ich versuchte, ihm klarzumachen, daß schon auf Grund meiner militärischen Vergangenheit keine Aussichten bestehen würden, einen anderen als einen Handarbeiterberuf zu erreichen. Über alle diese vielen Dinge und meine Erlebnisse in den letzten Wochen und Monaten haben wir dann bis spät in die Nacht hinein diskutiert. Mein Vater war alt geworden und hatte es von sich gewiesen, bei den Bauern um Lebensmittel zu betteln oder auch dies oder jenes von den geringen geretteten Besitztümern noch gegen Lebensmittel einzutauschen. So war er, nur auf seine Lebensmittelmarken angewiesen, erschreckend hager geworden und hatte offensichtlich keine großen Kraftreserven mehr. Ich konnte den Eltern wenigstens eine Konservendose mit Schmalzfleisch von meinem Reiseproviant hinterlassen. Auch meine Mutter war überanstrengt und infolge der Erschöpfung stets dem Weinen nahe. Der Tod meines Bruders Klaus, und der Tod ihres Schwiegersohnes, der Mann meiner Schwester Ursel, der noch im Februar bei einem Schnellbootvorstoß in der Nordsee gefallen war, die Unsicherheit über das Ergehen meiner Familie und dann mein als sicher angesehener Untergang in Berlin, das alles hatte deutliche Spuren hinterlassen. Um Jahre gealtert, hatte sie dennoch die stärkere Lebenskraft von den beiden geliebten Menschen.

Ich begab mich am nächsten Tage zu den Überresten der Marine in der Marineschule in Glücksburg. Schon auf dem Wege dorthin stieß ich auf einen Wohnwagen, in dem die ganze Familie meines Crewkameraden Günther Banditt hauste. Er war als Kraftfahroffizier dieser Restmarine besonders in die Versorgung der noch vorhandenen Truppe eingeschaltet. Ihm verdankte ich dann nicht nur einen kleinen Sack Kartoffeln für meine Eltern, sondern auch eine hilfreiche Fahrgelegenheit bei meiner Rückreise. Er wies mich an unseren Crewkameraden v. Mantey, der mich dann auch an der Wache in Glücksburg abholte. Meine Ankunft dort erregte erhebliches Aufsehen, war ich doch der erste, der bereits in der sogenannten »Freiheit« lebte, einen vollgültigen Entlassungsschein hatte und über die Verhältnisse in der US-Zone Auskunft geben konnte. Sie alle, Gohrband und weitere hatten sich dazugesellt, wußten so gut wie gar nichts über künftige Entwicklungen. Die meisten hatten keine Verbindung mit ihren Angehörigen. Sie ahnten nicht, ob und wie lange sie noch von den Engländern geduldet würden. Auch sie berichteten von der würdelosen und unfairen Gefangennahme der letzten Reichsregierung, wie Lüth ums Leben gekommen war, von Friedeburgs Selbstmord, auch, daß sich unser Crewkamerad Freytag-Loringhoven in Eckernförde erschossen hatte.

Der letzte Amtschef des Marine-Personalamts, Admiral Wolff, empfing mich mit großem Vergnügen und wachem Interesse. Ich mußte ihm von allen meinen letzten Erlebnissen berichten. Während unserer Unterhaltung wurde die letzte von ihm für mich zusammengestellte »Führung« für meine gesamte Dienstzeit getippt. Die Unterschrift sah er als seine letzte Amtshandlung an, denn er wollte noch am Abend irgendwo an die Westküste von Schleswig-Holstein, um dort Leuchtturmwärter zu werden.

Auch erhielt ich von ihm noch eine ganze Menge Informationen. Unter anderem erfuhr ich, daß der gute Bernhard Rogge von den Engländern als Landrat von Schleswig eingesetzt worden war. Ich beschloß, ihn auf der Rückreise in seinem Amt aufzusuchen, dem einstigen Amtssitz seines Vaters.

Am Abreisetag brachte mich mein Vater bis zur Anlegestelle der Fördedampfer. Es wurde ein trauriger Abschied für immer. Ich behielt auch recht mit meiner Skepsis, daß er mir auf meinem Berufsweg helfen könnte. Wieder wurden, wie nach dem Ersten Weltkrieg, die Seeoffizier-Patente gestrichen, so daß eine Tätigkeit in der Schiffahrt unmöglich wurde.

Auf der Rückreise, die bis Lübeck einigermaßen komfortabel war, weil ich durch Banditts Vermittlung Platz auf einem LKW hatte, suchte ich jedes mir erreichbare Flüchtlingslager in Lübeck, Ratzeburg und Mölln ab, ohne jedoch eine Spur von Ruth und den Kindern zu finden.

Heimholung der Familie und Suche nach einer beruflichen Tätigkeit

Da ich auch bei meiner Rückkehr nach Wiesbaden – die Reise in verschiedenen Etappen war abermals sehr eindrucksvoll und abwechslungsreich – keine Nachricht von meiner Familie hatte, begann ich sofort mit Vorbereitungen zu einer zweiten Reise gen Norden.

Allerdings traf ich erst noch eine Vorsichtsmaßnahme. Bei der sehr beschwerlichen Reiserei hatten sich meine Rückenschmerzen und der Ischias im linken Bein erheblich verschlimmert. Deshalb begab ich mich zum Versorgungsamt, um mich wenigstens nur eingeschränkt arbeitsfähig schreiben zu lassen. Nach einer Untersuchung wurde ich als 50 Prozent arbeitsunfähig befunden, was mich vor zwangsweisen Einsätzen zur Trümmerbeseitigung bewahrte.

Gemeinsam mit einem ehemaligen Obersteuermann, der als Steuermannsmaat 1935/36 mit mir zusammen auf der *Karlsruhe* gefahren war, machte ich mich am 31. August auf den Weg. Er war Wiesbadener und hoffte, seine Familie noch in Stralsund zu finden. Auf unserer Expedition blieb uns nichts an zeitgemäßen Eindrücken und schrecklichen Erlebnissen erspart. Gemeinsam mit einer größeren Gruppe von ehemaligen Soldaten, etwa 60, 70 an der Zahl, und zivilen Flüchtlingen und Grenzgängern gerieten wir bald nach dem illegalen Passieren der »grünen« Grenze zur sowjetischen Besatzungszone zunächst getrennt für zwei Tage in russischen Gewahrsam, inhaftiert in einer großen Scheune. Bei einer Vernehmung gelang es mir, mich als Feldwebel der Marine-Artillerie auszugeben, auf der Suche nach seiner Familie. Einer der Mitgefangenen meinte aus den kargen Äußerungen des Wachpersonals untereinander entnommen zu haben, daß wir für einen Arbeitseinsatz im Fernen Osten vorgesehen wären. Das klang beunruhigend, aber die »erfahrenen« Rußland-Kenner unter uns meinten, daß es immer Fluchtmöglichkeiten geben würde, solange man sich in Deutschland befände. Wenig später landete auch mein Reisegefährte Werner, der Obersteuermann, in unserer

Scheune. Erstaunlicherweise hatte man uns unseren Proviant gelassen. Schlimm war der Durst, denn zu trinken hatte keiner etwas, und wir hatten fast den ganzen Tag in der noch sommerlich heißen Sonne gesessen. Einem Landser gelang es, sich unter der vernagelten Tür herauszuwinden. Er kam nach einer Weile mit einer wassergefüllten Feldflasche auf dem gleichen Weg zurück. Sie machte dann die Runde und wurde immer wieder von neuem auf dem gleichen Wege von einem der nächsten gefüllt.

Es war noch nicht Mitternacht, als ein schreckliches Geschrei ertönte, dazu grauenhafte Hilferufe von Frauen, die in einem anderen Teil der Scheune untergebracht waren. Zugleich drängten sich zwei Tataren mit ihren MP im Anschlag in unseren Scheunenabschnitt. Im Nu waren wir alle wach und mußten das grauenhafte Hilfegeschrei der Frauen und Mädchen mit anhören, die von den Russen vergewaltigt wurden, ohne daß wir in der Lage waren, auch nur das Geringste zu ihrer Hilfe zu unternehmen. Als wir uns anschickten aufzustehen, feuerten die Russen mehrere Garben über unsere Köpfe hinweg und brüllten. Fast eine Stunde dauerte diese bestialische Vorstellung. Mehrere der Soldaten weinten still vor sich hin. Keiner von uns konnte nach diesem Ereignis mehr schlafen. Wir berieten, ob und wie eine Flucht zu bewerkstelligen sei. Als es hell wurde, saß uns das Grauen dieser Nacht noch in den Gliedern. Wir dachten an unsere Soldaten, die wir mit Härte und Disziplin zu vorbildlicher Ordnung und Sauberkeit, zu Höflichkeit und Anständigkeit in den besetzten Ländern erzogen hatten. Hier wurde uns das Gegenteil von einer aufgehetzten, gierigen, ungebändigten Soldateska vorgeführt. Gegen 7 Uhr – es war Werner gelungen, seine Uhr zu verbergen – wurden wir mit lautem Gebrüll aus der Scheune getrieben und mußten auf dem Hofe Platz nehmen. Gegen 8 Uhr erschien dann ein leidlich deutsch sprechender Russe, der uns schon am Vortage aufgefallen war, und ging durch die Reihen, um jeden einzelnen genau zu mustern. Als ich an der Reihe war, tat ich vollkommen gleichgültig und guckte starr geradeaus, ohne ihn zu beachten. Dann aber sagte er plötzlich auf deutsch zu mir: »Guten Morgen – Oberfeld!« Ich war starr vor Erstaunen. Er ging auch gottlob gleich weiter, als wenn er auch gar keine Antwort erwartete. Alle möglichen Gedanken gingen mir durch den Kopf. War ich etwa erkannt? Wußte er von meiner Identität? Was hatte er mit mir vor? In wenigen Stunden sollte ich dahinterkommen, als er versuchte, erfreulicherweise vergeblich, sich meiner Stiefel zu bemächtigen.

Wieder bekamen wir weder Kaffee noch auch nur eine Krume Brot zum Essen, nicht einmal Wasser. Dann, etwa gegen 10 Uhr, wurden wir in Sechserreihen aufgestellt und marschierten dann unter dem Kommando dieses ominösen, deutschsprechenden Russen in Richtung Südsüdost, wie ich aus dem Sonnenstand entnahm. Nach einer guten Stunde hatten wir eine Chaussee erreicht und kamen ganz flott vorwärts, wobei die Russen sogar unser Tempo mäßigten. Um etwa 12 Uhr machten wir eine Mittagspause am Straßenrand. Mit einem der Landser, der auch einen etwas offiziermäßigen Eindruck machte, berieten wir die Situation und kamen überein, in der nächsten Stadt, in der wir eine Bahnstation vermuteten, einen Fluchtversuch zu unternehmen. Das Zeichen dazu sollte der rechte Flügelmann geben, indem er plötzlich den rechten Arm hochreißen würde, aber ohne einen Laut von sich zu geben. Jeder sollte darauf wortlos in irgendeine Richtung losstürzen und zu entkommen versuchen. Schließlich konnte das knappe Dutzend der Bewacher nicht alle gleichzeitig verfolgen. Es würde vermutlich Opfer geben, aber nach aller Wahrscheinlichkeit könnte der größte Teil von uns entkommen. Plötzlich drängte sich von hinten der deutschsprechende Rotarmist in unsere Marschgruppe und sagte: »Komm mit, Oberfeld!«, schob mich seitlich aus der Kolonne heraus und forderte mich auf, im Straßengraben Platz zu nehmen. Dann zeigte er auf meine Stiefel und sagte: »Wechseln«! Ich erblickte, als er seine Stiefel auszog, ein derart beispielloses Bild von Körperpflege, insbesondere Fußhygiene, daß es mir schwerfiel, Haltung und Fassung zu bewahren. Dennoch hatte ich mich so weit in der Gewalt, daß ich keinerlei Gemütsbewegung zeigte, als er den verzweifelten Versuch machte, in meine gepflegten Reitstiefel zu steigen. Zum Glück paßten sie ihm nicht. Kochend vor Wut schleuderte er mir meine Stiefel wieder zu, und ich brachte es tatsächlich fertig, gerade halblaut »schade« zu sagen, was er auch verstand.

Während dieses unappetitlichen Intermezzos waren die Mitgefangenen schon mindestens einen Kilometer weiter, so daß ich erwartete, daß er mich nun mit doppelter Eile hinterherjagen würde. Kenne einer die Russen! In schönster Eintracht marschierten wir in mäßiger Beeilung hinter der Truppe her. Er verwickelte mich in ein leidlich deutsch geführtes Gespräch, in dem er mir immer wieder klarzumachen versuchte, daß Hitler und Deutschland »kaapuut« seien, was ich nicht bestreiten konnte. Als wir die Marschkolonne erreichten, gab er mir einen freundschaftlichen Klaps auf die Schulter: »Du guut Oberfeld!« Kurz vor Calbe konnten wir bei einer Marschpause klarstellen, wie der plötzliche Ausbruch vor sich gehen sollte. Dann kam das letzte Stück des Weges. Mit angehaltenem Atem schauten wir alle auf unseren rechten Flügelmann im ersten Glied. Offensichtlich aber hatte dieser alte Landser sehr gute Nerven, denn er wartete mit dem Alarmzeichen immer noch ab, als wir längst die ersten Häuser hinter uns gelassen hatten und uns dem Stadtkern näherten. Als der Marktplatz voraus in Sicht kam, und auch die Straßen enger wurden, flog plötzlich die Hand des Flügelmannes hoch. Zusammen mit Werner, der nur unmittelbar folgte, rannte ich auf das nächste Haus zu. Mich für Bruchteile einer Sekunde umdrehend, sah ich in die völlig verblüfften Gesichter der Russen, die ihre MPs vom Rücken rissen. Dann fielen auch schon die ersten Schußserien. Die Haustür war zu. Ich stürzte mit Werner zusammen auf eine Bretterwand zwischen diesem Haus und dem Nachbarhaus. Eine Garbe aus der MP ging eben über uns in die Bretterwand. Gleich darauf hatten wir sie erklettert, ohne – außer einigen Holzsplittern – Verwundungen davonzutragen. Gebrüll und Schießerei hinter uns. Wir flohen durch einen Garten hinter dem Haus über den nächsten Zaun, weiter durch einen Garten, wieder über einen Zaun mit Stacheldraht, der uns Hände und Hosen zerriß. Dann kam eine Straße nach außen weisend. Das Schießen und Alarmpfeifen hinter uns wurde leiser. Ein älterer Mann zeigte uns den Weg. Wieder eine schmale Straße. Dann kam eine Hofeinfahrt. Da stand ein

Mann mittleren Alters, der uns in einen Schuppen winkte. Er zeigte uns ein erstklassiges Versteck in einem zweiten niedrigeren Schuppen. Hinter einem Stapel Dachziegeln hatte er eine tiefversenkte Grube, die unter der Gartenmauer durch in das nächste Grundstück führte. Hier würde uns keiner finden, meinte er. Immer noch fielen in Abständen einige Schüsse. Nach Eintritt der Dunkelheit kam unser Beschützer, Dachdecker von Beruf, ehemals Unteroffizier bei den Panzern. Das Schießen hatte aufgehört. Der gute Dachdecker meinte, daß wir bis zum Hellwerden keine Angst zu haben brauchten. Bei Dunkelheit machten die Russen keine Razzien. Er brachte uns herrliches frisches Brot und einen Riesenkrug mit Milch. Er meinte, wir sollten noch vor dem Hellwerden die Stadt verlassen und erst zwei Stationen weiter an der Bahnlinie in den Personenzug nach Salzwedel einsteigen. Ich kann mich nicht erinnern, in dieser Nacht geschlafen zu haben. Gut eine Stunde vor Hellwerden waren wir auf dem beschriebenen Wege entlang des Bahndammes in Richtung Salzwedel. Als wir die empfohlene Bahnstation erreichten, den Namen habe ich vergessen, war es fast genau halb 9 Uhr. Nachdem wir unsere Fahrkarte gleich bis Wittenberge gelöst hatten, ging alles auch sehr schnell. Beim Einlaufen eines Zuges setzte aus fast allen Abteilen ein Winken und Rufen ein, das uns beiden galt. Der Zug war fest in der Hand der gestern in Calbe einmarschierten Kameraden. Weit und breit war kein Russe zu sehen.

Der größte Teil der Gefährten hatte sich heute morgen bei Abgang des Zuges in Calbe getroffen. Eine andere Gruppe war in der ersten Station eingestiegen, und jetzt kamen wir, auf die man schon gewartet hatte. Nach allgemeiner Schätzung waren etwa vier Kameraden getötet und etwa 16 verwundet worden. Einer hatte den Schneid gehabt, nach der Flucht aus der entgegengesetzten Richtung als »unbetroffener Einwohner« am Schauplatz vorbeizugehen und das Resultat zu überprüfen. Ein anderer hatte festgestellt, daß tatsächlich bereits ein Güterzug mit einer russischen Zugwache auf dem Güterbahnhof gestanden hatte, um uns aufzunehmen.

Unsere Gruppe verminderte sich auf der Weiterfahrt rasch, und als wir in Wittenberge eintrafen, waren wir noch etwa zu fünft. Natürlich war die Elbe-Brücke gesprengt, und wir mußten sehen, wie wir im Fährbetrieb vom West- an das Ostufer gelangten: in der damaligen Zeit auch ein Abenteuer, zusätzlich gewürzt durch alberne russische Kontrollmaßnahmen. Aber der Elbübergang glückte schließlich auch.

Als ich tiefaufatmend in meinem Zuge auf einen Sitz sank, war ich nun allein für mich, Werner zog es nach Stralsund. Neben mir saß eine recht resolut wirkende Frau mittleren Alters, die aus Berlin kam und sehr bald die gedämpft geführte Unterhaltung im Abteil an sich riß. Es ging, wie konnte es anders sein, um die Verhältnisse in der russischen Besatzungszone. Ich staunte über die doch recht freie Sprache in einer Umgebung, wo keiner den Nebenmann kannte. Die resolute Mitreisende wollte nach Hagenow. Sie hatte offensichtlich mit den Russen zu tun. Denn mehrfach äußerte sie, daß man nur immer sehr bestimmt bei ihnen auftreten mußte, dann könnte man schon eine ganze Menge erreichen. Schließlich sprach ich sie an und sagte, daß ich auch nach Hagenow wollte. Ob sie mir nicht sagen könnte, wo ich zeitlich begrenzt unterkommen könnte. Sie sagte ganz lakonisch: »Bei mir!« Verblüfft schwieg ich. Dann fragte sie mich, wen ich in Hagenow treffen wollte? Daraufhin wagte ich es, ihr meine Geschichte zu erzählen.

Der Zufall wollte es, daß sie natürlich Borcherts auf Zapel kannte und auch wußte, daß das Haus noch voller Flüchtlinge war, daß es zum russischen Militärgut erklärt worden war und es daher sehr gefährlich sei, sich dort sehen zu lassen. Sie leite in Hagenow eine große Wäscherei, habe auch für die Russen zu arbeiten, und so könnte sie sich auch schon einige Freiheiten erlauben. Sie werde mich bei sich im Wäschelager unterbringen und am nächsten Tage ihren Sohn nach Zapel schicken, um meine Frau zu benachrichtigen. Sie verehrte die Frau Doktor, womit sie Gerda Borchert, Ruths Cousine, meinte. Ich hatte wieder Glück, denn alles geschah so, wie die wackere Frau es sich ausgedacht hatte. Nur kurze Zeit, nachdem sie benachrichtigt worden war, holte mich Ruth mit dem Pferdewagen ab. Unweit des Gutes stiegen wir aus und ließen den Kutscher allein auf den Hof fahren, während Ruth und ich uns durch die Gärten zum Gutshaus schlichen. Auf Anruf eines Russen, der Ruth kannte, sagte sie frech, daß sie sich endlich auch einmal einen Mann geholt hätte. Ehe er noch etwas erwidern konnte, waren wir im Gutshaus verschwunden.

Im ersten Stock erwarteten uns die Kinder, und dann ging es ans Erzählen … Dann aber ging Ruth auf den großen Kleiderschrank zu, öffnete die Türe und sagte ganz stolz: »Hier sind alle deine Gewehre, die ich dir gerettet habe.« Das war ja ungefähr das Schlimmste, was die Russen anläßlich einer Hausdurchsuchung finden konnten. Es hätte der ganzen Familie und auch den lieben Borcherts das Leben kosten können, wenn diese Dinger gefunden worden wären. Als erstes mußten die Waffen verschwinden! Nacheinander kamen Erich und Gerda Borchert, um mich heimlich zu begrüßen. Ich bin ihnen auch heute noch dankbar, wie sie diese in meiner Person neu aufgetauchte Gefahr mit bewunderungswürdiger Selbstverständlichkeit ertrugen. Natürlich schmiedeten Ruth und ich sofort Fluchtpläne. Eins aber stand gleich am ersten Abend fest, hier konnte und durfte ich nicht länger bleiben, um nicht das ganze Haus zu gefährden. Auf alle Fälle aber war es richtig, beim Bürgermeister der Gemeinde Granzin meine Anmeldung als »Arbeiter« zu veranlassen, was auch geschah. Nur die verdammten Gewehre aus dem Schrank in unserem Zimmer mußten wir loswerden! Das gelang mit Hilfe eines Neffen des Hauses, Rötger Feldmann, eines ehemaligen Fähnrichs z. S. Unter größter Vorsicht ließ ich die vier Gewehre an einer Leine aus dem Fenster. Rötger ließ sie dann in dem großen Teich im Park verschwinden. Erich Borchert hielt es auch für richtig, daß ich das Haus verließ, und brachte mich im Nachbardorf beim Bauern Scharfenberg unter, dessen beide Söhne bei der Waffen-SS gewesen waren und zu der Zeit als »vermißt« galten. Er war bereit, mich bei sich im Hause aufzunehmen, bis wir unsere Fluchtpläne realisieren konnten. Tatsächlich überstand ich drei Razzien beim Bauern Scharfenberg. Nur eine war tatsächlich gefährlich, als die Russen einmal nicht im weiten Kreis über die Felder kamen, sondern mit einem LKW bis in die Mitte des Dorfes fuhren und dann von dort aus sich in die Häuser stürzten. Mit knapper Not erreichte ich noch mein Versteck auf dem Heuboden. Um des guten alten Bauern Scharfenberg willen mußte ich hier schnell verschwinden. Es lebten nicht nur Scharfenbergs im Dorf, denn die Russen waren ganz gezielt auf sein Haus zugekommen.

Wir trafen nun so schnell wie nur möglich alle notwendigen Vorbereitungen für unsere Flucht nach Wiesbaden. Nach gut einer Woche war es soweit. Am frühen Morgen begab ich mich frech und gottesfürchtig zum Pferdestall in Zapel. Ein Wagen war schon angeschirrt. Der alte Bodin, Vertrauter des Hauses Borchert, setzte sich auf den Bock, ich mich daneben. Das schon am Vorabend in den Stall gebrachte Gepäck wurde aufgeladen, Rötger Feldmann setzte sich oben auf, und dann fuhren wir frech und selbstverständlich vor das Gutshaus. Ruth und die beiden Kinder kamen aus dem Hause und setzten sich mit auf das Gepäck, und los fuhr der Milchwagen nach Hagenow. Als wir, ohne angehalten zu werden, obwohl mehrere Russen uns gesehen hatten, auf der Chaussee nach Hagenow waren, ging uns allen der Atem etwas freier.

Von Hagenow ging es mit dem Zug nach Ludwigslust. Kurz bevor der Zug dort abgehen sollte, erschienen plötzlich etwa ein Dutzend Russen, die unseren Waggon als requiriert erklärten. Nur mit Mühe bekamen wir unser Gepäck auf der entgegengesetzten Seite aus dem Abteil, da wir eigentlich alles liegenlassen sollten. Wir luden es unter tätiger Mithilfe von bereits in luftiger Höhe sitzenden Dachpassagieren auf das Dach eines Güterwagens, auf dem wir dann die Reise nach Berlin fortsetzten. Wir reisten ziemlich ungestört. Sehr befreit atmeten wir auf, als wir endlich in Berlin im Lehrter Bahnhof einliefen, oder was davon noch übriggeblieben war. Gerettet! Kaum hatte der Zug gehalten, erschollen plötzlich Geschrei und Hilferufe. Russen plünderten die Reisenden aus. In das Geschrei mischten sich Schüsse und das Knattern von kurzen Feuerstößen. Dann sah man schattenhafte Gestalten weglaufen, es erschienen Engländer mit Taschenlampen, die am Zug entlangliefen, Maschinenpistolen im Anschlag. Erst als vollkommene Ruhe eingekehrt war, wagten wir es, vom Dach auf den

Bahnsteig herunterzusteigen. Wir waren ja auch schwer beladen. Erstaunlicherweise halfen uns die Engländer, die uns nach den Russen ausfragten und wissen wollten, wie viele es wohl gewesen seien. Als ich etwas von »curfew« bemerkte, da sagte uns ein Sergeant, daß er uns zwei Mann mitgeben werde, um uns gegebenenfalls vor seinen Bundesgenossen zu schützen, nachdem ich gesagt hatte, daß es mindestens zwei, drei Kilometer Weg zu unserem Zuhause sei.

Tatsächlich geleiteten uns zwei brave Tommies vom Lehrter Bahnhof bis nach Alt-Moabit zu unserer künftigen Bleibe und nahmen sogar den Kindern die Koffer ab. Sie sagten uns, es käme häufiger vor, daß die Russen die einkommenden Züge überfielen und die Passagiere ausraubten. Da wirklich scharf geschossen wurde, war also schon damals das Verhältnis unter den Alliierten keineswegs in Ordnung. Immerhin – eine außerordentlich wichtige Etappe hatten wir heil hinter uns gebracht.

Ich trieb mich vom nächsten Tag an auf den Stadtbahnhöfen herum, besonders auf dem Bahnhof Zoo, von wo die Militärzüge nach dem Westen gingen, und beobachtete dort das Abgehen der Züge. Nie sah ich deutsche Zivilisten einsteigen. In den Güterzügen waren immer ein oder zwei bewachte Waggons. Auch hier konnte ich nicht beobachten, daß ein deutscher Zivilist mitgenommen wurde. Gleich mir beobachteten viele Männer und Frauen die Züge, um einen Weg zu finden, wie sie Berlin verlassen könnten.

Natürlich konnte ich der Versuchung nicht widerstehen, das frühere Regierungsviertel aufzusuchen, insbesondere auch die Wilhelmstraße. Alles war nur noch ein einziger Trümmerhaufen. Überall sah man Soldaten, Amerikaner, Briten, Franzosen, Russen und auch russische weibliche Soldaten, die über die Schuttberge der Reichskanzlei stiegen und unter den Trümmern nach Souvenirs suchten. Im Tiergarten stand nicht ein einziger Baum mehr, Russenweiber lagerten sich auf den jetzt völlig zertretenen Grasflächen und soffen am hellichten Tage Schnaps. Wenn ich daran dachte, daß ich selbst vor etwa einem halben Jahr hier noch tätig gewesen war, dann konnte ich mein Dasein kaum begreifen. Wie unendlich gütig war das Schicksal mit mir verfahren. Was aber hatte ich hier alles erlebt. Angefangen vom Aufführen der Skagerrak-Ehrenwache vor dem greisen Generalfeldmarschall v. Hindenburg, und dann die schrecklichen Tage im Luftschutzkeller in der letzten Phase dieses Krieges. Als ich nun das Gewühl der Menschen hier beobachtete, dann kam mir das ganze Erlebte nur noch als ein schwerer unwirklicher Traum vor. Das Ganze war derartig niederziehend und hoffnungslos, daß ich ungehemmt hätte weinen können. Wie sollte das jemals wieder eine Weltstadt – eine Hauptstadt werden? Es war Karthago!

Vor mir lag die große Aufgabe, bald die Meinen nach dem Westen zu bringen. Wie gelangten wir an die »Grüne Grenze«, bevor unsere Vorräte erschöpft waren? Nach reichlich einer Woche entschlossen wir uns, mit vollem Gepäck zum Bahnhof Zoo zu marschieren. Es gelang uns bei Dunkelheit in einen von Briten begleiteten Güterzug einzusteigen. Unsere alles andere als bequeme Fahrt endete am nächsten Nachmittag in dem fast völlig zerstörten Magdeburg. Deutsche Eisenbahner kamen mit der englischen Zugwache und nötigten uns zum Verlassen des Waggons. Der Magdeburger Bahnhof wimmelte von Menschen. Alle warteten auf den Güterzug, der bis nach Neuhaldensleben gehen sollte, von wo man bis zur Grenze weiterkommen könnte. Wir schlossen uns den Wartenden an. Als ein Zug kam, ausschließlich offene Massengut-Waggons, half einer dem anderen beim Klettern über die doch sehr hohen Waggonwände und beim Anbordnehmen des zahllosen Gepäcks. Dann ging die Reise los in den sinkenden Abend. Kurz vor Mitternacht war Neuhaldensleben erreicht. Die ganze Menschenfracht entlud sich in den kleinen Bahnhof, wo wir dann Kopf an Kopf liegend an Deck die Nacht verbrachten. Eine Schmalzstulle war der abendliche Luxus für uns. Dann versuchte jeder zu schlafen, so gut es ging.

Schon früh am Morgen kam das Gerücht auf, daß die Grenze »offen« sei und man gefahrlos von dem mit dem Zug erreichbaren Ort Weferlingen herüber in die englische Zone marschieren könne. Das klang gut, und so enterten wir den Güterzug nach Weferlingen. Auf jeder Bahnstation unterwegs nahm die Zahl der »Reisenden« weiter zu, einige mit Handkarren und Bollerwagen ausgerüstet.

Als sich an der Endstation der Heerzug langsam gen Westen formiert und in Bewegung gesetzt hatte, waren das schätzungsweise an die 800 Menschen mit Kinderwagen, Stoßkarren und jeder sonstigen Art Gefährt mit Gepäck. Daß die Grenze »offen« sei, war leider nur ein Gerücht. Schon bald näherten sich Rotarmisten. Wir verließen unauffällig die Masse der zur Grenze Strebenden und schlugen uns in die Büsche.

Bei sinkender Sonne in westlicher Richtung marschierend, gelang es Ruth und mir, nacheinander zwei russische Posten zu überlisten. Einen stimmte Ruths Armbanduhr versöhnlich, der andere ließ sich mit unserer einzigen, sorgsam gehüteten Dauerwurst besänftigen, die er in meinem Gepäck gefunden hatte.

Wieder gingen wir auf Westkurs, sehr langsam und im Gänsemarsch. Es war jetzt stockdunkel geworden. Bei einer Rast, auch um uns etwas zu orientieren, kamen plötzlich von hinten, von Osten, drei Männer und eine Frau auf uns zu, alle schwer bepackt und schon von weitem hörbar. Als sie an unserem Lagerplatz ankamen, hielt ich sie auf. Gottlob hörten sie auf mich und legten sich auch in volle Deckung. Der ältere Mann, offensichtlich ihr Führer, fragte, ob er sich uns anschließen dürfte. Mir blieb gar nichts anderes übrig, als einzuwilligen, unter der unabdinglichen Voraussetzung, daß kein Wort gesprochen würde. Er berichtete mir, daß sie schon zwei Stunden unterwegs waren, bisher keinen Russen getroffen hatten, aber auch keine Ahnung hatten, wo nun die Grenze sein könnte.

Auf unserem weiteren Weg zur Grenze wurde ich beinahe verrückt, denn ein Koffer der Frau gab im Tragen einen dauernden Quietschton von sich. Schließlich trugen die zwei jungen Männer auch noch den Koffer der Quietschtante, womit dann wirklich absolute Stille einkehrte.

Die Schneise, auf der wir uns bewegten, mündete auf ein größeres, offenes Feldstück, das ich aber wegen der Deckungslosigkeit gerne vermeiden wollte. Nach meiner ungefähren Berechnung konnte das Feld schon etwa die Grenze bilden. Wir fanden einen offensichtlich häufiger begangenen Weg am Feld entlang nach Süden. Bald kam voraus ein heller Sandweg in Sicht. Ich schlich mich vor und sah ein großes, gut lesbares Warnschild in unserer Richtung, hier beginne die Russische Besatzungszone. Langsam schlich ich mich zurück, und dann setzten wir uns ohne jede Hast, fast auf den Fußspitzen gehend, in Richtung Sandweg in Bewegung. Erst als wir das Schild hinter uns hatten, immer noch im Gänsemarsch, wagten wir es, in leisen Jubel auszubrechen. Wir erkannten rechts von uns vom nun ins Freie führenden Sandweg eine Ansammlung von Häusern, die nun ohne jeden Zweifel auf dem britisch besetzten Gebiet liegen mußten. Wir hatten es geschafft, wir waren in Freiheit.

Im Dorf war man offensichtlich bestens auf Zonenflüchtlinge eingerichtet. Wir wurden in eine schon gut besetzte Scheune geführt und bekamen sogar heißen Kaffee. Langsam verschmerzten wir auch die uns so schnöde entführte Zapeler Dauerwurst. Am Morgen gab es schönen heißen Kaffee vom Roten Kreuz, und dann wurden wir mit einem LKW der britischen Streitkräfte nach Helmstedt zum Bahnhof gebracht. Fast »normal« fuhren wir dann, ohne Angst, von Helmstedt nach Braunschweig und von dort weiter nach Celle, wo wir freundliche Aufnahme fanden. Nach einer sorglosen Nacht in Celle war ich dankbar und zufrieden, als wir wieder im Zug saßen und es Richtung Frankfurt ging. Wieder mußten wir in Hannoversch-Münden das Werratal herunter zu Fuß über die bekannte Behelfsbrücke, auf der anderen Seite wieder hoch in den dort wartenden Zug bis nach Kassel. Am nächsten Mittag waren wir in Frankfurt auf dem Ostbahnhof, von wo sich schon ein gewerblicher Zubringerdienst zum Hauptbahnhof entwickelt hatte, wo dann auch der Zug nach Wiesbaden beinahe pünktlich abging.

In Wiesbaden, in der Einzimmerwohnung in der Wolfram-von-Eschenbach-Straße, waren wir zunächst einmal alle, auch die Kinder, wunschlos glücklich. Der Empfang durch die Oma war dann das rührendste Ereignis. Aber nach nur Minuten der Freude hatte sie erfaßt, was als erstes gelöst werden mußte, die Frage Schlafmöglichkeit für die beiden Kinder. Tatkräftig und mit Ruths Hilfe wurden noch am gleichen Tag zwei Luftschutzbetten – übereinander – organisiert, die gerade noch in das Zimmer paßten. Allerdings konnte dann das Fenster nicht mehr geöffnet werden. So blieb nichts anderes übrig, als jeden Morgen das obere Bett abzumontieren und es abends wieder zusammenzusetzen. Nachdem sich nun das Familienleben einigermaßen einlief, Karen-Helge ging in Ruths frühere Schule, fing ich an, mich um eine Tätigkeit zu bemühen.

Aus den allmählich auch wieder eintreffenden Briefen aus der britischen Zone konnte ich ersehen, daß mein Vater sämtliche, auch die letzte aller Möglichkeiten ausgegraben hatte, um mir eine Stellung in irgendeinem Betrieb zu verschaffen. Wenn auch in der Mehrzahl die Antworten, die er erhielt, recht vage und unsicher waren, so ergab sich jedoch eine einigermaßen ernsthafte Chance, am Nord-Ostsee-Kanal als Lotse anzufangen. Persönliches Erscheinen in Kiel aber war daher erforderlich, und auch Eile tat not. So blieb mir nichts anderes übrig, als zum dritten Mal nach dem Norden aufzubrechen.

In Kiel ergab sich jedoch nichts, und ich begab mich dann zunächst nach Schleswig zu Rogge, der dort immer noch als kommissarischer Landrat auf dem Stuhl seines Vaters saß, um gegebenenfalls seine Hilfestellung als Lotse für den Nord-Ostsee-Kanal zu gewinnen. Auch das wurde eine Enttäuschung, denn Rogge hatte nur wenig Zeit, war schrecklich nervös und konnte mir nicht helfen, noch nicht einmal mit einer Empfehlung. Er meinte, keinerlei Einwirkungsmöglichkeit zu haben. Mit erheblich gedämpfter Stimmung kam ich wieder in Kiel an und begab mich gleich am nächsten Morgen zu dem Verwaltungsdirigenten des Kanals, Oberregierungsrat Dr. Mangels, der auf der Mittelmole der Schleuse sein Amtszimmer hatte. Der Zugang war von englischen Soldaten abgesperrt. Es war nicht leicht, zu Mangels vorzudringen. Im Eingangsraum waren mehrere höhere Offiziere der Royal Navy in ein Gespräch vertieft, als ich eintrat. Unwillig über die Störung durch einen deutschen Zivilisten schauten sie auf. Ich glaubte meinen Augen nicht zu trauen. In der Gruppe erblickte ich den mehrfachen britischen Mannschaftsführer bei den Marine-Pokal-Segel-Wettfahrten, Corrunander (R.N.) Barraclough. Auch er erkannte mich, wandte sich jedoch ab. Die Vergangenheit war ausgelöscht, als hätte sie nie existiert.

Auch das Gespräch mit Mangels war eine Enttäuschung, obwohl er mich sehr nett und freundlich empfing. Gerade hätten die Engländer gegen die Verwendung ehemaliger Offiziere, sowohl des Heeres, aber besonders der Marine Einspruch erhoben. Anständigerweise besorgte mir Mangels aber einen Fahrtausweis, daß ich dienstlich zu seiner Behörde geladen gewesen wäre und nun die Rückfahrt nach Wiesbaden antreten müßte. Ohne Erfolg war ich am 10. November wieder bei den Meinen.

Als erstes fand ich Arbeit beim Klempnermeister und Heizungsinstallateur Himmighofen, mit dessen Tochter sich Karen-Helge in der Schule angefreundet hatte. Gerade das Klempnerhandwerk mit der ganzen Heizungstechnik konnte bei den entsetzlichen Zerstörungen mit Sicherheit für viele Jahrzehnte Arbeit und Brot geben. Einmal mußte ich natürlich an den praktischen Arbeiten teilnehmen. Dann aber sollte ich noch nebenher die Rechnungen ausschreiben. Auch das war mir recht. Der Betrieb mit seinen Dienstleistungen war von den Amerikanern beschlagnahmt. Das bedeutete, daß alle Aufträge der Besatzungsmacht sofort unter Zurückstellung anderer Arbeiten ausgeführt werden mußten. Nur in der nicht durch amerikanische Aufträge beanspruchten Arbeitszeit durften wir auch für zivile deutsche Zwecke arbeiten. Die Belegschaft bestand aus vier Mann, außer mir alles gelernte Installateure. Natürlich waren sie alle Kriegsteilnehmer, bis auf unseren Meister und Arbeitgeber. Wir hielten erstklassige Kameradschaft. Auch ein ehemaliger Maschinistenmaat der Kriegsmarine war dabei, der sich rührend um meine weitere Ausbildung bemühte.

Daneben aber hatte ich eigentlich eine Neigung zur Tischlerei. Das Umgehen mit Holzbearbeitungsgeräten hatte mich schon immer besonders gereizt. Ich wurde mit dem Tischler Zorn bekannt, ein alter gestandener Sozialdemokrat, immer zur Diskussion aufgelegt. Oft ging ich abends nach dem Abendbrotessen zu Zorns, um eine Stunde bei einer Tabakspfeife mit dem Manne zu diskutieren. Es waren immer faire Gespräche. Ich lernte viel von der Denkungsart dieses Mannes. Er war nie PG gewesen, lehnte aber auch keinesfalls alles am Nationalsozialismus ab. Vor allem meinte er, daß erstmalig in der Gesellschaftsgeschichte während des NS-Regimes der einfache Mensch, der Arbeiter, gleichgestellt und geachtet gewesen sei.

Das Rechnungschreiben bei Himmighofen für unsere Leistungen an Private wurde zu einem Kunststück. Denn ich mußte den Meister stets um Anweisung fragen, wie der betreffende Kunde zu behandeln sei. Fiel die Anweisung »streng«, dann hatte ich haargenau nach Zeit und reinen Materialkosten abzurechnen und die Rechnung entsprechend aufzumachen. Bei »normal« hatte ich überall kräftig aufzurunden und auch recht ansehnliche Zuschläge zum Zeitaufwand zu machen. Bei allen Rechnungen für das Besatzungsamt, wohin die Rechnungen für Arbeiten für die Amerikaner gingen, für Kirchen und für städtische Behörden, hieß es immer »ganz groß«, was dann grundsätzlich das Doppelte des normalen Aufwands bedeutete. Ich lernte schnell und gründlich, auch wenn ich bald wußte, daß dies keine Beschäftigung auf Dauer sein würde.

Noch etwas außerordentlich Wichtiges ereignete sich in den Dezembertagen 1945. Wir hatten durch Zufall Kontakt bekommen mit einer Siedlungsgemeinschaft, die in Eigen- und Gemeinschaftsarbeit auf dem Freudenberg bei Dotzheim Siedlungshäuser bauen wollte. Es war ein Marine-Bauingenieur, Hüpper mit Namen, der sich dieser Aufgabe mit Haut und Haaren verschrieben hatte. Er hatte ein Einheitshaus entworfen, das für dieses Siedlungsgelände zugelassen wurde, weniger materialintensiv, dafür aber recht arbeitsintensiv. Ein großer Teil der Arbeiten konnte in Eigenarbeit von ungelernten Arbeitern verrichtet werden. Hüpper hatte das Projekt in dieser hoffnungslosen Zeit bei der damaligen hessischen Regierung durchgesetzt und das Gelände von der Stadt Wiesbaden mit grundsätzlicher Genehmigung in Erbpacht erhalten. Die Gemeinschaft setzte sich aus höchst verschiedenen, begeisterten Mitgliedern zusammen. Wir waren Gründungsmitglieder und hatten daher auch das Glück, unser Grundstück auswählen zu können. Wie wir nun bauen wollten ohne Geld, ohne Material und in dieser Zeit, das war selbstverständlich noch vollkommen unklar. Nur das war uns ebenso klar, daß wir aus den jetzigen unmöglichen Wohnverhältnissen nur herauskommen konnten, wenn wir uns selbst halfen.

Am strahlenden Silvestermorgen des Jahres 1945 wollten wir gerade zu unserem Grundstück gehen, als der Briefträger eine Postkarte von meiner Mutter aus Kiel abgab. Ich las, daß mein geliebter und verehrter Vater am 22. Dezember in der Kieler Universitätsklinik an Herzschwäche gestorben war. Am 27. Dezember war er beigesetzt worden. Der alte Marinepfarrer und spätere Superintendent, Dekan Sonntag, der so viele unserer Familienereignisse begleitet hatte, hatte ihn beerdigt.

Wiederaufbau oder »Hilf dir selbst«

Anfang des Jahres 1946 erkrankte ich. Die Folgen einer schweren Lungenentzündung schwächten mich derartig, daß an körperliche Arbeit in den nächsten Monaten nicht zu denken war. So nahm ich meinen Abschied bei Meister Himmighofen. Trotz größter Sparsamkeit und wegen der länger noch gesperrten Konten mußte ich möglichst schnell wieder zu bezahlter Arbeit kommen. Beim Arbeitsamt in Wiesbaden geriet ich an einen sehr vernünftigen, älteren Sachbearbeiter. Auf seine Frage nach meinem Können sagte ich ihm nur: »Ich kann alles, und wenn ich es nicht kann, dann kann ich es in wenigen Tagen.« Das imponierte ihm sehr. Als er hörte, wer ich war, da hatte ich bei ihm einen Stein im Brett. Seine Frage nach meinen Sprachkenntnissen beantwortete ich kühn und lässig: »Englisch- und Französisch-Dolmetscher, Spanisch gut, jedoch nicht schriftlich.« Das warf ihn vollends um. Fast glücklich gab er mir eine Liste von US-Dienststellen, die alle nach Dolmetschern suchten. Nach einigen ergebnislosen Vorsprachen, die Hinauswürfen sehr ähnlich waren, stets erwiesen sich mein letzter Dienstgrad und meine Verwendung bei der U-Boot-Waffe als hinderlich, geriet ich an eine französische Dienststelle und arbeitete mich durch bis zu dem Office des »French Liaison Officer«.

Auf mein Klopfen öffnete ein jüngerer Offizier im Leutnantsrang in einer der amerikanischen stark angeglichenen Uniform. Er sah mich verständnislos an, als ich ihn fragte: »Excuse me, Sir, may I have Your kind signature?« unter Vorweisen des Zettels vom Arbeitsamt.

Er reagierte mit der Gegenfrage: »To what purpose?« Dann rasselte ich mein gut eingeübtes Sprüchlein herunter, er würde mich doch gleich rauswerfen, wenn er gehört hätte, daß ich »German Naval Officer« gewesen sei. Ich benötige aber seine Unterschrift für mein German Labour Office, das mich gesandt hätte. Er unterbrach mich nicht, sondern hörte meinen Sermon in voller Ruhe an. Dann forderte er mich zum Hinsetzen auf, nahm selbst hinter dem improvisierten Schreibtisch Platz und bot mir eine Gauloise an. Bei seinen Fragen schien ihm nur wichtig zu sein, daß ich nicht in der Partei gewesen war. Um nicht später in irgendwelche Schwierigkeiten zu kommen, wenn die volle Wahrheit über meine Vergangenheit herauskommen würde, hatte ich mich entschlossen, meinen Werdegang zu offenbaren. Er hörte sehr aufmerksam zu. Schließlich kam er auf meine französischen Sprachkenntnisse zu sprechen. Vorsichtshalber erwähnte ich meinen angeblichen französischen Dolmetscher nicht. Darauf bestellte er mich für den folgenden Vormittag, um dann meine Kenntnisse in beiden Sprachen zu überprüfen. Diese Sprachprüfung, der ich mit einiger Sorge entgegensah, erwies sich als reine Formalie.

Der Leutnant Alex G. Retgen interessierte sich in einem anschließenden langen Gespräch sehr eingehend für meine persönlichen Verhältnisse, wann und wo geboren, Eltern, Schule, Geschwister, Verheiratung, Kinder usw. Natürlich unterließ ich es nicht, von der Heimholung meiner Familie im Oktober 1945 zu berichten. Auch über meine Erfahrungen als Zentralheizungshilfsarbeiter bei Meister Himmighofen im Dienste der US-Army berichtete ich wahrheitsgemäß. Meine Erzählung schien ihn zu amüsieren.

Nach einer guten Stunde erklärte er mir, daß ich nun Angestellter bei der US-Militärregierung in Wiesbaden mit Wirkung vom 5. Februar 1946 sei. Das bedeutete jedoch nicht, daß ich etwas zu tun gehabt hätte. Denn das französische Verbindungsbüro zur »Inland Waterway Administration« hatte praktisch keine Funktion. Jedoch wurde mir rasch bekannt, daß linksrheinisch eine französische Dienststelle mit einem umfangreichen Tätigkeitsfeld existierte. Sie hatte die Aufgabe, alle im Rhein innerhalb der französischen Zone befindlichen versenkten oder auch gestrandeten

Schiffe zu heben, zu bergen und anschließend zu reparieren. Dabei kam es den Amerikanern darauf an, daß den deutschen Reedereien zur Versorgung der deutschen Bevölkerung wieder ausreichend Transportraum zur Verfügung stand. Den Franzosen lag vor allem daran, daß sie rasch Ruhrkohle bis nach Straßburg in möglichst großen Mengen transportieren konnten.

Sektionsleiter des deutschen Verbindungsdienstes für die Rheinschiffahrt in St. Goar

In den ersten Apriltagen 1946 besuchte uns unerwartet der Chef der »Section de Navigation du Rhin« aus Mainz, Colonel Noel-Mayer, der es ganz offensichtlich darauf anlegte, sich für einige Minuten mit mir allein zu unterhalten. Wir kamen in ein lebhaftes französisches Gespräch. Das Gefühl, überprüft worden zu sein, trog nicht. Am Tage darauf nach Dienstschluß eröffnete mir Retgen, die französische Besatzungsmacht wollte nun in ihrer Zone vorrangig den Rhein als Verkehrsweg wieder nutzbar machen. Für die reinen Wasserbauarbeiten gebe es die deutsche Wasserstraßendirektion in Koblenz. Jedoch für die Aufgabe der Rückgewinnung der Tonnage und auch der notwendigen Schleppkraft benötigten sie eine vollkommen neue und fachmännische Bergungsorganisation. In der Leitung dieser Organisation sollte ich die Sektion von St. Goar übernehmen, wo die Arbeiten am dringendsten seien.

Natürlich war das ein Angebot, das sehr viel reizvoller war als die bisherige Untätigkeit. Aber ich hatte auch einige zeitgemäße Bedenken. Da war zunächst die Tatsache, daß die Verpflegungslage in der französischen Zone ganz besonders schlecht war und daß ich unter keinen Umständen umziehen wollte. Ich würde mich auch nur dann zur Mitarbeit entschließen können, wenn auf längere Sicht meine Arbeit vorrangig meinem eigenen Volke zugute kommen würde. Das aber erschien mir damals keineswegs sicher. Schließlich machte mir noch zu schaffen, daß gerade in der französischen Zone die Besatzer zunächst in erheblichem Ausmaß

Kommunisten und Kriminelle in die Behörden eingeschleust hatten. Gerade ehemalige Offiziere waren das rote Tuch für alle Behördenleiter. Ich mußte also mit Sicherheit mit außerordentlichen Widerständen rechnen. Nachdenklich begab ich mich nach Hause, um mit Ruth unseren Entschluß durchzusprechen. Ich wollte meine Entscheidung von einer Unterredung mit dem Colonel abhängig machen. Natürlich hatte ich großes Interesse an der wenigstens etwas mit Schiffahrt verbundenen Arbeit und der sicherlich großen organisatorischen Aufgabe. Aber unser Siedlungsprojekt war nur zu verwirklichen, wenn ich in Wiesbaden wohnen bleiben könnte. Retgen hatte jedoch auch davon gesprochen, daß man mir bei der Auswahl meiner Mitarbeiter freie Hand lassen würde. Auch das war natürlich zu bedenken, daß ich dann unter Umständen ehemaligen Kameraden zu einem Broterwerb verhelfen könnte.

Ein Gespräch mit dem Colonel Noel-Mayer in Mainz zerstreute alle meine Bedenken. Ich erhielt freie Hand für die Verwirklichung meiner Vorstellungen. Tatsächlich haben die Franzosen, mit denen ich dann zusammengearbeitet habe, alle Zusagen eingehalten. Allein schon die natürliche Höflichkeit, mit der sie mit mir und später auch mit allen Kameraden umgingen, war eine einzige Wohltat. Nach meiner positiven Entscheidung ging Retgen mit mir zum sogenannten »Deutschen Verbindungsdienst«. Er bestand allerdings zu dieser Zeit nur aus zwei »Wasserbauern«, dem Oberregierungsrat Bode und dem Regierungsrat Kaunzinger, dem Amtmann Scharf, einer Sekretärin und einem Übersetzer. Bode erschien sehr beglückt, daß er nun für die Sektion Mittelrhein (St. Goar) einen Sektionschef bekommen hatte. Er war ein Beamter vom alten Schlage, herrlich umständlich und pedantisch. Andererseits aber war er sehr mitteilsam und betont freundschaftlich. Mit ihm würde ich jederzeit sehr gut auskommen, das war mir nach dem kurzen Gespräch klar. Und so ist es später auch gekommen, bis er infolge seiner Parteizugehörigkeit auch von Noel-Mayer nicht mehr gehalten werden konnte.

Ab 9. April sollte ich den Dienst in St. Goar aufnehmen, und Bode entwarf sofort eine Anstellungsverfügung. Ich hatte damals keine Ahnung, was nun Vergütungsgruppe V b TOA bedeutete, Wußte nichts von Steuerkarte und hatte auch keine Ahnung von der Angestellten-Versicherungskarte.

Die Reise von Wiesbaden nach St. Goar am nächsten Tage war recht umständlich, denn der Ort war nur über St. Goarshausen erreichbar. Dann mußte man die Fähre nach der anderen Rheinseite benutzen. In St. Goar konnte ich mich schnell zur französischen Dienststelle durchfragen, dort dann zu dem französischen Sektionsleiter Géraud, einem Bau- oder Waffenbeamten, der gesteigerten Wert darauf legte, mit »Commandant« angeredet zu werden. Er empfing mich sehr freundlich und war erleichtert, als er merkte, daß ich Französisch verstand und auch leidlich sprechen konnte.

Bisher war praktisch noch gar nichts geschehen. Nicht einmal eine Bestandsaufnahme über alle innerhalb der Sektion befindlichen Schiffe und Wracks war bisher gemacht worden. So machte ich mich auf, um wenigstens die Schutzhäfen in St. Goar, St. Goarshausen und in Werlau zu inspizieren. Natürlich konnte ich zu Fuß nur sehr wenig schaffen. Da mich die Direktion in Mainz bald mahnte, daß immer noch keine vollständige Schiffsliste vorlag, betonte ich immer wieder die unbedingte Notwendigkeit, über einen Kraftwagen zu verfügen.

Tatsächlich gelang es dem tüchtigen Retgen, den Chef der US-Behörde in Wiesbaden, Oberstleutnant Frances Boyd, zu bewegen, mir einen Berechtigungsschein für ein für dienstliche Zwecke benötigtes Kraftfahrzeug auszustellen. Dazu aber mußte ich selbst bei dem hohen Chef der »Rhine-Transport-Organisation« erscheinen. Wer aber beschreibt meinen Schrecken, als ich in ihm einen der Männer erkannte, die mich bei einer meiner vielen Vorsprachen in Sekundenschnelle an die Luft befördert hatten. Gottlob aber erkannte er mich nicht wieder, denn er unterschrieb ohne mit der Wimper zu zucken meinen Berechtigungsschein. Noch am gleichen Tage konnte ich ein einigermaßen fahrbereites »Adler-Trumpf-Junior«-Coupé erwerben. Ich bekam sogar einen Berechtigungsschein, um auch bei den amerikanischen Tankstellen Benzin empfangen zu können.

Eines Tages kam ein Mann zu mir, der sich anbot, mit uns zusammenzuarbeiten. Er stammte aus Ostfriesland, war lange als Maschinist auf einem Rheinschlepper gefahren, hatte dann hier in der Nähe geheiratet und war nun hier hängengeblieben. Er war ein Praktikus, der immer von den französischen Rheinreedereien geholt wurde, wenn etwas auf einem der Schlepper nicht mehr funktionierte. So kam der spätere Werkmeister Sinning zu uns, unser erster Mitarbeiter bei allen auftretenden technischen Problemen. Sehr bald erschien ein ehemaliger Maschinistenmaat namens Hoffmann bei mir, der, in Bacharach ansässig, dringend Arbeit suchte. Nach wenigen Tagen hatten wir alle Wracks und versenkten Schiffe listenmäßig erfaßt, einschließlich der Hauptbeschädigungen. Géraud ließ mir vollkommen freie Hand. Er hatte einen alten beschlagnahmten Mercedes als Dienstwagen, der Mittelpunkt seines Denkens und Trachtens.

Nach dem ersten Überblick ging ich ans Werk. Der Oberst Malcor, der als französische Kontrollinstanz dem Wasserbau in Koblenz vorstand, hatte bei der zunächst behelfsmäßigen Errichtung der Koblenzer Rheinbrücke eine holländische Taucherfirma, van Wienen, beschäftigt, die nun ohne Arbeit war. Ich traf mich mit dem Unternehmer in St. Goarshausen. Er durfte nicht nach Holland zurück, weil er im Kriege mit der Wehrmacht zusammengearbeitet hatte. Ich heuerte ihn für meine Zwecke an. Nach der von uns aufgestellten Prioritätenliste gingen wir zuerst an die Hebung der Schiffe, die den geringsten Aufwand erforderten.

Im Laufe des ersten Vierteljahres 1946 war der Briefverkehr langsam wieder in Gang gekommen. Zahlreiche frühere Kameraden hatten die Neuigkeit erfahren, daß ich am Mittelrhein gute Leute gebrauchen könnte. Wenn ich zum Wochenende nach Wiesbaden zurückkam, dann lag dort meist ein Berg von Briefen von guten Marinekameraden. Natürlich fischte ich mir zuerst die mir besonders nahestehenden Kameraden heraus. Darunter war als einer der ersten »Jimmy« Lüders, der ehemalige Kapitän der *Python*, mein späterer Assistent für Räumungsfragen in Memel. Er wurde mein verantwortlicher Bergungsleiter. Als erstes mußte er die Arbeiten der van Wienen-Gruppe scharf beaufsichtigen, die mich in den ersten unkontrollierten Wochen mit überhöhten Arbeits- und Taucherstunden recht erheblich übers Ohr gehauen hatte.

Nachdem wir die ersten drei Schiffe wieder schwimmend hatten, sprachen sich diese Erfolge schnell herum. Eines Tages kam der französische Delegationschef, Monsieur Walthér von der nördlichsten Sektion (Brohl), zu mir mit der Bitte, ihm doch einen tüchtigen deutschen Sektionsleiter zu verschaffen. Auch er war sofort mit einem ehemaligen Marineoffizier einverstanden, wenn er nur wenigstens ein wenig französisch sprechen könnte. Ich schickte ihm sofort meinen letzten LI, den Korvettenkapitän v. Engelhardt-Bergshof. Er wurde sofort genommen.

Mit der Bergung der Schiffe allein war es nicht getan. Denn fast alle Schiffe hatten mehr oder weniger starke Beschädigungen der Außenhaut. Jedoch waren Werften in dem Gebiet von Godesberg bis zur elsässischen Grenze Mangelware. Ich benötigte also Werften oder Reparaturwerkstätten. Für eine Slipp-Anlage aber brauchte man auch ganz besonders geeignetes Gelände. Mit französischer Unterstützung baute ich gegen schärfsten Widerstand der Wasserbauverwaltung am Kopfe des Winterschutzhafens in St. Goar eine Werkstatthalle, um dort einen Reparaturbetrieb unterzubringen. Sie steht heute noch. In meinem Bereich, der von Andernach bis einschließlich Bingen reichte, hatte ich nur eine einzige Werft in Lützel bei Koblenz, die ich aber nur benutzen durfte, wenn sie nicht von der Wasserbauverwaltung des Colonel Malcor belegt war. Da zwischen Malcor und Noel-Mayer ein eifersüchtiges und mißgünstiges Verhältnis herrschte, gab es da manche Schwierigkeiten. Sehr bald, nachdem Engelhardt seinen Dienst angetreten hatte, begann der Bau der Slipp-Anlage in Brohl. Außerdem konnte dann noch eine Werft in Mainz-Mombach, die »Rheinwerft«, aufnahmebereit für Rheinschiffe gemacht werden.

In der Direktion in Mainz war in der Zwischenzeit der Marinebaurat Diestelmeier zur Unterstützung von Bode und Kaunzinger eingestellt worden, ein Theoretiker, der für die praktischen Gegebenheiten wenig taugte. Er war der Marinebaurat, der im Jahre 1943 eines der ersten Typ XXI-Boote bei einem Tieftauchversuch ausprobieren sollte, dann aber bei 280 m ohne zwingenden Grund den Versuch abbrach. Daraufhin richtete Admiral v. Friedeburg jenen in aller Welt bekanntgewordenen Funkspruch an das OKM: »Erbitte Wiederholung des Tieftauchversuches unter Einsatz wagemutigeren Baurats.« Wohlwissend um seinen Mangel an praktischen Fähigkeiten, sorgte aber Diestelmeier selbst dafür, daß der ehemalige Ministerialrat Aschmoneit bei der »Section de Navigation Ju Rhin« eingestellt wurde. Wir kannten uns seit allerfrühester Reichsmarinezeit, wo er als ganz junger Baurat bei den Deutschen Werken in Kiel als Bauaufsicht meine Reparaturforderungen und Arbeitsaufträge für die Werftliegezeit von *T-157*, auf dem ich seinerzeit stellvertretender Kommandant war, zusammengestrichen und mich ganz kurz fertiggemacht hatte. Er war nun der »Werftboß« bei uns in Mainz. Sehr bald kamen wir nicht mehr ohne einander aus.

Die Arbeiten für die Hebung und Reparatur begannen rasch ins Geld zu laufen. Colonel Noel-Mayer mußte bei der Militärregierung um ein festes Budget kämpfen. Eines Tages im Sommer 1946 rief er alle seine französischen und auch deutschen Schäfchen zusammen, um ihnen das Prinzip der Kostenverrechnung klarzumachen. Jeder finanzielle Aufwand wurde bis zur Wiederindienststellung auf das Schiff, gewissermaßen auf dessen laufendes Konto geschrieben. Vom Tage der Indienststellung an wurde der Frachtverdienst zur laufenden Tilgung der bisherigen Aufwandsumme benutzt. Auf diese Weise verdiente sich jedes Schiff wieder seine vom Staat vorgeschossenen Aufwandskosten. Angesichts der Kapitalnot der Eigner war das an sich ein einfaches und vernünftiges Prinzip. Aber es erforderte eine sorgfältige Verwaltung, so daß wir zusätzlich plötzlich einen großen Bedarf an Verwaltungsleuten hatten. Natürlich stellte ich gerne ehemalige Marinezahlmeister ein, die gewohnt waren, schnell und unbürokratisch zu handeln. Da wir zur Reparatur und zur Indienststellung auch eine ganze Menge Ausrüstung benötigten, die damals auf dem freien Markt nicht zu beschaffen war, wurde in Mainz ein Zentralmagazin eingerichtet, von dem wir alles gegen Rechnungslegung für die Schiffe erhielten. Das ging von Stahlblechen aller Größen und Stärken bis hin zu »Pötten und Kannen« für die Schiffsbesatzungen. Hierfür mußten verantwortliche Magazinverwalter eingestellt werden, die den »Wasserkopf« noch vergrößerten.

Gänzlich überraschend ließ mir Retgen Ende Mai 1946 mein erstes Dienstleistungszeugnis nach dem Kriege zukommen. Es wurde mir später bei zahlreichen Bewerbungen unentbehrlich. Retgen hat mir sehr geholfen; in unserem Verhältnis zueinander gab es das Wort »Erbfeindschaft« nicht. Ich habe sein taktvolles Verhalten mir gegenüber nicht vergessen.

Ganz plötzlich kam im Juni der Colonel zu mir nach St. Goar mit der besonderen Bitte, doch sofort die Hebung des Passagierschiffes *Köln* in Angriff zu nehmen. Es lag im Hafen Werlau auf Grund aufgesetzt. Das Schiff sollte als Repräsentationsschiff des Oberbefehlshabers, General Koenig, der in Baden-Baden residierte, wiederhergestellt werden. Ich wurde unter Hintansetzung aller sonstigen Arbeiten gebeten, der sehr schwierigen Hebung der *Köln* alle Energie und Arbeitskraft zu widmen.

Anhand eines alten Postkartenbildes der *Köln* aus einem eigentlich noch geschlossenen Andenkenladen in St. Goar bereiteten wir eine genaue Taucheruntersuchung des Schiffes vor. Es mußte neben möglichen Schiffsbodenlöchern auch genau überprüft werden, ob von den vielen großen Aussichtsfenstern wenigstens noch einige geschlossen waren. Dann ging es an die Anfertigung großer Patschen, die zur Abdichtung der großen Fensterlöcher benötigt wurden. Innerhalb einer Woche wurden von den Tauchern sämtliche Fensteröffnungen mit den vorgefertigten Patschen dichtgesetzt. Die Taucheruntersuchung hatte ergeben, daß keine schweren Bodenschäden zu erwarten waren. So machten wir nach etwa einer Woche den ersten Versuch, das Schiff langsam hochzupumpen. Tatsächlich, es stieg, löste sich vom schlammigen Hafenboden und kam fast auf ebenem Kiel an die Oberfläche.

Alle Mitarbeiter hatten sich zu diesem Ereignis eingefunden. Als auch die unterste Reihe der Bullaugen aus dem Wasser war, brach ein Jubelsturm los. Dann begann die weniger erfreuliche Arbeit des Entschlammens, mit der fast alle verfügbaren Leute aus St. Goar etwa 14 Tage zu tun hatten. Hunderte von Aalen versuchten nach der Hebung, sich wieder in ihr Element zurückzuziehen, aber nur wenigen gelang es. Jimmy Lüders und seine Taucher waren nicht nur voller Stolz über die sofort gelungene Hebung, sie hatten sich auch den Löwenanteil an den Aalen ehrlich verdient. Am Abend machten wir eine größere Feier mit Aalbraten und herrlichen Rheinweinen, die aus ihren Gartenverstecken geholt worden waren.

Schon wenige Tage nach der *Köln*-Hebung erschien der Colonel Noel-Mayer mit Offizieren aus dem Stabe des Generals Koenig, um das Schiff zu besichtigen. Wenige Tage nach dem Besuch dieser Potentaten aus Baden-Baden bekam ich zu meiner nicht geringen Überraschung von der »Sûreté de Mayence« den ersten »Persilschein«, daß ich nicht unter die politischen Säuberungsgesetze fiele, wobei auf meine angeblich vorgelegten Fragebögen Bezug genommen wurde, die ich jedoch nie eingereicht hatte, da ich ja meinen festen Wohnsitz in der US-Zone in Wiesbaden hatte. Dort aber fand die berühmte Fragebogen-Aktion erst sehr viel später statt.

Die *Köln* wurde nach Herstellung der Schleppfähigkeit von einem französischen Schlepper nach Speyer gebracht und dort auf der Werft Braun & Co. wiederhergestellt. Sie fuhr dann von Anfang 1948 bis zur Rückerstattung im Sommer 1952 an die Köln-Düsseldorfer Rheinschiffahrtsgesellschaft unter dem Namen *General Mangin* für die französische Militärregierung.

Neben dieser abwechslungsreichen beruflichen Tätigkeit spielte die Sorge für das tägliche Brot nach wie vor eine wichtige Rolle. Meist am Sonnabendnachmittag fuhr ich mit meinem Dienstwagen nach Wiesbaden und durfte vorher kurz beim Bäcker Napp hereinkommen, der mir dann fast regelmäßig ein ofenfrisches Dreipfundbrot zustecken konnte. Damit tat er mehr für meine Familie, als er auch nur ahnen konnte, denn es war insgesamt ein elendes Hungerjahr. Mit der Fähre setzte ich dann über nach St. Goarshausen und rollte von dort aus hinter Kaub über die Grenze vor Lorch in das amerikanische Besatzungsgebiet. Bei der Ausreise in die andere Zone wurden ich und mein Wagen in der ersten Zeit fast jedes Mal vollkommen auseinandergenommen. Dennoch erwischten sie mich nicht ein einziges Mal mit meinem herrlichen Brot, das ich zunächst im Kofferraum verbarg. Angst hatte ich nur, daß der Geruch des frischen Brotes mich verraten würde. Nach der Kontrolle der Amerikaner, die nur die Personalien prüften, holte ich das Brot nach vorne auf den Frontsitz und erlag meist dann der Verführung und knabberte das Krüstchen an, so daß ich meist recht verlegen mit einem leicht beschädigten Brot vor meiner kleinen Sippschaft dastand.

Selbstverständlich aber verfolgten wir unseren Gedanken mit dem Eigenheim weiter und nahmen an allen langen und komplizierten Sitzungen und Gemeinschaftsarbeiten der Siedlungsgemeinschaft »Märchenland« teil. Hüpper war wirklich ein Idealist und Optimist. Wir wirkten den ganzen Sommer an den Wochenenden auf unserem Grundstück auf dem Freudenberg.

Gegen Ende des Jahres 1946 hatten wir eine recht beachtliche, gut funktionierende Dienststelle mit etwa zehn Personen in St. Goar in Betrieb. Zum Jahresende konnte ich eine erstaunliche Erfolgsbilanz aufmachen. Wir hatten etwa zehn Schiffe gehoben und repariert, weitere acht Schiffe warteten auf ihre Reparatur nach der Hebung, auf den Ufern des Rheins standen weitere vier Schiffe, die infolge des Niedrigwassers bereits an Ort und Stelle notdürftig abgedichtet werden konnten und nun das Winterhochwasser abwarteten, um freizukommen und in die Schutzhäfen geschleppt zu werden. Allerdings lagen noch etwa 80 Schiffe aller Art auf Bergung wartend in Häfen und im Fluß.

Das Herbsthochwasser setzte in diesem Jahre 1946 besonders früh ein. Wir konnten unsere an Ort und Stelle schwimmfähig gemachten Schiffe in aller Eile bergen und in die Winterschutzhäfen bringen. Ich erlebte ein Hochwasser in St. Goar, wie ich es nicht für möglich gehalten hätte. Es richtete überall im Rheinverlauf schwere Schäden an. Die Schiffahrt mußte eingestellt werden. Die Fähre konnte ihren Dienst nach St. Goarshausen nicht mehr versehen. Auch unsere Reparaturwerkstatt im Hafen von St. Goar hatte schwer gelitten.

Noch im Juli hatte Ruth gegen meinen Willen eine Reise in die russische Zone angetreten, um zu versuchen, den nach Zapel geretteten Rest unserer Habseligkeiten nach dem Westen zu expedieren, ein waghalsiges und mit großer Gefahr verbundenes Unternehmen. Ein ehemaliger Leutnant z. S., den ich in St. Goar anstellen wollte, hatte sich bereit erklärt, sie zu begleiten und ihr auch über die Grenze zu helfen. Ich war sehr erleichtert, als sie sich nach beinahe fünf Wochen auf dem Heimweg meldete und sogar mitteilen konnte, daß ihre Expedition erfolgreich gewesen war. Es war ihr gelungen, das Schlafzimmer und einige andere Sachen nach Berlin zu schaffen und von dort in den Westen zu transportieren. Manches von unserer Habe, in Kisten verpackt, war aufgebrochen und zum Teil geplündert worden. Eine mittelgroße Kiste aber war unbeschädigt und kam so, wie sie war, mit nach dem Westen. Als wir sie dann öffneten, fanden wir fast unser gesamtes Silber und alle meinen silbernen Segelpreise. Sie sollten uns später helfen, unseren Eigenheimbau zu finanzieren. Als Ruth dann aber ihre Geschichte erzählte, was sie in Zapel und in den Kellern der GPU erlebt hatte, da konnte man nur ein Dankgebet an den Himmel richten, daß er sie hatte zurückkehren lassen.

Bald nach ihrer Rückkehr hatte sie überdies in der Bahnhofstraße 22 im Parterre eine leerstehende Wohnung entdeckt, in der sämtliche Fensteröffnungen mit Brettern dicht verschalt worden waren. Im ersten Stock wohnte und praktizierte der Dr. med. Hassemer. Durch ein Plakat an der Haustür war das Haus als »Off Limits« gekennzeichnet, was soviel heißen sollte, daß kein Amerikaner das Haus betreten durfte. Über eine Tanzstundenbekanntschaft glückte es ihr – der Tänzer aus vergangenen Tagen war beim Wohnungsamt beschäftigt –, daß uns diese Wohnung zugesprochen wurde unter der Bedingung, daß wir sie selbst bewohnbar machten.

Für eine Weile unterließen wir die Arbeiten auf dem Freudenberg, um uns ganz diesem Vorhaben zu widmen. Es fehlten fast sämtliche Fensterscheiben, das Badezimmer war leer, und die Küche war vor Dreck zunächst nicht benutzbar. Gegen Jahresende 1946 konnten wir stolz auf das inzwischen durch eigene Tätigkeit Erreichte sein. Ruth war es gelungen, noch vor Weihnachten in unsere behelfsmäßig eingerichtete Vierzimmerwohnung in der Bahnhofstraße einzuziehen. Nach dem Leben in einem einzigen

Zimmer war das eine einzige Befreiung. Die Kinder und die Großeltern Kranzbühler, die jetzt von ihrem behelfsmäßigen Wohnen, dem Schlafen auf dem Fußboden erlöst waren, hatten ihre eigenen vier Wände. Unsere Betten standen im Wohnzimmer, tagsüber als Couch getarnt, und wir hatten sogar ein Badezimmer mit einer Badewanne ältesten Stiles. Welch ein Fortschritt innerhalb eines Jahres!

Bald nach Weihnachten kamen dann die Möbel aus Berlin. Auf wundersame Weise gelang es uns auch noch, die Heizung für diese Riesenwohnung mit den großen, schönen, wenn auch Wärme verschlingenden hohen Zimmern zu sichern. Das kam so. Wir hoben ein Schleppschiff im Werlauer Hafen und stellten fest, daß es Anthrazit geladen hatte, der durch eine abgelagerte Schlammschicht vollkommen verdeckt war. Abgesehen von einer sehr ausreichenden Menge für unsere Büros in St. Goar und unsere Helfer dort, blieb uns ein ausreichender »herrenloser« Vorrat, der auf mysteriöse Weise beim »Sand- und Kiestransport« in Wiesbaden-Biebrich ausgekrant und auf einen ehemaligen amerikanischen LKW verladen wurde. In der Bahnhofstraße rann der Anthrazit dann in den Keller durch das Luk im Vorgarten, ohne daß jemand davon Notiz nahm, wie gerade jene armseligen Flüchtlinge in den Besitz eines derartigen Schatzes kamen.

Das Jahr 1947

Schon im Herbst des Jahres 1946 hatten Bemühungen der Franzosen eingesetzt, mich von St. Goar zu der Zentrale nach Mainz zu holen. Man wollte mir die Oberleitung der Technischen Abteilung überantworten, dagegen aber die Gesamtleitung dem bewährten Oberregierungsrat Bode belassen. Ich war keineswegs scharf auf eine Veränderung, denn lieber in St. Goar der Erste, als in Mainz der unvermeidliche Zweite! Dies sagte ich Noel-Mayer unmißverständlich.

In den ersten Januartagen 1947 erschien Christoph Aschmoneit bei mir in St. Goar und bat mich um eine vertrauliche Unterredung. Bode war in den Maschen der Entnazifizierung hängengeblieben. Er hatte am 1. Februar seine Stellung zu räumen, was mir ganz besonders leid tat. Der Colonel hatte nun Aschmoneit gebeten, mit mir zu sprechen, damit ich die Gesamtladung übernehme. Aschmoneit sollte als ältester der Beamten und bewährter Praktiker die technische Leitung unter meiner Gesamtverantwortung ausüben. Er brachte die ausgeschriebene Anstellungsverfügung für mich gleich mit. Was blieb mir nun anderes übrig, als einzuwilligen?

Danach hatte ich postwendend für einen Nachfolger in St. Goar zu sorgen. Verständlicherweise lag mir daran, diese mir liebgewordene Stelle mit ihrer immensen Arbeit und den treuen und anständigen Mitarbeitern besonders gut besetzt zu halten. Der Zufall fügte es, daß ich gerade von meinem alten SAS-Mitlehrer aus sonnigen Kieler Segel-Tagen 1933/34, »Carolus« Smidt, dem Segelgegner der B-Jolle *Basilisk*, einen Jammerbrief erhalten hatte, daß er keine Stelle für sich finden könne. Er erschien mir für diese Sektionsleiterstelle noch geeigneter als mein lieber Crewkamerad »Adje« Zenker, der in den nächsten Tagen eintreffen sollte.

Mit den geordneten Haushaltsverhältnissen war auch die Notwendigkeit einer geordneten Ausgabenkontrolle und Kostenverbuchung erwachsen. Natürlich sollte auch da eine französische Kontroll-Instanz eingerichtet werden. Chef dieser Stelle in Koblenz war der Colonel Magny, dem ein adäquater deutscher Dienstgrad für die eigentliche Arbeit zur Seite gestellt werden sollte. Hierfür erschien mir nach erneuter französischer Anmahnung Zenker sowohl dienstgrad- als auch temperamentmäßig und vor allem in bezug auf den erforderlichen Intelligenzquotienten Magny gegenüber geradezu die Top-Besetzung zu sein. Alles klappte, und tatsächlich ist das Ganze, wie beabsichtigt, vorzüglich gelaufen.

Natürlich sprach sich in Mainz sehr schnell herum, daß ein U-Bootskommandant mit höchsten Auszeichnungen des »Dritten Reiches« Behördenleiter geworden war. Es erhob sich ein Sturm der Entrüstung in der lizenzierten Presse. Artikel mit Überschriften wie »Die braune Pest am Rhein« und »Die Nazis kommen schon wieder« und ähnlichen widerwärtigen Stänkereien erschienen. Das Faß lief über, als die bereits eingeleitete und genehmigte Anstellung von Heinrich Lehmann-Willenbrock, auch Eichenlaubträger der U-Waffe, als Bergungssachbearbeiter hier bei mir bekannt wurde. Da schnappte die Presse fast über, und der Gouverneur, Monsieur Hétier des Boislambert, im Volksmund der »böse Lambert« genannt, ließ sich den armen Noel-Mayer kommen, damit er mir sage, daß keine weiteren Marineoffiziere eingestellt werden dürften. Ich erklärte daraufhin Noel-Mayer, daß dann eben viel längere Zeit benötigt würde, bis die ursprünglich 589 Schiffe und 24 Schlepper und Fahrgastschiffe und etwa 16 »Dergels« (Pontons, Arbeitsgeräte, Fähren) wiederhergestellt wären. Wir einigten uns darauf, daß künftig jede einzelne Stelle vorher zwischen uns beiden abgesprochen werden sollte. Bisher hatte ich die mir für Einstellungen gegebene Vollmacht auch voll ausgeschöpft.

Der Colonel Noel-Mayer, selbst von Hause aus Zivilist, höherer Angestellter des französischen Binnenschiffahrtsministeriums, verschaffte sich nun zum Ausgleich die Unterstützung seiner Marine National, der Kriegsmarine, in Gestalt des Kapitänleutnants Guéritaud als eine Art Chef des Stabes. An Stelle eines harten Kontrolleurs bekamen wir ehemaligen Marine-Offiziere einen wirklichen Freund. Gleich bei der ersten Unterhaltung, er kam zu mir in mein Büro, ergab sich eine gegenseitige Sympathie, so daß mir um die weitere Entwicklung der französisch-deutschen Beziehungen in diesem Amt nicht mehr bange war. Er hatte in den USA während des Krieges ein US-Patrolboat zur U-Bootsbekämpfung gefahren und war genau wie wir alle ein begeisterter Seefahrer, der jetzt zunächst aufs Trockene gefallen war. Er hatte eine deutsche Frau geheiratet, die aus Böhmen stammte, der er aber zur Tarnung einen tschechischen Ursprung zudiktierte. Für mich erwies sich die Versetzung nach Mainz als sehr günstig. Ich war jeden Abend zu Hause in der Bahnhofstraße, konnte mich um Frau und Kinder kümmern und, nicht zu vergessen, um unser geplantes Eigenheim auf dem Freudenberg, wo ich so oft und so gut, wie es nur möglich war, auch in der Siedlerselbsthilfe mitarbeitete.

Im Sommer war es dann für uns soweit. Wir hatten inzwischen die Aushubtiefe erreicht. Jetzt begann die Materialbeschaffung, bevor wir nach einer Baufirma suchten. Das war in der Zeit vor der Währungsreform alles andere als einfach, gelang aber schließlich auf dem Wege der unerläßlichen Beziehungen und durch die Materialisierung unseres Silberschatzes, der, Stück um Stück geschickt in Zigarettenwährung umgewandelt, die Basis der Finanzierung bildete. Außerdem war mit meinem Wechsel von St. Goar nach Mainz eine Höhergruppierung verbunden, die erhebliche monatliche Rücklagen gestattete. Als wesentlicher Faktor kam noch die große, oft selbstlose wechselseitige Hilfsbereitschaft von Freunden, Verwandten, Kameraden, Bekannten hinzu: wahrhafte Volksgemeinschaft im Überwinden von Widrigkeiten und Schwierigkeiten.

Ich hatte mittlerweile sämtliche Sektionen mit Marine-Kameraden besetzt. Überall wurde hervorragende Arbeit geleistet. Alle zwei Wochen hatten wir eine gemeinsame Sitzung in Mainz unter meinem Vorsitz. Da kamen aus Brohl Engelhardt und Reeder, aus St. Goar Smidt und Reinsch, aus Mainz Saltzwedel und Angermüller, aus Ludwigshafen Neuß und Engler, Adje Zenker aus Koblenz, ohne daß der ewig meckernde Colonel Magny Einspruch erheben konnte. Von der Direktion in Mainz waren außer mir natürlich Aschmoneit, Scheel und Lehmann-Willenbrock stets dabei. Es wurden der Stand der Hebungen und der Reparaturen durchgesprochen, die Engpässe beim Material und den fachlichen Arbeiten erläutert und nach möglichem Ausgleich innerhalb der Gesamtorganisation gesucht. Daten für den Einsatz des Pumpschiffes und des Hebebocks »Rheinstein« wurden festgeschrieben, damit das sehr begrenzte Bergungspotential voll genutzt werden konnte. Wir erörterten Sorgen und Kümmernisse der Mitarbeiter um zu helfen, wo es irgend ging. Es blieb aber immer noch genügend Zeit, um die alte gute Marinekameradschaft gebührend zu pflegen.

Im Verfolg der nun allmählich auch in der französischen Zone wirksam werdenden Maßnahmen, den Deutschen mehr Entscheidungsfreiheit und wirksame Mitsprache zu geben, wurde der

Colonel Noel-Mayer zum »Direktor« ernannt. Er verlor seinen militärischen Dienstgrad, und ich erhielt den Titel »Wasserstraßendirektor« der »Wasserstraßendirektion Rheinland-Pfalz«. Diese Titulatur sicherte mir die Feindschaft von seiten der bisherigen Wasserstraßendirektion Koblenz und des Wasserstraßenamtes Mainz.

Beide Amtsleiter stammten aus der mittleren gehobenen Laufbahn und unternahmen alles, um ehemalige Marineoffiziere zu verunglimpfen, die für diese Bergungs- und Reparaturaufgabe weit besser und gediegener ausgebildet waren. Ich sah mich daher genötigt, eine Bilanz unserer bisherigen eineinhalbjährigen Tätigkeit zu ziehen und diese nicht nur den Franzosen, sondern auch dem Verkehrsdezernenten in der Koblenzer Regierung, Dr. Houben, zugänglich zu machen.

Wir waren danach eine Organisation von insgesamt 200 Köpfen, verwalteten erstmalig einen Haushalt von 14 Millionen Reichsmark und beschäftigten rund 3000 Arbeitskräfte (Taucher, auf Werften und in Instandsetzungsbetrieben), die sich auf über 300 Kilometer Flußlänge verteilten, auf denen gleichzeitig etwa 20 Schiffshebungen stattfanden, dazu mindestens 40, 50 Schiffe zur Reparatur. Wir hatten bisher 80 Schlepper und Motorschiffe mit 50 000 PS gehoben sowie 360 Kähne mit 430 000 ts. In Fahrt gesetzt waren 8 Schlepper mit 5300 PS und 58 Kähne mit 65 000 ts. Noch zu heben waren 44 Schlepper und Motorschiffe mit 37 500 PS und 197 Kähne mit 236 000 ts.

Das war eine beachtliche Leistungsbilanz, erkauft mit Pflichttreue und Urlaubsverzicht, selbstverständlich für ehemalige Marine-Offiziere, denen der tägliche Dienst mehr bedeutete als materielle Entlohnung.

Ab Mitte 1947 war es leider nicht mehr möglich, weitere Marinekameraden einzuschleusen. Es ging immer nur als Ersatz für einen, der absprang. So ging es mit dem Recken Lehmann-Willenbrock, der eine Chance in Hamburg witterte, eine größere Yacht nach Argentinien zu segeln. Schweren Herzens trennte ich mich von diesem prächtigen Kameraden und nahm für ihn dann den 30er Jeschonnek, der uns aber bald wieder verließ. Später wurde er der dritte Inspekteur der Bundesmarine. Dann kam noch der

35er Büchting, ein Schnellbootsmann mit Ritterkreuz, zu uns nach Ludwigshafen, der aber sehr bald bei der Schweizer Reederei eine neue Lebensstellung fand. In St. Goar war im Jahre 1948 zeitweise tätig der 32er Kray, der im Kriege bei Carolus Smidt als 10 auf dessen Zerstörer *Erich Giese* gefahren war.

Eines Tages erhielt ich in Wiesbaden von der US-Militär-Regierung die schriftliche Weisung, mich dort bei einem Major unleserlichen Namens zu melden. Natürlich folgte ich dieser Aufforderung. Ich wurde sehr höflich von einem Leutnant empfangen und zu einem uniformierten Franzosen geleitet. Es bedurfte keiner großen Kombinationsgabe, um festzustellen, daß seine gezielten Fragen mit einer Untersuchung der Versenkung der *Frimaire* zusammenhingen.

Ich hatte aber ein reines Gewissen. Ich ging nach Hause und erzählte den Vorfall Ruth. Da schon zu einer früheren Zeit in der britischen Zone ganz überraschend sämtliche schon aus der Gefangenschaft entlassenen U-Bootskommandanten wieder mühsam von den Engländern eingesammelt und in dem früheren KZ Neuengamme versammelt worden waren, konnte diese überraschende Vernehmung auch mit einer ähnlichen Aktion zusammenhängen.

Aber das Jahr 1947 war auch das Jahr des »Sichwiederfindens« und der erneuten Kontaktaufnahme mit den Crewkameraden, mit den eigenen U-Bootsleuten, die den Krieg überstanden hatten, und natürlich mit vielen Menschen, die einem lieb und wert waren. Da hatte ich wieder Verbindung mit meinen engsten Crewkameraden, mit Forstmann, v. Mantey, v. Blanc, Menge, Zapp, Neuß und Hans Pauckstadt. Die Überlebenden von *U-68* meldeten sich, Walter Griese, mein Dieselobermaschinist Alfred Schmelzle, meine seemännische Nr. 1, der sagenhafte Alex Kurkowski, Ernst Geest, der Gefechtsrudergänger, den ich zum Offizier vorgeschlagen hatte und der wie ein Wunder beim Untergang der *Gustloff* gerettet worden war. Auch aus der britischen Gefangenschaft hatte ich Lebenszeichen von August Maus und von Werner Wiemer, dem E-Obermaschinisten. Viele von den jungen U-Bootskommandanten, die ich entweder in Memel bei der 24. U-Flottille ausgebildet hatte oder die bei mir als Schulbootskommandanten

Dienst getan hatten, hatten aus alter Anhänglichkeit und Treue wieder Verbindung aufgenommen, so Götz Roth, Ernst Fischer, Wicke, Ludwig v. Friedeburg und Collmann. Auch die Fangbootskommandanten der 24. U-Flottille suchten wieder Verbindung, wie Scheil, Piotrowski, Engelmann, Kuchel und Pampuch. Vom Stabe der 24. U-Flottille hatten Lange, Kinscher sowie Remus, Herm und endlich auch v. Busetti Anschluß gesucht. Zu unserer größten Freude bekamen wir auch mit Bill Brindlinger und seiner Frau Verbindung. Sie waren in Franken, in Weismain, gestrandet.

Mit der beginnenden Eigenständigkeit des Landes Rheinland-Pfalz begann zugleich auch unser Problem der Selbstbehauptung. Verständlicherweise versuchten die neuen Landesbehörden, die Auswüchse der Besatzungszeit, die Gründung von Behörden nach Besatzungsrecht und die Regiebetriebe zum Nutzen und Profit der Franzosen wie die »Retrans«, eine Zusammenfassung aller Transportbetriebe, und dann die »Rhespag«, Zusammenfassung aller Binnenschiffahrtstransporteinheiten, langsam und allmählich rückgängig zu machen. Das war nur richtig und im deutschen Interesse. Wir aber saßen langsam zwischen den Stühlen und waren doch unserer Natur nach weitestmöglich Treuhänder der Eigentümer und nicht Sachwalter der Besatzungsmacht, obwohl wir als solche angesehen und beschimpft wurden. Natürlich war uns klar, daß unsere Arbeit mit der Reparatur des letzten gehobenen Schiffes beendet sein müßte. Nur wollten wir diese Aufgabe zu Ende führen. Es wäre nicht schwer gewesen, nach den vollbrachten Leistungen, unsere organisatorischen und technischen Fähigkeiten an anderer Stelle im Lande einzusetzen. Davon war dann aber keine Rede.

Im Februar kam unser Sohn Jan in der Bahnhofstraße zur Welt. Unsere Arbeiten am eigenen Hause gingen langsam, aber stetig vorwärts. Unser Ziel, noch im Sommer einziehen zu können, erschien in erreichbarer Nähe. Im August hatten wir es geschafft. Der Eingang war natürlich noch nicht fertig und auch sonst fehlte noch viel. Auch war das Gelände noch nicht planiert. Um uns herum sah es geradezu schaurig aus. Um unseren Schwiegereltern ein vernünftiges Wohnen im Hause zu ermöglichen, hatten wir längst geplant, nach der Südseite hin einen Anbau zu machen, um unten ein weiteres Zimmer zu gewinnen. Sogar der Stall (mit Garage) war auch fertig, wenn es auch noch völlig unmöglich war, mit einem PKW bis zum Grundstück vorzudringen. Die Wegeverhältnisse waren einfach katastrophal. Nach Regenwetter konnte man nur mit großen Überschuhen bis zur festen Straße gelangen, wo wir unter Sträuchern unsere Beiboote versteckten. Dennoch war diese Zeit in der Einsamkeit des »Märchenlandes« geradezu phantastisch. Unser Jan saß in seinem Kinderwagen, der mit großer Mühe von Bekannten organisiert war, immer in der frischen Luft, und freute sich seines Lebens. Er sah lachend den nie endenden Arbeiten rund um das Haus zu. Aber auch die beiden älteren Kinder waren selig und hatten im Gelände und dem angrenzenden Wald ihre volle Freiheit.

So konnten Ruth und ich, die Schwiegereltern und unsere Kinder nur dem Schicksal dankbar sein, daß es uns so gnädig gewesen war, so schnell aus dem bedrängendsten Lebensproblem der Nachkriegszeit herauszukommen, den meist grauenhaften Wohnungsverhältnissen. In nicht ganz zwei Jahren hatten wir es vom mindersten Flüchtlingsstatus zu Hausbesitzern gebracht. Manchmal zitterten wir vor der Götter Neid. Und das drohende Verhängnis kam auch unaufhaltsam auf uns zu.

Sehr zu unserem Leidwesen ging die Zeit unseres Freundes und Protektors Guéritaud ihrem Ende zu. Man konnte für seinen Wunsch Verständnis aufbringen, nicht gar zu lange von der aktiven Marine fern zu sein. So luden wir ihn ganz offiziell zu einem Umtrunk in Mainz ein. Alle ehemaligen Angehörigen der Kriegsmarine versammelten sich zu einer Abschiedsfeier. Mein einstiger Fangbootskommandant, der Oberleutnant z. S. Kuchel, hatte in Kiel eine Modellbauwerkstatt aufgemacht und fertigte Ganz- oder auch Vollmodelle von Schiffen aller Art. Es gelang, eine maßstabgerechte Zeichnung des US-Patrolboat zu beschaffen, das Guéritaud im Krieg gefahren hatte. Kuchel baute ein Modell davon, das wir Guéritaud bei der Abschiedsfeier als Zeichen des Danks aller seiner deutschen Kameraden überreichten. Er war sichtlich bewegt und ließ seinen Wunsch erkennen, daß Frankreich und das restliche Deutschland aufrichtige Freunde werden sollten. Es war eine Manifestation der Kameradschaft der Seeleute beider Nationen.

Wenige Tage später kamen er und seine Frau zu uns auf den Freudenberg und waren sprachlos über das, was Ruth und ich geschaffen hatten. Er berichtete, daß der Capitaine de Corvette De Badens, ein Reserveoffizier, ihn in etwa zwei Wochen ablösen werde. Er freue sich, daß es dieser Kamerad wäre, dem ein besonders guter Ruf als vernünftiger und politisch verständiger Soldat vorausginge. Tatsächlich hat er nicht zu viel versprochen. Guéritaud hatten wir in seiner etwas schnoddrigen Kapitänleutnants-Unbekümmertheit geliebt, seinen Nachfolger verehrten wir.

Schatten der Vergangenheit I

Trotz der Ungewißheit über die Zukunft unserer Behörde angesichts widerstreitender deutsch-französischer Interessen und der Begehrlichkeiten des herkömmlichen Behördenapparats hatten wir nach unseren Feststellungen noch ausreichend Arbeit bis 1949/50. Es handelte sich sowohl um kompliziertere Bergungen als auch um Reparaturen, die allerdings nach der Währungsreform besonders kritisch zu betrachten waren, ob sich der Aufwand überhaupt noch lohnte. Einer bestimmten Übergangszeit bedurfte es auch, damit alle Kameraden sich nach einer Anschlußverwendung umsehen konnten. Für mich kam aber zunächst alles anders.

Am 22. November 1948 bat mich Noel-Mayer ohne nähere Begründung, ihn zum Gouverneur, dem Ministre Hétier des Boislambert, zu begleiten. Es war etwa 4 Uhr nachmittags, als wir beim Gouverneur eintrafen. Wir wurden ohne Verzögerung in das Arbeitszimmer geleitet, wo außer dem Gouverneur noch ein anderer Offizier der Militärregierung anwesend war. Boislambert kam mit offenen Armen auf mich zu, gab mir die Hand und sagte: »Je suis infinement triste, Monsieur Merten, qu'il me faut vous

C O P I E

MANDAT D'ARRET

CRIMES DE GUERRE No. 567

REPUBLIQUE FRANCAISE

Cabinet No.I
Dossier I.288

TRIBUNAL MILITAIRE PERMANENT
de PARIS
séant a PARIS - 20,rue de Reuilly (12eme)

Nous ,Capitaine HARLIN,
Juge d'Instruction Militaire au Tribunal Militaire permanent de Paris,mandons et ordonnons a tous agents de la force publique d'arreter et conduire en la Maison d'arret du Cherche-Midi en se conformant a la loi le nommé MERTEN,Karl- ex-capitaine de corvette de la Kriegsmarine,inculpé de :DESTRUCTION VOLONTAIRE DE NAVIRE - HOMICIDES VOLONTAIRES -

Enjoignons le Directeur de ladite Maison d'arret de recevoir et retenir ledit MERTEN Karl jusqu'a ce qu'il en soi autrement ordonné-

Requerons tout dépositaire de la force publique auquel le présent mandat sera exhibé de preter main-forte pour s son exécution,s'il en est requis,a l'effet de quoi avons signé ledit mandat et l'avons scellé de notre sceau.
Fait en notre cabinet a PARIS, le 15 juin 1948
signé : HARLIN.

VU :
Le Commissaire du Gouvernement
signé BONTEMPS

P.Copie certifiée conforme
le Greffier :
signé : H.Hanney

RENSEIGNEMENTS AU DOS :

ex-capitaine de Corvette de la Kriegsmarine,domicilié a Wiesbaden,Bahnhofstrasse 22 (Allemagne)employé au Ministere Francais des Communications par eau(Rhin)

DATE ET LIEU DU CRIME : 15 juin 1942 -Mer des Caraibes -

COPIE CERTIFIEE CONFORME A L'ORIGINAL QUI A ETE REMIS A M.LE DIRECTEUR DE LA MAISON D'ARRET DE MAYENCE.-
MAYENCE,le 23 novembre 1948
Le Commissaire :

Deutsche Übersetzung

HAFTBEFEHL

KRIEGSVERBRECHEN NR.567

F R A N Z Ö S I S C H E - R E P U B I Q U E

KABINETT NO.I

AKTE I.288

STÄNDIGES MILITÄRGERICHT
IN PARIS
mit Sitz in 20.Rue de Reuilly(12)

Wir,der Capitaine Harlin
Untersuchungsrichter beim Ständigen Militärgericht in Paris,verordnen und befehlen allen Hoheitsträgern festzunehmen und zu verbringen in das Gefängnis von Cherche-Midi im Namen des Gesetzes

den MERTEN,karl-Friedrich-Ex-Korvettenkapitän der Kriegsmarine,der angeklagt ist:-Mutwilliger-Schiffszerstörung-Mutwilligen Totschlages-

Wir befehlen ausdrücklich dem Gefängnisdirektor,den genannten MERTEN Karlaufzunehmen und festzusetzen bis über ihn anderweitif verfügt worden ist.

Wir verlangen,daß jeder Hoheitsträger,dem dieser Haftbefehl zugeht,tatkräftig an der Ausführung ,wie sie darin befohlen ist mitwirkt,zu welchem Zweck wir diesen Befehl gezeichnet und mit unserem Siegel versehen haben.

Ausgestellt in unserem Büro in Paris,den 15,Juni48

gezeichnet: HERLIN

GENEHMIGT:
Der Regierungskommissar
gezeichnet; BONTEMPS

BEGLAUBIGTE KOPIE
der Kanzlei-Chef
gez.: H.HENNEY

NEBENHINWEIS:
Ex-Korvettenkapitän der Kriegsmarine,wohnhaft in Wiesbaden,Bahnhofstr,22(Deutschland),angestellt beim franz. Ministerium der Binnenschiffahrt(Rhein)

Datum und Ort des Verbrechens: 15.Juni 1942 -Karaibisches Meer.-

Beglaubigte Kopie entspricht dem Original,das dem Gefängnisdirektor von Mainz übergeben wurde!

Mainz,den 23.November 1948

(Stempel

Der Kommissar:
Cassier

rendre à Monsieur Cassier, le Chef de la Sûreté de Mayence.« Als ich nach den Gründen dieser ungewöhnlichen Verhaftung fragte, erklärte er mir, daß ich vom Tribunal Militaire Permanent de Paris wegen Kriegsverbrechen, begangen im Juni 1942 am Schiff und der Besatzung der *Frimaire*, gesucht würde und mich dort zu verantworten hätte. Er fügte noch zur Beruhigung dazu: »Mais si vous avez tué correctement, vous seriez surement acquitté.« Damit war die Unterhaltung beendet. Der Sûreté-Chef bat mich, ihn zu begleiten. Zum Abschied gaben mir Boislambert und Noel-Mayer die Hand.

Erstaunlicherweise fuhren wir zunächst in seine Wohnung. Dort durfte ich Ruth anrufen und konnte sie bitten, mir einen Koffer mit dem Nötigsten nach Mainz zu bringen. Dann übergab er mir den Haftbefehl und bewirtete mich mit einer Tasse Kaffee, die er selbst zubereitete.

Der Haftbefehl, ausgestellt am sechsten Jahrestag der Versenkung der Frimaire, war nach seinem Inhalt nun wirklich alles andere als beruhigend. »Destruction volontaire de Navire« und »Homicides volontaires«, las ich da, also mutwillige Schiffszerstörung und mutwilliger Totschlag. Wie sollte ich ohne Unterlagen, Zeugenaussagen und vor allem ohne mein KTB je aus dieser Situation herauskommen? Als Ruth endlich kam, gab es doch einen recht bedrückenden Abschied.

Nach Dunkelwerden wurde ich von zwei Gendarmen in das Stadtgefängnis von Mainz eingeliefert. Die Nacht, ohne Decken, ohne Essen, ohne Licht, bereitete mich auf das Kommende schon vor. Um 7 Uhr am nächsten Morgen wurde ich, diesmal von zwei Soldaten unter Gewehr, abgeholt und in Handschellen im Marsch auf der Mitte der Straße zum Bahnhof eskortiert. Dabei begegneten wir in der Nähe des Bahnhofs und dann im Bahnhof denjenigen meiner Angestellten, die morgens zum Dienstbeginn mit den Vorortzügen nach Mainz kamen. Sie winkten mir verstohlen zu und sorgten dafür, daß diese mir erwiesene besondere Aufmerksamkeit allerorts in der Behörde und auch sonst rasch bekannt wurde.

Bevor der D-Zug nach Paris abfuhr, übergaben die Soldaten

mich an zwei Polizisten in Uniform, die mich dann während der Reise – ich weiter in Handschellen – in einem Sonderabteil bewachten und am späten Nachmittag in Paris im alten napoleonischen Gefängnis in der Rue de Cherche-Midi ablieferten. Bei der Einlieferung wurde ich eingehend gefilzt. Man nahm mir Uhr, alle Metallgegenstände, Rasierzeug und Koffer weg und sperrte mich dann in eine vollkommen leere Zelle.

Ich war sehr erstaunt, als plötzlich die Tür geöffnet wurde und statt eines Wärters ein deutscher Gefangener zu mir kam. Er stellte sich als Gefangenenältester vor und bemühte sich ehrlich, mich in meiner desolaten Verfassung zu trösten. Sein Name war Lohse. Vieles, was er mir erzählte, trug nicht gerade zu meiner Beruhigung bei. Er hatte die Heimat nach dem Kriege noch nicht wiedergesehen. Aus englischer Gefangenschaft war er an die Franzosen ausgeliefert worden, und sein Verfahren hatte noch nicht einmal begonnen. Lohse war als Kunststudent, zusammen mit dem gleichfalls hier sitzenden Prof. Wendtland, mit dem Erwerb französischer Kunstschätze beauftragt gewesen und nun des Kunstraubes angeklagt.

Wirklich tröstend in meiner Lage war hingegen, wie er mir sagte, daß die etwa 90 Gefangenen eine eiserne Kameradschaft umschloß, daß die Hinrichtungen aufgehört hatten und auch schon einige wenige Entlassungen im letzten Jahr vorgekommen waren. Nachdem ich kurz berichtet hatte, wessen ich angeklagt sei, meinte er, daß ich in Anbetracht der anderen Fälle zweifellos nur ein »kleiner Fisch« sei. Er sicherte mir jede kameradschaftliche Hilfe und jeden Rat zu. Nach eingehender Information über die Gewohnheiten in diesem Hause verließ er mich. Wenig später wurde ich von einem Wärter in eine andere Zelle gebracht.

Sie, besser als Loch bezeichnet, maß etwa 1,80 × 2,70 m, hatte eine eiserne Bettstelle mit einem durchgelegenen Strohsack, ein Wandbrett und einen Eimer mit Deckel als Abort. Kein Tisch, kein Stuhl, nur eine graue zerflederte abgescheuerte Wolldecke auf der Koje, diese zugleich die einzige Sitzgelegenheit. An der Außenseite der gut 4 m hohen Zelle befand sich ein kleines Fenster in etwa 60 × 30 cm Maß, das hinter schweren Gittern vom Dach überragt wurde, so daß der Lichteinfall minimal war. Die Holzdielen waren rissig und ausgetreten. In der schweren, eisenbeschlagenen Tür war das obligate Guckloch und eine von außen zu öffnende Klappe von ca. 15 × 15 cm. Das sollte nun für unberechenbare Zeit mein trautes Heim werden.

Immerhin bekam ich so gegen 6 Uhr abends zum erstenmal nach meiner feierlichen Verhaftung einen Blechnapf mit einer recht schmackhaften Kartoffelsuppe und einem Stück Weißbrot, dazu einen Löffel und eine Wasserkanne. Danach gab es heißes Wasser, zum Geschirrspülen über dem Eimer. Zum Abtrocknen mußte ich das mitgebrachte eigene Handtuch nehmen. Kaum beendet, hieß es: »seau« – Eimer –, worauf die Türen geöffnet wurden, man den Eimer ergriff und sich auf dem Korridor hinter den Bewohner der Nachbarzelle einreihte, die Treppe runterschlurfte, den Kübel in ein Loch ausleerte und unter einem laufenden Wasserkran ausspülte, einen Schöpflöffel mit Desinfektionsflüssigkeit in den Eimer verabreicht bekam und immer hinter dem Vordermann die Treppe wieder emporstieg, zurück zur eigenen Zelle. Wenige Minuten später mußte man sich bei geschlossener Tür in den Türrahmen stellen, und die Abendrunde passierte unter Aufreißen jede Tür. Um 8 Uhr war dann »Licht aus«, und man verbrachte die Nacht bis 6 Uhr früh zum »Wecken« im Dunkeln, nur gestört von der nächtlichen Runde, die ein-, zweimal das Licht zur Kontrolle anknipste. Ich fror erbärmlich in der ersten Nacht, obwohl ich nur die Schuhe ausgezogen hatte. Meine Gedanken drehten sich im Kreise, und die Anspannung der letzten 24 Stunden machte sich bemerkbar.

Am nächsten Morgen hatte ich noch nicht einmal eine Waschschüssel zum Waschen in der Zelle. Ich wusch mich im Eßnapf. Dann gab es ein Kaffeegebräu von reiner Zichorie und ein winziges Stück alten Weißbrotes. Da ich keinen Becher hatte, wurde auch der Kaffee aus der Gamelle getrunken. Dann kam wieder die »seau«-Runde in der gleichen Polonaise, dann die Morgenmusterung und Zählung.

Nur wenig später kam Lohse wieder und erkundigte sich nach meinen Bedürfnissen. Tatsächlich erhielt ich noch am gleichen

Tage ein Handtuch, einen Tisch und eine zerbeulte Waschschüssel. Gegen 10 Uhr war Hofgang, wo alle Häftlinge in dem etwa 30 × 40 m großen Hof zu zweien die Runden drehten. Hier durfte gesprochen werden, als einzige Gelegenheit während des Tages. Man durfte den Gesprächspartner auch wechseln. Dies war der Lichtblick des Tages, weil man viel Lebens- und Gefängnisweisheiten von den altgedienten, erfahrenen Gefangenen inhalieren konnte, die dem Neuling halfen, sich zurechtzufinden. In der Ecke des Hofes stand einer der Wärter, der die Aufsicht führte, unbewaffnet, meist rauchend, mit gelangweiltem Gesicht. Meist kam während unserer Hofgangzeit die »Sondergruppe«, die Elite der mutmaßlichen Kriegsverbrecher, mit ihrem »seau«, fast immer schärfer bewacht. Darunter waren der ehemalige deutsche Botschafter Abetz, der Fallschirmjäger-General Ramcke, der Höhere Polizeiführer Paris Oberg, der SD-Chef von Paris Knochen und die Generale Frhr. v. Rotberg und v. Faber du Faur, die Bezirkskommandanten in Frankreich gewesen waren. Sie gaben in ihrem Äußeren ein erschütterndes Bild ab, zeigten, aber in ihrer Haltung eine imponierende gleichmütige Gelassenheit. Als Ranicke jedoch mehrfach, den Hof mit dem Eimer in der Hand betretend, die gedrängte Runde der Hofgänger mit einem dröhnenden »Heil Hitler« begrüßte, wurde der »seau«-Zirkus der Sondergruppe für eine Zeitlang vorverlegt, so daß wir sie nicht mehr zu Gesicht bekamen.

Nach dem Hofgang wurden wir wieder eingeschlossen bis zum Mittagessen, wo es zwei Gänge gab, zunächst die sogenannte »Vorsuppe«, meist eine dünne Kohlbrühe, danach die »Hauptsuppe«, immer eine wohlschmeckende dicke Kartoffelsuppe, an Sonntagen meist mit einem Stück Fleisch. Dazu aber gab es jeden Tag etwa zwei Deziliter landläufigen Pinot, Rotwein, wie er zu der Zeit allen Gefangenen zustand.

Die Währungsreform hatte stattgefunden, der Aufbau Deutschlands war in vollem Gange, die Demontagen liefen langsam aus, es bestanden bereits Länderregierungen. Dennoch hörten die französischen Militärgerichte wohl aus Rücksicht auf die Volksseele nicht mit dem ganzen Spuk auf, auch wenn sie absichtlich die Vernehmungen immer weiter hinausschoben und die Verfahren in das Endlose dehnten.

Wenn man also nicht »ad calendas graecas« seine besten Jahre verlieren wollte, dann mußte man in erster Linie darum besorgt sein, daß die Vernehmungen durch den Untersuchungsrichter in Gang kamen und auch in Gang blieben. Das konnte nur ein in Paris zugelassener Anwalt mit gutem Namen erreichen. Wie aber konnte ich einen Anwalt in Paris bezahlen? Einen freien Währungsaustausch mit Frankreich gab es von Deutschland aus nicht. Aber man konnte über das Saargebiet Mark einführen und Franc kaufen. Das gelang meiner Frau über Verwandte in Saarbrücken, denen ich noch heute dankbar sein muß. Auch wurde mir ein Anwalt vom Christlichen Hilfswerk empfohlen, der jedoch bei den mitgefangenen Kameraden keinen guten Ruf genoß.

Dafür sprach einer der Kameraden mit seinem für ihn tätigen, jungen und zugänglichen Anwalt, Maitre Luciani. Dieser war nach kurzer Unterredung mit mir im Gefängnis bereit, die Verteidigung zu übernehmen, nachdem ich ihm meinen Fall blumenreich geschildert hatte. Er verlangte zunächst 30 000 Franc, ließ aber durchblicken, daß er wohl insgesamt mehr als das Doppelte brauchen würde. Das war für einen fast mittellosen deutschen Bürger, ein halbes Jahr nach der Währungsreform, ein sehr ansehnlicher Betrag. Nach meiner Entlassung aber forderte Maître Luciani ein Erfolgshonorar von 120 000 Franc, die ich beim besten Willen nicht aufbringen konnte und auch auf Empfehlung der Kriegsgefangenen-Beratung nicht bezahlte, was mir den Vorwurf der Undankbarkeit von seiten des Maître eintrug. Nun, andere Länder, andere Sitten. Jedoch abermals das Doppelte der als Höchstsumme genannten Liquidation war dann doch reichlich überhöht, zumal er in meinem Falle lediglich als Briefkasten für die Zeugenaussagen, die Entlastungsdokumente und die Schriftsätze des ehemaligen Flottenrichters Kranzbühler fungierte, der sich in Deutschland meiner Sache angenommen hatte. Allerdings konnte nicht hoch genug bewertet werden, daß er die Beschleunigung der Vernehmungstermine bewirkte.

Neben dem Geld für den Anwalt benötigte man unbedingt verhältnismäßig geringe Beträge zur Erleichterung des täglichen Lebens im Gefängnis, Tabakwaren, Zahnpasta, Klopapier und andere Bedürfnisse. Das war besonders wichtig, weil man sich mit einem Päckchen Gauloise pro Wärter (drei ausschlaggebend wichtige Persönlichkeiten) einen größeren Freiraum verschaffen konnte, etwa abends länger Licht, auch unverschlossene Zellen an Sonntagnachmittagen für mehrere Stunden. Dies eröffnete die Möglichkeit gegenseitiger Kaffee-Einladungen und Klönstunden mit anderen, gleichfalls begünstigten Kameraden. Auch endete in der Mitte meiner Haftzeit die kostenlose Beförderung der Kriegsgefangenenpost, und wir mußten das Briefporto aus unserem Guthaben bezahlen. Diese Maßnahme war Ausdruck der Fiktion, daß es keine Kriegsgefangenen mehr im französischen Gewahrsam gab.

Bis auf einige noch sehr junge Aufseher, die es den »boches« zeigen wollten und bei den fast wöchentlichen Filzungen der Zellen ihrem Chauvinismus freien Lauf ließen, sich auch bei der Prüfung der Pakete alle möglichen Schikanen einfallen ließen und bei jeder Gelegenheit mit Gebrüll und unflätigsten Beschimpfungen nicht sparten, war die Behandlung hart, aber korrekt. Tätlichkeiten kamen nicht vor. Der gutmütigste und duldsamste der Aufseher war ein Mulatte, der viele Dienstjahre in der Strafkolonie Cayenne hinter sich gebracht hatte. Der Gefängnisdirektor, ein Colonel, kam einmal im Monat zur Besichtigung, wobei sich jeder Gefangene mit Namen und Anklage melden und im Türrahmen aufstellen mußte.

Unter Hinweis auf meine Kriegsverletzung und nach Vorlage eines Attestes meines Wiesbadener Arztes bekam ich eine dritte Decke sogar besserer Qualität, die mich die Kälte besser ertragen ließ. Nachdem die Briefverbindung mit Ruth und den nächsten Angehörigen hergestellt war, erhielt ich auch Pakete, sogar über Wiesbadener Freunde auch aus Luxemburg und von den Saarbrücker Verwandten, die dem Hunger entgegenwirkten.

Mein Untersuchungsrichter war der Capitaine Harlin, Jurist und Reserveoffizier. Nur bei der Vernehmung zur Person beim ersten Mal war ein Dolmetscher zugegen, auch für den offiziellen Teil ein Stenograph. Harlin entließ ihn aber sehr früh zur Aufsetzung des Protokolls, das dann von mir am Schluß mitunterzeichnet werden mußte, und ließ sich dann von mir seemännischen und speziell U-Boottechnischen Unterricht erteilen, da er davon auch nicht die geringste Kenntnis hatte. So kam es, dank meiner guten sprachlichen Fortschritte, zu mehrstündigen eingehenden Unterhaltungen, wobei er sich lebhaft für alle Seiten des U-Bootslebens interessierte, erstaunlicherweise auch für mein persönliches Leben und Schicksal. Dabei bot er Kaffee und Zigaretten an, hatte jede Menge Zeit, um zuzuhören, und stellte auch durchaus kluge und logische Gegenfragen. Nachdem es Kranzbühlers Gehilfen, dem Kapitänleutnant a. D. Meckel, gelungen war, von den Engländern aus der Admirality eine Fotokopie der Seiten meines KTB der Karibik-Reise zu ergattern, war der persönliche und maritime Gesprächsstoff mit dem Capitaine Harlin unerschöpflich. Dieses Dokument diente ebenso meiner Entlastung wie die beigefügten Zeugenaussagen meines damaligen I. W.O., Oberleutnant z. S. Hänert, dem seinerzeitigen Obersteuermann Griese und des Fähnrichs Stobbe. Das darauf fußende spätere Gutachten Kranzbühlers verfehlte seinen Eindruck auf Harlin auch nicht, und er zeigte sich aufgeschlossen und fair. Zwei Zeugen waren zur Aussage vor dem Militärgericht in meiner Sache geladen. Der erste, der noch zur See fuhr und um dessen Urlaub willen die Vernehmung mehrfach aufgeschoben wurde, war der Kapitän Delmont. Er war als Kapitän eines Tankers nur wenige Tage später aus Lissabon in portugiesischer Charter ausgelaufen und war, genau wie die *Frimaire*, nach dem kolumbianischen Ölhafen Covenas im Golf von Darien bestimmt. Auf die Nachricht von der Versenkung der *Frimaire*, die diese noch vor dem Untergang hatte absetzen können, hatte er kehrtgemacht und war unbehelligt nach Lissabon zurückgekehrt. Tatsache war, daß beide Schiffe, wie sich herausstellte, zwar ein britisches, jedoch kein deutsches Navicert für diese Reise erhalten hatten. Damit wurden sie auch nicht als Neutrale laufend über den BdU an die U-Boote gemeldet, wie es üblicherweise geschah. Somit war bereits an anderer Stelle ein organisatorischer Fehler entstanden, der mir als Kommandant im Kriegsgebiet nicht zur Last gelegt werden konnte.

Blieb die Behauptung, daß kein Mann der Besatzung gerettet worden war. Mit diesem Vorwurf sollte eine mögliche Einwirkung des U-Bootes auf die Rettungsboote nachgewiesen werden, also eine Tötung der Überlebenden. Aus dem KTB-Auszug ging hervor, daß *U-68* nach der Versenkung unter Wasser abgelaufen und erst weit entfernt von der Untergangsstelle wieder aufgetaucht war. Ich führte aus, daß eine solche Normalität, wie das von mir beobachtete Aufschwimmen von zwei Rettungsbooten, im KTB nicht vermerkt werden mußte. Aus den Aussagen Hänerts und Grieses ergab sich jedoch zweifelsfrei, daß ich ihnen meine Beobachtung sogleich mitgeteilt hatte. Dagegen wäre bestimmt notiert worden, wenn abweichend vom normalen Ablauf bei einem derartig großen und modernen Schiff keine Boote beobachtet worden wären. In der Praxis kamen die Rettungsboote der torpedierten Feindschiffe schon nach knapp einer Minute zu Wasser. Oft hatten sie schon Segel gesetzt, bevor das Schiff selbst unterging, und Kurs auf Land genommen.

Warum eine Hilfeleistung meinerseits unterblieben wäre, blieb dann die letzte Frage, aus der eine Belastung hergeleitet werden konnte. Nun, so ein begrenztes Seegebiet wie das karibische Meer war bereits damals, auch im Kriege, von einem engen Luftverkehrsnetz überzogen. Dies machte bei sehr klaren Sichtverhältnissen und vor allem großer Wasserdurchsichtigkeit das »Getauchtstehen« bei Tage häufig erforderlich. Die Unterscheidung ziviler von militärischen Flugzeugen war für *U-68* natürlich gar nicht möglich. Eine Agglomeration von U-Boot und Rettungsbooten hatte unverantwortliche Risiken für das U-Boot zur Folge, denen ich das Boot und die Besatzung nicht aussetzen durfte. Zunächst war die Gebirgsküste der Sierra de Santa Marta mit dem bloßen Auge gut erkennbar, geschätzter Abstand etwa 20, 25 Seemeilen, dann war Seegang 1 und lange schwache Dünung, Windstärke 1–2 nach Beaufort. Für das Überleben der in den Rettungsbooten befindlichen Besatzungsangehörigen bestanden die günstigsten Voraussetzungen. Schließlich aber stellte sich die Frage, welcher Art eine Hilfeleistung hätte sein können. Der Weg zur Küste war gewissermaßen vorgezeichnet, mit leichten SO-

Wind hätten die Boote in vier bis sechs Stunden unter Segel leicht das Festland erreichen können. Bei einer für die Schiffbrüchigen schwierigeren Situationen bei Nacht oder unsichtigerem Wetter hatte ich stets den Versuch gemacht, ihnen den Kurs zum nächsten Festlandspunkt anzugeben, ihnen Proviant, Wasser oder ärztliche Hilfe angeboten, um die Härten des Seekrieges so gut wie möglich zu lindern.

Der echte Seemann Kapitän Delmont äußerte dann bei der Vernehmung auf Befragen spontan, er hätte auch nicht anders gehandelt als der deutsche U-Bootskapitän. Die Frage von Hilfeleistungen war nun aber bereits hinreichend im Nürnberger Prozeß gegen den Großadmiral geklärt worden. Die Aussagen des US-Admirals Nimitz und die Auskünfte der britischen Admiralität schlossen für ihre Marinen eine Hilfeleistung in solchen Fällen grundsätzlich aus.

Der zweite Zeuge, der erst spät, im Februar 1949, zur Aussage kam, war der Direktor der Office National de Navigation, der Reederei, der die *Frimaire* gehörte, die im Jahre 1929 als deutsche Reparation von den Deutschen Werken in Kiel geliefert worden war.

Er wirkte unglaubwürdig, auch weil er ungefragt zu Dingen Stellung nahm, die er gar nicht beurteilen konnte. So behauptete er, daß der militärische und der zivile Luftverkehr über der Karibik völlig unbedeutend gewesen sei, obwohl er zugeben mußte, zu keiner Zeit des Krieges überhaupt dort gewesen zu sein. Er wirkte arrogant, gehässig, unsachlich und chauvinistisch. Er wußte weder etwas von einem Navicert noch von den damals für Vichyschiffe vorgeschriebenen Formalitäten. Sein Auftreten bedeutete dennoch keine Gefährdung für mich, da die belangreichen Fragen ohne ihn geklärt worden waren. Er sagte unter Eid aus, daß keiner der Besatzungsangehörigen (65 Mann) sich je wieder gemeldet hätte und damit anzunehmen sei, daß sie alle beim Untergang das Leben verloren hätten. Diese Behauptung vermag ich auch heute noch nicht zu glauben. Ich möchte vielmehr annehmen, daß für diese Aussage gewisse Reparations- oder Versicherungsfragen maßgeblich waren. Einige Andeutungen des Rechtsanwaltes Luciani bei der Verkündung der vorläufigen Entlassung erhärteten meine Vermutungen.

Hervorzuheben ist die wirklich menschlich anständige Haltung der französischen Kontrollbehörde meiner Wasserstraßenverwaltung. Noel-Mayer intervenierte mehrfach bei General Koenig, dem Oberkommandierenden der Besatzungstruppen in Baden-Baden, zu meinen Gunsten unter Hinweis auf meine bisherigen Leistungen und meine Charaktereigenschaften. Besonders auch hat sich der Commandant und Chef de Etat major der Kontrollbehörde, der Capitaine de la Marine National De Badens in der ganzen Zeit bemüht, meiner Familie das Leben zu erleichtern und nützliche Verbindungen herzustellen. Er und seine Frau besuchten meine Familie auf dem Freudenberg mehrfach, brachten Lebensmittel und übermittelten ihnen Nachrichten über den Fortgang des Verfahrens in Paris, wozu er eine eigene ständige Korrespondenz mit dem Anwalt Luciani unterhielt. Seinem Eintreten für mich hatte ich auch zu verdanken, daß die mich am schwersten bedrückende Sorge, der Unterhalt meiner Familie, durch Weiterzahlung meines Gehalts von seiten der Landesregierung Rheinland-Pfalz von mir genommen wurde. In sehr nobler Weise setzte sich auch unsere Oberbehörde, das Ministerium für Wirtschaft und Verkehr, unter dem Staatssekretär Dr. Steinlein auf Betreiben des Regierungsdirektors Dr. Houben, eines Kavaliers alter Schule, und seines Referenten Loewenguth vorbildlich für mich ein. Dr. Houben schrieb mir mehrfach Briefe und sandte wertvolle Päckchen für »seinen Cherche Midi-Gefangenen«. Er war ein »real old Gentleman«.

Eine besondere Rolle hat auch Guéritaud gespielt, der Vorgänger von Capitaine De Badens. Er suchte den Rechtsanwalt Luciani auf, um auf seine Weise ein für mich sprechendes menschliches und charakterliches Bild zu zeichnen. Leider habe ich später nichts mehr von ihm gehört und auch seine Spur nicht wiederfinden können. Er war ein prächtiger Kerl.

Eine weitere große moralische Hilfe waren die Briefe und Päckchen der mir unterstellten Angestellten. Sie alle taten, was in ihrer Kraft stand, um mir über die trüben Zeiten hinwegzuhelfen.

Tatkräftig und von Kameradschaft und Kollegialität erfüllt, machten sie sich an mehreren Sonnabenden nach Wiesbaden auf und bauten provisorisch von der Hauptstraße den bis dahin problematischen Zugang zum Haus in freiwilliger Hilfe, so daß der Winter kommen konnte.

Natürlich konnte Ruth den plötzlich anfallenden Briefverkehr in meiner Sache gar nicht allein bewältigen. Zur Erledigung der umfangreichen Anwaltskorrespondenz verbrachte meine Sekretärin, Frau Sylvia Hörning, manche Abende bei Ruth, um viele Briefe in die Maschine zu schreiben. Sie war eine unermüdliche Hilfe. Auch meine Kameraden aus der Crew und noch viele aus der ehemaligen Kriegsmarine ließen mich in dieser Situation unter der drückenden Anklage nicht im Stich, sondern unterstützten mich seelisch mit vielen Briefen.

Als endlich nach Weihnachten die Postverbindung voll in Schwung kam, die reichlichen Päckchen das Leben wieder erträglicher machten, die Vernehmungen häufiger stattfanden und Geld für die kleinen Bedürfnisse vorhanden war, da stieg auch das Stimmungsbarometer wieder auf Geduld und Durchhalten, zumal ich die Lieben zu Hause versorgt und umsorgt wußte.

Am 19. März 1949 verkündigte mir Maître Luciani in der Gefangenensprechstunde die »liberté provisoire«, eine Vorstufe der Klageaufhebung und damit meine baldige Entlassung. Dennoch hatte ich noch etwa fünf Tage in Cherche Midi zuzubringen, bis ich eines Morgens in der Frühe zum Palais de Justice gefahren und dort in eine Massenzelle zu den während der Nacht eingefangenen Kriminellen und Asozialen gesperrt wurde, die sich in widerlicher Weise von allen Seiten an mich drängten, um Tabak oder Geld zu erbetteln. Nie habe ich schlimmere Typen und Figuren zusammen gesehen als in diesen zwei Stunden. Endlich holten mich gegen 7 Uhr zwei Gendarmen heraus und brachten mich zum planmäßigen D-Zug nach Saarbrücken. Man nahm mir die obligaten Handschellen ab. So fuhr ich, allerdings scharf bewacht, der Heimat entgegen, wobei ich mich nur fragte, warum man sich die Umstände machte, wo ich doch nichts sehnlicher wünschte, als nach Deutschland zurückzukehren.

Immerhin durfte ich auch ungehindert auf den Korridor des Wagens. Da ereignete sich ein seltsamer Zufall. Meine polizeiliche Eskorte rief bei den Mitreisenden einige Aufmerksamkeit hervor. Als ich einmal wieder für eine Zigarettenlänge im Gang stand, trat ein mittelgroßer Mann etwa meines Alters zu mir und fragte mich auf französisch sehr höflich, warum man mir eine derartige Eskorte zugeteilt hätte. Mit großem Interesse nahm er zur Kenntnis, daß ich deutscher Offizier gewesen sei und nach einer Untersuchungshaft in Paris nun nach Deutschland zurückkehre. Er berichtete mir, daß er in Deutschland zur Schule gegangen sei, seine Frau stamme aus Berlin, und er sei erst vor Kriegsbeginn von Berlin nach Paris gezogen. Er stamme aus Syrien und habe sich in Deutschland immer sehr wohl gefühlt. Als ich ihm berichtete, daß wir kurzzeitig in der Staatlichen Bildungsanstalt in Köslin, dem Nachfolgeinstitut der Kadettenanstalt, auch einen Schüler aus Aleppo gehabt hätten, fragte er mich, ob dieser vielleicht »Djamous« geheißen habe? Es ergab sich, daß er der Schulkamerad aus den Kösliner Jahren 1922/23 gewesen war. Nach diesem überraschenden Wiedersehen nahm natürlich das Erzählen kein Ende, ohne daß wir von den mich begleitenden Gendarmen gestört wurden.

Da ich in Saarbrücken weiter an die dortige französische Polizei zur endgültigen Entlassung ausgeliefert werden sollte, mußte ich damit rechnen, erst mit einem späteren Zuge, wenn nicht überhaupt erst am kommenden Tage, nach Wiesbaden weiterreisen zu können. Er versprach daraufhin spontan, erst nach Wiesbaden zu meiner Frau zu reisen, sie über meine Entlassung und mein baldiges Eintreffen zu informieren. Tatsächlich hielt er Wort. Er kam noch am Nachmittag bei Ruth an, berichtete von mir, beschenkte die Kinder mit Apfelsinen und Bananen, die etwas Derartiges noch nie gegessen hatten, quartierte sich bei uns ein und erwartete mich strahlend, als ich am nächsten Spätnachmittag zu Hause eintraf. Er blieb dann noch zwei Tage bei uns, hatte es nicht im geringsten eilig, verabschiedete sich mit dem Versprechen, die Verbindung nicht wieder abreißen zu lassen, und verschwand, ohne daß ich jemals wieder von ihm gehört hätte.

Gegen Mittag in Saarbrücken angekommen, wurde ich von

meiner Begleitung an die Sûreté übergeben, die mich als »expulse« übernahm und zunächst im Büro in Gewahrsam hielt, so groß war augenscheinlich die Angst, ich könnte nach Frankreich zurückkehren. Dort wurde ich Zeuge einer grauenhaften Szene. Man hatte in einer der Arrestzellen einen Mann der Waffen-SS untergebracht, der alle halbe Stunde von einem der drei anwesenden Gendarmen mit deren Lederkoppel verprügelt wurde. Das ging den ganzen Nachmittag. Als ich mich einmischte, um diese Rohheit gegen einen Wehrlosen zu beenden, drohte man mir die gleiche Behandlung an. Der SS-Mann wurde dann am Abend mit einem Zug nach Paris abtransportiert. Er sah schlimm aus, hatte völlig entstellte Gesichtszüge und blutete aus mehreren schweren Kopfverletzungen.

Meine Behandlung war dagegen korrekt. Ich durfte meine Verwandten anrufen, die mich dann sogar am Nachmittag besuchten. Die Nacht über wurde ich dann in eine der Arrestzellen eingeschlossen und am nächsten Morgen in den Zug nach Frankfurt-Wiesbaden gesetzt.

Allerdings war ich bisher nur in »liberté provisoire« entlassen und damit noch keineswegs endgültig außer Verfolgung gesetzt. Das könnte für meine weitere berufliche Zukunft von erheblicher Bedeutung sein, wenn der Anklagevorwurf bestehenblieb und ich weiter in der Liste der Kriegsverbrecher figurierte. Auch an einer angeblich bevorstehenden allgemeinen Amnestie konnte ich kein Interesse haben, weil damit letztlich doch ein Makel an mir haftenblieb, der mir für die Zukunft in jedem Berufe erheblich geschadet hätte. Ich mußte daher das erforderliche »non lieu«, das »Schuldlos«, erreichen.

Auch für meinen Arbeitgeber, das Land Rheinland-Pfalz, war natürlich der endgültige Freispruch von Bedeutung, einmal, um allfälligen politischen Anfeindungen von links wegen der Beschäftigung eines Kriegsverbrechers zu entgehen, zum anderen aber auch, um mir mit Beihilfen zur Bestreitung der Rechtswegkosten helfen zu können. In Zusammenarbeit mit Kranzbühler und Mekkel verfaßte ich eine umfangreiche Dokumentation über den ganzen Fall und ließ sie durch Luciani beim Militär-Tribunal in Paris vorlegen. Tatsächlich erreichte ich mit Datum vom 19. Oktober 1949 endlich die »Ordonnance de Non-Lieu« etwa drei Monate vor der dann tatsächlich eintretenden Amnestie. Sie kam den vielen guten und unschuldigen Kameraden im Cherche Midi wenigstens so weit zugute, daß auch ihre schwere Zeit der Untersuchungshaft beendet wurde.

Während meiner Abwesenheit hatten die Bestrebungen zum langsamen Abbau unserer Organisation sich erheblich verstärkt. Schon sehr bald nach meiner Rückkehr wurden wir in die Wasserstraßenverwaltung des Landes als Abteilung »B«, Schiffsinstandsetzung, eingegliedert. Damit nahm das Land in immer stärkerem Maße auf unsere Arbeit und Personalpolitik bestimmenden Einfluß. Sosehr wir damit im deutschen Interesse einverstanden sein konnten, so schwierig wurde es jetzt, die noch vorliegenden Aufgaben mit dem geringstmöglichen Aufwand an Geld durchzuführen.

Noch kurz vor meiner Verhaftung hatten die Franzosen ein »Schiffahrtsamt für den Mittelrhein« etabliert, dessen Aufgabe eigentlich nur in der Verwaltung der sogenannten F-Schiffe und deren Abrechnungen mit den ursprünglichen Eignern bestand. Als »F-Schiffe« galten alle von uns gehobenen und reparierten Schiffe. Nun, auch diese Aufgabe konnte nicht lange dauern.

Zum Vorsitzenden des Schiffahrtsamtes hatten sich im Einvernehmen mit dem Lande Rheinland-Pfalz die Franzosen für den pensionierten Oberbaurat Penk entschieden. Seine einmaligen Verdienste sollen in der »Kilometrierung des Rheins« von Rheinfelden bis zur Mündung bestanden haben. Er war ein gemütlicher, saturierter Staatspensionär, der keinen besonderen Ehrgeiz mehr aufzubringen geneigt war. Ich war nun sein Leiter der Abteilung B, ohne daß ein klares Unterstellungsverhältnis hergestellt war. Wir kamen sehr gut miteinander aus.

Schon seit Mitte 1948 waren alle wieder reparaturwürdigen Schiffe gehoben, der Rest fiel der Wrackbeseitigung anheim. So löste ich nach und nach die Bergungsabteilungen mit den meist angemieteten Tauchern auf. Dafür aber stauten sich mehr und mehr die Schiffe bei den Werften und Reparaturbetrieben. Dennoch begann ich jedem Kameraden zu raten, baldmöglichst nach anderen Arbeitsmöglichkeiten Ausschau zu halten. Das aber war zu dieser Zeit gar nicht einfach, da sich zunächst nach der Währungsreform eine, wenn auch vorübergehende, Depression ausbreitete.

Im Herbst 1949 entfaltete ich zunehmende Aktivität in der Berufssuche, denn es war durchaus verständlich, daß das Land Rheinland-Pfalz diesen Fremdkörper »Schiffahrtsamt für den Mittelrhein« auch loswerden wollte. Schon verließ die zweite Welle der Marinekameraden unsere Organisation. Ich tat alles in meiner Macht Stehende, um ihnen den Abgang zu erleichtern.

Am 31. März 1950 war die Abteilung »Schiffsinstandsetzung« des Schiffahrtsamtes für den Mittelrhein aufgelöst. Es war mir gelungen, bis auf einen kleinen Rest die wenigen noch verbliebenen treuen Angestellten in neue Behörden und Ämter weiterzureichen. Aschmoneit war der einzige, der zur Abwicklung noch blieb. Scheel war noch bei ihm und liquidierte das große noch vorhandene Magazin. In Brohl saß als Leiter der Slippanlage Oberwinter noch Günter Reeder, in St. Goar Smidt als Leiter des »Schiffsreparaturbetriebes St. Goar«. Beide Einrichtungen sollten zunächst zusammen erhalten bleiben. Das Land konnte sich nicht entschließen. Einerseits wollte man die Betriebe erhalten, wegen der in der strukturschwachen Region seltenen Arbeitsplätze, andererseits wollte man das geschäftliche Risiko nicht übernehmen.

Meine Betrauung mit der Geschäftsführung der beiden fiskalischen Betriebe St. Goar und Oberwinter durch die Landesregierung bedeutete nur eine Verlegenheitslösung. Smidt und Reeder konnten selbstverständlich diese Betriebe allein führen. Noch eine weitere hochbezahlte Kraft für eine längere Zeitspanne war eigentlich unsinnig.

Mir war im Laufe des Jahres 1950 völlig klar geworden, daß zur Zeit eine adäquate Stellung zu meiner jetzigen nicht erreichbar war. Ich hatte zwar im Laufe der am Rhein verbrachten Jahre eine sehr gute Kenntnis der Rheinschiffahrt-Verhältnisse, der sehr unterschiedlichen Reederei-Interessen, der dahinter verborgenen

Industrie- und Wirtschaftsmächte erworben, aber natürlich fehlte mir die Praxis der Befrachtung und der Akquisition.

Nun aber hatten wir ja einen großartigen Beirat des Schiffahrtsamtes, darunter den Reeder Brauweiler aus Bendorf, der neben der Lahnschiffahrt mit angemieteten Lahn-Spezialschiffen im Kalksteintransport auch einen ausgedehnten Handel mit Bimskies aus dem Neuwieder Becken betrieb. Ihm hatte ich vertraulich verraten, daß ich eine Lehrstelle in der Binnenschiffahrt suchte, um mir das praktische Handwerkszeug in dieser Sparte der Schiffahrt zu erwerben. Ich war mit einem Prokuristen von Brauweiler, Addi Loewenguth, gut befreundet, der längere Zeit Schiffahrtsreferent im rheinland-pfälzischen Verkehrsministerium gewesen war. Brauweiler kam an einem Sonntag zum Nachmittagskaffee zu uns auf den Freudenberg und bot mir genau das an, was ich zu meinem späteren Weiterkommen unbedingt brauchte, eine gehobenere Lehrstelle in der Binnenschiffahrt. Nach Einarbeitung sollte ich Leiter einer Filiale der »Rhein-Schiffahrt- und Speditionsgesellschaft« Bendorf-Koblenz in Ludwigshafen werden. Das klang gut. Die Bezahlung war nicht gerade großartig, aber das war mir gar nicht so wichtig, wenn nur Entwicklungsmöglichkeiten vorhanden waren. Damit aber konnte ich ohne Zukunftssorgen beim Lande Rheinland-Pfalz ausscheiden, erhielt ein sehr gutes Zeugnis, noch für ein Vierteljahr meine Gebührnisse und war die unglückliche Zwitterstellung der letzten eineinhalb Jahre los.

Mitte September 1950 lud die Rheinschiffahrt den Colonel Noel-Mayer zu einem feierlichen Abschiedsessen im »Relais de France« in Mainz ein, zu dem auch ich geladen war. Da saßen sie nun alle, diese mir als Offizier so unverständlichen Figuren, alle die bekannten Köpfe des Schiffahrtsamtes für den Mittelrhein, und wer noch alles an den Fäden der Rheinschiffahrt zog. Sie bereiteten Noel-Mayer einen sehr honorigen Abschied, den er meiner Meinung nach auch verdient hatte. Die Art und Weise, wie er sich für mich und alle fast hundert Marinekameraden in unserer Behörde gerade gegen die deutschen Volksgenossen durchgesetzt hatte, wie er fast von Anbeginn einer französisch-deutschen Zusammenarbeit in der Zukunft das Wort geredet hatte, wie er sich während meiner Verhaftung verhalten hatte, das sichert ihm meine Dankbarkeit und Sympathie.

Berufliche Tätigkeit 1951 bis 1974

Meine bisherige Tätigkeit hatte vorwiegend dem Gemeinwohl gedient und mich alles in allem sehr befriedigt. Nun mußte ich mich mit 46 Jahren an die gänzlich anderen und nicht immer erfreulichen Verhältnisse in der in unterschiedlichen Stadien des Aufbaus befindlichen freien Wirtschaft gewöhnen. Meine Grundsätze aus dem militärischen Leben, von denen ich nicht abgehen mochte, wurden oft auf die Probe gestellt.

Es wurde mir bald klar, daß meines Bleibens bei der Rhein-Schiffahrt- und Speditionsgesellschaft in Bendorf nicht sehr lange sein würde. Der Geschäftsbetrieb war allzu großen Schwankungen unterworfen. Für dessen Erweiterung war die Kapitaldecke des Hauses nicht ausreichend. Dieser berufliche Weg hatte für mich also keine Zukunft.

Ich begann meine Fühler auszustrecken. Als einstiger Leiter der Wasserstraßendirektion hatte ich verständlicherweise eine ganze Reihe erstklassiger Adressen. Über den Direktor Hempel der Köln-Düsseldorfer Rheinschiffahrtsgesellschaft ergab sich eine Verbindung zu Hugo Stinnes jr., den ich auch einmal zusammen mit Colonel Noel-Mayer zu einem interessanten Gespräch auf seiner Heimburg aufgesucht hatte.

Hempel gab mir den Rat, an Hugo Stinnes zu schreiben, während er ihn bei nächster Gelegenheit auf meine Person ansprechen wollte. Zu meiner Überraschung traf am 27. Oktober 1951 plötzlich ein Telegramm von Hugo Stinnes jr. ein, das mich für den 29. Oktober nach Mülheim/Ruhr zur Besprechung bat. In der in dem Stinnes-Haus »Auf dem Dudel« stattfindenden etwa einstündigen Unterredung bot er mir die Stellung eines persönlichen Referenten und Sachbearbeiters in Seeschiffahrtsfragen an. Allerdings traf er sofort die Einschränkung, daß ich mich natürlich erst sehr intensiv in diese Position einarbeiten müsse. »Seeschifffahrt« – ich glaubte zu träumen!

Sehr befriedigt zeigte er sich über meine Sprachkenntnisse. Auch über meine militärische Laufbahn und meine Kriegsauszeichnungen ließ er einige anerkennende Worte fallen, Balsam für mein Selbstgefühl, denn bei ähnlichen Gesprächen war oft genau das Gegenteil der Fall gewesen. Als dann in den letzten Minuten die Gehaltsfrage zur Sprache kam, machte ich prompt eine unverzeihliche und nicht wiedergutzumachende Dummheit, ich verkaufte mich weit unter Preis. Benebelt von den unerwarteten Aussichten und im Vertrauen auf Rechtschaffenheit und Anerkennung meiner Bescheidenheit, erklärte ich mich bis zur vollen Verwendbarkeit in ein paar Wochen mit einem Anfangssalär von DM 500,– einverstanden. Allerdings erwartete ich spätestens nach einem Halbjahr eine meiner Leistung entsprechende Regelung.

Als Hugo Stinnes gleich daraufhin antwortete: »Nun, wenn Sie nur 500 Mark haben wollen, dann können wir ja den Versuch machen!« – Im Bruchteil dieser Sekunde war mir klar, daß ich meinen Wert für einen Mann wie Hugo Stinnes ganz erheblich gemindert hatte.

Wenn ich nun gedacht hatte, daß bei meinem Dienstantritt gleich mit voller Leistung Arbeit von mir verlangt worden wäre, dann befand ich mich in einem großen Irrtum. Ich wurde lediglich kurz von H. St. – so hieß er allgemein in seinen Firmen – begrüßt, dann seinem Intimus, dem Herrn Unger, vorgestellt, der mich sehr schnell weiterreichte. Dabei kam ich auch zu einer Stinnes-Firma, die das gesamte Papier, Buch- und Zeitungsgeschäft für das Imperium besorgte. Ihr Leiter und Geschäftsführer war der einstige und letzte Herausgeber der »Deutschen Allgemeinen Zeitung« in Berlin, Hermann Wolters, schon ein enger Freund des alten Hugo Stinnes. Wir fanden gleich sehr nett zusammen und hatten viel Sympathie füreinander, aus der Freundschaft wurde. Er blieb meine beste Informationsquelle.

Zur Zeit meines Dienstantritts litt die ganze Firma unter der schwelenden Familienfehde der Brüder Stinnes und an den schweren Auseinandersetzungen mit den USA über die Sequestrierung der alten Familienfirma, der Hugo Stinnes AG, Tochtergesellschaft der Hugo-Stinnes-Corporation in den USA.

H. St. hatte völlig unabhängig neben den Beteiligungen an den Familienunternehmen sich konsequent einen eigenen Konzern aufgebaut, der unter dem Namen »Hugo Stinnes Industrie- und Handel GmbH« alle seine Eigengründungen zusammenfaßte. Meist trugen diese Firmen dann den Namenzusatz »Hugo Stinnes persönlich«. Dennoch ist mir in den fast fünf Jahren der Zugehörigkeit zu dem H. St.(persönlich)-Konzern trotz der guten Freundschaft mit Hermann Wolters nie auch nur annähernd klargeworden, wie weit die Interessen, Verästelungen und Beteiligungen tatsächlich gingen. Mir mußte genügen, daß ich allmählich wenigstens die Schiffahrtsinteressen und Beteiligungen im In- und Auslande erkannte.

Wie sahen denn nun die mir so verlockend geschilderten Angaben der »rechten Hand« in Schiffahrtsfragen aus? Nachdem ich einen ungefähren Überblick über die Zusammenhänge gewonnen hatte, lechzte ich regelrecht nach Arbeit.

Ich hatte zwar ein Büro und eine sehr tüchtige Sekretärin, aber kein klar definiertes Arbeitsgebiet. Ich setzte mich also hin und begann mir eine Art Dienstanweisung zusammenzustellen, um jede Kollision mit anderen in der Schiffahrt Beschäftigten, zumal in Hamburg, dem Sitz der Familienreederei, auszuschließen.

Schon zwei Tage später kassierte ich eine Rüge für diese Eigeninitiative. Sie verkörperte das fast albern unwirtschaftliche Stinnes-Prinzip der konkurrierenden Tätigkeiten mindestens zweier oder mehrerer Mitarbeiter an der gleichen Aufgabe. Der Erfolg, oder besser Mißerfolg, lag selbstverständlich auf der Hand. Ich kam erst nach einiger Zeit dahinter, daß H. St. ein miserabler Menschenkenner war. Mit seinen Sätzen: »Alles Vernünftige ergibt sich von selbst« und: »Ich hasse geradezu jede derartige Festlegung« setzte er auf das »Prinzip Zufall«. Mehrfach konnte ich später beobachten, daß infolge dieses Prinzips wirklich gute Leute mit eigenen Gedanken und großer Befähigung aufgaben und den Konzern verließen, während andere schwache Figuren im Übereifer und »nach dem Maul redend« sich in Positionen hielten, denen sie nun auch nicht annähernd gewachsen waren, bis ihre Unfähigkeit offenbar wurde.

Zunächst ließ sich alles recht gut an. Nur mußte ich täglich um Informationen über die zunächst noch von Hamburg aus bereederten Schiffe kämpfen. Dagegen aber wollte H. St. immer alles von mir wissen und rief mich oft noch am späten Abend an, um von mir die Positionen der Schiffe, die Frachteingänge und die vorliegenden Abschlüsse für die nächsten Reisen zu erfahren. Es war für mich eine oft sehr schwierige Situation, alle geforderten Daten parat zu haben, vor allem, wenn er gerade von einer Reise zurück war und sich einen genauen Überblick verschaffen wollte. Da wir aber zu der Zeit nur vier eigene Schiffe hatten und ich den Hamburgern durch Telex allmählich gewohnheitsmäßig die Würmer aus der Nase ziehen konnte, ging das noch ganz leidlich. Später, bei dann acht, schließlich zehn Schiffen war es sehr viel schwerer, zumal ich oft vom Sekretariat selbst nicht alle Informationen über Hugo Stinnes' eigene Eingriffe ins Geschäft erhielt.

Der ganze H. St.-Zirkus war steten Veränderungen unterworfen. Er sammelte Menschen, immer in der Hoffnung, daß sie ihm nützlich sein könnten, aber auch in beachtlicher Hilfsbereitschaft für Leute, die aus irgendwelchen politischen oder Schicksalsgründen Hilfe brauchten. So hatte er auch Dr. Lehmann in die Firma aufgenommen, einen ehemalige Kruppdirektor, der in Nürnberg wegen der Beschäftigung von KZ-Häftlingen zu einer Freiheitsstrafe verurteilt worden war. Dr. Lehmann, eine untadelige Persönlichkeit, wurde nun verantwortlich für sämtliche H. St.-persönlich-Firmen, auch also mein direkter Vorgesetzter. Wir haben uns vom ersten Tage an sehr gut verstanden, bis zu meinem Ausscheiden aus dem Zirkus.

Später trat der Dr. Werner Best in Erscheinung, als Jurist ein Zugewinn in der Firma. Er war im Kriege in Dänemark als SS-Gruppenführer Reichsbevollmächtigter gewesen, hatte sich aber ohne Zweifel dennoch große Verdienste um Schonung der Juden und die Milderung der Besatzungsherrschaft erworben. Es war wohl auf die dänischen Frauen von Hugo und Otto Stinnes zurückzuführen, daß H. St. ihm eine Stellung gegeben hat. Auch wir vertrugen uns glänzend und hatten manche lange und interessante Unterhaltung miteinander.

Neben seinem alten Faktotum, Fräulein Emmerich, von der man raunte, daß sie schon unter dem Vater in die Firma eingetreten sei, saß in dem Sekretariat der Dr. Heinz Lorenz, der schon als Adjutant des Reichspressechefs Dietrich als Stenograph in der Reichskanzlei gearbeitet hatte. Er war für H. St. fast unentbehrlich und konnte in einem Tempo Briefe aufnehmen, in dem man kaum sprechen konnte. In alter Gewohnheit machte er auch für H. St. die täglichen Kurzpresseberichte, in denen er aus einem halben Dutzend Zeitungen das Allerwichtigste herausfilterte und zusammenstellte. Ich erinnerte mich, ihn in der Wolfschanze und auch noch im Bunker der Reichskanzlei gesehen zu haben.

Es war unmöglich, genau zu erfahren, an welchen Firmen und an wie vielen H. St. beteiligt oder auch nur interessiert war. Offensichtlich hatte er enge geschäftliche Verflechtungen auch mit Friedrich Flick, der zwei Schiffe in der Hugo-Stinnes GmbH laufen hatte, die aber von Hamburg aus bereedert wurden.

Immer wieder mußte ich mich an Hermann Wolters halten, wenn für mich neue Zusammenhänge auftraten. Von H. St., den ich nur sehr selten sah, kam niemals eine Aufklärung, er erwartete aber, daß man diese Zusammenhänge kannte und berücksichtigte. Einerseits schacherte er regelrecht mit seinen Angestellten, mit unglaublicher Knickrigkeit etwa beim Kilometergeld, wie ich es selbst erlebte, zeigte sich aber andererseits in vielen Fällen von einer geradezu unwahrscheinlichen Großzügigkeit.

Nach Angaben von Hermann Wolters gab H. St. Millionen für die Krebsforschung und andere große Menschheitsaufgaben aus. Ein Beispiel erlebte ich selbst. In der damals besonders erfolgreichen Kohlefahrt von USA nach Hamburg, »Antwerpen-Range«, gab es kaum einmal Passagiere. Dennoch fuhren vier junge Schiffsärzte auf den Schiffen, die etwa ein halbes Jahr blieben, ein anständiges Gehalt bezogen und voll eingekleidet wurden. H. St. meinte zu mir erklärend: »Es ist wichtig, daß die jungen Ärzte auch mal die Nase in die Welt stecken, denn später kommen sie nicht wieder dazu, wenn sie in einem großen Krankenhaus voll eingesetzt werden!«

Als meine Probezeit herum war, hatte ich auch genügend zu tun. Nur war die Art der Tätigkeit relativ subaltern und hätte auch von Steuermannsgasten der Marine versehen werden können. Dennoch mußte ich im Interesse meiner Familie sehen, daß ich etwas mehr Geld verdiente. Also faßte ich mir ein Herz und erschien bei H. St. Erstaunlicherweise steigerte er mein Bruttogehalt auf ganze 720 DM, für meine Erwartungen doch reichlich wenig und keine grundlegende Verbesserung meiner Situation. Nun war es ein ehernes Gesetz, daß man in der freien Wirtschaft keinem anderen Einblick in die eigene Gehaltsstruktur gab. So fehlte mir natürlich auch jede Vergleichsmöglichkeit. »Sprechen Sie doch mit Herrn Unger, damit Sie davon nicht noch zuviel Steuer zahlen!« Das war sein letztes Wort.

Schon rein dienstliche Unterhaltungen mit H. St. waren meist nicht sehr angenehm, da er schwerhörig war und man sehr laut mit ihm sprechen mußte, was ihn dann seinerseits dazu veranlaßte, noch lauter zu sprechen und schließlich regelrecht zu brüllen. Es war erstaunlich, mit welchem Interesse er in der Seeschiffahrt lebte, obwohl damals gegenüber allen anderen Tätigkeiten ihr Volumen noch relativ gering war, gemessen am Ganzen. Im Treppenhaus auf dem Dudel hatte er eine Weltkarte, die fast die ganze Wand einnahm und auf der jeden Tag alle Schiffspositionen mit Namensfähnchen zu kennzeichnen waren. Wenn er so gegen 9 Uhr eintraf, musterte er als erstes diese Karte und die Schiffspositionen. Stellte er dann fest, daß ein Schiff, das am Tage zuvor bereits wieder aus einem Hafen ausgelaufen sein sollte, als immer noch im Hafen liegend gesteckt war, kam prompt ein Anruf bei mir und eine Philippica, als wenn ich das Schiff noch im Hafen festgehalten hätte.

Eines Tages überraschte mich H. St. mitten in der Unterhaltung über ein Reise-Ergebnis eines unserer Schiffe, daß ich Anfang des kommenden Monats nach den USA – New York fliegen und dann eine Südamerika-Reise anschließen solle. Ich spräche ja spanisch und sollte in Peru dafür sorgen, daß unser Flaggschiff *Berlin* in Callao blitzschnell gelöscht würde und dann in Nordchile prompte Abfertigung für die Rückladung mit Salpeter erfolge. Da ich dann gerade da unten wäre, sollte ich auch nach Buenos Aires und über Rio und Santos zurückkommen. Ich war einfach sprachlos. Dieser Mann, der mir jeden Pfennig vorgerechnet hatte, überschlug sich plötzlich mit unglaublicher Großzügigkeit. In allen Ländern war ich entweder als Seekadett oder als Offizier auf der *Karlsruhe* gewesen. Aber wie lange war das her. Das war eine Aufgabe, wie ich sie beim Antritt bei H. St. erhofft hatte. Würde ich aber als ehemaliger Seeoffizier und U-Bootskommandant von den Amerikanern überhaupt ein Visum bekommen? Keine Sorge. Tatsächlich bekam ich bei den Generalkonsulaten in Hamburg in Rekordzeit alle meine Visa für die vorgesehenen Länder.

Das Büro von Herrn Unger hatte bereits ein Erster-Klasse-Tikket als Rundflug gebucht mit offenen Daten bis auf den Abflug ab Frankfurt nach New York am 11. Mai 1952, wo ich am 13. Mai mittags H. St. im Büro unserer Agentur Pablo S. Mueller am Broadway treffen sollte. Mit Reiseschecks und Kreditbriefen war ich geradezu fürstlich ausgestattet worden.

Damals gab es nur eine Linienverbindung von Frankfurt am Main aus. So konnte ich noch schnell in Wiesbaden Abschied nehmen. Der Flug ging über Shannon in Irland nach Gander auf Neufundland, dann an der US-Ostküste herunter nach Idlewild. Der PAA-Clipper kam nach einem achtstündigen Flug gegen Mittag des 12. Mai in New York an. Die nicht vollbesetzte viermotorige Maschine war außerordentlich bequem, und ich genoß den ersten Transatlantik-Flug in meinem Leben. In der Bar unter dem Rumpf der Maschine mit phantastischem Ausblick, alle Getränke gab es damals noch kostenlos, traf ich mit einer Anzahl ägyptischer höherer Offiziere zusammen, die zu einem Waffenkursus nach den USA kommandiert waren. Sie sprachen ein verständliches Englisch und mißachteten die strengen Koran-Gesetze hinsichtlich des Alkohols. Die sehr schleppende Abfertigung an der Immigration in New York deutete auf ein besonders sorgfältiges »screening« hin. Gleich beim Vorzeigen meines Passes wurde ich ausgesondert und in einen anderen Raum abgeführt. Auf einem

»Armesünderstühlchen« durfte ich auf den Boss warten, den man eigens für mich herbeizitiert hatte. Als er nach gut einer halben Stunde endlich erschien, hatte er ein Bündel Papiere in der Hand, in die er sich erst einmal angelegentlich vertiefte, bevor er mit einem Verhör begann.

Die Frage nach dem Reisezweck war rasch abgehandelt. Als ich wahrheitsgemäß bestätigte, was er ohnehin aus seinen Papieren wußte, daß ich »on submarines« Dienst getan hatte, erklärte er: »We will send you back immediately!« Ich hörte mich selbst naiv zurückfragen: »Why?« – »You are not wanted here! « Wieder hörte ich mich fast kindlich fragen: »Why?« Da schien der Immigration Officer über soviel Naivität doch plötzlich nachdenklich zu werden, starrte sekundenlang erneut in seine Papiere, und dann kam das Verdikt: »Okay, three days, not a minute more!« Er korrigierte mein Visum, und ich konnte gehen.

Ähnliche Schwierigkeiten hatte ich bei der Weiterreise in Südamerika nirgends.

Die *Berlin* war in Callao tatsächlich das erste deutsche Schiff in einem peruanischen Hafen nach dem Kriege. Entsprechend groß war die Aufmerksamkeit nicht nur in der peruanischen Presse und die Aufregung in der ziemlich großen deutschen Kolonie. Mit dem Kapitän Pollmann zusammen gab ich einen kleinen Empfang für Kolonie, Botschaft und Presse. Eine übereifrige Agentur verbreitete die aus der Luft gegriffene unsinnige Nachricht, daß H. St. eine regelmäßige Linie nach Europa einrichten wollte. Wir hatten weder die Schiffe dafür, noch gab es das entsprechende Ladungsaufkommen. Schon vor dem Einlaufen hatte ich die Löschung der Zementladung mit der Stauerei eingehend vorbereitet. Mit je einer Flasche Beck's-Bier pro Mann und Schicht erreichten wir eine Löschung von fast 6000 ts Zement in vier Tagen, eine sogar in Europa damals nicht zu erreichende Leistung.

Ich genoß das hohe Ansehen Deutschlands in diesem Lande. Die Fülle der Einladungen konnte ich nicht annähernd ausnutzen. Dann kam noch vor der Versegelung nach Matarani, wo die letzten 1500 ts Zement gelöscht werden sollten, die nächste Reiseorder für die *Berlin* per Fernschreiben. Das Schiff sollte mit Ladung in Tocopilla eine Salpeterfracht nach einem Golfhafen in den USA transportieren, und ich hatte für besonders schnelle Abfertigung dort zu sorgen. Ich ahnte nicht, was mir bevorstand.

Lima war sehr beeindruckend, aber der soziale Friede erschien brüchig. Tagsüber quoll das Leben in den Straßen über von Geschäftigkeit. Mit Dunkelwerden nahmen Militär-LKW mit Schwerbewaffneten in den Seitenstraßen zur Hauptplaza ihre festen Plätze ein. Wenn ich nach nächtlichen Schießereien am nächsten Morgen den sehr beredten Chef des Frühstückssaales nach der Ursache der Knallerei befragte, so hatte der gar nichts gehört.

Zwei Tage nach Auslaufen der *Berlin* flog ich nach Arequipa, um von dort mit einem Taxi durch die berüchtigte Atacama-Wüste nach MaKarani zu gelangen. Die fünfstündige Fahrt durch die nahezu weglose Wüste war wirklich ein Abenteuer.

Selten hat mir ein Haake-Beck's-Bier so gut geschmeckt wie anschließend auf der *Berlin* an der Pier von Matarani. Natürlich klappte die Entlöschung nicht annährend so gut wie in Callao, und ich mußte am nächsten Tage in Mollendo, wo die Stauerei war, wenige Kilometer entfernt, ganz erheblich auf das Tempo drükken. Als Hafenkapitän, Agent, Zolldirektor und Präsident der Handelskammer hörten, daß ich im Jahre 1927 mit der *Emden* auf Mollendo-Reede gelegen hatte, da brach eine wahre Begeisterung durch, der ortsübliche »Pisco« floß in Strömen, und ich wurde zum »Viejo amigo von Mollendo« erklärt.

Die kurze Seefahrt von Mollendo nach Tocopilla diente der sorgfältigen Reinigung der Laderäume, damit das Schiff bei der Andienung keine Rückweisung wegen Brand- oder Explosionsgefahr erlebte. Rückstände von Kohle, sogar Kohlenstaub konnten vermischt mit Salpeter bei bereits geringer Erhitzung zum Unglück führen. Das Ankunftsdatum im Ladehafen war für die »bur de role« maßgeblich, und so fand bei starkem Andrang im Beladehafen der Besichtiger auch mit Sicherheit ein Kohlestückchen irgendwo, damit das Schiff zurückgestuft werden konnte, auch wenn das Kohlestückchen aus der Hosentasche des Besichtigers stammte. Der erste Trick, uns zunächst nach Arica zur Gesundheitsuntersuchung abzuleiten, war an unserer Sturheit gescheitert. Anstandslos fertigte uns die »sanitaria« in Tocopilla ab. Gegen den zweiten Trick mit dem Kohlestückchen konnten wir nichts ausrichten. Die bevorzugte Abfertigung unseres Schiffes erreichte ich nur durch einen Flug nach Santiago de Chile und dreitägiges Antichambrieren bei der Corporation de Ventas de Salitre y Yodo de Chile.

Drei Tage Verbesserung der Wartezeit erreichte ich, aber die Beladung selbst nahm ganze neun Tage in Anspruch. Der örtliche Statthalter der »salitrera« war beinahe sprachlos über die Bevorzugung und schien nicht glücklich, den anderen wartenden Kapitänen diese »preferentia« begreiflich machen zu müssen. Als am 17. Juni abends unsere *Berlin* der offenen See zustrebte, konnte ich gerade noch den Abendflug nach Santiago erreichen.

Ich blieb acht Tage in Santiago, besuchte die Botschaft und forschte nach Bekannten aus der *Emden*-Zeit 1927 und verbrachte einen Tag auch in Valparaiso.

Meine Aufgabe war jetzt beendet, und jetzt kam das von H. St. anempfohlene »Sich-Umsehen«. Ich lernte schnell eine ganze Reihe Menschen kennen. Natürlich eröffneten sich auch eine ganze Reihe geschäftlicher Möglichkeiten, deren Entscheidung aber bis zur Besprechung mit H. St. zurückstehen mußte.

Bei herrlichstem südwinterlichen Sonnenwetter flog ich über die Anden nach Buenos Aires. Den schneebedeckten Aconcagua umkreiste gut sichtbar ein Condor. Der Anblick erinnerte auch an jenen Karibikmorgen, an dem ich in beginnender Morgendämmerung beim Prüfungstauchen mit dem Luftzielsehrohr einen Condor beobachtet hatte, der die Gipfel der Sierra Martha im rötlichen Licht des beginnenden Tropentages majestätisch umkreiste.

In Buenos Aires nahm ich sofort Fühlung mit der Botschaft und unserer Agentur auf. Das Peron-Regime hatte die einst blühende Wirtschaft in Argentinien so weit heruntergebracht, daß zugunsten des Exports »fleischlose« Tage eingeführt worden waren. Unvorstellbar in diesem Lande der gigantischen Rinderzucht! Unserem tüchtigen Agenten verdankte ich einen erstklassigen Überblick über die argentinische Wirtschaftslage. Die deprimierenden Eindrücke überwogen.

Bei meiner Rückkehr nach Mülheim war H. St. auf Reisen, und alle anderen, einschließlich Unger, waren erstaunt, daß ich schon wieder zurück war und die mir eingeräumte Freiheit nicht stärker ausgenutzt hatte. Obwohl ich durchaus von der finanziellen Unabhängigkeit Gebrauch gemacht hatte, brachte ich über die Hälfte der mir anvertrauten Mittel wieder zurück und zahlte sie auf Heller und Pfennig an den Kassen-Verwalter ein. Dank und Anerkennung dafür erntete ich nicht, lediglich Unger drückte mir seine Hochachtung aus.

Mich aber quälte jetzt ein ganz anderes Problem, denn meine wieder aufgeflammten Schmerzen, Folgen der Rückenstauchung im Kriege, erlaubten mir weder Gehen noch Stehen. Eine gründliche ärztliche Untersuchung ergab, daß der neuerliche verstärkte Bandscheibenvorfall entweder durch eine monatelange Kur behoben werden mußte oder durch eine Operation mit dem Risiko der Querschnittlähmung. Eine Kur hätte aber ganz eindeutig den Verlust der Stellung nach sich gezogen. Die Operation mußte riskiert werden. Sie gelang. Nach nur zehn Tagen saß ich wieder in Mülheim an meinem Schreibtisch und schrieb den ausführlichen Bericht meiner Südamerika-Reise. Später war es ernüchternd festzustellen, daß H. St. den Bericht nicht einmal gelesen hatte. Zwei meiner geschäftlichen Vorschläge realisierten sich und ergaben eine Endrechnung, aus deren Ergebnis meine große Reise zweimal hätte bezahlt werden können. Jedoch hat H. St. darüber nie auch nur ein Wort mir gegenüber verloren.

Weiter blieb ich nur eine Kontroll- und Informations-Instanz, hatte die Frachteingänge zu kontrollieren, Liegetage zu prüfen und dafür zu sorgen, daß beim Laden und Löschen jede nur mögliche Stunde eingespart wurde.

Insgesamt wuchs im weiteren Verlauf des Jahres 1953 bei mir die Erkenntnis, daß ich eine große und mitentscheidende Stellung hier bei H. St. wenn überhaupt, dann erst nach langen Jahren erreichen könnte. Ich hatte jetzt die Stellung eines Handlungsbevollmächtigten in der Transozean-Schiffahrt erreicht, bei einem Salär von brutto 960 DM, was bei getrenntem Leben der Familie recht kümmerlich war. Mein Freund und Stinnes-Fachmann Hermann Wolters, der wohl allein einen ungefähren Einblick hatte, nannte diese Bezahlung einfach schäbig. Nur der Tatsache, daß die Meinen in Wiesbaden im eigenen, finanziell kaum noch belasteten Haus saßen, war es zu verdanken, daß wir überhaupt ohne Schulden zu machen über die Runden kamen. Ich beschloß, jetzt doch noch einmal mit meinem Prinzipal zu sprechen.

Die Unterhaltung mit H. St. gestaltete sich grotesk. Ohne mich, wie sonst gewohnheitsmäßig, zu unterbrechen, hörte er meinen Vortrag in aller Ruhe an. »Ja«, sagte er dann, »es ist richtig, daß Sie hierher nach Mülheim umziehen, und ich werde mit Unger sprechen, ob wir da nicht etwas mit einer Wohnung machen können. Ja, aber weshalb wollen Sie mehr Geld? Das verstehe ich nicht!« – »Herr Stinnes, ich habe drei heranwachsende Kinder, von denen zwei zur Schule gehen, sie leben mit meiner Frau fast dreihundert Kilometer entfernt, sie müssen ernährt, gekleidet und auf das Leben vorbereitet werden. Ich lebe hier in aller Bescheidenheit, leiste mir gar nichts, vielleicht mal gelegentlich ein gutes Buch!« – »Buch?« fragte H. St: »Ich habe in meinem ganzen Leben noch kein einziges Buch gelesen! Das kann ich nicht als ein unbedingtes Lebensbedürfnis anerkennen! Ich werde mir das noch überlegen, ob ich Ihnen mehr geben kann!«

Tatsächlich erhöhte er dann meine Bezüge um 200 DM, was in seiner Praxis als großzügig galt. Als meine Familie dann tatsächlich aus unserem schwer erarbeiteten Häuschen auf dem Freudenberg nach Mülheim umgezogen war, kürzte er meine Bezüge um 150 DM bisher gezahlter Trennungsentschädigung. Diese nur mit Hinterhältigkeit zu bezeichnende Maßnahme führte mit zum sich damals bereits abzeichnenden Bruch.

In der Folge ergab sich, daß meine Aufgaben sich zwar zunehmend interessanter gestalteten, ich auch mehr Selbständigkeit gewann. Auch wegen der schwer zu ertragenden Trennung von der Familie entschlossen wir uns zwar noch zur Übersiedelung nach Mülheim, wußten aber eigentlich dabei schon, daß dies gewiß nicht die letzte Station meines beruflichen Weges sein würde.

Nach einem Intermezzo 1955/56 als Verkaufsleiter der Nordseewerke in Emden, ein an sich bedeutendes Schiff- und Maschinenbau-Unternehmen, das in dieser Zeit in erhebliche geschäftliche Turbulenzen geriet, erwies sich eine schon längere Zeit bestehende Verbindung zu Erich R. F. Maier, dem Inhaber der gleichnamigen Firma in Genf und der Maierform GmbH in Bremen, von Nutzen. Das war eine weltbekannte Schiffskonstruktionsfirma, deren Agent, ein Dr. Krämer, ein ehemaliger Nachrichtendienstler, mich häufig besuchte. Er war ein besonders interessanter Gesellschafter. Mehrfach hatte er mir angeboten, sich für mich umzusehen. Jetzt war es an der Zeit, die Beziehung zu aktivieren. Schon wenige Tage darauf rief mich Erich R. F. Maier an und bat um meinen Besuch.

Die mir angebotenen Bedingungen für eine Stellung als kaufmännischer Geschäftsführer der Maierform GmbH konnte man nur als außerordentlich bezeichnen. Wenige Tage später erhielt ich den Vertrag, fertig unterschrieben zur Gegenzeichnung. Ich war gerettet und widerstand auch allen Versuchen, mich nun bei den Nordseewerken zu halten.

Als ich am 1. Juli 1956 im Maierform-Haus in der Lothringer Straße in Bremen meine Arbeit aufnahm, sprachen alle Umstände dafür, daß ich endlich beruflich festen Fuß gefaßt hätte. Ich hatte einen handfesten, schriftlichen Anstellungsvertrag für eine interessante Tätigkeit im Rahmen des internationalen Schiffbaus bei einem weltbekannten Ingenieurbüro. Die Aufnahme durch meinen technischen Kollegen und Geschäftsführer, den Dr.Ing. Walter Brühl und seine Mitarbeiter versprach eine reibungslose Zusammenarbeit. Die äußeren Umstände, Arbeitszimmer, Sekretärin und Dienstwagen (Opel-Kapitän) waren den festgelegten Bedingungen adäquat. Bremen erschien als Endstation.

Dementsprechend handelten wir für uns. Da wir eine Emdener Dienstwohnung der Nordseewerke am Tage der Dienstbeendigung zu räumen hatten, hatten wir in der Beethovenstraße 33 eine sehr günstig gelegene ältere Villa gemietet. Ich ging nur ganze 10 Minuten zu Fuß bis zum Haus der »Maierform-GmbH« im Villenviertel.

Die »Maierform« war vom Vater des jetzigen Inhabers in den ersten Jahren nach Ende des Ersten Weltkrieges gegründet worden. Er hatte als Leiter der »Schiffbau-Versuchsanstalt« in Wien bei den dort durchgeführten Schleppversuchen mit maßstabgerechten Wachsmodellen der Schiffe herausgefunden, daß eine bestimmte Gesetzmäßigkeit zwischen der Linienführung des Unterwasserschiffes und der erreichbaren Geschwindigkeit der Schiffe bestand. Diese in Hunderten von Versuchen erhärtete Gesetzmäßigkeit ließ sich der Schiffbau-Ingenieur Maier sen. international patentieren und erwarb sich eine große internationale Kundschaft in Werften und bei Reedern, für die er die Schiffslinien des geringstmöglichen Formwiderstandes berechnete und die zum Bau notwendigen Zeichnungen lieferte. Diese Arbeiten führte die Firma in Bremen aus.

Das war während der Laufzeit der Patente der »Stein der Weisen«, eine großartige technische und kommerzielle Erfolgsperiode. Mit dem natürlichen Auslauf der Schutzrechte, wohl auch, weil man aus Kostengründen die Erneuerung der Schutzrechte versäumte, wurden allmählich die »Maierform-Linien« zum Stande der Wissenschaft, wenn auch immer noch Kundschaft auf die »originären« Maierform-Linien schwor. Auch viele Werften mittlerer Größe, deren Konstruktionsbüros für eigene Schleppversuche nicht ausreichten, ließen sich gerne von der Maierform die Schiffslinien liefern. Darüber hinaus ließen häufig Werften auch alle Konstruktions- und Werkstattzeichnungen von der Maierform ausführen. Über diesen sehr umfangreichen, vielseitigen technischen Bereich herrschte der Dr.Ing. Walter Brühl, ein hochqualifizierter Schiffbauer.

Meine Tätigkeit bestand in der dauernden Verbindung mit den Werften und den Reedereien im In- und Ausland zur Akquisition der technischen Aufträge.

Neben meiner Haupttätigkeit war ich auch vertraglich verpflichtet, für die Fa. Erich R. F. Maier in Genf Maklerdienste zu versehen. Dafür war ich mit einem recht annehmbaren Prozentsatz an den von mir vermittelten Neubau-Aufträgen für die Werften beteiligt. Mein Prinzipal, Erich R. F. Maier, hatte begonnen, seine im Laufe der Jahre durch Charme und mancherlei Gefälligkeiten erworbenen guten persönlichen Beziehungen zu den Reedern und Werftdirektoren zu benutzen, um Schiffbau-Aufträge in Kommission an die entsprechenden Werften zu vermitteln. Das lief in der Boom-Zeit des Weltschiffbaus nach dem Kriege auch recht gut. Mit langsam abflachender Konjunktur jedoch und dem sich damit naturgemäß ergebenden Preiskampf der Werften untereinander waren weder Werften noch die Reeder von unseren Versuchen der Vermakelung recht begeistert. Dennoch nahmen sie unsere Vermittlungen notgedrungen an, im Hinblick auf die zu erwartende Auftragsmangelzeit. Es waren dann in der Mehrzahl ausländische Reeder, Londoner oder New Yorker Griechen. Die Vertragsverhandlungen mit ihnen waren in der Regel äußerst schwierig. Sie hegten immer den Verdacht, von Makler und Werft übers Ohr gehauen zu werden. So war diese Tätigkeit ein Geschäft, das sehr viel Takt und Fingerspitzengefühl erforderte.

Ich war wohl gerade drei Wochen bei der Maierform, als sich ein Neubau-Auftrag für drei schnelle Frachtschiffe von je 10 000 BRT für einen New Yorker Griechen zur Vermittlung an eine renommierte Werft mit leidlichen Lieferzeiten abzeichnete. Dank meiner Intimkenntnis der Werft gelang es mir in einer Sonnabend-Marathon-Verhandlung von sechs Stunden, diesen Auftrag zu vernünftigen Bedingungen für die Nordseewerke Emden zu sichern, meinen vormaligen Arbeitgeber. Keine der späteren neun Großauftragsverhandlungen hat mich auch nur annähernd derartig beansprucht.

Es war sehr schwer, als Makler die absolute Neutralität der Werft und dem Reeder gegenüber zu bewahren. Man bekam mit der Zeit eine große Praxis und gewann ein Verständnis für die beiderseitigen Schwachpunkte in der Verhandlungsführung. Allmählich stand ich auf beiden Seiten im Ruf der Vertrauenswürdigkeit und der Fairneß. Das gab mir ein Gefühl der Überlegenheit in den Verhandlungen. Das ging schließlich so weit, daß ich von den Nordseewerken gebeten wurde, für sie Verkaufsverhandlungen in Norwegen mit bestimmten Reedergruppen zu übernehmen. Tatsächlich stellte mich Erich R. F. Maier für diese Aufgabe frei. Obwohl es für mich finanzielle Vorteile bot, mißfiel mir die immer stärkere Verlagerung auf die Maklertätigkeit für Erich R. F. Maier schon deshalb, weil er sich häufig störend einschaltete.

Mein Prinzipal, ein zweifellos ungewöhnlicher Mann, von sehr starkem Selbstbewußtsein, guten Manieren, österreichischem Charme, begabt mit der Fähigkeit zur Konversation auch in englischer und französischer Sprache, verfügte über viele für sich einnehmende Eigenschaften. Nur eine ganz besonders wichtige, für einen Schiffsmakler unabdingbare Eigenschaft hatte er nicht. An seinen Worten und Versprechungen konnte man keinen Tampen festmachen. Natürlich merkte ich das auch erst sehr spät. Ich kam zunächst sehr gut mit ihm aus, denn noch lief die Schiffbau-Konjunktur auf hohen Touren. Im Jahre 1957 holte er mich für drei Monate nach Genf, um das dortige Geschäft gut kennenzulernen. Das war mir sehr recht, zur Erweiterung meiner Kenntnisse und der Auffrischung meiner französischen Sprachkenntnisse. Der zunehmende finanzielle Spielraum gestattete es mir, im Frühjahr 1957 Ruth nachkommen zu lassen. Wir bezogen ein Zimmer in der Pension Lamartine und hatten unseren täglichen Spaß mit unserer ein köstliches Schwyzerfranzösisch sprechenden Pensionswirtin.

Auch unsere Lebensumstände in Bremen sagten uns in jeder Hinsicht zu. Ein beachtlicher Teil ehemaliger Marine-Kameraden hatte sich in Bremen niedergelassen. Eine zahlenmäßig beachtliche Gruppe von ihnen beschäftigte sich beruflich im weitesten Sinne mit Schiffahrt und Schiffbau. Bei den Schiffstaufen, Probe- oder Übergabefahrten traf sich dieser Kreis immer wieder und wirkte allmählich stilbildend. Bald schlossen sich diese Kameraden locker zusammen und fanden sich einmal monatlich zu einem gemeinsamen Mittagessen zusammen, wobei dann alle maritimen Neuigkeiten diskutiert wurden. Der »Bremer CaptainsTable« war geboren und hat noch heute Bestand.

Zum Bremer gesellschaftlichen Leben gehörten traditionelle Ereignisse, wie die jährliche »Eiswette«, der »Freimarkt« und die jährliche Zusammenkunft des »Ostasiatischen Vereins«. Der aus der Zeit des Ersten Weltkrieges entstandene »U-Bootstisch Wagenführ« forderte mich zur Mitgliedschaft auf. Sein Präsident Hans

Jürst, dessen Sohn als Kommandant von *U-104* geblieben war, hatte keine Mühe, mich zu den monatlichen Treffen im Bremer Ratskeller an der »angestammten Back« zu überreden. Daneben gab es noch eine Marine-Offiziersmesse und eine uralte Marinekameradschaft »Amazone«.

Kurzum, wir fühlten uns in Bremen rundum wohl, auch unsere Kinder entwickelten sich nach Wunsch und Begabung. Ich hatte sogar ein seegehendes Fahrzeug, das aus zweiter Hand erworbene Motorboot *Hobby*. Leider geriet ich aber mit meinem Prinzipal über Kreuz. Erich R. F. Maier hielt seine ursprünglichen sehr großzügigen Zusagen über meine Altersversorgung nicht ein. Es entwickelte sich daraus eine höchst unerfreuliche Auseinandersetzung. Von einem Vertrauensverhältnis konnte keine Rede mehr sein, trotz sonst befriedigender und erfolgreicher Berufstätigkeit. Ohne größere Schwierigkeiten hätte ich jetzt zu den Nordseewerken zurückkehren können, aber verständlicherweise ließ es mein Stolz nicht zu, über meine große Enttäuschung bei der Maierform auch nur ein einziges Wort zu verlieren. Auch in meinem Bekannten-, Freundes- und Marine-Kreis ließ ich keine Andeutung fallen. Dafür hielt ich um so sorgfältiger die Augen offen nach neuen Möglichkeiten.

Und das Glück war mir hold! Ich fand in den ersten Januartagen 1959 in einer großen norddeutschen Tageszeitung ein Stellenangebot, das in jeder Hinsicht auf meine Person, meine bisherige Tätigkeit und meine Erfahrungen abgestimmt erschien. Am 26. Januar 1959 saß ich in Hamburg im Hotel Atlantic dem kaufmännischen Vorstand der »Lübecker Maschinenbau-Aktiengesellschaft«, Heinz Hufnagel, gegenüber. Wir kamen in wenig mehr als einer Stunde zu einer vollen Verständigung. Ich würde zum 1. April 1959 als Verkaufsdirektor und Prokurist der Werft in das renommierte Lübecker Unternehmen eintreten.

Sämtliche Einzelheiten wurden nach meinen Wünschen und Vorstellungen geregelt, die konzerneigene Altersversorgung mit inbegriffen. Wenn ich auch nur sehr ungern Bremen verließ, so besaß Lübeck mit seiner Nähe zur Ostsee und der wiederaufgelebten Segelbegeisterung große Anziehungskraft.

Erich R. F. Maier beeilte sich, möglichst gutes Wetter zu machen, lobte meine Tätigkeit und dankte mir mit schönen Worten.

Mit der Aufnahme der Tätigkeit in Lübeck war das Ziel meiner Wünsche erreicht. Ich hatte die Aufgabe gefunden, die den vollen Einsatz aller körperlichen und geistigen Kräfte erforderte und dafür im Gegenzug die berufliche Sicherheit und das Arbeitsklima bot, das für eine gedeihliche, erfolgreiche und vertrauensvolle Zusammenarbeit in einem großen Unternehmen Voraussetzung ist. Tatsächlich begannen zehn Jahre einer verantwortlichen, sehr vielseitigen, weltweiten Tätigkeit, wie ich sie mir seit dem Ende der Marinezeit erträumt hatte.

Die »LMG«, wie die »Lübecker-Maschinenbau-Aktiengesellschaft« in der alten, schönen Hansestadt von jedermann genannt wurde, gehörte zu der Orenstein & Koppel-Gruppe des Hoesch-Montan-Konzerns in Dortmund. Dennoch hatte sie sich unter dem erfahrenen Vorsitzenden des Vorstands, dem Direktor J. Schiml, ein außerordentliches Ausmaß an Selbständigkeit bewahren können. Erst mit seinem altersbedingtem Ausscheiden begann die sich laufend verstärkende Einflußnahme der Dortmunder Mutterfirma.

Natürlich bestanden schon damals besondere Schwierigkeiten, so in der Lage des Betriebs an der Trave, in unmittelbarer Stadtnähe ohne jede Ausdehnungsmöglichkeit. Andererseits aber bewirkte die Stadtlage auch ein allgemeines Interesse der Bevölkerung an »ihrer« Werft und ihrem Großunternehmen. »Er arbeitet auf die Aktien«, war eine gebräuchliche Umschreibung für die etwa 1500 Beschäftigten. Neben üblichen Handelsschiffen bis zu einer Größe von maximal 7000 bis 8000 tdw., und das auch erst nach Fertigstellung der neuen Helling 1961, lagen Schwimmbagger, Schwimmkräne und weitere wasserbauliche Spezialgeräte im Bauprogramm dieser Werft. In meiner Zeit fügten wir Sonderfertigungen der Fertigungspalette bei, wie Doppelbordkräne, »Gemini« genannt, Bugstrahlruder und »Conflowgeräte«, kontinuierliche Entlade-Geräte.

Der Nicht-Werft-Teil der »LMG« stellte die gewaltigen Erd-Bagger für den Tagebau und alle dazugehörenden Nebengeräte, wie Absetzer, kilometerlange Transportband-Einrichtungen für Kohle, Erz und Abraum her. Die Konkurrenten waren die Firma Krupp in Essen und die VEB-Lauchhammer in der DDR. Der Verkauf und Vertrieb lag in den Händen meines Kollegen Hinkelmann, mit dem eine ausgesprochene Harmonie herrschte. Der für Entwicklung, Konstruktion, Metallurgie, Erprobung und Leistungserfüllung zuständige technische Direktor war der Dr. Ing., Dr. Ing. h. c. Ludwig Rasper, ein weltbekannter Fachmann auf dem Gebiet der Erdbewegungs- und Seebagger-Geräte. In seiner Person überschnitten sich die beiden Hauptfertigungen. Die Zusammenarbeit mit diesem Manne machte Freude. Der Augsburger Schwabe, die Bezeichnung »Bayer« lehnte er kategorisch ab, war ein massiger großer Mann von einer fast unvorstellbaren täglichen Arbeitsleistung. Wenn er, meist erst gegen 7, 8 Uhr abends, das Haus verließ, gingen immer drei, vier gefüllte Arbeitstaschen mit in sein Haus nach Cleverbrück. Ihr Inhalt war am nächsten Morgen Gegenstand der Rücksprachen mit den Abteilungen. Seine Vorliebe galt schweren Zigarren, deren Rauch ihn in seinem Büro dem Eintretenden fast völlig verbarg. Er hatte die Gabe des Zuhören-Könnens, war immer gleichbleibend freundlich und scheute auch gewisse technische Risiken nicht.

Der kaufmännische Vorstand, Heinz Hufnagel, war ein sehr gewandter, welterfahrener Kaufmann, dem offensichtlich dieser Arbeitskreis noch nicht ausreichend erschien. Er hatte Hoffnung, irgendwann in eine Konzernleitung aufzusteigen und ist auch in den Vorstand der Mannesmann AG berufen worden. Er war bei Ausbruch des Krieges in Japan hängengeblieben und hatte in der Deutschen Botschaft interessante Aufgaben versehen. Er kannte natürlich unsere Marine-Attachés, kannte auch den Spion Dr. Sorge und konnte, wenn er dazu aufgelegt war, sehr interessant erzählen. Das Arbeiten mit ihm war leicht und angenehm. Ich hatte je eine Verkaufsabteilung für den Schiffbau und die Sonderfertigungen, eine andere für die Schwimmbagger, die Wasserbaugeräte, Schwimmrohrleitungen und Pumpstationen.

Der technische Schiffbau unterstand dem sehr tüchtigen Schiffbau-Oberingenieur Friedrich Stache, der, etwa in meinem Alter, auch ein begeisterter Segler war. Als »Nicht-Dipl. Ing.« war er immer sehr empfindlich. Die Schiffsmaschinenbau-Abteilung unterstand dem Dipl. Ing. Oberingenieur Otto Lorenz, mit dem die Zusammenarbeit oft recht schwierig und, in seinem Naturell liegend, auch nicht reibungslos war. Mit seinem Mitarbeiter kam man dann aber um so besser klar.

Während die Direktion im alten Hauptgebäude ihre Büros hatte, saßen die beiden Schiffbau-Abteilungen in einem neuen Bürogebäude unmittelbar an der Trave in Fortsetzung der gerade neuerbauten Helling, auf die allein sich jetzt sämtliche Werfterzeugnisse konzentrierten. Nur hier war ein moderner Bau in größeren Sektionen, auf dem Schweißplan der Schiffbauhalle vorgefertigt, überhaupt noch möglich.

Zur Zeit meiner Dienstaufnahme waren noch die drei uralten Ablaufbahnen in Betrieb, auf denen noch in Urväterweise Kiel gelegt, Spanten aufgerichtet, Platte für Platte angehängt und zusammengenietet wurden.

Die für den Spezial-Schiffbau notwendigen relativ großen technischen Büros und die dafür ebenso notwendigen kaufmännischen Abteilungen nebst Auslandsvertretern führten unweigerlich zu Gemeinkosten, die diese Werft für den Bau einfacher Frachtschiffe ausschloß. Hierin lag ein großes Hemmnis des Betriebes, wenn die Aufträge im Spezialschiffbau in der Welt knapp wurden. Eine vorübergehende Verbesserung der Kostensituation brachten die in den 60er und 70er Jahren zum großen Teil neueingerichteten Fährschiffsverbindungen, die entsprechend den meist sehr unterschiedlichen Bedingungen dafür geeignete Schiffe benötigten.

Verständlicherweise war meine Tätigkeit mit vielen Reisen verbunden, im Rahmen des Schiffbaus meist innerhalb der europäischen Länder, für den Baggerbau dagegen und die Sonderfertigungen mußten weltweite Verbindungen hergestellt und gepflegt werden. Zweimal war ich in Südamerika, ebenso oft in den USA und Kanada. Hatte ich in Callao einen Hafenbagger mit Schwimmrohrleitung und Pumpstation abzuwickeln, kam in Kanada erstmalig ein Massengut-Entladegerät, dessen Entwicklung ich bei Dr. Rasper angeregt hatte, für eine kanadische Reederei in

St. Catherins zur Lieferung und Erprobung. Dies zukunftweisende »Conflow-Gerät« mit einer Löschleistung von 3000 ts je Stunde Erz/Kohle oder Weizen gelangte trotz voller Leistungserfüllung nicht im erhofften Umfang zu Durchbruch und Nachahmung, weil die Hafen-Einrichtungen der Lösch-Leistung nicht entsprachen und damit der gewaltige Leistungsvorsprung nicht überall ausgenutzt werden konnte. Dieses Großgerät war seiner Zeit zu weit voraus.

Schon damals folgten wir dem Zug der Zeit mit der Entwicklung von Klein-Kläranlagen für Dörfer und kleinere Gemeinden, mit einem ausgeklügelten Baukastensystem, um den unterschiedlichen Einwohnerzahlen zu entsprechen. Auch hier waren wir der damaligen Zeit zu weit voraus. In Europa stand natürlich Norwegen als Hauptkundenland im Vordergrund. Meine gute Freundschaft mit dem Teilhaber einer der größten und ältesten Osloer Reedereien, der »Fearnley & Eger«, Harald Jackhelin, ergab so manchen Hinweis, wo es sich anzuklopfen lohnte. Leider setzte die Dimension unserer Werft hier Grenzen.

Als dann der Fährschiffboom ausbrach, konnten wir zwei Tagesfährschiffe für die neugegründete Verbindung Travemünde–Gjedser der Moltzau-Reederei in Oslo hintereinander bauen. Aber noch zwei weitere konnten wir in Oslo kontrahieren, eines für den Kanaldienst von Southampton nach Cherbourg. Schließlich bauten wir auch noch das größte LMG-Schiff, die *Freeport,* für den Dienst Miami–Freeport (Bahamas), das, wie später erst offenbar wurde, von einer Gangster-Gruppe finanziert wurde.

Auch nach den beabsichtigten Neubauten der in Gang gekommenen Bundesmarine streckten wir unsere Hand aus. So gehörte auch das gelegentliche Klinkenputzen in Bonn auf der Hardthöhe zu meinen Obliegenheiten. Wie alles andere, so hatte sich auch das Bestell- und Auftragswesen grundlegend geändert. Als mich meine Kameraden dort auf den richtigen Weg gesetzt hatten und ich dem nunmehrigen omnipotenten Baudirektor Fischer, genannt der »rote« Fischer, den ich noch von meiner Marinezeit her kannte, einen Besuch machte, konnte ich nur Mund und Nase aufreißen, als ich staunend hören mußte: »Jetzt bestimmen wir, die Techniker, womit der Soldat zu kämpfen hat!« Ich hörte mir dies voller unverhohlener Bewunderung an. Für Kriegsschiffe hatten wir weniger Interesse, aber Hilfs- und Versorgungsschiffe, gerade im modernen Konzept von besonderer Wichtigkeit, waren für unsere Werft sehr interessante Neubau-Projekte. Schließlich bekamen wir sogar zwei Versorgungsschiffe vom ohnehin nur sehr bescheidenen Kuchen ab.

In Moskau verhandelten wie in größerer Kommission drei Wochen lang mit »Sudo-Import« über die Lieferung eines großen Saugbaggerschiffes, während gleichzeitig mit einer holländischen Werft über das gleiche Objekt verhandelt wurde, ohne daß wir Konkurrenten uns zu Gesicht bekamen. Mit vier Personen im Hotel »Ukraina« untergebracht, ließ man uns ohne festes Programm warten, bis wir jeweils kurzzeitig vorher telefonisch in das Ministerium bestellt wurden. Urplötzlich wurden dann nach längerer Verhandlungsdauer die Sitzungen aufgehoben und auf unbestimmte Zeit vertagt, ohne erkennbare Gründe. Dabei ging es noch nicht einmal um Preise und Lieferzeiten. Diese Fragen wurden erst ganz zum Schluß nach langen technischen Verhandlungen gestellt und ohne Kommentar zur Kenntnis genommen. Unser Verdacht, daß eventuell sogenannte »nützliche Abgaben« erwartet wurden, erschien uns selbst als so absurd und gefährlich, daß wir entsprechende Andeutungen vermieden. Im Endeffekt bekamen die Konkurrenten den Auftrag zu einem höheren Preis, wie wir später erfahren konnten. Fraglos hatten sie weniger Hemmungen gezeigt.

Es war uns klar, daß wir im Hotel überall abgehört wurden. So fuhren wir mit der U-Bahn bis zu einer Endstation und liefen dann in die offenen Felder, um uns im einzelnen abzusprechen. Den im ganzen Stadtgebiet herrschenden strengen Geruch nach einer Mischung von »Machorka« und dem einzigartigen Autotreibstoff nannten wir Swetlanas Atem. Bis auf eine Sonntagsfahrt mit Intourist nach Zagorsk kümmerte sich »Sudo-Import« nicht um uns. Wir machten unser eigenes Programm und sahen doch eine ganze Menge der Moskauer Sehenswürdigkeiten. Die allgemeine Teilnahmslosigkeit der Bevölkerung, die eintönige schwarz-graue

Kleidung, das fehlende Lächeln auf den Gesichtern und letztlich auch der graue Himmel über Moskau vermittelten eine körperlich fühlbare unangenehme, schwer erträgliche Atmosphäre.

Für die Hafenverwaltung von Durban in Südafrika hatten wir einen seegehenden Hopperbagger zu liefern, was geradezu Aufsehen erregte. In allen vormaligen britischen Kolonien hatten die zahlreichen englischen Ingenieurbüros seit Jahrhunderten die Spezifikationen für die öffentlichen Bauten und Geräte erarbeitet und die Vergabe der Ausführungen entschieden, was ihnen natürlich nicht zum Nachteil gereichte. Die britische Industrie hatte sich dafür auch erkenntlich gezeigt. Jetzt begannen sich die ehemaligen Kolonien selbst um ihre öffentlichen Aufträge zu kümmern und veranstalteten regelrechte Ausschreibungen, an denen sich oft zahlreiche Lieferanten beteiligten. Allerdings kann man nicht behaupten, daß die Vergabe dann ausschließlich dem technisch besten und preislich günstigsten Anbieter zufiel, denn sie standen meist ihren früheren Lehrmeistern in der Fürsorge für sich nicht nach.

Um der beginnenden Container-Verschiffung zu entsprechen, denn erst sehr allmählich entwickelten sich die großräumigen, technisch vervollkommneten Container-Terminals mit den riesigen Verlade- und Entladebrücken, regte ich bei Dr. Rasper und den Kranbau-Spezialisten die Konstruktion von zwei Bordkränen auf einer Drehplattform an. Diese »Gemini«-Kräne, unsere LMG-Erfindung, haben der Schiffahrt nicht unwesentlich geholfen, in das Container-Zeitalter hineinzufahren.

Eines Tages bekamen wir per Post von der Rostocker Werft, einem »Volkseigenen Betrieb« (VEB), ein ernsthaft klingendes Angebot zur Zusammenarbeit auf dem Gebiet der Bordkräne. Man begründete diese Offerte mit einem größeren Auftrag für fast ein Dutzend Schiffe, die mit unseren »Gemini«-Doppelbordkränen ausgerüstet werden sollten. Einen Teil der Bestellung sollten wir komplett liefern, den anderen, größeren Teil, wollten die Rostokker unter Zulieferung einiger Komponenten durch uns selbst fertigen, gewissermaßen in Lizenz. Nach längerer interner Beratung erklärten wir uns im Grundsatz einverstanden. Eine zum Geschäftsabschluß nicht bevollmächtigte Vertretung der Werft, drei angeblich versierte Krantechniker, erschien, verhandelte kommerziell überhaupt nicht, erbat zur Vorlage bei der Direktion einen Satz der technischen Zeichnungen, die sie ausgehändigt erhielten, reiste zurück nach Rostock, und wir hörten nichts mehr von Vertrag und Auftrag. Wenige Monate später wurden aber unsere(!) »Gemini«-Kräne unter anderem Namen von der VEB-Schiffbau in Rostock in aller Welt zu Dumping-Preisen angeboten.

Ich war mit Leib und Seele bei der Arbeit, und auch privat gestaltete sich alles zum besten. In Lübeck wachte nun das alte Seglerherz sehr schnell wieder auf. Ich peilte nach einem zünftigen Schiff. Schon immer hatten mich die dänischen Fischkutter fasziniert. Als ich von einem »Lüstkütter« hörte, der nach Fischkutter-Riß gebaut war, reisten Ruth und ich nach Kolding zu einer sorgfältigen Besichtigung und erwarben einen herrlichen, stabilen Kutter, dem wir den Namen *Karu* gaben, zusammengezogen aus unseren Namen Karl und Ruth, der fortan eine bedeutende Rolle in der Familie spielte. Später ließen wir dann vom Yachtkonstrukteur Oehlmann in Travemünde das Schiff zu einem Segler umtakeln und bereisten regelmäßig in den Ferienzeiten die dänischen und schwedischen Gewässer.

In Lübeck bauten wir auch unser zweites Haus, und Ruth bewies dabei ihre Erfahrungen und Fähigkeiten, denn meine Tätigkeit ließ eine so intensive Nebenbeschäftigung gar nicht zu. Es wurde unser Heim bis 1974, dem Jahre unseres Fortzuges aus Lübeck.

Von hier zog unsere Älteste aus und heiratete in Japan Volker Helfert, einen Farbenkaufmann des Bayer-Konzerns. Hier heiratete unser Birger Brigitte Vandenberge. Hierher kam täglich aus ihrer nahen Wohnung unsere verehrte und geliebte Mutter Courage, meine Schwiegermutter, die nach Vater Kranzbühlers Tod von Wiesbaden nach Lübeck umgesiedelt war. Hierher kam häufig aus Kiel meine liebe Mutter, hier erlebte ich meinen 60. Geburtstag mit der Familie, Crewkameraden und vielen Freunden. Von hier aus verwirklichten wir unseren Traum eines Ferienhauses in Spanien, dem wir den Namen »El Puerto« gaben. Aber hier traf uns auch der Schicksalsschlag des Unfall-Todes unseres Jüngsten, unseres Jan, am 1. Juni 1972.

Im Jahre 1968 hatte die Orenstein & Koppel AG Dortmund die »LMG« endgültig eingegliedert. Unter Beibehaltung der Sonderfertigungen für den Schiffbau und die Möglichkeiten im Bau von Großfördergeräten sollte das Werk in erster Linie Zulieferungen für das Serienprogramm der Orenstein & Koppel fertigen und den riskanten Schiffbau einstellen. Damit war meiner Arbeit und meiner Stellung als Verkaufsdirektor Schiffbau die Grundlage entzogen. Die mir angebotene Stellung als allgemeiner Verkaufsrepräsentant des Werkes Lübeck bis zur Vollendung meines 65. Lebensjahres im Jahr 1969 als besserer Frühstücksdirektor konnte nicht in meinem Sinne liegen. Unter großzügiger Abfindung schied ich am 31. Dezember 1968 in gegenseitigem Einvernehmen aus der mir Lebensinhalt gewesenen Firmentätigkeit aus.

Ohne auch nur einen Tag ohne Aufgabe gewesen zu sein, konnte ich beim Ingenieurkontor Lübeck (IKL), Prof. Dipl. Ing. Ulrich Gabler, am 1. Januar 1969 als »militärisch-taktischer Berater« einen noch interessanteren Aufgabenbereich übernehmen. Gabler kannte ich noch aus dem Kriege, als er zur Überholung auf einem Boot der 7. U-Flottille in Lorient als LI gelegen hatte. Später hatten wir uns in Lübeck häufig getroffen.

Vielseitige Aufgaben kamen auf mich zu. Als »freier Mitarbeiter« blieb ich beweglich und war ausschließlich der Geschäftsführung zugeordnet. Das letzte Kapitel meines Berufslebens hatte begonnen.

Ich bearbeitete Projekte für verschiedene Länder, denn die Verwendung von U-Booten erforderte bestimmte Infrastrukturen und meereskundliche Voraussetzungen. Abhängig von der gegebenen Geographie, dem mutmaßlichen Gegner und dessen maritimen Möglichkeiten, waren Verwendungszweck und -möglichkeiten für fast sämtliche potentiellen Kunden verschieden. Da wir aber nach der Auffassung des Hauses auch eine ausgesprochene Beratungspflicht hatten, erforderte bereits die Typdefinition eine wichtige und umfangreiche Vorarbeit.

Es war dann später bei Abschluß der Verhandlungen interessant festzustellen, daß bei mehreren Kunden die Wahl des zu bauenden Typs keineswegs nach den strategischen oder gar taktischen Gegebenheiten erfolgte. Gerade bei einer häufig auftretenden Grundsatzfrage, ob nicht bei begrenzter finanzieller Möglichkeit und gegebener seestrategischer Lage eine mögliche Mehrzahl kleinerer Einheiten einem Großtyp vorzuziehen sei, blieb meist der Prestigegedanke zweifelhafter Sieger über die militärische Zweckmäßigkeit.

Der deutsche U-Bootsbau litt noch immer unter Beschränkungen. Sie führten zu den kuriosesten Erscheinungen. Da nach den Bestimmungen Teile von U-Booten keinen Beschränkungen unterlagen, durfte die deutsche Bauwerft U-Boote in vier, fünf fertig ausgerüsteten Segmenten an ein Land liefern, die dann dort zusammengeschweißt wurden, nachdem diese Segmente auf einem Spezial-Ponton über die Weltmeere gereist waren.

In einem anderen Falle bauten wir aus Beschränkungsgründen Boote nach unseren Plänen bei Vickers in Barrow, weil der Kunde auf IKL-Konstruktionen beharrte und die renommierte Bauwerft derzeit ausschließlich Nuklear-Boote baute. Natürlich erwuchs daraus eine jahrelange, andauernde Zusammenarbeit mit dieser kooperativen britischen Traditionswerft, die häufige Verhandlungen drüben, aber natürlich auch bei uns in Lübeck erforderten. Diese häufigen Besuche ermöglichten uns ungewöhnliche Einsichten in britische Werft- und Lebenschancen.

Die Arbeitsregulierung und Aufsicht durch die »shop-stewards« der Gewerkschaften wäre auf deutschen Werften undurchführbar gewesen. Häufig waren wir gleich für zwei Tage in Barrow und hatten den Eindruck, daß die Werft Barrow war und Barrow die Werft. Die gleiche Kastenteilung wie beim eigentlichen Werftvolk bestand überraschenderweise auch auf der Ebene der Direktion und der Verwaltung. So geschah es, daß Gabler und ich im Räumen der Direktion, unsere diversen technischen hochkarätigen Dipl. Ingenieure aber in die allgemeine Kantine zum Essen gebeten wurden. Es erinnerte mich an die Proviantübergabe im Dezember 1941 von dem Italiener *Tazzoli* mit der Drei-Messen-Einteilung auf einem U-Boot! Auch in der Lösung des An- und Abtransports vom nahe gelegenen Vickers-Flugplatz konnte man ähnliche Beobachtungen machen. Wir kannten ähnlich kleine Nuancierungen nicht, wenn wir die Briten zu Besprechungen in Lübeck hatten.

Verständlicherweise beschäftigte sich das IKL sehr zielstrebig mit der technischen Lösung einer nicht-nuklearen Außenluft-Unabhängigkeit, die allein in der Lage war, die Waffe auch in der Zukunft wieder voll verwendbar zu machen. Die vergleichsweise theoretische Minimierung einer Reaktor-Anlage forderte immer noch untragbare Bootsgrößen. Tatsächlich sind die damals begonnenen Arbeiten und Versuche heute von Erfolg belohnt.

Aber das IKL beschäftigte sich auch sehr intensiv mit ziviler Ozeanologie, Tiefseetauchbooten, Unterwasser-Habitat für Forschungszwecke und Laboratorien und Klein-U-Booten für jede Art der Meeresforschung. Als im Jahre 1969 im Seebad Brighton die erste Ausstellung »Oceanology International« stattfand, wurde ich zusammen mit dem designierten Projekt-Ingenieur, Dipl. Ing. Peter Krüger, nach Brighton entsandt. Wir erregten mit unserem IKL-Ausstellungsstand erfreuliches Aufsehen.

Eines Tages bekamen wir von unserem Vertreter in Rom eine Anfrage nach einem Kleinst-U-Boot, mit dem man mittels eines elektrisch gesteuerten Greifarms auch Korallen an den Felswänden Nordsardiniens bis auf etwa 80 m Tiefe ernten könnte. Das war etwas für den technischen Tüftler Ulrich Gabler. Die Adaptierung unseres Tour-Bootes für diesen besonderen Zweck machte keinerlei Schwierigkeiten. Es kam nur darauf an, technisch die Antriebe so zu gestalten, daß, ähnlich einem Hubschrauber, das Fahrzeug auch im Wasser auf der Stelle verharren und eventuelle Strömungen ausmanövrieren konnte. In Rom verhandelten wir zunächst mit dem berühmtesten Korallentaucher, der allerdings wenig von dieser ungefährlicheren und gesundheitschonenden technischen Lösung hielt. Er meinte vor allem, daß die menschliche Hand nicht durch einen noch so vollendeten Manipulator ersetzt werden könnte. Er blieb auch skeptisch gegenüber der unendlich feinen notwendigen Manövrierbarkeit an den steilen, bis tief ins Meer hinunterreichenden glatten Felswänden.

Gablers Freund und Vertreter, Dr. Ing. Casalotti, fand aber eine interessierte Geldgebergruppe, die doch schließlich mit Mitteln des Fonds del Mezzo Giorno ein erstes Korallen-U-Boot bei Maschinenbau-Gabler in Lübeck in Auftrag gab.

Nach den zur vollen Zufriedenheit durchgeführten Erprobungen in der noch winterlichen Ostsee wurde das Boot nach Sardinien verschifft und ein Vorführteam mit Dipl. Ing. Krüger nach der Hafenstadt Alghero im Nordwesten Sardieniens entsandt. Die Käufergruppe stellte einen größeren Fischkutter als Mutterschiff zur Verfügung, die praktischen Erprobungen und Vorführungen liefen dann über einen längeren Zeitraum sehr befriedigend. Leider schien jedoch der Griff in die öffentliche Kasse del Mezzo Giorno fehlgegangen zu sein, denn meines Wissens wurde Gabler mit der beträchtlichen Restzahlung später im Stich gelassen.

So hätte von mir aus meine abwechslungsreiche, immer interessante Arbeit als »freier Mitarbeiter« im Hause IKL immer weitergehen können. Auch Gabler hätte keine Einwendungen gehabt, wenn nicht der Tod unseres Sohnes und eine zunehmende gesundheitliche Behinderung Ruths durch Migräne und ein schweres Hüftgelenksleiden uns Lübeck verleidet hätten. Der Schmerz um unseren Jan blieb, die Gesundheit Ruths wurde durch ärztliche Kunst wiederhergestellt. Unseren letzten Kurs setzten wir nach langen Überlegungen nach Südbaden ab, wo wir unser fünftes Haus gebaut haben.

Schatten der Vergangenheit II

Während meiner Bremer Zeit bei der Firma Maierform wurde die Frage akut, ob ich bereit sei, aktiver Offizier in der Bundesmarine zu werden, die sich ab Jahresende 1955, Anfang 1956 im Aufbau befand. Wesentliche Vorarbeit hatte in der Dienststelle Blank Adje Zenker geleistet. In großen Zügen waren mir seine und seiner Kameraden Überlegungen bekannt. Trotz einiger Zweifel hatte ich keine grundsätzlichen Bedenken und hielt mich auf Grund meiner Erfahrungen, gerade auch wegen meiner langjährigen Ausbildung und nach verantwortungsvollen Verwendungen auch noch in Friedenszeiten jeder Aufgabe gewachsen, die an mich herantreten würde. Ich hatte mich allerdings nicht um eine Wiederverwendung beworben, sondern die Personalgruppe schon der Dienststelle Blank war bei ihren Erwägungen zum personellen Aufbau an mich herangetreten und hatte mich, als es soweit war, in Kenntnis meiner Conduite und meines dienstlichen Weges zur Bewerbung aufgefordert.

Ein Großteil der Kameraden meiner Crew hatte sich beworben. Sie waren als Fregattenkapitäne oder Korvettenkapitäne der Begutachtung durch den von mir wegen seiner unkontrollierten Machtfülle als undemokratisch angesehenen Personalgutachterausschuß für die Streitkräfte entgangen und eingestellt worden. Als Kapitän z. S. würde ich mit Sicherheit vor diesen Ausschuß geladen werden. Ich hatte daher auf die Anfragen nach meiner endgültigen Bereitschaft zur Bewerbung vom für mich zuständigen Personalbearbeiter, dem mir gut bekannten 25er Kapitän z. S. Hans Dominik, die Zusicherung erhalten, daß er mich vor dem absehbaren Ende der Einstellung nochmals fragte, und meine Entscheidung offengelassen.

Jetzt, im Frühsommer 1957, kam der Augenblick. Hatte ich bei meinen beruflichen Entscheidungen immer im Hintergrund meinen Erst- und Lebensberuf in zukünftiger Entwicklung gesehen, zu dem mich Neigung und Eignung ohne Rücksicht auf etwaige materielle Nachteile verständlicherweise auch drängten, so unterschätzte ich wohl die Schwierigkeiten, die sich aus meiner letzten Kriegsverwendung ergaben. In allen schweren Entscheidungen der letzten Kriegsjahre war allein mein Gewissen als Richtschnur maßgebend gewesen. Ich hatte ausschließlich nach dem moralischen Gesetz in mir gehandelt. Ich konnte mich nach meiner Überzeugung ohne Bedenken dem Gutachterausschuß präsentieren, auch wenn mir diese Institution nicht behagte.

Für den 6. Juni 1957 war ich nach Bonn zur Vorstellung gebeten worden. Ich wurde in einen langen Saal gerufen, an dessen Tafel etwa 200 Personen bereits Platz genommen hatten. Dann wur-

Wartime enemies meet.. for lunch

So sorry for sinking you

by Keith Dovkants

FORMER wartime U-boat commander Karl-Friedrich Merten was today still saying "sorry" to the people whose ship he sank.

It was the second time that Captain Marten, a 79-year-old retired shipbuilder, apologised.

The first time was in November 1942, when he surfaced after sinking the City of Cairo with torpedoes.

Capt. Marten's reunion with survivors of the attack, held on HMS Belfast, celebrated a book soon to be published which deals with the incident.

Capt Merten, a leading German U-boat commander who sank 29 ships, sent the City of Cairo to the bottom in mid-Atlantic as she steamed from India to England with 300 people on board.

Only 200 survived, after heroic voyages in lifeboats to St Helena 500 miles away and the Coast of Brazil 2000 miles away.

The book is called Good Night, Sorry For Sinking You.

THE HUNTER: Capt. Merten in World War II.

As 17 of the survivors gathered on the Belfast for lunch, Capt. Marten said: "On the one hand I find myself thinking of those poor people that I left alone on the ocean, and on the other hand I remind myself I was doing my duty, the same thing a British submarine commander would have to do."

Capt. Merten said he did not know that the ship he sank was carrying passengers. When he realised that was the case he tried to organise the rescue of people from the water and set them on course for land.

He said: "In wartime there is a different set of rules and I could only say I am sorry for sinking you, goodnight."

One of th people who heard him was Bob Skea then a 37-year-old ship's officer on his way home from Bombay.

He said: "We were in a lifeboat with 57 people and when the second torpedo hit the ship we could hear the debris, bits of coal and bodies hitting the water all around us 300 feet away."

He and Capt. Merten were talking like old friends within minutes of meeting.

Mr Skea, who lives in Edinburgh, said: "I think the freemasonry of the sea makes it easier for me to understand."

Standard Picture: MICHAEL FRESCO

NO HARD FEELINGS: Karl Friederich Merten (left) shakes the hand of Bob Skea aboard Belfast today.

42 years on . . . survivors of U-Boat attack pay tribute to German skipper

We couldn't have been sunk by a nicer man

By WILLIAM LANGLEY

FTER the story of the RAF unner who finally met the uftwaffe pilot he shot down 1943, another poignant reunion took place yesterday.

It had been 42 years since the rvivors last heard Captain Karl iedrich Merten's voice: 'Goodght,' he bellowed from his U-at. 'Sorry for sinking you.'

The replies from a flotilla of overwded lifeboats didn't accord with the neva Convention.

But yesterday the atmosphere was tinctly more cordial when the German pper and his victims met for first time since the British cargo ship y of Cairo went to the bottom in vember, 1942.

That encounter had been decided by couple of torpedoes. Yesterday's munition on the quarterdeck of the iser Belfast was drinks, jokes and mories.

n passage from India to London, the y of Cairo was attacked in the ddle of the Atlantic. As the ship sank,

You remember when I shot you down? I thought you were dead

From yesterday's Daily Mail

U-Boat commanded by Captain Merr surfaced among the lifeboats.

'We were all scared stiff,' said senger George Nutter, 73. 'There been German skippers turning chine guns on survivors. But captain shouted that our boats should steer 900 degrees for the rest landfall at St Helena. He even ted out people still in the water.' 300 passengers and crew on board the o, 200 survived.

mong them were the children of Sir es Almond, an Indian judicial comsioner. Yesterday David Almond, 54, ncis, 55, Basil, 56, and their sister Susan Nagle, 52, were at the reon, held to mark publication of a new , and a TV film about the sinking.

avid, a Hertfordshire GP, 'There is no bitterness and it's quite a thrill to him after all this time. couldn't have been sunk nicer man.'

aptain Merten, now an ght 79, said: 'I had no of knowing what the was carrying, but it was ar zone. I had no option to attack.'

Top: Captain Merten, centre, with the Almond family yesterday: Basil, David, Susan and Francis. Left: Captain Merten in wartime and the ship he sank, the City of Cairo

As they were in wartime: The Almond children, David, Susan, Basil and Franci

The U-Boat type commanded by Captain Merten

de mir vom Vorsitzenden, einem Staatssekretär a. D. Rombach, nur eine einzige Frage gestellt: »Wie standen Sie zu Großadmiral Dönitz?« Obwohl ich von Kameraden auf diese Kernfrage aufmerksam gemacht worden war, machte ich, um wahr und ehrlich zu bleiben, aus meiner Hochachtung und Loyalität zur Person des Großadmirals kein Hehl. Noch bei der Definition meiner Unterscheidung zwischen dem Vorgesetzten und dem verläßlichen Kameraden Dönitz wurde ich vom Vorsitzenden unterbrochen mit: »Wir haben, glaube ich, genug gehört, danke sehr für Ihr Kommen, Sie können sich wieder auf den Heimweg machen.« Das klang eigentlich nicht unfreundlich. Rombach geleitete mich zur Tür und erzählte mir, daß er als Präsident des Vereins für das Deutschtum im Ausland bei einer großen Kundgebung in Elbing meinen Vater, den Oberbürgermeister der Stadt, kennengelernt hätte. Eine weitere persönliche Frage, schon an der Tür, nach meiner augenblicklichen Position, die ich als »zufriedenstellend« bezeichnete, schien er gewohnheitsmäßig zu stellen, denn er wartete meine Antwort gar nicht mehr ab.

Der unerwartete Abbruch der Sitzung so rasch nach Beginn meiner Ausführungen bestärkte mich in dem Eindruck, daß die Entscheidung bereits gefallen war, bevor ich den Saal betreten hatte. Nur der Form halber hatte man mich noch etwas reden lassen. Einige Wochen später bekam ich von meinem guten Freunde Dominik brieflich den vertraulichen Hinweis, meine Bewerbung zurückzuziehen, um mir eine Ablehnung zu ersparen. Es war mir nun klar, daß der Ausschuß an meiner Stellung als Marine-Beisitzer des Fliegenden Standgerichts des Führers vom April bis Anfang Mai 1945 Anstoß genommen hatte – eine Verwendung, zu der ich mich wahrhaftig nicht gedrängt hatte. Wieder einmal gab nicht die wahre Tätigkeit und das Verhalten den Ausschlag, sondern der äußere Schein wurde für die Wirklichkeit genommen.

Zurückblickend auf meine unendlich befriedigende und erfolgreiche Zeit als Seeoffizier in Krieg und Frieden konnte mir die Eignung zum Offizier der Bundesmarine nur unter absichtlicher Mißdeutung meiner letzten Tätigkeit verweigert werden. Meine gewagte Räumung der Stadt und des Landkreises Memel

gegen den Gauleiter Koch mit späterer Zustimmung von Dönitz, das alles zählte nicht und wurde nicht gewertet, es galt allein das Odium der Vergangenheit. Wie wenig berücksichtigte diese Entscheidung die Wirklichkeit des Jahres 1945, die letzten Zuckungen des Dritten Reiches!

Während ich, zutiefst verletzt, lange Zeit brauchte, um die Folgen dieses Keulenschlags zu überwinden, war Ruth sehr befriedigt mit diesem abrupten Ausgang meiner ewigen Marineträume, auch wenn sie die Art und Weise, wie mir dies zugemutet wurde, scharf mißbilligte. Sie war eher als ich zutiefst sicher, daß ich mich in dieser völlig veränderten Marine nur unglücklich gefühlt hätte und wohl bitter enttäuscht worden wäre. Heute sehe ich, daß sie sicherlich damit recht gehabt hat. Dennoch hat auch dieser schwere Schlag die Anhänglichkeit zur Bundesmarine und das Verbundensein mit ihr nicht verändert oder gar zerrissen. Ich blieb auch weiterhin ein begeisterter Marineoffizier.

Als Folge meiner Stellung bei den Nordseewerken und zum Zeitpunkt des Verfahrens als Geschäftsführer der Maierform GmbH in Bremen ging es mir finanziell wohl weit besser als einer großen Anzahl meiner Kameraden. Eine Reaktivierung hätte mir sehr erhebliche finanzielle Einbußen gebracht, die selbst durch eine vielleicht mögliche Beförderung zu einem Admiralsdienstgrad nicht ausgeglichen worden wären. Der materielle Faktor unterschied mich von manchen Anwärtern auf Wiedereinstellung. Nicht nur gutmütig spottete man an der Küste über die »Kaehlersche Sozial-Marine …«

Aus meiner bleibenden inneren Verbundenheit zum einstigen BdU, dem späteren Großadmiral und Oberbefehlshaber der Kriegsmarine Karl Dönitz, habe ich nie ein Geheimnis gemacht. Mit seinem Tod am Weihnachtsabend 1980 endete nicht nur für mich eine Epoche.

Am 6. Januar 1981, einem kalten sonnigen Wintertag, geleiteten die Trauergäste aus aller Welt, dabei britische und italienische Seeoffiziere, unter Vorantritt ehemaliger Angehöriger der Kriegsmarine, insbesondere der U-Bootwaffe, Dönitz zu Grabe. Die Bundesregierung lehnte jede Beteiligung ab. Der Staatssekretär

FOTOS: AP

Karl-Friedrich Merten (Sechster von links) mit Ex-Passagieren der „City of Cairo"

„Sorry, daß ich Sie versenkte"

AP **London**

Am 6. November 942, 800 Kilometer idlich der Insel St. 'elena, erspähte Karl riedrich Merten, ommandant des -Bootes „U 68", im idatlantik ein Schiff. s war der 8024-Ton-en-Frachter „City of airo" mit 300 Passa-eren an Bord.

Merten wußte nicht, aß der Frachter Pas-giere beförderte. Er rpedierte die „City Cairo".

Ihre Besatzung und assagiere flohen in e Rettungsboote. st als sie in Sicher-it waren, feuerte erten einen zweiten rpedo ab, der die ity of Cairo" ver-nkte.

Dann ließ Kommandant Merten sein U-Boot auftauchen. Und über Funk gab er den Schiffbrüchigen den Kurs nach St. Helena durch. Seine letzte Botschaft an sie: „Gute Nacht. Tut mir leid, daß ich Sie versenkt habe."

Die Schiffbrüchigen wurden 13 Tage später vor St. Helena von zwei Schiffen gerettet.

Mehrere Menschen der „City of Cairo" nahmen nach dem Krieg Kontakt zu Merten in Waldshut (Baden-Württemberg) auf; auch die Witwe des Kapitäns wechselte freundliche Briefe mit ihm.

Nun hat der einstige Eigner der „City of Cairo" ein Buch über den Untergang und die Rettung geschrieben. Zur Vorstellung lud er Merten, heute 79 Jahre alt, und 16 Überlebende nach London. Es war ein freudiges Wiedersehen.

Ex-Passagier Georg Nutter lobte Merten: „Er hat mir und anderen das Leben gerettet."

Ex-Schiffsarzt Dr. Douglas fügte hinzu: „Ich trage ihm nichts nach. Es hat nur seine Pflicht getan. Es war Krieg. Er hätte uns nicht entkommen lassen brauchen."

Ex-Passagier David Almond sagte: „Von einem feineren Kerl hätten wir nicht versenkt werden können."

Ex-Kommandant Merten: „Ich bin bewegt und gerührt."

Im Zweiten Weltkrieg versenkte Karl Friedrich Merten 29 Schiffe mit 186 000 Bruttoregistertonnen – nur drei U-Boot-Kommandanten versenkten mehr.

Merten war dafür mit Ritterkreuz und Eichenlaub ausgezeichnet worden.

Dr. Joachim Hiehle (Crew X/43) ordnete in Vertretung des Verteidigungsministers Apel an, daß die Beisetzung ohne militärische Ehren stattfand. Soldaten wurde untersagt, an den Beisetzungsfeierlichkeiten in Uniform teilzunehmen.

Erstmalig nach dem Kriege kamen fast vollzählig die ehemaligen U-Bootfahrer und Kommandanten zusammen zu einer würdigen Trauerfeier. Neben der stündlich wechselnden Ehrenwache am Sarge durch ehemalige U-Bootskommandanten geleiteten wir Ritterkreuz- und Eichenlaubträger der U-Waffe unseren toten Großadmiral in feierlicher Prozession und mit Andacht zu Grabe. Dieser letzte Dienst war uns allen Ehre und Verpflichtung.

Noch einmal, und dies über lange Jahre, bis hin zu einem versöhnlichen Erlebnis, erreichten mich lange Schatten der Vergangenheit.

Es war im Jahre 1960. Wir lebten in Lübeck, in der deutschen Nachkriegswirklichkeit. Ich sah eines Tagres an einem Zeitungskiosk eine Reihe von 50-Pfennig-Heftchen. Ich starrte plötzlich auf eines dieser Heftchen: »Seefahrt in aller Welt Nr. 10« las ich, und: »Dampfer *City of Cairo*«, in schreiend gelber Farbe darüber: »Fünf Wochen Todesnot!« In Sekunden war ich am Schalter, verlangte das Heftchen, eilte nach Hause und verschlang den Inhalt.

Vor mir entrollte sich ein menschliches Drama im Südatlantik. In dieser Darstellung ist nur von einem der vielen Rettungsboote überhaupt die Rede, alle anderen scheinen danach verlorengegangen zu sein. Der Erste Offizier hat es geführt, ein Mr. Britt, offenbar ein sehr tüchtiger Nautiker. Nach dieser Beschreibung waren 301 Menschen an Bord des unglücklichen Schiffes, dabei eine ganze zusätzliche Laskaren-Besatzung für ein in England neu in Dienst zu stellendes Schiff. Der Kapitän verteilte am nächsten Morgen alle Überlebenden auf die sechs Boote, nachdem bei der Zählung drei Passagiere und 19 Laskaren vermißt wurden. Ein Boot wurde an Bord durch den Treffer zerstört, eines kenterte und wurde nicht mehr gefunden. In Mr. Britts Boot waren 54 Menschen, 31 Asiaten, 23 Europäer, darunter zwei Frauen. Nur das

Boot Nr. 7 hatte demnach einen Sextanten, nachdem ein zweiter mit dem gekenterten Boot verlorenging.

Solange alle Boote zusammenblieben, gab es eine kleine Hoffnung, St. Helena zu erreichen, aber auch nur dann. Das Boot des Ersten Offiziers war schneller.

Drei Tage blieben alle gut zusammen, nachts unter Treibanker und Leinenverbund. Das ging bei stillem Wasser und geringen Passat auch ganz leidlich. Als es langsam härter wurde mit der Versegelung nach Norden und die gesegelte Distanz gegenüber der Vorausberechnung zurückblieb, wollte der Erste die besseren Segeleigenschaften seines Bootes zur Hilfeholung ausnutzen und verließ mit erzwungener Zustimmung des Kapitäns die anderen Rettungsboote. Schon nach drei Tagen begann auf dem Boot des Ersten das große Sterben. Die Laskaren können den Durst nicht ertragen, sie werden gleichgültig, apathisch und ergeben sich in ihr Schicksal. Aber auch unter den Europäern gab es bald jede Nacht mehrere Tote. Sehr bald folgten Haie dem Boot. Vor Durst wahnsinnig werdende Laskaren sprangen ins Meer und wurden Beute der gierigen Haischwärme. Aber es kam noch schlimmer. Am zwölften Tag brach der Erste am Ruder zusammen. Er starb zwei Tage später, ohne wenigstens den letzten gekoppelten Schiffsort einem der Seeleute mitzuteilen. Damit war die einzige Chance dahin, die Insel zu finden.

Der robuste Quartermaster Angus McDonald übernahm Ruder und Kommando über die noch Lebenden. Am Ende der dritten Woche war klar, daß sie die Insel verfehlt haben mußten. Sie blieben dennoch auf Nordostkurs und waren jetzt nur noch acht Menschen im Boot. Das Trinkwasser reichte nur noch zu einem Fingerhut am Tage. In der vierten Woche waren es nur noch drei Überlebende, Angus McDonald, der Chef Steward Jack Edmet und die junge Diana Jarman, die mit ihrem Lebenswillen und Mut die anderen am Leben hielt. Wegen einer eitrigen Halsgeschwulst konnte sie aber nur noch mit Mühe sprechen und kaum mehr schlucken. Den Zeitbegriff hatten sie längst verloren.

Längst konnten sie die Segel nicht mehr setzen. Sie trieben in der Meeresströmung immer weiter in die tropisch stillen Wasser der Bucht von Guinea. Ein nächtlicher Tropenregen brachte sie wieder zur Besinnung und gab ihnen Kraft.

Noch in der gleichen Nacht hörten sie plötzlich einen schweren Schiffsdiesel, dessen tiefes Dröhnen sie zunächst für ein großes Flugzeug hielten. Es gelang Angus McDonald, eine der letzten Fackeln anzuzünden. Kurz darauf lagen sie längsseits einer riesigen Schiffswand. Sie wurden von Seeleuten über das Seefallreep an Deck getragen. Aber diese Seeleute sprachen deutsch. Wie konnte das möglich sein? Der deutsche Blockadebrecher *Rhakotis*, ein Hapagschiff, aus Japan und Ostasien mit kriegswichtigen Rohstoffen kommend, hatte sie in letzter Minute in dieser Nacht aufgefischt, nach genau fünf Wochen im offenen Rettungsboot, hier in der inneren Guinea-Bucht, der wenig befahrenen Afrika-Ecke.

Der Kapitän der *Rhakotis* tat alles, um die Schiffbrüchigen dem Leben wiederzugeben. Nach Tagen künstlicher Ernährung mußte Diana Jarman wegen der Halsgeschwulst unbedingt operiert werden, da sie kräftemäßig immer mehr verfiel.

Die Zustimmung der beiden Männer wurde vorher eingeholt. Aber das Herz der jungen Frau hielt die Narkose nicht mehr aus. Sie wurde feierlich vor der ganzen Front der Besatzung unter dem Union Jack auf See bestattet. Angus McDonald und Jack Edmet erholten sich unter sorgsamer Pflege des Schiffsarztes schnell von den grausamen Strapazen der Bootsreise. Aber sie waren ja keineswegs in Sicherheit auf einem deutschen Blockadebrecher.

Am Anfang der Biskaya wurde das Schiff vom britischen Kreuzer *Scylla* bereits erwartet. Die Aktion »Ultra« hatte das Schiff lange erfaßt, wie wir heute wissen. Drei zum Geleit entsandte U-Boote, *U-410* (Sturm), *U-621* (Kruschka) und *U-659* (Stock) konnten an der Exekution der *Rhakotis* auf große Entfernung gar nichts ändern, weil U-Boote als Geleitfahrzeuge weder gegen Flugzeuge noch gegen Überwasserstreitkräfte irgendeinen Schutz bieten können. Und so kam, was kommen mußte. Die *Scylla* feuerte auf die lediglich mit Fla-Maschinenwaffen ausgerüstete *Rhakotis* aus sicherster Entfernung ein paar Salven. Zur Vermeidung unnötiger Verluste konnte der Kapitän Jakobs lediglich das Schiff versenken und versuchen, die Besatzung zu retten. Die beiden Engländer gingen natürlich mit in die Boote.

Jack Edmet kam mit dem einen Boot nach La Coruña, von dort nach England zurück und fiel ein halbes Jahr später in einer Geleitzugschlacht im Nordatlantik. Der Quartermaster Angus McDonald wurde mit seiner Bootsbesatzung von *U-410* aufgenommen, kam heil damit nach St. Nazaire und von dort bis Kriegsende in Gefangenschaft. Er, der letzte Mann dieses Rettungsbootes der *City of Cairo*, hat nach dem Kriege diese Geschichte in England erzählt. Verständlicherweise hat er sie, besonders die Reise dann mit *U-410* mit Flugzeug- und Zerstörerangriff, mit Wasserbomben und Raketenbeschuß phantastisch angereichert und noch zusätzlich dramatisiert, obwohl schon die Wahrheit dramatisch genug gewesen war. Er starb eines natürlichen Todes im Jahre 1975, was ich erst sehr viel später erfahren habe.

Erschüttert über diesen grauenvollen Bericht und überzeugt davon, daß die ganze weitere Besatzung und die anderen Passagiere alle umgekommen waren, legte ich das bereits 1955 erschienene Heft aus der Hand. Es dauerte dann 20 Jahre, bis ich völlig unvermutet von der Vergangenheit wieder eingeholt werden sollte.

Längst hatten wir uns am Hochrhein, der Sonnenterrasse Deutschlands, niedergelassen, wo meine Frau sich der Gartenarbeit, ich mich der Niederschrift meiner Lebenserinnerungen und geschichtlichen Studien widmete.

Es war das Jahr 1981. Ich hatte gerade mein 76. Lebensjahr vollendet, als ich den Brief eines mir nur dem Namen nach bekannten ehemaligen Kommandanten von *U-32* erhielt, Hans Jenikh. Er hatte die *Empress of Britain* versenkt. Er sandte mir einen Zeitungsausschnitt zu, den er von einem englischen Freund erhalten hatte. Dieser hatte ihn einer Seriengeschichte des »Sunday-Express«, einer bekannten englischen Wochenzeitschrift, entnommen. Unter dem Titel: »Goodnight – Sorry« behandelte sie die Versenkung der *City of Cairo* am 6. November 1942 und enthielt einige Stellen und Sentenzen, die mir nicht nur nicht gefielen, sondern die Wahrheit entstellten.

Ich wandte mich daher brieflich an die Sonntagszeitung. Es war unbedeutend, aber typisch für alle Berichte von Überlebenden nach U-Boot-Angriffen, daß sie immer behaupteten, daß das Boot mitten unter den Rettungsbooten auch in dunkelster Nacht aufgetaucht wäre. Auch hier wollte der Kapitän ein monströses walfömiges Ungeheuer festgestellt haben, das 50 Yards entfernt aus der Tiefe des Weltmeeres auftauchte. Das konnte ich ganz ruhig durchgehen lassen. Weniger gefiel mir, daß ich beim zweiten Anruf eines Rettungsbootes schon mit drohender Stimme gesprochen haben sollte und die Kanonen auf das Boot gerichtet hätte. Das war unwahr und schon beinahe Kriegspropaganda. Das mußte ich glatt zurückweisen!

Wenn auch der Rest der Unterhaltung zwischen mir und den Überlebenden leidlich richtig wiedergegeben war, so fehlten aber ganz wesentliche Gesichtspunkte, die überhaupt das ganze Drama erst verständlicher machen konnten. So hätte zunächst die Lage berücksichtigt werden müssen, in der sich ein U-Bootskommandant befand beim Versenken eines Passagierschiffes nach dem tragischen *Laconia*-Fall im September des gleichen Jahres. Es mußte deutlich gemacht werden, daß mein Rufen, ja Schreien nach dem Kapitän nicht geschah, um diesen befehlsgemäß gefangenzunehmen, sondern um ihn zu zwingen, sich sofort um eine organisierte Rettung der Überlebenden zu bemühen, nachdem wir die kontrollierten Rettungsboote halbleer und deren Insassen völlig unfähig zu jeder Initiative vorgefunden hatten.

Schließlich aber wollte ich doch auch den britischen Lesern der Zeitung nicht ersparen, sich einmal darüber klarzuwerden, welches Ausmaß an Verantwortungslosigkeit den Seekommandanten in Kapstadt bewogen hatte, noch während der Blockade durch unsere acht U-Boote ein derartig langsames Passagierschiff nach England in Marsch zu setzen. Dort allein saß der eigentlich Schuldige an dieser vermeidbaren Katastrophe. Zum Schluß aber brachte ich meine tiefe Genugtuung zum Ausdruck, daß entgegen meinem bisherigen Wissen nun doch – dem Bericht des »Sunday Express« zufolge – bis auf drei Boote alle anderen Rettungsboote mit den Überlebenden in der Endlosigkeit des Weltmeeres nicht verlorengegangen waren, sondern tatsächlich St. Helena erreicht hatten. Ein Boot hatte mit nur einem Mann und einer Frau an Bord beinahe die Küste Brasiliens erreicht und war kurz davor gefunden worden. Offensichtlich war nur ein weiteres Boot Totalverlust; der britische Dampfer *Themistodes*, der es schließlich am 12. Dezember treibend fand, barg nur noch Leichen. Ich ließ keinen Zweifel daran, daß die Versenkung von Passagierschiffen für wahre Seeleute wenn auch eine Kriegsnotwendigkeit, gleichwohl entsetzlich belastend – »hell for everyone involved« – sei.

Ich unterschrieb mit vollem Namen und Anschrift. Der »Sunday Express« veröffentlichte meinen Brief ungekürzt und unverändert. Nur gab er ihm mit der Überschrift »Why I did it, by U-boat Captain« einen leicht veränderten Zungenschlag, der mir weniger behagte.

Eine wahre Sturmflut von zustimmenden Briefen aus England, weit über 200, brach über mich herein. Menschen aller Schichten, aller Berufe, wenn auch vorwiegend Seefahrer und historisch Interessierte, schrieben mir und bekundeten ihre Achtung für unsere schwere Aufgabe und respektierten meine Verteidigung unseres Handelns.

Mehrere Seeleute meldeten sich, die den Untergang der *Laconia* miterlebt hatten. Sie bestätigten meine Darstellung. Ein Seemann berichtete vom Untergang der *Surrey* und der *Ardenvohr* und von der Tatsache, daß ich damals den »donkeyman« aus dem Bach gezogen und dann in ein Rettungsboot der *Ardenvohr* gesetzt hatte. Auffallend zurückhaltend waren nur die britischen U-Bootsleute, die sich so gut wie gar nicht äußerten, obwohl ich gerade unter ihnen seit Jahren eine ganze Menge guter Bekannter von den Internationalen Treffen der U-Bootfahrer her hatte.

Auch die Witwe des Kapitäns der *City of Cairo*, Mrs. Elsie L. Rogerson, schrieb mir besonders herzlich, aber auch mit berechtigtem Stolz, daß es ihrem Manne gelungen war, 56 Überlebende heil nach St. Helena zu bringen. Sie hatte nach der Pensionierung ihres Mannes noch zehn glückliche Jahre mit ihm verlebt und bedauerte sehr, daß ich ihren 1972 gestorbenen Mann nicht mehr kennengelernt hatte, wir beide wären sicherlich gute Freunde geworden.

Donald Miller und seine Frau, Dr. Margret Miller, die von einer indischen Lepra-Station nach England zurückkehrten und unter den damals Geretteten waren, sandten mir ihre 1968 gedruckten Erinnerungen »A Ship! A Ship!«, in denen sie ihre schrecklichen Erlebnisse in den Rettungsbooten bis zur Landung in St. Helena beschrieben hatten, ein ergreifendes Dokument des Gottvertrauens. Ich hatte wochenlang zu tun, um alle Briefe zu beantworten. Die Korrespondenz zum Thema *City of Cairo* erstreckte sich bis in das Jahr 1987.

Der Marine-Attaché bei der Deutschen Botschaft in London, damals Kapitän z. S. Dingeldein, sandte mir Leserbriefe und Zeitungsausschnitte zu meiner Veröffentlichung im »Sunday-Express« und zum Tode des Großadmirals Dönitz. Es waren meist ganz einfache Menschen in England, denen es imponiert hatte, daß ich mir die nicht gerade freundliche Darstellung im »Sunday Express« nicht hatte gefallen lassen, und sich nun veranlaßt fühlten, mir für den Widerspruch gegen die Zeitungsdarstellung zu danken. Andere wollten gerne ein Foto von mir als U-Bootskommandant, und eine erhebliche Anzahl von früheren Seeleuten wollte nun gerne Verbindung aufnehmen mit ehemaligen U-Bootsleuten, von denen sie im Kriege versenkt worden waren.

Der Autor der Zeitungsgeschichte, Ralph Barker, schrieb mir postwendend und bat um meine Unterstützung für seine Nachforschungen. Verständlicherweise wollte er gerne Zeitzeugen von der Besatzung des Hapag-Dampfers *Rhakotis* sprechen und U-Bootsleute von den Booten, die bei der Rettung der Schiffbrüchigen nach der Vernichtung durch den Kreuzer *Scylla* beteiligt gewesen waren. Leider aber war es nicht sehr viel, was ich herausfinden konnte, nur eines stellte sich ganz klar heraus, daß von den U-Bootabenteuern des Angus McDonald nicht viel Substanz übrigblieb.

Aber das tat der Volkstümlichkeit seiner Story in England nicht viel Abbruch, die ich durch meine Entgegnung oder auch Richtigstellung nur noch stärker gefördert hatte, prangte doch in London und im ganzen Verbreitungsgebiet des »Sunday Express« an jeder Litfaßsäule und Anschlagfläche ein Riesen-Plakat: »›Sorry To

Sink You‹ Said The U-Boat Skipper – A Story of Open Boat Survival …« Natürlich bekam ich von Lesern auch ein solches Original-Plakat geschenkt.

Barker aber regte der Erfolg dann auch dazu an, diese abenteuerliche Geschichte in einem Buch zusammenzufassen. Damit hoffte ich, diese traurige Kriegsgeschichte endgültig begraben zu können. Ich sollte mich ganz gewaltig täuschen. Barker hatte viele Fragen, die für sein Buchprojekt von Wichtigkeit waren. Wo immer ich konnte, versuchte ich ihm zu helfen.

So verging fast ein ganzes Jahr, als ich mich wieder ganz unerwartet neuen Ereignissen konfrontiert sah. Hatte mit der Zeitungsserie von Barker die bisher unendliche Geschichte der *City of Cairo* wenn auch kein glückliches, so doch ein etwas milderes Ende gefunden, so zeigte es sich, daß wir hier auf dem Kontinent gar nicht abschätzen konnten, was für ein zähes und dauerhaftes Leben drüben auf der Insel wirklich dramatische Seegeschichten haben können. Anfang des Jahres nach der Zeitungssensation schrieb mir Barker, daß er mit einer Fernsehgesellschaft in England eine besondere Sendung plane, in der die ganze Geschichte der *City of Cairo* noch einmal aufgerollt werden sollte. Er gedachte, diese Sendung zeitlich so abzustimmen, daß sie mit der Vorstellung seines Buches zusammenfalle. Er bat mich, der britischen Fernsehgesellschaft »TVS« ein Interview zu geben.

Nun aber war gerade in England bei dem Verlag Victor Gollancz (London) von einer antideutschen Interessengruppe ein perfides Buch gegen Dönitz herausgebracht worden, das alle bisherigen antideutschen Veröffentlichungen in Großbritannien nach dem Kriege in den Schatten stellte und natürlich auch in deutscher Fassung bei uns verbreitet werden sollte. Ich versuchte wochenlang, gegen diese Publikation anzugehen. Allein, der Verband der Deutschen U-Bootfahrer, den dieses Buch als Schmähschrift gegen seinen Oberbefehlshaber und Ehrenmitglied eigentlich besonders anging, war nicht bereit, sich einzusetzen. Mich aber hatte diese Hetzschrift derartig verstört, daß ich die im Falle der *City of Cairo* errichtete Brücke deutsch-englischer Verständigung abzubrechen bereit war, wegen dieses Buches. Das teilte ich sowohl Barker mit als auch einem guten Freunde, der mir das Buch jenes Peter Padfield zugesandt hatte.

Barker, der seinen Trumpf bei der Vorstellung des Buches gefährdet sah, verlegte sich aufs Bitten. Schließlich gab ich nach und erklärte mich bereit, das Interview in Waldshut in meiner Wohnung zu geben, wobei ich insgeheim hoffte, daß dies der Fernsehgesellschaft zu aufwendig erscheinen würde. Weit gefehlt.

Am 10. April 1984 erschienen in vier feuerroten Autos gleicher Marke vom Flughafen Zürich 16 Fernsehleute. Ich hatte einen derartigen Zirkus noch nie mitgemacht und staunte doch, was alles dazugehörte. Beleuchter, Kameramänner, Scriptgirl, Ton-Spezialisten, Redakteur und Aufnahmeleiter stürmten mein Arbeitszimmer und verwandelten es in ein Atelier. Die Serie hieß: »The Human Factor« und sollte das Menschliche in grausamen Situation schildern. So wurden denn auch von wenig Verständnis zeugende Fragen gestellt, etwa warum denn überhaupt Passagierschiffe im Kriege angegriffen werden konnten. Natürlich aber wurden dann später beim Schneiden des Films eine ganze Reihe meiner Ausführungen fortgelassen, etwa, was ich grundsätzlich zum *Laconia*-Fall bemerkt hatte. Logischerweise bekam der Film durch derartige Kürzungen eine Färbung, die nicht in meinem Sinne sein konnte. Auch meine berechtigte Kritik an dem Padfield-Buch wurde nicht gebracht. Die Fragesteller waren eben zu jung und zu britisch.

Der rührige Barker beabsichtigte aber noch weit mehr Publicity für sein Buch. Ich glaubte nun, mit der in Aussicht genommenen Vorführung des Fernsehfilms in England sei der ganze Komplex erledigt. Ganz überraschend erhielt ich Mitte August 1984 dann von den Ellerman-City-Lines, der Reederei der *City of Cairo*, eine Einladung für meine Frau und mich zu einem »Re-Union-Lunch« auf dem Schweren Kreuzer *Belfast*, der als Museumsschiff auf der Themse nahe der Tower Bridge fest verankert liegt, zu der sämtliche noch Lebenden der *City of Cairo* eingeladen waren. Ralph Barker wollte bei dieser außergewöhnlichen Gelegenheit dann sein Buch offiziell vorstellen.

Verständlicherweise war ich hin- und hergerissen. Wie immer

jetzt schon bei prekären Fragen, wandte ich mich an einen wirklich guten Freund in England. Ich machte ihm meine Einstellung gegen Machwerke wie das Dönitz-Buch von Padfield begreiflich. Andererseits aber konnte eine Weigerung zu kommen auch falsch ausgelegt werden. Naturgemäß konnte es nicht einfach sein, den Opfern einer eigenen Seekriegshandlung gegenüberzustehen. Jede Absage, die ich unter Hinweis auf mein Alter von inzwischen 79 Jahren leicht hätte begründen können, konnte mir aber auch als Feigheit ausgelegt werden. Als mein britischer Freund mir riet, meine Bedenken hintanzustellen, war es für mich klar, daß ich diesen Gang gehen mußte. Schließlich stand ich für die Gesamtheit der ehemaligen U-Bootwaffe unschuldigen Opfern des schrecklichen Krieges gegenüber.

Ich nahm also für mich die Einladung an. War es nun wirklich der letzte Akt der Geschichte der *City of Cairo*? Es war wirklich unbeschreiblich, als ich an einem grauen, regnerischen Tage vom Anleger der Tower Bridge mit einem Verkehrsboot zum Kreuzer *Belfast* übergesetzt und am Steuerbord-Fallreep mit »Seite« an Bord gepfiffen wurde. Ein wachhabender Offizier meldete sich bei mir. Hunderte von Photographen und Presseleuten nahmen mich in Empfang. Ich hatte Mühe, das Blitzgewitter auszuhalten, als ich auf der Schanze meine ersten Kommentare zu dieser Einladung abgab. Reporter und Journalisten in kleineren und größeren Gruppen tobten sich in taktvollen und weniger taktvollen Fragen aus.

Erst danach konnte ich mich zu den 16 Überlebenden durchschlagen, die der Einladung der Ellerman-City-Lines gefolgt waren. Sie waren zum Zeitpunkt der Versenkung meist noch Kinder gewesen und erinnerten sich teilweise nur undeutlich an die Tage oder Wochen in den offenen Rettungsbooten. Dennoch – ihre Unvoreingenommenheit und ihre warmherzige Vertrautheit zu einem ihnen doch vollkommen unbekannten Manne war einfach tief bewegend. Aber auch die damals schon Erwachsenen und von schweren Erinnerungen Belasteten kamen mir mit offenen Herzen und voller Verständnis auch für meine nicht ganz einfache Situation entgegen.

Längere Zeit belegte mich Mrs. Elsie Rogerson mit Beschlag, die Witwe des Kapitäns. Gerne hörte ich ihre liebevolle Schilderung ihres Ehegatten, eines vorbildlichen Seemanns! Sie sah sich mit Recht auch im Zentrum der Ereignisse. Die vier geretteten Kinder einer Lady Almond sprachen kurz mit mir und äußerten sich später der Presse gegenüber besonders herzlich. Esther Langley und ihr Bruder nahmen mich ganz einfach in den Arm und entführten mich kurz dem Trubel zu einem sehr bezeichnenden Foto für die Presse. Der alte, fast blinde Lepra-Missionar Donald Miller, der mir sein Buch: »A Ship! A Ship« geschenkt hatte, zog mich ins Gespräch.

Fachmännisch ging es dann in einer Unterhaltung zu, die ich mit dem Schiffsarzt von damals führte, Dr. Douglas Quantrill, und dem Captain Bob Skea, dem Manne, der als *homeward-passenger* und Captain den einzigen Sextanten bei sich hatte, nachdem der Sextant des Captains Rogerson mit dem beim Wegfahren gekenterten Boot verlorengegangen war. Ihm hatten fast alle Überlebenden zu verdanken, daß St. Helena gefunden worden war. Wir hatten ein gutes Gespräch unter Seeleuten. Kein einziger Mißton war im Verlaufe des Tages zu vernehmen. Dann lief der angekündigte Film in einem sehr kleinen Decksraum des alten Kreuzers, in dem eine infernalische Hitze herrschte. Mein Interview war nur ein kleiner Teil des ganzen Films, in dem natürlich einige Gerettete zu Wort kamen, sehr eindrucksvoll in Verbindung mit einem der erhalten gebliebenen Rettungsboote. Das Weglassen großer Teile meines Interviews störte mich allerdings doch sehr, weil Wesentliches ungesagt blieb.

Nachdem beim Lunch keine Gelegenheit gewesen war, daß ich ein paar Worte sagen konnte, versuchte ich in einigen Sätzen unmittelbar nach der Filmvorführung Verständnis zu wecken für meine etwas schwierige Position. Es schien mir, daß ich den richtigen Ton fand, ohne pathetisch geworden zu sein. Nach dem Kaffee leerte sich die Messe der *Belfast* unerwartet schnell.

Im Hotel warteten mehrere Reporter auf mich, die meine Zeit in Anspruch nahmen, bis noch ein anderer bereits am Morgen angekündigter Reporter des ZDF erschien, der mit mir weit über

Mitternacht hinaus dann Whisky baggerte. Von alledem, was ich noch an diesem Abend dem Vertreter der renommierten deutschen Fernsehanstalt erzählen mußte, ist natürlich später kein Wort gesendet worden.

Am nächsten Morgen kehrte ich nach Deutschland zurück, im Gepäck fast alle bedeutenden Londoner Zeitungen. Das Echo war überwältigend und fast überschwenglich, abweichend von der sonst so zurückhaltenden üblichen »englischen Art«. Es setzte sich über Tage und Wochen nicht nur nach der Bundesrepublik fort, sondern auch nach Übersee bis nach Australien, Kanada und Südafrika, ja sogar bis an die Westküste der USA.

Ein Kuriosum ist noch festzuhalten. Ein Teil der britischen Presse, die von meiner Ansprache auf der *Belfast* gehört hatte, wertete mein Bedauern der Kriegsereignisse als eine regelrechte Entschuldigung. Unter Hinweis auf die »necessities of war« hatte ich es so nun wieder auch nicht gemeint. Aber die Presse benutzte meine Entschuldigung als Vorbild für Frau Thatcher, um sie zu einer förmlichen Entschuldigung für die unglaublich rohe und danach ohne jede Rechtfertigung gebliebene Versenkung des argentinischen Schweren Kreuzers *General Belgrano* zu bewegen. Hier unterblieb bekanntermaßen jede Hilfeleistung seitens der Royal Navy.

Eine negative Pressestimme kam ausgerechnet von »Lloyds List«, der bedeutendsten Schiffahrtzeitung der Welt. Auch die »Sunday Times« verhielt sich unversöhnlich und fügte in Verkennung des eigenen im Krieg gegen Argentinien gerade wieder angewachsenen Sündenregisters dem Bericht die Worte zu: »Die Zuschauer werden die Vergebungshaltung der Überlebenden gegenüber Merten bewundern, obwohl einige, die seiner selbstgefälligen Haltung diesem Ereignis gegenüber zuhörten, sich gefragt haben werden, wie er dem Kriegsgericht nach dem Kriege entgehen konnte.«

Das war nun genau die Stimme des offiziellen Englands, wie ich sie zu gut kannte. Natürlich schrieb ich sofort an »Lloyds List«. Meine Antwort wurde auch sofort gebracht, nur eine Entschuldigung erfolgte niemals. Meine Antwort an die »Sunday Times« blieb ohne Echo.

Nach diesem Ereignis in London kamen im Laufe der Zeit noch einige »Nachflammer« und Briefe, der letzte bisher aus Südafrika Ende April 1985. Ist damit diese alte traurige Geschichte aus dem entsetzlichen Krieg zu Ende?

Personenregister

Schiffsregister

Stapellauf des

bei den Deutschen Werken

Flottensalut für den

Kreuzer *Köln*

Linienschiff *Schlesien*

Linienschiff *Hannover*

Linienschiff *Hessen*

Stationsyacht *Nixe*

Panzerschiffes *Deutschland*

in Kiel am 19. Mai 1931

Reichspräsidenten v. Hindenburg

Linienschiff *Schleswig-Holstein*

Kreuzer *Karlsruhe*

Die Tätigkeit der ersten Welle der Gruppe »Eisbär« ab Anfang Oktober 1942 gemäß Darstellung in »War in the Southern Oceans«

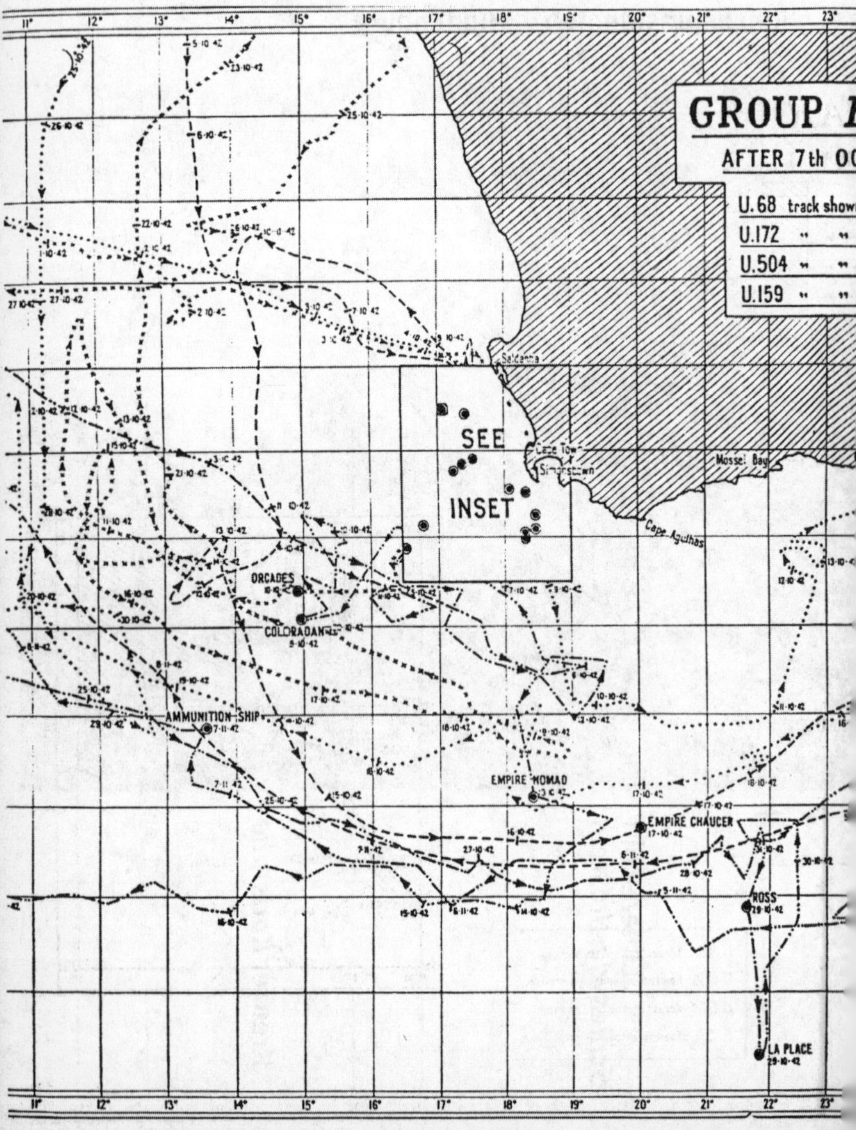

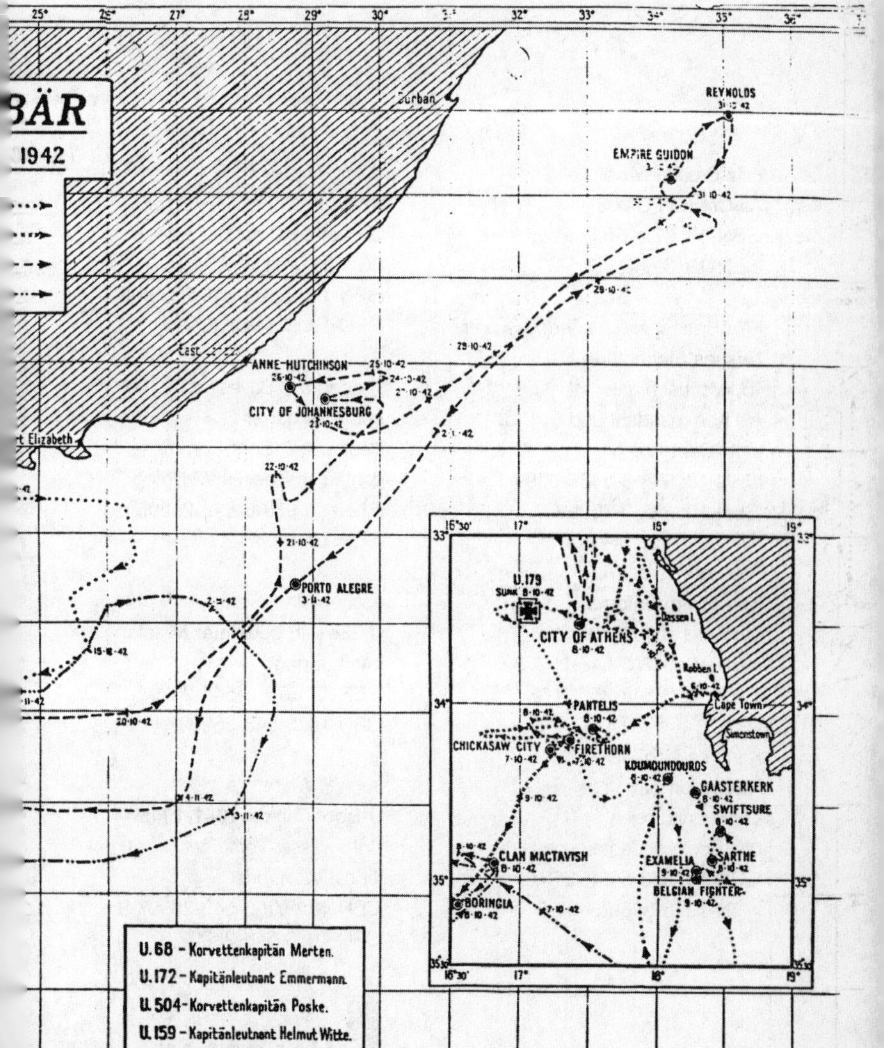
BÄR
1942
Durban
East London
Port Elizabeth
REYNOLDS
EMPIRE GUIDON
ANNE HUTCHINSON
26-10-42
CITY OF JOHANNESBURG
23-10-42
PORTO ALEGRE
3-11-42
U.179
SUNK 8-10-42
CITY OF ATHENS
8-10-42
Dassen I.
Robben I.
Cape Town
Simonstown
PANTELIS
8-10-42
CHICKASAW CITY
7-10-42
FIRETHORN
7-10-42
KOUMOUNDOUROS
GAASTERKERK
8-10-42
SWIFTSURE
8-10-42
CLAN MACTAVISH
8-10-42
EXAMELIA
9-10-42
SARTHE
8-10-42
BELGIAN FIGHTER
9-10-42
BORINGIA
U.68 - Korvettenkapitän Merten.
U.172 - Kapitänleutnant Emmermann.
U.504 - Korvettenkapitän Poske.
U.159 - Kapitänleutnant Helmut Witte.
P. Alt

Zur Geschichte des U-Boot-Krieges
Standardwerke von Rang